개정 증보판

마르크스주의에서 본 영국 노동당의 역사

창당부터 코빈의 부상과 좌절까지

이 도서의 국립중앙도서관 출판예정도서목록(CIP)은 서지정보유통지원시스템 홈페이지
(http://seoji.nl.go.kr)와 국가자료종합목록 구축시스템(http://kolis-net.nl.go.kr)에서 이용하
실 수 있습니다. (CIP제어번호 : CIP2020047927)

개정 증보판

마르크스주의에서 본 영국 노동당의 역사

창당부터 코빈의 부상과 좌절까지

토니 클리프, 도니 글럭스틴, 찰리 킴버 지음 | 이수현 옮김

책갈피

The Labour Party: A Marxist History — Tony Cliff, Donny Gluckstein & Charlie Kimber
First published October 1988
Second Edition July 1996
This edition December 2018
ⓒ Bookmarks Publications
Korean translation edition ⓒ 2020 by Chaekgalpi Publishing Co.
Bookmarks와의 협약에 따라 이 책의 한국어 판권은 책갈피 출판사에 있습니다.

개정 증보판
마르크스주의에서 본
영국 노동당의 역사
창당부터 코빈의 부상과 좌절까지

지은이 | 토니 클리프, 도니 글럭스틴, 찰리 킴버
옮긴이 | 이수현

펴낸곳 | 도서출판 책갈피
등록 | 1992년 2월 14일(제2014-000019호)
주소 | 서울 성동구 무학봉15길 12 2층
전화 | 02) 2265-6354
팩스 | 02) 2265-6395
이메일 | bookmarx@naver.com
홈페이지 | http://chaekgalpi.com
페이스북 | http://facebook.com/chaekgalpi
인스타그램 | http://instagram.com/chaekgalpi_books

초판 2008년 8월 20일
개정 증보 2020년 11월 30일

값 35,000원
ISBN 978-89-7966-199-6

잘못된 책은 바꿔 드립니다.

감사의 말

이 책을 준비하고 저술하는 데 도움을 준 몇 사람이 있다. 여러 조언과 제안을 해 준 알렉스 캘리니코스, 린지 저먼, 던컨 핼러스, 크리스 하먼, 개러스 젱킨스에게 심심한 감사를 드린다. 또, 자료 찾는 것을 도와 준 린다 에이킨, 수 코커릴, 제프 엘런, 닉 하워드, 마틴 로지어와 이 책을 편집하며 조언해 준 피터 마스든에게도 감사를 드린다. 국가기록관을 비롯한 여러 곳에서 자료를 찾아 주고, 원고를 타이핑해 주고, 노동당과 반파시즘 투쟁을 다룬 자신의 글을 우리가 마음대로 사용할 수 있게 해 준 하니 로젠버그에게는 특별한 감사를 드린다.

토니 클리프와 도니 글럭스틴, 1988년 3월 31일

도니 글럭스틴은 18장 집필에 필요한 자료를 찾는 데 큰 도움을 준 마이크 카울리에게도 감사를 드린다.

도니 글럭스틴과 찰리 킴버, 2018년 9월

차례

일러두기

1. 이 책은 Tony Cliff, Donny Gluckstein, Charlie Kimber, *The Labour Party: A Marxist History*(Bookmarks, 2018)를 번역한 것이고, 《마르크스주의에서 본 영국 노동당의 역사》(책갈피, 2008)의 개정 증보판이다.

2. 인명과 지명 등의 외래어는 최대한 외래어 표기법에 맞춰 표기했다.

3. 《 》부호는 책과 잡지를 나타내고, 〈 〉부호는 신문, 주간지, 방송 프로그램을 나타낸다. 논문은 " "로 나타냈다.

4. 본문에서 [ ]는 옮긴이가 우리말로 옮기면서 독자들의 이해를 돕고 문맥을 매끄럽게 하려고 덧붙인 것이다. 인용문 등에서 지은이가 덧붙인 것은 [— 지은이]라고 표기했다.

5. 본문의 각주는 독자가 이해하기 쉽도록 옮긴이가 설명을 첨가한 것이다. 지은이의 각주는 '— 지은이'라고 표기했다.

6. 본문에서는 인물, 단체, 책 등의 원어를 대부분 표기하지 않았다. '찾아보기'와 '후주'를 참조하기 바란다.

7. 독자들의 이해를 돕기 위해 연표, 영국의 정치제도, 영국 총선 결과, 영국 노동당 역대 당대표, 주요 인물과 정당 설명을 책 앞과 뒤에 덧붙였다.

연표

1889년   미숙련 노동자들을 중심으로 신노동조합 운동이 벌어짐.

1893년   독립노동당 창당.

1900년   독립노동당, 페이비언협회, 사회민주연맹, 노동조합 등이 모여 노동자 대표위원회를 결성함.

1901년   노동조합을 공격하는 태프베일 판결이 내려짐.

1906년   노동자대표위원회가 총선에서 29석을 획득함. 키어 하디를 당 대표로 해서 노동당으로 개명함.

1907년   의원단이 당대회의 결정에 반드시 따르지 않아도 된다는 내용의 결의안이 노동당 당대회에서 통과됨.

1910~1914년   '노동자 대투쟁'이 벌어짐.

1914년   제1차세계대전이 발발하고 제2인터내셔널 붕괴. 노동당 대표인 램지 맥도널드가 제1차세계대전에 대해 회의적 견해를 표명하자 당 대표가 아서 헨더슨으로 교체됨.

1915년   노동당이 자유당의 애스퀴스가 이끄는 자유당·보수당 연립정부에 들어감.

1916년   아일랜드에서 '부활절 봉기'가 일어남.

1917년   2월과 10월에 러시아 혁명이 일어남.

1918년   독일에서 혁명이 일어남. 영국 노동당 당대회에서 "생산수단의 공동소유" 등 사회주의적 내용이 담긴 당헌 4조가 통과됨.

1919년 광원·철도 파업이 벌어졌으나 노조 지도자들이 파업을 통제함.

1920년 영국공산당 창당.

1921년 임금 삭감 반대 투쟁을 노조 지도자들이 배신함. 광원 100만 명이
석 달 동안 처절하게 투쟁하다 패배함('암담한 금요일'). 영국이 아일
랜드 자치를 인정함. 노동당 좌파가 주도한 '포플러 운동'이 벌어짐.

1922년 노동당이 총선에서 자유당을 제치고 원내 제2당이 됨. 램지 맥도널
드가 당 대표로 다시 선출됨.

1924년 노동당이 자유당의 협력을 얻어 최초의 노동당 정부를 구성함. 램지
맥도널드가 총리로 취임함. 공산당 마녀사냥인 '캠벨 사건'으로 노동
당 정부가 물러남. 10월 총선에서 보수당이 압승함.

1926년 정부가 광산을 폐쇄하자 총파업이 벌어짐. 파업 9일 만에 노총 중앙
집행위원회가 돌연 파업 종결을 선언함. 아무런 양보도 얻어 내지 못
한 채 파업이 끝남.

1928년 코민테른이 노동당을 "제3의 자본가 정당"으로 보는 초좌파주의 '제
3기' 정책을 취함.

1929년 총선에서 노동당이 제1당이 돼 제2차 맥도널드 내각을 성립함. 미국
증시 폭락과 세계 대공황 발생.

1931년 경제 위기에 부딪힌 노동당 정부가 실업급여를 삭감함. 노동당 내각
에서 실업급여 10퍼센트 삭감안이 통과됐는데도 만장일치로 지지를
받지 못한 맥도널드가 즉시 노동당 정부를 해산함. 맥도널드 등이
노동당과 결별하고 보수당·자유당과 손잡고 거국내각인 국민정부를
구성함. 그 뒤 실시된 총선에서 노동당 의석이 급감하고 국민정부가
압승함.

1932년 노동당 정부 붕괴의 여파로 독립노동당이 노동당에서 탈당함. 노동
당 좌파 크립스가 사회주의자동맹을 창립함.

1933년 독일에서 히틀러가 권력을 장악함.

1934년 파시즘에 맞선 공동전선 제안이 노동당 당대회에서 큰 표차로 부결됨.

1936년 프랑스와 스페인 선거에서 민중전선이 승리함. 스페인에서 군사 쿠데

타가 일어나고 내전이 벌어짐. 영국 노동당이 스페인에 '불개입' 태도를 취함.

1939년 히틀러와 스탈린이 불가침조약을 체결함. 독일이 폴란드를 침공함. 제2차세계대전 발발.

1940년 제2차세계대전을 반파시즘 전쟁으로 규정한 노동당이 윈스턴 처칠의 연립정부에 참여함.

1942년 영국 식민지 인도에서 독립을 위한 시민 불복종 운동이 벌어짐. 노동당이 수많은 인도인 살해와 지도자 체포를 묵인함. 질병·빈곤·실업퇴치, 국가보건서비스, 가족수당, 완전고용 유지에 대한 포괄적 계획을 담은 베버리지 보고서가 발행됨.

1944년 노동당 소속 노동부 장관 어니스트 베빈이 필수 유지 업무 사업장의 파업을 금지하는 '규칙1AA'를 도입함. 영국 정부가 그리스의 레지스탕스를 공격함.

1945년 노동당이 총선에서 압승을 거둬 애틀리 단독 내각을 구성함. 애틀리 정부가 영국은행, 광산, 가스, 전기 등을 국유화하고 국가보건서비스 같은 사회복지 제도를 도입해 노동당 역사의 정점으로 기록됨.

1947년 영국이 혹한과 전 세계 식량·원료 부족 등으로 금융 위기를 겪음. 노동당 정부가 긴축정책을 도입함. 영국이 인도에서 철수한 뒤 카슈미르 영유권을 놓고 인도·파키스탄 전쟁이 발생함.

1948년 노동당 정부가 임금동결을 발표함.

1950년 한국전쟁 발발.

1951년 한국전쟁으로 국방비 대규모 증액이 필요해지자 노동당 정부가 복지를 삭감함. 국가보건서비스에서 틀니와 안경 등에 요금을 부과하자 어나이린 베번이 이에 항의해 사임함. 10월 총선에서 보수당이 승리함.

1956년 이집트의 나세르가 수에즈운하를 국유화하자 영국 등이 이집트를 침공함.

1959년 노동당이 선거에서 패배하자 당 대표 휴 게이츠컬이 당헌 4조를 공격함.

1960년 영국에서 핵무기철폐운동이 주최한 시위에 10만 명이 참가함.

1964년 총선에서 노동당이 승리하고 해럴드 윌슨 내각이 출범함. 임금 인상을 제한하는 소득정책을 발표해 반발을 불러옴.

1966년 노동당 정부가 파운드화의 평가절하를 막고 국제수지를 개선하기 위해 간접세 인상, 공공 투자 삭감, 임금동결 등의 정책을 취함.

1968년 베트남 구정(뗏) 공세 시작. 노동당 정부가 미국의 베트남 전쟁을 지지함.

1969년 노동당 정부가 노동운동을 공격하는 《투쟁을 대신해》라는 백서를 발행함. 이에 저항하는 노동자들의 파업이 벌어짐.

1970년 총선에서 노동당이 보수당에 패함.

1971년 보수당 정부가 노동 악법인 노사관계법을 발의함. 이에 맞서 시위와 파업이 벌어지지만 노동당은 별 구실을 하지 못함. 어퍼클라이드조선회사의 해고에 항의하는 대규모 투쟁이 벌어짐.

1972년 광원 파업이 승리함.

1974년 노동당이 총선에서 보수당에 승리함. 제2차 윌슨 내각이 성립됨. 세계 경기후퇴와 낮은 경제성장률 등에 직면한 노동당 정부가 공공 지출 삭감과 임금 삭감으로 대응함.

1976년 총리직을 사임한 윌슨의 뒤를 이어 제임스 캘러핸이 노동당 총리로 취임함.

1978~1979년 노동당 정부가 또다시 임금 인상률을 5퍼센트 이내로 억제하는 소득정책을 강요하려 하자 노동자들이 투쟁을 벌임('불만의 겨울').

1979년 총선에서 마거릿 대처가 이끄는 보수당이 승리함. 그 뒤 1997년까지 노동당이 총선에서 세 차례(1983년, 1987년, 1992년) 연속 패배함.

1979~1981년 노동당 좌파인 토니 벤이 이끄는 벤 좌파 운동이 벌어짐.

1982년 노동운동의 퇴조와 함께 노동당이 당내 좌파 그룹인 밀리턴트에 대한 마녀사냥을 시작함.

1984~1985년   정부의 탄광 폐쇄에 맞서 광원 파업이 벌어졌으나 패배함.

1987년   선거 패배 뒤 노동당 대표 닐 키넉이 당의 우경화를 주도함.

1990년   주민세 반대 투쟁이 전국적으로 벌어짐. 이라크가 쿠웨이트를 침공함.

1991년   미국이 연합군을 이끌고 이라크를 침공함. 영국군 참전. 소련 붕괴.

1993년   1당원 1표제가 당대회에서 통과돼 노동조합의 영향력이 약해짐.

1994년   '신노동당'을 주창하는 토니 블레어가 노동당 대표로 선출됨.

1995년   공동소유와 산업민주주의를 명시한 당헌 4조가 노동당 당대회에서
          폐기됨.

1997년   노동당이 총선에서 보수당에 압승함. 토니 블레어가 총리로 취임함.

2003년   이라크 전쟁 발발. 영국군 참전.

2007년   이라크 전쟁 개입 실패 등으로 토니 블레어가 물러나고 고든 브라운
          이 노동당 총리로 취임함.

2008년   미국발 금융 위기 발발.

2009년   파시스트인 영국국민당이 유럽의회에 진출함.

2010년   노동당이 총선에서 보수당에 패배함. 보수당과 자유민주당의 연립정
          부가 들어섬. 신노동당을 부분적으로 멀리한 에드 밀리밴드가 노동
          당 대표로 선출됨.

2011년   아랍 혁명 발발. 스페인·그리스 등 유럽에서도 투쟁이 분출함. 영국에
          서도 긴축에 맞서 학생과 노동자가 시위와 파업에 나섬.

2014년   스코틀랜드 독립 국민투표에서 노동당이 보수당과 함께 독립 반대
          진영에 가담한 결과 독립이 부결됨.

2015년   총선에서 이민 통제를 핵심 공약 중 하나로 내건 노동당이 보수당에
          완패함. 에드 밀리밴드가 노동당 대표에서 물러남. 당 대표 선거에서
          좌파인 제러미 코빈이 압승함.

2016년   브렉시트 국민투표에서 영국의 유럽연합 탈퇴가 결정됨. 데이비드 캐
          머런이 사퇴하고 테리사 메이가 보수당의 새 총리로 지명됨. 노동당
          대표 선거에서 제러미 코빈이 다시 압승함.

2017년 조기 총선에서 보수당이 과반 지위를 잃고 노동당이 약진함. 테리사
메이는 민주연방당의 도움으로 총리직을 이어 감.

2018년 영국과 유럽연합이 20개월 만에 브렉시트 합의안을 도출함.

2019년 영국 하원이 브렉시트 합의안을 부결함. 보수당이 유럽의회 선거에
서 참패함. 테리사 메이가 사퇴하고 보리스 존슨이 보수당의 새 총리
로 지명됨. 조기 총선에서 노동당이 보수당에 완패함.

2020년 코로나19가 전 세계로 번짐. 키어 스타머가 노동당 대표로 선출됨.
제러미 코빈이 반유대주의자로 몰려 당원 자격이 정지됨.

영국의 정치제도

선거

1918년부터 남성은 21세 이상, 여성은 30세 이상이 참정권을 갖게 됐고, 1928년부터 21세 이상의 성인 남녀 전체가 참정권을 갖게 됐다. 지금은 18세 이상의 성인 남녀 유권자가 보통 5년마다 국회의원을 선출한다. 각 선거구에서 최다 득표자가 국회의원으로 선출된다.

국회

영국 국회는 선출되지 않고 정부가 임명하는 상원(영국 국교회 주교들과 귀족들로 구성된다)과 국민이 선출하는 하원으로 구성된다. 입법권을 비롯한 실질적 권한은 하원에 있다. 하원은 2020년 현재 650명이다. 총선에서 가장 많은 의석을 차지한 당이 내각을 구성하고, 이 당의 대표가 총리가 된다. 양대 정당 체제가 발달해 있는 영국에서는 제1야당이 정권 획득에 대비해 미리 내각의 구성원들을 정해 둔다. 그리고 정권을 획득하면 그 구성원들이 내각을 구성하게 되는데, 이것을 예비내각이라 한다. 국회(하원)가 내각을 불신임하면, 내각이 총사퇴하거나 국회(하원)를 해산한 뒤 총선거를 실시해 국민의 의사를 묻는다.

2018년판 머리말

2015년에 제러미 코빈이 노동당 대표로 선출되면서 노동당의 이미지가 확 달라졌다. 그 전까지 자본가계급의 유능하고 충실한 하인 노릇을 하던 정당이 갑자기 대기업과 은행, 갑부들에게 도전하는 언사를 늘어놓고 있었다.

코빈의 성공으로 좌파 전체의 사기가 올라갔다. 사회주의 사상이 노동계급 사람들 사이에서 인기를 끌고 광범한 지지를 받을 수 있다는 것이 입증됐기 때문이다. 가장 좋은 점 하나는 일반적으로 합의된 기업 친화적 정책의 틀 안에서 사소한 경영상의 변화만을 논하던 정치의 수준이 적어도 부분적으로는 더 높아졌다는 것이다. 최근까지도 급진주의는 민영화한 기업들이 매기는 에너지 가격에 상한을 설정하는 정책 수준을 벗어나지 못했다. 그런데 이제는 국유화를 논하고 바람직한 국유화 형태

이 글은 2018년 말에 쓰여 당시의 예측과 전망을 담고 있다. 2019~2020년에 실제로 일어난 일에 대해서는 이 책 말미의 "에필로그: 미래는 노동당 바깥에 있다"를 참조.

를 논하는 것이 가능해졌다. 자본주의는 끊임없이 우리의 시야를 개인 각자의 책임과 사소한 문제에 가둬 두려 한다. 그러면 착취와 억압이라는 체제의 본질은 가려지고 부정된다. 그러나 이제는 [사회]구조와 지배적 패턴을 두고 논쟁이 벌어진다.

제국주의와 신자유주의를 공공연히 지지하던 토니 블레어 정부 시절, 노동당의 많은 좌파 당원들은 차기 당을 지지하는 것을 부끄러워했다. 코빈이 당 대표로 선출된 뒤에 그들은 희망에 부풀었고, 전에 블레어가 역겨워서 노동당을 떠났던 많은 사람들도 노동당 정부를 통해 중요한 사회변혁을 이루겠다는 새로운 결의를 품고 재입당했다.

그러나 동시에 대다수 노동당 국회의원들은 여전히 코빈을 한사코 반대한다. 그들이 경멸하는 지도자를 그들에게 강요한 것은 (역시 대다수 국회의원들이 경멸하는) 일반 당원 대중이었고, 당 대표 선거에서 적수들을 찌그러뜨리고 [2017년] 총선에서 노동당의 득표율을 [10퍼센트 가까이] 끌어올린 코빈의 능력이었다. 그러나 노동당 국회의원들과 당내 우파는 결코 이 상황을 받아들이려 하지 않는다. 이른바 반유대주의를 둘러싼 소동* 같은 새로운 방법들을 빈번하게 사용해서 코빈과 그 지지자들의 사기를 떨어뜨리고 코빈에게 양보를 강요하려 한다. 유감스럽게도 코빈은 자신을 지지하는 대중을 동원해서 이 세력들을 몰아내려 하기보다는 자주 그들과 타협해 왔다.

노동당의 역사를 통틀어 당내 좌파의 우선순위는 사회주의 원칙을 단호하게 지지하는 것보다는 당을 단결시키는 것에 있었다. 그들은 당내 중간파와 타협하기 위해 제국주의 전쟁이나 친자본주의 정책에 대한 비

---

* 코빈이 이스라엘의 팔레스타인 점령을 비판하는 것을 두고 노동당 우파는 코빈이 반유대주의자라는 비방을 일삼고 있다. 19장 참조.

판을 자제하기 일쑤였다. 그러면 중간파가 자신들과 동맹해서 우파에 대항할 것이라고 기대했다. 그러나 노동당과 노동조합 지도부 안에서 가장 후진적인 세력의 영향을 받은 중간파는 오히려 좌파에게 더 후퇴할 것을 요구했다. 그 결과는 꼬리에 꼬리를 무는 양보였고, 그런 양보의 소용돌이는 노동당의 집권 가능성이 커질수록 더 강력해졌다.

그러나 [자본주의] 체제에 대한 환멸은 계속 커지고 있다. 2018년에 런던 금융가에서 일하는 어떤 펀드매니저가 한 신문에 다음과 같이 말했다. "자본주의는 40대 이하를 위해서는 작동하지 않는다. 그래서 젊은이들이 사회주의에 찬성표를 던지는 것이다." 실제로는 자본주의는 40대 이상을 위해서도 작동하지 않는다. [2018년] 미국에서는 18~29세의 사람들 가운데 겨우 45퍼센트만이 자본주의를 긍정적으로 본다. "이것은 겨우 2년 만에 자본주의를 긍정적으로 보는 젊은 성인이 12퍼센트나 감소했다는 뜻이다. 2010년에는 68퍼센트가 자본주의를 긍정적으로 본 것에 비하면, 이는 뚜렷한 변화다" 하고 여론조사 기관 갤럽은 지적했다. 한편, 젊은 성인 가운데 51퍼센트가 사회주의를 긍정적으로 본다.

인종차별주의자들과 극우파의 극렬한 위협에도 불구하고 사회주의 세계를 위한 투쟁이 가능하다고 볼 근거가 있다. 그러나 이런 논의들 가운데 많은 것은 자본주의와 국가의 힘이라는 문제를 하찮게 취급하거나 어리석게도 무시하는 경향이 있다. 불행하게도 자본주의와 국가는 지배계급의 부와 권력을 침해하기 시작하는 근본적 변화 시도를 절대로 무시하지 않을 것이다. 생산수단과 강제로 분리된 계급, 즉 노동계급이 역사를 만들어 나가고자 한다면 앞으로 매우 커다란 투쟁을 벌여야 할 것이다.

노동당 같은 의회주의 정당들은 [그들의] 의회 밖 활동을 지배하는 선거와 헌법 영역에서 비롯한 한계들에 직면한다. 그런 압력은 항상 존재했고, 오늘날에도 여전히 존재한다. 포르투갈 좌파블록의 지도자인 프란시스쿠 로사는 좌파블록의 최근 의회 경험을 돌아보면서 그런 압력의 위험을 다음과 같이 아주 잘 표현했다. "그동안 얻은 지위를 유지한다는 미명 아래 매우 제한적인 조치들을 체념하고 받아들이는 것, 미래에 합의를 이룰 수 있다는 미명 아래 기관들이나 그 경영진을 비판하지 않는 것, 정치에서는 아주 조금씩 전진할 수밖에 없다는 생각을 받아들이는 것, 여론을 무서워한 나머지 사회주의적 대안을 제시하지 않고 다른 제도적 형태들을 제안하는 데 그치는 것, 패배할까 봐 두려워서 충돌의 위험을 회피하려고 하는 것. 이 모든 형태의 적응은 민중을 대변하는 것에 바탕을 둔 좌파적 정책을 왜곡한다."

코빈의 적들, 즉 대기업과 보수당, 대다수 대중매체와 노동당 우파는 만약 코빈이 총리가 되면 엄청나게 비난하면서 공격을 퍼부을 것이다. 이런 상황을 보면서 우리 같은 혁명가들이 다음과 같이 말하는 것은 진짜 위험한 일이다. "전에 봤던 익숙한 광경이네. 결말은 뻔하지, 뭐." 오히려 우리는 과거가 되풀이되는 것을 반드시 막아야 한다고 말해야 한다. 혁명가의 임무는 분명히 노동당 정부의 역사적 경험을 지적하는 것이다. 즉, 말로는 사회주의 정부를 자처하면서도 결국은 노동계급을 실망시킨 노동당의 전력을 지적해야 한다. 그러나 우리가 그 경험을 되풀이하지 않으려면, 작업장과 거리에서 대중을 체계적으로 동원하는 것이 가장 중요하다는 말도 해야 한다.

토니 클리프와 도니 글럭스틴이 1980년대 중엽에 이 책의 초판을 썼을 때는 예전의 급진적 사회주의자 한 세대가 막 노동당에 들어가서 토니 벤의 당 대표 선거 출마를 지지하고 있었다. 그러나 그들은 우경화하는 당에서 자신들이 이러지도 저러지도 못하는 신세라는 사실을 깨달았을 뿐이다. 노동당 지도부는 공공연히 좌파 당원들을 공격했고, 마거릿 대처에 대항하는 광원 파업 같은 주요 계급투쟁 전선에서 후퇴했다. 당시 이 책의 목표는 그런 식의 배반을 역사적으로 이해할 수 있게 해 주려는 것이었다. 이 책의 2판[2008년 한국어판]이 출간된 1996년에는 노동 당과 사회주의의 관계를 끊는 것에 바탕을 둔 블레어의 신노동당 프로 젝트가 갈수록 탄력을 얻는 반면, 허약하고 인기 없는 보수당 정부는 휘 청거리며 패배하고 있었다. 오늘날의 상황은 다르다. 제러미 코빈의 당 대표 선출에 고무된 새로운 세대가 노동당에 가입하거나 과거의 지지자 들이 재가입하고 있다. 그러나 블레어와 고든 브라운의 배신과 냉소주의 를 오랫동안 겪은 뒤에 코빈의 사회주의 비전과 명백한 진정성을 지지하 는 이 순수한 열정은 노동당의 실제 역사를 가리고 과거의 실패를 기만 적인 지도자 개인들 탓으로만 돌릴 위험이 있다. 우리는 노동당의 본질, 노동당이 사회에서 하는 구실을 더 깊이 이해해야 하고, 그런 이해를 향 후 우리의 행동 지침으로 삼아야 한다.

만약 코빈이 [미래에] 노동당 정부를 이끌게 된다면 그 경험은 이 모든 문제를 더 분명히 보여 줄 것이다. 그러나 지금 희망에 찬 많은 사람들 이 그 경험으로 사기 저하하는 것을 막으려면, 최대한 많은 사람들이 과 거에서 교훈을 배우고 개혁주의와 노동당의 본질에 대한 인식을 특정한 지도자나 당내 분파의 문제 이상으로 확대해야 한다. 바로 그것이 이 책 이 하고자 하는 일이다. 즉, 역사와 이론의 도움을 받아 지금 벌어지고 있는 논쟁에 기여해서 우리가 자본주의와 우파에 맞서 단결할 수 있게 하려는 것이다.

이 책에서 우리는 다음과 같은 주요 질문들에 답하고자 했다.

노동당의 정치
— 노동당의 정치적 실천은 강령과 어떻게 다르며, 그 둘은 어떻게 발

전해 왔는가?

— 당내 좌파와 우파는 노동당의 정책 결정 과정에 어떤 영향을 미쳤는가?

지도부의 영향력

— 블레어가 노동당을 근본적으로 바꿔 놨는가? 코빈은 과연 그럴 수 있는가?

노동당 내부의 분열

— 당내 분파들의 상대적 강점은 어디에서 비롯하는가?

— 당내 좌파와 우파의 활동에는 어떤 한계가 있는가?

노동당의 조직

— 누가 누구를 통제하는가? 노동당 의원단, 중앙집행위원회, 당대회는 각각 어떤 구실을 하는가?

— 노동조합 지도자들은 노동당에 어떤 영향을 미치는가? 또, 그 반대의 경우는 어떤가?

— 노동당의 기층 당원들과 의원단의 관계는 어떤가?

노동당과 작업장 투쟁의 관계

— 노동당 지도자들은 작업장 투쟁에 관해 뭐라고 말하는가?

— 1910~1914년, 1919~1926년, 1968~1974년, 1976~1987년, 2010~2011년 같은 중요한 계급 전쟁 시기를 전후로 노동당 지지율은 어떻게 변화했는가?

— 노동당은 투쟁의 침체기에, [대중이] 저항할 때 성공을 거두는가? 아

니면 고양기에 이득을 얻는가? 그 관계는 어떤가?

노동당 좌파

— 노동당 좌파는 누구인가? 그들은 무엇을 주장하는가? 의회 활동과 의회 밖 활동을 어떻게 보는가?

— 노동당 좌파는 당내에서 어떻게 활동하는가? 국회·지구당·노동조합·지방의회에서는 어떻게 활동하는가?

— 노동당 좌파는 작업장과 각종 캠페인에서 활동하는 좌파 세력들과 어떤 관계인가? 혁명적 사회주의자들은 노동당에 가입해야 하는가?

노동당의 [배신] 행위에도 불구하고 노동당에 충성하는 노동자들

— 노동자들의 충성심은 노동당이 집권당인지 아니면 야당인지에 따라 영향을 받는가?

— 그 충성심은 경제 상태의 영향도 받는가? 경제가 호황인지 아닌지에 따라 달라지는가?

— 그 충성심은 노동당이 개혁을 제공할 수 있는지에 달려 있는가? 개혁 없는 개혁주의가 존재할 수 있는가?

혁명적 사회주의자들은 노동당의 개혁주의를 극복해야 한다는 것을 대다수 노동자들에게 어떻게 확신시킬 수 있는가?

— 이 과정에서 혁명적 대중정당과 계급투쟁 수준의 고양은 어떤 구실을 하는가?

2008년 한국어판 머리말

이 책은 12년 전에 출간됐고 주로 영국 독자들을 겨냥해 썼다. 그렇다면 오늘날 이 책을 번역해서 다시 출간하는 의의는 무엇인가?

영국 노동당의 역사를 쓰게 된 동기는 노동계급 운동에서 벌어지는 개혁주의와 혁명주의의 투쟁 때문이었다. 이 두 조류의 경쟁은 노동자들 사이에서 언제나 존재했다. 그러나 1980년대와 1990년대 초 영국에서 이 투쟁은 특히 격렬했다.

그보다 앞서 1960년대와 1970년대에 집권했던 노동당 정부는 자기 지지자들의 사기를 떨어뜨렸다. 당시 노동당은 이렇다 할 개혁을 제공하지 못했고 영국 자본주의의 심각한 위기를 관리하는 노릇을 했다. 그런 상황에서 노동당은 사회주의자들에게 거의 매력을 주지 못했다. 특히, 1968년 5월이나 베트남 전쟁 반대 투쟁, 다양한 급진 운동(여성·흑인·동성애자 운동 등) 같은 대중행동의 절정과 비교하면 더욱 그랬다.

그러나 (주로 영국 등지에서 개혁주의 정당들의 행동 때문에) 대중의 전투성과 자주적 행동의 물결이 퇴조하자 많은 사람들은 실망한 나머지 오히려 환멸의 근원으로 되돌아갔다. 그들은 노동당과 영국 의회를 급진적 정치, 정말로 혁명적인 정치로 설득시키기를 원했다. 이 책은 그런 생각이 당시에도 이룰 수 없는 꿈이었을 뿐 아니라, 노동당의 역사 전체에서 늘 신기루에 불과했음을 보여 주기 위해 썼다. '황금기' 따위는 존재하지 않았다. 이것은 영국의 특수성이나 노동당 지도자들 개인의 성격 탓이 아니다. 노동당은 개혁주의 정치의 고전적 사례이고, 따라서 노동당의 역사를 살펴보며 얻을 수 있는 정치적 통찰과 교훈은 어느 한 나라에 국한되지 않는다.

이 책을 쓴 데는 또 다른 목적도 있었다. 집권한 노동당이 자본주의 체제에 전혀 도전하지 못한 것을 강력하게 비판하는 책은 여럿 있었다. 랠프 밀리밴드의 《의회 사회주의》가 대표적이다(아이러니이게도, 밀리밴드의 두 아들은 지금 브라운 정부의 각료다). 이 책은 노동당이 저지른 '범죄'나 사회주의를 배신한 행위를 나열하는 데서 더 나아가 개혁주의가 사회주의를 배신할 뿐 아니라 하나의 이데올로기로서 끊임없이 지속되는 근본 과정을 분석하고자 했다.

《개혁이냐 혁명이냐》에서 로자 룩셈부르크는 개혁주의자들이 혁명가들과 목표는 똑같은데 그 목표에 도달하는 더 느린 길을 선택한 것이 아니라 아예 다른 목표를 선택했다고 설명했다. 어떤 부르주아 의회도 자본주의를 근본적으로 변화시킬 수 없다. 개혁주의자들의 집권은 자본주의 사회의 틀 안에서 선거로 의회를 '포획'하는 것이 아니다. 오히려 그들이 포로가 돼 자본주의에 이롭게 체제를 운영할 수밖에 없게 된다.

그와 동시에, 노동당이 집권할 때마다 노동계급은 거의 언제나 노동당에 환멸을 느꼈지만 개혁주의는 여전히 영속적이고 강력한 조류로 남아있다. 왜 그런가? 마르크스가 설명했듯이, 사회적으로 유력한 이데올로기는 지배계급의 이데올로기다. 자본가들은 언론 통제, 소외, 국가의 기능을 이용해 사상투쟁에서 승리하려 애쓰고, 자본주의의 대안이 존재할 수 있다는 희망을 제거하려 애쓴다. 그러나 이런 요인만 작용한다면, 개혁주의도 존재하지 않을 것이고 우파의 지배가 영원히 지속될 것이다. 마르크스는 "존재가 의식을 결정한다"고도 주장했다. 노동자들과 피억압자들이 실제 생활에서 겪는 경험은 자본주의 사회가 정의롭고 공평하다는 생각을 여지없이 깨뜨린다. 그런데 이런 주장만이 진실이라면, 역시 개혁주의는 존재하지 않고 혁명이 승리할 것이다.

진실은 대부분의 시기에 대다수 노동자들의 머릿속에 이 모순된 조류가 섞여 있다는 것이다. 그 결과가 개혁주의 의식이다. 즉, 더 나은 사회를 염원하면서도 그런 사회에 이를 수 있는 방안으로 '게임의 법칙'을 받아들이는 사상이다. 이런 신념은 노동당 같은 조직의 형태로 나타날 수도 있고, (독재 정권 따위의) 역사적 이유나 실천적 이유 때문에 그냥 사상의 형태에 그칠 수도 있다. 어느 경우든 개혁주의는 자본주의 사회에서 노동자들의 '초보적 대응'이다. 따라서 개혁주의 정당이 존재하지 않는 곳에서조차 개혁주의 사상의 영향력 때문에 대중이 결정적 행동을 하지 못해 잠재적인 혁명적 상황이 무산되는 경우가 역사에서는 비일비재하다.

이런 경우의 예외 사례가 위대한 1917년 러시아 혁명이었다. 1917년 2월 차르 체제가 무너졌고, 대중적 개혁주의가 순식간에 나타나 득세했다. 그러나 상황이 상황이다 보니 대중의 자주적 활동 수준이 엄청나게 높았다. 소비에트는 이를 단적으로 보여 준다. 바로 이런 상황에서 혁명적 세력(볼셰비키)이 개혁주의를 지지하던 노동자와 병사의 핵심 부문을 설득해서 자신을 지지하게 만들고, 나아가 10월 혁명을 수행할 수 있을 만큼 충분히 잘 조직된 세력임을 입증했다.

따라서 개혁주의의 실천적 약점들을 비난한다고 해서 개혁주의가 저절로 사라지지는 않는다는 것이 이 책의 주요 논지다. 계급투쟁의 경험과 실천을 통해서 노동자 대중은 독자적 사상을 발전시킨다. 노동당 자체도 대중적 노동조합 운동의 발단이 된 1884년의 계급투쟁(런던 항만 노동자들의 파업 같은 투쟁들)에서 탄생했다. 그러나 다른 시기와 장소의 혁명적 상황에서도 드러났듯이, 노동계급의 대중행동은 자본주의와의 부분적 결별 — 개혁주의로 대표되는 — 을 뛰어넘을 수 있고, 효과적으로 지도된다면 혁명으로 곧장 나아갈 수 있다.

이 책의 원저는 1997년 노동당이 총선에서 승리하기 직전인 1996년에 완성됐다. 1997년 총선에서 노동당은 보수당보다 253석을 더 얻어 다수당이 됐다. 이것은 토니 블레어의 정치적 수완 덕분이라기보다는 대처리즘에* 대한 반감과 환멸이 너무 컸기 때문이다. 당시 우리는 블레어가 "보수당의 정책과 대동소이한 정책을 추진할 것"이라고 예측했고, 이 점은 즉시 입증됐다. 신임 재무부 장관 고든 브라운은 취임 후 2년 동안 전임 보수당 정부와 똑같은 지출 정책을 지속할 것이라고 발표했다. 방금 유권자들이 쫓아낸 정부의 정책을 고수하겠다는 것이었다. [의회] 민주주의란 기껏 그런 것이다! 그리고 보잘것없는 최저임금 등 일부 사소한 개혁들을 제외하면, 노동당은 보수당의 정책 노선을 전혀 바꾸지 않았다. 민영화는 계속 진행됐다. 노동당은 대학 등록금 제도를 도입했고, 한부모 가정에 대한 복지를 삭감했고, 난민 규제 조처들을 잇달아 도입했고, 무슬림 혐오를 부추겼고, 역대 어느 정부보다 더 많이 사람들을 감옥에 보냈다. 노동당은 유럽에서 가장 억압적인 노동조합 통제 법률들을 제정한 것을 지금도 자랑스레 떠들고 있다.

---

* 대처리즘 1980년대 마거릿 대처 정부의 정치로서 민영화, 국가 개입 축소, 복지 지출 감축, 간접세 확대, 노동조합 통제 등의 정책이 그 특징이다.

그러나 노동당은 운이 좋았다. 노동당은 (최근까지) 경제성장의 덕을 봤다. 그래서 세 차례 연속 총선에서 승리할 수 있었을 뿐 아니라 상당한 돈을 공공서비스에 지출할 수도 있었다. 불행히도, 노동당의 시장 친화적 태도 때문에 이 돈 중에서 아주 적은 액수만이 보건 의료나 교육을 실질적으로 개선하는 데 사용됐다. 나머지 지출은 대부분 민간 건설 회사, 경영 컨설턴트, 은행의 수중으로 들어갔다.

만약 블레어 집권기에 기억할 만한 것이 하나 있다면 그것은 이라크 전쟁의 재앙일 것이다. 이 가장 기독교도다운 정치인은 2003년 3월 중동의 석유를 차지하려는 조지 부시의 잔혹한 모험에 영국을 끌어들이기 위해 거짓말과 사실 왜곡을 밥 먹듯이 했다. 블레어는 친구인 언론 재벌 루퍼트 머독의 도움을 받아 노동당 의원들을 협박해 제국주의 전쟁을 지지하도록 만들었다(머독의 신문들은 사담 후세인이 영국 국민들을 45분 안에 몰살시킬 수 있는 대량 살상 무기를 개발했다는 무시무시한 이야기를 떠벌렸다). 이 전쟁은 수많은 이라크 사람들의 목숨을 앗아갔고, 결국은 블레어 자신의 정치적 생명도 앗아갔다.

노동당 의원들은 거짓말에 속아 넘어간 반면, 영국의 수많은 대중은 그렇지 않았다. 2003년 2월 15일 영국 역사상 최대 규모의 시위가 런던에서 벌어졌다. 전쟁저지연합이 주최한 이 시위에 참가한 사람이 자그마치 200만 명이나 됐다. 블레어는 어떻게든 전쟁을 지속했지만, "임무 완수했다"(2003년 5월 2일 부시가 한 말)던 전쟁이 재앙으로 바뀌자 노동당 정부의 악명 높은 '엉터리 문서'(후세인의 무기에 대한 허위 주장들이 담긴 보도자료)가 터무니없는 사기극이었음이 밝히 드러났다. 블레어의 인기는 추락했고, 고든 브라운이 총리가 되려고 암투를 시작하자 노동당은 내분에 휩싸였다.

경제성장뿐 아니라 보수당에 대한 반감도 지속된 덕분에 노동당은

2005년 총선에서 승리할 수 있었다. 그러나 득표율은 상당히 감소해 35퍼센트에 그쳤다. 비록 블레어가 비틀거리면서도 2년 더 총리직을 유지했지만 정치 생명은 이미 끝난 것이나 다름없었다. 2003년 2월 15일 시위는 블레어에 대한 '주민세 반란'(1990년 3월 대처를 정치적으로 파멸시킨 사건)과 마찬가지였다. 블레어 노선이 벽에 부딪혔듯이, 그가 주도한 '신新노동당' 정치 조류도 마찬가지였다. 당원들이 급감했고, 의미심장하게도 전통적으로 노동당을 확고하게 지지한 노동조합 기반도 무너지기 시작했다. 소방관노조와 철도노조가 노동당에서 떨어져 나갔고, 다른 노조들도 노동당 탈퇴를 고려하고 있다. 이 때문에 노동당의 재정위기가 심화했다. 신노동당은 대기업 경영자들의 지지를 얻으려고 동분서주했지만, 그들은 여전히 보수당을 지지하고 있다. 진정한 지배계급 이데올로기를 가진 진품 정당을 지지할 수 있는데 구태여 모조품 정당에 돈을 대 줄 이유가 있겠는가?

이제 고든 브라운이 총리가 된 지 1년이 지났다. 블레어의 후임자를 둘러싼 내분에서 은밀하게 브라운을 지지했던 사람들은 그가 블레어와 다른 정책들을 추진하기를 기대했다. 그러나 그들의 기대는 금세 환멸로 바뀌었다. 총리가 된 브라운이 다우닝가衛 10번지[총리 관저]로 맨 처음 초빙한 손님은 대처였다. 브라운은 블레어가 짜놓은 틀 안에서 블레어의 정책들을 계속 추진하고 있다. 차이가 있다면 브라운은 신용 경색에 따른 경제적 폭풍을 맞고 있다는 점이다. 최근 영국은행 총재는 "10년의 좋은 시절은 끝났다"고 선언했다. 그러나 노동당 집권기에 19세기 이후 최악의 빈부 격차 심화를 경험한 영국인들의 대다수는 그 10년이 도대체 누구의 좋은 시절이었는지 의문을 제기할 것이다.

노동당이 신자유주의를 수용하면서 신노동당이 됐을 때 노동당은 사실상 개혁주의를 포기한 셈이었다. 선거에서 여전히 수많은 표를 얻기는 했지만 말이다. 대체로 개혁주의 사상을 가진 노동자들은 여전히 노동당 외에는 이렇다 할 선거 대안이 없다(비록 그들의 투표 성향이 전보다는 훨씬 더 가변적이지만 말이다). 그러나 미국의 서브프라임 주택 시장 붕괴에서 시작되고 식량과 연료 가격 폭등과 맞물려 진행 중인 신자유주의의 위기는 물귀신처럼 고든 브라운을 침몰시키고 있다. 2008년 5월에 노동당은 영국에서 여론조사가 시작된 이래로 가장 낮은 지지율을 기록했다. 《공산당 선언》에서 마르크스와 엥겔스는 "확고했던 것들이 모두 허공 속으로 사라진다"고 썼다. 노동당은 100년 넘게 영국 노동계급 운동을 정치적으로 지배해 왔다. 지금의 경제적 혼란이 어떤 결과를 낳을지는 불확실하지만, 이 책의 집필 동기였던 개혁주의와 혁명주의의 투쟁이 여전히 현실 관련성이 있고 그리 멀지 않은 미래에 영국뿐 아니라 전 세계에서도 개혁주의와 혁명주의의 세력균형이 변할 수 있음을 시사하고 있다.

2008년 7월
도니 글럭스틴

1장

개혁주의의 탄생

전사前史: 차티스트운동부터 독립노동당까지

1911년에 [노동당 대표] 램지 맥도널드는 다음과 같이 썼다.

영국식 정치 전통과 방식을 가진 나라에서 점진적 사회주의가 취할 수 있는 정치형태는 … 노동당뿐이다.[1]

이 말은 틀렸다. 영국 노동자 대중이 개혁주의와 사뭇 다른 정치사상을 지지한 적은 한두 번이 아니다. 20세기에 들어와서야 영국 노동자들의 다수가 개혁주의 견해를 채택했다.

1839~1848년에 노동자들은 차티스트운동을 지지했다. 노동당과 달리 차티스트운동은 기존 사회의 합법적 틀을 거부했다.[*] 예컨대, 1839년 11월에 뉴포트에서는 수천 명의 차티스트 광원들이 무장 항쟁을 벌였다. 차티스트운동의 가장 유명한 요구는 보통선거권이었지만, 혁명적 분위

---

* 인민헌장, 즉 '피플스 차터'의 '6대 요구'를 위한 서명운동을 제안한 사람들은 원래 윌리엄 러벳 같은 개혁주의자들이었다. 그러나 그 운동이 대중적 기반을 확보하자, 상층계급의 선의에 호소한다는 생각은 사라져 버렸다. 톰프슨이 썼듯이, "서명 용지 취합은 새로운 단체들의 주요 관심사가 아닌 듯했다. … 옛 차티스트 활동가 어느 누구도 서명 용지 취합을 주요 활동이라고 회상하지 않았다."[2] — 지은이.

기에 휩싸인 노동계급에게 투표권을 부여했다면 부르주아 사회는 치명적인 위험에 시달렸을 것이다. 매콜리가 하원에서 말했듯이, 보통선거권은 "문명의 존속과 양립할 수 없다"는 것이 지배계급의 생각이었다.[3]

노동당은 (임금과 노동조건을 관리하는) 노조 간부들과 ('정치'에 관심을 쏟는) 의원들을 엄격하게 구분한다. 차티스트운동 시기에는 정치 활동과 산업 투쟁 사이에 장벽이 없었다. 1839년 차티스트 대회는 선거운동이 아니라 직접행동이 향후 진로임을 분명히 했다.

> 대회는 총파업, 즉 전국적 작업 중단으로 산업 계급들의 권리와 자유를 충분히 회복할 수 있을 것이라고 만장일치로 결의했다.[4]

1842년에 총파업은 현실이 됐다. 이것은 세계 최초의 총파업이었고 1926년 총파업보다 더 오래 지속됐다. 처음에는 50만 명의 노동자가 임금 삭감에 항의해 일손을 놨지만, 머지않아 "임금이 아니라 인민헌장을 위해 파업할 준비가 돼 있다"고 스스로 선언한 공장들이 잇따랐다. "이것이 일반적 흐름이었다."[5]

차티스트운동은 공공연한 계급 운동이었다. 차티스트운동의 요구들은 혁명적 의미가 있었고, 차티스트운동은 노동자들의 자주적 활동으로 그런 요구를 쟁취할 수 있다고 봤다. 그러나 그 운동은 1848년 이후에 소멸했다. 그 뒤 수십 년 동안 사회 평화와 제국주의의 번영이 득세했다. 영국은 '세계의 공장'이 됐다. 호황기에 노동자들은 생활수준이 향상될 수 있었다.

초기의 전투성과 단결은 깨졌고, 파업을 정치적 무기로 이용한다는 차티스트운동의 사상은 완전히 배격됐다. 예컨대, 1856년에 금속 노동자들의 지도자는 이렇게 선언했다. "우리는 노동자들이 정치적 문제를 토론하거나 살펴보도록 허용하지 않을 것이다."[6] 시어도어 로스스타인은 그 효과를 다음과 같이 설명한다.

> "정치 반대" 구호는 … 계급투쟁적 정치조직들의 정치만 반대하는 것이었다. 다시 말해, 노동자들은 모두 개인적으로 정치에 관여할 수 있었다. … 그래서 정치적으로 원자화한 영국 노동자들은 부르주아 정당 이데올로기의 조직적 힘에 쉽게 포섭돼, 보수당원이나 자유당원이 되고 말았다.[7]

차티스트운동 이후 계급 정치가 붕괴한 사실은 1867년에 도시 거주 남성들에게 투표권이 허용된 것에서 드러난다. 이것은 디즈레일리의 보수당 정부가 노동자들의 지지를 매수하려 했음을 뜻한다. 비슷한 조처가 20년 전에 실시됐다면 '문명의 종말'이 찾아왔겠지만, 이제는 핼리팩스 자작子爵이 "거의 모든 노동계급은 합리적이며 … 지난 몇 년 동안 그들은 꽤 개선됐다"고 상원을 안심시킬 수 있었다.[8] 1884년에 농촌의 남성 노동자들에게도 투표권이 부여됐다. 왜냐하면 그들도 자본주의를 기꺼이 받아들이는 듯했기 때문이다.

마르크스는 당시 영국 노동자들을 통렬하게 비판했다.

> 1848년 이후 부패의 시기에 점차 사기가 꺾인 영국 노동계급은 마침내 자유당, 즉 자신을 억압하는 자본가들의 꽁무니나 따라다니는 신세가 되고 말았다.[9]

1874년에 토머스 버트와 알렉산더 맥도널드가 "최초의 노동자 국회의원들"로 선출됐다. 두 사람 다 광원노조 간부 출신으로 자유당 후보로 출마했다. 버트는 독자적 노동자 정당을 반대하며 다음과 같이 주장했다. "노동자들은 계급을 이루고 있고, 아마 항상 계급적 특징을 지니고 있겠지만, 계급적 차이를 강조해서는 안 된다."[10] 알렉산더 맥도널드는 광원노조 대의원대회에서 "광원들이 파업을 자제하려고 애쓴다면 후세에 감사를 받을 만한 커다란 성취를 이룰 것"이라고 말했다.[11] 이 두 사람의 경우만 보더라도, 노동자들이 의회에 진출한 사실만으로 노동계급이 대단한 진보를 이룩했다고 주장하는 것은 신화일 뿐이라는 것을 알 수 있다.

버트와 맥도널드는 이른바 자유당-노동당 제휴파Lib-Labs(이하 자-노 제휴파)였다. 이들이 결코 중요한 세력이 되지 못한 이유는 자유당 지지자들이 지배계급을 흉내 내는 노조 간부들보다는 진정한 지배계급 출신들을 더 선호했기 때문이다. 자-노 제휴파는 다음과 같이 불평했다.

우리는 항상 자유당과 동맹하려 했고, 우리 스스로 자유당 소속이라고 확신했다. 사람들은 우리의 이런 심정을 알아주지 않았고 … 중간계급 자유당원들은 노동계급 후보를 지지하기보다는 보수당에 투표하는 것을 더 선호했다.[12]

그렇지만 가끔은 소수의 자-노 제휴파가 선출됐다. 1900년에는 자-노 제휴파 의원이 11명이었다. 심지어 랭커셔의 면직업 노조 간부 출신으로 노동조합의 후원을 받은 보수당-노동당 제휴파 후보도 있었다!

그러나 자-노 제휴파 국회의원들의 존재는 영국의 세계 무역 독점에 따른 경기 호황에 달려 있었다. 오직 그런 상황에서만 노동자들은 논리적으로 "우리 사장에게 좋은 것은 나에게도 좋은 것"이라고 생각하고, 공공연한 자본가 정당들에게 투표할 수 있었다. 엥겔스는 다음과 같이 정확하게 예측했다. "미국 등 다른 공업국들의 추격으로 이 독점이 크게 무너지면 … 사정은 사뭇 달라질 것이다."[13] 1870~1913년에 세계 무역에서 영국이 차지하는 비중이 30퍼센트에서 15퍼센트로 하락하고,[14] 1889년에 새로운 노동조합운동이 등장해 자-노 제휴론이 깨지자 엥겔스의 말이 옳았음이 드러났다.

신노동조합 운동에서 개혁주의 정치로

1889년 파업의 원인은 경제적인 것이었고, 비슷한 경제적 변동은 전에도 있었다. 그러나 과거에는 극적인 새 출발 같은 것은 없었다. 1889년 폭발의 결정적 요인은 비록 매우 적은 수이지만 사회주의자들의 개입이 중요한 구실을 한 것이었다.[15] 그들 다수는 마르크스주의 조직인 사회민주연맹과 연계가 있었다.

가장 유명한 사건은 톰 만, 존 번스, 벤 틸렛 같은 사회주의자들이 지도한 '런던 항만 노동자 파업'이었다. 당시에만 해도 항만 노동자들은, 엥겔스의 말을 빌리면, "최하층의 부랑자들 … 망가지다 못해 완전한 파멸을 향해 표류하는 … 끝없이 좌절한 인간 군상"이었다.[16] 그런 항만 노동자 3만 명이 세계에서 가장 크고 부유한 도시이자 거대한 제국의 중추를 마비시키고 승리했다!

신新노동조합의 기반은 미숙련이거나 반半숙련인 남녀 노동자들이었다. 그들은 숙련공들과 달리 협상력이 없으므로 조직될 수 없다는 것이 일반적 통념이었다. 그런 생각은 새 '일반노동조합'의 결성으로 틀렸음이 입증됐다. 일반노동조합은 과거의 노동조합과 달리 모든 형태의 노동자들을 포괄해 계급 전체를 조직하려 했다. 과거의 노동조합은 협상과 조정을 신봉한 반면, 신노동조합은 대체 인력 투입에 반대하는 대규모 피케팅과* 물리적 저항도 마다 않는 직접행동에 의존했다.

가장 선진적인 신노동조합 조합원들은 부르주아 정당들의 꽁무니를 따라다니지 않고 노동계급의 힘에 의존했다. "우리의 외침은 자본에 대항하는 노동의 격렬하고 절절한 외침이다. 우리는 전쟁을 치르는 동안 우리의 노동 생산물이 우리 것이 될 때까지 자본가에게 휴전의 백기를 들지 않을 것이다."[17] 톰 만 같은 사회주의자들은 노동조합 결성과 8시간 노동 입법화를 연결했다. 그래서 노동계급의 집단적 힘과 정치적 요구들을 결합했다.

그리하여 신노동조합 조합원들은 정치와 경제의 제도적 분리에 도전했다. 체제는 정치와 경제의 분리를 이용해 집단적 투쟁이 체제의 존립을 위협하는 데까지 나아가지 못하도록 막는다. 그러면 국가는 노동자들을 유권자들, 즉 낱낱의 개인으로만 상대할 수 있기 때문이다. 마르크스는 8시간 노동 입법화 운동의 중요성을 다음과 같이 인정했다.

노동계급이 지배계급에 맞서 하나의 계급으로 움직이고 외부에서 압력을 가해 지배계급을 강제하려 하는 운동은 모두 정치 운동이다. … 특정 공장이나 특정 업종에서 파업 등을 통해 개별 자본가에게 노동시간 단축을 강요하는 운동은 순전히 경제적 운동이다. 반면에, 8시간 노동 입법을 강제하려는 운동은 정치 운동이다.[18]

구舊노동조합 지도자들은 새로운 흐름에 격렬하게 저항했다. 런던 지역노조연합체 의장인 조지 십턴이 그 공세를 주도했다. 조지 십턴은 혁

---

* 피케팅 노동자들이 파업을 벌일 때, 파업 불참자나 대체 인력의 작업장 출입을 막고 다른 동료 노동자들에게 파업 참가를 호소하는 행동.

명적 정치투쟁 방식들을 비난했다. 국가한테 양보를 강요하기 위한 대중 시위 같은 방식이 아니라 국가를 통해 작동하는 방식들이 필요하다는 것이었다. "참정권이나 투표권이 없었을 때는 머릿수를 과시하는 방법뿐이었다. 그러나 지금은 노동자들에게 투표권이 있다."[19] 십턴은 노동조합 투쟁에 정치를 도입하는 것도 반대했다. "'신노동조합 조합원들'은 정부와 의회에 의존한다. '구노동조합 조합원들'은 자력에 의존한다."[20]

벤 틸렛과 톰 만은 격렬하게 반발하면서, 자신들은 의회에 대한 개혁주의적 종속이나 정치·경제의 분리와 다르다는 것을 보여 줬다. 그들은 노동자들이 스스로 조직하는 것이 진보의 핵심이라고 강조했다.

우리는 의회에 호소하는 활동을 신뢰하지 않으려 했고, 노동단체들 안에서 교육 활동이 이뤄지기만 하면 국가기구가 자연히 우리 손에 들어올 것이라는 주장을 반박해 왔다. … '신'노동조합 조합원들이 정부와 의회에 의존한다는 말은 완전히 헛소리다. 가장 중요한 것은 먼저 조직하고, 그러고 나서 행동하는 것이다. … [21]

이 시기의 전투적 산업 투쟁은 의회 개혁주의와 전혀 달랐지만, 몇 년이 채 안 돼 의회 개혁주의가 득세했다. 운동이 어떻게 변했기에 그럴 수 있었을까?

신노동조합 운동의 영웅적인 국면은 매우 짧았다. 지배계급은 직장 폐쇄와 대규모 대체 인력 투입으로 반격에 나섰고, 가장 취약한 노동자 집단들을 분쇄했다. 이것이 성공한 이유는 영국 자본주의의 위기가 그다지 심각하지 않아서 모든 부문의 노동계급이 반발하지는 않았기 때문이다. 구노동조합의 적대감도 단결을 해치는 데 한몫했다. 마지막으로, 좌파의 주요 조직인 사회민주연맹은 구제 불능의 종파였다. 사회민주연맹은 노동조합 활동의 가치를 무시했고 항만 노동자들의 파업도 깎아내렸다. 1889년 9월 [항만 노동자 파업이] 승리한 바로 그때 사회민주연맹은 "파업의 오류들"이라는 제목의 글을 발표해서 "엄청난 대가를 치르고 하찮은 승리를 거둔 항만 노동자들에게 축하를 보낸다"고 말했다.[22]

1890~1892년에 신노동조합의 조합원 수는 32만 명에서 13만 명으로 감소해, 가장 많았을 때는 영국 노총TUC 조합원의 25퍼센트나 되던 것이 1900년에는 10퍼센트밖에 안 됐다. 정치적으로 가장 선진적이었던 가스노조 조합원도 1890년 6만 명에서 1896년 2만 4000명으로 줄었다.[23] 노동조합운동이 대체로 심각하게 후퇴했고, 조합원 수도 3년 만에 40퍼센트나 감소했다.

노동조합 기구들을 보호하기 위해 윌 손과 벤 틸렛 같은 지도자들은 전에 자신들이 비난했던 '구'노동조합 관료들의 보수적 태도들을 재빨리 받아들였다. 1893년에 틸렛은 헐Hull 항만의 대규모 대체 인력 투입에 항의하는 전국적 파업을 막았다. 1894년에 손은 "노동조합원들에게 간부들의 충고를 따르라고 훈계하며, '간부들의 태도를 도저히 참을 수 없을 정도로 억압이 극심하지 않다면 파업에 나서려는 노동자들을 확실하게 뜯어말려야 한다'고 선언했다."[24]

처음에 신노동조합 지도자들은 노동자들의 **정치적 행동**이 필요하다고 인정했다. 1891년에 가스노조 대표단은 제2인터내셔널에 보고하며 다음과 같이 선언했다.

성공했든 못했든 … 지난 2년 동안의 크고 작은 파업 수백 건은 모두 똑같은 교훈, 똑같은 이야기를 들려준다. 노동조합운동과 파업만으로는 노동계급을 해방하지 못한다는 것을.[25]

자본주의에 정치적으로 도전할 필요가 있음을 이해했다고 해서 그로 부터 반드시 혁명적 결론을 끌어내는 것은 아니다. 개혁주의적 결론을 끌어낼 수도 있는 것이다.

우리는 (의회에 요구하는 것도 포함해) 개혁을 위한 투쟁을 **노동계급을 동원하는 수단**으로 이용할 수 있다. 그리고 이런 경험을 통해 **사회주의를 위한 최후의 혁명적 투쟁**을 준비할 수 있다. 그러나 의회에 대한 개혁주의적 태도는 계급을 동원하지 않는 수단이다. 즉, 대결을 회피하고 체제 내 활동만 하려는 지도자들에게 의존하라고 계급에게 요구하는 것이다. 그렇게 되면 지도자들의 협상 기술이 대중행동을 대체한다.

슬프게도 1890년대에는 사회민주연맹의 종파주의 태도 때문에 개혁주의적 대안만이 가능했고, 그 대안이 결국 승리했다. 혁명적 주장을 받아들였을 극소수조차도 지속적인 세력으로 조직되지 못했고, 신노동조합 운동의 가장 선진적인 사상은 흔적도 없이 사라졌다.

톰 만은 가장 늦게 현장을 떠난 사람들 가운데 한 명이었다. 1891년 6월에도 톰 만은 여전히 다음과 같이 쓸 수 있었다. "의회 활동이 노동조합운동을 대체하는 것이 바람직하다는 … 믿음이 꽤나 강력하다. … [그러나 그것은] 정말 터무니없는 소리다."[26] 그러나 머지않아 새로운 견해가 등장했다. 이것은 틸렛이 브래드퍼드에서 의회 선거에 출마했을 때 가장 분명히 드러났다. 1889년과 1890년에 틸렛은 선거 출마 권유를 거절하며 "정당정치 따위는 집어치우시오" 하고 대꾸했다.[27] 그러나 1891년 9월에는 선거 출마 권유를 받아들였다. 틸렛의 선거운동 기조는 의미심장했다.

자칭 사회주의자였는데도, 틸렛은 선거운동 내내 '사회주의'라는 말을 한 번도 하지 않았다. … 그리고 회중교회* 원로들의 다음과 같은 추천사를 선거 공보물에 집어넣기도 했다. "틸렛 같은 사람이 규율 없는 노동자들의 지도자가 된 것을 하나님께 진심으로 감사드립니다. 틸렛은 마라[프랑스 혁명 당시 혁명가]가 아니라 예수 그리스도의 선한 병사입니다." … 틸렛은 사회주의 천년왕국에 대한 구상을 일부러 밝히지 않은 듯했다. 적어도 세 번이나 그렇게 하지 않겠다고 말했다.[28]

틸렛의 선거운동은 많은 노동자들의 일반적 흐름을 상징적으로 보여 줬다. 브래드퍼드는 산업 투쟁의 패배가 어떻게 개혁주의 정치로 이어지는지 가장 분명하게 보여 준 사례였다. 바로 여기서 독립노동당이 1893년에 창당 대회를 열었다. 이 도시에서만 독립노동당 창립 기금의 6분의 1이 걷혔고, 창당 대회 대의원의 3분의 1이 웨스트요크셔 지방 — 핵심 도시가 브래드퍼드였다 — 출신이었다.[29]

브래드퍼드가 개혁주의의 이상적 근거지가 된 것은 신노동조합 운동이 잠시 폭발했다가 금세 사그라졌기 때문이다. 그 전환점은 최대 33퍼센트의 임금 삭감을 둘러싸고 벌어진 매닝엄 공장 투쟁이었다. 그 투쟁은 여섯 달 동안 계속됐고, 3000명의 노동자들이 가담했으며, 도심에서 몇 차례나 격렬한 전투가 벌어졌다.[30] 결국, 노동자들이 굶주림을 이기지 못해 패배했다. 그 뒤 브래드퍼드는 노동조합 조직가인 벤 터너의 말처럼 "노동조합을 조직하기가 가장 어려운 곳"이 돼 버렸다.[31]**

---

*   회중교회 영국 여왕 엘리자베스의 교회 통일 정책에 반발해 국교회 개념을 거부한 개신교 교파. 19세기 후반 자유당과 강한 유대 관계를 형성했다.

**   브래드퍼드에서 겨우 13킬로미터 떨어진 리즈는 사뭇 달랐다. "리즈에서 독립노동당 지방의원이 처음 당선된 것은 1906년이었다. 그때는 이미 조윗이 브래드퍼드 지역에서 14년째 지방의원으로 활동하며 커다란 성과를 올리던 때였다. … 그러나 두 도시의 사회

이런 상황에서 1893년 1월 14일 독립노동당이 창당했다. 1889년 이후 어떤 상황 변화 때문에 그런 개혁주의 정당이 창당될 수 있었을까? 첫째, 해외 경쟁과 관련된 경제문제들이 있었다. 둘째, 사회주의자 지도자들이 응집력을 제공한 대규모 산업 투쟁이 있었다. 이런 요인들이 없었다면, 자-노 제휴파의 정치와 단절하는 일도 없었을 것이다.

산업 투쟁의 전투성이 꺾이지 않았다면, 자신감과 자주적 활동을 바탕으로 한 강력한 정치 운동이 등장할 수 있었을 것이다. 그러나 1893년에는 개혁주의에 딱 맞는 상황들이 맞물려 있었다. 노동자들의 투쟁으로 조직이 만들어지기는 했지만, 패배 때문에 그 조직들은 관료적 방향으로 나아갔다. 산업 전선과 정치 전선 둘 다에서 지도자들은 투쟁을 통해 유명해졌지만, 이제 그들은 대중의 운동을 대리하고 있었다. 독립노동당은 신노동조합 운동의 산물이 아니라 그 패배의 산물이었다. 바로 여기서 개혁주의와 노동계급의 관계가 압축적으로 드러난다.

독립노동당

독립노동당은 자유당과 제한적으로 결별한 것이었다. 브래드퍼드에서 당의 이름을 둘러싸고 중요한 논쟁이 벌어졌다. 당명을 '사회주의노동당'으로 하자는 제안이 부결되고 '독립노동당'이 채택됐다. 그 근거는 "당이

적·산업적 차이를 살펴보면, 몇 가지 이유를 금세 알 수 있다. … 미숙련 남성 노동자들은 신노동조합 운동 덕분에, 대체로 자신들의 조건을 개선했고 불만 사항도 몇 가지 없앨 수 있었다. 그래서 [1890년 6월 리즈에서 벌어진] 가스 [공장 노동자들의] 파업은 짧고 격렬했고 승리한 반면, 매닝엄 공장 투쟁은 길고 굴욕적이었고 패배했다."[32] — 지은이.

사회주의자들뿐 아니라 당 밖의 아주 광범한 노동자 대중까지 포괄해야 한다"는 것이었다.[33]

이것은 근본적인 문제였다. 당의 목표가 자본주의에 적극적으로 반대하는 투쟁을 건설하는 것이라면, 가장 중요한 것은 득표수가 아니라 사회주의 활동에 헌신적인 사람들의 수일 것이다. 그러나 독립노동당이라는 당명이 거의 만장일치로 채택된 것을 보면, 대의원들이 선거에서 성공하는 것을 으뜸으로 여겼음을 알 수 있다. 독립노동당의 독보적 지도자 키어 하디는 "나에게는 하원의 노동당 의원 수가 가장 중요한 문제"라고 썼다.[34]

그러나 '독립'이라는 명칭은 당의 미래를 보증하기에 불충분했다. 광원 출신 국회의원 찰스 펜윅 같은 자-노 제휴파도 "의회 진출의 절박한 필요성이 있고 … 노동자들도 노동계급에게 영향을 미치는 모든 문제들에 대해 권위 있게 연설할 수 있어야 한다"고 독립노동당과 비슷한 주장을 했으니까 말이다. 그들도 "혁명의 정치가 아니라 개혁의 정치"를 추구했던 것이다.[35] 독립노동당은 자신들이 자-노 제휴파와 다르다고 주장해야 했고, 그래서 "생산·분배·교환 수단의 집단적 공동소유"라는 목표를 채택했다.

이것은 냉소적인 책략이 아니라 신노동조합 운동의 여운을 반영한 것이었다. 독립노동당의 평당원들이 사회주의의 근본이라고 여긴 것을 물타기 하거나 거기에서 벗어나려 한 훗날의 움직임은 격렬한 반발을 불러일으켰고, 그 때문에 1932년에 당은 분열했다. 이런 의미에서 독립노동당은 초창기의 노동당과 사뭇 달랐다. 독립노동당은 개혁주의 정치로 후퇴하기는 했지만 계급투쟁을 통해 사상을 발전시킨 개별 활동가들이 모여 만든 당이었다. 그러나 노동당은 개별 당원들의 가입으로 시작된 당이 아니라 노동조합의 가입과 관료적 조종 과정을 거쳐 만들어진 당이다.

황금기라는 신화

독립노동당은 자본주의 국민국가의 제도들을 통해 노동계급이 해방될 수 있다고 믿었다. 이것이 틀렸음은 역대 노동당 정부가 자본주의에 도전하지 못한 것을 보면 알 수 있다. 그러나 1893년에는 개혁주의 주장을 논박할 실천적 사례들이 없었다. 노동당 정부를 수립하는 데 필요한 타협들이 막 시작됐고, 그것이 성과를 낼 때까지는 40년이 걸릴 터였다. 1932년에 가서야 독립노동당은 브래드퍼드에서 채택한 견해의 결론을 인정했지만, 그 결과는 독립노동당의 완전한 붕괴였다.

개혁주의의 논리가 아주 천천히 전개됐기 때문에, 노동당의 황금기라는 신화가 생겨났다. 그것은 **노동당 자체만큼**이나 오래된 신화다. 나중에 의회적 길 — 노동자들의 이익과 선거의 이익을 맞바꾸는 길 — 을 걸어 내려온 사람들은 제일 처음 꼭대기에서 시작한 사람들을 되돌아봤다. 당연히 이 개척자들은 뭔가 고상한 이상에 의해 더 고양되고 고무된 사람들처럼 보였다. 과거 노동당 지지자였다가 환멸을 느낀 사람이 이미 1921년에 다음과 같이 썼다.

> 열렬한 신념과 영웅적 자기희생이 충만했던 초창기, 키어 하디가 천 모자[노동계급의 상징]를 쓰고 하원에 앉아 있던 초창기와, 정치꾼들이 선거 득표와 자리다툼에만 골몰하는 요즘은 엄청나게 다르다.[36]

그런 차이는 환상이었다. 노동당의 정치는 근본적으로 전혀 바뀌지 않았다. 옛 노동당과 새 노동당의 차이는 그런 개혁주의가 작동하는 외부 조건에 달려 있다. 노동당에는 되찾을 만한 순수한 노동자 전통이 없다. 셰익스피어의 표현을 빌리면, 다음과 같이 말할 수 있을 것이다. 어띤 정당은 태어날 때부터 썩어 있었고, 어떤 정당은 점차 썩어 갔고, 어떤 정당은 외부의 압력 때문에 어쩔 수 없이 썩었다. 각각의 경우에 해당하는 사례들이 있다. 러시아 공산당은 독일 혁명의 패배, 국제적 고립, 16개 나라 군대의 침략과 내전 때문에 어쩔 수 없이 썩었다. 독일 사회민주당은 오랜 시기 동안, 그리고 카우츠키와 베른슈타인 같은 사람들이 들인 많은 노력 때문에 점차 기회주의에 물들었다. 그러나 노동당은 처음부터 순전한 개혁주의 정당이었다.

종속노동당

여러 결점들이 있었지만, 독립노동당 창당에는 매우 긍정적인 측면이 있다. 1886년에 엥겔스는 독자적인 노동자 정치조직의 한계가 무엇이든 그런 조직은 필요하다고 지적했다.

처음으로 운동이 시작된 한 나라에서 최초의 커다란 진일보는 노동자들이 독자적인 노동자 정당을 만드는 것이다. 어떤 방식으로 만들어지든, 그것이 분명한 노동자 정당이고 … 노동자들 자신의 운동이라면 그 방식은 상관 없다. [노동자들은 — 지은이] 실수에서 배워 전진할 것이고, 잘못을 통해 지혜를 터득할 것이다.[37]

비록 잘못을 통해 지혜를 터득하기까지 오랜 세월이 걸렸지만, 엥겔스가 독립노동당 창당을 노동계급의 진정한 진일보라고 본 것은 옳았다.

그러나 독립노동당이 가장 **종속적인** 조직 가운데 하나라는 것은 역사의 아이러니다. 독립노동당은 노동계급 외부의 단체들이 제공한 이론에 철저하게 의존했다. 이 점은 필립 스노든의 말처럼 " … [독립노동당의] 지부들이 거의 전적으로 노동자들로만 이뤄져 있었다"는 사실에도 불구하고 진실이었다.[38]

이론은 개혁주의자들의 영원한 문제다. 부르주아 사상의 전통과 노동계급 사상의 전통 ─ 마르크스주의 ─ 은 각각 서로 다투는 사회 계급들의 삶에 바탕을 두고 있다. 자본가들은 철학자, 역사가, 정치인, 경제학자 등을 통해 자신들의 존재를 정당화하는 지적 문화를 만들어 낸다. 마르크스주의는 국제 노동계급 투쟁의 역사에 의존한다. 그러나 개혁주의자들은 독자적 전통이 없다. 그들은 기존 제도들을 통한 활동에 스스로 매몰되고, 따라서 노동계급의 염원을 체제가 정해 놓은 이데올로기 틀 안으로 돌리려고 애를 쓰면서 불안한 이론적 노선을 추구한다.

그렇다고 해서 독립노동당원들의 헌신성을 부정하는 것은 아니다. 키어 하디는 다음과 같이 썼다.

시끄러운 거리 모퉁이 가로등 아래 빈 궤짝 위에 서서 연설하는 사회주의자의 말을 잠시 들어 본 행인들 가운데 종교적 느낌을 받은 사람은 거의 없을 것이다. … 그러나 그 사회주의자가 누구이고 무슨 일을 하는지 알게 된다면, 어떻게 그 사람이 날마다 고된 일을 마친 뒤 피로와 불편을 무릅쓰고 거리로 나서는지 알게 된다면, 어떻게 매주 일요일 몇몇 이웃 도시를 방문해 선전하거나 아니면 살고 있는 도시에서 두 차례 모임을 준비하고 정리하는 일을 돕느라 하루 종일 힘들게 일하는지 알게 된다면, 그리고 어떻게 보수나 대가도 바라지 않고 해마다 이런 일을 계속하는지 알게 된다면, 여러분은 그 사람이 지상낙원을 건설하려는 염원으로 가득 찬 열정적인 종교인과 근본적으로 다를 바 없음을 깨달을 것이다.[39]

이런 분위기와 훗날 헤일섬 경이 묘사한 보수당의 분위기를 비교해 보라.

보수당원은 정치투쟁이 삶에서 가장 중요한 것이라고 생각하지 않는다. 이 점에서 그들은 대다수 노동당원과 … 다르다. 가장 단순한 보수당원은 여우 사냥을 선호하고, 가장 현명한 보수당원은 종교를 선호한다.[40]

빈 궤짝 위의 노동계급 선동가와 여우 사냥을 즐기는 보수당원의 생활양식은 많이 다를 수 있다. 그들의 공통점은 종교다. 독립노동당의 비국교도 같은 종교적 열정이야말로 그들의 지적 종속성을 보여 주는 가장 분명한 증거다. 사실, 영국 국교회와 마찬가지로 비국교도의 전통도 지주들의 이익과는 무관했다. 그러나 사용자와 노동자의 공동 예배를 강조한 비국교도에서는 노사 공동의 이익과 공동의 이데올로기라는 정서가 강했다. 트로츠키는 이것이 영국 부르주아가 "문화적 보수주의로 프롤레타리아를 무겁게 짓누르고 있는" 분명한 증거라고 봤다.[41]

독립노동당의 가장 뛰어난 선전가는 필립 스노든이었다. 스노든은 '필립과 함께 주님 곁으로'라는 당원 가입 방식으로 유명해졌다. 찬송가가 울려 퍼지고 개종자들이 앞으로 나올 때 스노든은 우렁차게 선언했다.

전 세계에서 위대하고 의로운 힘의 작용을 보여 주는 조짐들이 아주 많습니다. 정의의 태양이 떠올라 치유의 빛을 비추고 있습니다. 그리스도께서 오실 것입니다. 더 밝은 사회질서가 새롭게 나타날 것입니다. 그것이 바로 약속의 땅, 새 예루살렘입니다.[42]

독립노동당과 초기 노동당에서 종교는 매우 중요했다. 심지어 1911~

1914년의 신디컬리즘 운동을 주도하고 결국 공산당에 가입한 톰 만이 독립노동당 사무총장 재직 시절에 신부가 되려는 생각을 했을 정도다. 1906~1910년에 노동당 국회의원들의 사상을 형성하는 데 큰 영향을 미친 책을 조사한 재미있는 연구 결과가 있다. 40명 중 25명이 종교 서적들을 꼽았다(16명은 구체적으로 성서를 들었다). 마르크스나 엥겔스의 책을 꼽은 사람은 2명뿐이었다.[43]*

독립노동당은 사용자와 노동자의 공동 이익을 강조하며 계급 갈등을 완화해야 한다고 줄기차게 주장했다. 하디는 다음과 같이 썼다. "사회주의 운동을 서로 싸우는 집단들의 지배권 투쟁으로 깎아내리는 것은 사회주의 운동을 타락시키는 것이다. 우리는 '계급의식적' 사회주의자들을 원하지 않는다."[44] 하디가 독립노동당의 "가장 큰 지적 자산"이라고 칭송한 램지 맥도널드는 다음과 같이 덧붙였다. "내가 계급 전쟁이라는 조야한 관념을 거부하는 이유는 계급의식이 아무짝에도 쓸모가 없기 때문이다. … 사회주의의 표어는 계급의식이 아니라 공동체 의식이다."[45] 당의 경제 전문가로서 자본주의 사회의 현실을 제대로 알고 있었을 필립 스노든은 한술 더 떴다. "부자는 … 주위 사람들의 불행을 알기 때문에 돈을 마구 쓸 수 없다. … 사회주의에 가장 매력을 느끼는 사람들은 아마도 교양 있는 유한계급일 것이다."[46]

만약 독립노동당이 계급투쟁을 성가시게 여겼다면, 그것은 혁명의 미래를 상상할 수 있었기 때문일 것이다. 예컨대, 1895년에 [독립노동당의 기관지] 〈레이버 리더〉는 다음과 같이 경고했다. "유럽 대륙 전체에 … 혁명의

---

* 다른 저자들 중에는 봉건시대의 황금기에 대한 신념을 바탕으로 자본주의를 비판한 존 러스킨(16명), 엥겔스가 "거대한 사기극"이라고 비판한 토지세를 주장해 인기를 끈 헨리 조지(11명) 등이 있었다. 5명이 셰익스피어를 꼽았고, 이렇다 할 정치적 통찰력도 없는 로비 번스와 찰스 디킨스를 꼽은 사람이 각각 4명이었다. ─ 지은이.

그림자가 드리워져 있다. 실제로 혁명이 일어나면, 우리는 바다 건너편에서 인류의 거대한 비극을 목격할 것이다."[47]

독립노동당은 비록 혁명적이지는 않았지만, 보수당과 자유당에 견주면 분명히 진보였다. 독립노동당은 신노동조합 같은 노동계급 조직들을 인정했고, 실제로 그런 조직들 덕분에 존재할 수 있었다. 그러나 독립노동당은 자본주의와의 대결을 지도한 것이 아니라, 노동자들이 국가기구 안에서 지위를 확보해야 한다고 주장했다.

독립노동당이 독자적 개혁주의 이론을 정립할 수 없었다는 것은 이미 이야기했다. 하디는 무지를 축복으로 여겼다. "독립노동당은 … 독자적 사회주의 이론을 정립하지 않았다. 그것은 사실이다. 그리고 바로 그 점이 독립노동당의 강점이다."[48] 그 결과는 파괴적이었다. 독립노동당은 사회를 전혀 분석할 수 없었고, 심지어 자신의 역사적 위치도 파악할 수 없었다. 하디가 독립노동당의 탄생을 묘사한 말을 들어 보라. "독립노동당은 어떻게 탄생했는가? 아무도 모른다. 왜 봄에 싹이 트는가? 나는 봄철과 마찬가지로 인간사도 우리가 알지 못하는 법칙들이 지배한다고 확신한다."[49] 따라서 독립노동당은 자신을 둘러싼 자본주의 사상을 무방비로 받아들였다. 독립노동당 의장 브루스 글래셔는 다음과 같이 선언했다. "내가 평범한 자유당원이나 보수당원과 완전히 다르다고 생각하지 않고도, 나는 사회주의를 위해 주장하고 활동할 수 있다."[50]

이것이 문제의 핵심이었다. 독립노동당은 자본주의라는 우물에서 곧장 퍼올린 사상들, 특히 자유당과 페이비언의 사상을 노동계급에게 전파했다. 하디와 램지 맥도널드는 모두 자유당 후보로 선거에 출마할 수 없게 된 뒤에야 노동당 정치에 의존했다. 그때조차 그들은 거듭거듭 자유당 정치에 공공연히 경의를 표했다. 나중에 키어 하디는 자신이 1892년 사우스웨스트햄에서 국회의원으로 당선된 덕분에 최초의 사회주의자 의원이 될 수 있었다고 말했다. 하디가 의회에 등원할 때 열렬한 지지자들이 그가 탄 마차를 뒤따라 나팔을 불며 새 시대가 열렸다고 외친 것은 사실이다.[51] 그러나 하디 자신은 "나는 평생토록 자유당을 지지했다. … 나는 지금도 자유당 강령에 동의한다"고 말했다.[52]

스노든은 자신이 "자유당 정치 안에서 성장했다"고 유권자들을 안심시켰다.[53] 광원 지도자이자 독립노동당의 노조 출신 거물인 로버트 스마일리는 노스이스트랭커셔에서 출마했을 때 자신이 자유당 후보보다 더 훌륭한 자유당원이라고 주장했다.[54] 맥도널드가 노동당 사무총장이 됐을 때, 자유당 정치와의 결합은 거의 극에 달했다. 맥도널드와 하디는 1899년에 쓴 중요한 글에서 독립노동당이 "진보적 사도전승이라는* 진정한 연계"를 통해 자유당 정치와 결합됐다고 두 번이나 강조했다.[55] 그들은 두 정당을 "연결하는 황금 다리"를 놓고 싶어 했다.[56]

그러나 독립노동당이 자유당 정치를 채택하는 데는 분명한 한계가 있었다. 자유당의 대안이 되기를 원하는 조직은 어느 정도 자신을 차별화할 필요가 있었다. 이것을 위해 독립노동당은 페이비언들에게 많이 의존했다.

"사회혁명의 최악의 적들"

이 말은 페이비언협회의 핵심 인물인 비어트리스 웨브가 한 말이다.[57]**

---

* 　사도전승 예수의 사도 12명의 권위가 주교들을 통해 지금까지 계승되고 있다는 그리스도교 교리.

** 　원래는 키어 하디가 노동계급을 경시하고 사회혁명을 부정한 페이비언협회를 두고 한

독립노동당과 훗날의 노동당을 좌우한 것이 바로 페이비언협회였다. 어떤 역사가는 "현대 영국 사회주의의 정치적 원칙을 제시한 것은 페이비언협회 회원들"이라고 썼다.[58] 그렇게 작은 단체가 그토록 엄청난 구실을 할 수 있었다는 것은 놀라운 일이다. 1900년 페이비언협회가 노동자대표위원회에 가입했을 때, 회원 수는 겨우 861명이었다. 협회가 창설된 지 17년이 흐른 뒤였는데도 그랬다. 그러나 독립노동당이 이론적으로 무능했기 때문에 페이비언협회 회원들이 중추 구실을 할 수 있었다. 거의 처음부터 독립노동당 중앙집행위원회의 3분의 2가 페이비언협회 회원이었고, 그중에는 하디, 맥도널드, 만(독립노동당 사무총장), 틸렛, 랜스버리 등도 포함돼 있었다.[59]*

페이비언협회 지도자들 — 비어트리스·시드니 웨브 부부와 극작가 조지 버나드 쇼 — 은 "개인으로서 우리는 지배계급"이라고 서슴없이 말했다.[60] 오랫동안 페이비언협회에는 노동자가 단 한 명뿐이었는데, 주택도장공이었던 그 노동자를 페이비언협회 회원들은 '전시품'쯤으로 여겼다.[61] 페이비언협회는 실제로 자유당과 보수당에 '침투하는' 정책으로 상층계급에게 영향을 미치는 데 관심이 더 많았고, 노동당을 세 번째 침투 대상으로 여길 만큼 하찮게 여겼다. 1891년 뉴캐슬에서 열린 자유당 당대회에서 시드니 웨브가 제안한 정책이 그대로 채택되자, 비어트리스

말이다. 비어트리스가 이 말에 일말의 진실이 있다고 인정하면서 다시 인용했다.

* 활동가들이 전혀 다른 정치조직들의 회원 자격을 동시에 유지할 수 있었다는 것은 이론을 경시하고 조직이 느슨했음을 보여 주는 증거다. 그래서 톰 만은 사회민주연맹에서 페이비언협회로 재빨리 옮겨 갔고, 그 뒤 페이비언협회를 탈퇴하지 않고도 독립노동당을 이끌었다. 랜스버리는 사회민주연맹, 페이비언협회, 독립노동당의 회원 자격을 동시에 유지하고 있었던 듯하다. 윌 손은 사회민주연맹 회원 자격을 유지한 채 노동당 국회의원이 됐다. 그것도 사회민주연맹이 노동당과 결별한 지 5년 뒤에 그랬다. 이 밖에도 많다. — 지은이.

는 시드니가 "자유당 정책의 원천이자 최고의 정책 선동가"라고 말했다.[62]
1910년에도 비어트리스는 일기장에 보수당도 나름대로 매력이 있지만
자유당도 그렇다고 썼다. "따라서 우리가 어떤 정당에서 가장 많이 얻어
낼지 정말 모르겠다. 우리가 급속한 진보를 원한다면 결국 진정한 사회
주의 정당을 만들어야 할 수도 있다."[63]

페이비언협회 회원들은 노동계급을 철저히 경멸했다. "우리 대도시들
에 우글거리는 이 수많은 불결한 영혼과 망가진 육신들한테서 기대할
수 있는 것은 야만, 비열함, 범죄뿐이다."[64] 25년 뒤에도 그런 어조는 바
뀌지 않았다. 비어트리스는 "노동조합 현장 조합원들의 엄청난 어리석
음", "천박하고 교양 없는 노동자들" 운운했다.[65] 인간적인 동정심은 눈곱
만큼도 없었다. 비어트리스 웨브는 자유당이 노동자들에게 의료보험을
제공한 것을 혹평했다. 1911년에 비어트리스는 자유당에 대해 다음과
같이 썼다.

완전히 정신이 나갔다. 꾀병 환자들을 어떻게 가려내려는 것인지 모르겠
다. … 정부는 치료와 규율 감독의 확대를 회피하고 있다. 그들은 단지 기계
적으로 임금 소득자 계급의 화폐소득을 늘리려 하고 있다. … 소득 증대를
위해 노력하도록 장려하는 조처는 전혀 추진하지 않고 있다.[66]*

---

* 이런 태도를 가진 웨브 부부가 《노동조합운동사》와 《산업민주주의》 같은 탁월한 책을
쓸 수 있었다는 것은 놀라운 일이다. 그러나 그들의 꼼꼼한 연구에는 이중의 목적이 있
었다. 이제 막 성장하기 시작한 노동조합 지도자들이 책임감 있게 활동하도록 훈련하
고, 노동조합은 탄압이나 굴복의 대상이 아니라 협상 상대라는 것을 지배계급에게 보
여 주는 것이었다. 비어트리스 웨브의 말처럼, 이 부부는 "(노동조합원들을 위해!) 노동
조합을 비판하고 … (중간계급과 경제학자들의 각성을 위해) 노동조합을 변호하거나
방어했다."[67] — 지은이.

1896년 페이비언협회가 펴낸 소책자 《사회주의의 도덕적 측면들》은 다음과 같이 선언했다.

사회주의 정책은 약자에게 유리한 것이 아니라 강자에게 유리하다. … 그것은 산업의 찌꺼기가 자연스럽게 걸러지고 일종의 '외과 수술'을 받게 되는 의식적인 사회적 선택 과정이다. … 이런 식으로 사회주의 정책은 사회적 적자생존뿐 아니라 세계적 수준에서 경쟁하는 사회들의 적자생존에도 부합한다.[68]

히틀러가 등장하기 훨씬 전에 이미 버나드 쇼는 우수 인종과 "초인"의 육성, "낙오자들의 멸종"을 주창했다.

그들의 철저한 지배계급 관점을 이해해야만 우리는 페이비언협회 회원들이 '사회주의'나 더 흔하게는 '집산주의' 운운할 때 단어를 터무니없이 잘못 썼음을 알 수 있다(이 골수 인종차별주의자들은 집산주의가 그나마 덜 불쾌한 용어라고 생각했다).

페이비언협회의 정치적 배경에는 두 요인이 있었다. 첫째는 조지프 체임벌린의 '속죄의 복음'이었다. 체임벌린은 자유당에 영국 연방 개념을 제공했고, 사회적 소요의 위험을 피하려면 사회복지와 노동조건 개선이라는 '속죄'가 필요하다고 믿었다. 비어트리스는 "제국을 유지하기 바란다면 … 우리는 지금 음울한 불만이 확산되는 것을 무시해서는 안 된다"고 말했다.[69]

둘째, 페이비언협회 회원들은 자본주의 경제의 변화를 의식하고 있었다. 19세기의 대부분 동안 지배계급은 이른바 자유방임laissez-faire 정책을 추진했다. 이 프랑스어['내버려 두라'는 뜻]는 자본주의 체제의 요구를 잘 표현했다. 자본 단위는 소규모였고 해외 경쟁은 미미했다. 그래서 기업주들은 자유무역을 요구했고 시장의 힘이 자유롭게 작용하기를 바랐다. 그들은 자본축적 과정에 국가가 최소한으로 개입하기를 원했다. 그러나 독일과 미국이 경제적 위협 상대로 떠오르자, 지배계급의 일부는 국가가 더 개입해서 자본주의를 지지하는 구실을 해야 한다고 생각했다. 지배계급의 한 분파는 시장과 원료를 확보하는 수단이 바로 제국주의라고 봤다. 또 다른 분파는 국가가 국내 자본의 효율성을 증대시켜야 한다고 생각했다. 이 후자가 페이비언협회의 정책이었다.

그 정책의 완결판이 처음으로 드러난 것은 1889년 12월의 《페이비언 논총》에서였다. 《페이비언 논총》은 항만 노동자 파업이 승리한 지 석 달 뒤에 출간됐지만, 노동조합에 대해서는 일언반구도 없었다.

그 책에서 가장 두드러진 것은 국가 개입이 곧 사회주의라는 생각이었다. 고위 공무원 출신의 시드니 웨브는 정부 관료들을 역겨울 만큼 칭송했다. "정부 관료들의 조처는 그들이 경멸하는 사회주의를 도입하는 활동이다."[70] 그러므로 "우체국은 … 이제 순수한 사회주의 기관이다." 사회주의가 그런 것이라면, 쇼가 자랑스레 떠들었듯이 페이비언협회의 강령에는

뭔가 새로운 것은 하나도 없다. 모든 조항은 이미 인정된 원칙들을 적용하고 이미 충분히 실행하고 있는 관행들을 확대하는 것들뿐이다. 모든 조항에는 영국인의 정신에 딱 맞는 교회의 도장이 찍혀 있다. 영국적이지 않은 … 사회주의나 혁명 같은 … 용어를 사용할 필요가 전혀 없다.[71]

그래서 글래드스턴의 뒤를 이어 자유당의 대표가 된 윌리엄 하코트 경은 "이제 우리는 모두 사회주의자들이다" 하고 선언했다.

페이비언협회 회원들은 엘리트 사회공학자들이 돼, 철저하게 체제의 틀

안에서 효율성을 증대시키고 혁명의 위험을 회피하는 활동을 했다.

페이비언 집산주의의 궁극 목표는 국가가 전국 규모로 자본주의 생산을 조직하는 것이었다. 1930년대에 웨브 부부가 국가자본주의 사회인 스탈린의 러시아를 방문하고 돌아와서 다음과 같이 선언했을 때 많은 회원들은 깜짝 놀랐다. "[스탈린의 러시아는] 우리의 이상과 거의 정확히 일치한다. … 노동조합은 우리가 제안한 대로 정확히 [국가에] 종속돼 있다."[72] 이것이 항상 페이비언주의의 논리였음을 알았다면 평론가들은 전혀 놀라지 않았을 것이다. 노동계급은 새 사회를 건설하는 데서 능동적 구실을 해서는 안 된다는 것이 그들의 논리였다. 페이비언협회가 황송하게도 노동계급을 거론한 몇 안 되는 글 가운데 하나인 1889년의 글에서 그들은 노동계급이 "[국가를 ─ 지은이] 실제의 적으로 여기지" 말아야 하고, "국가를 잠재적 구세주로 여겨야 한다"고 말했다.[73] 엥겔스는 페이비언협회 회원들이 "노동자들의 지배가 두려워 단결한, 그리고 그 위험을 피하기 위해 온 힘을 다하는 … 무리들"이라고 옳게 지적했다.[74]

그들이 바로 "노동당의 정치적 원칙을 제공한" 사람들이다. 독립노동당과 훗날의 노동당은 페이비언 사상에 없었던 노동계급의 외피와 신뢰를 제공했다. 페이비언 사상은 예컨대 독립노동당 창당의 주역인 로버트 블래치퍼드의 글에도 나타나 있다. 그의 신문 〈클라리온〉과 75만 부가 팔린 그의 책 《메리 잉글랜드》는 페이비언 사상을 통속적 형태로 대중화했다.

거의 모든 법률은 어느 정도 사회주의적이다. 왜냐하면 거의 모든 법률은 국민의 이익을 위해 개인을 통제할 국가의 권리를 함축하고 있기 때문이다. … 도로와 다리의 통행세를 폐지하는 것은 사회주의적 조처다. 그렇게 하면 도로와 다리가 공동소유가 되기 때문이다.[75]

노동계급의 이익과 국가를 동일시하다 보니 민족과 민족주의 사상도 받아들이게 됐다. 블래치퍼드의 두 번째 걸작은 《영국인을 위한 영국》이었다. 그 내용은 안 봐도 알 수 있을 것이다. 블래치퍼드는 독립노동당 창당 무렵을 회고하며 "우리는 사회주의자이기 이전에 먼저 영국인이었다"고 말했다.[76]

키어 하디가 사회주의 이론을 설명하려고 시도한 책 《농노제에서 사회주의로》도 터무니없기는 마찬가지다.

> 경찰과 군대는 … 국민의 압도 다수인 소작농들과 노동자들의 의지와 분명한 권위 덕분에 존재한다. 그리고 그들의 동의가 없으면 군대든 경찰이든 존속할 수 없다.

하디의 경제 이론에는 페이비언주의의 치명적 낙인이 찍혀 있다.

> 사회주의는 토지나 자본을 폐지하자고 제안하지 않는다. (오직) 자본주의와 지주제만을 폐지하자고 제안한다. 자본은 계속 존재할 것이다. 기술자들도, 건축가들도, 조직가들도, 기업을 경영하는 관리자들도 모두 존속할 것이다. 그리고 지금 민간 자본가가 그들을 고용한 것과 꼭 마찬가지로 사회가 그들을 고용할 것이다.[77]

다음과 같은 맥도널드의 말이야말로 이 사상을 가장 정확하게 표현한 말일 것이다. "자본주의는 지금 성과를 내고 있다. 그리고 그 성과는 이 새로운 조직화, 즉 사회주의다."[78]*

---

* 페이비언협회 회원들은 독립노동당 내의 페이비언주의 신봉자들을 인정하지 않았다.

처음부터 노동당에서 유력했던 사상은 노동계급의 사상이 아니었다. 이 점에서 레닌이 "노동당은 철저하게 부르주아 정당"이라고 말한 것은 전적으로 옳았다.*

비어트리스 웨브에 따르면, 독립노동당은 "파괴자나 다름없는 정당이었다."[79] 왜냐하면 독자적 노동자 정치는 자유당과 보수당에 침투하는 데 방해가 됐기 때문이다. 더욱이, 온건한 독립노동당조차도 페이비언협회 회원들이 보기에는 너무 급진적이었다. 그래서 비어트리스 웨브는 1895년 선거에서 독립노동당이 패배한 것을 환영했다. 왜냐하면 "영국의 어떤 계급도 파괴자를 오랫동안 참을 수는 없기 때문이다."[80] — 지은이.

* 비어트리스 웨브는 독립노동당과 페이비언협회의 차이를 다음과 같이 설명했다. "공공행정에서 공적 통제를 극대화하기 위해, 사리분별 없는 사람들을 조직해 사회주의 사회로 나아갈 것인가 아니면 분별 있는 사람들을 사회주의자들로 만들 것인가? 우리는 후자의 과정이 옳다고 생각한다."[81] — 지은이.

2장

'노총이 배출한' 노동당

패배와 수동성의 배경

신노동조합 운동으로 촉진된 '사회주의 호황'은 1890년대 말에 사그라지고 있었다. 독립노동당은 진성 당원 수가 1895년 1만 1000명에서 1901년 5000명으로 감소하는 등 파산 지경이었고,[1] 독립노동당 중앙집행위원회 회의는 1년에 4회로 줄 수밖에 없었다.

1895년 총선에 독립노동당 후보는 28명이 출마했다. 그러나 당시까지 독립노동당의 유일한 국회의원이었던 하디를 포함해 모두 낙선했다. 그들이 얻은 표는 모두 합쳐 2만 5000표였다. 계급의 선진 부위를 결집하는 것이 목표였다면 그리 나쁘지 않은 성과였다. 그러나 의석을 얻기 위해 원칙을 희석한 정당에게는 재앙적인 결과였다.*

따라서 노동당이 만들어지고 있을 때, 사회주의의 기반은 협소했다.

---

* 선거 결과가 안 좋기는 독립노동당보다 좌파든 우파든 마찬가지였다. [그런데도] 1895년 영국 노총 위원장인 자-노 제휴파 젱킨스는 선거 결과에 의기양양해 하며 "일반 노동자의 이름으로 발언하고 행동한다고 자임하는 자들이 얼마나 무능하고 부당한지가 여실히 드러났다"고 말했다.[2] 사회민주연맹도 기뻐했다. 사회민주연맹은 (비록 앙상한 종파주의적 방식이기는 했지만) 공개적으로 사회주의를 표방하고 이론적 명확성을 추구한 덕분에 어려운 시절을 다른 단체들보다 더 잘 버텨 살아남을 수 있었다. 1898년에 사회민주연맹은 5년만 지나면 자신들의 지부가 갑절로 늘어 독립노동당의 3분의 2 수준인 137개가 될 것이라고 주장했다.[3] — 지은이.

심지어 희석된 사회주의조차 그랬다. 독립노동당이 선거에서 패배했을 때 노총 내의 신노동조합 지지자들도 패배했다. 1889년 이후 신노동조합들은 구노동조합들과 빈번하게 싸웠다. 처음에는 좌파가 승리했다. 1889년 노총 대의원대회에서 88표 대 63표로 부결된 8시간 노동 입법안이 1890년에는 193표 대 155표로 통과됐다.[4]*

그러나 대중운동이 후퇴하자 반격이 시작됐다. 1895년에 노총 위원장은 독립노동당을 "노동자와 노동조합에 적대적인 운동"이라고 비난하며 "노총이 노동운동 외부의 세력들에게 이용당할 위험이 있다"고 말했다.[6]

구노동조합들의 공세는 규약 변경이라는 형태로 진행됐다. 그때까지 각 대의원의 투표권은 1인당 한 표였고, 노동조합뿐 아니라 정치조직의 대표들도 노총 대의원대회에 참가할 수 있었다. 그런데 이제 카드투표제가** 도입됐고, 노동조합 대의원이 아닌 사람들은 모두 노총 대의원대회에 참석할 수 없게 됐다. 그러자 광원노조와 면직물노조 같은 대규모 우파 노동조합들이 대의원대회 결과를 좌우할 수 있게 됐다. 독립노동당의 영향을 받는 소규모 노동조합들은 노총 대의원대회에서 이런 사태를 저지하거나 노동자 정당을 계속 옹호할 수 없었다. 바로 그 카드투표제가 나중에 노동당 당대회를 통제하는 주요 무기가 된 것은 아이러니다.

1895년에는 노동자 정당에 대한 희망이 모두 사라진 듯했다. 그러나

---

* 1893년 노총 대의원대회에서는 "모든 생산·분배 수단의 집단적 소유와 통제 원칙"을 규정한 '사회주의' 결의안이 통과됐다.[5] 1894년 대의원대회에서는 토지와 광산의 국유화가 추가됐다. — 지은이.

** 카드투표제 대표자가 전체 노동조합원 수만큼 표를 갖는 일괄 투표. 예를 들면, 광원노조에서 찬성 600표, 반대 400표로 통과됐더라도, 광원노조 위원장은 노총 대의원대회에서 노동조합원 전체의 표(1000표 + 투표에 참가하지 않은 조합원)를 찬성표로 던지게 돼 있다. 블록투표라고도 한다.

5년 뒤 노총은 노동자 정당을 건설했다. 이런 극적인 변화의 계기는 무엇인가? 그 답은 지배계급의 공격이었다. 1889년에는 능동적으로 움직였던 현장 조합원들이 이제 관료들의 행동을 가만히 지켜보기만 했다. 독립노동당은 선진적인 좌파 운동의 산물이었다. 노동당은 노총 관료들의 책략의 산물이었고 계급투쟁이 후퇴한 결과였다.

사용자들은 1894년에 7만 명의 스코틀랜드 광원노조를 굴복시킨 것을 시작으로 노동조합들을 하나씩 분쇄했다. 대다수 노동자들은 그런 패배를 겪으며, 부문의 투쟁[경제투쟁]이 실패하더라도 계급의 투쟁[정치투쟁]은 성공할 수 있다는 혁명적 사상을 깨우치지는 않는다. (광원노조 간부 출신인) 하디가 재빨리 결론지었듯이, 선거 정치가 해답이라는 개혁주의 사상을 받아들이는 경우가 훨씬 더 흔하다.

스코틀랜드 광원 파업은 겉보기에는 노동자들의 완전한 패배인 듯 보였음에도, 위대한 승리였다. 누구의? … 노동운동의 승리였다. … 지난 18주 동안의 쓰라린 경험을 통해 많은 광원들은 (기존의) 정당정치에 대한 기대를 버리고 독립노동당을 지지하기로 결심했다.[7]

그 이듬해에는 제화공노조가 패배했다. 또다시 하디는 다음과 같은 위로의 말을 되풀이했다. "노동자들은 패배했다. 대체로 그렇다. … 그러나 이번 쟁의의 교훈은 잊혀지지 않을 것이고, 일전의 레스터 지방선거 결과는 노동자들이 교훈을 제대로 배웠음을 보여 준다."[8] 철도 노동자들은 '전체 직급 운동'이* 패배한 뒤 노동자 대표를 의회에 보내자고 노총

---

* 전체 직급 운동 1897년 철도회사의 탄압에 맞서 노동조합이 직종이나 직급을 가리지 않고 모든 철도 노동자들을 조직하고자 펼친 운동. 일부 성과도 있었지만 노동시간 단축,

에 제안했다. 그다음 차례는 구노동조합들 중에서 가장 자존심이 센 통합금속노조를 굴복시키기 위한 공장 폐쇄였다.

여섯 달이 채 안 돼 사용자들은 "자기 작업장의 주인"이 될 권리를 되찾았다. 이에 대해 〈레이버 리더〉는 다음과 같이 논평했다. "실패. 그러나 교훈을 얻기 위해 치를 만한 대가였음이 마침내 입증될 것이다. … 찢어지게 가난한 노동자들의 집이 아니라 국회에서 전투가 벌어진다면, 영국 정치의 전통적 원칙들과 상식에 더 부합할 것이다."[9]

잇따른 성공으로 용기를 얻은 사용자들은 법원을 훨씬 더 자주 이용했다. 이것은 태프베일 판결에서* 절정에 달했다. 태프베일 판결은 피케팅을 불법화했을 뿐 아니라 파업 기간의 손실을 노동조합이 전액 배상하도록 강요했다. 이런 패배를 겪으며 노조 관료들은 심각하게 흔들렸다. 1902년에 한 노조 지도자는 "작업장, 법원, 언론 등 도처에서 위협에 직면한 노동조합의 피난처는 투표소와 노동자 의원밖에 없다"고 선언했다.[10]

그러나 사용자들의 공세 수준을 종합적으로 봐야 한다. 금속 노동자들이 패배한 뒤인 1898년에 노총 위원장은 다음과 같이 경고했다.

운동 역사에서 처음으로 우리는 군대를 앞세운 자본의 거대한 공세에 직면해야 했다. 저들의 목표는, 그 지도자가 공공연하게 말했듯이, 노동조합의 힘을 완전히 분쇄하지는 못해도 무력하게 만드는 것이다. … [11]

임금 인상 등의 요구를 사용자 측이 단호하게 거부하자 이렇다 할 투쟁을 벌이지 못한 채 흐지부지 끝나고 말았다.

* 태프베일 판결 1901년 7월 철도 회사 태프베일은 노동조합을 고소해 파업 기간의 손해액 4만 2000파운드를 받아 냈다. 이 판결 전에는 노동조합이 손해배상 책임을 지지 않았다.

"완전히 분쇄하지는 못해도 무력하게 만드는 것"이라는 말이 중요하다. 19세기 말의 투쟁들은 격렬했지만, 그 효과는 노동자들의 독자적 활동을 자극한 것이 아니라 사기를 떨어뜨리고 산업 현장에서 노동자들의 자신감을 약화시킨 것이었다. 노동조합 안에서는 현장 조합원보다 관료들의 영향력이 엄청나게 세졌다. 사용자들이 공세를 펼쳤는데도 노조 관료들의 수는 급증하고 있었다. 1850년에는 노동조합에 상근 간부들이 없었지만, 1892년에는 600명이 있었다. 이미 그해에만 금속노조 간부들이 네 배 늘었고, 목수노조 간부들은 열 배나 늘었다. 1920년에는 노조 상근 간부들이 3000~4000명이나 됐다.[12]

사용자들의 반격이 낳은 한 가지 효과는 노조 관료들이 조정 제도들을 통해 사용자들과 긴밀하게 협력하는 부분적 통합이 이뤄진 것이었다. 가장 중요한 것은 섬유산업을 포괄하는 브루클랜즈 협정이었다. 그런 협정들 때문에 파업 건수는 상당히 줄어들었고, 이런 추세는 1910년까지 지속되다가 현장 조합원들의 반란으로 뒤집혔다.

또 다른 효과는 노조 관료들에게 충격을 준 것이었다. 노조 관료들은 조합원도 보호할 수 없고 노동조합 기금도 지킬 수 없음을 깨닫게 됐다 (아마 후자가 더 큰 관심사였을 것이다). 자신들의 의지와 반대로 그들은 순수한 경제적 행동에서 정치로 전환하지 않을 수 없었다. 그러나 노조 관료들은 자신들의 이해관계 때문에 그렇게 했다. 1895년에 노동당 건설 구상을 철저하게 거부했던 노총이 이제는 그 구상을 환영하고 나섰다.*

---

* 노동당 건설에 대한 독립노동당의 태도도 1890년대에 바뀌었다. 1893년 브래드퍼드에서 열린 독립노동당 창당 대회는 노동조합들과 지역노조연합체들을 초대해, 그들을 흡수할 수 있는 연방적 구조를 채택했다(반대표는 두 표뿐이었다). 콜은 "브래드퍼드에서 독립노동당은 여전히 자신이 유일한 노동자 정당이 될 것이라고 꿈꾸고 있었다"고 썼

'노동자 동맹'을 건설한 창당 대회

1899년 노총 대의원대회에서 철도노조 대의원들이 제안한 노동자대표위원회[영국 노동당의 전신] 건설 추진 결의안은 찬성 54만 6000표 대 반대 43만 4000표로 통과됐다. 그 결의안은 "다음 의회에 노동자 대표들을 더 많이 보내기 위한 수단과 방식을 강구할 … 임시 대의원대회"를 요구했다.[16] 그래서 1900년 2월 27일 런던에서 노동자대표위원회가 창설됐다. 참석한 대의원은 129명이었다. 그중 65명은 56만 8000명의 노동조합원들을 대표했고, 사회주의 단체들의 대의원은 독립노동당 당원 1만 3000명, 사회민주연맹 회원 9000명, 페이비언협회 회원 861명을 대표했다. 12명의 집행위원이 선출됐는데, 노동조합 소속이 7명이었고 사회주의 단체 회원이 5명(독립노동당과 사회민주연맹 소속이 각각 2명, 페이비언협회 소속 1명)이었다.

세 가지 방안이 대의원들에게 제출됐다. 사회민주연맹은 "계급 전쟁을 인정하는 바탕 위에서 자본가 정당들과 분리된 정당 조직 … 그 궁극적

다.[13] 1895년 노총 대의원대회에서 독립노동당이 배척당한 뒤 하디는 다음과 같이 제안했다. "독립노동당은 노총에서 배제된 단체들과 가입을 원하는 다른 단체들에게 문호를 개방해서 '사회주의 노총'을 만들어야 할지도 모른다." 하디는 과감하게 다음과 같이 예측했다. "그렇게 되면 그 노총은 19세기가 끝나기 전에 노동계급의 온갖 견해를 모으는 구심점이 될 수 있을 것이다."[14]

1890년대 말에 그런 생각은 가망이 없었다. 이제 노동조합을 기반으로 동맹을 체결해야 했고, 이것을 방해하는 것은 모두 제거해야 했다. 1899년에 독립노동당 중앙집행위원회가 어쩔 수 없이 실시한 투표 결과를 보면, 2397표가 사회민주연맹과의 동맹에 찬성했고 1695표는 전면 통합에 찬성했다. '사회주의 단체들의 통합'에 찬성하는 정서가 너무 강력해서 반대표가 하나도 없었다. 그런데도 중앙집행위원회는 투표 결과에 따르지 않았다. 그랬다가는 노조 관료들과의 미묘한 협상 과정에서 "독립노동당이 순식간에 붕괴할 것"이라고 생각했기 때문이다.[15] — 지은이.

목표는 생산·분배·교환 수단의 사회화"를 제안했다.[17] 우파의 방안은 노동자대표위원회 소속 의원들이 "네댓 개의 강령"으로만 구성된 정책을 채택하고 "순전히 정치적인 문제들에 대해서는 완전히 자유롭게" 행동하는 것이었다.[18] 이것은 자-노 제휴론의 연장이었다. 노동자대표위원회 의원들이 태프베일 판결 같은 당면 현안들을 다룰 수도 있지만, 일단 그런 문제들이 해결되면 그들은 다시 자유당의 품으로 돌아갈 것이다.

키어 하디는 두 견해를 모두 반대했다. 하디는 정확히 중간노선을 추구했다. "자체의 원내 대표가 있는 독자적 노동자 의원단." 따라서 기성 정당들과 조직적으로 결별하지만, 뚜렷한 정치적 차별성은 없을 것이다. 하디가 제안한 정책은 "당분간 노동자들의 직접적 이익에 유리한 입법을 추진하는 데 함께할 수 있는 모든 정당과 기꺼이 협력한다"는 것뿐이었다.[19] 1906년에 노동자대표위원회는 노동당으로 이름을 바꿨다.

노동당은 위에서 아래로 건설됐다. 계급투쟁은 아무 구실도 못했다.

1899~1907년은 산업 평화 시기였다. 그때는 통계가 시작된 1891년부터 비슷한 평화 시기가 시작된 1933년까지 가장 평화로운 기간이었다. … 노동쟁의로 인한 연평균 노동 손실 일수는 300만 일이 채 못 됐고, 가장 많은 해에도 500만 일을 넘지 않았다. 반면 … 1908~1932년에(1926년을 제외해도) … 연평균 노동 손실 일수는 1400만 일이었다.[20]

운명적 결정을 내린 1899년 노총 대의원대회는 독립노동당을 감동시키지 못했다. 〈레이버 리더〉는 노총 대의원대회를 다룬 "빛 좋은 개살구"라는 제목의 기사에서 "올해 노총 대의원대회가 유난히 지루했던 것은 다들 인정하는 사실"이라고 보도했다.[21] 노동자대표위원회 결성 자체는 〈타임스〉에서 한 칼럼의 4분의 1 분량으로 다뤄졌을 뿐이다.[22]

노동자대표위원회에 대한 평범한 노동자들의 반응은 냉담했다. 금속 노동자들과 제화공들은 심각한 타격을 입었고, 따라서 그들의 노조 간부들은 의회 진출을 염원하고 있었다. 그러나 노동자대표위원회 가입 찬반 투표 결과는 제화공 노동조합원 가운데 6.5퍼센트만이 투표에 참가했고 찬성이 1500표, 반대가 675표였다. 통합금속노조의 결과는 더 나빴다. 조합원 8만 5000명 가운데 4퍼센트만 투표에 참가했고 찬성 2897표, 반대 702표였다. 투표 참가율이 워낙 낮았기 때문에, 조합원들이 투표에서 가입을 지지했는데도 노조 지도부는 노동자대표위원회에 가입할 수 없다고 생각했다.[23]

1900년 총선 결과도 똑같은 양상이었다. 노동자대표위원회는 아직 노조 간부들에게 확신을 주지 못했고, 선거 자금도 총 33파운드에 불과해 자체 후보를 3명밖에 낼 수 없었다. 그중에 키어 하디와 철도노조 출신의 리처드 벨이 당선됐다.[24] 독립노동당 후보로 10명이 출마했지만 모두 떨어졌다. 노동자대표위원회와 독립노동당 후보들이 모두 합쳐 6만 6000표밖에 못 얻은 사실은 대다수 노동자들이 여전히 개혁주의 견해를 받아들이지 않고 있음을 보여 줬다.[25]

노동자대표위원회 설립은 또 다른 의미에서 관료적이었다. 노동자대표위원회 설립은 표어만 달라졌을 뿐 정치가 바뀐 것은 아니었다. 예컨대, 클라크가 랭커셔 지방을 연구한 결과를 보면, 어떻게 "자유당 인스[영국 서부 체셔주의 지명] 지구당(위원장, 윌리엄 쇼)이 사라지자마자 곧바로 노동당 인스 지구당(위원장, 윌리엄 쇼)이 생겨났는지" 알 수 있다.[26] 1914년 5월에도 노스이스트더비셔에서 출마한 노동당 후보는 유권자들에게 "영국에서 저보다 더 열렬한 자유당 지지자는 전에도 없었고 지금도 없을 겁니다" 하고 말했다.[27]

그래서 난처한 상황이 생기기도 했다. 아서 헨더슨은 1903년 바너드 캐슬에서 노동자대표위원회 의원이 되기 전까지 7년 동안 자유당 선거 간사였다. 선거운동 기간에 상대 후보 측에서 헨더슨이 전에 독립노동당의 사회주의를 비난했던 발언들을 유인물로 만들어 뿌린 적이 있었다.[28] 정치적 태도를 쉽게 바꾸지 못한 리처드 벨은 노리치 지역의 선거에서 노동자대표위원회 후보에 맞선 자유당 후보를 공개 지지했다가 징계를 당하기도 했다![29]

노동조합 관료 집단의 정치적 표현

노동자대표위원회 결성의 주요 성과는 노조 지도자들을 조직적으로 자유당과 분리시킨 것이었다. 이제 노조 지도자들은 자신들이 만든 조직에 정치적으로 충성했다.

노조 간부들이 자신들의 노동조합을 노동자대표위원회에 가입시킨 이유는 대부분 의회 진출을 원했기 때문이다. 처음에 노동자대표위원회에 가입한 노동조합은 항만노조 두 개와 가스노조뿐이었다. 이 세 노동조합은 신노동조합 운동에 바탕을 둔 사회주의 성향의 노동조합이라고 할 수 있었다. 이들은 전체 노동조합의 5분의 1에 불과했다.[30] 특히, 광원노조와 섬유노조가 노동자대표위원회에 강력하게 반대했다. 1899년 노총 대의원대회 결의안에 반대한 43만 4000표 가운데 35만 1140표가 이 두 노동조합에서 나왔다. 특히 광원노조는 조합원들이 밀집해서 거주하고 있었기 때문에 노조 간부들이 외부 도움 없이도 자-노 제휴파 의원이 될 수 있었다. 그래서 광원노조는 주요 노동조합 가운데 노동당의 효용을 가장 늦게 깨달았고, 1909년에야 노동당에 가입했다.

두 번째 가입 물결을 일으킨 것은 태프베일 판결이었다. 〈레이버 리더)는 초기 노동당의 관점에서 보면 "노동조합에 태프베일 판결만큼 다행스러운 것은 없었을 것이다. 그 판결로 노동자들은 위기의식을 느끼게 됐다"고 주장했다.[31]

처음부터 노동조합은 사회주의 단체들(독립노동당이나 페이비언협회)과 함께한 '노동자 동맹'에서 아주 큰 비중을 차지했다. 노동조합 간부들과 노동당의 연계는 다양한 방식으로 나타났다. 제1차세계대전 전에 노동당 의원단의 95퍼센트는 노동조합의 후원을 받는 의원들이었고, 노총의 지도위원 13명 가운데 9명이 노동당 의원이었다.[32]

어떤 의미에서 이것은 노동조합이 정치적 사건들에 직접 개입한 결과였다. 그렇지만 그것은 노동조합주의의 후퇴, 즉 집단적 조직이 스스로 방어할 수 있다는 신념의 후퇴이기도 했다. 이런 시각에서 보면 노동자대표위원회는 노동조합주의의 대체물 ─ 톰 만이 터무니없는 것이라고 일축한 것 ─ 이었다. 1898년 노총 대의원대회에서 오그래디는 "우리가 투쟁을 산업 분야에서 정치 분야로 옮기는 데 주력해야 한다는 것이 제 생각"이라고 주장했다.[33]

이런 태도에는 충분한 이유가 있었다. 태프베일 판결에 따른 위협 앞에서 노조 간부들은 위기의식을 느끼고 있었다. 그들은 투쟁에 나서야 할 수도 있었다. 유명한 노조 지도자인 J R 클라인스는 다음과 같이 회상했다.

1901년에 분노한 노동자들을 집결시킬 수 있는 노동당이 없었다면, 태프베일 판결을 정의에 대한 공격으로 여긴 노동자들이 영국의 대규모 산업 중심지 도처에서 공공연히 혁명을 선언하며 반격에 나섰을지도 모른다.[34]

노동자대표위원회 창설은 산업 투쟁의 대안을 모색하고 정치와 경제를 분리할 수단을 찾고 있던 관료들의 정치적 대안이었다. 그러나 노동당의 모든 것이 그러하듯이, 거기에도 모순은 있었다. 노동자대표위원회를 존재하게 만든 것은 현실 세계의 경제와 정치, 국가와 기업주들 사이에 존재하는 연관이었다. 더욱이, 정당[이라는 조직]은 노조 관료들의 전망을 대부분 바꿔 놨다. 그래서 노동자대표위원회는 소속 노동조합원들에게 보낸 첫 인사말에서 "노동조합운동과 노동조합운동의 원칙들을 국가적 문제에 적용한 결과"가 노동자대표위원회라고 주장했다.[35]

그러자 기묘한 현상이 나타났다. 노동조합이 정치와 무관하게 경제적 처지를 바탕으로 조합원을 가입시키는 것과 마찬가지로, 노동당도 노동자들의 정치와 무관하게 표를 모으려 했다. 키어 하디는 노동당이 다음과 같이 돼야 한다고 주장했다. "좋은 것은 모두 보존할 만큼 충분히 보수적이어야 하고, 개혁할 수 있는 것은 모두 개혁할 만큼 충분히 자유주의적이어야 하며, 잘못된 것은 모조리 근절하고 파괴할 만큼 충분히 급진적이어야 한다."[36] 스노든도 노동당을 "자유당과 보수당이 함께 만날 수 있는 중립지대"라고 묘사했다.[37]

허위의식 문제

계급사회에서 중립지대 따위는 존재하지 않는다. 당 강령에 계급 전쟁을 포함시키지 않기로 한 결정을 살펴보자. 여기에는 분명한 정치적 태도가 함축돼 있다. 한 노동당 지지자는 1921년에 이 점을 깨달았다.

일단 '계급 전쟁'을 인정하면, 우리는 곧바로 정치적·산업적 '사투死鬪' 전술에 어느 정도 헌신해야 한다. 노동계급이 자유를 염원하고 압제자들에 대항하는 피억압 계급으로 여겨지는 한은 … 우리도 진화가 아니라 혁명이라는 정책에 헌신해야 한다. … '계급 전쟁'을 부인하면, 당연히 '타협'의 정치, '개혁'의 정치, '이해'와 '연합'의 정치를 추구하게 될 것이다.[38]

이것은 옳은 말이지만, 그렇다고 해서 노동당 지지자들이 노동당의 정치적 중립 가능성을 신봉한 사실이 바뀌는 것은 아니다. 여기서 우리는 노동당의 자기의식과 그 실제 태도 사이의 차이, 신화와 현실의 차이라는 문제에 거듭 직면한다. 이 점을 이해하려면 '허위의식' 개념을 잠시 살펴봐야 한다.

마르크스는 《정치경제학 비판 서문》에서 인간의 세계 인식과 사회 현실 사이의 차이를 다음과 같이 설명했다.

물질적 생산 조건의 물질적 변화와 … 법률·정치·종교·예술·철학 등 요컨대 이데올로기 형태들[의 변화]를 항상 구분해야 한다. 이 이데올로기 형태들 속에서 인간은 [사회적 — 지은이] 갈등을 의식하게 되고 투쟁으로 이것을 해결한다.

우리는 이것이 노동당에서 어떻게 작동하는지 알 수 있다. 노동당 지지자들은 노동당이 계급 전쟁을 거부한다는 것을 인정하고, 자신들이 정치에 대해 중립적이고 상식적인 태도를 취할 수 있다고 믿었다. 그들은 정치와 경제의 분리, 모든 계급에 공통된 이해관계의 존재, 국가와 법률의 공평무사함을 확신했다. 그러나 개혁주의 사상을 진지하게 받아들일수록 그들은 틀릴 수밖에 없다. 역사적 경험은 정치와 경제가 밀접하게 연결돼 있다는 것, 국가는 계급 지배의 무기라는 것 등을 보여 줬다.

현실과 개혁주의 이데올로기 사이에 차이가 있는 것은 사실이지만,

둘은 변증법적으로 연결돼 있다. 계급투쟁이 **자동**으로 정치적 결론과 직결된다면, 이미 영국에서 대중적 혁명 조직이 등장해 거침없이 성장하고 있을 것이다. 이것은 분명히 사실이 아니다. 반면에, 외부 세계와 개혁주의 의식 사이에 아무런 연관도 없다면 노동당이 존재하지도 않았을 것이다.

따라서 개혁주의 세계관은 허위의식이다. 그러나 그것은 간접적이나마 외부 세계와 진정한 연관이 있고 외부 세계와 영향을 주고받는다.

기술적 분업

노조 관료는 계급투쟁에서 한 발 떨어져 있다가 노동자들과 사용자들이 싸울 때 끼어들어 협상에 나선다. 노동당은 계급투쟁에서 두 발 떨어져 있다. 처음부터 노동당은 "노동조합운동의 원칙을 국가적 문제들에 적용한" 기구라고 자임했지만, 둘은 질적으로 달랐다. 노조 관료들은 정치사상에 취약하다. 왜냐하면 그들의 주된 업무는 임금과 노동조건을 중재하는 것이기 때문이다. 더욱이 노조 관료들은 서로 다른 산업과 직종 등 부문에 따라 분열돼 있고, 작업장에서 현장 조합원들의 집단적 압력을 받을 수밖에 없다.

그러나 의회 활동에는 다른 관료들이 필요하다. 그들은 집단적 노동자들이 아니라 투표소의 원자화된 노동자 시민의 지지를 받으려 한다. 그들은 적절한 기술과 폭넓은 정치적 흡인력을 가진 직업 정치인이 돼야 한다. 국회의원들과 당의 상근 지식인들이 그런 일을 한다.[*]

---

[*] 노조 간부들과 개혁주의 정치인들 사이의 분업은 심지어 노동당이 결성되기 전에도 독

노동조합주의를 뛰어넘는 정당으로 활동할 때만 노동당은 노동조합원이 아닌 다수의 유권자들에게 매력을 줄 수 있었다. 이 점은 많은 노동조합 후보들이 자신의 조합원들한테서도 표를 얻지 못한 것을 보면 분명히 알 수 있다. 노동조합의 지지와 선거 득표 사이의 연관은 흥미로운 주제이지만, 이것을 규명하기가 힘들다는 것도 많이 알려져 있는 사실이다. 왜냐하면 부르주아 민주주의 체제는 계급 개념을 의도적으로 폐기하고 모든 사람을 일개 시민으로 환원하기 때문이다. 오직 광원들만이 규모도 크고 지리적으로도 집중돼 있었기 때문에 투표 결과를 어느 정도 확신할 수 있었다. 그러나 전통적 밀집 거주지이고 노동조합의 조직력이 강력한 광산 지역에서도 노동조합원이라는 사실과 투표 행위 사이의 연관은 미약했다. 광원들의 정치를 연구한 한 역사가는 다음과 같이 썼다.

> 대체로, 자유당 후보도 출마한 지역에서는 광원 출신이나 광원노조 간부 출신 노동당 후보라 하더라도, 광원들의 표를 50퍼센트 이상 얻는 경우가 드물었다.[40]

그래서 1910년에 요크셔 광원노조 위원장인 허버트 스미스는 5000명의 광원들이 포함된 선거구에서 겨우 2000표를 얻었다. 허버트는 사

립노동당 안에서 점차 뚜렷해지고 있었다. 1898년에 톰 만은 독립노동당이 정치에만 몰두하는 것에 불만을 품고 사퇴했다. 바로 그해에 가스노조의 조직가인 피트 쿠란도 정치에서 하는 구실과 산업에서 하는 구실 사이에서 선택을 강요받고 독립노동당 위원직을 그만뒀다. 펠링은 다음과 같이 썼다. "신노동조합 운동과 직접으로 맺어 온 오랜 연계가 끊어졌다. 이제 하디가 이끄는 새로운 위원들이 당을 운영하게 됐다. 그들은 노동조합과 아무 연계도 없고, 필요하다면 자신의 시간을 모두 또는 대부분 당 활동에 자유롭게 쏟아붓는 램지 맥도널드, 스노든, 글래셔 같은 상근 저널리스트 정치인들이었다."[39] — 지은이.

실상 꼴찌를 한 반면, 자유당 후보는 8000표를 얻었고 보수당 후보도 3400표나 얻었다![41] 노동조합의 공식 추천과 득표 사이의 연관이 미미했기 때문에, 노동당은 선거 정당으로 성공하려면 훨씬 더 광범한 사람들에게 호소해야 한다고 주장할 수 있었다.

그러나 노조 간부들도 노동조합이 없다면 노동당도 없을 것이라고 응수할 수 있었다. 이런 의미에서 베빈은 노동당을 "노총이 배출했다"고 말했던 것이다.

계급사회에서 계급을 부인하기

따라서 노동당의 정치뿐 아니라 구조에도 노동조합을 통한 계급 조직화와 국민을 지향하는 정치가 불안하게 결합돼 있다. 노동당은 노동계급의 염원을 대변하지만, 국민국가의 작동에 어긋나지 않는 범위 안에서만 그렇게 할 수 있다. 스노든은 다음과 같이 썼다.

노동당은 결코 계급의 승리를 추구하지 않는다. 노동당의 목표는 육체 노동계급이 사회를 지배하도록 만드는 것이 아니다. … 노동당과 사회주의 정당이 임금 소득자 계급에게 호소하는 것은 분명 사실이다. 노동당과 사회주의 정당이 그렇게 하는 이유는 진정한 의미에서 시민의 의무를 다하도록 자극을 받아야 하는 사람들이 존재하기 때문이다. … 그들이 유권자의 압도 다수이므로 그들이 정치적 영향력을 발휘해야 한다.[42]

두 요인 사이의 균형은 노동당 좌우파의 분열에서 드러난다. 둘은 똑같은 개혁주의의 서로 다른 측면이다. 그래서 윌 손은 1906년 선거 출사표에서 자신에게 투표하는 것은 "자본주의에 짓밟힌 모든 사람들에게 용기를 주고, 자본주의 체제가 폐지돼 해방될 때까지 끊임없이 임금노동을 해야 하는 노동자들과 자본주의 사이의 전쟁에서 노동자들을 편드는" 의미가 있다고 주장했다.[43] 스펙트럼의 다른 쪽 끝에는 벨파스트에서 출마한 윌리엄 워커의 다음과 같은 유명한 출사표가 있다. "항상 그랬듯이 나는 '영국·아일랜드 연합'을 지지하고, 제국 의회의 지배권이 손상되지 않도록 온 힘을 다할 것이다."[44]

노동자대표위원회는 독자적 정치 강령이 없는 듯했다. 그러나 이것은 환상이었다. 독자적인 조직적 연단을 만든 것은 아주 좋은 일이었지만, 그 연단에서 무슨 내용으로 연설할 것인가? 초기에 노동당은 열에 아홉 자유당의 정책을 열렬히 지지했다. 정치적 독자성을 거의 찾아볼 수 없었다. 1900년 5월 노동자대표위원회의 한 분과위원회는 다음과 같이 제안했다.

> 노동자대표위원회 소속 단체들은 자신의 후보를 출마시킬 때 먼저 지방 자유당 조직이나 보수당 조직이 노동자 후보들에게 기회를 줄 수 있게 하기 위해 노력해야 한다.
> 우리는 자유당과 보수당 원내 대표들에게 … 우리가 다른 정당들에게 적대감이 전혀 없으며 … 이 후보들이 당선되도록 협조해 주셔서 고맙다는 … 내용의 편지를 보내는 것이 현명하다고 생각한다.[45]

이런 제안은 '독자적 노동자 조직'을 만든다는 결정에 담긴 최소한의 독립성조차 위태롭게 만들었다. 이 제안을 둘러싸고 노동자대표위원회 내에서 찬반 의견이 팽팽했지만, 결국 의장의 캐스팅보트로 부결됐다.

1903년에 노동조합들이 조합원 1인당 1페니씩 거두기로 결정하고 국회의원들은 의원단의 다수결에 복종해야 한다는 '서약'이 통과되자 노동당 조직은 강화됐다. 그러나 자유당에 대한 정치적 종속이 조직의 발전을 끊임없이 가로막았다.

밖에서 떠받쳐 줄 대중적 개혁주의가 없는 상태에서 관료들이 결성한 노동당은 불안정한 존재였다. 노동당은 앞으로 나아가려고 노력했지만, 자유당 지지자들을 끌어당기려고 자유당에 맞서 싸우는 것과 '온건한' 유권자들의 지지를 잃지 않으려고 자유당에 아첨하는 것 사이에서 오락가락했다.

하디는 자유당 고위 인사들에게 노동당을 지도해 달라고(그리고 자유당이 선거에 미치는 영향력을 빌려 달라고) 간청하는 편지를 보냈다! 하디는 바로 얼마 전까지도 강력하게 비난했던 존 몰리에게 다음과 같은 편지를 보냈다. "도전할 수 있는 두뇌, 일할 수 있는 손, 영감을 줄 수 있는 가슴을 가진 사람이 … 필요합니다. 그런 사람이 돼 주시겠습니까?"[46] 하디가 1903년에 [나중에 총리가 되는 자유당 국회의원] 로이드조지에게 보낸 편지는 훨씬 더 애처로웠다. "가장 고귀한 염원을 충분히 만족시킬 지도부가 여기 당신의 손이 닿는 곳에 있습니다. 당신이 손을 뻗기만 하면 그것을 가질 수 있습니다."[47]*

---

* 로이드조지를 노동당 지도자로 영입하려는 노동당의 비겁한 태도 때문에 놀랄 만한 일들이 벌어졌다. 1916년에 로이드조지는 "램지 맥도널드를 [그의 평화주의를 문제 삼아 — 지은이] 감옥에 집어넣을 수도 있다고 놀려 댔다." [그런데도] "맥도널드는 로이드조지의 미래에 관해 얘기할 때, 로이드조지가 노동당 지도자가 될 수 있음을 분명히 알고 있다고 말했다."[48] 《C P 스콧의 정치 일기》를 보면, 1917년 12월에 시드니 웨브와 맥도널드는 로이드조지가 언젠가는 노동당의 지도자가 될 것이라는 점에 동의했다.[49] 1926년 6월에도 로이드조지의 노동당 가입 문제가 논의됐다. 그러나 이번에는 맥도널드가 로이드조지에게는 "노동당이 너무 점잖고 실용주의적"이라며 논의를 중단시켰다. 맥도널드는 로이드조지에게 그 대신 공산당 가입을 권유했다.[50] — 지은이.

키어 하디의 호소는 아무 반향을 얻지 못했다. 그러나 하디와 맥도널드는 노동당의 선거 문제를 아주 부정직하게 해결했다. 맥도널드는 항상 노동자대표위원회의 독립성을 주장했으면서도, 자유당 전국 선거 간사인 허버트 글래드스턴과 몰래 협약을 맺었다. 그 내용은 자유당이 후보를 낸 선거구에 노동자대표위원회 후보가 출마하지 않는 조건으로 다른 선거구에서 노동자대표위원회 후보들의 자유로운 출마를 보장하는 것이었다. 이 협약은 50년 동안 비밀이었다. 이 사실이 알려졌다면, 노동당이 자유당과 다르다는 주장은 아마 허공으로 사라졌을 것이다. 이 협약의 가치는 1906년 총선에서 드러났다. 노동당 의원 27명 중 19명이 그 협약에 따라 자유당이 양보한 곳에서 당선됐다.[51] 비록 비밀은 유지됐지만, 이 협약은 선거의 성과를 위해 노동당이 자유당에 종속되는 위험한 유산을 남겼다.

의의

키어 하디는 1903년 노동당 당대회 연설에서 노동자대표위원회 결성이 중요한 돌파구였다고 주장했다. 그러나 그의 말은 상당히 의심스럽다. "장엄한 당대회장에 자유당 지지자, 보수당 지지자, 사회주의자가 모두 모여 기뻐했다. 그들을 모두 불러 모은 원칙은 무엇인가? 그것은 바로 독립성이다."[52] 그러나 자유당 지지자, 보수당 지지자, 사회주의자가 모두 동의했다면, 그들은 과연 무엇으로부터 독립했다는 말인가?

노동당에 우호적인 역사가들의 평가는 더 냉정하기는 하지만, 여전히 '노동자 동맹' 덕분에 "희망이나 기대를 … 뛰어넘어 정치적·사회적·경제적 성취를 이룰 수 있었다"거나 "당시 상황에서 가능했던 최상의 수단"이 '노동자 동맹'이었다고 주장한다.[53] 이런 주장에는 일말의 진실이 있다. 노동자대표위원회와 나중의 노동당은 어쨌든 자-노 제휴론에서 진일보한 것이었다.

노동자들이 기존의 공공연한 자본가 정당들에 맞서 노동계급의 이익을 대변한다고 자처하는 정당에 투표하도록 결집시킨 것은 1900년의 상황에서는 분명한 진전이었다. 왜냐하면 조직적 의미만 보더라도 대중적 개혁주의 정당이 창설됐기 때문이다. 더욱이 정치 상황이 변했다. 이제 개혁이냐 혁명이냐 하는 논쟁이 실천에서 검증될 수 있었다. 그리고 노조 지도자들이 이제는 공공연한 자본가 정당들의 꽁무니를 따라다니는 것이 아니라 자신들의 자원과 조직에 의존할 수 있게 됐다.

그러나 그 대차대조표에는 중요한 차변借邊이 있었다. 기층의 정치적 발전이 없는 상황에서, 선거에서 승리할 수 있는 길은 **좌파적 사회주의 이상들을 희생시키는 것**뿐이었다. 그런 대가를 치를 생각이 없던 사회민주연맹은 1901년 8월 노동자대표위원회를 탈퇴했다. 안타깝게도, 사회민주연맹은 노동당 정치를 대체할 더 급진적인 대안을 만들려 하지 않고, 과거의 종파주의 황무지로 되돌아갔다.

독립노동당도 심각한 영향을 받았다. 독립노동당의 사회주의자들은 노조 관료들의 볼모가 됐다. '동맹'의 어느 한쪽이 투표권의 94~99퍼센트를 좌지우지하는 것은 결코 공평한 동맹이 아니었지만, 독립노동당은 그런 동맹에 손발이 묶여 있었다.

독립노동당은 사회주의 선전으로 의석을 얻으려는 노력을 덜 하게 됐다. 노동자대표위원회는 자신들의 의회 진출을 도와 달라고 공개·비공개로 자유당에 호소했다. 1902년에 〈클라리온〉은 다음과 같이 썼다.

지금 독립노동당의 공식적인 주요 활동은 사회주의 추구가 아니라 의회에 대여섯 명을 진출시키기 위한 책략인 듯하다. 자유당과 모종의 협정을 맺지 않고도 사회주의자를 의회에 진출시킬 수 있는 곳은 영국에서 (혹시 그런 곳이 있다면) 기껏해야 한 군데[키어 하디 선거구] 정도일 것이고, 자유당은 그런 협정의 조건으로 아마 우리가 감당할 수 없는 아주 무거운 대가를 요구할 것이다.[54]

독립노동당의 불확실한 영향력은 섬유노조 지도자 데이비드 섀클턴이 잠시 부각된 데서 드러났다. 섀클턴의 통합섬유노조는 1899년까지도 보수당-노동당 제휴파 후보를 후원했다. 섀클턴 자신은 사회주의자가 아니라 노동자대표위원회 후보 선정 과정에서 노동조합의 지지를 받게 된 자유당원이었다. 그는 애크링턴 지역의 자유당 간부였고 "보통의 자유당원보다 약간 더 진보적인 온화한 신사"였다.[55] 1902년에 클리더로 지역에서 보궐선거가 실시되자 후보 지명을 간절히 바란 독립노동당은 결국 섀클턴을 위해 포기했다. 섀클턴은 주요 정당들을 거의 비판하지 않았고, 그래서 얼마 있다가 자유당으로 복귀할 때 아무런 반발에 부딪히지 않았다.

1906년에 노동당이 처음으로 상당한 세력이 됐을 때 섀클턴은 거의 노동당 대표가 될 뻔했다. 섀클턴과 키어 하디가 노동당 의원단 대표 선거에서 경합했다. 하디는 "능력과 경험 면에서 자격이 충분한 … 걸출한 후보였다. 하디는 고참 국회의원이었고, 독립노동당의 존경받는 지도자였으며, 노동당 창설에 그 누구보다 많이 기여한 사람이었다."[56] 그러나 의원들의 거수투표 결과는 팽팽했다. 비밀투표 결과도 마찬가지였다. 3차 투표까지 가서야 하디가 한 표를 더 얻어서 대표가 됐다. 섀클턴은 진정한 정치적 고향으로 돌아가 자유당 정부에서 관직을 맡았다.

노동당이 위로부터 창설된 사실은, 조직적 독자성뿐 아니라 자유당과 보수당에 대한 공개 비판도 추구해야 하는 정치적 명료화 과정이 사실상 중단됐다는 것을 뜻했다. 따라서 창당 대회에서 타협이 이뤄진 결과로 노동당은 자본주의를 진지하게 비판할 수 없었고, 심지어 개혁주의에 입각한 자본주의 비판조차 할 수 없었다.

온갖 결점들이 있었지만, 독립노동당은 당시 영국에서 가장 선진적인 노동자들 축에 들었다. 사회주의의 희망은 대체로 계급의 전위가 노동자 대중을 이끌고 (당장 혁명까지는 아니더라도 적어도 개혁을 위한 투쟁까지) 전진할 수 있는지에 달려 있다. 노동당은 그런 의미의 지도력을 제공하지 못했다. 오히려 노동당은 이 공식을 뒤집어 버렸다.

선진적인 노동자들이 더 후진적인 노동자들에게 종속됐다. 그것은 노조 간부들이 가장 후진적인 노동자들과 보조를 맞추는 경향 때문이기도 했고, 독립노동당이 선거를 위해 전보다 훨씬 더 많이 타협한 결과이기도 했다.

개혁주의의 모든 측면이 그렇듯, 노동당의 탄생도 모순적 성과였다. 노동조합과 연계되고, 노골적인 부르주아 정당들과 모호하게나마 다른 조직의 등장은 노동자 대중이 볼 때 성과였다. 그러나 불행히도 노동당의 선거주의 전략을 받아들인 소수의 선진 노동자들이 볼 때 새 조직은 감당하기 힘든 골칫덩어리나 마찬가지였다. 폭은 넓혔지만 정치적 깊이는 얕아진 것이다.

의회의 영향력

허버트 모리슨이 "정치의 기적"[57]이라고 부른 것 — 집권을 향한 노동당의 전진 — 이 1906년에 본격적으로 시작됐다. 노동당은 총선에서

34만 6000표를 얻어 29명을 의회에 진출시켰다.*

자본가 정당들은 오랫동안 의회를 독점해 온 자신들의 지배력이 위험해졌다고 느꼈다. 보수당 대표 밸푸어는 이를 두고 "상트페테르부르크와 런던에서 폭동을 불러일으키고 베를린에서 사회주의를 진전시킨 운동의 반향"이라고 비난했다.[59] 문명을 구하기 위해 사회주의반대연합이 급조됐고, 〈데일리 익스프레스〉는 "사회주의 때문에 미쳐 버린 16세 소년의 자살", "하인들의 불만을 부추기는 부엌 사회주의" 따위의 소름 끼치는 기사들을 실었다. 케임브리지의 학생들은 사회주의의 확산을 저지하고 사회주의자들의 모임을 방해하기 위해 키어 하디를 납치하려 했다. 그러나 하디와 아주 비슷한 사람을 납치하는 데 그쳤다.[60]

레드 콤플렉스는 노동당 역사에서 계속해서 나타난 특징이므로 단순한 광기나 선전 공세로만 치부할 수 없다. 트로츠키가 말했듯이, 일부 지배계급은 "노동당의 허장성세 위협 뒤에 진짜 위험한 프롤레타리아 대중이 숨어 있다"고 두려워했다.[61] 기업주들의 언론이 노동계급을 두려워한 것은 옳았지만, 노동당이 정말로 혁명적 잠재력을 갖고 있다고 믿은 것은 어리석었다. 이미 1902년에 노동당 당대회 의장은 "우리의 정책은 반정부 선동의 원천을 제거하는 것"이라고 단언했다.[62]

사실 1906년의 성공 덕분에 개혁주의의 논리는 중요한 진일보를 할 수 있었다. 그런 진전이 있을 때마다 자본주의와의 정치적 타협은 이론에 그치

---

*   의미심장하게도, 노동당 의원의 대다수인 24명은 자유당 후보와 대결하지 않은 덕분에 당선될 수 있었다. 정확한 득표 결과는 다음과 같다. 노동자대표위원회가 33만 1280표를 얻었고, 머지않아 중앙의 노동당과 통합하게 될 스코틀랜드 노동자대표위원회가 1만 4878표를 얻었으며, 사회민주연맹과 무소속 사회주의자들이 2만 4473표를 얻었고, 주로 광원들인 '자-노 제휴파' 후보들이 10만 표쯤 얻었다. 전체 투표자는 600만 명이 조금 안 됐다.[58] — 지은이.

지 않고 더욱 현실이 됐다. 이 점이 가장 잘 드러난 곳이 의회였다.

처음에는 우리 의원들이 "유럽 최고의 연단"인 영국 의회를 시도 때도 없이 이용할 것이라고 기대했다. 그러나 그들은 점차 연단을 이용하기를 꺼렸고 오히려 "의회의 분위기에 익숙해졌다." 우리는 순진하게도 우리 의원들이 자신을 뒷받침하는 운동의 지도자나 격려자, 통역가나 말 못하는 대중의 대변자를 자처할 것이라고 기대했다. … 그러나 우리는 … 뛰어난 연설가들이 정치인 흉내 내려고 애쓰다가 무기력한 수다쟁이로 전락하는 광경을 … 목격했다.[63]

'요크셔의 로베스피에르'라는 별명을 가진 스노든은 이렇게 썼다.

새 의회의 초기가 … 뚜렷하게 기억난다. … 고참 의원들은 신참들이 조바심 내는 것을 보며 웃고 있었다. 그들은 자신들도 처음 의회에 들어왔을 때는 좋은 일을 해내겠다는 진지한 열정이 넘쳤다고 했다. 그러나 점차 좌절하기 시작했고, 노동당 의원들이 등장하기 전에 이미 그들은 이 거추장스런 기구를 합리적으로 개혁하려는 희망을 모두 포기하고 말았다.[64]

이런 무력감이야말로 의회의 가장 음험한 영향력이었을 것이다.

둘째로 강력한 부패 요인은 "유럽에서 가장 배타적인 클럽"의 매혹적인 분위기였다. 철도노조 지도자인 J H 토머스는 순식간에 그 피해자가 되고 말았다. "의원이 된 직후부터 나는 의회 전체의 위대함과 관대함을 높이 평가했다."[65] 계급의식을 내팽개친 정당에서는 이런 '관대한' 태도를 높이 평가했고, 그에 비해 노동자들은 그 정당이 보기에는 안타깝게도 착취자들에게 이런저런 불만이 많았다. 그러나 의회에는 속물근성도 없었고, 편 가르기도 없었다. 의회에서는 소득이 아니라 성격과 두뇌에 따라 사람을 환대했고, 그것은 지금도 마찬가지다. 나는 의회처럼 노동조합운동에서도 등급이 쉽게 무시되기를 바랐다.[66]

토머스 같은 골수 우파의 말을 인용하는 것은 불공정할 것이다. 그렇다면, 군수 공장 현장위원이자 클라이드노동자위원회 지도자로서 전시의 산업 노예제도를 비난했다는 이유로 글래스고에서 추방됐고, 1922년에 재커바이트처럼* 공포의 '클라이드 여단'을** 이끌고 웨스트민스터[국회의사당] 경내를 무단 침입한 데이비드 커크우드의 말은 어떤가?

의회는 이상한 곳이었다. 나에게는 정말이지 경이로운 곳이었다. 나는 가끔 너무나 유명한 사람들과 내가 대화하고 있다는 사실을 깨닫고 전율을 느꼈다. 더 이상한 것은 그들이 모두 아주 소박하고 꾸밈없고 친절한 사람들인 점이었다. 의회에서 속물근성 따위는 찾아볼 수 없었다.

커크우드가 보너 로[보수당 정치인]의 실업 대책을 격렬하게 비판했을 때였다. 로는 복도에서 커크우드와 마주치자 다음과 같이 말했다. "오늘 당신네 클라이드 친구들 때문에 아주 괴로웠네. 그래도 글래스고 사투리를 들으니 좋더구먼. 이 곰팡내 나는 곳에서 마치 스코틀랜드의 신선한 공기를 마시는 것 같았네." 커크우드는 "그런 인사말을 듣고 뭘 할 수 있겠는가!" 하고 말했다.[67] 정말 뭘 할 수 있겠는가!

---

* 재커바이트(Jacobite) 1688년 명예혁명 후 망명한 스튜어트 왕가를 복위시키고자 잉글랜드를 침입한 세력.

** 클라이드 여단 클라이드사이드의 전투적 투사 출신 국회의원들을 부르는 별명.

당은 무장해제가 됐다. 스노든은 다음과 같이 회상했다.

사람들은 노동당 의원들이 모든 인습을 완전히 무시할 것이라고 생각했다. 그런데 노동당 의원들이 보수당 의원들보다 [의회의 — 지은이] 관행을 더 잘 지키는 것을 보면 약간 우스울 정도였다.[68]

자유당 의원이 노동당 의원으로 오해받지 않으려고 중산모[비단 모자]가 아닌 중절모를 쓰고 의회에 참석한다는 소문도 있었다.[69]

의회가 노동당 의원들을 타락시킨 것은 "모든 권력은 부패한다"는 말과 아무 관계가 없었다. 오히려 그들이 잡으려던 권력이 의회에 없었기 때문에 그렇게 타락한 것이다.

당대회 길들이기

노동당 의원들이 처음으로 한 일은 노동당 의원단을 구성한 것이다. 그것이 얼마나 중요한 일인지 이해할 필요가 있다. 매켄지는 다음과 같이 설명했다. "정확히 말하면, '노동당'은 의회 밖의 당 조직만을 일컫는 말이다. 의회 안에는 독자적 조직인 '노동당 의원단'이 따로 있고, 노동당은 의원단을 지원할 뿐이다."[70]

노동당의 역사는 대부분 의원단에 집중된 당 지도부와 의회 밖 지지자들 사이의 주도권 다툼을 중심으로 전개됐다. 개혁주의 안에는 계급의 염원과 국민의 정치라는 두 축이 나란히 존재한다. 그렇지만 노동당 의원단은 처음 구성될 때부터 당원들을 무시할 수 있는 권리를 강력하게 천명했다.

개혁주의자들은 마르크스주의가 교조적이라고 비웃기를 좋아한다. 그러나 개혁주의 논리야말로 가혹한 주인이다. 이제 이 주인은 의원들을 의회에 진출시킨 활동가들에게 가만히 앉아서 권력자들을 지켜보기나 하라고 명령했다. 의원들의 활동을 문제 삼을 수 있는 거의 유일한 무대인 당대회가 선거 승리의 첫 번째 피해자가 됐다.

노동자대표위원회는 1906년에 노동당으로 이름을 바꿨다. 이듬해 노동당 집행위원회가 당대회에 제출하려 한 결의안 초안에 따르면, 당대회 결의안은 "의원단이 타당하다고 여길 만한 행동 방침을 벗어나지 않는 수준에서 당대회 때 나온 의견들을 반영"할 수만 있었다.[71] 그러나 이것은 너무 노골적이었다. 어떤 사람이 독일 수정주의의 대부 에두아르트 베른슈타인에게 말했듯이, "사람들은 이런 것을 굳이 말로 하지 않고 그냥 실천에 옮긴다."[72] 결국 그 결의안은 논쟁에 부쳐지지 않았다. 독립노동당 소속 노동조합원인 피트 쿠란은 집행위원회 스스로 결의안을 수정하라고 주장했다.

최종 자구 수정 과정에서 공격적인 문구가 삭제되고 다음과 같이 바뀌었다. "[당대회 결정 사항의 — 지은이] 실행 시기와 방법은 의원단과 중앙집행위원회에 위임한다."[73] 그래서 의원단은 원하던 것을 모두 얻었다.

노동당이 순식간에 배신한 것을 생각하면, 당대회에서 벌어진 논쟁은 놀라운 일이었다. 금속노조 대의원은 "의원들이 전달받은 지침을 무시할 뿐 아니라 당대회의 명시적 요청과 반대로 표결하는 것을 알게 됐다고 말했다. 그는 대의원들이 의원들의 그런 행동을 문제 삼을 권리가 있다고 생각했다." 노동자연합* 대의원도 그 말에 동의했다. "의원단이 아니라 당대회가 의회 사업을 결정해야 한다."[74] 그러나 늘 그렇듯이 노조 관

---

* 노동자연합 1929년 운수일반노조에 통합된 노동조합.

료들은 자신의 정치적 형제들을 지지했고, 그 결의안은 64만 2000표 대 25만 2000표로 통과됐다.

1907년의 논쟁 때문에 노동당 의원단은 의회 밖 기구들과의 관계를 분명히 할 수밖에 없었다. 스노든이 내린 결론은 노골적이었다.

당대회를 통해 내가 얻은 교훈은 당대회 결의문을 별로 중요하게 여기지 않아도 된다는 것이다. 과감한 개혁 프로그램을 요약한 수많은 결의문이 당대회에서 통과됐지만, 실제로 결과를 낳은 것은 거의 없었다. 당대회가 말하면, 말하게 내버려 둬라. 당대회 결의문을 최종 처리하는 것은 정부다 (노동당 정부도 포함된다). … 노동당의 평당원들은 이제 그 교훈을 배워야 한다. 그들은 당대회 결의문이 쓸모없다는 것을 충분히 경험했다.[75]

60년 뒤 해럴드 윌슨과 제임스 캘러핸이 이끈 노동당 정부의 경험은 스노든의 말을 결정적으로 입증해 줬다.

당대회의 종속적 지위가 승인된 뒤에는 의회가 정말로 대중을 대표한다는 생각과 변화를 실행할 만한 공간은 의회뿐이라는 생각도 받아들여졌다. 맥도널드는 이것을 간명하게 요약해, "사회주의자들이 모여서 자신들의 염원을 선언하는 것이 아니라 지역사회[유권자들 — 지은이]가 무엇을 원하는 지"가 중요하다고 말했다.[76]

1907년 당대회 직후에 헨더슨은 의원들이 당대회에 책임지지 않는 이유를 다음과 같이 설명했다. "나는 당대회의 결정 사항들을 정말로 존중하고 싶다. 그러나 의회에서 내가 직접 대표하는 사람들도 어느 정도 존중해야 한다. 우리의 이런 처지는 충분히 고려되지 않았다."[77] '유권자의 이익'이라는 생각은 '국민의 이익'이라는 생각만큼이나 그럴싸하다. 그러나 노동자들은 자본가를 희생시켜야만 이렇다 할 진보를 이룰 수 있다. 거꾸로, 자본가는 자신이 착취하는 사람들의 땀과 노고로만 살 수 있다. 따라서 노동자와 자본가를 한꺼번에 모두 대표할 수는 없다. 자신을 지지한 노동계급 유권자의 이익에 맞게 행동하기를 정말로 바라는 의원 이라면 의회가 속임수라는 것, 사회의 진정한 권력은 자본과 물리적 폭력 — 경찰·군대·감옥 — 을 독점하는 선출되지 않은 자들에게 있다는 것을 말해야 한다.

헨더슨이 위와 같이 말한 지 일주일 뒤에 하디는 또 다른 점을 강조했다. "당이 추구해야 하는 노선을 엄격하게 적용하는 것은 … 파멸에 이르는 길이다. 의회에서 당이 성공하기를 바란다면, 의원들이 자유롭게 독자 노선을 선택해야 하고 … 오로지 의회 사정을 잘 아는 사람들만이 현장에서 결정할 수 있어야 한다. … 헐이나 벨파스트나 더비나 뉴캐슬에서 열린 어떤 당대회도 그런 과제를 수행할 수 없다. … "[78] 또다시 개혁주의 논리가 명령하고, 모든 것은 웨스트민스터 궁 앞에 머리를 조아린다.*

이제 노동당 의원단은 의회 게임에 확실히 몰두했다. 그러나 모든 원칙을 희생시켜 얻은 것이 무엇인가? 20세기 초 25년 동안 노동당이 거둔 두드러진 성과는 1906년 노동쟁의법을 제정해 태프베일 판결을 뒤집

---

* 이때쯤 노동조합원들은 관료들의 지배에 익숙해져 있었다. 그러나 의회주의의 압력으로 독립노동당 안에서 관료들이 득세한 것은 새롭게 주목할 만한 현상이었다. 러셀 스마트와 앨프리드 샬터는 1908년에 쓴 글에서 중앙집행위원회의 이너서클[소수 핵심 권력 집단]을 소수 독재자들이라고 비난했다. "사실상 이들 소수야말로 당이다. 그들에게 당대회는 많은 대의원들이 서로 만나 휴가를 즐기고, 중요하지 않은 수많은 문제들을 논의하고, 해마다 자신들을 간부로 재선출하는 불필요한 절차를 되풀이하는 막간극일 뿐이다. … 그런 폐해는 총선 뒤에 더 두드러졌다. 국가정책의 문제들은 점점 더 중앙집행위원회의 국회의원들 손에 집중되고 있다. 정부의 '하급' 관리들이 장관을 통제하지 못하듯이 중앙집행위원회의 분과 위원들은 이너서클을 통제할 수 없다."[79] — 지은이.

은 것뿐이었다. 처음에 노동당은 태프베일 판결을 수정하려고 했다.[80] 그러나 격분한 노총이 수정을 제안한 웨브 등을 배제하고 전면 폐지를 주장했다. 결국 자유당 총리의 지지를 얻어 노동쟁의법을 통과시킬 수 있었다.

자유당의 푸들

노동쟁의법을 제외하면, 노동당의 의회 기록은 여전히 암담했다. 1907~1914년에 노동당은 누가 보더라도 거대 여당인 자유당을 쥐고 흔드는 척하는 애처로운 소수 정당이었다. 1906~1908년에 노동당 의원들은 모든 표결의 86퍼센트에서 정부를 지지했다.[81]

1910년 이후 기회주의의 물방울은 홍수가 됐다. 그해에 광원노조의 가입으로 힘을 얻은 노동당은 의원이 42명으로 늘어났다. 그러나 자유당은 다수당이 되지 못해 노동당의 지지를 받아야만 정권을 유지할 수 있었다. 따라서 노동당이 주도권을 쥘 수도 있는 상황이었다. 하디는 노동당이 아일랜드 출신 의원들처럼 "독자적 투표 블록"을 구성한 채 "노동당에 최고액을 제시하는 입찰자에게 표를 판매"해야 한다고 봤다.[82] 그러나 하디는 아일랜드 의원들이 아일랜드의 자치를 원했기 때문에 강력하고 독자적인 압력 집단이 될 수 있었던 사실을 놓치고 있었다. 반면에, 웨스트민스터의 통치권을 얻고자 한 노동당 의원들은 의회와 의회 절차에 단단히 묶여 있었다. 따라서 노동당은 자유당 정부에 압력을 넣는 노동자 조직이기는커녕 자유당 정부를 지지하라는 협박에 끊임없이 시달렸다.

둘째 요인은 오즈번 판결이었다. 노동조합이 노동당에 정치자금을 제공하지 못하게 한 이 판결 때문에 노동당의 선거 자금이 부족해졌다. 그 래서 노동당은 어떤 대가를 치르더라도 자유당을 지지할 수밖에 없었다. 1916년에 자유당 원내 대표는 "당시 나는 항상 노동당의 지지에 의존할 수 있었다"고 말했다.[83]

맥도널드는 다음과 같은 정치적 결론을 내렸다. 투표를 통해 점진적 변화를 추구해야 한다면, 유권자들의 다수가 자유당에 투표하기 때문에 자유당이 되는 것이야말로 최상의 방안이다. 1910년에 맥도널드는 노동당이 자유당 내 급진파가 되는 것이 더 낫지 않을까 하는 문제를 공개적으로 제기했다. 그는 다음과 같이 썼다. "순수하고 단일한 사회주의 정당을 유지하는 것은 불가능하다. … 노동당은 … 훨씬 더 강력한 정치 운동의 창조적 구심이 돼야만 자신의 이상을 실현할 수 있을 것이다."[84] 같은 맥락에서 "영국 상황에서 사회주의 정당은 사회주의 정치 운동의 최초의 형태가 아니라 최후의 형태"라고도 주장했다.[85]

이런 문제들은 하원에서 날마다 드러났다. 상원이 자유당의 사회 개혁 조처들을 가로막은 문제나 실업 대책이나 보험법 등의 많은 문제에서 노동당 의원들은 자유당 의원들과 거의 다르지 않거나 때로는 더 우파적인 태도를 취했다. 당황한 지지자들은 다음과 같이 물었다. "우리는 거리에서 사람들에게 낡은 정치단체들과 결별하라고 끊임없이 촉구한다. 그러나 이런 일이 되풀이되는 상황에서, 어떻게 노동당과 자유당은 서로 다르다고 사람들을 설득할 수 있겠는가?"[86]

이런 행동은 비극이었지만, 부르주아 언론이 보기에는 우스운 측면도 있었다.

노동당원들은 … 거리의 연단에서 노동당의 독자성을 씩씩하게 주장한다. … 그러나 정작 의회에서는 잘 훈련된 푸들처럼 고분고분하고 … 우파의 로비에 순순히 굴복한다.

국회의원들은 램지 맥도널드가 주도한 노동당이 정부가 공무원 임금을 제대로 지급하지 않았다는 이유로 사실상의 정부 불신임안을 제출한 그 유명한 날을 기억한다. 그러나 램지 맥도널드가 스스로 불신임안을 폐기했을 때 … 의원들은 놀라서 숨이 넘어갈 뻔했다. [자유당 정부가 무너질까 봐 두려워진 ─ 지은이] 맥도널드는 자신이 제출한 동의안조차 지지하지 않았다. … 이런 행동을 보며, 진보적 정견을 가진 노동자들은 의회의 노동당 신사 양반들이 자신들을 속이고 있다고 의심한다.[87]

노동당의 웃기는 상황은 노동당 의원들이 사안의 시시비비에 따라 표결하지 않고 자유당 정부의 존속을 위해 표결하기로 공식 결정했을 때 분명하게 드러났다! 이것은 결코 황금기가 아니었다.

타락은 거기서 끝나지 않았다. 노동당은 자유당과 함께 연립정부를 구성하기도 했다. 이 연정 문제는 1910년에도 제기됐지만, 그때는 시기상조라며 거부됐다. 1911년에 맥도널드는 자유당 지도자들과 연정 가능성을 진지하게 논의했다.[88] 1914년에 페너 브로크웨이는 독립노동당 당대회에서 맥도널드의 책략을 공개했다.[89] 실제로, 자유당, 노동당, 보수당을 포괄하는 연립정부가 임박해 있었다. 그러나 그 변명거리는 과거의 변명거리들보다 훨씬 더 설득력 있는 제1차세계대전이었다.

좌파적 대안들

노동당의 비굴한 태도에 모든 좌파가 분노했다. 선거주의적 타락에 대한 반응은 항상 두 가지였다. 하나는 대중의 전투성에 의존하는 것이다.

그중에는 의회적 방식을 사실상 거부하는 것도 포함된다. 다른 하나는 이른바 **영구적 노동당 좌파**다. 그것이 영구적인 이유는 개혁주의 정치가 언제나 자본주의와의 타협을 포함하기 때문이다. 랠프 밀리밴드는 노동당 좌파의 목표를 다음과 같이 설명했다.

노동당 지도자들이 더 급진적인 정책과 강령을 받아들이고 노동자의 적들이 제기하는 도전에 더 전투적으로 대항하도록 압력을 가하는 것. 노동당 좌파가 의회 제도를 받아들이는 데서 노동당 지도부와 다른 점은 의회 제도의 금기와 제약을 벗어날 수 있는 수단을 끊임없이 모색한 점이었다. 노동당 지도자들이 열렬히 받아들인 것을 노동당 좌파는 약간 불편하게, 때로는 꽤나 불안해하면서 받아들였다.[90]

꽤나 불안해했을지 모르지만, 어쨌든 항상 받아들인 것은 사실이다. 노동당 좌파는 자신을 묶고 있는 사슬을 흔들지만, 여전히 자발적인 포로다.

노동당 좌파가 조직화한 계기는 1907년 선거에서 빅터 그레이슨이 승리한 사건이었다. 그레이슨은 노동당 정치에 혜성처럼 나타났다가 소리 없이 사라졌다. 그가 사라진 궁극적 이유는 여전히 풀리지 않는 수수께끼로 남아 있다.[91] 그레이슨은 콘밸리 지역의 보궐선거에 "노동당 소속 사회주의자" 후보로 출마했다. 노동당 지도부가 보기에 이것은 범죄였다. 사회주의는 개인적으로는 받아들일 만하지만 선거운동에 끌어들여서는 안 되는 것이었다.

그레이슨은 혁명가는 아니었지만 전투적 개혁주의자였다. 다른 사람들은 의회에서 '위대함'과 관대함을 봤지만, 그레이슨은 "화려하지만 이제는 의미 없는 절차를 진행할 때 입는 중세 의복들로 둘러싸인 … 낡은 회의장과 … 진부한 제도들의 변화를 전혀 허용하지 않거나 적어도 어렵게 하기 위해 정교하게 고안된 입법 기구"만을 봤다.[92] 의회는 의회 밖의 사람들을 일깨우기 위한 선전 연단으로만 이용될 수 있었다. 1908년에 그레이슨은 국회의원들이 가난이 지속되도록 방치해서 살인을 묵인한다고 비난했다가 의회에서 쫓겨났다.

1910년에 의원직을 상실한 그레이슨은 노동당을 탈당해 영국사회당을 만들었다(사회당은 옛 사회민주연맹이 주축이었지만 독립노동당의 일부 지부들과 블래치퍼드의 〈클라리온〉 세력 등도 포함하고 있었다). 그러나 노동당에 대한 비판은 노동당 내에서도 계속됐다. 틸렛이 《노동당 의원단은 실패했는가?》라는 제목의 소책자를 쓴 것만 봐도 분명히 알 수 있다. 독립노동당의 일부 당원들은 이른바 '녹색 선언'인 《노동당을 개혁하자》를 발표했다. 그 어조는 절박했다. 노동당은 "엄청나게 심각한 위기"에 직면했다. 이것은 "많은 당원들의 나사로[예수가 부활시킨 사람] 같은 태도, 의원단 전체가 선택한 자멸적인 '수정주의' 정책"에서 비롯했다. 이 때문에 "전체 운동이 심각한 빈혈증이나 광포한 우울증에 빠져 허우적거리고 있다."[93] 하디와 스노든을 포함해서 많은 고참 의원들은 맥도널드 지도부가 추진한 정책을 공공연하게 비웃었다. 스노든은 다음과 같이 선언했다.

노동당이 독자적 관점을 갖고 있지 않다면 … 노동당이 자유당보다 더 멀리 나아가거나 자유당과 다른 방향으로 나아가기를 열망한다는 것을 입증할 수 없다면, 노동당이 독자 정당으로 존재할 아무 이유가 없다. 노동당 의원단의 태도만 보고 조세 문제에서 노동당과 자유당의 견해가 어떻게 다른지 알아내기는 힘들다.[94]

그러나 어쨌든 그레이슨과 그 추종자들이 벌인 운동의 영향력은 미미

했다. 그 운동에는 처음부터 치명적 결함이 있었고, 그것은 이미 1909년
에 드러났다. 그해 독립노동당 당대회에서 좌파의 용기가 시험대에 올랐
다. 맥도널드는 의회의 절차가 실업자들의 어려움보다 더 중요하다고 주
장하며 분위기를 조성했다.

> 민주 정부의 존재는 실업 문제의 해결만큼이나 사회주의 국가 건설에 필수
> 적이다. … 실업 문제 해결에 진지하다는 것을 보여 주기 위해 민주 정부의
> 심장에서 파업을 제안하는 정당은 국민이 용납하지 않을 뿐 아니라 존재
> 할 가치조차 없다.[95]

하디가 뛰어나와 맥도널드는 "사회주의 운동의 가장 큰 지적 자산"이
라고 선언하며 자신의 견해를 분명히 밝혔다.

지도부를 비판하고 그레이슨을 지지하는 안건이 표결에 들어가자 독
립노동당의 '4인방' — 하디, 맥도널드, 스노든, 글래셔 — 은 지도부에
서 사퇴하겠다고 폭탄선언을 했다. 즉시 반응이 나왔다. 크로스의 설명
에 따르면, 한 대의원이 "지금 봐도 깜짝 놀랄 만큼 비굴한 결의안을 제
출했다."[96] 지도부의 유임을 호소한 이 눈물 어린 결의안에 반대한 대의
원은 겨우 10명뿐이었다. 그러나 4인방은 자신들의 결정을 굽히지 않았
다. 그들은 독립노동당의 존속 필요성을 의심했다. 글래셔는 "우리는 당
을 구할 가치가 있을 때만 그렇게 해야 한다"고 생각했다. 그런데 이 점
에 대해서 그는 확신이 없었다.[97]

독립노동당은 필요 이상으로 오래 살아남았다. 독립노동당의 열정은
노동당 의원단을 창출하는 데 일조했지만, 이제 의원단이 원하는 것은
수동적 복종이지 자신에게 지시하는 조직이 아니었다. 눈치 빠른 좌파
러셀 스마트는 다음과 같은 점을 깨달았다.

투쟁에서 우리가 할 일은 자금을 제공하고, 회원을 모집하고, 지도자들을 추종하는 것뿐인가? … 지난 몇 년 동안 지도부는 꾸준하고 은밀하게 지부의 자율성을 박탈하고 중앙 권력을 강화하는 정책을 추구해 왔다. … 우리는 영리하고 이기적인 정치인들이 나중에 관직에 진출할 때 타고 오르는 사다리일 뿐이다.[98]

노동당 좌파는 근본적 어려움에 직면했다. 의회를 통한 변화를 받아들이는 과정에서 그들은 결국 의원들 앞에 굴복해야 했다. 레닌은 "대중의 직접 투쟁이 … 운동의 가장 높은 형태이고, 의회 활동은 … 가장 낮은 형태"라고 생각했다.[99] 그런데 이것은 사실이거나 아니면 거짓이다. 이것이 사실이라면, 노동자들의 필요와 자신감과 투쟁 능력이 최우선이고 의회의 책략은 부차적이다. 반면에 맥도널드가 옳다면, 의회의 영향력이 가장 중요하다. 맥도널드는 그레이슨에게 답변하며 다음과 같은 대안을 제시했다.

우리는 의회를 이용하는 사람들이 의회를 통해 단지 입증하는 것이 아니라 의회를 통해 활동할 수 있도록, 진지하고 지적이며 단호한 인적 기구를 설립하고 유지하는 데 필요한 돈을 찾아보라고 당신에게 요구합니다.[100]

노동당 밖의 좌파

노동당이 마침내 자유당 정치를 탈피한 것은 노동당 자신이나 노동당 좌파의 노력도 아니었다. 그것은 노동당 정치와 전혀 다른 훨씬 더 진지한 대안, 즉 1910~1914년의 제2차 '노동자 대투쟁' 덕분이었다. 1889년의 신노동조합 운동에서 나온 전향적 흐름은 비록 개혁주의 방향으로 빗나가기는 했지만, 자-노 제휴론과 진정으로 결별하기 위한 자극이 됐다. 그때 이후 이데올로기에서 커다란 진보는 없었다. 그 때문에 노동당이 자유당의 품으로 파고드는 상시적 경향이 나타난 것이다.

1910년에 시작돼 1921년까지 지속된 계급투쟁은 노동당 정치의 중대한 발전을 위한 도약대였다. 우리는 여기서 개혁주의적 독립노동당이라는 새우와 원래 자유당을 지지하는 노동조합이라는 고래의 동맹이 대중적 개혁주의 정당으로 나아가는 것을 보게 된다. 다시 한 번 노동당 지도자들은 (계급[투쟁]을 사실상 방해하지 않는 곳에서는) 계급의 꽁무니를 따라다니고 있었다. 그리고 또다시 투쟁은 선거 정치에 간접적으로 반영됐는데, 여기에는 혁명적 좌파가 취약한 것도 한몫했다.

1910~1914년의 '노동자 대투쟁'을 거치며 노동계급이 역사의 무대로 강력하게 복귀하자 지배계급뿐 아니라 노동당도 겁에 질렸다. 당시는 온 나라를 뒤흔든 광원·항만·철도 노동자의 파업이 처음으로 벌어진 시기였다. 4년이 채 안 돼 노동조합원 수가 갑절로 늘었고, 파업 일수는 네 배로 늘었다. 1911년 8월 13일 머지사이드의 '피의 일요일'은 당시의 분위기를 잘 보여 준다. 파업 중인 운수 노동자 8만 명이 벌인 대규모 시위를 경찰과 군대가 공격했다. 도심으로 몰려나온

주민들이 폭도들을 편들며, 창문이나 지붕에서 경찰에게 병, 벽돌, 석판, 돌 따위를 집어던지는 경우가 많았다. 지역 전체가 한동안 계엄 상태였다.[101]

이틀 뒤 파업 노동자 두 명이 총에 맞아 죽었다. 라넬리에서도 똑같은 일이 일어나 두 명이 살해당했다.

그런 사건들이 발생한 것은 영국 자본주의의 경쟁력이 계속 떨어지고,

물가가 오르고, 실업이 늘었기 때문이었다. 또다시 혁명가들의 구실이 중요해졌다. 그들은 신디컬리즘* 이론에서 영감을 얻었다. 1912년 노총 대의원대회에서 한 대의원은 다음과 같이 말했다. "아주 분명히 밝혀 두고 싶은 것은 신디컬리즘이 사실은 … 노동당의 무능력에 대한 항의라는 것입니다."[102]

이 점은 신디컬리스트들의 저작에서도 드러났다. 톰 만도 《산업 신디컬리스트》, 《광원들의 다음 과제》 등의 저작에서 '정치'를 노동당의 개혁주의로 이해하고 거부했다. 다음과 같은 유인물들이 전형적인 사례였다. "지도자들은 여러분의 표를 원할 뿐입니다. 그들은 여러분을 배신할 것입니다. 그들과 의회는 거짓말을 하고, 여러분을 도와주는 것이 아니라 배신하려 하고 있습니다. 최저임금을 쟁취할 때까지 일하지 마십시오. 승리, 승리, 승리합시다!"[103] 실제로 노동자들은 중대한 많은 쟁의에서 승리했다.

〈위클리 디스패치〉는 상황을 다음과 같이 설명했다.

사실 노동당 의원들 자신들이 보기에도 그들은 의회에 들어가서 사기가 떨어졌다. … 노동당에 많은 기대를 걸었던 그들의 친구들은 실망했다. … 그것의 결과는 외부 인사들, 즉 노동자들을 선동하는 진정한 지도자들이 의원들을 철저하게 무시하고 앞으로 나아가고 있는 것이다. 약간 늦기는 했지만, 그 선동가들은 노동당이 자유당의 부속물일 뿐이라는 것을 깨닫고 있다.

---

* 신디컬리즘 다양한 형태를 취하기는 하지만, 기본적으로 혁명적 노동쟁의로 자본주의를 파괴하려는 운동을 말한다. 이들은 이론을 행동지침이 아니라 그저 체제의 작동을 설명하는 원리로만 본다.

진실은 노동당의 의회 게임이 계급의 일상적 필요와 전혀 무관했다는 것이다.

그것은 노동자들의 가장 중요한 문제들에 아무 효과도 없었다. 임금은 오르지 않는데 생필품 가격은 올랐다. … [노동당이 — 지은이] 그런 중대한 문제들에 아무 영향도 미치지 못했다는 말로도 충분할 것이다.[104]

운동을 억제하기

'노동자 대투쟁'에 대한 노동당의 반응은 매우 교훈적이다. 먼저, 앞서 지적했듯이, 노동당은 대중의 전투성을 발전시키려는 노력을 전혀 하지 않았다. 분명히 노동당 지지자들의 다수가 파업 투쟁에 참가했겠지만, 그들이 노동당원으로서 행동한 경우는 전혀 없었고 오히려 노동당원이라는 사실을 알리지 않고 파업에 참가한 경우는 있었다.

'노동자 대투쟁'을 전진시키거나 그것을 긍정적 방향으로 이끌 수 있는 세력으로 말하자면, 노동당은 완전히 그리고 철저하게 부적절했다. 주로 노동쟁의 조정을 담당하는 정부 부처인 산업위원회 위원장은 각료 회의에서 다음과 같이 말했다.

노동당 의원단이 노동쟁의에 미치는 영향력은 거의 완전히 파탄 났다. 그들은 지난여름 항만 노동자나 운송 노동자 투쟁에 전혀 관여하지 못했고 의논 상대조차 되지 못했다. 철도 파업 당시 의원단은 노동자들과 정부 사이에서 중재자 구실을 하려 했으나 노동자들의 투쟁이나 그 결과에 아주 미미한 영향을 미쳤을 뿐이다. … 노동당은 전혀 영향력을 발휘하지 못했다.

그리고 이 위원장은 첨부 서류에서 중요한 말을 덧붙였다. "그들이 배제된 것은 산업 평화에 분명히 손실이다."[105]

초기에는 노조 관료들조차 노동당 지도자들이 전혀 관여하지 못하도록 배제하려 했다. 맥도널드는 광원노조 집행부에 관해 다음과 같이 불평했다. "광원노조 집행부는 노동당 의원단을 멀리했을 뿐 아니라 노동당원들이 공개 연단에서 현재 상황이나 정부와의 협상에 대해 견해를 표명하는 것조차 사실상 가로막았다. … 이것은 분명 신디컬리즘의 극치다!"[106]

노동당이 의논 상대조차 되지 못한 이유를 알기는 어렵지 않다. 맥도널드는 당이 다음과 같이 조언해야 한다고 제안했다.

우리가 첫 번째 의논 상대였다면, 우리는 의회 연단과 각료들의 밀실에서 동시에 진행되는 의원들의 활동과 함께 시작하라고 노동자들에게 조언했을 것이다. … 밖에서 무모한 행동들이 마구 벌어지는 동안, 일반적 성격의 의회 활동은 마비되고 손상되고 있다.[107]

노동당이 무시당한 것은 할 말이 없어서가 아니었다. 당은 연설, 신문, 책을 통해 논평을 냈다. 그러나 그 논평들은 마거릿 대처 신봉자들이 파업권을 공격한 것을 무색하게 할 만큼 모욕적인 것들이었다. 독립노동당의 《소셜리스트 리뷰》 1912년 5월호는 노동자들의 파업을 "온 사회를 뒤덮은 묵시록"으로 묘사했다.[108] 직접행동을 지지하는 사람들은 "인구의 1퍼센트일 뿐이며, 그들은 정신적 결함이 있는 자들이다. [그들은 — 지은이] 토론 대상이 아니라 정신병 치료의 대상이다." 글래셔의 소책자 《사회주의와 파업》은 다음과 같은 말로 시작한다. "기묘하고 언뜻 보면 이해할 수 없는 문명의 많은 관행들 중에서 가장 이상한 것 중 하나가 노동자들의 파업이다." 작업 중단은 "비난받아 마땅하고 도저히 이해할 수 없는 어리석은 짓이다."[109]

그러나 노동당 지도자들이 철저하게 반동적인 태도를 취한 것은 아니었다. 대놓고 기업주들을 편들지는 않았다. 그들은 중립을 지키고 싶었고, 국가가 계급 전쟁을 초월하기를 바랐다. 노동당 지도자들은 서로 싸우는 두 사람에게 "당신네들 집에 전염병이 들었소" 하고 말했다. 그래서 1913년에 무자비하게 노동조합을 탄압한 기업주에 맞서 짐 라킨과 더블린 노동자들이 격렬하게 투쟁할 당시, 글래셔는 노사가 "하나로 맞물린 턱의 위턱과 … 아래턱"이라며 "똑같이 제멋대로 행동하는 반체제 기질"을 드러냈다고 비난했다.[110] 독립노동당의 사무실에서 보면 그렇게 보일 수도 있었을 것이다. 그러나 현장의 상황은 사뭇 달랐다. 라킨은 그런 정치 지도자들이 "노동당의 대의를 배신하고, 당의 깃발을 더럽히고 진흙탕에 처박았다"고 반박했다.[111]

틸렛은 자본주의 국가가 중립적이라는 사상을 비웃었다. 틸렛은 1912년에 일어난 사건들을 다음과 같이 묘사했다.

파업들 … 경찰의 협박·강압·만행·폭동·투옥. 내무부 장관은 군대를 동원해 개입하고 탄압을 시도하고 내무부 소속 병력을 코사크 기병대처럼 이용한다. 의회는 침묵하거나 묵인하고, 노동당은 무관심하거나 무기력하다. … 의회는 우스갯거리이거나 속임수이고, 부자들의 두마[제정 러시아의 의회]이며, 사용자들의 태머니이고,* 도둑들의 소굴이고, 노동자들을 억압하는 전제군주다. … 1912년 파업 때 우리는 의회·군대·판사에 맞서 싸워야 했다.[112]

---

* 태머니(Tammany) 1790년대부터 1960년대까지 미국 뉴욕의 정치를 지배하며 보스 정치와 독직의 대명사가 된 민주당 파벌 기구.

'노동자 대투쟁'은 중요한 계급투쟁에서 노동당이 국가를 편들고 자본주의 사회의 유지를 옹호한다는 것을 보여 줬다. 그래서 1912년에 독립노동당의 《소셜리스트 리뷰》는 다음과 같이 썼다. "사회는 거의 치명상을 입었고 … 노동자들이 국민 전체의 행복을 쥐락펴락하고 있다." 원인이 무엇이든 간에 그런 파업은 결코 용납할 수 없다는 것이다. "그렇다면 거의 믿을 수 없는 그런 강압 — 노동자들의 주장이 정당한지 아닌지의 문제와는 전혀 무관한 … 그런 강압 — 에 국가가 어떻게 대처해야 하는가."[113] "1톤의 장광설 속에 1온스의 의미를 숨길 수 있는 사람"으로 유명한 맥도널드가 갑자기 수정처럼 투명하게 말했다.[114] "신디컬리즘은 주로 사회주의[노동당을 말한다 — 지은이]에 대항하는 반란이다. 사회주의는 의회 사회주의여야 한다. 그렇지 않다면 그것은 아무것도 아니다." 사실 선택은 계급이냐 국민이냐다. "그러므로 국민이라는 진정한 통일체가 존재한다. 그것은 개인에게 전통, 습관, 사회적 행위 체계를 제공한다. 신디컬리스트는 … 이 국민적 유산을 비현실적인 것, 아무것도 아닌 것으로 만들어 버린다. 그런 바탕 위에서는 어떤 정책도 수립될 수 없다."[115]

그러나 반응은 똑같지 않았다. 일부 독립노동당 지도자들은 파업을 지지한다고 공언했다. 물론 파업을 더 효과적으로 억제하기 위해서 그랬지만 말이다. 당시 키어 하디의 복잡한 궤변을 들어 보라. 의회 활동은 "혁명적인 반면, 직접행동은 완화제일 뿐이다. … 자유당과 보수당에 대항하는 총파업은 시대적 요구다. 노동자들의 파업은 성공할 때조차 아무것도 해결하지 못한다. … 손실은 없고 성과만 있는 파업 형태는 정치 파업[노동당에 투표하는 것을 말한다 — 지은이]뿐이다."[116] 필요하다면 좌파적 언사도 남발하는 개혁주의자들의 능력을 과소평가해서는 안 된다. 하디는 1912년에 독립노동당의 역사를 깡그리 무시하며 다음과 같이 말했다.

독립노동당은 … 개혁주의 조직이 아니다. 독립노동당은 진정한 의미의 혁명 조직이다. 독립노동당은 현재의 사회질서를 조금 더 참을 만하게 고치려고 존재하는 것이 아니라 현재의 질서를 전복하기 위해 존재한다. … 노동계급 동지들, 우리는 의회가 우리에게 개혁을 선사하기를 바라지 않는다. 우리는 의회에 우리를 위해 뭔가 해 달라고 요구하지 않는다. 우리는 의회에 들어가서 스스로 의회의 주인이 될 것이다.[117]

흥미로운 양상이 발전하고 있었다. 1900년 창당 대회 때 좌파였던 독립노동당이 이제 우파가 됐다. 직업상 '국민' 개념을 신봉하고 의회 밖의 집단적 압력에서 멀어진 대다수 독립노동당 지도자들은 이제 노조 관료 집단의 상층 지도자들보다 훨씬 더 보수적이었다.

1910년에는 직업적 개혁주의자 집단이 존재했다. 파업을 저지하는 데 물질적 이해관계를 가진 노동당 의원단이 바로 그들이었다. 역사는 마냥 정체하지 않는다. 1890년대에 개혁주의 정치인들은 계급보다 선진적이었다. 1910년 이후에는 결코 그렇지 않았다. '노동자 대투쟁'은 이 개혁주의 정치인들이 노동계급보다 훨씬 뒤처져 있을 뿐 아니라 노동계급의 발전을 의식적으로 가로막고 있음을 보여 줬다.

주의해야 할 점이 또 있다. 비록 노조 지도자들이 결국은 투쟁을 봉쇄했지만, 그들은 작업장에서 분출한 계급의 직접적 압력에 훨씬 더 민감해야 했다. 좌파 관료와 우파 관료 모두 통제력을 유지하고자 좌파적 미사여구를 사용해야 했고, 이미 비공식으로 행동할 태세가 돼 있는 현장 조합원들 앞에서 (수동적인 데다 대중의 신뢰도 받지 못하는) 노동당과의 유착 관계를 드러냈다가는 자신들에게도 불똥이 튈 것이라는 점을 깨달았다.

그래서 철도노조 우파 지미 토머스의 신문 〈레일웨이 리뷰〉는 노동당이 발표한 성명 "파업을 중단하라"를 비난했는데, 그 글이 작업 중단을 "근본적 실패작"이라고 묘사해 특별히 미움을 받았기 때문이다.

> 모든 문제가 얼마나 간단한가 … 이런 일을 불러일으키고 좌우하는 사회 관계를 얼마나 너그럽게 무시하는가! 간단한 일반화와 함께 자본주의 생산양식은 가볍게 사라지고 만다. … 지주, 자본가, 임금노동자는 사라져 버렸다.[118]

이 지점에서 노동운동의 관료들, 즉 국회의원들과 노조 간부들의 이해관계는 서로 엇갈린다. 이 사실은 노동당 의원들이 제안한 가장 놀라운 법안 가운데 하나가 잘 보여 준다. 그 법안을 제안한 것은 아서 헨더슨과 조지 반스, 윌 크룩스, 이넉 에드워즈 등 전현직 당 의장들도 포함된 유명한 팀이었다. 모두 노동조합과 연계가 있었던 이 사람들은 조정위원회를 먼저 거치지 않은 파업을 불법화하자고 제안했다. "임금이나 노동시간과 관련된 고용조건에 영향을 미치는 변화"는 모두 30일 전에 예고해야 했다. 법을 무시하고 파업하는 노동자들은 모두 "파업 기간에 날마다 2파운드 이상 10파운드 이하"의 벌금을 내야 했다. 당시 평균 주급이 1파운드 약간 넘는 금액이었음을 생각하면, 벌금이 얼마나 거액이었는지 알 수 있다. 그 법안에서 가장 가혹한 부분은 노동계급의 연대에 대한 것이었다. "피고용인이 이 법의 조항을 어기고 파업하거나 파업을 지속하도록 … 어떤 방식으로든 선동하고 부추기거나 지원하는 사람은 모두 유죄로 인정해 10파운드 이상 200파운드 이하의 벌금에 처한다."[119] 1911년 노총 대의원대회에서 이 법안을 폐기하자는 안건이 만장일치 찬성으로 가결됐고, 결국 법안은 폐기됐다.

1912년의 사건들 때문에 노조 지도자들과 노동당 의원단은 다시 한

번 단결했다. 온 나라를 뒤흔든 광원 파업이 처음으로 벌어진 데다 신디
컬리스트들의 도전이 점차 분명해지고 있었기 때문에, 양측 모두 노동자
들을 저지하는 데 공통의 이해관계가 걸려 있음을 깨달았다. 노련한 독
립노동당원이자 광원노조 지도자였던 로버트 스마일리는 "파업 기간에
… 우리는 끔찍한 혁명 직전까지 다가갔다"는 사실을 깨달았다.[120] 강조
점의 변화는 노동당의 1912년 1월 당대회와 1913년 1월 당대회를 비교
해 보면 알 수 있다. 처음에 광원 파업 전에 열린 당대회에서는 파업 중
인 노동조합들의 승리를 축하하는 결의안들이 만장일치로 통과됐다. 그
러나 다음 해에는 신디컬리즘을 강력하게 비난하는 장문의 결의안이 통
과됐다. 광원노조·철도노조·운수노조의 '삼각동맹'은 변화의 또 다른
사례였다. '삼각동맹'은 계급의 행동 통일을 요구하는 압력에 대응하고자
구축됐다. 그러나 스마일리는 나중에 이 동맹을 다른 목적으로 이용하
고 싶어 했다. "지금 손을 맞잡은 세 조직이 선거 때 자신들의 표를 현명
하게 사용한다면 의회에 120명을 더 보낼 수 있을 것이다. 바로 그곳이
미래의 전투가 벌어질 장소다."[121]

전에 로이드조지가 간파했듯이, 이제 노조 관료들은 노동당 정치가
"신디컬리스트들을 단속하는 최상의 경찰" 구실을 할 수 있음을 깨달았
다.[122] 사실, 노동당은 운동을 통제하는 데서 특별히 중요한 일을 했다. 그것은
겉보기와는 사뭇 다른 일이었다. 노동당은 관료들이 운동을 억제하는 데 필
요한 무기와 변명거리를 제공했다.

신디컬리즘은 '정치'를 원칙적으로 거부했기 때문에 노동당의 일반화
된 정치적 주장들에 대한 해결책이 되지 못했다. 신디컬리즘의 정책은
자생적 총파업뿐이었다. 임금이 쟁점일 때는 이론의 취약함이 중요해 보
이지 않았다. 그러나 경제에 관한 행동을 넘어서는 문제가 제기되자마
자, 신디컬리스트들은 자신들에게 무기가 전혀 없고 노동당이 일반적 사

상의 고지를 점령하고 있음을 발견했다. 신디컬리스트들의 치명적 실수는 개혁주의 정치를 그냥 무시한 것이었다.

노동당은 보수당이나 자유당처럼 단지 반동적 정당이 아니었다. 노동당은 노동자들에게 자주적 행동이 아니라 다른 수단을 이용해 상황을 개선할 수 있다고 약속했다. 노동당은 법과 질서를 옹호했지만, 경찰과 군대의 '과도함'을 개탄했다. 노동당은 자본을 공격하는 데는 효과적이지 않았을 수 있지만, 자본을 옹호하는 데는 아주 유용하다는 것을 입증했다.

노동계급의 직접행동과 비교하면, 노동당의 득표 활동은 가소로워 보였다. 1910~1914년에 노동당은 4석을 잃었고, 12곳의 재보선에서 노동당 지지율은 바닥이었다. 그러나 더 광범한 계급투쟁 때문에 많은 노동자들이 좌경화했고, 노동당은 의석을 상실했는데도 득표율이 조금씩 상승했다. 이는 노동자들이 수동적이나마 좌경화하고 있음을 보여 줬다.

그러나 개혁주의의 대중적 기반은 여전히 제한적이었다. 그 증거는 1913년에 통과된 노동조합법에서 볼 수 있다. 오즈번 판결을 수정한 이 법은 노동조합이 정치자금을 제공하려면 조합원들의 동의를 구하는 투표 절차를 반드시 거치도록 규정했다. 소수의 조합원들이 투표에 참가했고 그들 가운데 겨우 60퍼센트만이 정치자금을 납부했다.* 1914년에 노동당의 노동조합원 당원 비율은 1903년 수준보다 더 낮았다.[123]

심지어 가장 열렬한 개혁주의자들이 보기에도 노동당의 첫 14년은 무

---

* 노동조합이 노동당에 가입하는 것의 현실적 중요성을 보여 주는 사례는 매우 드물다. 1980년대 말에 마거릿 대처가 [노동조합에서] 정치자금에 대한 투표를 의무화했을 때, 노동당은 이를 잘 극복했다. 그러나 이것은 1927년 이래로 노동조합이 적극적으로 [정치자금을] 기부한 유일한 사례였다. 1927년에 보수당은 조합비에서 정치자금이 자동으로 공제되는 것을 중단시키고 개인들이 '선택'하게 만들었다. 그 금액은 연간 몇 펜스에 불과했지만, 노동당의 노동조합원 당원 수는 순식간에 40퍼센트나 감소했다. ― 지은이.

척 실망스러웠을 것이다. 노동계급은 아래로부터 개혁주의를 재발견했고, 몇 년 동안의 의회 로비로도 얻지 못했던 광원들의 법정 최저임금 같은 변화들을 몇 주 만에 얻어 냈다. 반면에, 노동당 자체의 노력으로 거둔 성과는 보잘것없었다.

3장

전쟁과 재건

노동당이 사회주의를 채택하다

노동당은 '정상적' 상황에서 '보통의' 경로로 개혁을 성취하려 한다. 일상의 입법 활동에 관여하는 정당은 전쟁 같은 거대한 사회적 위기와 아무 관련이 없는 것처럼 보인다. 그러나 진실은 정반대다. 첫째, 그런 위기의 시기에만 자본주의가 약화되고 노동자들의 의식이 크게 바뀔 수 있다. 둘째, 갑작스러운 스트레스로 심장의 상태가 드러나기 전에는 그것을 잘 모르듯이, 위기의 시기에야 정당은 시험에 빠지게 되고 내면의 본성이 드러난다. 1914~1918년의 전쟁은 노동당에게 그런 시험이었다.

제1차세계대전이 터졌을 때 노동당은 병든 꼬마나 마찬가지였다. 전쟁이 끝났을 때 노동당은 엄청나게 달라져 있었다. 집권 전망이 있는 주요 야당으로 거듭난 것이다. 특히 가장 두드러진 변화는 당헌 4조에서 사회주의 공약을 분명하게 내세운 것이다.

육체노동자나 정신노동자가 충분한 근로의 대가와 가장 공정한 분배를 보장받으려면 생산수단의 공동소유라는 바탕 위에서 모든 산업과 서비스를 대중이 관리하고 통제하는 체제가 확립돼야 한다.

투쟁의 초기 희생자들

전쟁이 터지자, 계급과 국가의 조화를 추구하는 개혁주의에서 국가라는 요소가 훨씬 더 강조됐다. 애국심이 강한 노조 관료들은 당 대표인 맥도널드가 전쟁에 대해 회의적인 견해를 표명하자 당 대표를 아서 헨더슨으로 교체해 버렸다. 1915년 5월 19일 노동당은 애스퀴스[자유당 정치인]가 이끄는 연립정부에 들어갔다.

노동당의 독자성을 지키고자 싸웠던 독립노동당 지도자들은 이제 당의 독자성이 무너지는 것을 그저 지켜봐야만 했다. 맥도널드는 "전쟁에 열광하는 군중과 노동당이 하나가 된 것을 보고 하다가 절망에 빠졌다"고 기록했다.[1] 맥도널드 자신은 연립정부 때문에 "노동당의 존립이 위험해졌다"고 생각했고 "우리 노동당이 마침내 파탄 났다"고 결론지었다.[2]

수많은 노동자들의 목숨과 함께 노동당도 희생됐다. 45세 이하 영국 남성 열 명 가운데 한 명꼴로 죽거나 다쳤다는 수치는 단순한 통계 이상의 의미가 있다.[3] 전쟁이 터진 지 6주 뒤에 로자 룩셈부르크는 국제주의를 포기한 대가를 다음과 같이 설명했다.

8월과 9월에 기차에 실린 총알받이들이 벨기에와 보주[프랑스 동부의 지명]의 전쟁터에서 썩고 있는 동안 죽은 자들의 들판에서 이윤이 잡초처럼 솟아나고 있다. … 수치스럽고, 더럽고, 피바다에서 허우적거리며 오물을 뚝뚝 흘리는 자본주의 사회는 … 문화와 인류를 파괴하는 독기를 뿜어내며 울부짖는 야수이자 혼란의 아수라장이 돼 버렸다.[4]

1918년 말까지 그 야수는 약 1500만 명을 집어삼켰다.

이런 상황에서 노동운동 지도자들은 노동자들에게 이윤을 위해 죽으라고 요구했는가, 아니면 필연적으로 그런 대학살을 부르는 체제를 파괴하라고 요구했는가? 이제 당을 통제하는 노조 관료들을 대변해서 틸렛은 다음과 같이 말했다. "나는 파업에서는 옳든 그르든 우리 계급을 옹호하지만, 전쟁에서는 옳든 그르든 우리나라를 옹호한다."[5]

이 위기의 순간에 노동운동 지도자들의 태도는 엄청나게 중요했다. 과거와 달리 20세기의 전쟁들에서는 자본주의 경제 전체가 전쟁에 동원됐다. 따라서 노동자들은 전쟁터에서만 희생된 것이 아니라 전쟁을 뒷받침하는 국내 생산 현장에서도 희생됐다.

머지않아 총리가 되고 '승리의 설계자'가 될 로이드조지는 당시 상황을 잘 이해하고 있었다.

세계대전 동안 각국 정부가 대처해야 했던 문제들 가운데 가장 예민하고 십중팔구 가장 위험한 것은 국내 전선에서 제기되는 문제였다. … 우리가 전쟁을 지속하고 마침내 승리하는 데 가장 큰 위협은 독일의 군사력이 아니라 국내 산업 현장의 불안이었다.[6]

노동당과 노조 지도자들 덕분에 영국 지배계급은 안전하게 살아남을 수 있었다. 그렇지만 그들은 구사일생으로 살아남았다. 그래서 식량 배급이 위기에 처했을 때 식량통제부 장관은 당시 식량통제부에서 근무하던 노동당 의원 J R 클라인스에게 다음과 같이 말했다. "지금 이 순간에 우리나라에서 혁명을 막을 수 있는 사람은 클라인스 당신과 나 둘뿐일 거요!"[7]

도덕주의와 노동당 정치

전쟁이 터졌으니 노동당은 분명한 태도를 취하지 않으면 안 됐다. 전쟁 전에 데즈먼드는 다음과 같이 썼다. "우리는 분명한 태도를 취하지 않았다. 영국을 지지한다고 하지도 않았고 반대한다고 하지도 않았다. 이 문제를 그냥 회피했다."[8]

꼭 그렇지만은 않았다. 전쟁 전에도 노동당의 견해는 있었다. 더 정확히 말하면, 일반적 개혁주의 정치 선전을 과제로 삼고 있던 독립노동당의 견해가 있었다. 독립노동당이 취한 견해의 원천은 두 가지였다. 첫째는 전통적 '소小영국주의', 즉 영국이 외국과의 전쟁에 말려들면 자유무역이 붕괴한다는 이유로 참전에 반대하는 [19세기 후반 자유당 지도자로서 총리를 역임한] 글래드스턴의 사상이었다.[*] 둘째는 인터내셔널이었다.[**] 제2인터내셔널이 1907년에 채택한 유명한 결의안은 다음과 같이 요구했다. "노동계급과 그들을 대표하는 의원들은 [전쟁을 ― 지은이] 막기 위해 모든 노력을 다 해야 한다. … 그래도 전쟁이 일어나면 … 신속한 종결을 위해 개입해야 한다." 키어 하디는 전쟁을 막기 위해 총파업을 벌이자고 제안하는 글을

---

[*] 자유당에서 이런 정서가 강력했다는 점을 잊어서는 안 된다. 존 몰리는 내각에서 전쟁에 반대하는 분파를 주도했다. 실제로 전쟁의 시험대에 오르기 전까지 존 몰리는 내각의 다수파, 즉 8~9명이 자신을 지지한다고 믿었다. 그러나 존 몰리가 사임했을 때 그를 따른 각료는 존 번스뿐이었다.[9] ― 지은이.

[**] 1908년에 노동당이 제2인터내셔널 가입을 신청하자 큰 논쟁이 벌어졌다. 결국, 노동당의 가입은 예외의 경우로 허용됐다. 노동당 강령에 특별히 사회주의적인 내용이 전혀 없었던 것이 문제였다. 사실, 노동당에는 합의된 강령 자체가 없었다! 카우츠키가 준비한 결의안 문안은 다음과 같았다. "역대 인터내셔널 대회에서 채택된 결의안들에 따르면, 프롤레타리아 계급투쟁의 관점을 받아들이고 정치투쟁의 필요성을 인정해야 인터내셔널에 가입할 수 있다. 그런데도 인터내셔널 사무국은 영국 노동당이 인터내셔널 대회에 참석하는 것을 허용한다. 왜냐하면 노동당이 비록 프롤레타리아 계급투쟁을 명시적으로 받아들이지는 않지만, 부르주아 정당들과 독자적으로 조직되는 한은 실천에서 계급투쟁을 벌이고 계급투쟁의 관점을 채택하기 때문이다."[10] 1912년에 인터내셔널은 노동당이 '실제로' 계급투쟁을 이행하는지 점검하기 위해 아서 헨더슨에게 "[노동당이] 의회에서 [발의한 ― 지은이] 사회주의 법안들을 모두" 제출하라고 요구했다. 헨더슨은 그렇게 하지 않았다. 사실은, 그럴 수가 없었다.[11] ― 지은이.

기고하기도 했다.

두 가지 사실을 분명히 해야 한다. 첫째, 키어 하디는 분명히 총파업의 위협만으로도 충분하리라고 생각했다. 그래서 파업을 계획하거나 실제로 준비하지는 않았다. "조직된 노동운동의 파업 위협만으로도 전쟁을 막을 수 있다는 것이 내 생각이다. … 그런 위협만으로도 … 군대를 국내에 붙잡아 둘 수 있을 것이다. … 그리고 모든 문명국의 노동자들이 전쟁에 대항하는 전쟁의 수단으로 파업을 사용하기로 합의했다고 생각해 보라. 그런 일이 벌어질 것이라고 알려지기만 해도 전쟁은 불가능할 것이다."[12]

따라서 생색을 내기 위해 반전 구호를 크게 외칠 뿐 구호를 실행에 옮길 생각은 없었다.

둘째, 파업은 노동조합과 직결된 문제였다. 그래서 노조 지도자들은 외교정책은 거의 건드리지 않았고, 전쟁에 반대하는 총파업 제안은 좌절시켰다.

노동당 의원들과 제2인터내셔널 지도자들이 말하는 국제주의는 마르크스주의자들이 말하는 국제주의와 사뭇 달랐다. 노동당 의원들은 마르크스주의자였던 적이 아예 없었고, 제2인터내셔널 지도자들은 이제더는 마르크스주의자들이 아니었다. 마르크스주의자들은 **노동계급의 국제적 단결이 근본 원칙**이고 국제주의 없이는 사회주의의 목표를 이룰 수 없다고 생각한다. 그러나 개혁주의자들은 한 나라 안에서도 의회를 통제해 사회주의에 이를 수 있다고 믿는다. 그들은 국제주의와 노동자 권력을 결코 분리할 수 없다는 것을 이해하지 못한다.

개혁주의자들에게 국제주의는 선택 사항이었다. 그들은 도덕적 이유에서 국제주의를 받아들였고, 따라서 얼마든지 국제주의를 희생시킬 수 있었다. 이런 정치적 도덕주의는 '윤리적 사회주의' 전통이 강한 영국에서 하나의 규범이었다. 그런 정치적 도덕주의 때문에 독립노동당의 평화주의자들은 전시에도 노동당 내부에 남아 있을 수 있었고 국수주의자들의 부당한 대우를 참을 수 있었다. 전쟁이 끝나고 집권을 위해 국수주의자들과 함께 노력하다 보면 서로 차이를 망각할 것임을 알고 있었기 때문이다.

1914년 8월 이런 식의 국제주의가 시험대에 올랐다. 전쟁의 먹구름이 몰려들던 8월 2일에 하디와 헨더슨은 트래펄가광장 연설에서 다음과 같이 선언했다.

> 지배계급이 ⋯ 압도 다수 민중의 결정을 존중하게 만들어야 합니다. 민중은 그런 악행과 무관합니다. ⋯ 계급 지배를 끝장냅시다! 폭력의 지배를 끝장냅시다! 전쟁을 끝장냅시다! 민중의 평화로운 지배를 쟁취합시다![13]

그 결의는 첫 번째 도전 앞에서 무너졌다. 8월 5일에 맥도널드가 [전쟁에 반대해] 사임했고 노동당은 하디와 헨더슨의 선언을 부인했다. 오직 독립노동당만 자신의 태도를 끝까지 고수했다. 독립노동당은 다음과 같이 말했다.

> 깊은 어둠 속에서 우리는 세계 도처의 노동계급 동지들을 큰 소리로 부른다. 우리는 포성의 굉음을 가로질러 독일 사회주의자들에게 연대의 인사를 보낸다. 그들은 영국과 독일의 우호 증진을 위해 끊임없이 노력했고, 우리도 양국의 우호 증진을 위해 끊임없이 노력했다. 그들은 우리의 적이 아니라 믿음직한 친구들이다.[14]

분열의 의미

당은 분열했다. 한편에는 노조 지도자들(다수는 의원들이었다)이 있었고, 다른 한편에는 초기의 반전 견해를 지지한 독립노동당 의원 다섯명이 있었다. 소수파에는 옛 당 대표인 맥도널드, 존경받는 원로 정치인 하디, 당의 재정 전문가 스노든도 있었다. 노조 관료들은 '노동자 동맹'을 분열시켰을 뿐 아니라 옛 노동당 의원단 지도부도 무너뜨렸다.

이것은 무엇을 뜻하는가? 1914년까지는 아래로부터 개혁주의가 아래로부터 노조 관료들을 왼쪽으로 밀어붙였다. 의회에 매료된 독립노동당 지도자들은 오른쪽에 있었다. 그러나 전시에는 노동조합 부문주의가 애국주의 광풍을 견뎌 낼 수 없었다. 일반적 개혁주의 정치로 단련된 독립노동당만이 자신의 주장을 고수했고, 그래서 이제는 독립노동당이 왼쪽에 있었다. 마찬가지로 오늘날에도 파업에 반대하는 노동당 지역구 의원이 교수형이나 인종차별 같은 쟁점에서는 더 진보적일 수 있다. 노동조합원들은 작업장 문제에서는 흔히 더 전투적일 수 있지만, 정치사상은 대체로 후진적이다.

마지막으로, 노조 관료들이 직업 정치인들을 몰아낸 사실은 당과 노동운동의 관계가 복합적임을 보여 준다. 노동당 의원단의 명령이 늘 관철되지는 않는다.

H M 드러커가 주장하듯이, 노동당은 "개인적 이해관계나 성향에 따라 뭉치고 대중정당 기반을 가진 의회 집단인 보수당"과 다르다. "노동당은 의회 내에서 기존 제도의 이해관계를 지키기 위해 결성됐다."[15] 그래서 노조 관료들은 때때로 자신들의 희망 사항을 [노동당에] 강요할 수 있고, 보수당 당대회와 달리 노동당 당대회에서는 지도부의 의지가 일방적으로 관철되지 않는다. 그렇다고 당대회에서 지도부가 통제되는 것도 아

니지만 말이다.

보수당은 철저하게 상명하복 방식으로 운영된다. 정책 노선이나 지도부 선정 등의 문제는 밀실에서 결정된다. 보수당을 일컬어 "암살暗殺로 약해진 소수 지배 체제"라고* 한다.[16] 노동당은 의회 밖의 운동과 연결돼 있다. 전쟁 위기는 노동당 의원단이 노조 관료 집단이라는 토대 위에 세워진 상부구조라는 것을 보여 줬다.**

전쟁에 대한 다양한 태도

노동당은 전쟁을 위한 노력을 상당히 지원했다. 예를 들어, 헨더슨이 체결한 1915년 '재무협정'에 따라 노동조합은 파업권 같은 방어 수단을 많이 포기해야 했다. 노동당 의원들과 노조 간부들은 생산 증진을 위해 적극 노력했다. 그렇게 열정적으로 노력한 사람 가운데 한 명이 웨스트햄 자원병부대에 입대해 중령이 된 윌 손이었다. 1889년 신노동조합 운동의 투사였던 윌 손의 변신은 안타까운 일이었다.

더욱이 관료들은 독립노동당의 평화주의자들을 색출하는 일에 적극 동참했다. 노동당원들이 정치적 견해 차이 때문에 다른 당원들을 감옥에 보내는 일이 처음으로 벌어졌다. 물론 이런 일은 그 뒤에도 되풀이됐다. 사회민주연맹 소속 지방의원 출신으로 노팅엄 지역노조연합체 의장이자 머지않아 노동당 의원이 되는 아서 헤이데이가 "군사 법정에서 '콘

---

* 러시아의 차르 독재를 묘사한 말이기도 하다.

** 노조 관료 집단 자체는 공장과 사무실의 노동계급 조직들 위에 세워진 상부구조이기 때문에 문제는 더 복잡해진다. ― 지은이.

치conchie'(양심적 병역 거부자를 경멸하는 용어)로 위장한 병역 기피자들의 정체를 적극적으로 폭로"하자 지역 언론이 그를 엄청 칭찬했다.[17] 틸렛은 반전 시위대를 "괴롭히고, 빈정대고, 헐뜯고, 경멸하고, 조롱하고, 욕하고, 비웃었다."[18] 독립노동당이 평화 협상을 호소하자 선원노조 지도자 해블록 윌슨은 [분노의] 눈물을 흘리며 말했다. "여러분 중에는 이 사람들을 만나 살인자들의 피 묻은 손을 잡고 악수하면서 만족스러워할 사람들도 있습니다!"[19]

해블록 윌슨이 평화주의를 얼마나 증오했던지 1916년 노총 대의원대회에서 운수노조 대의원은 '노동자 동맹'을 해체하자는 결의안을 제출했다. "이번 대의원대회는 … 노동조합의 정치 활동이 오직 노총을 통해 이뤄지도록 효과적으로 통제하고 집중하는 조처들을 취해야 한다."[20] 그 제안은 부결됐지만 다른 조처들이 취해졌다.

1917년 노동당 당대회는 중앙집행위원 선출 절차를 변경했다. 이제 사회주의 단체들은 자체적으로 집행위원을 선출할 수 없게 됐고, 집행위원회 전체가 블록투표를 거쳐 하나의 기구로 선출됐다. 다시 말해, 특정 사회주의 단체가 지명한 집행위원을 받아들일지 말지를 노동조합이 결정할 수 있게 됐다. 그리고 회원이 5만 명 미만인 단체는 집행위원을 지명할 수 없게 돼, 회원이 5만 명이 안 된 독립노동당은 집행위원을 지명할 수 없었다.[21]

독립노동당은 다른 곳에서도 공격당했다. 병역 거부로 재판을 받은 1191명 가운데 독립노동당 회원이 805명이었고,[22] 그중 70명은 구금 도중 가혹 행위로 사망했다.[23]

비록 심각하게 분열하기는 했지만, 노동당이 완전히 쪼개지지는 않았다. 이와 달리, 독일 사회민주당은 셋으로 쪼개졌다. '다수파'는 여전히 사회민주당에 남았고, 독립사회민주당과 스파르타쿠스단이 각각 떨어져 나갔다. 유럽 대륙의 대다수 '사회주의' 정당들도 똑같은 길을 걸었다. 그래서 전후에는 제2인터내셔널, 제3인터내셔널, 그리고 단명한 '2.5'인터내셔널이 각각 존재했다.

영국 노동당이 살아남을 수 있었던 이유 중 하나는 노동당이 압도적으로 노동조합의 지지를 받았기 때문이다. 그 덕분에 노동당은 정치적 기반이 아니라 경제적 기반을 바탕으로 안정될 수 있었다. 왜냐하면 노동조합은 반동적 견해부터 혁명적 견해까지 아주 다양한 생각들을 포괄하기 때문이다. 또 다른 요인은 독립노동당의 온갖 열정에도 불구하고, 독립노동당과 다수파의 차이가 매우 작았기 때문이다.

분명한 국제주의 근거에서 전쟁에 반대한 것은 영국사회당뿐이었다.* 사회당은 1916년까지는 노동당 안에 있었고 존 매클린도** 사회당원이었다. 그러나 사회당도 '혁명적 패배주의'라는 레닌의 견해에 이르지는 못했다.

오늘날 진정한 사회주의라면, 제국주의 부르주아지의 어느 한쪽을 지지하지 않아야 하고, 양쪽 '모두 악惡'이라고 말해야 하고, 모든 나라의 제국주의 부르주아지가 패배하기를 바라야 한다. 다른 견해는 모두, 현실에서는, 민족적-자유주의일 뿐이며 진정한 국제주의와는 아무 관계도 없다.

레닌의 태도에는 도덕주의, 즉 전쟁이나 평화가 자본주의 사회의 계급

---

* 하인드먼이 전쟁에 찬성하는 자기 당의 소수파와 결별하자 영국사회당은 둘로 분열했다. — 지은이.

** 존 매클린 스코틀랜드에서 전쟁 반대 선동으로 투옥돼 국제적 명성을 얻은 교사 출신의 혁명적 사회주의자.

분열을 초월한 것이라는 생각의 흔적이 전혀 없다. 따라서 레닌은 독립 노동당의 양심적 병역 거부 사상을 거들떠보지도 않았다. 양심적 병역 거부는 개인행동이지 집단행동이 아니며, 따라서 효과적이지 않았다. 그 러나 더 중요한 것은, 레닌이 체제에 반대하는 노동자들의 전쟁을 적극 지지한 점이다.

'합병 없는 평화'가 아니라 오두막을 위한 평화, 왕궁에 대한 전쟁, 프롤레 타리아와 일하는 사람들을 위한 평화, 부르주아지에 대한 전쟁. 진정한 사 회주의자라면 모든 전쟁에 반대할 수 없다. … 내전이야말로 가장 정당한 전쟁이다.[24]

독립노동당 견해의 한계

독립노동당 안에는 네 가지 주요 경향이 있었다. 첫째, 뻔뻔한 전쟁 찬 성파가 있었다. J R 클라인스와 제임스 파커는 실제로 전시 연립정부에 서 관직을 맡았다.* 가장 중요한 그룹은 E D 모렐이나 아서 폰슨비 같은 자유당원들과 독립노동당원들의 연합체인 '민주적 통제 연합'이었다. 그 리고 페너 브로크웨이와 클리퍼드 앨런의 징병반대협회가 있었다. 마지 막으로, 클라이드의 독립노동당이 있었다.

'민주적 통제 연합'을 주도한 램지 맥도널드의 반전 주장은 기묘했다.

---

* 1918년에 독립노동당의 아성인 브래드퍼드 지역에서 독립노동당원 가운데 429명은 군 복무 중이었고, 19명은 감옥에 있었고, 29명은 대체 복무를 선택한 양심적 병역 거부 자였다.[25] — 지은이.

따라서 승리는 우리 것이어야 한다. 영국은 기진맥진하지 않았고, 영국의 임무는 완수되지 않았다. … 그렇다, 우리는 돌아갈 수도 없고, 그렇다고 왼쪽이나 오른쪽으로 갈 수도 없다. 우리는 곧장 앞으로 나아가야 한다. … 지금 영국의 청년들은 전쟁 승리라는 현안을 해결해야 한다. 그들은 과거에 우리나라의 영광을 드높인 용감한 사람들의 정신을 본받아 그 과제를 해결해야 한다. 누구든지 잘못될 수 있겠지만, 그렇게 고무된 사람들은 절대 잘못되지 않을 것이다.[26]

독자들은 이것이 도대체 전쟁에 반대하는 주장이냐고 물을지도 모르겠다. 그 답은 전쟁이 영국의 국익에 도움이 안 된다는 것이 맥도널드의 신념이었다는 것이다. 그는 외교적 음모와 제국의 야망 때문에 불필요한 충돌이 벌어졌다고 생각했다. 레닌이 전쟁을 자본주의 경쟁의 필연적 결과로 본 반면, 맥도널드는 오직 '외교 전쟁'만 봤다. "열댓 명이 유럽을 위기로 몰아넣었고 그 때문에 유럽이 무너졌다."[27] 1914년 8월 3일 맥도널드는 의회에서 노동당 대표로서 마지막 연설을 했다. 외무부 장관이 "우리나라가 위험에 처해 있음"을 입증했다면 "우리는 그를 지지하고 그와 같은 편에 섰을 것입니다. 외무부 장관이 원하는 만큼 돈을 쓸 수 있도록 지지했을 것입니다. 아니, 그것보다 더한 일도 했을 것입니다. 우리나라가 위험하다면 우리는 그가 원하는 것을 다 들어줬을 것입니다. 그러나 외무부 장관은 우리를 설득하지 못했습니다."[28]

독립노동당의 평화주의자들과 기독교 사회주의자들의 반전 견해는 더 전투적이었지만, 그들의 견해에는 일관된 정치가 전혀 없었다. 징병반대협회는 "'인간 생명의 신성함'이라는 원칙을 바탕으로 하고 있었다. … 영국 전역에 산재한 징병반대협회 지부들에는 사회주의자들, 아나키스트들, 퀘이커교도들, 그 밖의 종교적 병역 거부자들이 모여 있었다."[29]

클라이드사이드[*]: 신화와 현실

가장 환상적인 신화는 클라이드의 독립노동당에 대한 것이다. 그 신화는 존 매클린이나 클라이드노동자위원회로 대표되는 전쟁 시기의 전투성과, 1922년에 선출된 노동당 의원들 사이에 모종의 연관이 있다는 것이다. 이 주장은 옳은가?

글래스고의 독립노동당을 대변한 것은 〈포워드〉였다. 〈포워드〉가 명성을 얻은 것은 '파업 선동' 혐의로 발행 금지 처분을 당했을 때였다. 〈포워드〉 편집자들은 당황했다.

〈포워드〉의 지난 호들을 훑어봤지만, 우리는 어떤 선동 혐의도 찾을 수 없었다. … 전쟁 발발 이후 클라이드에서 벌어진 대규모 파업은 1915년 2월 금속 노동자들의 파업뿐이었다. 파업 전이든 파업 기간이든 우리는 그 파업에 대해 단 한 줄도 보도하지 않았고, 심지어 파업이 벌어지고 있다는 언급조차 하지 않았다. … 〈포워드〉 3월 20일 자에서 우리는 전쟁 기간에 파업이라는 주제를 다루지 않겠다고 선언했다.[30]

〈포워드〉를 습격한 경찰이 오히려 난감해했다. 왜냐하면 "아무리 살펴봐도 〈포워드〉는 반전 신문이 아니었기" 때문이다.[31]

독립노동당의 지도자 개인들은 어땠는가? 지미 맥스턴은 선동죄로 징역 12개월 형을 선고받았다. 맥스턴의 혐의는 어느 정도 사실이었다. 지도적인 현장위원들이 체포됐다는 소식을 들은 맥스턴은 한 모임에서 다

---

[*] 클라이드사이드 스코틀랜드 남부에 흐르는 클라이드강 유역을 말한다. 이 지방의 핵심 도시는 글래스고이며, 클라이드사이드는 중공업과 조선업으로 유명하다.

음과 같이 말했다. "이제 행동할 때다. 그리고 그 행동은 파업이다. 작업 도구를 내려놓자. 집으로 돌아가서, 알람시계 맞추는 것 따위는 잊어버리자."[32] 맥스턴은 사복 경찰들이 자신의 말을 정확히 받아 적을 수 있도록 그 말을 되풀이했다. 어떤 우호적인 논평가는 맥스턴의 동기를 다음과 같이 설명했다.

> 전쟁 동안 맥스턴은 전투적 평화주의를 표명하는 것 이상의 과격한 행동은 결코 하지 않았다. 그러나 양심적 병역 거부자로서 그는 이미 글래스고 교육위원회에서 쫓겨났고 머지않아 구속될 예정이었기 때문에, 순순히 잡히는 것보다는 … 나서서 싸우는 것이 더 낫다고 생각했다.[33]

하디와 마찬가지로 맥스턴도 과장된 행동의 정치적 효과를 신봉하며 감각적으로 그런 행동을 하는 사람이었다. 그렇지만 맥스턴은 클라이드사이드의 투사들 가운데 가장 용감했다는 평가를 받을 만하다.

놀랍게도, 다른 사람들은 〈포워드〉와 같은 태도를 취했거나 아니면 파업을 막으려고 적극 노력했다. 이것이 놀랍게 보이는 이유는 독립노동당의 데이비 커크우드가 클라이드노동자위원회의 유명한 활동가였기 때문이다. 커크우드의 태도는 모호했다. 그는 자서전에서 전쟁이 시작됐을 때의 상황을 다음과 같이 말한다.

> 엄청난 고통이 내 가슴을 찢어 놓았다. 나는 독일인들을 미워할 수 없었다. 독일인들은 내가 우리나라를 사랑하는 것과 꼭 마찬가지로 자신들의 조국을 사랑했을 뿐이다. … 그러나 나는 총과 포탄을 만드는 군수 공장에서 일하고 있었다. 그리고 총과 포탄의 목적은 딱 하나, 즉 사람들이 다른 사람들을 살해하지 못하도록 그들을 살해하는 것뿐이었다. 얼마나 당혹스런

일인가! 나는 그런 일을 해야 했다. 나는 양심적 병역 거부자가 아니라 정치적 병역 거부자였다. 나는 금융·상업의 경쟁 때문에 전쟁이 일어났다고 믿었다.

나는 금속 노동자로서 내가 가진 기술을 조국에 바치기로 결심했다. 과거의 전투들을 아주 자랑스럽게 여기는 내가 스코틀랜드가 정복당하는 것을 가만히 지켜볼 수는 없는 노릇이었다.[34]

클라이드노동자위원회는 헨더슨과 노조 간부들이 노동조합의 방어막을 해체하는 것에 대항한 현장 노동자들의 반란이었다. 1915년 말 정부가 미숙련 노동자들을 투입해 숙련노동을 '희석'시키려* 했을 때, 클라이드노동자위원회는 이 문제를 정치 쟁점화하기로 결정했다. 그들은 국유화와 노동자 통제가 실시돼야만, 숙련노동의 희석을 받아들이겠다고 주장했다.

커크우드는 클라이드노동자위원회를 무시하고 독립노동당 지방의원인 존 휘틀리에게 달려갔다. 두 사람은 클라이드노동자위원회의 전략을 방해하기로 작정했다. 커크우드는 정부 관리들이 숙련노동의 희석을 강제하려고 찾아온 날에 대해 다음과 같이 썼다.

전쟁 소식은 끔찍했다. … 엄청나게 많은 독일인들이 해안으로 몰려오고 있다는 말을 듣고 우리는 모두 기겁했다. … 그날 밤 나는 존 휘틀리에게 갔다. … 30분 만에 휘틀리가 계획을 짰다. … 그 계획은 영국 전체를 위한 토대가 됐고 전쟁이 끝날 때까지 완벽하게 실행됐다. … [그러나 — 지은이] 극

---

* 노동 희석 숙련노동을 미숙련노동으로 대체해 노동조건이나 임금 등을 저하시키는 것을 말한다.

단주의자들은 우리가 생산 증대에 동의했다고 비난했다. 존 매클린은 수많은 연설에서 나를 비난했다.[35]

그 계획은 개혁주의를 위해 완벽하게 실행됐다. 그 계획은 전반적 임금 수준이 삭감되지 않는 조건으로 숙련노동의 희석을 받아들이는 것이었고, 그리하여 전쟁이라는 정치 쟁점과 경제 선동을 분리시켰다.*

마지막으로, 나중에 애틀리 정부의 장관이 된 매니 신웰이 있다. 신웰은 자신이 전쟁에 반대한다는 주장을 부인하며 분노를 터뜨렸다. "그런 주장은 정말로 사실과 다르다. 나는 국가 중대사인 해운업에 종사했다."[36]

클라이드사이드의 독립노동당에서는 어느 누구도 전쟁에 반대하는 파업을 벌여야 한다고 생각하지 않았고, 심지어 위기를 이용해 국내에서 체제에 도전해야 한다고 생각하지도 않았다. 투쟁 때문에 노동조합 조직이 지나친 어려움을 겪어서는 안 된다는 것이 그들의 생각이었다. 이것이 그들의 급진주의의 한계였다.**

레닌은 노동계급 운동의 세 경향을 구분했는데, 셋 모두 영국에서 되풀이됐다. '사회주의 국수주의자들'(노동당 의원단의 다수파와 노조 관

---

* 커크우드는 온건함을 유지하려고 애를 썼지만, 정부가 클라이드노동자위원회를 분쇄하기로 결정하자 갤러커, 맥머너스 등과 함께 추방당하고 말았다. 커크우드가 너무 유명 인사여서 그냥 둘 수 없었던 데다, 어쨌든 당시 정부의 과제는 혁명가들뿐 아니라 개혁주의적 노동조합의 저항도 분쇄하는 것이었다. 그러나 훗날 악의가 없었다는 것을 보여 주기 위해, 맥도널드는 커크우드에게 탄약 공장의 '책임'을 맡기라고 정부 각료인 윈스턴 처칠을 설득했다. 커크우드는 당연히 고마워했다. ─ 지은이.

** 그들이 글래스고 노동운동에 주로 기여한 것은 산업 영역에서가 아니라 집세 인상 반대 투쟁에서였다. 휘틀리와 독립노동당은 집세 투쟁에서 이름을 날렸고, 결국 그 투쟁 때문에 정부는 집세를 통제해야 했다. 포플러 지역의 경우에서 보게 되겠지만, 지방정부는 가끔 개혁주의의 치명적 논리(의회에 해를 끼칠까 봐 산업 투쟁을 용납하지 않는 것)를 피할 수 있는 선동 공간을 제공한다. ─ 지은이.

료들로 대표된다), '중간주의자들'*(독립노동당), 혁명가들(매클린)이 그들이었다.

사회주의 국수주의자들, 즉 말로는 사회주의자이지만 행동으로는 국수주의자인 사람들은 … 우리 계급의 적이다. 그들은 부르주아 편으로 넘어가 버렸다. …

'중간주의자들'은 달콤한 프티부르주아 언사를 남발하는 자들이다. 즉, 말로는 국제주의를 떠들지만 행동에서는 비겁한 기회주의와 사회주의 국수주의자들에게 아첨하는 태도를 보인다.

문제의 핵심은 '중간주의자들'이 자국 정부에 대항하는 혁명의 필요성을 확신하지 못한다는 것이다.[37]

맥도널드는 '중간주의자들'이 얼마나 멀리 갈 수 있는지 정확히 보여 줬다. 그는 노동당 당대회에서 자신과 헨더슨에 대해 "현실이나 사실의 문제에서 우리의 차이는 매우 미미하다"고 말했다.[38] 이 점은 협상에 의한 종전인가 아니면 '결정타'를 날릴 것인가, 즉 '끝까지 싸울 것'인가 하는 문제에서 잘 드러났다. 맥도널드는 의회에서 다음과 같이 말했다.

끝까지 싸웁시다! 그것이 불가피하다면 그렇게 해야 한다는 것은 두말하면 잔소리입니다. 저는 그 문제를 회피할 생각이 없습니다. 군사적으로 끝까지 싸우는 것이 절대로 필요하다면 … 우리는 달리 선택의 여지가 없습

---

* 중간주의 트로츠키는 "중간주의는 개혁주의와 마르크스주의 사이에 퍼져 있는 다양하기 이를 데 없는 경향과 단체를 통칭하는 말"이라고 했다. 중간주의는 입으로는 혁명적 정치를 말하면서도 행동은 개혁주의적이다.

니다. 그렇게 해야 합니다. 그러나 저는 그렇게 생각하지 않습니다.[39]

당연히 수많은 사람들은 혼란스러워했다. 1916년 노동당 당대회에서 한 대의원은 다음과 같이 설명했다. "스코틀랜드에는 칼 두 자루를 땅에 내려놓고 그 주위에 빙 둘러서서 추는 민속춤이 있습니다. 맥도널드는 그 춤을 기가 막히게 췄습니다. … 그는 자신의 위치를 알고 나서 당황했습니다. 그는 전쟁 초기부터 독립노동당의 위치를 알고 나서 당황했습니다."[40]*

제의는 또 다른 쪽에서도 들어왔다. 노동조합들은 맥도널드를 전쟁 기간 내내 노동당 회계 담당자로 다시 선출했다. 의견 차이는 그런 한직을 맡는 데 장애가 될 수 없었다. 지미 토머스는 "어쨌든 전쟁은 일시적 문제일 뿐"이라고 썼다.[41] 전시 연립정부 내각에 참여하기를 거부한 토머스는 교활한 개혁주의자였다. 그는 다음과 같이 썼다.

전시 내각 참여 거부가 수수께끼라고 생각하는 친구들이 많았다. 내 생각은 내가 조지 5세 국왕에게 대답한 말에 가장 잘 요약돼 있다. … 전쟁이 끝나고 불가피하게 혼란과 어려움이 닥쳤을 때 대중에게 진정한 영향을 미칠 수 있는 사람은 "나는 전쟁으로 얻은 것이 아무것도 없다"고 말할 수 있는 사람뿐이라고 국왕에게 말했다.[42]

머지않아 토머스 같은 사람들의 정치적 기술이 매우 필요하게 됐다.

---

* 맥도널드가 제1차세계대전을 지지하는 것 같기도 하고 반대하는 것 같기도 했기 때문에 그의 진의가 무엇인지 알 수 없다는 것을 비꼬아서, 위치가 자주 바뀌는 스코틀랜드 춤에 비유했다. 맥도널드는 스코틀랜드 출신이다.

오랜 애국주의 잔치가 끝나가고 있었던 것이다.

국가 통제의 승리

개혁주의자들은 국가가 계급들 간의 '이해관계 다툼'을 초월할 수 있다고 믿는다. 국가가 계급 분열을 해결할 수단이라는 것이다. 이런 태도는 우연이 아니라 노동운동 관료들의 생각과 그들이 추구하는 계급 타협을 반영한 것이다. 노동운동 관료들의 구실은 협상이다. 그래서 국가를 통해 계급 협력을 가장 광범하게 조직할 수 있다는 생각을 자연스럽게 받아들인다.

이런 태도를 감안하면, 전쟁이라는 '국가의 위기'와 전시 국가의 발전은 필연적으로 노동당의 정치에 심대한 영향을 미칠 수밖에 없었다. 이미 그것은 1800년대 이후 페이비언협회 회원들이 국가를 사실상 자신들의 종교로 삼은 것에서 드러났다. 전쟁 동안 그런 신앙이 열정적으로 분출했다. 그 결과는 놀라웠다. 시드니 웨브는 다음과 같이 썼다. "내가 권력을 장악하고 있다면 … 국가의 요구에 대한 '일반적 복종' 명령을 내릴 것이다. 그 명령은 참호 안에 있는 청년들뿐 아니라 관련 당사자들에게 모두 적용되고, 사람뿐 아니라 자산과 소유물에도 적용될 것이다. 모든 것의 처분권을 정부가 갖게 될 것이다."[43]

파업 노동자들에 대한 경찰 공격과 노동조합 권리에 대한 법률적 억압을 경험한 노조 관료들만이 이런저런 유보 조건을 달았지만, 이조차도 사라지고 말았다. 왜냐하면 전쟁 때문에 노조 간부들의 지위가 혁명적이라 할 만큼 바뀌었기 때문이다. '재무협정'이 한 사례였다. 아서 헨더슨의 말에 따라 노조 지도자들은 생산 극대화를 방해하는 규칙과 관행을 모두 폐기하는 데 동의했다. 직무 구분, 파업, 잔업 거부, 야간과 일요일 근무에 대한 규제, 수많은 보건·안전 규정도 마찬가지였다. 노조 지도자들은 이 하찮은 희생(새로운 노동조건에서 일을 해야 하는 사람은 그들이 아니라 조합원들이었다)을 대가로 엄청난 상을 받았다. "주요 부처 장관들은 자본가 사용자들을 무시하고 모든 노동조합의 권위 있는 대표자들과 직접 협상했다."[44] 이제 노조 간부들이 정부와 공공 기관의 각종 직책을 맡기 시작했고, 이로써 노동조합과 노동당은 거의 국가기구가 되다시피 했다. 1917년 노총 대의원대회에서 보일러제조공노조의 존 힐은 위원장 취임 연설에서 다음과 같이 말했다. "지금까지 정치인들에 대한 노동조합원들의 편견이 우리의 발목을 붙잡아 왔다. … 그러나 지난 3년 동안 일어난 일들이 우리를 각성시켰다. 오늘날 우리 운동의 유명 인사들 가운데 정부 관리나 모종의 정부위원회 위원이 아닌 사람은 아무도 없다."[45]

전에는 결코 비난할 수 없었던 원칙들이 거리낌 없이 폐기됐다. 과거에 징병제는 영국인의 신성한 자유를 침해하는 것이라며 많은 사람들이 반대했다. 1915년 1월 6일 열린 주요 노동단체 협의회에서는 징병제를 지지하는 결의안이 2 대 1로 부결됐을 뿐 아니라 노동당의 전시 연립 정부 탈퇴를 요구하기도 했다. 헨더슨은 그런 것에 머뭇거릴 사람이 아니었다. 대의원들 면전에 대고 그는 다음과 같이 말했다. "이 협의회에서 제가 이 법안[징병제도를 지지하는 법안 — 지은이]에 반대해야 한다고 결정하더라도, 저는 그 결정을 거부할 것입니다."[46] 결국 징병제도를 거부한 협의회가 열린 지 정확히 2주 뒤에 노동당 당대회는 징병제도를 지지했다.

관료들이 국가의 매력에 사로잡힌 것은 꼭 개인들의 야심 때문만은 아니었다. 그것은 노동당이 정부에 들어갈 때마다 나타나는 강렬한 정서를 반영한 것이었다. 그 정서는 의원들의 목표는 원칙을 희생시키더라도 '권력의 회랑'으로 침투해서 그 안에 머무는 것임을 말한다. 노동당이 로이드조지의 정부에 들어갔을 때 비어트리스 웨브는 다음과 같이 설명했다.

그들은 독일을 철저하게 패배시켜야 한다는 생각도 했을 것이다. 그러나 그들의 주된 동기는 … 노동당원들이 정부에서 무엇을 하거나 하지 않는 것과 무관하게 자신들의 정부 참여 자체가 민주적 진보의 상징이라는 환상이다.[47]

전쟁 때문에 권력의 회랑은 훨씬 더 넓어지고 깊어졌다. 1914년에 5만 7706명이었던 공무원이 전쟁이 끝난 뒤에는 11만 6241명으로 늘었다.[48] 1918년에는 영국 수입품의 90퍼센트를 국가가 직접 구매했고, 240개의 국영공장이 설립됐으며, 수백만 명 이상이 정부에 고용돼 있었다. 전체 노동자의 3분의 2와 식량뿐 아니라 노동시간과 노동조건 등 광범한 사회·경제 활동을 국가가 규제하고 있었다.[49] 이것은 분명히 모종의 중앙집권적인 국가자본주의였고, 지배계급 권력의 가장 노골적인 표현이었다. 왜냐하면 국내외의 적들에 맞서 영국의 자본을 수호하는 데 모든 것들이 종속됐기 때문이다. 노동운동의 상층이 부르주아 국가로 완전히 흡수된 것은 분명히 우경화였다.

그러나 우리는 반동과 개혁 사이의 근본적 차이를 잊으면 안 된다. 자본가에게 국가는 자본축적 과정에 꼭 필요한 부속물이었다. 전시에 이런 생각을 가장 열렬히 지지한 사람들은 밀너 경 주위의 '사회 제국주의자들'이었다. 그들은 심지어 '영국노동자연맹'이라는 것을 이용해 노동운동으로 침투하려고도 했지만, 이 기도는 완전히 실패했다. 마윅이 지적하듯이, "행복하고 건강한 총알받이를 원하는 군국주의자와 더 나은 인

간적 사회를 바라는 집산주의자 사이"에는 근본적 "차이"가 있다.[50]

당의 재건

1917년 초에 노동당은 여전히 계급 협력이라는 수렁에 깊이 빠져 있었다. 그러나 그해 말에 노동당은 수렁에서 빠져나왔고, 권력을 잡기 위해 사회주의 강령을 내놨다.

표범은 보통 몸의 반점을 바꾸지 못한다. 그렇다면 1917년에 무슨 일이 일어났기에 노동당이 변한 것일까? 그것은 두 차례의 러시아 혁명으로 상징되는 노동계급의 자신감 부활과 국내의 계급투쟁 때문이었다. 비록 500만 명의 노동자들이 군대에 있었지만, 1914~1918년에 영국의 노동조합원은 400만 명에서 650만 명으로 늘었다. 전쟁이 미친 직접적인 충격 때문에 연간 파업 일수가 거의 0일로 줄었지만, 전쟁 끝 무렵에는 파업으로 인한 연간 노동 손실 일수가 600만 일이나 됐다. 이것은 노동당 창당 무렵보다 갑절이나 많은 수치였다. 당시 파업 노동자들은 기업주, 경찰, 노조 상근 간부, 심지어 노동당에 맞서 싸우는 것도 서슴지 않았다. 과거의 투쟁들에서도 그랬듯이, 파업 투쟁을 이끈 사람들은 노동당의 수동적인 선거주의 태도를 거부했다. 실제로 많은 투사들이 혁명가들이었다.

광원들과 금속 노동자들이 두드러졌다. 1915년 7월 20만 명의 사우스웨일스 광원들이 임금 인상을 요구하며 작업을 중단했다. 닷새 만에 광원들은 승리했다. 유명한 《광원들의 다음 과제》를 발행한 신디컬리스트들의 영향력이 사우스웨일스에서는 강력했다. 금속 노동자들의 현장위원 운동은 훨씬 더 중요했다. 그 운동은 클라이드사이드에서 시작됐지만, 머지않아 전국적 네트워크로 확산됐고 1917년 5월에는 3주 동안 20만 명이 참가한 파업을 이끌었다. 그 파업은 전시 최대 규모의 파업이었다. 전국 현장위원 운동의 핵심 인물은 윌리 갤러커, 아서 맥머너스, J T 머피 같은 혁명가들이었다. 그들은 나중에 영국공산당이 창설되자 합류했다. 이런 혁명적 지도자들과 전투적인 노동쟁의 이면에서 거대한 불만이 쌓여 가고 있었다.

노동당은 이렇게 고양되는 투쟁에 반발하면서도 적응하려 했다. 노동당은 작업 중단을 막기 위해 최선을 다했지만, 노동자들의 분노를 이용하려고도 했다. 좌파를 자처한 사람들도 작업 중단 저지를 급선무로 여겼다. 그래서 맥도널드는 의회에서 다음과 같이 말했다. "노동자들에게 당장 파업을 선동하느니 차라리 … 노동자들에 대한 제 영향력을 철저하게 파괴하겠다는 제 말을 믿어 주십시오."[51] 〈레이버 리더〉는 "전쟁에 대한 견해 차이를 떠나 … 우리는 파업이 벌어진 것을 개탄하지 않을 수 없다"고 썼다.[52] 노동당이 투쟁의 고양에 적응하며 조직력을 회복하고 있다는 사실은 전시비상노동위원회의 활동에서 처음 드러났다.

노동당이 내분에 휩싸여 있을 때, 이 작은 위원회는 웨브와 하인드먼, 맥도널드와 노동조합 지도자들 등 다양한 인자들을 결집시켰다. 사실, "[전시비상노동위원회의 — 지은이] 후원이 없었다면, 노동당은 전쟁 말기까지 하나의 전국 조직으로 존속할 수 없었을 것이다."[53] 전시비상노동위원회는 일종의 개혁주의 싱크탱크였고, 이 위원회가 전쟁을 무시한 채 국내 상황에만 집중하며 주도적으로 발의한 조처들은 전후 재건 사업의 토대가 됐다.

그런 제안 가운데 하나가 '재산 징발'이었다. 조국을 지키기 위해 노동자들을 징집할 수 있다면 개인의 재산도 징발할 수 있지 않을까? 이 제안이 1916년에 전시비상노동위원회에서 처음 제기됐을 때는 기각됐다.

1917년 10월에야 전시비상노동위원회는 재산 징발을 채택했고, 한 달 뒤 노동당 집행위원회도 채택했다. 그 제안이 러시아 혁명 직후에 받아들여진 것은 분명히 우연이 아니었다.

정치적 해빙의 또 다른 신호는 리즈에서 열린 대회였다.* 1917년 6월 3일 열린 리즈 대회에는 전쟁에 비판적인 모든 단체의 대표자 1150명이 참가했다. 대회 직후 쓴 글에서 맥도널드는 리즈에서 벌어진 게임을 다음과 같이 묘사했다. "전쟁 전에는 이른바 '저항 정신'을 허풍쯤으로 여겼다. 그러나 이제 그것이 우리를 구해 줄 것이다."[54]

맥도널드의 첫 번째 술수는 러시아 2월 혁명에 찬사를 바친 것이었다. 리즈 대회에서 맥도널드는 다음과 같이 연설했다. "전쟁이 터졌을 때 우리나라의 조직노동자들은 창의성을 잃어버렸습니다. 그들은 낡은 통치계급들의 생각을 단순히 반복하기만 했습니다. 이제 러시아 혁명으로 여러분은 스스로 창의성을 되찾을 수 있는 기회를 얻었습니다."[55]

그러나 가장 정교한 '허풍'을 떤 사람은 독립노동당 소속 의원인 W C 앤더슨이었다. 앤더슨은 "국제 노동자들의 완전한 정치적·경제적 해방을 위한 … 노동자·병사 대표 평의회"의 수립을 요구했다.[56] 정말 대단한 요구였다! 안타깝게도, 리즈 대회에 참가한 사람들은 앤더슨이 그 직전에 의회에서 다음과 같이 속내를 털어놓은 사실을 알지 못했다. "여러분이 극단주의자들을 처리하고 싶다면, 최상의 방법은 조직노동자들의 불만을 해결하고 그들과 정부의 관계 개선을 위해 노력하는 것입니다. … 여러분이 아주 신중하게 처신하지 않으면, 여러분은 이 나라를 혁명 직전

---

* 리즈 대회 1917년 2월 러시아 혁명에 고무된 영국사회당과 독립노동당이 주도해서 노동자·병사 대표 평의회를 창립하고자 열었으나, 나중에 10월 혁명에 대한 견해 차이로 붕괴했다.

의 상황으로 몰고 갈 것입니다."[57]

'엉클 아서': 노동당의 사회주의화를 주창하다

전시비상노동위원회와 리즈 대회는 앞으로 일어날 중대한 변화를 예고했을 뿐 지속적인 결과로 이어지지는 않았다. 마침내 노동당을 사회주의라는 약속의 땅으로 인도한 사람은 전혀 뜻밖의 예언자인 아서 헨더슨이었다. 헨더슨은 이 책의 앞부분에 등장한 낯익은 인물인데, 그는 사회주의를 비난한 자유당 선거 간사이고, '노동자 동맹'에서 노동조합을 대변한 인물이며, 윌 크룩스가 발의한 노동조합 통제 법안의 후원자이고, '당보다 조국'(또는 계급보다 자본주의 국가)을 앞세운 최초의 노동당 소속 장관이다.

그러나 1917년에 헨더슨은 연립정부에서 사퇴했을 뿐 아니라, * 웨브의 지원을 받아서 노동당을 재조직하고 노동당이 사회주의 강령을 채택하게 만들었다. 헨더슨의 '개종'이 흥미로운 이유는 개인적 이유 때문이 아니라 그것이 관료 집단 전체의 변화를 분명하게 보여 줬기 때문이다. 헨더슨의 무용담은 로이드조지가 헨더슨을 러시아 사절단으로 보낸 1917년 5월 30일에 시작된다. 차르가 몰락한 뒤 사그라지고 있던 러시아의 군사적 열정을 북돋는 것이 헨더슨의 임무였다.

〈타임스〉에 따르면, 헨더슨은 페트로그라드에서 깜짝 놀랄 만한 언행

---

* 헨더슨이 정부에서 사퇴한 이유는 다양한 사회주의 정당들이 소집한 스톡홀름 대회에 참가하는 것을 정부가 허용하지 않았기 때문이다. 그러나 노동당은 여전히 연립정부에 참여하고 있었다. — 지은이.

을 보여 줬다.

그가 대영제국의 모든 계급들은 전쟁에서 승리해 평화를 되찾을 때까지 투쟁을 계속하기로 결정했다고 말하자 엄청난 박수갈채가 쏟아졌다. … 그의 말에 감동한 사람들은 총동원을 요구하며 다음과 같이 외쳤다. "우리는 모두 적에 맞서 진군할 태세가 돼 있다."[58]

진실은 사뭇 달랐다. 왜냐하면 당시 볼셰비키가 급속하게 성장하며 영향력을 강화하고 있었기 때문이다. 러시아 노동자들은 헨더슨을 보며 분명히 당황했을 것이다. 왜냐하면 노동자의 대변인을 자처하는 사람이 명백히 기업주들의 도구 노릇을 하고 있었기 때문이다. 사실, 헨더슨의 거처를 샅샅이 뒤진 "레닌주의자들은 그가 정말로 사회주의 지도자인지 아니면 영국 정부의 첩자인지 확인하기 위해 서류들을 훔쳐 갔다."[59]

러시아에서 헨더슨은 흥분과 두려움을 동시에 느꼈다. 그는 개혁주의적 사회주의자들이 정부에 입각하는 것도 봤지만, 노동자들이 "감독관들과 경영진을 굴복시키고 최고 통제권을 직접 장악하려 하는 것"도 봤다. "그것은 오직 재앙적인 결과만을 낳을 것이다."[60]

늦여름에 영국으로 돌아온 헨더슨은 러시아의 교훈을 재빨리 적용했다. 1918년 1월에 나온 소책자 《노동당의 목표》에는 혁명에 대한 두려움과 혁명을 예방하기 위한 개혁 조처들이 필요하다는 신념이 잘 드러나 있다. "혁명이냐 타협이냐" 하는 장은 다음과 같이 시작한다. "혁명이라는 말은 악마의 예언이다. 거리의 바리케이드와 길가에 흥건히 고인 핏물을 연상시키는 그 말은 영국인들의 성격에 전혀 어울리지 않는 말이다."[61] 영국 노동자들의 혁명적이지 않은 본성에 대한 헨더슨의 신념은 다음과 같은 진술과 모순된다.

그토록 많은 사람들이 무기 사용에 익숙하고 규율 있고 위험에 단련된 경우는 전례 없는 일이었다. … 전쟁이 끝나면 우리나라를 비롯해 모든 나라에 대담한 예비군들이 넘쳐 날 것이다. … 정말로 거리에 바리케이드가 세워진다면, 싸우는 법을 알게 된 사람들이 그 바리케이드를 가득 채울 것이다. … [그것은 — 지은이] 진정한 내전이 될 것이다.[62]

그가 내린 결론은 무엇이었는가? "신중하게 작성된 사회적·민주적 개혁 강령을 가진 강력한 민주주의 정당을 의회에서 지금 건설해야 하는 이유는 정치적 방식이 효과적임을 입증해야 하기 때문이다. … **노동당은 대중의 눈앞에서 의회를 복원해야 한다.**"[63]

그렇다고 이런 복원 작업에 도움을 얻기 위해 인기 없는 독립노동당에 의존할 수는 없었다. 오히려 헨더슨은 국가사회주의라는 종교의 지도자인 시드니 웨브에 의존했다. 웨브는 헨더슨의 두려움에 충분히 공감했고 그의 개혁주의 프로젝트들을 기꺼이 받아들였다. 1918년 11월에 발표한 편지에서 웨브는 다음과 같이 선언했다. "'볼셰비즘'을 막을 수 있는 최상의 안전장치는 불만을 대변하는 강력한 노동당이 의회에 존재하는 것이다. … 이 나라에서 볼셰비키 혁명이 일어나기를 원한다면, 노동당을 제거하거나 노동당이 불신당하게 만들면 된다. 그것이 가장 확실한 방법이다!"[64] 얼마나 정확한 말인가!

1918년 당헌: 국민정당을 향해서

웨브와 헨더슨이 제안한 재창당은 계급과 국가, 두 전선에서 모두 도약하겠다는 것이었다. 노동조합이 성장하고 독립노동당이 찌그러지자당의 상근 간부들은 전보다 훨씬 더 큰 비중을 차지하게 됐다. 그러나 개혁주의 신념의 논리 때문에 그들은 당의 계급적 뿌리를 거부하고 당이 '국익'을 대변하도록 만들려 했다. 그러나 그것은 어려운 일이었다. 당원의 98퍼센트가 노동조합원인 상황에서 당이 '계급을 초월한' 조직이라고 주장하기는 쉽지 않았다. 게다가 1918년 선거법 개정으로 미조직 여성 노동자들이 선거권을 갖게 되면서 그런 주장을 하기가 더욱 어려워졌다.

노동당은 1918년 당헌에서 지구당 창설과 개인 가입 제도를 도입해 이 문제를 해결했다. 그런 변화의 피해자 가운데 하나가 그동안 노동당의 주요 지역 조직을 사실상 장악하고 있었던 독립노동당이었다. 노동조합 관료들은 독립노동당의 평화주의를 용서하지 않았다. 노동당의 지방 조직 구실을 하면서 투사들의 구심점 노릇도 한 지역노조연합체들도 배제됐다.

처음에는 당명을 국민당으로 바꾸는 방안이 진지하게 검토됐다.[65] 1918년 당대회에서는 이 '국민'이 누구인지를 분명히 했다. 국민은 사회주의자가 아닌 중간계급으로서, "노동조합에 가입할 기회"가 없는 사람들, "또는 사회주의 단체에 가입할 준비가 안 된 사람들"이었다.[66] 이것은 또 다른 동기에도 적합했다. 노동당의 시야는 정부에 맞춰져 있었고, 당의 혁신을 추구한 사회 계획가들은 "노동당이 수권 정당이 되기에는 지적·행정적 능력이 아직 부족하다"고 확신하고 있었다.[67] 헨더슨은 좀 더 노골적으로 "노동당에는 두뇌들이 너무 부족하다"고 말했다.[68] 그래서 개인 가입 제도로 이 문제를 해결해야 한다는 것이었다.

당 의장은 이런 변화의 정치적 결과를 다음과 같이 설명했다. "앞으로 몇 년 동안 우리의 목표는 국민정당이어야 한다. 편협한 개념을 고수하지 않고 국민적 성격을 띤 정당 말이다."[69] "편협하지 않다"는 말은 노동조합 당이라는 오명을 쓰지 말아야 한다는 뜻이었다.

마침내 사회주의를 채택하다

"육체노동자나 정신노동자가 충분한 근로의 대가와 가장 공정한 분배를 보장받으려면 생산수단의 공동소유가 실현돼야 한다"는 1918년의 당헌 4조는 아마 노동당 역사에서 가장 흥미로운 사항일 것이다. 상징이 흔히 현실을 압도하는 조직에서 이것은 가장 신성한 것이다. 이것은 노동당의 수많은 경건한 결의 가운데 가장 경건한 것이다. 그러나 그 용어가 중요하다. 그것은 노동당이 '사회주의' 조직, 더 정확히 말하면, 노골적인 두 자본가 정당들과 다른 대중적 개혁주의 정당으로 변모했다는 것을 보여 준다.

그렇다면 당헌 4조를 어떻게 이해해야 하는가? 첫째, 웨브가 초안을 작성하고 헨더슨이 지지한 그 조항은 혁명을 회피하기 위한 의식적 수단이었다. 대중행동에 대한 두려움 때문에 그들은 그렇게 할 수밖에 없었다. 그래서 1922년 선거공약은 "혁명에 반대한다"는 제목 아래 "노동당의 강령은 폭력적 격변과 계급 전쟁을 예방하는 최상의 보루"라는 주장으로 끝맺고 있다.[70] 1918년의 당헌 4조와 오늘날의 4조 사이에는 중요한 차이가 있다. 70년 전의 4조는 노동자들이 노동당에 가한 압력의 결과였다. 그 뒤로 혁명이 그만큼 절박하게 느껴진 적은 없었다. 그러나 오늘날에는 지나간 과거의 유산으로 당헌에 남아 있을 뿐이다. 그런 의미에서 그 조항은 노동당이 최소한의 반자본주의 노선에 헌신했다는 표시로 오늘날에도 지켜져야 한다. 일부 지도자들은 그런 노선을 잊어버리고 싶어 하지만 말이다.

그 조항의 상징적 가치가 가장 중요한 특징이기는 하지만, 다른 점들도 지적할 필요가 있다. 4조는 "육체노동자나 정신노동자"에 대해 말하는데, 후자는 더 분명히 말해서 사회 계획가들, 웨브가 그토록 소중히 여긴 페이비언주의 지식인들과 중간계급 인자들을 가리킨다. "공동소유"는 분명히 헌법적 수단을 통해 실현돼야 했다. 그 당헌은 결코 혁명적 문서가 아니다. 그러나 당헌이 마지막에서 "모든 산업과 서비스를 대중이 관리하고 통제하는 체제"를 요구한 것은 노동자 통제를 원하는 대중의 요구를 받아들인 것이었다.

그 전에 사회주의를 당헌에 명기하려는 노력들은 기묘한 운명에 부딪혔다. 창당 대회는 사회민주연맹의 '계급 전쟁' 문구를 기각했다. 그러나 1900년 노동자대표위원회 선언문은 "생산·분배·교환 수단의 사회화"를 요구했다.[71] 이듬해에는 브루스 글래셔가 제안한 사회주의 결의안이 부결됐다. 1903년에는 또 다른 결의안이 토론도 거치지 않고 폐기됐다. 2년 뒤에는 똑같은 문구의 결의안이 통과됐는데, 이번에도 토론 한 번 거치지 않았다! 1907년에는 상황이 훨씬 더 기묘해졌다. 전에 사회주의를 승인했던 결정이 브루스 글래셔와 키어 하디의 요청으로 뒤집혔다. 83만 5000표 대 9만 8000표의 압도적 차이였다. 1908년에 사회주의는 훨씬 더 심각한 패배를 당했다. 그러나 기묘하게도 바로 그 당대회에서 "생산·분배·교환의 사회화가 분명한 목표"임을 밝히는 결의안이 통과됐고, 1914년 당대회는 이것을 "다시 확인했다."[72]

이 기묘한 오락가락에도 나름대로 일리는 있었다. 당대회는 사회주의를 경건하게 선언하는 것은 지지했지만, 그런 선언을 당헌에 명기하는 것은 반대했다. 다시 말해, 대의원들 다수는 스스로 사회주의자라고 여겼지만, 사회주의를 너무 분명하게 드러내면 선거에서 표를 잃을 것이라고 생각했다. 노동당의 목표는 노동계급 사이에서 선진적 사상을 고취하기 위해 투쟁하는 것이 아니라 선거에서 표를 더 많이 얻는 것이었다. 독립노동당의 〈레이버 리더〉는 1908년에 다음과 같이 말했다.

성급한 사람들은 "우리는 사회주의를 원한다"고 아우성친다. 독립노동당원들도 모두 그랬다. [그러나 — 지은이] 우리는 이 나라의 유권자들이 사회주의를 원하도록 만들어야 한다. 상상력도 없고 과로에 시달리고 박봉에 허덕이는 보통의 노동자들, 소규모 상점 주인들, 아등바등하는 납세자들이, 온갖 종교적·정치적·사회적 편견을 가진 사람들이 사회주의에 찬성표를 던지도록 만들어야 한다. 그것이 문제다![73]

전쟁으로 촉진된 급진화 덕분에 노동당은 선거의 부담에서 벗어나 당헌 4조를 수용할 수 있었다. 노동당은 목표와 수단 사이의 관계에 대한 분명한 견해를 갖고 있다. 마르크스주의자에게 목표와 수단은 분리될 수 없다. 사회주의라는 목표가 수단을 좌우한다. 대중이 자본주의를 전복하는 것이 목표이고 이것을 지도할 혁명정당은 수단이다. 그러나 노동당 내 사회주의 논쟁이 보여 줬듯이, 개혁주의자들에게는 수단이 목표보다 더 중요하다. 선거에서 승리하는 것이 그들에게는 가장 중요했다.

노동당 지도자들은 당헌 4조를 특정한 행동 계획이 아니라 유용한 구호 정도로 취급했다. 그 차이는 1918년 당대회의 흥미로운 논쟁에서 드러났다. 사회당 소속의 한 대의원이 의사 일정표의 결의안들과 "당헌에서 밝힌 당의 목표가 맞지 않습니다. 후자는 명백하게 생산수단의 사회적 소유를 지지하고 있습니다" 하고 지적했다.[74] 그러나 당헌을 작성한 웨브는 당헌에서 한마디 한 것으로 족하다고 생각했다. "그들은 당의 오래된 선전 구호에 변화를 주는 일을 여러 차례 반복하고 싶지 않았다. 그 결의안들은 개종자들에게 보낸 호소문이 아니라 2000만 명의 유권자들에게 호소하는 원칙이라는 것이 그들의 생각이었다."[75]

독립노동당은 새 당헌을 지지할지 말지 확신이 서지 않았지만[76] 결국은 대안이 없다고 판단했다.[77] 그러나 새 제도는 성과가 있었다. 적어도 독립노동당 지도부에게는 그랬다. '두뇌'는 이제 귀중한 것이 됐고, 독립노동당은 '민주적 통제 연합'과 징병반대협회 등을 통해 많은 지식인을 얻었다. 독일 사회민주당에서 온 방문객 베르트하이머는 다음과 같이 썼다.

전쟁 전에 노동당은 지도부가 지식인들이었는데도 명백히 프롤레타리아 조직이었다. 이제는 자유당 출신들, 옥스퍼드대학교를 갓 졸업했을 뿐 사회주의 전통을 전혀 모르는 청년들, 자신들만의 프로젝트에 몰두하는 이데올로그들과 전형적인 편집광들이 노동당에 넘쳐 났다.[78]

사실 독립노동당은 좌파이고 노조 관료들은 우파라는 생각, 또는 그 반대라는 생각은 이제 의미가 없어졌다. 그들은 기술적 분업의 다양한 부분을 맡고 있었다. 그러나 독립노동당이 겪은 어려움은 한 가지 중요한 사실을 분명히 보여 줬다. '노동당 좌파'를 파고드는 것은 사회주의에 헌신하는 방식이 될 수 없다는 것이다. 1918년에 독립노동당은 평화주의 때문에 멸시와 경멸을 당했다. 대중의 좌경화는 개혁주의 선거 정치 밖에서, 그리고 그런 정치를 거슬러서 벌어진 투쟁에서 비롯했다.

노동당의 새로운 사회질서

'국민정당' 개념과 당헌 4조는 1918년 재창당의 우파적 측면과 좌파적 측면을 각각 보여 주지만,《노동당과 새로운 사회질서》라는 정책 강령이야말로 재창당의 핵심이었다. 이 강령에서 계급과 국가는 서로 만나게 된다.

시드니 웨브가 작성한《노동당과 새로운 사회질서》는 1918년 당대회에서 수정된 형태로 통과됐다. 그 강령의 핵심 조항들은 사회 개혁에 관한 부분과 경제 재건에 관한 부분으로 나눌 수 있다. 이것들을 차례로 살펴보자.

노동당은 항상 자본주의 사회의 피해자들의 문제를 제기했다. 그런 초기 사례 가운데 하나가 1894년 광산 사고 뒤 키어 하디가 쓴 글이다. 그 글은 큰 반향을 불러일으켰다.

이번 주에는 웨일스에서 일어난 대참사가 모든 것을 압도했다. 아침에는 생기가 넘쳤던 250명의 인간이 저녁에는 진흙더미 속의 시커먼 숯덩이가 돼 버렸다. 아들을 잃은 어머니, 남편을 잃은 아내, 아버지를 잃은 아이의 통곡 소리가 하늘을 찔렀다. 이루 말할 수 없는 고통과 불행이 웨일스 계곡 전체를 삼켜 버렸다. … 충분히 막을 수 있는 이런 사건들이 오직 인간의 탐욕 때문에 일어난다는 사실을 아는 나 같은 사람들만이 그들의 쓰라린 심정을 이해할 수 있다. … 이 사회는 사람의 생명보다 재산을 더 소중히 여긴다.[79]

자유당은 사회 개혁을 논했지만, 노동당은 빈곤에 반대하는 저항을 자신의 특징으로 내세웠다.《노동당과 새로운 사회질서》는 최저임금 법제화를 통한 "생활수준의 유지와 보장", 고용 창출, 전역 군인의 복지 향상, 교육·주택·구빈 제도 개선 등을 요구했다.

1918년의 상황은 그런 강령을 실현하기에 유리한 듯했다. 전시 경제 덕분에 잠시 완전고용이 달성됐다. 《노동당과 새로운 사회질서》의 결론은 "더 어렵고 더 혁명적인 방식이 아니라 노동자들과 군인들을 위한 공공질서의 합리적 배분을 통해" 상시적인 완전고용을 더 쉽게 달성할 수 있다는 것이었다.[80]

심지어 가장 급진적인 노동당원들도 언제나 인간의 고통을 자본주의 사회의 불필요한 부작용쯤으로 여겨, 체제 전체를 뿌리 뽑지 않고도 얼마든지 치유할 수 있다고 생각한다. 그래서 빈곤 문제 해결책은 항상 국민국가의 틀을 벗어나지 못하지만, 그것이 국민 전체에게 유익한 효과를 미친다는 이유로 정당화된다.

그렇지만 빈곤과 실업에 반대하는 노동당의 저항은 단순한 선거 책략이 아니라 수많은 노동자들의 진정한 염원을 표현하는 것이다. 노동당이 사회의 고통을 비난해서 노동자들을 속이고 단지 의원들의 세비나 타내려는 교활한 음모 집단이라고 보는 것은 어리석은 생각이다. 노동자들은 바보가 아니다. 그리고 그런 생각이 옳다면, 노동당의 본질은 이미 오래전에 들통이 났을 것이다. 우리는 노동당이 여전히 의식 있는 노동계급 다수의 지지를 받고 있다는 것을 알고 있다.

그런 지지는 노조 관료들의 명령에 따른 것도 아니다. 관료들은 시민들의 투표 결과를 좌우할 수 없다. 노동자들이 더 나은 세계를 원하면서도 스스로 그런 사회를 건설할 자신감이 없는 한은 노동당의 영향력이 결정적일 것이다. 갈릴레이가 지구가 태양 주위를 돈다는 것을 입증했을 때, 또는 다윈이 《종의 기원》을 썼을 때 종교가 더는 현실을 이해하는 도구가 되지 못했듯이, 개혁주의도 더는 현실을 이해하는 도구가 아닐 수 있다. 그러나 마르크스가 종교를 "억압받는 피조물의 한숨이며 무정한 세계의 감정"이라고 말한 것을 개혁주의에도 적용할 수 있다.[81] 대중적 개혁주의는 노동자들에게 환상을 버리라고 호소한다고 해서 없어지는 것이 아니다. 그것은 노

동계급 자신의 투쟁 경험을 통해 자신감이 높아져야만 사멸할 것이다. 마르크스가 종교에 대해 썼듯이,

그들의 조건에 대한 환상을 버리라는 요구는 그런 환상이 필요한 조건을 버리라는 요구다.[82]

그러나 노동당이 더 나은 삶에 대한 노동자들의 염원을 정말로 표현한다고 해서 노동당이 자신의 약속을 지킬 수 있다는 말은 아니다. 지금까지 일곱 차례 집권한 노동당 정부가 그 점을 여실히 보여 준다. 조건을 근본적으로 변화시킬 수 있는 유일한 힘인 노동계급의 집단적 힘을 사용하지 못하게 가로막는 개혁주의적 태도 때문에 노동당의 잠재력은 결정적으로 제약된다.

사회 재건과 국유화

《노동당과 새로운 사회질서》의 가장 중요한 측면은 자본주의 경제를 대하는 태도, 즉 건강한 경제야말로 개혁의 토대라고 여긴 것이었다. 노동당은 독자적인 경제 관리 방식을 갖고 있었다. 그것은 국유화였다. 역사적으로 국유화는 노동당의 가장 중요한 정책 강령이었는데, 이것은 당연하다. 국유화가 국익, 노동계급의 염원, 노동조합과 정치 관료들의 필요를 모두 충족시키는 것처럼 보이기 때문이다! 그래서 1911년에 스노든은 광산 국유화를 제안하며 다음과 같이 말했다. "광산 국유화는 광원들에게 좋은 일이다. 그리고 나라 경제 전체에도 유익할 것이다. 그리고 지금 노동 문제를 둘러싸고 빈발하는 혼란과 불편도 없어져서 … 결국은 국민 전체

에게도 이로울 것이다."[83]

국유화와 '국익'

노동당이 말한 '새로운 사회질서'의 토대는 전시 국가자본주의 경제의 확장이었다. 지미 토머스는 그 점을 다음과 같이 강조했다.

정부 … 자본주의 정부의 신중한 판단에 따르면, 전시에 철도·광산·군수 공장을 접수하고 다른 시설들을 통제한 것은 전시에는 그런 시설의 사적 소유가 국가에 위험했기 때문이다. 왜? 무제한의 경쟁은 … 국가에 위협이 되기 때문이다.[84]

국가자본주의(비록 그렇게 부른 적은 없었지만)가 사유재산 체제보다 더 효율적인 것처럼 여겨졌다. 맥도널드는 당대회에서 '생산 증대'를 둘러싸고 벌어진 논쟁에서 다음과 같이 말했다.

저들은 생산에서 발생하는 갈등이나 적대감을 허용할 여유가 없었습니다. 그들은 무능한 경영자들을 허용할 여유가 없었습니다. … 그들은 협력 개념을 도입해야 합니다. 그리고 사회의 꼭대기부터 바닥까지, 즉 정신노동자, 육체노동자, 조직자, 직접 생산자를 모두 하나의 거대한 공동체에서 서로 협력하는 요인으로 여겨야 합니다.[85]

다시 말해, 노동당은 의식적으로 **자본주의의 관리**를 개혁주의 강령의 으뜸으로 내걸었다. 자본주의 국가를 운영하고 싶어 하는 정당에게 다른 해결책이 있을 수 없었다.

국유화와 노동자 통제를 위한 투쟁

그러나 국유화를 단지 자본주의 발전의 청사진으로만 여기는 것은 국유화의 중요성을 심각하게 과소평가하는 것이다. 1918년에는 수많은 사람들이 자신의 삶을 통제하는 수단이 바로 국유화라고 생각했다. 마치 1889년의 8시간 노동 입법 요구 운동처럼 국가에 집단으로 압력을 넣어 양보를 끌어내는 수단이 바로 국유화라고 생각한 것이다.

국유화 자체에 특별히 사회주의적인 것은 아무것도 없었다. 광원노조는 가장 완고한 자-노 제휴파 노동조합이었지만, 노동당에 가입하기 오래전에 가장 먼저 국유화를 채택했다. 광원들과 철도 노동자들이 운동의 선두에 서게 된 것은, 부문의 이점을 누리고 있던 직업별 노동조합들과 달리, 효과적인 협상권을 확보하기 위해 중앙집중적 교섭에 의존하고 있었기 때문이다. 1907년 철도 파업과 1912년 광원 파업이 성공할 수 있었던 것은 파업으로 정부를 압박하자 정부가 완고한 사용자들이 협상에 나서도록 개입했기 때문이다. 더욱이 두 산업 모두 작업 환경이 아주 위험했다. 그래서 국가가 통제하면 사고가 줄어들 것이라는 기대가 있었다.

국유화와 노동조합 관료주의

국유화는 손에 낀 장갑처럼 노조 관료들에게 딱 맞았다. 왜냐하면 국유화가 중재 방법이었기 때문이다. 1919년 철도 파업 직후에 〈레이버 리더〉는 "파업을 끝내려면 노동자들을 소유주와 경영자로 만들어 자본과 노동의 이해관계를 조화시켜야 한다"고 썼다.[86] 국유화협회의 에밀 데이비스는 다음과 같이 선언했다. "때때로 일부 노동계가 지나친 요구 조건을 내걸 수 있다. 바로 이런 상황 때문에 노동자 경영 참여가 절실하게 필요한 것이다."[87]*

국유화와 개혁주의 정치

국유화 원칙은 산업의 혁명적 몰수가 아니라 점진적 인수라는 개혁주의 목표에 딱 맞는 것이기도 했다. 변화는 입법 활동을 통해, 의회에서, 위로부터 가능할 뿐, 현장 노동자들이 스스로 할 일은 아무것도 없었다는 것이다.

노동당의 국유화 제안은 마르크스가 19세기의 프티부르주아 민주주의자들을 평가한 것과 딱 맞았다. 프티부르주아 민주주의자들은

자본과 임금노동을 폐지할 방법이 아니라 둘 사이의 적대감을 누그러뜨리고 서로 화해시킬 방법을 모색했다. 이 목표를 달성할 방법이 아무리 다양

---

* 노동자 통제 운동은 다양하게 나타났는데, 가장 유력한 것은 G D H 콜의 길드 사회주의였다. 길드 사회주의는 신디컬리즘을 개혁주의로 순화하고 노동자 투쟁의 칼날을 무디게 하려 했다. 그리고 노동자 통제를 요구하는 투쟁을 공식 기구 위주로 제도화했다. 그래서 [경제] 선동이 정치 [선동]으로 확산될 수 없게 했다.

길드는 노동자들이 산업을 스스로 운영하기 위해 조직한 협동조합이었다. 길드 사회주의는 중앙집권적 국유화가 아니라 [생산 현장의] '통제권을 잠식하는' 느린 과정을 통해 작업반장과 중간 관리자를 점차 대체하는 등 경영 기능을 하나씩 차례로 인수해야 한다고 주장했다.

이것은 프티부르주아의 공상 가운데 최고였다. 길드 사회주의는 오래갈 수 없었다. 건축 노동자들의 길드 같은 실험이 있었지만, 불운한 시기에 잠시 존재하다가 사라졌다. 그러나 길드 사회주의는 강력한 (그러나 공식적인) 노동조합 조직을 강조했기 때문에 좌파 관료들과 심지어 독립노동당도 길드 사회주의에 매료됐고, 독립노동당은 길드 사회주의 운동이 사멸하기 시작한 1922년에 그 사상을 독립노동당 당헌에 반영하기도 했다. 공장 수준에서 자본주의를 점차 개혁하려는 똑같은 생각이 50년 뒤 토니 벤 추종자들의 전성기에 노동자 협동조합들로 다시 나타났지만, 역시 불행한 운명을 맞이했다. — 지은이.

하고 어느 정도 혁명적 구상과 맞닿아 있을지라도, 그 내용은 여전히 똑같다. 그 내용은 민주적 수단을 통한 사회 개혁, 그러나 프티부르주아지가 설정한 한계 내의 개혁이다.[88]

제1차세계대전이 끝난 뒤의 노동당은 전쟁 전의 노동당과 사뭇 달랐다. 지금까지 우리는 당 자체를 집중적으로 살펴봤지만, 노동운동의 관료들로 하여금 새로운 태도를 취하게 만든 것은 바로 노동계급의 압력이었다는 사실을 명심해야 한다.

4장

전후의 난국을 돌파하기

노동당이 영국의 혁명을 막았는가?

1918년 11월 휴전 조약 체결과 동시에 핀란드, 독일, 오스트리아, 헝가리, 바이에른에서는 혁명적 격변이 일어났다. 심지어 승리한 제국주의 국가들에서도 대규모 계급투쟁이 분출했다.

바로 그때 개혁주의자들은 온 힘을 다해 혁명의 열기를 억눌렀다. 그들의 방법은 비슷했다. 비록 영국 노동당 지도자들은 독일 사회민주당 지도자들과 달리 군사적 탄압에 의존하지 않아도 됐지만 말이다. 로자 룩셈부르크는 독일판 헨더슨과 맥도널드에게 살해당하기 2주 전에 "'사회주의' 깃발은 반혁명 정책을 감쪽같이 숨기는 가림막일 뿐"이라고 썼다.[1] 개혁주의자들이 갑자기 정부에 입각한 경우도 있었고 그렇지 않은 경우도 있었다. 그러나 새로 결성된 제3인터내셔널, 즉 공산주의 인터내셔널[코민테른]이 지적했듯이, "사회민주주의자들은 **집권당이든 야당이든** 간에 부르주아 국가의 안정 회복을 적극 지원하며 혁명의 실질적 발전을 가로막았다."[2]

영국의 국내 상황은 근본적으로 해외 상황과 다르지 않았다. 노동당이 투쟁을 지도해 사회주의로 나아갈 생각이 정말로 있었다면 얼마든지 그럴 수 있었을 것이다. 자본가계급은 아주 취약했고 노동자들은 강력했다. 사병 반란으로 군대가 해체되기 시작했고, 엄청나게 많은 노동자들이 파업을 벌이고 있었다. 심지어 경찰들도 노동조합을 조직하고 업무를 중단했다.[3] 소요는 1919년에 절정에 달했다. 1919년 파업으로 인한 노동 손실 일수는 1911~1914년의 3년 동안 노동 손실 일수(1912년의 광원 파업을 제외하면)와 맞먹었다.[4]

그러나 노동당은 국가의 약점을 이용하기는커녕 국가에 충성하고 헌신하겠다고 선언했다. 예컨대, 의회에서 클라인스는 자신은 항상 경찰노조에 반대했다고 말했고,[5] 헨더슨은 더 나아가 다음과 같이 주장했다.

지난 몇 년 동안 이 나라에서 혁명적 정신을 억제할 수 있었던 것은 노동당이 이 의회에서 대중의 불만을 대변했기 때문입니다. 비록 노동당 의원들이 소수이기는 하지만 그들이 이 의회에 있기 때문에 혁명적 정신을 억제할 수 있었습니다. 노동당은 일부 극단주의자들의 욕구를 억제하는 브레이크 구실을 했습니다. 노동당이 이렇게 대중의 불만을 대변하지 않았다면 극단주의자들이 산업 현장을 마구 휘젓고 다녔을 것입니다.[6]*

노동당이 혁명을 가로막은 주된 보루였다는 이런 주장은 신중하게 검토할 만한 가치가 있다. 이 주장은 한 가지 점에서 틀렸다. 1911~1914년과 마찬가지로 노동당은 의회 밖 노동자 대중투쟁과 무관한 듯했다. 늘 그랬듯이 선진 노동자들은 노동당의 활동 방식에 적대적이었다. 그들은

---

* 전후의 상황에서 기존 체제를 수호하는 최상의 방어막이 개혁주의였다고 생각한 사람들은 노동당 정치인들만이 아니었다. 자유당 의원 출신으로 〈맨체스터 가디언〉의 편집자이자 예리한 정치 평론가였던 C P 스콧도 다음과 같이 말했다. "볼셰비키 경제정책의 특징인 낭비와 불의가 … 우리 노동당 내 극단주의자들에게도 어느 정도 침투한 것 같다. … 우리나라에도 노동자들이 신뢰할 수 있는 정말로 진보적인 정부가 있었다면 그런 일은 일어나지 않았을 것이다. 노동당이 정책을 결정할 만큼 충분히 강력해진다면 총선 뒤에 그런 정부가 들어설 수도 있을 것이다."[7] — 지은이.

현장 노동자들의 전통에 의지했고, 볼셰비키를 본뜬 혁명적 공산당 건설에 기대를 걸었다. 하니 로젠버그가 1919년의 상황을 다룬 책의 결론에서 다음과 같이 썼듯이, "[당시] 영국 상황과 관련해서 거의 언급하지 않은 주요 세력이 하나 있다. 그것은 바로 노동당이다. … [노동당은 — 지은이] 눈에 띄지 않았다."[8] 이 말은 분명히 헨더슨의 주장과 맞지 않는 것 같다. 누구 말이 맞을까?

무게중심의 이동

1918년 12월 '쿠폰' 선거가* 끝난 뒤 노동당은 의회에서 1905년 이래 가장 무기력한 모습을 보였다. 로이드조지의 연립정부 시절만큼 의회가 장기적인 시대 흐름을 제대로 읽지 못한 때도 드물다. 투표 기간은 전쟁 '승리'로 애국주의 광기가 절정에 달한 때였다. "카이저[독일 황제]를 교수대로!", "독일에 본때를 보여 주자" 등이 주요 구호였다. 이런 상황에서는 평화주의를 언뜻 내비치기만 해도 선거에서 불리하기 마련이었다. 그런데도 노동당은 220만 표, 22퍼센트를 득표했다.

'쿠폰'을 공유한 로이드조지의 자유당과 보수당은 모두 합쳐 535석을 얻어 굳건한 반동 진영을 구축했다. 그들에 맞선 세력은 겨우 60석의 노동당과 애스퀴스가 이끄는 25석의 '자유당 자유파Free Liberals'였다. 노동당의 유력 후보들조차 평화주의나 불운 때문에 낙선했다. 맥도널드와 스노든, 심지어 헨더슨도 낙선해, 노동조합 출신 의원 50명(절반이 광원 출

---

* 쿠폰 선거 연립정부를 구성하고 있던 자유당과 보수당이 연합 공천한 후보에게 발급된 후보 승인서를 '쿠폰'이라고 부른 데서 유래했다.

신이었다) 가운데 독립노동당 소속은 3명으로 줄었다. 스코틀랜드 광원 출신의 조용한 윌리엄 애덤슨이 노동당 의원단 지도자가 됐고, 머지않아 그를 대신한 클라인스도 시끄러운 선동가는 아니었다. 앨런 허트는 "영국에 거대한 변화가 일어나고 있었지만, 의회 정당의 활동이 그런 변화를 반영하거나 고무하지는 않았다"고 썼다.[9] 분명히, 노동당이 탁월한 의회 활동으로 혁명을 막은 것은 아니었다.

그러나 노동당이 볼셰비키에 반대하는 합창에 목소리를 보탠 것은 사실이다. 예컨대, 독립노동당의 지도적 지식인인 H N 브레일스퍼드는 1917년 10월 혁명을 "무모하고 어리석은 짓"이라고 비난했다.[10] 클라인스는 볼셰비즘은 "우리나라뿐 아니라 다른 나라에서도 … 퇴치해야 할 질병"이라고 비난을 퍼부었다.[11] 스노든은 독실한 기독교도답게 노동자 권력에 대해 "터무니없는 신기루"라며 다음과 같이 썼다. "피의 학살을 통해 경제 권력을 잡느니 차라리 지배와 억압에 계속 시달리는 것이 더 낫다. 물질세계를 얻고 우리의 영혼을 잃는다면 무엇이 이롭겠는가?"[12]

노동당은 국내 체제 전복을 격렬하게 반대했다. 토머스는 의회에서 다음과 같이 경고했다. "정치 활동[의회 활동을 뜻한다 — 지은이]을 신뢰하지 않는 조직노동자들이 점차 늘고 있습니다. … 이에 맞서 저는 날마다 전쟁을 치르고 있습니다."[13] 파업을 "개탄한" 헨더슨은 "나는 파업을 막기 위해 그 누구 못지않게 최선을 다했다"고 주장했다.[14] 그러나 파업의 규모가 워낙 컸기 때문에 헨더슨의 노력은 별로 효과가 없었다.

이런 사실들은 헨더슨의 주장과 달리 노동당이 혁명을 억제하는 보루가 아니었음을 시사한다. 그러나 상황을 더 자세히 분석해 보면, 개혁주의를 결코 과소평가해서는 안 된다는 것을 알 수 있다. **노동운동 관료들은 두 부류다. 노동당 간부들과 노동조합 간부들이다.** 1919년에는 노조 관료들이 혁명을 가로막는 주요 장애물이었다. 왜냐하면 그들이 계급투쟁의 핵심인 생산 현장의 노동자들을 좌우했기 때문이다. 1919년 6월에 철도 노조의 크램프는 "무게중심이 의회에서 대규모 노동조합 본부들로 옮겨 갔다"고 썼다.[15] 1919년 노총 대의원대회에서 신웰은 더 분명하게 다음과 같이 말했다. "웨스트민스터에 모여 있는 평범한 사람들보다 … 여기 모인 분들이 훨씬 더 창조적인 재주와 능력을 갖고 있습니다."[16]

그런데도 노동당은 노조 관료들의 정치적 보조 수단이자 그들의 행동을 정당화하는 알리바이로서 엄청나게 중요한 구실을 했다. 데즈먼드가 썼듯이, 노동당은 노조 상근 간부들의 "보이지 않는 손"이었다.[17] 노동당은 노조 관료들의 노력을 보완했다. 마치 노동당 정부가 집권해서 임금 억제 등의 정책을 시행할 때 노조 관료들이 이것을 지원하는 것처럼 말이다. 이 점은 금속·광업·철도 등 주요 부문을 살펴보면 잘 드러난다.

3대 노동쟁의

이 노동쟁의들에 조직적이고 의식적으로 관여한 혁명적 경향이 없었던 이유는 다양하다. 혁명가들이 뭔가 할 수 있는 가능성은 1889년이나 1911~1914년보다 십중팔구 더 컸지만, 그들은 개혁주의자들이 쟁의 현장을 좌우하는 것을 그냥 지켜봤다.[18]

금속 노동자들이 주 40시간 노동을 요구하며 클라이드사이드에서 파업을 벌였다. 이 파업의 가장 유명한 인물은 독립노동당 지도자 중 하나인 신웰이었다. 이 노동당 지도자는 산업 투쟁이 전진하도록 지도하고 있었는가? 슬프게도 그렇지 않았다. 신웰은 지역노조연합체 의장으로서 투쟁에 관여하면서도 투쟁을 제한하는 구실을 했다. 그가 애를 썼는데도 파업은 거리 전투에서 절정에 달했다. 경찰은 몽둥이를 휘둘렀고, 군대가 글래스고를 점령했다. 신웰은 다섯 달 동안 감옥살이를 했다. 그러나 맥스턴이 1919년 독립노동당 당대회에서 보고했듯이, "분명히 일반 신문을 읽은 독자들은 이 글래스고 사태 참가자들이 단지 난동꾼들에 불과하다는 인상을 받았을 것이다. 신웰은 … 주 40시간 운동을 고무하는 것이 아니라 항상 파업 노동자들을 자제시키는 구실을 했다."[19]*

광원들과 철도 노동자들은 훨씬 더 큰 위협이었다. 국가는 감히 노동자들을 직접 공격할 수 없었고, 개혁주의 관료들이 운동을 무장해제시키는 데 의존했다. 정부 각료들은 "우리와 아나키즘 사이에 있는 것은 노동조합뿐"이라고 시인했다. 문제는 가끔 "노동조합이 충분히 발전하지 못해, 기층 간부들이 중앙의 지침을 따르지 않았다"는 것이다.[20]

로버트 스마일리는 광원노조 지도자였고, 독립노동당의 고참 당원이었으며, 키어 하디의 오랜 동료였고, 확고한 개혁주의자였다. 그는 "의회 선거에 계속 출마했다가 낙선한 경력"을 자랑스러워했다. "일곱하고도 반 차례 선거에 출마하고 낙선한 것은 나의 명예이기도 하고 불명예이기도 하다."[21]**

광원들은 임금 30퍼센트 인상, 하루 노동시간 2시간 단축, 노사가 공동으로 관리하는 국유화를 요구했다. 임금과 노동조건에 대해서는 (전시

---

* 〈포워드〉가 보도한 신웰의 재판 기록을 보면, 신웰이 속한 선원노조 주최의 '동양인 노동자 고용 문제' 토론회에서 신웰이 연설할 때 … 청중석에서 누군가가 "파업은 어떻게 되는 겁니까?" 하고 물었고 신웰은 … 이 문제는 파업과 무관하다고 대답했다. 스콧 딕슨 경[판사]이 신웰에게 물었다. "선원들은 주 40시간 운동에 참가하지 않았습니까?" 신웰은 "하지 않았습니다" 하고 대답했다. — 지은이.

** 스마일리가 말한 '반'은 사우스에어셔 지역에서 자신이 유력 후보였는데도 끝내 출마하지 못한 것을 가리킨다. 클렉은 다음과 같이 썼다. "스마일리가 가당찮게도 투사의 명성을 얻은 것은 과감한 결단력, 그리고 일단 결심하면 남들이 뭐라고 하든 거의 신경 쓰지 않고 밀어붙인 추진력 때문이었다."[22] — 지은이.

의 초과 이윤 덕분에) 노동자들에게 양보할 여지가 있었지만, 국유화 요구는 엄청난 정치적 위협으로 받아들여졌다. 국유화 요구가 받아들여진다면, 국가 개입을 끝장내기 위해 필사적으로 애쓰고 있던 광산 소유주들의 염원이 노동계급 때문에 좌절된다는 뜻이었다. 아래로부터의 대중투쟁으로 국유화가 강제 시행되는 것은 페이비언주의의 실현이 아니라 공공연한 계급 전쟁의 서곡이 될 터였다. 로이드조지는 노조 관료들을 만난 유명한 회의에서 무엇이 진정한 위험인지 말해 줬다.

여러분이 위협과 파업을 실행에 옮긴다면 여러분은 우리를 패배시킬 것입니다. … [그러나 그것이 — 지은이] 성공을 거둘수록 헌정 위기도 심각해질 것입니다. 국가 자체보다 더 강력한 세력이 국가 안에서 등장한다면, 그것은 분명히 국가의 기능을 떠맡을 준비가 돼 있어야 합니다. … 신사 여러분, 이 점을 깊이 생각해 보셨습니까? 생각해 보셨다면, 국가의 기능을 떠맡을 준비가 돼 있습니까?

회의가 끝난 뒤에 스마일리는 다음과 같이 유명한 말을 남겼다. "바로 그 순간 우리는 패배했다. 그리고 우리가 패배했음을 알게 됐다."[23] 그러나 그들은 산업 투쟁에서 패배한 것이 아니라 개혁주의 정치 때문에 패배했다. 트로츠키는 다음과 같이 썼다. "심지어 '사회주의자들'의 마음속에서도 부르주아적 합법성이라는 물신주의物神主義가 내면의 사상 검열관[구실을 한다. — 지은이]"[24] 현실의 경찰이 막 공격하려 하는 때에 이데올로기적 경찰의 존재는 체제 유지에 결정적으로 중요했다.

스마일리는 부르주아 국가를 인정했지만, 협상권을 노동당에 넘겨주지는 않았다. 광원들의 일상적 노동조건과 임금 문제를 직접 다루는 조직의 지도자로서 스마일리는 노동당보다 더 직접적인 영향력을 행사했다. 5년 뒤의 선거공약으로는 투사들을 진정시킬 수 없지만 **지금 당장의 정부위원회는 그렇게 할 수 있었다.**

스마일리는 생키 경을 위원장으로 하는 기구를 구성하자는 정부 제안을 선뜻 받아들이지 않았다. 진지한 개혁주의자로서 그는 국유화를 원했고, 정부위원회로 노동조합원들의 투쟁을 저지할 수 있을지 확신이 없었다. 스마일리를 확신시키기 위해서는 시드니 웨브의 교활한 책략이 다시 동원돼야 했다. 비어트리스 웨브는 일기장에 다음과 같이 썼다. "시드니는 스마일리가 감기와 책임감 때문에 의기소침해 있음을 깨달았다. … 스마일리는 광원들이 곧장 전투를 벌여서 승리하기를 원했다. 시드니는 정부위원회를 받아들이는 것이 유리하다고 설득했지만 … 스마일리는 정부와의 면담을 대의원들에게 설득할 수 있을지 의심스러워했다."[25] 웨브가 내린 결론은 사용자와 광원의 대표 수를 동등하게 하면 된다는 것이었다(영국의 부르주아 의회 민주주의에서 사용자 대표와 노동자 대표의 비율이 6 대 1인 것보다는 훨씬 나았지만, 여전히 사용자 한 명당 노동자가 수백 명인 실제 상황은 거의 반영하지 못했다).

생키위원회에 민주주의의 외피를 덧씌우기 위해 영국 의회 사상 처음으로 법률이 제정됐다. 생키위원회 설립은 노동운동 역사에서 중대한 전환점 가운데 하나였다. 왜냐하면 이것 때문에 지배계급의 권력에 도전할 수 있는 최고의 기회가 무기한 연기됐기 때문이다. 나중에 스마일리는 자신의 의도를 다음과 같이 설명했다.

당시 우리는 산업 현장에서 우리가 가진 힘을 사용해 [국유화를 — 지은이] 강요할 수 있었을 것이다. … 그러나 그 힘을 사용하지 않아도 되는 또 다른 길이 있다. 그것은 노동당의 집권이다.[26]

곧이어 철도 파업이라는 중대한 위기가 닥쳤다. 그러나 이번에 노조 지도자는 우파 관료의 전형인 지미 토머스였다. 첫 노동당 정부의 주요 각료였는데도, 토머스는 자신이 사회주의자가 아니라고 공공연하게 주장했다![27] 토머스는 1919년 9월 철도 파업의 시작을 막지는 못했지만, 9일이 채 안 돼 파업을 끝낼 수는 있었다.

계급보다 국민을 앞세우는 태도는 스마일리보다 토머스가 훨씬 더 분명했다. 토머스는 "철도원과 시민 여러분께 드리는 말씀"에서 로이드조지의 주장을 고스란히 되풀이했다.

우리 노동조합은 영국에서 가장 강력합니다. 이런저런 일들이 시행되지 않는다면 우리는 사회를 마비시킬 수 있습니다. … [그러나 — 지은이] 우리가 아무리 강력할지라도 … 특정 부문의 이익보다 시민 여러분의 권리가 더 크고 중요합니다.

이런 개혁주의 찬가를 완성하기 위해 토머스는 관료의 교리문답을 덧붙였다.

두 부류의 사람들이 위험합니다. 하나는 시대의 징후를 읽지 못하는 반동적인 사람들입니다. … 그리고 우리가 노동쟁의를 이용해 혁명을 일으키거나 이른바 러시아 방식을 도입할 수 있다고 믿는 사람들도 마찬가지로 위험합니다. … 둘 다에 맞서 싸워야 합니다.[28]

스마일리와 토머스는 노조 관료 집단 내의 상반된 견해를 대변했지만 행동 결과는 똑같았다. 1919년 가을이 되자, 혁명적 기회는 사라지고 말았다.

혁명적 방향으로 움직이는 노동자들은 노동당을 지지하고 그들이 노동당을 개조할 수 있다고 주장하는 이론이 있다. 1919년은 이 이론이 터무니없는 헛소리임을 입증했다. 심지어 노동당 내에서 가장 좌파적인 독립노동당조차 철저한 방관자였다. 독립노동당의 역사가는 다음과 같이 썼다. "독립노동당은 노동조합 문제들에 대해 가장 무관심한 태도를 취했다. 〈레스터 파이어니어〉든 〈브래드퍼드 파이어니어〉든 산업 담당 특파원이 없었고, 약간 더 나았던 〈레이버 리더〉만이 한 달에 한 번 노동조합 관련 칼럼을 실었을 뿐이다."[29] 사실, 노동당은 조직으로서는 노동조합 투쟁과 전혀 관련이 없었다.

그러나 노동당이 개혁주의 사상의 기구임을 감안하면, 그림은 사뭇 달라진다. 1919년에는 중앙집권적 전시 경제의 유산과 노동자들의 강력한 연대 정신이 결합돼서 노동쟁의가 모두 국가적 사건으로 비화했다. 정상적인 협상 과정과 달리, 노조 간부들은 일부 노동자들과 개별 자본가의 이익 사이에서 그저 줄타기만 하고 있을 수 없었다. 왜냐하면 모든 파업이 정치적 반향을 불러일으켰기 때문이다. 무기력한 의원 60명은 아무 권위도 없었지만, 노조 관료들은 개혁주의 사상이라는 아주 귀중한 무기를 손에 쥐고 있었다.

직접행동: 위협인가 기회인가?

1920년이 되자 대중의 압력이 여전히 강력한데도 혁명적 분위기는 가라앉았다. 그 때문에 지도자들의 차이가 제한적이나마 드러날 수 있었다. '직접행동'을 둘러싼 논쟁은 그런 맥락에서 이해해야 한다. 노조 간부들이 말한 대로 행동하도록 강제하거나, 아니면 그들의 말이 얼마나 공허한지를 폭로할 수 있는 혁명적 세력이 없었기 때문에, 노조 간부들의 말은 결국 허풍에 그치고 말았다.

분쟁의 발단은 광산 국유화와 국제적 사건들이었다. 스마일리는 좌파적 견해의 주요 대변자였다. 그의 전투적 발언이 단지 운동을 억제하기 위한 것이었는지, 아니면 제한된 목적을 위해 대중행동을 이용하려 한 것이었는지는 정확히 알 수 없다. 스마일리의 말에는 두 경향이 다 담겨 있었다. 먼저, [직접행동이] 기회임을 인정한 그의 말을 들어보자.

우리는 세계에서 가장 잘 조직된 세력이고, 현 정부가 … 노동자들을 공정하게 대우하고 무슨 조처든 시행하게 할 만큼 충분히 강력하다.[30]

다음으로, 통제력을 잃을까 봐 두려워하는 말을 들어보자.

우리나라의 노동운동은 혁명이 일어날 때까지 기다리기보다는, 노동조합 운동을 경험하고 법의 테두리 안에서 침착하게 문제를 논의하고 행동을 결정하는 것이 더 안전할 것이다.[31]*

노동조합이 직접행동을 주도하자는 제안은 노동당과 의회의 구실을 부차적인 것으로 만들었다. 철도기관사노조의 존 브롬리는 그 이유를

---

* 운수노조 지도자이자 극단적 발언도 서슴지 않은 로버트 윌리엄스(나중에 공산당에 가입했다)는 전국 노동자 대표 대회를 호소하며 운동에 대한 통제력 상실을 우려했다. "어느 정도 책임 있는 사람들이 지도하지 않는다면, 사태가 매우 심각해져 공공연한 무장봉기나 혁명적 행동이 잇따를 수 있다는 것은 명백하다. 우리는 공식 대회를 개최해 비공인 파업을 막고, 최상의 남녀 노동자들 사이에서 노조 간부들에 반대하는 태도가 확산되지 않도록 막아야 한다."[32] — 지은이.

다음과 같이 설명했다.

노동자들이 앞으로 4년을 더 기다리려 … 할까? [그사이에] 노동자들은 해고될 것이다. … 노동자들은 [유권자 — 지은이] 다수의 지지를 받지 못하고 있다는 말을 들었다. 세상에 어떤 진보 운동이 다수가 움직일 때까지 마냥 기다린 적이 있었던가? 훌륭한 운동이나 노동조합운동의 성과가 [유권자] 다수에 의한 것이라고 말한 노조 지도자가 과연 있었는가?[33]

토머스, 클라인스, 헨더슨 등 우파는 "권력에 가까이 다가갈수록 폭력적 방식을 멀리해야 한다"는 생각을 바탕으로 좌파의 주장을 반박했다.[34] 만약 직접행동이 사용된다면 "우리는 노동당과 모든 정치기구를 당장 없애는 게 나을 것이다. … 이 둘[직접행동과 노동당]은 절대로 양립할 수 없다."[35] 노동당이 집권해서 실행할 조처들을 노동자들이 현 정부에도 강요할 수 있다면 "노동자들이 스스로 주장하던 권리를 다른 계급에게 양보하려 하겠는가?"[36] 노동자들은 정치 파업을 벌일 권리가 없다. "여러분은 사용자들에 대항해 파업할 수 있다. 그러나 [정치적 — 지은이] 쟁점들과 관련해서 행동할 장소는 바로 투표소다."[37] 1919년 노동당 당대회 의장 맥거크는 이 모든 것을 다음과 같이 요약했다. "우리는 헌법을 옹호하거나 헌법을 옹호하지 않거나 둘 중 하나다. … 우리는 정치적 무기의 효능을 신봉한다. … 그렇지 않다면 우리가 왜 노동당을 만들었겠는가?"[38]

'삼각동맹', 노총, 노동당 안팎에서 잇따라 벌어진 논쟁에서 직접행동파는 여러 차례 다수파가 됐지만, 그들의 기세는 허장성세에 불과했다. 그들은 정부가 생키위원회의 조사 결과를[*] 존중하겠다는 약속을 어겼는

---

[*] 광원들이 요구한 광산 국유화의 필요성을 인정한 것을 말한다.

데도 온갖 핑계를 대며 행동을 미적거렸다. 일단 파업의 위험이 사라지자 '광산을 국민에게' 운동을 미끼로 던졌다. 그것은 "총선을 대비한 집중적 정치 선전"이었지만,[39] 당은 그 운동에 거의 신경을 쓰지 않았다. 그래서 운동 조직자들은 "당의 최상급 연사들을 … 연단에 세울 수 … 없다"고 불평했다.[40]

직접행동의 전망은 국제 쟁점들에서 더 유력했다. 트로츠키는 다음과 같이 썼다.

> 영국 노동운동 '지도자들'이 국제 문제를 둘러싸고 저항에 부딪힌 경우는 거의 없었다. 그들은 국제 쟁점을 대중의 급진적 분위기에 대한 모종의 안전판으로 여기기 때문에 [외국의 — 지은이] 혁명에 대해서는 어느 정도 지지하고 굴복하면서도 국내 계급투쟁의 문제에서는 더 확실하게 보복할 태세가 돼 있다.[41]

영국의 아일랜드 억압은 직접행동의 쟁점이 될 수 있었다. 자유당의 영향을 받은 정당답게, 노동당은 글래드스턴이 주창한 '아일랜드 자치'를 지지했다. 그러나 아일랜드 사람들이 스스로 해방을 위한 행동을 해서는 절대로 안 된다는 것이 노동당의 생각이었다! 〈포워드〉는 1916년 부활절 봉기를 "대책 없고 암담한 비극. 미친 짓 아니면 나쁜 짓, 또는 둘 다"라고 비난했다.[42] 《소셜리스트 리뷰》는 한술 더 떴다. "우리는 결코 무장 반란을 지지하지 않는다. … 반란군의 대의도 지지하지 않는다. … 정부가 무력으로 무장 반군을 저지하고 탄압한 것에 대해서도 불만이 없다."[43] 독립노동당의 평화주의는 겨우 그런 것이었다!

그러나 노동당의 태도가 순전히 반동적인 것만은 아니었다. 계급과 국가를 결합할 수 있는 개혁주의자들의 능력은 정말 놀라울 정도다. 앞서 인용한 《소셜리스트 리뷰》의 기사는 다음과 같이 끝맺는다. "우리는 … 군사 수단을 동원해 반란을 진압하는 것 자체에 반대하는 것이 아니라 필요 이상으로 가혹하고 과도한 진압에 반대하는 것이다." 그러나 이런 태도로는 1920년에 정부가 '블랙 앤드 탠스'를* 투입해 탄압하는 것에 맞서 제대로 싸울 수 없었다.

노동당이 가장 대담했을 때

러시아 문제는 이것과 달랐다. 1920년 5월 해리 폴릿 같은 혁명가들의 선동에 고무된 런던 동부의 항만 노동자들은, 볼셰비키를 상대로 전쟁 중이던 폴란드를 지원하기 위한 탄약이 졸리조지 호에 선적되는 것을 저지했다.[44] 1920년 8월 4일 총리 데이비드 로이드조지는 폴란드를 지원하기 위해 영국군을 파병하겠다고 발표했다. 이미 전쟁에 넌더리가 난 사람들이 강력하게 반발했고 "모든 중간계급 평화주의자들과 다수의 납세자들", 심지어 런던의 시티[금융·상업 중심지] 지구조차 파병 반대 행동을 환영했다.[45]

전투적인 노동자들의 지지를 받고 있을 뿐 아니라 여론도 자신들에게 유리하다고 판단한 노동당 의원단, 노동당 중앙집행위원회, 노총은 8월 9일에 회의를 열고 15인의 실행위원회를 구성했다. 나흘 뒤 노동조합과 노동당 지부 대의원들의 전국 대회가 열렸다. 일부 연사들은 믿을 수 없을 만큼 놀라운 연설을 했다.

---

* 블랙 앤드 탠스(Black and Tans) 카키 군복 바지와 검정 경찰 상의를 착용한 특수부대로서 잔인하기로 악명 높았다.

토머스는 총파업을 호소했다. "의회가 아무리 노력해도 우리가 여러분에게 호소하는 행동을 대신해 줄 수 없습니다. … 이 결의안이 실행되면, 영국 헌법 자체에 도전하는 것과 마찬가지일 것입니다.(박수)" 노동당 집행위원장은 다음과 같은 말까지 했다. "우리는 저들이 권력을 내놓게 만들어야 할지도 모릅니다. (아마) 우리는, 헌법을 어겨서라도, 국민을 위해 우리가 직접 이 나라를 책임지려는 행동을 취해야 할 수도 있습니다."[46]

심지어 램지 맥도널드조차 "의회에 대한 신뢰를 상실했다"며 직접행동을 환영했다.[47] 그 얼마 전에 다음과 같이 쓴 바로 그 맥도널드가 말이다. "아무리 나쁜 의회라도 의회를 비하해서 사람들에게 안 좋은 이미지를 주는 것은 범죄 행위다. 사회주의자들의 가장 가증스러운 범죄 행위다."[48]

결국 정부는 전쟁을 포기했다. 우리는 총파업이 실제로 벌어졌을 것인지 아닌지는 알 수 없지만, 그 가능성을 완전히 배제해야 할 이유는 없다. 관료들이 주도하는 대중 파업은 전혀 새로운 것이 아니다. 1920년에 독일 사회민주당과 노동조합 지도자들은 바이마르 공화국을 전복하려는 카프 무력 정변을 패퇴시키기 위해 총파업을 효과적으로 조직했다.

직접행동은 단순한 허풍 이상의 의미가 있었는가 하는 물음에 답하려면, 연사들의 의도뿐 아니라 청중에게 미친 효과도 살펴봐야 한다. 초좌파는 연사들의 의도에만 관심이 있고, 개혁주의자들은 그 효과에만 관심이 있다.

각 지역에서 건설된 실행위원회들은 혁명가들에게 중요한 기회를 제공했다. 공산당은 비록 창설한 지 얼마 안 됐지만(당 기관지 첫 호가 8월 5일에야 발행됐다) 여러 지역의 실행위원회에 개입해 상당한 신망을 얻었다. 공산당은 **노동당 안이 아니라 밖에서** 그렇게 했고, "결정적 순간에 … 노동조합과 노동당의 지도자들이 현장 노동자들의 염원을 좌절시키

려는 것"에 노동자들이 저항해야 한다고 계속 주장했다.[49]

1920년 9월까지 건설된 실행위원회가 350개나 됐고, 일부는 공식 지도자들의 의도를 훨씬 뛰어넘기도 했다. 머서티드빌 지역에서 지역 노동자 대표자들로 이뤄진 중부위원회는 언제라도 즉시 소환될 수 있었고, 그들 자신은 중부위원회가 "노동자 해방을 위한 중요한 도구"라고 믿었다.[50] 버밍엄의 실행위원회는 지역노조연합체들이 중앙에 압력을 가해 총파업 약속을 지키도록 만들려 했다. 비슷한 사례는 많다. 레닌이 이 실행위원회들을 보고 "케렌스키 치하의 이원 권력과 비슷하다"고 말한 것은 오해였다.[51] 그렇지만 이 실행위원회들은 장기적으로 영향을 미쳤고 1926년에 총파업의 조직적 중추로 되살아났다.

노동운동 관료들의 동기는 현장 노동자들과는 사뭇 달랐다. 우파 관료들과 좌파 관료들이 겉으로 보기에는 차이가 있지만, 그들의 사상은 서로 비슷했다. 그들은 직접행동이 의회 활동을 지원하기 위한 것이라고 생각했다. 실행위원회의 동기를 검토한 램지 맥도널드는 "실행위원회나 실행위원회 설치 정책을 두고 공산주의라는 말이 많았다"고 썼다.[52] 직접행동은 개혁주의자들이 급격하게 좌경화할 수 있고 필요하다면 의회 밖 활동을 조종할 수 있다는 것도 보여 줬다. 좌파 관료와 우파 관료의 차이는 당근을 줄 것인가 채찍을 휘두를 것인가 하는 문제였을 뿐이고, 시간이 흐르자 좌파든 우파든 당근과 채찍을 모두 능숙하게 사용한다는 것을 보여 줬다.

맥도널드 등은 자신들이 오직 헌법을 수호할 뿐이라고 주장했지만, 그 어떤 부르주아 헌법도 전쟁과 평화의 결정권을 평범한 사람들에게 부여하지 않았다. 노동당과 노동조합의 좌파 지도자들과 우파 지도자들이 의회 밖 수단을 기꺼이 사용하는 것을 보면, 개혁주의자들의 판단 기준이 이런저런 제도나 기구가 아니라 계급 간 중재 기능이라는 것을 알 수 있다.*

"우리는 헌법을 옹호하거나 옹호하지 않거나 둘 중 하나"라는 맥거크의 논평은 사회주의자에게 중요한 문제를 부각한다. 노동계급의 해방을 진지하게 여기는 사람이라면 누구든 우선순위를 선택해야 한다. 한편에는 글래셔가 말한 고전적 개혁주의 견해가 있다. "노동계급의 해방을 위해서는 1000만 명의 노동자가 파업을 벌이는 것보다 사회주의를 분명하게 지지하는 1000표가 더 믿음직하고 잠재력도 크다."[53] 다른 한편에는 의회 활동은 "운동의 가장 낮은 형태"라고 말한 레닌의 견해가 있다.[54]

전후에는 이 두 견해 가운데 첫째 견해만 시험대에 올랐다. 온갖 반발이 있었는데도 대중투쟁을 추구하는 운동은 교묘하게 진정됐다. 그 대가로 영국 노동계급이 받은 보상은 노동당의 일곱 차례 집권이었다. 누가 옳았는가? 레닌인가 글래셔인가?

'암담한 금요일': 집권당으로 가는 길

영국 노동운동 역사에는 쓰라린 아이러니가 하나 있다. 노동운동 관

---

* 이 점을 이해하지 못한 것이 랠프 밀리밴드의 아주 유용한 책 《의회 사회주의》의 가장 큰 흠이다. 밀리밴드는 그 책의 첫 문단에서 노동당의 주된 특징이 의회주의라고 분석한다. 똑같은 약점이 제프리 푸트의 유용한 책 《노동당의 정치사상》에서도 나타난다. 두 저자 모두 노동당의 한계를 알고 있지만, 제도적 표면 아래의 계급 관계까지 파고들지는 못한다. 노동당은 독자 기구가 아니라 개혁주의적인 노동운동 관료 집단 중 절반이다. 나머지 절반은 노조 상근 간부들이다. 둘 중 하나가 의회주의를 중재의 실질적 장애물로 여길 경우, 의회주의는 무시당할 수 있다. 1914년과 1920년에 이런 일이 일어났다. 1914년에 관료들은 중요한 직책을 얻기 위해 기꺼이 정치적 휴전을 선택하고 의회와 노동당 의원단이 무용지물이 되는 것도 받아들였다. 밀리밴드와 푸트는 현실의 계급투쟁이 하는 구실을 거의 분석하지 않는다. — 지은이.

료들은 더러운 배신행위를 해 왔지만, 혁명적 좌파의 취약성 때문에 그들은 처벌받거나 쫓겨나지 않고 오히려 더 강해지기 일쑤였다. 배신행위로 개혁주의의 본질이 폭로될 수 있다. 그러나 슬프게도, 특정 상황에서는 배신행위가 정반대의 결과를 낳을 수 있다. 즉, 현장 노동자들의 힘을 약화시키고 관료들의 지위와 영향력을 강화시킬 수 있다.

1921년에 이런 일이 일어났다. 탄광 소유주들이 임금 삭감을 요구했다. 일부 지역에서는 최대 50퍼센트 삭감을 요구했다. 4월 15일 철도노조·운수노조·광원노조의 '삼각동맹' 지도자들은 단결해서 함께 싸우겠다던 약속을 배신했다('암담한 금요일'). 지도자들이 내팽개친 광원 100만 명은 석 달 동안 처절하게 투쟁하다 패배했다. '암담한 금요일'은 노동운동 관료들에게 타격을 가하기는커녕 그들을 혁명이라는 유령에서 해방시켜 줬다.

1919년과 1920년에는 생산 현장에서 계급의 자신감이 높았다. 그래서 개혁주의의 저울에서 노동조합 쟁점의 비중이 더 컸다. '국민'이라는 자본주의 이데올로기는 상대적으로 가벼웠다. '암담한 금요일'은 이런 상황을 뒤집어 버렸다. 개혁주의의 중심이 노조 상근 간부들에서 노동당으로 옮겨 갔다.

이런 사태 전개의 배경에는 1921년 초 전후 호황의 갑작스러운 종식이 있었다. 1920년보다 수출이 48퍼센트, 수입이 44퍼센트 감소했다. 1920년 12월과 1921년 3월 사이에 실업률이 세 곱절 늘었다(고용보험 가입 노동자들이 5.8퍼센트에서 17.8퍼센트로 늘었다). 조건이 유리했을 때 노동당은 중대한 진전을 가로막는 데 일조했다. 이제 노동자들이 수세에 몰린 상황에서 노동당은 방어막 구실을 얼마나 잘했는가?

슬프게도, 노동당은 실업자들이나 강력한 조직노동자들의 저항에 기여한 바가 전혀 없었다. 예컨대, 맥도널드는 실업자들이 실업급여에 기대를 걸고 있다고 비난했다(당시는 아직 실업급여 제도가 없었다). "[그들은 — 지은이] 실업급여가 머지않아 바닥나고 … 진정한 사회주의 정책이 좌초하는 등의 문제를 전혀 중요하게 여기지 않는다." 실업자들의 선동 때문에 노동당 지방정부들은 난처해질 것이고 그들의 요구를 수용하지 않으면 안 될 것이다. "그렇게 되면 노동당 지방정부는 지지를 잃을 것이고, 노동당과 사회주의에 대한 대중의 지지도 사라질 것이고, 기득권층이 반사이익을 얻을 것이다." 그리고 도대체 왜 노동당이 이 사람들에게 관심을 가져야 하는가? "현재의 실업자들 가운데 지난 선거에서 [우리를 — 지은이] 지지한 사람들이 몇이나 되겠는가?"[55]

'암담한 금요일'은 조직노동자들의 저항을 파괴했고, 노동당은 노조 관료들보다는 부차적 구실을 했지만 저항을 붕괴시키는 데 일조했다. 당시 총리 로이드조지는 의기양양하게 다음과 같이 말했다. "J H 토머스는 혁명을 원하지 않는다. 그가 원하는 것은 총리 자리다. … 나는 토머스의 이기주의를 철저하게 신뢰하고, 노동당이 온건해질 것이라는 점을 믿어 의심치 않는다. 그들이 정치적으로 얻을 것은 전혀 없다."[56]

이런저런 재앙들이 잇따르면서 '암담한 금요일'의 결과가 분명해졌다. 노동조합 가입률 증가 추세가 갑자기 역전됐다. 1920년에 800만 명이던 노동조합원 수가 3년 뒤에는 500만 명으로 줄었다. 노동당 지도자들은 [시체를 뜯어먹는] 대머리독수리처럼 쇠약해진 운동을 노려보고 있었다. 맥도널드는 "우리는 나중에 이 어두운 시절을 되돌아보며 감사할지 모른다"고 말하며 기쁨을 감추지 못했다.[57] "노동자들은 산업의 수단으로만 자기 해방을 이룰 수 있다고 떠드는 자들의 영향력이 이번 파업 사태를 계기로 오랫동안 약해질 것"이라고 생각한 맥도널드로서는 당연한 말이었다.[58]

노동당 좌파의 설명도 그 미사여구를 벗겨 내고 보면 맥도널드의 설명과 거의 다르지 않았다. 〈레이버 리더〉가 깨달은 '암담한 금요일의 교훈'은 "입법부라는 (자본주의의) 요새"를 공격할 필요가 있다는 것이었다.

> 그 요새를 공략할 때는 [파업 때와 달리] 끼니를 거르는 아이가 한 명도 없을 것이고 … 혼란에 빠지거나 굶어 죽을 두려움에 시달리지 않아도 될 것이다. … 모욕이나 부상, 배신을 당하거나 환상이 깨질 때마다 사람들은 투표소에서 보복할 수 있다.[59]

진자의 이동

산업 전투성의 급격한 쇠퇴는 노동당 내부에 두드러진 영향을 미쳤고 노동당의 기생적寄生的 성격을 분명히 보여 줬다. 노동운동이 건강할 때 노동당 지역 조직은 취약했다. 독립노동당이 대표적이다. 1910~1914년의 첫 번째 계급투쟁 고양기에 독립노동당 회원이 4분의 1 줄었다.[60] 전후의 혁명적 소요로 독립노동당은 "혼란과 위기"에 빠졌다. 반면에, 심각한 침체기인 1922~1925년에 독립노동당은 "성공의 정점"에 이르렀다.[61]*

1922년 10월에 〈레이버 리더〉는 "뭔가 놀라운 분위기, 즉 안도감, 희망, 새로운 활력"에 대해 말하고 있었다. "[왜냐하면 당이 ― 지은이] 더는 반공주의 공세에 속수무책으로 당하지 않아도 되기 때문이다."[64] 바로 그 달

---

* 1920년대 초에 노동당 지역 조직들은 여전히 건설되는 중이었고, 그래서 독립노동당은 여전히 노동당 지역 조직의 핵심이었다. 윌리엄스는 전쟁 전에 "영국의 대부분 지역에서 사실상 독립노동당이 곧 **노동당**이었다"고 썼다.[62] 이 점은 1918년에도 사실이었다. 독립노동당 지부가 672개인 반면, 노동당 지부는 158개였다. 노동당 지역 조직들은 대략 1924년쯤 많이 성장한 듯하다.[63] ― 지은이.

에 독립노동당의 극좌파인 존 페이턴은 계급투쟁에서 패배한 투사들이 노동당을 대안으로 여기고 기대를 걸게 되는 과정을 설명했다. 페이턴은 노동자 투쟁의 부침에 따라 '정치적'[의회를 뜻한다 — 지은이] 사고방식이 득세하게 되는 과정을 추적했다. 전시에 노동자들은

처음으로 권력을 맛봤다. 금속 부문에서는 클라이드의 현장위원 운동이 놀라운 힘과 영향력을 획득했고, 광업 부문에서는 광원들이 스스로 광산을 운영하고 있다고 공공연하게 자랑했다. … [그러나 지금은] 산업 현장의 자유라는 눈부신 전망이 연기처럼 사라졌고 … 절망과 끔찍한 환멸이 널리 퍼졌다.

이제 … 노동자들의 마음은 정치적으로 유식한 사람들의 의지력을 바탕으로 분명하고 굳건하게 [노동당을] 건설하는 쪽으로 돌아서고 있다.[65]

1922년 총선은 페이턴이 느낀 것을 확인시켜 줬다. 노동조합원 수가 급감하고 있던 바로 그때 노동당은 1918년보다 갑절이나 많은 420만 표를 얻었다. 득표의 질도 바뀌었다. 이제 노동당이 얻은 표는 대중투쟁의 우연한 부산물이 아니었다. 상심한 노동계급이 투쟁이 아니라 노동당을 대안으로 선택한 것이다.

그런 변화는 산업파와 정치파의 엄격한 분리에서도 드러났다. 철도노조에서는 토머스는 '정치 담당', 크램프는 '산업 담당' 하는 식으로 주요 직책들을 분리시켰다. 광원노조는 위원장과 사무총장의 의원직 겸임을 금지했다.[66] 노총은 '의회위원회'를 중앙집행위원회로 바꿨다. 왜냐하면 "노총이 할 일은 '대리 행위'나 '정치' 활동이 아니라 산업 현장의 운동을 발전시키는 것"이라고 봤기 때문이다.[67] 다른 한편으로, 최초의 노동당 정부는 각료가 된 노동조합원은 노동조합 직책을 사임할 것을 요구했다.[68]

이런 조정으로, 서로 다투는 형제들 — 노조 상근 간부들과 직업 정치인들 — 사이의 세력균형이 바뀌었다. 태프베일 판결 당시와 마찬가지로, 맥도널드나 스노든 같은 직업 정치인들이 영향력을 되찾을 수 있었던 것은 '암담한 금요일' 이후 산업 투쟁이 쇠퇴했기 때문이다. 1918년 당헌에서 나타난 해결할 수 없는 모순 — 노조 상근 간부들이 지배하는 '계급을 초월한' 정당 — 은 직업 정치인들에게 유리한 방향으로 해결되는 듯했다.

5장

'수권 정당'임을 입증하기

1924년의 연립정부

최초의 노동당 정부는 겨우 아홉 달 동안 지속됐지만, 노동당이 집권해서 겪게 될 중요한 질적 변화를 잘 보여 줬다. 맥도널드의 총리 취임은 어떤 의미에서는 30년 정치 활동의 완성이었다. 그러나 어떤 의미에서는 과거와의 날카로운 단절이기도 했다. 계급과 국가를 중재하려는 노동당의 노력은 확연히 달라져야 했다.

개혁주의 정치인들은 노동계급의 이익과 자본주의 사이에 근본적 모순이 존재한다는 사실을 부인한다. 그리고 일상적 시기에 현장 노동자들과 노조 관료들은 그런 믿음을 공유한다. 노동당 정치는 건전한 상식처럼 보인다. 그러나 엥겔스는 "건전한 상식은 독선적인 자기중심의 좁은 세계 안에서는 훌륭한 친구일지 모르지만, 광범한 연구의 세계로 나가자마자 터무니없는 진기한 연극을 연출하게 된다"고 썼다.[1] 노동당 정부의 실상을 접하면 노동자들의 그릇된 생각은 흔들릴 수 있다. 그들이 투쟁을 통해 일반화하고 분명한 계급 정치를 지향한다면 말이다. 직업적 개혁주의자들은 다르게 반응한다. 그들의 태도는 노동계급의 문제가 아니라 국민적 틀에 따라 결정되고, 그들은 그 국민적 틀 안에서 활동한다.

노동당의 집권은 노동운동에 꼭 필요한 경험이었다. 그것은 수백 년 동안 지속된 지배계급의 [정치권력] 독점을 무너뜨렸다. 노동당 집권 전에는 결코 다음과 같은 말이 나올 수 없었을 것이다.

기관사가 식민지부 장관이 되고, 빼빼 마른 사무원이 대영제국의 총리가 되고, 주물 공장 노동자가 외무부 장관이 되고, 키슬리 지방의 직조공 아들이 재무부 장관이 되고, 광원들이 전쟁부 장관이나 스코틀랜드부 장관이 됐다.[2]

노동당의 실제 집권만이 노동당 정부가 어떤 변화를 가져다줄 것인지 보여 줄 수 있었다. 그것은 개혁주의의 파산을 입증하는 쪽으로 한 걸음 나아간 것이었다. 노동당의 미사여구를 시험대에 올리기 위해서는 노동당의 집권이 꼭 필요했다.

1924년에 노동당의 과제는 두 가지였다. 첫째, 노동당이 비록 국가를 충분히 통제하지는 못했지만(그래서 10월에 고위 공무원들과 보안경찰은 보수당이 재집권하도록 도와줬다) 국가를 책임져야 했다. 둘째, "지배계급의 집행위원회"에서 차지하는 지위 때문에 노동당은 영국 자본주의 전체의 수호자가 돼야 했다. 이 점을 차례로 살펴보자.

누가 누구의 포로인가?

노동당 지지자들은 노동당의 집권으로 이제 국가가 노동계급의 포로가 됐다고 생각했다. 진실은 정반대였다.

고위 공무원의 구실을 살펴보자. 토머스는 다음과 같이 선언했다. "국민들은 [고위 공무원들에게] 영원히 감사해야 한다. 그들의 두뇌는 최고급이다. 그들의 철저한 정직성과 봉사 정신은 타의 추종을 불허한다."[3] 노동당 의원단 대표인 클라인스는 순진하게도 "정부 관리들이 엄청나게 유익하고 친절하다는 것을 깨달았다." 그는 "항상 곁에서 조언하고 가르쳐주고 점검해 준" 정부 관리들에게서 아무런 사심邪心도 발견하지 못했다.

"그래서 나는 국가 안보나 막대한 재정지출 문제 등을 다루는 데 꼭 필요한 방법을 금세 알 수 있었다."[4]

고위 공무원의 강력한 영향력은 내각사무처[총리실 산하 부서]의 토머스 존스가 잘 보여 줬다. 존스의 일기는 조작과 속임수로 얼룩져 있다.[5] "열렬한 자유무역론자였고, 로이드조지의 믿을 만한 친구였고, 자유당 지지자였던"[6] 존스는 1924년 10월 9일 노동당 정부의 마지막 의회 연설이 편집된 과정을 다음과 같이 설명한다.

시드니 웨브가 갑자기 내 방에 들어오더니 … 20분 안에 의회 연설문 초안을 작성해야 한다고 말했다. … 웨브는 곧장 실업 문제에 대한 부분을 쓰기 시작했고, 그동안 나는 에어 크로 경과 … 재무부의 오토 니마이어 경과 존 셔크버 경[을 비롯한 고위 공무원들 ─ 지은이]에게 전화를 걸었다. … 갑자기 나타난 클로드 슈스터 경이 의회를 즉시 해산해야 한다는 내용이 연설문에 반영되기를 바란다고 말했다. … 핸키[내각사무처장을 지낸 고위 공무원]가 연설문을 한 쪽씩 총리에게 가져다주며 최종 승인을 받았다. 총리가 이런 식으로 연설문의 절반쯤 본 것 같다. 그는 연설문 내용을 전혀 고치지 않았고, 나머지 부분은 그냥 우리에게 맡겼다. 그래서 우리 마음대로 연설문을 마무리했다.[7]

몇 주 뒤에 존스는 볼드윈[맥도널드의 후임인 보수당 총리]에게 새로 선출된 보수당 내각에 누구를 포함시킬 것인지에 대해 조언하고, 그를 위해서 볼셰비키에 반대하는 연설문을 작성했다.

맥도널드는 선출되지 않은 관리들이 장관에게 미치는 영향력을 잘 알고 있었다. 그는 당 고문들을 장관에 기용하라는 당의 제안을 단호하게 거부했다. "한 공무원은 공무원들이 우리를 신뢰하지 않기 때문에 제대로 일을 하지 않을 것이라고 아주 솔직하게 말했다."[8*]

군대도 신성불가침한 기구였다. 육군성에서 근무한 스티븐 월시는 "장군들에 대한 존경심을 감추지 않았다." 스티븐은 "저는 제 위치를 잘 알고 있습니다. 여러분이 야전군을 지휘하고 저는 일개 병사일 뿐입니다" 하고 말했다.[10] 맥도널드는 '영국 해군'의 통수권을 '사회주의자 의원'에게 맡길 엄두를 내지 못했고, 그래서 골수 보수당 인사에게 맡겼다.[11] 정보기관은 총리가 총리 자신의 비밀 파일을 보여 달라고 했을 때 거부하는 등 선출된 정치인들을 노골적으로 경멸했다.[12] 9개월 뒤 보안경찰은 보수당의 중앙당 사무국, 반동적인 러시아 망명객들과 공모해서 위조문서 — 유명한 '지노비예프의 편지' — 를 날조해 보수당의 재집권을 도왔다.

제국주의 정책도 마찬가지였다. 식민지부 장관에 임명된 토머스는 출근하자마자 다음과 같이 말했다. "제가 여기 온 것은 대영제국의 과업에 차질이 없도록 하기 위해서입니다."[13]

마지막으로 이 거대한 기성 체제의 꼭대기, 즉 왕실에 대한 태도를 살펴보자. 대다수 노동당 장관들이 왕실의 화려한 의식에 순응하고 굴종한 꼬락서니를 보면 역겹지는 않더라도 쓴웃음을 참을 수 없다.[**] 노동당

---

* 공무원들의 정서에 대한 이 민감한 반응은 정당 가입을 허용해 달라고 요구하고 있던 하급 공무원들에게는 적용되지 않았다. 《노동당과 새로운 사회질서》를 보면 알 수 있듯이, 노총은 하급 공무원들의 요구를 지지했다. 비록 의회에서 노동당은 소수파였지만, 그래도 정부는 공무원 복무규정을 자유롭게 변경할 수 있었다. 그러나 사무직공무원협회의 W J 브라운이 1925년 노동당 당대회에서 말했듯이, "그 문제를 검토한 재무위원회는 … 노동당 집권 기간에 … 공무원들의 처지가 전보다 더 나빠졌다고 지적하는 보고서를 제출했습니다."[9] — 지은이.

** 아마 애처롭다는 말이 더 적절할 것이다. 비어트리스 웨브는 일기장에 다음과 같이 썼다. "[버킹엄 궁전에서 열린 장관 임명식에서] 엉클 아서[헨더슨 — 지은이]는 붉은 가죽 상자에 담긴 내무부 장관 도장을 동료들에게 보여 주며 아이처럼 기뻐했다. 시드니는 [행사 시작 전에 자신들을 교육시킨] 핸키의 말대로 했다가 엄숙한 의식에 차질이

이 집권했을 때 조지 5세는 일기장에 이렇게 썼다. "23년 전에 돌아가신 할머니가 노동당 정부를 보셨다면 무슨 생각을 하셨을지 궁금하다!"[15] 그는 처음 만난 맥도널드가 "국왕과 조국에 봉사하는 것이 제 간절한 염원"이라고 강조하는 것을 말없이 지켜봤다. 맥도널드는 〈적기가赤旗歌〉를 부르는 노동당의 짜증나는 관행을 고치기 위해 노력하겠다고 국왕을 안심시키며, 이미 노동당 의원들이 의회에서 〈적기가〉를 부르지 못하도록 "저와 제 온건한 동료들이 온 힘"을 다해 막았다고 말했다![16]

고귀한 위엄은 다른 왕족에게서도 느낄 수 있었다. 토머스는 여왕에 대해 다음과 같이 말했다. "여왕은 위엄 있게, 그러나 매력적으로 위대한 과업을 수행하실 것이다. … 국민들은 본능적으로 여왕을 좋아했다. 여왕의 인품과 개성, 그리고 자신감 있고 호감이 가는 미소는 분명히 국민들의 이익을 위해 사용될 것이다."[17] 베르트하이머 같은 외부 사람이 보기에는, 이 "유력한 사회주의자 집단이 세습 귀족[으로 이뤄진 — 지은이] 봉건적 상원과 한데 어울리는 광경은 길버트[희극 작가]의 작품에나 나올 만큼" 우스꽝스러웠다.[18]

국가가 노동당 정부를 통째로 삼켜 버린 사실을 보여 주는 사례는 수없이 많다. 여기서는 두 가지 사례만 살펴보겠다. 하나는 사소하고, 다른 하나는 중대한 사례다. 평신도 전도사 출신으로 내무부 장관이 된 아서 헨더슨은 개인적 소신에는 어긋나지만 범죄자들의 교수형을 집행하는 것이 자신의 임무라는 사실을 깨달았다. 헨더슨의 전기 작가에 따르면, 그는 "법을 집행하는 것이 자신의 의무임을 잊지 않았고 … 자신이 교수형을 시켜야 했던 살인자들이 그다지 대중의 동정을 받을 만한 사람들

빚어지자 자신이 옳았다며 은근히 좋아했다. 그들은 모두 혁명가인 휘틀리가 두 무릎을 꿇고 국왕의 손에 입 맞추는 것을 보고 웃음을 터뜨렸다."[14] — 지은이.

이 아니었음을 다행스럽게 생각했다."[19]*

정치적으로 더 중요한 사례는 각료 인선이었다. 노동당의 내부 절차는 결코 프롤레타리아 민주주의의 모범이 아니지만, 블록투표와 당대회라는 간접 방식은 적어도 기층의 의사를 최소한이나마 반영할 수 있다. 그러나 맥도널드는 각료 인선의 전례를 따라 로시머스[맥도널드의 고향]로 돌아가 혼자 고심하더니 2주 뒤에 십계명을 받은 모세처럼 나타나 내각 명단을 발표했다. 정말 놀라운 명단이었다! 보건부 장관에 임명된 존 휘틀리를 빼면, 노동당 좌파는 철저하게 배제됐다. 오히려 보수당원 두 명, 옛 보수당원 한 명, 옛 자유당원 네 명이 각료로 발탁됐다. 다른 보수당원 두 명도 내각에 참여해 달라는 권유를 받았다.**

우리의 질문, 즉 "누가 누구의 포로인가?"에 대한 답은 아주 분명했다. 국가가 노동당을 포로로 붙잡았다. 바야흐로 노동당·지배계급·노동자 사이에 새로운 관계가 형성되고 있었다.

체제를 관리하기

1924년 전까지 노동당은 많은 문제에 대해 모호한 태도를 취했다고

---

* 제2차 노동당 정부 내무부 장관 클라인스는 이렇게 생각한 덕분에 교수형과 태형에 대한 혐오감을 극복할 수 있었다. "변화를 바라는 내 염원이 아무리 강력하더라도 … 법을 바꾸는 것은 대중의 권리다. 장관의 의무는 법을 적용하는 것이다."[20] — 지은이.

** 이 보수당원 두 명은 식민지 총독 겸 인도 부왕(副王)을 지냈고 "전통적인 진정한 귀족"[21]으로 평가받았던 쳄스퍼드 경과 스태퍼드 크립스의 아버지인 파무어 경이었다. 파무어 경은 "평생 보수당원이자 국교도였고, '기독교식' 정부의 철저한 신봉자였다. 그는 근로자보상법과 관련해 사용자들의 권리를 옹호한 것으로 … 유명했다."[22] 가장 유명한 옛 자유당원은 태프베일 판결을 강력하게 지지했던 홀데인 경이었다. — 지은이.

할 수 있다. 정부를 구성하고 경제를 책임지게 되자 그런 상황은 바뀌었다. 마거릿 본드필드(1929~1931년 노동당 정부에서 최초의 여성 장관이 된다)는 다음과 같이 설명했다. "우리는 고장 난 기계를 물려받았고, 그 망가진 기계가 제대로 돌아가도록 고쳐야 했다. 우리 중 일부는 수리 작업이 끝나기도 전에 명성을 잃을 것이다."[23] 얼마나 정확한 말인가!

1924년 초 몇 달 동안 주로 운수 노동자들의 파업 물결이 일었다. 노동자들은 부분적인 경기 회복과 자신들이 선출한 정부를 이용해 조건을 개선하려 했다. 그러나 "주저하거나 반대하는 각료 한 명 없이"[24] 노동당 내각은 첫 회의에서 파업 파괴자들의 헌장 — 비상대권법* — 을 적용하기로 결정했다.[25] 토머스와 고슬링, 철도노조와 운수노조 지도자들은 정부의 파업 파괴 기구인 보급운송기구의 최고위 직책들을 맡았다. 그들은 휘하의 노조 간부들을 만나 "정부는 국민의 식량을 확보할 의무가 있기 때문에 비상조치를 선언하는 데 전혀 주저하지 않을 것"이라고 분명히 밝혔다.[26]

3월에 내각은 전차와 버스의 파업 때문에 "일반 경찰력으로 교통을 원활하게 유지할 수 없을 경우 … 특별순경을** 이용한다"고 결정했다. 더욱이 "실제로 발전소의 원활하고 지속적인 가동을 위해 해군 수병 800명을 동원하기로 첼스퍼드 경과 합의했다(나중에 드러났듯이, 첼스퍼드 경에게 각령閣令을 내린 것은 법규를 위반한 행동이었다)."[27]

헨더슨은 파업 대체 인력을 모집하는 오래된 포스터의 새로운 디자인을 내놨다. 새로 추가된 것은 두 가지였다. '정부'가 포스터를 발행했다

---

* 비상대권법 국가 비상사태에 총리가 비상조치를 취할 수 있는 권한. 천재지변이나 중대한 재정적·경제적 위기에 처했을 때 행한다.

** 특별순경 비상시에 치안판사가 임명하는 순경.

는 것과 따라서 '대체 인력 투입이 아니다'는 것을 자랑스럽게 명기했다. 헨더슨의 새로운 영어사전에 따르면, 노동당 정부에서는 대체 인력 투입이 더는 파업 파괴 행위가 아니라는 것이었다. 오히려 정부는 그런 조처들 덕분에 칭찬을 받아야 마땅하다고 했다.

전에는 비상사태 대처 방식이나 심지어 정부가 모종의 조처를 취할 준비가 돼 있다는 사실 자체도 쉬쉬하는 분위기였다. 그것은 주요 정당이 정부 조처에 반대할 수 있다는 생각 때문이었다. … 이제 노동당 정부가 들어섰으니 그런 태도는 올바르지 않다. 부끄러워할 만한 일은 전혀 없다. …[28]

그러나 놀라운 사실은 노동당이 직접 나서서 그런 **파업 파괴** 행위를 할 필요가 전혀 없었다는 것이다. 노동자들의 전투성을 억누르는 더 효과적인 방법이 있었다. 바로 **노조 관료들의 중재**였다. 노조 관료들은 정부의 결정을 노동자들에게 강요했다. 1924년 상반기에 노동법원에 회부된 파업이 80건이나 됐지만, 초대형 노동쟁의들을 해결하기 위한 정부 위원은 겨우 다섯 명뿐이었다.[29] 배 아파하는 야당을 보며 본드필드는 고소해했다. "현 정부는 야당에게 없는 장점이 있다. 그것은 노동쟁의를 다루는 데 특별히 유리한 지위에 있다는 점이다."[30]

노동당은 **자본주의의 관리자**로서 행동하고 있었고 점차 그것에 적응해 갔다. 일부 노동자들은 그런 변화를 믿을 수 없었다. 예컨대, 항만 파업 때 글로스터 지역의 노동자들은 총리에게 "당장 비상대권을 발동해 모든 선박과 항만을 전면 통제하고, 임금 인상 요구를 수용할 것"을 요청했다.[31] 그 뒤 이 노동자들은 똑같은 실수를 반복하지 않으려 하게 된다.

노조 관료들은 노동당의 새로운 구실을 불쾌하게 생각했다. 노동당에 대한 충성 때문에 노조 관료들은 정부의 더러운 짓에 동조할 수밖에 없다고 생각했지만, 자신들이 만든 당이 이제 자신들을 공공연히 위협하고 있다는 사실은 변함이 없었다. 노동당이 노동 관련 법안을 의회에 제출하기 전에 미리 노총에 보여 주던 기존 관행을 중단한 것은 노동당이 노동조합과 멀어지려고 얼마나 열을 올렸는지 상징적으로 보여 준다.[32] 톰 쇼는 다음과 같이 말했다. "정부는 의회에 법안을 제출해야 한다. … 다른 어떤 기구가 … [정부에] 협의를 요구할 권리가 있다고 생각하는 것은 잘못이다."[33]

노조 관료들은 분노했다. 베빈은 다음과 같이 실토했다. "나는 차라리 보수당 정부였으면 좋겠다고 생각했다. 우리는 저들의 위협에는 놀라지 않았을 것이다."[34] 철도기관사노조의 브롬리는 "노동당과 노동당 정부가 노동자들의 임금과 노동조건의 심각한 손실을 통해서만 성공할 수 있다면, 노동자들이 과연 노동당 정부를 환영할지 잘 모르겠다"고 생각했다.[35] 노조 상근 간부들은 파업 해결 과정에서 정부의 대리인 노릇 하는 것을 달가워하지 않았다. 왜냐하면 그것 때문에 현장 노동자들 사이에서 자신들의 권위가 손상됐기 때문이다. 그러나 노조 관료들이 아무리 불평했을지라도, 노동당 정부를 구해준 것은 바로 그들 자신이었다.

진정한 자본주의 정당?

1924년 8월 생키위원회에 노동당 대표로 참가한 사람 중 한 명인 레오 치오자 머니는 독립노동당의 〈포워드〉에 기고한 "노동당, 진정한 자본주의"라는 제목의 글에서 다음과 같이 주장했다.

노동당은 자신이 진정한 의미의 자본주의 정당, 즉 국민의 이익을 위해 거

액의 자본을 사용할 의도가 있는 정당이라는 점만큼은 분명하게 밝혀야 한다.[36]

정부는 그의 주장을 거의 입증할 뻔했다. 총리는 의회 개원 연설에서 다음과 같이 말했다.

우리는 먼저 실업자 구제가 아니라 무역 회복에 집중할 것입니다. … 정부는 무역의 정상 경로에서 거액을 빼내 일시적 완화제 구실밖에 할 수 없는 임시 조처들에 투입할 생각이 전혀 없습니다. 이것은 오래되고 건전한 사회주의 정책[! — 지은이]이며, 지출의 필요성은 … 보통의 금융기관들을 안정시킬 수 있느냐 없느냐에 따라 판단될 것입니다(보수당 의원들의 박수갈채).[37]

계급과 국가(영국 자본이라는 형태) 중에서 국가가 '더 중요하다'는 것이 입증됐다.

재무부 장관 필립 스노든은 맥도널드보다 더 공공연히 자본주의 철학을 옹호했다. 야당 시절에 스노든은 직접세를 무겁게 매기면 가난한 사람들에게 부를 재분배할 수 있다고 생각했다. "사회를 개선하기 위한 재원은 지주의 지대와 자본가의 이윤에 과세해서 조달해야 한다."[38] 이제 그는 자신의 임무를 다음과 같이 규정했다.

내 업무는 … 의회에 나가서 공금 지출을 제안하는 것이 아니다. 내가 알기로 재무부 장관이 할 일은 동료들이 지출을 요구할 때 그것에 저항하는 것이고, 저항할 수 없을 때는 양보를 최소화하는 것이다.

스노든은 재무부 금고를 꽉 틀어쥔 채 동료 장관들을 "굶주린 늑대

무리"라고 비난했다.[39]

따라서 "최초의 사회주의 예산안"에는 특기할 만한 점이 전혀 없었다. 의회에서 보고를 마치면서, 스노든은 보수당 소속 전 재무부 장관조차 "노동당 정부의 예산안은 '보수당의 예산안'이라고 주장했다. …"고 말했다. "사실, 저는 런던 시티 지구에 제 동상을 세우려는 움직임이 있다는 말을 믿을 만한 소식통한테서 들었습니다."[40]

휘틀리가 남긴 흔적

이런 상황과 달리 정부의 성공 사례가 하나 있었으니, 바로 외로운 좌파 존 휘틀리였다. 그는 보건부 장관 재임 기간에 포플러 운동(6장에서 자세히 다루겠다)과 주택법을 처리한 것으로 유명했다. 주택법에 따라 1933년까지 52만 1700호의 주택이 건설됐다.[41] 주택법이 스노든의 인색한 손아귀를 빠져나갈 수 있었던 이유는 초기 비용이 저렴했기 때문이다. 중앙정부는 지방정부의 신규 주택 건축을 장려하기 위해 40년 동안 비용을 보조하게 돼 있었던 것이다.

이것은 노동당에 올바른 사람만 있다면 노동당이 사회주의로 나아가는 길을 이끌 수 있음을 입증한 것인가? 슬프게도, 휘틀리의 성공 비결은 그가 자본가들과 능숙하게 협력해서 기업의 효율성을 보장해 줬기 때문이다. 휘틀리는 "나는 노동당의 주택 강령이 사회주의적이기를 바라지만 실제로는 전혀 그렇지 않다"고 솔직하게 털어놨다.[42] 그가 발의한 주택법이 의회를 최종 통과할 때 휘틀리는 다음과 같이 말했다.

저는 사기업을 고스란히 남겨 뒀습니다. … 소규모 건설업자들의 보호자인 저는 사기업의 보호자이자 그들의 가장 좋은 친구 가운데 한 명입니다. 저는 그 점에 대해 아주 솔직하고 정직하게 말하고 있습니다. … 여러분이 원하시는 대로 사기업이 다시 정상 가동되려면 노동당의 계획들, 사회주의적 계획들이 필요합니다.[43]

전반적 성과

경제 상황의 호전 덕분에 노동당은 자본주의 틀 안에서도 어느 정도 개혁을 제공할 수 있었다. 그리고 주택 문제뿐 아니라 다른 분야의 개혁도 준비하고 있었다.* 그러나 이것은 비슷한 상황에서 여느 자본주의 정당들이 했을 법한 일과 별로 다르지 않았다.

당시의 많은 정치인들도 그와 비슷한 말을 했다. 보수당 의원 리오 에이머리는 노동당 장관들의 견해가 "전임 자본주의 정부와 사실상 똑같았다"고 썼다.[45] 볼드윈은 "깊은 정치적 신념이 없는 당 지도자가 선한 백성들을 분열시킬까 봐 우려했다"고 털어놨다.[46] 그는 "모종의 거대한 혁명"이 일어나지 않을까 예상했지만 [노동당 정부도] "역대 정부의 조처들을

---

*   클렉은 노동당의 주요 사회 개혁 조처들을 다음과 같이 요약했다. "교육위원회의 트리벨리언은 돈이 부족한 학교에 지급하는 교부금을 인상했고 … 전 국민 중등교육 실시 방안을 마련하기 위해 해도우위원회를 설치했다. 노동부의 쇼(Shaw)는 두 건의 실업보험법 책임자였다. 첫째 법은 실업급여 수령 유예기간 3주를 폐지했다. … 둘째 법은 행정절차를 대폭 개선하고 남성 노동자 실업급여액도 주당 75페니에서 90페니로 꽤 인상했다. [기타 등등. — 지은이]"[44]
게다가 노동당은 해군의 순양함 건조 계획을 8척에서 5척으로 감축했고(그래도 노동당의 평화주의 강령에 비춰보면 여전히 꽤나 많았다), 싱가포르에 해군기지를 건설하는 공사도 중단했다. — 지은이.

엄격하게 고수한다"는 것을 깨달았을 뿐이다.[47] 애스퀴스도 "[총리의 — 지은이] 제안은 전부는 아닐지라도 대부분 이런저런 정당의 선거 강령에서 찾아볼 수 있는 것들이다. … 결코 새로운 시도는 아니다" 하고 생각했다.[48] 이것은 노동당 정부가 자랑스럽게 인정한 사실로서, 노동당 정부는 "우리 정책의 연속성은 어떤 단절 없이 계속 이어질 것임을 분명하고 명확하게" 밝혔다.[49]

우리는 [좌파 주간지인] 〈뉴 스테이츠먼〉이 내린 서글픈 결론을 인정할 수밖에 없다. "외교정책 영역에서 정당들 사이에 분명한 차이는 없다. 심지어 국내문제에서도 정당 간 차이는 분명하지 않다."[50] 최초의 노동당 정부를 연구한 역사가가 썼듯이, 맥도널드가 지배계급에게 노동당의 유용성을 입증하는 데 열을 올렸기 때문에 "노동당의 제안은 사람들의 정당한 기대에 못 미치는 경우가 너무 많았다. 심지어 자유당에 거는 기대에도 미치지 못했다."[51] 이렇게 명망을 추구하다 노동당 정부는 수치스럽게 붕괴하고 말았다.

빨간 도깨비

1924년 늦여름이 되자 야당들은 점차 집권 의욕을 드러내기 시작했다. 정부가 '캠벨 사건'에서 패소한 것이 결정타였다. 7월 25일 공산당의 〈워커스 위클리〉 편집장 직무대행인 J R 캠벨이 병사들에게 파업 파괴 명령을 거부하라고 선동하는 공개서한을 발표했다. 정부는 즉시 1795년에 제정된 항명선동법에 따라 캠벨을 기소하기 위한 소송 절차를 시작했다. 그러나 그 직후 캠벨을 처벌하는 것이 거의 불가능하다는 것을 깨달았다.* 소송이 기각되자 맥도널드는 하원에서 비난을 받았고, 이 문제가 불신임 사유의 하나로 제기되자 결국 총리직을 사임했다.

정부가 반공주의 의지를 입증하는 데 열을 올리다 곤경을 자초한 것이 상황을 우스꽝스럽게 만들었다. 맥도널드는 국왕에게 다음과 같이 말했다. "제가 법정에 증인으로 출석해 형량을 한두 달 늘릴 만한 진술을 할 수 있다면 정말 기쁠 것입니다."[52]

노동당의 반공주의 편집증이 정부를 파괴했다. 선거 직전에 보안경찰은 코민테른 의장 지노비예프가 영국공산당에 보냈다고 하는 편지를 '발견했다.' 그 편지의 내용은 영국 군대 안에 공산당 군사 조직을 만들어야 한다는 것이었다. 맥도널드는 그것이 명백한 위조 편지라는 사실을 폭로하기는커녕 자유당이나 보수당보다 더 격렬하게 비난하며 공식 항의 서한을 발표해 오히려 그 편지의 신빙성을 높여 줬다. 외무부의 묵인 아래 그 편지는 선거 사흘 전에 〈데일리 메일〉에 게재됐다. 노동당 자신이 그 편지를 중요한 것으로 만들어 버렸으니, 노동당은 강력한 우파 정부가 재집권하지 않으면 영국에서 내전이 벌어질 것이라는 주장에 반대할 수 없었다.

1924년 10월 선거의 진정한 패자는 자유당이었다. 자유당 의석은 42석으로 줄어든 반면, 보수당은 413석을 얻어 압승했다. 노동당은 전보다 110만 표를 더 얻었지만, 40석을 잃어 151석으로 줄었다. 선거 막판에 실수를 했지만, 노동당은 확실하게 입지를 굳혔다. 물론 진정한 사회주의 정당이 아니라(당시 그런 정당은 수백만 표씩 얻지 못했을 것이다)

---

* 캠벨은 8월 5일 반란 선동 혐의로 기소됐고 8월 13일 첫 공판이 열릴 예정이었으나, 노동운동이 이 사건을 언론 자유 탄압으로 규정하고 강력히 항의한 데다 검찰이 증거를 제출하지 못해 소송이 기각됐다.

신뢰할 만한 유일 야당으로 자리를 잡은 것이다.

결론: 집권한 노동당

지금까지 우리는 노동당의 특징을 자본주의 노동자 당으로 규정했다. 노동당 지도자들은 양대 사회 계급을 중재하기 위해 노력한다. 그러나 노동당이 집권하자 사정은 달라졌다. 그 이유를 알려면 노조 관료와 개혁주의 정치인의 구실이 서로 다르다는 점을 살펴봐야 한다.

노조 상근 간부는 한편으로는 생산 현장 노동자들의 집단적 조직, 다른 한편으로는 사용자들과의 협상 필요성 이 둘 사이에서 오락가락한다. 클라인스는 다음과 같이 썼다. "노조 상근 간부는 두 주인을 섬기고 있다. … 그를 임명한 노동자들은 그에게 충성을 요구할 권리가 있고, 그가 노동자들을 대신해 협상하는 상대방인 사용자들은 그에게서 공정하고 합리적인 태도를 기대한다."[53] 노조 상근 간부들이 제 구실을 하려면, 현장 노동자들과 일정한 관계를 유지해야 한다. 그렇지 않으면 그들의 협상이 유지될 수 없기 때문이다. 더욱이 노조 지도자들이 경영진을 만나거나 심지어 노사 공동 위원회 등에 참여하더라도, 그들은 결코 자본주의를 관리할 책임까지 맡을 수는 없다.

그러나 노동당 정부는 그런 제약이 없다. 노동당은 주로 집단적 조직이 아니라 수동적 투표를 매개로 평범한 노동자들과 연결된다. 이것조차도 투표가 끝나면 중단되고 만다. 노동당의 행동을 좌우하는 핵심 요인이 선거주의라고 보는 것은 잘못이다. 왜냐하면 그런 관점은 노동당 정부가 당의 지지 기반인 노동계급의 표를 잃을 것이 분명한 정책들을 기꺼이 추진하는 이유를 전혀 설명할 수 없기 때문이다.

따라서 노동당 각료들은 집권한 그 순간부터 노동계급의 가장 간접적인 압력(노총이나 당의 중앙집행위원회, 어쩌면 의회 밖 투쟁을 통한) 외에는 일체의 압력에서 벗어나 전적으로 부르주아 국가를 책임지게 된다. 그들의 상황을 더 악화시키는 것은 [체제] '관리팀'의 형식적 우두머리가 내각인데도, 내각의 실제 영향력을 공무원들이나 군 장성들, 특히 자본주의 경제와 같은 온갖 요인들이 제한한다는 것이다. 노동당은 계급과 국가 사이에서 '국가'에 굴복할 수밖에 없다. 이것이 노동당 정부가 개혁을 수행할 수 있는 한계를 결정한다.

6장

혁명이냐 개혁이냐

1920년대의 좌파

혁명적 사회주의자들이 실천적으로 노동당과 어떤 관계를 맺어야 하는지의 문제는 아직 다루지 않았다. 이 문제는 1920년에 영국공산당이 창설되자 당장 주요 쟁점으로 떠올랐다.* 노동당과 달리 공산당은 노동자들을 의회에 봉사하는 예비군쯤으로 여기지 않았다. 공산당의 주된 초점은 노동자들의 집단적 조직 ─ '현장위원회·노동자위원회 운동'이든 '소수파 운동'이든 일반 노동조합이든 ─ 에 맞춰져 있었다. 그러나 공산당은 정치를 무시하는 신디컬리즘도 거부했다. 영국공산당은 레닌과 트로츠키가 이끄는 코민테른(공산주의 인터내셔널)에 가입해 많은 도움을 받았다. 레닌은 영국공산당 창설을 둘러싼 논쟁에 개입했고, 1920년대 중반에는 트로츠키가 관여했다.

레닌의 출발점은 노동자 권력의 유일한 사례인 1917년 러시아 혁명이었다. 볼셰비키는 다음과 같은 것을 입증했다. 첫째, 사회주의를 향해 조금씩 나아가는 의회적 길 따위는 없다. 오직 혁명만 있을 뿐이다. 둘째, 이것을 위해서는 노동자 대중의 능동적 지지가 필요하다. 셋째, 볼셰비키 같은 대중적 혁명정당이 존재해야만 혁명을 성공으로 이끌 수 있다.

이것을 영국의 상황에 적용해 보면, 사회주의로 가는 길을 열기 위해

---

* 사회민주연맹은 노동당에 대한 혁명적 사회주의자들의 태도라는 이 중요한 문제를 제기한 적이 없었다. 왜냐하면 사회민주연맹의 마르크스주의는 항상 구제불능의 종파주의였기 때문이다. ─ 지은이.

서는 세 가지 과제를 달성해야 했다. 노동당은 개혁주의 때문에 혁명을 배신할 수밖에 없다는 점을 입증해야 했고, 대다수 노동자들을 자제시키려는 노동당의 영향력을 분쇄해야 했고, 혁명적 대안으로 노동자들을 설득해야 했다.

노동당에 대한 영국 사회주의자들의 태도

공산당 창설 전에 노동당에 대한 영국 혁명가들의 태도는 두 가지였다. 하나는 사회민주연맹의 후신인 영국사회당의 태도였다. 1912년에 창설된 영국사회당은 사회민주연맹의 종파주의를 버리기는 했지만 노동당에 적응하는 과정에서 원칙도 내버렸다. 사회당은 노동당이 "노동조합으로 조직된 노동자들의 정치적 표현체"라고 믿었다.[1] 따라서 혁명가들이 진정한 노동자 정당에서 떨어져 나와서는 안 되고 노동당을 혁명적 사회주의 정당으로 바꿀 수 있다고 생각했다. [1920년] 공산당 창당 대회에서 한 대의원은 다음과 같이 말했다. "우리는 노동당이 공산주의 정신을 가진 노동당이 될 때까지 우리의 과제를 끊임없이 수행해야 합니다. 그러면 언젠가는 노동당 깃발에 망치와 낫이 그려질 때가 올 것입니다."[2]

정반대 견해를 내놓은 사람은 신디컬리즘에 가까운 사회주의노동당의 J T 머피였다. 머피는 사회당에 반대하며 다음과 같이 올바르게 지적했다. "노동당은 노동계급이 하나의 계급으로서 정치적으로 조직된 것이 아니라 노조 관료들과 프티부르주아지의 정치적 반영이다." 불행히도, 머피는 노동당이 "반동의 도구이며 파괴 대상"일 뿐이라고 잘못 생각했다.

머피는 노조 관료들과 노동당을 반동의 하수인쯤으로만 여기고, 그들이 개혁주의적 구실을 한다는 사실을 부인하는 잘못을 저질렀다. 그래서 머피는 노동당 추종자들, 평범한 노동당 지지자들과 관계 맺을 필요가 없다고 봤고, "노동조합을 [노동당에서] 이탈시키고 … 프롤레타리아 혁명의 적인 노동당을 파괴하는 것"이 당장의 목표라고 주장했다.[3]

레닌의 분석

레닌은 사회당과 사회주의노동당의 태도를 모두 거부했다. 레닌은 노동당이 노동자들의 정당이라거나 아니면 순전히 반동적 세력이라는 일방적 주장들을 모두 거부했다. 노동당은 온갖 모순으로 가득 찬 자본주의 노동자 정당이라는 것이 레닌의 견해였다.

노동당은 아주 괴상한 정당이다. 아니, 보통의 의미에서 정당이라고 말할 수도 없다. 노동당 당원들은 모두 노동조합원들이다. … 그래서 노동당 안에 있는 대다수 노동자들은 최악의 부르주아 인자들, 사회주의 배신자들의 지도를 따른다. 그들은 샤이데만과 노스케[독일 혁명을 분쇄한 사회민주당 지도자들 — 지은이] 같은 자들보다 훨씬 더 사악한 자들이다.[4]

공산주의적 대안을 건설하려면 "노동자들을 체계적으로 속이기 위해 존재하는 부르주아지 조직"인 노동당과 단호하게 결별해야 했다.[5] 그러나 그것과 동시에 혁명가들은 노동당의 기층 당원들과 관계를 맺어야 했다. "[선진적인 — 지은이] 소수가 대중을 지도하고 대중과 긴밀한 관계를 맺을 수 없다면, 그것은 정당도 아니고 별로 쓸모도 없는 조직이다." "협력"은 "체계적으로 이뤄져야" 했다. 공산주의자들과 평범한 노동당 지지자들 사이에 연계가 없다면, "노동계급의 전위와 후진적인 노동자들 사이에" 연계가 없다면, "공산당은 쓸모없을 것이고 프롤레타리아 독재라는 문제도 제기할 수 없을 것이다."[6]

물론 전위와 대중이 서로 협력하는 형태는 변할 수밖에 없다. 따라서 노동당이 항상 주된 우선순위가 될 수는 없다. 그러나 머피처럼 혁명가들이 노동자들의 정치사상을 다루지 않고도 노동자들과 관계 맺을 수 있다고 생각하는 것은 순전한 신디컬리즘이다.

입당 전술

레닌은 노동당에 맞서는 대중적 혁명정당을 건설한다는 원칙을 확립한 뒤 노동당에 가입하는 전술을 제안했다!

레닌이 이렇게 개혁주의 정당 가입을 촉구한 경우는 영국밖에 없었다. 다른 곳에서는 분리 전략만 추구했다. 레닌은 영국에서 마르크스주의 대중정당으로 가는 길이 더 험난할 것이라고 생각했다. 먼저, **결별이** 필요했다. 이미 노동당 안에 있으면서 공산당원이 되기를 원하는 사회당원은 노동당에서 **나와야** 했다. 그런 다음 공산당원으로서 노동당 재가입을 신청해야 한다. 그러나 이번에는 혁명적 원칙을 바탕으로 그렇게 할 것이다.

레닌은 입당 신청 자체는 목적이 아니라 목적을 위한 수단일 뿐이라고 생각했다. 그것은 신생 공산당이 "대중을 더 잘 볼 수 있는 더 높은 연단에서 기회주의 지도자들을 폭로하는" 데 도움이 될 것이다.[7] 그러나 노동당이 입당 신청을 거부한다면? "헨더슨과 스노든 같은 자들이 우리와 제휴하기를 거부하면 … 우리는 훨씬 더 많은 것을 얻게 될 것이다. 왜냐하면 우리는 … 헨더슨 같은 자들이 모든 노동자들의 단결보다 그들과 자본가의 긴밀한 관계를 더 선호한다는 사실을 대중에게 입증할 수 있기 때문이다."[8]

레닌은 특정 조건에서만 노동당에 가입할 수 있다고 봤다. 첫째, "공산당은 완전한 비판의 자유를 누리고 독자 정책을 추진할 수 있어야 한다. 이 점은 매우 중요하다."[9] 유럽 대륙의 어떤 사회민주주의 정당도 [공산당에게] 비판의 자유와 자율성을 인정하지 않았지만, 영국 노동당은 노동조합이나 사회주의 단체들과 독특한 동맹 관계를 맺고 있으므로 그런 공공연한 혁명적 선동을 허용할 것이라고 레닌은 생각했다. 레닌은 노동당 지도자들을 비판하면서도 아무 제재도 받지 않는 사회당의 신문 〈더 콜〉이 그 증거라고 말했다.*

둘째, 입당 전술은 유럽 혁명이 임박했다는 전망 속에서 제기된 것이었다. 코민테른은 개혁이냐 혁명이냐 하는 투쟁이 머지않아 끝날 것이라고 봤다. 따라서 노동당 입당은 노동자들을 공산당으로 견인하는 단기 정책이지, 노동당의 일부로 통합되는 장기 정책이 아니었다.

마지막으로, 레닌의 제안은 공산당의 존재가 분명히 드러나야 한다는 것을 전제했다. 즉, 대중이 공산당 정치와 노동당 정치를 비교할 수 있어야 했다. 따라서 공산당의 입당은 영국사회당의 입당과 사뭇 달랐다. 사회당이 노동당에 가입했을 때 사회당은 정치에 대해 전혀 말하지 않은 채, 선거에서 사회당의 유력 후보 7명이 노동당 후보로 출마할 수 있게 해 달라고만 요청했다.[10] 레닌은 사회당과 달리 공산당이 노동당을 장악해야 한다거나 노동당 안에 남아 있기 위해 자신의 혁명적 마르크스주

---

* 그러나 노동당은 1918년 당헌 규정에 따라 변하고 있었다. 노동당의 집권 가능성이 높아질수록, 분명하고 배타적인 독자적 이데올로기를 가진 중앙집권적 정당의 규율도 점차 강화됐다.
  공산당이 노동당 입당을 단지 전술로만 이해하는 한은 자신의 정치를 타협하지 않겠지만, 노동당 입당 자체가 목적이 되면 순응 압력이 혁명적 원칙을 위협할 것이다. ─ 지은이.

의를 완화해야 한다고 생각하지 않았다. 던컨 핼러스가 썼듯이, 공산당은 노동당에 들어가면서 "깃발을 흔들고 북을 치며 … 사회주의의 배신자들, 즉 노동당 지도부 전체와 노동당의 정치 전통을 격렬하고 공공연하게 비난할 것이다."[11]*

전술은 상황에 따라 바뀐다. 1920년대 말의 반공주의 마녀사냥 이후 혁명적 원칙을 바탕으로 한 입당 전술은 더는 의미가 없어졌다. 그러나 레닌의 방법은 여전히 유효하다. 그것은 개혁주의에 순응한 영국사회당의 태도나 노동당 기층 당원들을 배격한 사회주의노동당의 초좌파주의 둘 다와 사뭇 달랐다.

노동당에 투표하기

사회주의노동당 등의 초좌파주의자들은 노동당에 투표하면 자신들의

---

* 정당에 적합한 전술이 소규모 조직에는 적합하지 않을 수 있다. 레닌이 '대중'과 '계급'을 강조한 것을 보면 그가 소규모 조직이 아니라 정당의 관점에서 전략을 생각하고 있었음을 알 수 있다.

혁명적 좌파가 너무나 취약했기 때문에 이와 다른 전술이 필요할 때가 있다. 그래서 [1950년대] '소셜리스트 리뷰 그룹'(사회주의노동자당(SWP)의 전신)뿐 아니라 1930~1940년대의 트로츠키주의자들도 노동당에 가입하는 '입당 전술'을 구사했다. 그러나 이 경우에는 혁명적 주장을 공개적으로 표명하지도 않았고 자유로운 비판의 권리와 조직적 자율성을 공식적으로 인정해 달라고 노동당에 요구하지도 않았다. 이런 입당 전술은 심각한 취약성 때문에 어쩔 수 없이 채택한 전술이라고 봐야 한다. 혁명가들이 자립할 수 있도록 지원하는 목적을 성취하자마자 입당 전술을 폐기해야 했다. 입당 전술이 장기적인 정책이 되면 혁명가들이 개혁주의적 환경에 흡수되거나 진정한 계급투쟁을 포기하는 것으로 귀결될 수밖에 없다(진정한 계급투쟁은 항상 노동당 조직 밖에서 벌어졌다).[12] — 지은이.

순수성이 훼손되고 노동당의 배신행위에 조직적으로 연루된다고 생각했다. 그들은 선거에서 기권하거나 노동당 비판에 몰두하는 후보를 출마시켜서 개혁주의를 반대해야 한다고 생각했다.

레닌은 그런 생각을 배격하고, 대중이 공산주의를 지지하도록 설득해야 한다고 거듭거듭 강조했다.

우리가 단순한 혁명 조직이 아니라 혁명적 계급의 정당이라면 … 우리는 첫째, 헨더슨이나 스노든이 로이드조지와 처칠을 물리치도록 도와줘야 한다. 둘째, 우리는 노동계급 대다수가 경험을 통해 우리가 옳다는 것, 즉 헨더슨과 스노든 같은 자들이 전혀 쓸모없는 자들이라는 것과 … 그들은 파산할 수밖에 없다는 것을 확신하도록 도와줘야 한다. 셋째, 노동자들의 다수가 헨더슨 같은 자들에게 실망할 때 결정적 기회를 놓치지 말고 헨더슨 같은 자들의 정부를 단번에 전복할 수 있는 순간을 더 앞당겨야 한다.[13]

비록 1920년의 장밋빛 전망에 영향을 받기는 했지만, 이런 태도는 우파적인 영국사회당의 태도("환상을 갖고 노동당에 투표하라")나 초좌파적인 사회주의노동당의 태도("노동당에 투표하지 말라")보다 실천에서 장점이 있었다. 이런 태도를 취하면, 혁명적 정치를 포기하지 않고도 광범한 청중에게 다가갈 수 있었다. 레닌은 다음과 같이 썼다.

영국의 공산당원은 대중에게 다가가거나 말을 걸기조차 어려울 때가 아주 많다. 공산당원이 밖으로 나가서 로이드조지가 아니라 헨더슨에게 투표하라고 대중에게 호소하면, 대중은 분명히 그 사람의 말을 들으려 할 것이다. 그러면 그 사람은 … 왜 의회보다 소비에트가 더 나은지 설명할 수 있을 것이다.[14]

레닌은 공산당이 더 많은 일을 할 수 있다고 말했다. 선거 때 공산당의 유인물이 "노동당에 투표하라"고 호소해야 하는 이유는 "헨더슨, 토머스, 맥도널드, 스노든 같은 사람들이 의회 기구를 통해 다양한 사회문제들을 해결할 수 없다는 것을 입증하기 위해서"였다.[15]

레닌은 "사회주의 강령을 실현하기 위해 노동당이 집권해야 한다"고 호소하지 않았다. 왜냐하면 개혁주의 의회 정당은 사회주의 강령을 결코 실현할 수 없기 때문이다. 레닌의 태도는 "환상을 갖지 말고 노동당에 투표하라"로 요약할 수 있다. 비록 레닌은 더 풍부하게 설명했지만 비유하자면 이렇다. "내가 헨더슨을 지지하는 것은 사형수 목에 걸린 밧줄이 사형수의 몸을 지탱하는 것과 마찬가지다."[16]

초기의 공산당

공산당은 창당 대회에서 노동당 가입을 110표 대 85표로 승인했다. 노동당 본부에 보낸 편지에서 공산당은 가입 조건을 세 가지만 내걸었다. "첫째, 당대회에 참가한 공산당원들이 소비에트(노동자 평의회) 제도를 지지한다고 선언한다. … 둘째, 공산당은 의회 민주주의로 사회혁명이 가능하다는 개혁주의 견해를 거부한다. … " 그런 다음 가입 신청서를 제출했다.[17] 이것은 레닌의 정신에 부합했다. 토미 잭슨[영국공산당 지도자]의 비유는 레닌보다 훨씬 더 무서웠다. "노동당 지도자들의 손을 잡은 다음 그 손으로 그들의 목을 조르자."

1921년 노동당 당대회에서 공산당 가입이 411만 5000표 대 22만 4000표로 부결된 것은 놀라운 일이 아니었다. 그리고 이와 비슷한 결과는 1922년, 1923년, 1924년에도 되풀이됐다.[18] 이것은 입당 전술이 실패했다는 뜻인가?

결코 그렇지 않다. 입당 전술의 성공은 당대회 투표 결과에만 달려 있지 않았다. 강경한 태도에도 불구하고, 공산당이 혁명적 정치를 널리 알렸을 뿐 아니라 노동당 지역 당원들과 관계 맺는 데도 성공했음을 보여 주는 분명한 증거가 있다.

일례로 1921년 8월의 카필리 지역 보궐선거를 들 수 있다. 카필리는 노동당의 승리가 보장되는 광산 지대였지만, '암담한 금요일' 이후 우파 노동운동 지도자들에 대한 분노가 여전히 강력한 곳이었다. 공산당은 조직을 건설하고 좌파의 저항을 분명히 보여 주기 위해 카필리에서 후보를 내기로 결정했다. 이것이 종파주의적 실수가 아니었다는 것은 베들리녹 지역의 노동당 지부 전체가 노동당 선거운동을 중단하고 공산당 후보를 지지하는 선거운동을 벌인 데서 분명히 드러났다. 공산당 후보는 당선된 노동당 후보가 얻은 표의 20퍼센트를 득표하는 놀라운 성과를 올렸다.[19]

의회 선거에 출마했다가 개혁주의자들에게 이용당하기만 하는 것 아닌가 하는 우려도 있었다. 그러나 카필리 선거운동은 노동자들의 직접 투쟁과 분명히 연계돼 있었으므로 선거를 계기로 높아진 정치적 관심을 이용해 오히려 혁명적 주장을 널리 알릴 수 있었다.

노동당 후보가 출마한 지역에서 공산주의자들이 출마해야 하는가(그래서 노동자들의 표가 분열되고 공공연한 자본주의 정당의 후보가 승리하게 되는 위험을 무릅쓸 것인가) 하는 문제도 다뤄졌다. (개혁주의자들과 달리) 혁명가들은 의회를 맹신하지 않는다. 출마 여부는 **노동자들의 자주적 활동과 혁명정당 건설**에 도움이 되는지 아닌지에 달려 있다. 선거운동 결과로 형편없는 득표를 할 경우 좌파의 사기만 떨어질 수 있다. 노동당에 반대해서 노골적인 자본주의 정당인 보수당이나 자유당을 지지하게 되는 종파주의적 선거운동도 해롭기는 마찬가지다. 카필리 선거운동은 두 가지 위험을 모두 피할 수 있었다.

비록 노동당 지도부는 공산당의 전술에 분노했지만, 많은 기층 당원들의 생각은 달랐다. 1922년 총선에서 여섯 명의 공산당 후보들은 노동당 지구당의 지지를 받았고 그중 두 명이 당선됐다. 그 두 명은 머더웰에서 당선된 월턴 뉴볼드와 배터시노스에서 당선된 새클랫발라였다.

의회에서 두 석을 확보한 것 — 혁명가들에게는 사소한 사건이다 — 은 공산당이 노동당 정치에 반대하면서도 노동당의 선진 부위와 관계 맺을 수 있음을 분명하게 보여 줬다. 더 분명한 증거는 공산당의 노동당 가입을 거듭거듭 지지한 노동당 지역 지부들과 노동조합들이다. 예컨대, 1923년에도 가구노조와 점원노조 중앙뿐 아니라 금속노조 지부 17군데, 광원노조 지부 16군데, 철도노조 지부 4군데가 공산당의 노동당 가입을 지지했다.

피할 수 없는 압력

혁명가들이 적대적 환경에 진정으로 개입하는 여느 경우와 마찬가지로, 공산당의 전략은 종파주의적 고립의 위험은 없었지만 노동당의 기층 당원들을 견인하려 오히려 공산당원들이 노동당의 개혁주의 환경에 영향을 받을 위험이 있었다. 1922년에 〈코뮤니스트〉에 실린 다음과 같은 글은 그런 위험을 보여 준다. "공산당은 노동계급의 강령을 옹호하려 한다. … 그리고 모든 노동자들을 포괄하는 노동계급 조직인 노동당 밖에서는 노동계급의 강령을 효과적으로 옹호할 수 없다."[20]

이 글의 필자는 완전히 함정에 빠졌다. 혁명가들이 노동당 밖에서는 효과적으로 활동할 수 없다는 말은, 노동당이 공산당의 가입을 거부하면 오히려 공산당에 도움이 될 것이라는 레닌의 중요한 충고를 망각한 것이었다. 그리고 노동당이 사회주의 사회로 나아가는 길을 알려 줄 수 있는 사람들만 배제한다면, 어떻게 "모든 노동자들을 포괄하는 노동계급 조직"이 될 수 있겠는가?

그런 개입의 대가로 공산당은 개혁주의의 압력을 받았지만, 지도부가 그런 정치적 퇴보 경향에 맞서 싸워야 한다는 점을 알고 있는 한은 그럴 만한 가치가 있었다. 그러나 레닌이 죽고 코민테른에서 스탈린주의가 득세하자, 노동당에 대한 올바른 태도가 모호해졌다. 전환점은 1923년 말에 찾아왔다. 공산당은 당원들을 한두 명씩 몰래 노동당에 가입시켰다.[21] 입당 전술이 노동당의 개혁주의를 공공연하게 폭로하는 수단이어야 한다는 것을 부정한 셈이다.

그 결과는 제1차 노동당 정부 시절에 나타났다. 공산당 신문의 편집자인 팜 덧은 공산당원들이 노동당을 옹호하기 위해서가 아니라 노동당의 파산을 입증하기 위해서 노동당의 집권을 원한다는 것을 망각했다.

우리는 노동당 정부에 맞서 싸우지 않을 것이다. 우리의 임무는 노동당 정부를 지지하고 고무하는 것이다. … 우리는 노동당 정부의 어리석은 행동과 약점을 우리가 이용한다고 [말할 — 지은이] 수 없다. 결코 그렇지 않다.[22]

팜 덧은 노동당 정부가 어쨌든 '차악'이라고 넌지시 말했다. 그러나 그의 말은 틀렸다. 공공연한 자본주의 정당인 보수당은 비교적 솔직하게 체제를 옹호했다. 그런 의미에서 보수당의 진정한 정치 경향은 이미 폭로됐다. 그러나 노동당이 비록 양대 계급을 중재할 수 있다고 스스로 믿고 있지만, 일단 집권한 노동당은 국가를 이용해 파업을 분쇄하라는 등의 요구를 받는다. 실천에서 노동당 정부는 결코 '차악'이 아니었다.*

러시아의 멘셰비키가 이 점을 잘 보여 준다. 1917년 중반까지 멘셰비키는 볼셰비키보다 우파인 개혁주의 정당이었지만, 영국 노동당보다 훨씬 더 급진적이었고 분명히 차르 국가의 공식 정당들과는 사뭇 달랐다. 그러나 10월 혁명 뒤에는 완전히 달라졌다. 그들은 최초의 노동자 국가를 분쇄하려고 애를 쓴 반동적인 백군 장성들이나 국제 자본주의 세력들과 같은 편에 섰다.

'좌파운동'

최초의 노동당 정부에 대한 실망 때문에 공산당에 유리한 상황이 조성됐다. 맥도널드에게 넌더리를 내는 사람들이 엄청나게 늘어났다. 비어트리스 웨브는 다음과 같이 썼다. "당의 상황이 험악하다는 것은 분명하다. … 불쌍한 맥도널드. 스스로 이런 곤경에 빠지다니."[23]

공산당의 대응은 '좌파운동' 건설이었다. 좌파운동의 신문 〈선데이 워커〉는 10만 부 이상 팔렸다. 이것은 노동당에 불만을 품은 활동가들이 대안을 찾고 있다는 분명한 증거였다. 그러나 좌파운동은 사실상 혁명적 정치를 가로막는 장애물이었다. 왜 그랬는가?

좌파운동은 다음과 같이 자처했다.

---

* 노동당이 비록 자본주의 정당 노릇을 했지만, 결코 "제3의 자본주의 정당"은 아니었다 (1928년 이후 공산당이 초좌파주의 노선에 따라 노동당을 그렇게 불렀지만 말이다). 왜냐하면 노동당은 여전히 노동조합과 관계를 맺고 있었고, 수많은 노동자들도 노동당을 노동자 정당이라고 생각했기 때문이다. 노동당은 자본주의 노동자 정당이라는 말이 가장 정확하다. — 지은이.

우리는 좌파 강령을 지지하고 노동당 안에서 활동할 것을 공언한 좌파 단체들과 노동당 지지자들로 구성된다. 좌파운동의 목적은 노동당을 분열시키는 것이 아니고, 좌파운동은 특정 정당의 지배를 받지도 않는다.[24]

좌파운동의 주된 활동은 노동당 당대회에서 구체적인 결의안을 통과시키는 것이었다. 예컨대, 외교정책에 관한 결의안은 국제연맹 반대, 제국주의 포기, 소련과 외교 관계 수립, 중국 국민당 지지 등의 내용을 담고 있었다. 그리고 산업 정책에 관한 결의안은 최저임금, 주 44시간 노동, 노동자 통제, 모든 기간산업을 보상 없이 국유화하기, 노동자방위대 창설 등을 담고 있었다. 그 뒤 '토지와 농업', '실업', '중앙과 지방 재정', '보건의료와 주택', '지방정부' 등의 정책 문서들이 발행됐다.

공산당의 주장과 달리, 좌파운동은 코민테른의 '공동전선' 전술을 적용한 결과가 아니었다. 공동전선 전술을 올바르게 적용했다면, "개혁주의와 중간주의 조직의 **지지자들이 공동 행동을 지지하도록** 설득해서 그 지도자들이 어쩔 수 없이 구체적 쟁점을 둘러싸고 제한적이나마 [혁명가들과] 협력하도록" 만들려 했을 것이다.[25] 좌파운동은 제한적이거나 구체적이지 않았고 행동과 연결되지도 않았다. 좌파운동은 행동을 겨냥하지 않고 광범한 정책들을 그럴듯한 결의안 형태로 추구했기에 독자적인 혁명정당처럼 보였다.

좌파운동은 공산당을 대체했을 뿐 아니라 공산당원들로 하여금 노동당 안에서 개혁주의 좌파를 지지하도록 만들었다. 노동당 좌파들은 너무 모순적이어서 스스로 응집력 있는 조직을 만들 수 없었다. 1925년 공산당 당대회에서는 다음과 같은 주장이 나왔다. "공산당이 없다면 [노동당] 좌파들은 주도력을 전혀 발휘하지 않는다는 것을 깨달았다. … 우리 당원들이 개입하기 전까지 … 다른 좌파들은 움직이지 않는다."[26] 그러나 좌파운동으로 공산당이 거둔 성과는 전혀 없었다. 왜냐하면 맥도널드와 혁명적 사회주의 중에서 선택해야 할 경우에 후자를 선택했을 사람들이 이제는 노동당 안에도 좌파의 근거지가 존재한다고 생각했기 때문이다.

혁명가들이 개혁주의 조직들이 거부할 것으로 예상되는 특정 요구들을 제기해 개혁주의 지도자들을 폭로하는 경우가 있다. 그러나 이런 방법이 늘 효과적인 것은 아니다. 그런 방법의 성공 여부는 그 요구가 대중을 동원하는 데 도움이 되는지 아니면 흩어지게 만드는지에 달려 있다. 요구가 대중의 의식에 부합해야 그런 폭로 방법이 쓸모가 있는 법이다.

1920년의 노동당 가입 요구가 좋은 사례다. 노동당은 스스로 '광범한 교회'라고* 자랑했고, 실행위원회가 건설되던 시기에는 가장 좌파적인 미사여구를 남발했다. 그런 상황에서 공산당의 당 가입 신청은 노동당 지지자들이 보기에 타당한 것 같았다. 헨더슨이 가입을 받아들이든 안 받아들이든 공산당으로서는 귀중한 선전 기회를 잡은 셈이었다.

그러나 좌파운동의 태도는 그 반대였다. 맥도널드 내각이 붕괴한 이후, 노동당이 반쯤 혁명적인 강령을 바탕으로 다시 집권해야 한다는 주장으로는 노동당 지지자들의 눈앞에서 그 지도부를 폭로할 수 없었다. 최초의 노동당 정부와 좌파운동의 요구 사이에 격차가 너무 컸기 때문에 그런 요구들은 실현 불가능한 몽상처럼 보였다. 훨씬 더 나쁜 것은, 노동당 내의 공산당 지지자들이 오히려 좌파운동의 요구들을 실현 가능하다고 믿기 시작했다는 것이다.

---

* 광범한 교회 영국 국교회 가운데 로마 가톨릭 전통을 강조하는 고(高)교회파나 반(反) 가톨릭 복음주의 성향의 저교회파와 달리, 자유주의 신학 경향을 지닌 중도 교파(광교회파)를 빗댄 말.

당대회 결의안 통과를 강조하다 보니, 결의안 문구 다듬기로 실제 행동을 대체하는 데 능숙한 노동당 지도자들에게 이용당하기만 했다. 맥도널드 일당이 "자본가계급 전복과 국제 사회주의 수립"을 요구하는 결의안에 조금이라도 신경을 쓸 것이라고 진지하게 생각한 사람들이 좌파 운동 말고 누가 있었겠는가?[27]

좌파운동은 노동자들이 노동당의 정치적 파산을 깨닫도록 도와주지 못했다. 오히려 그 반대였다. 최상의 노동자 투사들은 좌파운동을 보며 노동당이 파산하지 않았다고 느꼈다. 공산당이 발행한 소책자는 다음과 같이 주장했다.

노동당 안에 있는 노동자들은 '빨갱이들'을 중심으로 뭉쳐야 하고 … 노동당 안에서 새 강령과 새 지도부를 위해 투쟁해야 한다. 가까운 미래에 반드시 맞닥뜨릴 험난한 투쟁에서 승리할 수 있는 길은 그것뿐이다.[28]

이론의 결함: 노동당과 노동조합을 동일시하기

좌파운동의 이론적 토대를 놓은 사람은 팜 덧과 J T 머피였다.

팜 덧은 좌파운동의 핵심 주장을 다음과 같이 요약했다. "노동조합원 대중과 노동당을 지지하는 대중 사이에는 차이가 없다. 왜냐하면 노동조합이 곧 노동당이기 때문이다."[29] 이것은 영국사회당의 견해를 되풀이한 것이지만 차이도 있었다. 팜 덧은 노동당 지도부의 반동적 성격을 인정했다. 그는 대중투쟁으로 노동조합이 좌경화하면 노조 관료들이 쫓겨날 것이고, 어느 정도 시간이 흐르면 노동당도 혁명적 조직으로 바뀔 것이라고 생각했다.

계급투쟁이 처음에는 정치의식과 무관하게 초보적인 경제적 형태로 나타나고 강력한 반발과 장애에 부딪히는 것은 당연하다. … 그러나 계급투쟁은 결국 노동당 대열 안에서 전진해야 한다.[30]

이런 주장의 오류는 여러 가지다. 먼저, 영국의 노조 관료들은 결코 혁명적 투쟁을 지도하지 못할 것이고, 이 점은 사회주의 혁명 과정에서도 마찬가지일 것이다. 고양되는 계급 운동이 관료의 통제에서 해방되려면 노동조합 기구로부터 **독립적인 현장 운동**이 필요하다는 것이 역사의 교훈이다.[31] 노조 관료들조차 그럴진대, 노동당 지도부가 혁명적 노동계급의 요구에 호응할 가능성은 훨씬 더 작다.[*]

혁명가들이 노동조합 안에 있어야 하듯이 노동당 안에도 있어야 한다는 주장도 틀렸다. 노동조합과 노동당이 비록 형식적 연계가 있기는 하지만, 그 둘은 사실 매우 다른 조직이다. 우리가 다른 곳에서 썼듯이,

비록 노동조합이 노동당에 가입해 있기는 하지만, 노동당은 생산 현장과 직접 연계가 없었다. [노조 ─ 지은이] 관료들은 수표에 서명했고[노동당에 자금을 댄다는 뜻] 당대회에서 블록투표로 권리를 행사했지만 현장 조합원들은 그렇지 않았다. 더욱이 평범한 노동조합원들과 노동당의 연계는 철저하게 수동적이거나 기껏해야 선거운동에 참가하는 정도였다. … 따라서 노동조합과 노동당의 인적 구성이나 지도자들이 서로 겹치기는 했지만, 둘은 하는 구실도 달랐고 받는 압력도 사뭇 달랐다.

---

[*] 노동자들이 권력을 민주적으로 통제하는 문제를 해결할 수 있는 조직 형태는 소비에트뿐이다. 소비에트가 그럴 수 있는 이유는 소비에트 대의원들이 작업장에서 선출되고 따라서 항상 집단의 통제를 받을 수밖에 없기 때문이다. [부르주아] 의회 선거구는 결코 그런 기반이 될 수 없다. ─ 지은이.

작업장과 투표소에서 사람들의 지향은 서로 다르다. 작업장에서는 집단으로 조직된 노동계급의 일원이지만, 투표소에서는 국민국가의 개별 시민이다. 이런 이유들 때문에 혁명가들은 노동조합과 노동당에 대해 똑같은 태도를 취할 수 없다. 노동조합은 노동계급의 대중조직인 반면, 노동당은 노동계급을 대신해서 행동하는 대중조직이다.[32]

더욱이 정당과 노동조합은 조직 노선도 다르다. 정당은 **공통의 정치사상**을 바탕으로 단결한 **자발적 결사**다. 노동조합은 자본주의 산업의 구분선을 따르고, 조합원들의 정치사상에는 별로 관심이 없다.

노동당과 노동조합의 연계는 규칙이 아니라 예외였다. 노동조합이 노동당에 가입해 있었지만, 공산당원들이 "노동당 모임에 나가겠다"고 말했을 때 그것은 노동당의 노동조합 지부가 아니라 선거구별로 편제된 노동당 지구당을 말한 것이었다. 노동당 내의 공산당원들을 제외하면, 노동당 지구당 사람들은 오로지 공통의 개혁주의 신념 때문에 모임에 참가했다.

당연히 노동조합 모임과 노동당 모임은 그 내용이 서로 달랐다. 그리고 혁명가들은 이 둘에 대해 각각 달리 대응해야 했다. 노동조합 모임의 의제는 집단적 조직, 산업 투쟁이나 경제적 저항과 관계된 것이었다. 작업장에서 혁명가들은 노동조합원들과 공통의 계급적 유대 관계가 있었고, 따라서 집단적 투쟁에 개입하고 지도하거나 더 광범한 마르크스주의 주장들을 제기할 수 있었다. 그것은 **혁명적 정치를 주장할 수 있는 출발점**이었다.

그러나 노동당 지부를 결속시킨 것은 의회나 지방정부를 어떻게 이용할 것인지를 고민하는 일반적 개혁주의 정치였다. 이것은 결코 혁명가들에게 공통의 출발점이 아니었다. 물론 레닌이 입당 전술을 주장할 때 요구한 절대적 자유가 보장됐다면, 혁명가들은 노동당 지구당 모임에 참가해 의회가 결코 해결책이 될 수 없는 이유를 설명하거나 사회주의를 실현하는 길은 국가를 개혁하는 것이 아니라 국가를 분쇄하는 것뿐이라고 주장할 수 있었을 것이다. 그러나 입당 신청이 번번이 거부당하고 마녀사냥이 시작된 상황에서 그것은 불가능한 일이었다.

다시 말해, 이론으로든 실천으로든 노동당은 (관료들을 통해) 노동조합과 연결돼 있었지만 노동당은 결코 노동조합과 똑같지 않았다.

개혁주의적 오류에서 초좌파주의로

공산당의 잘못된 분석은 해로운 결과를 낳았다. 머피는 노동당 지도부가 필연적으로 좌경화할 것이라고 생각했다. 1925년 여름에 머피는 이렇게 썼다.

노동계급은 혁명적 경험과 정치적 각성을 이제 막 시작했을 뿐이다. 정치의식에 눈을 뜬 노동계급이 늘어날수록 노동당은 당원 수도 늘고 그 영향력도 커질 것이다. 그러면 … 오늘날 노동당에서 득세하는 부르주아 정치도 깨끗이 사라질 것이다.[33]

거스를 수 없는 역사의 흐름 때문에 노동당을 지지하는 대중이 "필연적으로 [왼쪽으로] 쏠릴 것"이라는[34] 비非마르크스주의적·기계적 사고방식은 제쳐 두고라도, 머피는 노동자 투쟁으로 노동당이 확 바뀔 것이라고 본 점에서도 틀렸다. 우리가 앞서 봤듯이, (1910~1914년, 현장위원 운동, 1919년처럼) 노동계급 투쟁이 성큼 전진할 때 선진 노동자들은 노동당으로 오지 않고 오히려 노동당에서 멀어졌다. 노동계급의 전위에 대한 노동당의 영향력이 증대한 경우는 투쟁이 패배해 노동계급 의식의 발전이 가로막혔을 때뿐이었다.

이런 증거가 없더라도 머피는 틀렸다. 노동당은 노동자들과 멀리 떨어져 있었고 노동자들의 통제를 받지도 않았다. 혁명정당도 때로는 대중운동과 보조를 맞추지 못하거나 후퇴해야 하는 경우가 있다. 1917년 혁명의 특정 단계들에서 볼셰비키가 그랬듯이 말이다. 그러나 혁명정당은 잘못된 길로 들어서더라도 쉽게 바로잡을 수 있다. 왜냐하면 혁명정당의 목표는 노동자들의 투쟁을 그 최고점까지 발전시키는 것이기 때문이다(기층 당원들과 지도부의 목표가 동일하다). 혁명정당에는 기존 사회를 유지하고 보존하는 데 이해관계를 가진 관료들이 존재하지 않는다.

노동당은 그렇지 않다. 노동당 지도자들은 항상 더 광범한 운동이 의회와 국가에 **종속돼야** 한다고 본다. 노동당은 대중의 압력에 반응하지만(당헌 4조를 채택한 것처럼), 지나친 열기를 가라앉히고 폭발을 방지하기 위해 그렇게 할 뿐이다.

더욱이 대중 사이에서 우파 정치가 자동으로 일소될 것이라는 믿음은, 가짜 좌파의 정체를 폭로하는 길은 대안 **지도부**를 건설해 실제로 행동을 주도하는 것뿐이라는 사실을 망각한 데서 비롯한다. 개혁주의는 실천의 검증을 통해서만 사라질 것이다.

공산당의 이론 때문에 더 많은 오류들이 발생했다. 노동당이 노동자들의 의식을 반영한다면, 맥도널드와 헨더슨은 도대체 무엇인가? 머피에 따르면, 그들은 중간계급 "침입자들이자 자유당 정치의 역사적 잔재"였다.[35] 팜 덧도 그렇게 생각했다. 그는 1924년 말에 쓴 글에서 우파 지도자들을 외부에서 침입한 권력 찬탈자들로 묘사하며 그들의 전성기가 끝나가고 있다고 주장했다.

그러므로 노동조합 출신의 의회 사기꾼들과 정직한 중간계급 바보들이 맥 도널드를 따라서 의회 민주주의 따위의 비非노동계급적인 공식을 노동당에 강요하려 할 때, 그들은 노동계급 운동의 특징을 전혀 모르거나 매우 협소하게 이해하고 있음을 드러낼 뿐이다. … 노동계급의 투쟁은 그들을 뛰어넘어 전진할 것이다.[36]

그런 낙관주의는 공산당 마녀사냥과 함께 사라져 버렸다. 노동당 내에서 전성기가 끝나가고 있었던 것은 우파가 아니라 혁명적 좌파였다. 이제 논조가 바뀌었다.

[우파가 — 지은이] 노동당을 파괴하고 노동당을 자유당과 독일 사회민주당 같은 노동자들의 적으로 변모시키거나 아니면 노동당이 그들을 분쇄하거나 둘 중 하나다. 노동당은 새로운 형태의 자유당이 돼서 자유당과 운명을 같이하거나 아니면 공공연한 계급정당이 될 것이다.[37]

"자유주의냐 사회주의냐" 하는 노골적인 문구는 자본주의 노동자 정당의 영원한 모순을 무시한 것이었다.

1928년에 공산당 마녀사냥이 절정에 달했을 때 코민테른은 정신 나간 '제3기' 정책을 채택했다. "노동당과 노동조합은 똑같다"는 공식은 이제 폐기됐고, 공산당은 개혁주의에서 초좌파주의로 전환했다. 노동당이 더는 노동자들의 정당이 아니라면 공공연한 자본가 정당이어야 했다. 그래서 공산당 10차 당대회는 "1928년에 노동당은 명백히 제3의 자본가 정당이 돼 버렸다"고[38] 선언했다. 그러나 노동자들의 대다수는 이 '명백한' 사실을 깨닫지 못했다.

1920년에 레닌이 비판한 이 기괴한 종파주의 정책들이 이제 참신한 사상으로 각광받았다. 일부 공산당원들은 노동조합이 노동당에서 탈퇴하기를 원했다. 노동자들에게 노동당에 당비를 내지 말라고 촉구하려 한 공산당원들도 있었다. 보수당이 법률을 이용해 노동자들의 당비 납부를 금지하려 하던 바로 그때에 말이다. 공산당은 전혀 과학적이지 않은 '사회파시즘' 개념으로 노동당과 노동당의 모든 활동을 분석했다. 1920년대 말에 스탈린이 퍼뜨린 사회파시즘 이론은 사회민주주의 정당과 나치 당이 모두 반동적 정당이며 다만 형태가 다를 뿐이라고 주장했다. 따라서 공산당은 사회민주주의 정당과 나치 당을 모두 똑같이 경멸해야 한다는 것이었다. 이것은 노동당 같은 개혁주의 정당의 본질과 그런 정당을 지지하는 노동계급 대중과 관계 맺을 필요를 완전히 무시한 것이었다.

초기의 공산당은 개혁주의의 근거지인 영국에서 엄청난 난관을 돌파하며 용감하게 싸웠다. 그들이 실패한 이유는 잘못된 분석, 그리고 나중에는 스탈린주의의 해악 때문이었다. 무엇이 더 큰 실수였는지를 따지는 것보다 역사의 교훈을 간과해서는 안 된다는 것이 중요하다. 그런 실수를 되풀이해서는 안 된다.

트로츠키의 기여

트로츠키가 쓴 《10월의 교훈》(1924년)과 《영국은 어디로?》(1925년)가 노동당을 이해하는 데 큰 도움이 된다. 트로츠키가 이런 책들을 쓴 이유는, 영국에는 독자적인 대중적 공산당이 필요 없다고 믿은 스탈린과 코민테른 지도자들을 비판하기 위해서였다.

1929년에 트로츠키는 과거의 논쟁을 돌이켜보며 자신의 저작에서 다음과 같은 말을 인용했다.

"정당 없이, 정당과 무관하게, 정당을 제쳐 놓고, 정당의 대체물만으로는 프롤레타리아 혁명이 결코 성공할 수 없다. … 우리는 프롤레타리아 혁명에서 정당이 핵심 구실을 한다는 이런 결론을 얻기 위해 너무 값비싼 대가를 치렀으면서도, 너무 쉽게 정당을 포기하거나 심지어 무시한다."《10월의 교훈》)

똑같은 문제를 내 책《영국은 어디로?》에서 더 폭넓게 제기했다. 이 책이 처음부터 끝까지 입증하려 한 것은 영국의 혁명도 공산주의라는 관문을 결코 우회할 수 없다는 것, 영국공산당이 우회로에 대한 환상에 빠지지 않은 채 올바르고 과감하고 비타협적인 정책을 추진한다면 … 몇 년 안에 혁명의 과제들을 이룰 수 있다는 것이었다.[39]

트로츠키는 레닌의 핵심 주장을 더 정교하게 발전시켜 노동당 지도자들을 분석하고 신랄하게 비판했다.

이 거들먹거리는 권위자들과 탁상공론가들, 거만한 허풍쟁이들이 노동운동을 체계적으로 타락시키고 프롤레타리아의 의식을 흐리고 의지를 마비시키고 있다. 보수당, 자유당, 교회, 왕실, 귀족, 부르주아지가 아직도 생존할 수 있는 것은 순전히 그들 덕분이다. … 페이비언협회 회원들과 독립노동당 당원들, 보수적인 노조 관료들이 오늘날 영국에서, 아마 전 세계에서 가장 반혁명적인 세력일 것이다. … 무슨 수를 써서라도 부르주아지의 이 … 졸병들의 본색을 노동자들에게 폭로해야 한다.[40]

그러나 트로츠키는 초좌파 노선을 취하거나 노동당과 노동조합의 연계를 무시하지 않았다. 오히려 트로츠키는 레닌보다 더 나아가서 노조 관료들이 개혁주의의 정치적 날개로서 특별한 구실을 한다고 지적했다.

노동당은 … 노조 관료들의 정치적 위치 전환일 뿐이다. … 노동당과 노조 관료들은 서로 원칙이 다른 것이 아니라 기술적 분업을 하고 있을 뿐이다. 그들은 함께 영국 부르주아지의 지배를 밑에서 떠받치고 있다.[41]

《영국은 어디로?》는 탁월한 저작이다. 그런데 일부 비평가들은 이 책이 영국에서 금방이라도 거대한 계급투쟁이 일어날 것처럼 주장했다며 비웃었다. 그러나 겨우 1년 뒤에 벌어진 총파업과 광원들의 투쟁은 트로츠키가 옳았음을 극적으로 입증했다. 그 책의 기본 주장들은 명백히 절대적으로 옳았지만, 한 가지 중요한 예측은 틀렸다.

공산당과 독립노동당의 운명은 비슷할 것 같다. 둘 다 노동계급의 정당이라기보다는 선전 단체로 등장했다. 전에 영국 역사 발전의 중대한 전환점에서 독립노동당이 프롤레타리아의 선두에 섰다. 머지않아 공산당도 똑같은 분출을 경험할 것이다. [따라서 — 지은이] 지금 노동당 안에서 독립노동당이 차지하고 있는 위치를 언젠가 공산당이 차지할 것이다.[42]

물론 트로츠키가 공산당과 독립노동당의 정치가 똑같다고 주장한 것은 아니었다. 독립노동당은 "계급의 관점에서 보자면 썩은 계란만도 못한" 반면, 공산당의 운명은 "[노동계급을] 지도할 수 있도록 스스로 준비하는" 것이었다.[43] 트로츠키가 책을 쓴 직후에 시작된 마녀사냥 때문에, 혁명가들이 노동당 안에서 계급을 지도할 수 있을 것이라는 생각은 물거품이 돼 버렸다.

그러나 다음과 같은 질문은 여전히 남는다. 맥도널드 같은 독립노동당 지도자들이 노동당 지도부가 될 수 있었다면 다른 사람들도 그럴 수 있지 않았을까? 이 질문에 답하려면 우리가 1918년에서 중단한 독립노동당 이야기로 다시 돌아가야 한다.

독립노동당이 개혁주의 '성공'의 대가를 치르다

1920년대 중반에도 독립노동당 당원은 겨우 3만 명에 불과했다. 그러나 그때까지도 독립노동당에게는 엄청난 행운이 따르는 듯했다. 1906년에는 노동당 의원 30명 가운데 18명이 독립노동당 소속이었는데 최초의 노동당 정부 때는 노동당 의원 191명 가운데 121명이 독립노동당 소속이었다(게다가 내각에도 6명의 독립노동당 소속 장관이 있었고, 그중 3명은 독립노동당의 중앙집행위원이었다).* 1924년 선거에서는 그 비율이 150명 가운데 114명으로 증가했다.

눈치 빠른 베르트하이머는 [이런 외관에] 속지 않았다. 그는 다음과 같이 지적했다. 비록 독립노동당의 "영향력이 절정에 달한 듯했지만" 독립노동당 "당원들은 노동당에 대한 충성과 독립노동당의 영향력 강화가 충돌할 때마다 항상 전자를 선택했다. … 책임 있는 정치인답게 처신해야 한다는 생각이 독립노동당의 정치보다 더 강력하다는 것이 입증됐다."[44]

의회에 발판을 마련하기 위해 '사회주의'를 팽개친 날부터 시작된 독립노동당의 타락은 독립노동당 소속 의원들이 늘어날수록 점점 더 심해

---

* 이와 대조적으로, 당대회를 통제하고 의원 101명의 재정을 후원한 대규모 노동조합들이 얻은 보상은 겨우 장관 7명이었다. ― 지은이.

졌다. 그런 부패가 수면 위로 떠오른 것은 최초의 노동당 정부 때였다.

독립노동당원들이 내각과 정부에 들어가고 총리까지 배출했을 때 독립노동당은 권력의 정점에 선 것 같았다. … 독립노동당이 지배한다고 할 수 있는 내각조차 [독립노동당에] 적극적으로 동조하지 않은 사실은 독립노동당에 대한 충성도가 얼마나 낮았는지를 보여 준다. 그 기간 내내 노동당 정부의 성과에서 맥도널드가 말한 '독립노동당 정신'을 찾기는 거의 불가능하다.[45]

독립노동당을 성공의 사다리로 이용한 지도자들은 이제 그 사다리를 걷어차 버렸다. 맥도널드는 독립노동당이 "본분을 지켜야 하고, 사회주의를 수많은 바보들의 신조로 만들어선 안 된다"고 말했다. "그 바보들은 제멋대로 사회주의를 지껄이면서 결의안의 의미도 모른 채 통과시키려 한다."[46] 스노든은 독립노동당을 해체하자고 제안했고, 맥도널드는 독립노동당을 거세하자고 제안했다(두 사람은 각각 1927년과 1930년에 독립노동당을 탈퇴했다). 클리퍼드 앨런은 독립노동당의 존속을 옹호하며 애처롭게 다음과 같이 말했다. "좌파운동이라는 조직은 더 큰 당 안에 있어야 한다. 그렇지 않으면 일부는 공산당으로 가 버릴 것이다."[47]*

30년 노고 끝에 의회에서 자신들의 예상보다 훨씬 더 큰 영향력을 성취한 덕분에, 독립노동당의 기층 당원들은 완전히 무의미한 존재가 돼

---

* 맥스턴은 공산주의에 대한 두려움을 이용해 독립노동당의 개혁주의를 정당화하는 데 반대하지 않았다. 그는 "공산주의의 소음(騷音)을 어떻게 피할 것인가"라는 제목의 의회 연설에서 다음과 같이 말했다. "만약 모든 의원들이 그런[개혁의] 이상에 동의하고, 단지 공감한다고 말할 뿐 아니라 해마다 명백한 개혁 성과를 내겠다고 공언할 수 있다면 … 우리는 공산주의의 소음을 … 피할 수 있다고 생각합니다. … 우리는 공산주의의 소음을 피할 뜻이 있는 우호적인 의원들과 모두 함께할 수 있기를 바랍니다."[48] — 지은이.

버렸다. [노동당] 좌파가 실패한 이유를 흔히 두 가지로 설명한다. 개혁주의자들과 중간주의자들은 개인의 약점을 탓한다. 그래서 차기 지도자가 "더 열심히 노력하면 된다"고 주장한다. 초좌파는 개입 자체가 잘못이었으므로 일체의 개입을 피해야 한다고 주장한다. 그러나 진정한 이유는 독립노동당이 불가능한 것을 이루려 한 것이었다. 즉, 자본주의 기구들을 이용해 노동자들의 염원을 실현하려 했다.

독립노동당의 사회주의자들은, 노동조합에서 고위직을 차지하면 노동조합을 통제할 수 있다고 생각하는 현장 투사들과 비슷했다. 항상 그들은 통제되지 않는 노조 관료만 이 사람에서 저 사람으로 바뀌었을 뿐이라는 사실을 깨닫게 된다.

클라이드사이드의 투사 출신 의원들

'클라이드 여단'은 이런 난국을 돌파하기 위해 용감하게 노력했다. 1925년과 1926년에 그들은 독립노동당 지도부에서 맥도널드 지지자들을 몰아냈다. 당 의장이 클리퍼드 앨런에서 지미 맥스턴으로 교체된 것은 그런 변화의 상징이었다.

클라이드사이드의 투사 출신 의원들이 기여한 것은 새로운 정치가 아니라 특정한 활동 방식이었다. 그들은 노동계급의 염원과 의원들 사이의 넓은 간극 — 의회의 게임이 강요하는 — 을 순전히 의지력으로 좁히려 했다. 1922년 11월 19일 글래스고에서 벌어진 세인트이닉 역까지의 유명한 행진이* 그런 정서를 잘 보여 줬다. 커크우드는 다음과 같이 썼다.

---

* 　11월 15일 총선에서 당선된 노동당 의원들의 런던 의회 진출을 기념하는 행진.

우리는 [의회에 진출해서] 큰일을 할 것이다. 사람들은 그렇게 믿었다. 우리도 그렇게 믿었다. 우리의 공격적인 활동으로 풍요 속의 빈곤은 사라질 것이다. 우리는 모든 노동자를 따라다니며 히죽거리는 실업이라는 불길한 유령을 쫓아 버릴 것이다.[49]

클라이드사이드의 투사 출신 의원들은 의회에서 개인적 모범을* 보여서 기층 당원들을 고무하고 정부 각료들을 위협하기로 결심했다. 클라이드 현장위원들의 혁명적 지도자 출신인 조니 뮤어가 공세를 시작했다. "뮤어는 일시적 완화책을 요구하지 않았다. … 그는 체제가 잘못됐으므로 체제를 무너뜨려야 한다고 주장했다. 뮤어가 자리에 앉자 존 사이먼 경[자유당 지도자]이 다가와 그의 손을 꼭 쥐고 첫 연설을 진심으로 축하했다."[52] 뮤어가 곧 어정쩡한 맥도널드 지지자가 된 것을 보면, 의회에서 겪은 그런 경험이 그를 무너뜨린 것이 틀림없다. 뭔가 더 강력한 활동이 필요했다. 그래서 클라이드사이드의 투사 출신 의원들은 의회 안팎에서 사건을 일으키기로 작정했다.

최초의 사건은 1923년 6월 27일에 일어났다. 결핵으로 말미암은 아동 사망률이 11퍼센트 증가했는데도, 보수당 대변인 월터 엘리엇은 보건의료 지출 삭감을 주장하고 있었다. 맥스턴이 일어나서 자신의 아내가 병든 자식을 치료하다가 사망한 이야기를 했다. 그리고 엘리엇의 정책을

---

* 그들의 정신적 지도자인 존 휘틀리는 당시 많은 사람들에게 깊은 인상을 줬다. 모즐리 (당시 노동당 좌파 의원이었다)는 휘틀리를 "지금까지 영국 좌파가 배출한 인물 가운데 레닌에 필적할 만한 단 한 사람"이라고 묘사했다.[50] 휘틀리는 청렴결백하고 도덕적인 삶의 모범을 보이면 타락을 막을 수 있다고 믿었다. 그래서 그는 1923년 독립노동당 당대회 때 의원들의 사교 만찬 참석을 금지하는 결의안을 제출했다. 그것은 찬성 93 반대 90으로 통과됐다(비록 국왕은 정치를 초월한 존재이고 따라서 정치적 위험이 없다는 이유로 국왕과의 만찬은 허용됐지만 말이다).[51] ― 지은이.

다음과 같이 혹평했다. "저는 그것을 살인이라고 부르겠습니다. 그런 정책을 발의한 사람들을 살인자들이라고 부르겠습니다."[53] 와자지껄한 소란이 일었고 맥스턴의 발언은 중단됐다. 휘틀리가 벌떡 일어나서 비난을 되풀이했고, 캠벨 스티븐과 뷰캐넌이 뒤를 이었다. 그들은 모두 쫓겨났다. 나중에 맥스턴은 "망나니", "거짓말쟁이", "더럽게 불공평한" 따위의 망언을 했다는 이유로 의회에서 제명당했다! 영국 의회는 전 세계의 3분의 1을 강압적으로 정복하는 일을 관장했고, 그 정책은 의도했든 의도하지 않았든 수많은 사람들의 생명을 단축시켰다. 그러나 그 때문에 의원님을 비난하는 것은 결코 용서받을 수 없었다!

클라이드 동지들의 분노는 진심이었고 완전히 정당했다. 그들이 개인적으로 청렴결백한 것도 의심의 여지가 없었다. 그러나 그들의 전략을 평가하는 것은 완전히 다른 문제다. 비록 반란처럼 보이기는 했지만 그들의 전략은 엄격한 한계를 넘어서지 못했다. 의회에서 분노를 터뜨리는 것은 의회를 흔들려는 것이었지 의회를 분쇄하려는 것은 아니었다.

《우리 시대의 사회주의》

클라이드사이드의 투사 출신 의원들은 노동당 좌파들과 똑같은 약점을 안고 있었다. 노동당 우파와 마찬가지로 좌파도 계급과 국가를 결합한다. 비록 좌파가 계급을 더 강조하기는 하지만 말이다. 좌파와 우파가 이렇게 이데올로기 기반을 공유하는 것은 독립노동당이 '홉슨주의'를 받아들인 데서 분명하게 드러났다. 독립노동당 지도자가 맥도널드 지지자인 클리퍼드 앨런일 때든 맥스턴일 때든 독립노동당은 홉슨의 이론에서 영감을 얻었다.

자유주의 경제학자인 J A 홉슨이 모색한 대안은 사회주의가 아니었다. 홉슨은 다음과 같이 썼다. "'임금제도 폐지' 운운하는 것은 영웅적인 것만큼이나 모호하다. 생활임금 제도의 점진적 시행이야말로 실현할 수 있는 정책이다. 생활임금은 노동계급의 편안한 생활을 보장할 수 있는 최저 기준이 될 것이다."[54] 나중에 홉슨은 자본주의 위기가 과소소비過少消費 때문이라고 덧붙였다. 노동자들이 생산물을 모두 구매할 수 없어서 과잉생산이 일어난다는 것이다. 따라서 최저임금이나 가족수당을 지급해 수요를 진작하면 호황과 불황의 순환을 없앨 수 있다는 것이다.

홉슨의 주장에 사회주의 비슷한 내용은 전혀 없었다. 자유주의자인 케인스의 견해도 이와 비슷했고, 노동조합을 혹독하게 탄압하고 현대 자본주의를 극렬하게 옹호한 헨리 포드도 똑같이 주장했다. "임금이 낮으면 소비자의 구매력이 떨어져서 물건이 팔리지 않는다. … 구매력이 커져야 불황에서 벗어날 수 있다."[55]

수요를 관리해서 노동자들의 이익과 기업주들의 이익을 조화시킬 수 있다는 홉슨의 견해는 모든 개혁주의자들의 이상이었다. 총파업 이후 노총의 우파 지도자들은 그런 주장을 받아들여 노사 협력을 정당화했다. 1920년대에 노동당 정부의 장관을 지냈고 1930년대 초에 파시스트가 된 오즈월드 모즐리도 홉슨주의를 받아들였다.

1920년대 중반에 홉슨 등의 '전문가들'이 독립노동당의 각종 위원회에 들어와 일련의 새로운 정책들을 발전시켰다. 그 결과가 《생활임금》이나 《우리 시대의 사회주의》였다. H N 브레일스퍼드 같은 옹호자들은 "새로운 사회주의 정책"이 "심지어 사기업들에서도" 얼마든지 실현될 수 있다고 강조했다.[56] 이것은 페이비언주의와 마찬가지로 사회주의의 외피를 두른 지배계급의 이데올로기였다. 자본주의를 합리적으로 계획하고 수요를 자극하려는 노력은 노동자들에게 이로운 듯했지만, 그 결과는 **노동자**

들의 적인 자본주의 체제 강화로 나타났을 뿐이다.

그러나 독립노동당 지도부를 장악한 클라이드사이드의 투사 출신 의원들은 미끼뿐 아니라 낚싯바늘과 낚싯줄, 낚싯줄에 매달린 추까지 집어삼켰다. 물론 그들은 그런 미끼 등을 좌파적으로 채색했다. 독립노동당의 주장처럼, 생활임금과 가족수당은 노동자들에게 도움이 됐을 것이고, 생활임금이나 가족수당의 비용을 부담하지 않겠다고 버티는 기업주들의 재산은 유상이나 무상으로 몰수할 수도 있었을 것이다. 그러나 이것은 자본주의와 국가 구조 전체를 간과할 때만 가능한 얘기였다. 모호한 태도를 곧잘 취하는 맥스턴과 달리, 클라이드사이드의 투사 출신 의원들의 정신적 지도자인 휘틀리는 그런 정책을 철저하게 검토하고 결론을 내리는 것이 본인의 의무라고 생각했다. 그 결과는 정말로 황당한 것이었다.

[휘틀리는 다음과 같이 생각했다.] 국가가 국민적 틀 안에서 자본주의를 조직해야 한다. "사회주의자들은 침몰하는 영국을 구하려면 … 국내 핵심 산업 간 연계망을 구축하고 영국 국민경제의 주요 부문들과 대영제국의 다른 부문들이 서로 협력할 수 있게 만들어야 한다는 것을 깨달았다."[57] 따라서 대영제국을 이용하는 것은 당연하다.

제1차 노동당 정부 전까지는 골수 우파들만이 제국을 숭배했다. 그런데 이제 좌파가 제국이 국가의 일부라는 것을 깨닫고 제국의 장점을 열렬히 찬양하면서 제국의 힘을 강화하려 했다. 독립노동당의 신문 〈포워드〉 편집자인 토머스 존스턴은 "지금까지 인류가 발견한 인간 해방의 지렛대 가운데 가장 위대한 것"이 제국이라고 칭송했다.[58] 맥스턴은 "위대한 제국이 자유로운 사람들을 받아들이고 발전시켜야 한다"고 주장했다. "우리가 반대하는 것은 제국이 너무 제한돼 있다는 것뿐이다."[59]

공산당의 비판을 반박하며 휘틀리는 다음과 같이 썼다. "이상주의적이고 추상적인 이런저런 말들은 매우 훌륭하게 들릴지 모르지만 실제로는 전혀 도움이 되지 않는다. … [제국에 대해 — 지은이] 어떻게 생각하든지 간에 노동운동에 몸담고 있는 우리의 의무는 우리의 목적에 맞게 제국을 잘 이용하는 것이다."[60] 국제 연대는 사라지고, 외국산 수입품에 대한 두려움만 남았다. 휘틀리는 "내게 권한이 있다면, 국내 생활수준을 악화시키는 해외 노동 생산물을 수입하는 배를 침몰시키라고 해군에게 명령할 것이다" 하고 썼다.[61] 이 개혁주의 정치는 결국 인종차별로 귀결됐다. "'쿨리들은* 직장에서 열심히 일하고 영국인들은 실업수당이나 받는' 상황을 끝내야 한다."[62]

휘틀리는 노동당 좌파 가운데 가장 극단적인 인물이었다. 그는 나름대로 사회주의 노선을 추구하면서 노동자-자본가 [협력] 이데올로기의 모순을 극단적으로 보여 줬을 뿐이다.

당연히 맥도널드는 《우리 시대의 사회주의》 같은 "빛 좋은 개살구"를 거들떠보지도 않았다. "그런 정책은 결코 추진하지 않을 것이다. … 일고의 가치도 없다."[63] 장황한 보고서들, 신중하게 작성된 소책자들, 위원회들 등 이 모든 것이 물거품이 됐다.

총파업 뒤에 노동운동이 급격하게 쇠퇴하고 맥도널드가 기고만장하던 1928년에, 맥스턴은 절박한 심정으로 승부수를 던졌다. 독립노동당의 중앙집행위원회를 제쳐 두고 광원노조의 A J 쿡과 함께 "사회주의 부활을 위한 우리의 주장"이라는 선언문을 발표한 것이다. 이 선언문 발표를 계기로 전국에서 운동을 펼칠 계획이었다. 그것은 맥스턴의 상징적 행동 가운데 가장 위대한 것이었지만, 동시에 가장 재앙적인 것이기도 했다. 당 의장의 독자 행동은 독립노동당을 분열시킬 위험이 있었고, 글

---

* 쿨리(Coolie) 인도나 중국 등지의 아시아 출신 육체노동자들을 모욕적으로 부르는 말.

래스고에서 열린 출범식은 완전한 실패작이었다. 윌리 갤러커는 "지금까지 그렇게 슬픈 행사는 본 적이 없었다"고 말했다.[64] 존 휘틀리는 연단에서 "넌더리가 난다는 표정으로 양복 조끼 주머니에서 운동자금을 조달하기 위해 자신이 발행한 거액의 수표를 꺼내더니 찢어 버렸다."[65]

출범식이 실패한 이유는 선언문에 현실성이 없었기 때문이다. 선언문은 급격하고 실질적인 변화를 요구했지만, 운동은 대안 제시가 아니라 노동당에 압력을 가하는 것이 목표였다.

그 운동은 장기적으로 생존하기에는 너무 온건하고 중간주의적인 반면, 당장 영향을 미치기에는 너무 보잘것없었다. 작지만 날카로운 도끼나 무디더라도 큰 도끼는 쓸모가 있다. 그러나 작은 도끼가 무디기까지 하면 쓸모가 있겠는가?[66]

포플러 운동

포플러 운동은 1920년대 노동당 안에서 암담해 하고 있던 좌파에게 한 줄기 빛이었다. 그것은 개혁을 위한 투쟁과 개혁주의의 차이를 잘 보여 줬다.

포플러 운동을 주도한 사람은 조지 랜스버리였다. 그는 19세기 말과 20세기 초부터 런던의 이스트엔드에서* 적극적으로 활동했다. 이미 1905년부터 포플러[이스트엔드의 한 행정구역]는 실업 문제로 "악명 높았다."

---

* 이스트엔드 영국 런던 북동부에 있는 구역으로서, 산업혁명 후 공업 지대와 항만 지구가 형성돼 전통적으로 가난한 노동계급이 많이 사는 지역으로 유명하다.

곧 랜스버리와 동료들은 포플러 구의회와 실업자 구제 사업을 관장한 빈민구제위원회에서 영향력을 얻었다.

전쟁 후 대중의 활력은 이스트엔드에도 영향을 미쳤다. 1919년에 포플러 지역사회의 기층 운동과 노동조합 현장 운동이 활성화된 덕분에 노동당은 포플러 구의회에서 처음으로 다수파가 됐다. 랜스버리는 노동당이 장악한 구청의 목표를 다음과 같이 요약했다. "노동당 지방정부가 자본가 정당의 지방정부와 다르다는 것을 노동자들에게 분명히 보여 줘야 한다. 한마디로, 부자들에게서 거둔 세금으로 빈민을 구제해야 한다."[67] 이를 위해 포플러 구청은 실업급여와 공무원 임금을 인상했다. 그러나 항만에서 일하는 임시직 노동자들이 많은 포플러는 이미 런던에서 가장 가난한 지역 가운데 하나였고, 따라서 실업급여와 임금 인상 비용을 포플러 지역 노동자들이 부담할 수는 없었다. 그래서 포플러 구청은 런던 전체의 지방세를 '평준화'할 것을 요구했다. 부유한 구들이 가난한 구들을 도와줘야 한다는 것이었다. 그러나 로이드조지 정부는 이 요구를 받아들이려 하지 않았다. 그래서 포플러 구청은 정부를 압박하기 위해 [상급 기관인 런던시와] 경찰, 보호시설, 수도국에 지급해야 하는 교부금을 보류했고, 런던시와 보호시설 관리국 등은 포플러 구청을 고발해서 소송이 벌어졌다.

1921년 9월 [이 불법 투쟁을 주도한 노동당] 구의원 30명이 감옥에 갔다. 그러나 6주 동안의 구명 운동 끝에 그들은 석방됐다. 이 투쟁은 포플러 운동의 특징을 잘 보여 준다.

---

* 나중에 감옥에 갇힌 구의원 30명 가운데 거의 절반이 노동조합의 현장 간부들이거나 현장 간부 출신이었다. — 지은이.

그들이 석방된 다음 날 열렬한 지지자 2000명이 그들을 환영하기 위해 보우배스로 몰려들었고, 또 다른 2000명은 인파가 너무 많아 로만로드 밖에서 기다려야 했다. 그 주말에는 빅토리아파크에서 구의원들 석방을 환영하는 '대규모 시위'가 벌어졌다.[68]

이런 대중의 지지는 끊임없는 활동 덕분이었다. 노린 브랜슨의 탁월한 역사책은 법을 어겨서라도 싸우자는 제안이 지역 노동조합 지부 대표자 회의에서 논의 끝에 채택된 과정을 잘 보여 준다. 그 뒤 '대규모 집회들'이 잇따라 열렸다. 구의원들이 체포되기 전에 마지막으로 열린 구의회 회의 때는 지지자들이 구청 건물을 에워싼 채 "복도를 가득 메우고 창문턱에도 [걸터앉아 있었다. — 지은이] 구청 건물 밖에는 안으로 들어가지 못한 사람들이 약 6000명 있었다."

감옥으로 이송되는 여성 구의원들[임신한 여성을 포함해 모두 6명]의 뒤를 따라 1만 명이 행진했다. 세입자방어연맹에 수천 명이 가입해서 집세와 지방세 파업을 준비했다. 좌파가 다수파인 다른 구의회 두 곳도 포플러의 선례를 따라 불법 투쟁을 결의하는 등 투쟁이 확산됐다. "일자리가 아니면 생계비를 달라'고 요구하는 실업자들의 행진, 빈민구제위원회 점거농성, 경찰과의 충돌이 여기저기서 벌어졌다." 노총 대의원대회도 투쟁을 지지했다.

포플러 운동을 고립시켜 분쇄하려고 최선을 다하던 노동당 런던 시당 지도자 허버트 모리슨조차 총리에게 뭔가 조처를 취해 달라고 간청할 수밖에 없었다.

굶주리고 절망한 무리들 사이에서 … 국가기구 전체에 대한 신뢰 상실이 점점 커지고 있습니다. … 총리 각하, 지금 사태는 분명히 중앙정부와 지방

정부에 불리하게 흘러가고 있습니다.[69]

마침내 정부가 양보해야 했다. 정부는 포플러 구의원들을 석방하고 런던의 지방세를 평준화했다. 그래서 포플러의 사망률은 눈에 띄게 낮아졌다. 1918년에는 인구 1000명당 22.7명이 사망했지만 1923년에는 11.3명이 사망했다. 같은 기간에 유아 사망률도 106명에서 60명으로 줄었다. 포플러의 사회적 궁핍이 영국의 95개 도시 가운데 최악이었는데도 그랬다.[70]

포플러 구의원들이 투옥을 무릅쓰고 승리할 때까지 단호하게 투쟁한 것은 노동당 역사에서 예외적인 일이었다. 지방정부는 단순한 연단 이상이 될 수 있다. '무장 집단'을 동원해 지배계급을 지키는 것이 가장 중요한 기능인 **중앙정부**와 서비스 기능을 가진 **지방정부** 사이에는 잠재적 모순이 존재한다. 이 점을 인정한 코민테른의 다음과 같은 결의안은 비록 다른 상황을 염두에 두고 작성되기는 했지만 포플러 운동과도 관련이 있다.

지방정부에서 다수파가 된 공산주의자들은 다음과 같은 조처들을 취할 의무가 있다.
1) 부르주아 중앙정부에 맞서 싸우는 혁명적 다수파를 형성한다.
2) 가능한 방법을 모두 동원해서 빈민들을 지원한다(경제적 조처들, 무장한 노동자 민병대를 조직하거나 조직하려는 노력 등).
3) 사회의 근본적 변화를 방해하는 부르주아 국가권력을 가차 없이 폭로한다.
4) 혁명적 선전을 확산하려는 운동을 단호하게 시작한다. 그 때문에 국가권력과 충돌하더라도 그렇게 해야 한다.

5) 특정 상황에서는 지방정부를 노동자 대표 소비에트로 교체한다.[71]

포플러 운동은 노동당이 페이비언주의의 지침을 따라 여러 차례 실천한 '가스·수도 사회주의'의 오랜 전통과 사뭇 달랐다. 후자는 대중교통 등의 산업을 '지방정부가 소유하고 통제'하며 이것을 발판 삼아 '국유화'로 나아가는 것이었다. 노동계급의 해방이나 지방정부를 이용해 중앙정부를 공격하는 것과는 거리가 멀었다. 어떻게 하면 서비스를 효율적으로 제공할 수 있을지가 핵심 관심사였다.

포플러 구의원들은 투쟁을 대리한 것이 아니라 투쟁을 지도했다. 1919~1923년에 포플러 대중은 구의회 진출 수단이나 구의원 보호막 취급을 당하지 않았다. 구의원들은 노동자 운동에 이바지하는 것이 자신들의 임무라고 생각했다. 그러나 불행히도 그들에게는 아킬레스건이 있었다.

1924년까지 포플러의 노동당은 일반적 개혁주의 신념을 갖고 있었지만 그 신념 때문에 활동을 주저하거나 포기하지는 않았다. 그러나 최초의 노동당 정부가 들어서자 포플러는 딜레마에 빠졌다. 포플러는 자신의 성과를 공고히 하고 포플러의 방식을 전국으로 확산하는 입법을 추진하는 데 노동당 정부를 이용해야 했다. 당연히 구의원들은 존 휘틀리의 지원을 기대했다. 왜냐하면 휘틀리가 내각에서 가장 좌파였을 뿐 아니라 보건부 장관으로서 지방정부를 책임지고 있었기 때문이다. 슬프게도, 휘틀리는 추징금 취소 외에는 아무 일도 하지 않았다.* 그 추징금은 보수당 소속 전임 보건부 장관이 부과해 놓고도 감히 집행하지 못한 것이었다. 그것이 다였다. 휘틀리는 동료 장관들을 다음과 같이 안심시켰다.

---

* 포플러 구청이 교부금 지급을 보류하자 정부는 구청에 추징금을 부과했다.

저는 … 포플러와 관련해서 … 아무 견해도 밝히지 않았습니다. … 저는 의견 표명을 분명히 거부했고, 찬성이나 반대의 뜻으로 읽힐 만한 표현은 일부러 피했습니다. … 자유당이 제출한 동의안을 보면 [정부가] 불법과 무질서를 부추기려고 포플러 명령을 폐지하려 하는 것 같습니다. 제 대답은 여러분이야말로 집행할 수 없는 법령을 유지함으로써 불법을 부추길 가능성이 농후하다는 것입니다. … 정부는 법을 성실히 집행할 것이고 … 법 집행의 이완을 부추기거나 허용할 생각은 추호도 없습니다.[72]*

포플러의 활동가들은 휘틀리가 자신들을 적극적으로 지원하는 일을 전혀 하지 않았다는 것을 인정해야 했다. "휘틀리의 행동은 빈민구제위원들에게 신선한 활력을 주지도 않았고 … 사회주의자들이 공공 기금을 이용할 수 있는 새로운 기회들도 제공하지 않았다. 전국의 빈민구제위원들은 여전히 추징금 부과 대상이 될 수 있다."[74] 다음과 같은 말은 그들의 수치심을 잘 보여 준다. "포플러 빈민구제위원회는 … 보건부 장관 휘틀리가 … 끔찍한 빈곤 문제를 충분히 공감할 것이라고 믿었다."[75]

포플러 운동의 몰락을 준비한 것은 노동당 정부였다. 1925년 4월 노동당이 포플러 빈민구제위원회를 완전히 장악한 바로 그 주에 포플러 운동은 붕괴했다. 최저임금을 4파운드로 책정한 포플러의 정책은 상원의 결정에 굴복해 취소됐고, 구의회는 임금 삭감에 동의했다.

1925년의 포플러 상황은 1921년과 사뭇 달랐다. 1921년에는 법원이

---

* 물론 포플러 구의원들에 대한 지지 표명을 분명히 거부한 휘틀리의 태도는 노동당이 야당이 되고 그가 아무것도 할 수 없게 되자마자 돌변했다. 1925년 포플러 지역의 한 아파트 입주식에서 휘틀리는 다음과 같이 말했다. "포플러 구의회는 여러 모로 사회 해방 운동의 위대한 선구자였습니다. 그리고 포플러의 정책이 온 나라로 퍼져 나가야만 다른 사회질서를 향한 진군이 시작될 것입니다."[73] — 지은이

[구의원들을 투옥하는] 판결을 내리자 대중운동이 즉시 판결을 거부하면서 더 광범한 부문들을 끌어들였다. 그러나 1925년에 랜스버리는 의회 활동에 기대를 걸었다. 그는 포플러 운동을 노골적으로 적대시한 맥도널드와 토머스에게 도움을 요청했지만 아무 소용이 없었다. 결국 구청 공무원들은 임금 삭감을 막기 위해 파업을 하기로 결정했다. 지역 언론이 보도했듯이, 모든 부서의 공무원들이 일손을 놓고 밖으로 나왔지만 "오후 3시에 조지 랜스버리가 구의원들과 노조 간부들을 대동하고 나타나자 약 3시간 만에 파업은 철회됐다."[76] 랜스버리의 〈레이버 위클리〉 보도에 따르면, 노동당 국회의원들의 말을 들은 "공무원들은 파업이 자살 행위나 마찬가지여서 자신들만 손해를 볼 것임을 깨달았다." 임금 삭감은 자신들에게 손해가 아니라고 생각했을까?

의회라는 묘지에 또 한 명의 사망자가 묻힌 셈이었다. 개혁주의가 개혁을 위한 투쟁을 살해한 것이다.

결산

1920년대 말의 노동당 공식 좌파에 대한 평가는 꽤나 암울하다. 노동당 정부가 끝장낸 포플러 운동이라는 지역적 에피소드를 제외하면, 좌파들은 "시끄럽게 떠들고 분노를 터뜨렸지만 의미 없는 말싸움"에 그치고 말았다.

먼저, 클라이드사이드의 투사 출신 의원들과 독립노동당이 있었다. 1919년에 클라이드사이드 노동자들은 40시간 파업으로 상층계급을 공포에 빠뜨렸고 "국왕이 노동자들을 보며 겁에 질리게 만들었다."[77] 그러나 휘틀리 등 1922년에 선출된 의원들은 과거의 전투성을 희미하게 반영했을 뿐이다. 베르트하이머는 그들의 의회 활동이 거의 효과가 없었다고 지적했다.

보수당과 자유당은 모두 좌파의 의회 활동을 계급 전쟁의 표현으로 받아들이지 않고 어느 정도 공감할 수 있는 기행奇行쯤으로 여겼다. 그래서 제임스 맥스턴은 '야당 의원들'과 부르주아 언론에서 큰 인기를 끌었다. 그의 광신적 극단주의를 생각하면 정말 이례적인 일이었다.[78]

최근에 나온 역사책의 결론은 이렇다.

그것은 모두 언론 보도를 위한 것이었다. 클라이드사이드의 빨갱이들은 거리를 떠나 의회로 자리를 옮겼다. 그러나 1919년의 언론 보도를 보면, 조지 스퀘어의 볼셰비키가* 정말로 공포심을 불러일으켰음을 알 수 있다. [반면에] 1922년 이후 언론들은 맥스턴과 커크우드에 대한 소식만을 집중 보도했다. 처음부터 스코틀랜드의 반항아들은 화려한 괴짜 취급을 받았을 뿐 공공 질서를 위협하는 세력으로 여겨지지 않았다.[79]

클라이드사이드의 투사 출신 의원들은 그림의 일부였을 뿐이다. 좌파가 단결했으면 더 낫지 않았을까? 실제로, 공산당의 도전에 대응하는 방안의 일환으로 1925년에 좌파가 결성됐을 때, 여기에는 클라이드사이드 의원들뿐 아니라 매리언 필립스, 수전 로런스, 조지 랜스버리, 존 스커 같은 유명 인사들이 모두 포함돼 있었다. 랜스버리와 스커는 포플러

---

* 조지스퀘어는 스코틀랜드의 글래스고 도심에 있는 광장 이름이고, 볼셰비키는 클라이드사이드의 투사들을 지칭한다.

운동의 영웅들이었다. 클라이드사이드의 사회주의자였던 존 스캔런은 1929~1931년의 노동당 정부 붕괴 직후에 이 좌파들의 변화를 다음과 같이 묘사했다.

> 필립스 박사는 노동당 정부의 예외법안[일부 실업자들의 실업급여 수급 자격을 박탈한 것 — 지은이]을 가장 충실하게 옹호한 사람 가운데 한 명이었다. 수전 로런스는 … 휘틀리가 감히 정부를 비판하자 맨 처음으로 그를 '꾸짖은' 사람이었다. 조지 랜스버리가 … 만든 규칙 때문에 결국 맥스턴은 노동당에서 쫓겨났다. … 존 스커가 … 1925년에 인정한 정책을 … 맥스턴이 실행하려 할 때마다 그를 처음으로 심판한 법관이 바로 존 스커였다. 이것이 바로 1925년 반항아 집단의 실상이었다.

그 뒤에 스캔런이 덧붙인 말은 역대 노동당 좌파들의 묘비에 새길 만하다. "가끔 유머 감각으로 정치의 살벌함이 누그러지지 않는다면, 환멸을 느낀 사회주의자들은 자살하고 말 것이다."[80]

대조: 개혁을 위한 혁명적 투쟁

우리가 노동당을 비판하는 이유는 노동당이 사회주의를 실현할 수 없을 뿐 아니라 대부분의 시기에 개혁을 위한 **투쟁**에 장애가 되기 때문이다. 노동당은 자신을 적대하는 기구, 즉 자본주의 국가 안에서 움직인다. 사방이 적이다. 그러나 반드시 노동당처럼 행동해야 하는 것은 아니다. 적대 기구 안에서 투쟁하는 다른 방식도 있다. 그것은 영국의 경험과 사뭇 다르다. 1917년 러시아 혁명 전 볼셰비키의 경험이 그것이다.

차르 치하에서 볼셰비키가 할 수 있는 합법 활동은 엄청나게 제한적이었지만 볼셰비키는 그런 기회들을 잘 활용했다. 볼셰비키는 선거 자체를 대중행동의 기회로 이용했다. 1912년 러시아 정부가 일부 유권자들의 선거권을 박탈하자마자 7만 명이 파업을 벌였다. 결국 정부는 선거권 박탈을 철회하고 새로운 선거를 실시할 수밖에 없었다.[81]

클라이드사이드의 투사 출신 의원들은 글래스고의 유권자들을 예비군 — 의원들이 세인트이넉 역에서 기차에 오르는 순간 그 임무가 끝나는 — 쯤으로 취급했다. 그들은 변화의 진정한 동력이 의회라고 생각했다. 볼셰비키 의원들은 러시아 의회인 두마를 의회 밖 투쟁의 촉매로 여겼다. 한 의원이 치안 방해 선동 혐의로 기소되자 사회민주당 의원들 전체(볼셰비키와 멘셰비키)가 항의하다가 직무 정지 처분을 받았다. 그러자 상트페테르부르크의 노동자 7만 명과 모스크바의 노동자 2만 5000명이 파업에 들어갔다. 한 반동적 신문은 그 의원들에게 다음과 같이 훌륭한 찬사를 바쳤다.

> 사회민주당 의원들과 노동자들의 관계는 아주 긴밀하다. … 의원들이 두마에서 연설할 때마다 노동자 20만 명이 호응한다. 의원들은 노동계급의 온갖 문제들을 두마 연단에서 제기하고 정부를 비난하면서 무지한 대중을 흥분시킨다.
>
> 노동자들은 사회민주당 의원들의 발언을 고스란히 받아들인다. 의원들이 두마에서 자신들의 오만불손한 태도가 제지당한 것에 항의해 의사일정을 방해하면 노동자들이 대중 파업으로 호응한다.[82]

부정선거로 당선되고 독재 권력에게 모든 권한을 빼앗긴 반동들로 가득 찬 차르의 두마는 러시아를 바꾸는 무기가 아니라 노동계급의 전투성을 고양시키는 강력한 무기가 됐다.

1920년대 노동당 좌파는 의회나 노동당 안에서 거의 영향력이 없었다. 노동당이 사회주의를 실현할 수 있는 도구라는 신념 때문에 의회나 당 밖에서 진지한 활동도 할 수 없었다. 수십 년의 역사나 수백 명의 의원이 없는 공산당이라는 훨씬 더 작은 세력은 그런 한계에 갇히지 않았다. 공산당은 집단적 계급 조직 안에서 선동했기에 1920년대의 결정적 사건, 즉 총파업에 진정한 기여를 할 수 있었다.

7장

총파업과 그 여파

노동당과 노동당 의회 지도부와 의원들은 그것[총파업]과 무관했다는 것을 아셔야 합니다.

(1926년 5월 13일 시드니 웨브가 조지 버나드 쇼에게 보낸 비밀 편지)[1]

1892년에 노동당에 대한 논의가 처음 시작됐을 때, 노동당 주창자들은 다음과 같이 공언했다. "[노동당은] 단순한 선거 조직에 그치지 않을 것이다. ⋯ 노동당은 노동자 대중을 일깨우고 교육하고 단결시키기 위해, 노동자들에게 연대의 힘과 응집력을 제공하기 위해 결성되는 단체다. 노동당은 노동자 후보들을 출마시키는 데서 그치지 않을 것이다. ⋯ 노동당은 모든 노동쟁의와 위기에 처한 노동자들을 지원할 것이다."[2] 이런 구상이 제대로 실현됐는지 아닌지를 가장 잘 보여 준 사건이 1926년 총파업이었다.

총파업 때 노동당은 의도하지는 않았을지라도 국가에 직접 도전할 것인지 말 것인지를 선택해야 했다. 둘째, 총파업은 **노동자들의 대중행동과 노동당의 관계**를 분명히 보여 줬다. 셋째, 총파업은 **노조 관료들과 노동당이 근본적으로 한통속이고 그들이 모두 정치와 경제의 분리를 추구한다는 것**도 보여 줬다. 마지막으로, **노동당의 정치적 운명이 노동계급 운동과 연계돼 있지만 그 연계는 완전히 기생적이라는 사실**도 입증됐다.

배경

노동당 내의 개혁주의 경향이 다양하듯이 노조 관료들도 동질적 집단이 아니다. 노조 상근 간부들은 위와 아래에서 다양한 압력을 받는다. 비록 그들이 궁극적으로는 공통의 집단적 이익을 추구하더라도 똑같은 목표를 위해 서로 다른 방법을 선택할 수는 있다.

제1차 노동당 정부가 무너진 뒤 (그리고 부분적으로는 노동당 정부에 대한 실망 때문에) 노총에서 조지 힉스, 앨프리드 퍼셀, 알론조 스웨일스 같은 좌파들이 득세했다. 그들은 "에클레스턴스퀘어 33번가와 32번가(각각 노동당과 노총 본부 소재지) 사이에 만리장성을 쌓아" 노동당이 노총에 개입하지 못하게 하기로 작정한 것 같았다.[3] 사실, 힉스 일파의 반쯤 혁명적인 언사는 체제 전복을 위한 것이 아니라 노동조합들을 압박하기 위한 것이었다.

1925년 8월 31일 볼드윈 정부가 노동조합의 연대 파업 위협에 굴복해 9개월 동안 광원들의 임금에 보조금을 지급하기로 결정했을 때('붉은 금요일'), 사태는 노총 좌파들의 뜻대로 전개되는 듯했다. 대체로 노동자들은 '붉은 금요일'을 집단적 힘의 위대한 승리로 여겼다.

노동당 지도부가 겁에 질린 것도 당연했다. '붉은 금요일'에 대한 맥도널드의 반응은 노골적이다.

정부는 존경받고 검증된 사회주의자가 최대의 적으로 여길 법한 세력들에게 승리를 안겨 줬다. … 만약 정부가 정책을 강행했다면, 우리는 정부를 지지했을 것이다. 그런데 정부는 갑자기 굴복했다. … 그래서 정치적 행동을 신뢰하지 않는 사람들의 힘과 명성만 높여 줬다.[4]

'붉은 금요일'에 대한 노동당의 반감은 파업에 대한 두려움을 뛰어넘는 것이었다. 맥도널드는 정부가 광원들의 임금을 지원하는 것은 "정신 나간 짓"이고 "순전한 낭비"라고 생각했다. "부자들이 가져서는 안 되고 노동자들이 마땅히 가져야 하는 것을 부자들한테서 빼앗아 노동자들에게 주는 방편으로서 보조금을 이용하는 것은 올바른 정책이 아니다."[5]*

총파업이 가까워지자 노동당과 노총 사이의 간극이 좁혀졌다. 둘의 이해관계가 근본적으로 비슷하다는 것이 분명해졌기 때문이다. 1926년 4월 30일 정부가 광산들을 전격 폐쇄하자, 총파업 개시를 선언한 노총 집행부 회의에서 맥도널드는 "위선적인" 연설을 했다.[7] "우리는 광원들 편에 설 것입니다. 광원들이야말로 정당하고 명예롭기 때문입니다. 우리는 지금까지 근로 대중의 삶을 개선해서 그들을 사회의 적이 아니라 가장 좋은 친구들로 만들고자 애를 써 왔습니다."[8]

보수당원이나 자유당원이라면 맥도널드처럼 연설할 수 없었을 것이다. 맥도널드가 노동계급 편에 서서 "근로 대중"을 부랑자로 방치하지 말고 사회가 보듬어야 한다고 주장한 것은 수많은 노동자들의 공통된 염원을 표현한 것이었다. 이 점을 간과해서는 안 된다. 그러나 1926년 총파업에서 특별한 점은 노동자들의 염원과 자본주의 사회가 양립할 수 없음을 분명히 보여 준 것이었다. 광원들을 배려하는 것과 그들을 "사회의 적"으로 만들지 않아야 하는 것 중에서 선택해야 할 경우에, 어느 것을 포기할지는 뻔했다. 배신은 피할 수 없었다.

---

* 이 문제가 의회에서 논의될 때, 정부를 공격하는 노동당의 태도는 놀라울 만큼 무기력했다. 그도 그럴 것이, 총리 볼드윈의 연설문뿐 아니라 노동당의 지미 토머스 연설문도 토머스 존스[총리실 산하 부서에서 일하는 고위 공무원으로서 자유무역론자다]가 작성해 줬기 때문이다![6] — 지은이.

연대, 배신, 무관

9일 동안의 총파업과 노총의 배신이라는 비극은 다른 데서 다뤘으므로[9] 여기서는 노동당의 구실에 초점을 맞추겠다. 총파업에서 노동당이 한 구실을 보면, 서로 다른 세 측면이 있다. 첫째, 노동당 당원인 노동조합원의 연대는 전례 없는 수준이었다. 파업이 철회되기 전보다 철회된 다음 날 더 많은 노동조합원들이 연대 투쟁을 벌였을 정도다. 둘째, 노동당 자체는 투쟁의 진전을 위해 전혀 노력하지 않았다. 파업 참가자들은 노동당원으로서가 아니라 **노동조합원으로서** 파업에 참가했을 뿐이다. 앞에서 인용한 "노동당과 의회 지도부와 의원들은 그것[총파업]과 무관했다는 것을 아셔야 합니다"라는 시드니 웨브의 말은 아주 정확했다. 광원들은 노동당의 정책을 거슬렀기에 많은 지지를 받을 수 있었다. 파업을 지원한 노동당 지역 조직들은 모두 중앙당과 무관하게 움직였다.

셋째 측면은 파업의 진전을 위해서는 아무 일도 하지 않은 의회 지도자들이 파업을 배신하는 일에는 엄청난 열의를 보인 것이었다. 볼드윈은 맥도널드의 파업 반대 발언을 인용하며 그를 궁지로 몰아가려 했지만, 완전히 헛다리를 짚었다. 맥도널드는 다음과 같이 대꾸했다.

총리께서 제 발언을 인용하신 것에 제가 불만이 있다면, 아주 하찮은 발언을 고르셨기 때문입니다. 저는 그보다 훨씬 더 자세히 얘기했습니다. … 저는 총파업과 볼셰비즘, 또는 그 비슷한 것에 대한 논의와 전혀 무관합니다. 저는 헌법을 존중합니다.[10]

때때로 노동당 지도자들은 너무 멀리 나아갔고, 심지어 노총보다 더 멀리 나아갔다. 파업이 한창일 때 맥도널드와 토머스가 "한 시간마다 회

의를 열어 … 타결 방안을 모색하고 있다"는 보도가 흘러나오자 노총은 한사코 이를 부인해야 했다.[11]

이런 공개 활동도 분주한 막후 공작에 비하면 아무것도 아니었다. 파업이 시작됐을 때, 시드니 웨브는 다음과 같이 썼다.

우리는 어떻게든 난국을 타개해야 했다. 그래서 협상 재개 방안을 찾아 곧장 움직이기 시작했다. … 맥도널드와 헨더슨은 (토머스와 함께) … 이런저런 제안을 하고, 어리석고 완고하고 시샘 많은 사람들과 씨름하고, 새로운 협상 장소를 물색하고, 모든 영향력을 총동원하는 등 그 주 내내 이른 아침부터 밤늦게까지 쉴 새 없이 움직였다.[12]

웨브가 말한 "어리석고 완고하고 시샘 많은 사람들"은 생존을 위해 투쟁하는 광원들이었다.

이 왕성한 활동은 비어트리스 웨브가 "영국 노동운동의 내각"이라고 부른 노동당 중앙집행위원회의 활동과 완전히 대조적이다.[13] 집행위원회 의사록을 보면, 지구당들이 파업 관련 지침을 문의한 4월 28일에야 집행위원회에서는 광원 파업 위기가 처음 거론됐다. 문의에 대한 집행위원회의 답변은 "선전물을 배포했다"는 것이 전부였다. 정작 파업 기간에는 집행위원회의 활동에 관한 기록이 전혀 없고, 심지어 집행위원회 회의가 열렸다는 기록조차 없다. 집행위원회에서 총파업이 처음 거론된 것은 1926년 6월 3일 재정·일반 소위원회 문제와 관련해서였다. "총파업으로 노동조합 재정이 크게 타격을 입어, 당에 납부하는 기부금의 증가 추세가 역전될 듯하다."

6월 21일 조직 소위원회는 노총·노동당 합동선전위원회가 5월 8일과 9일에 대중 집회를 조직했다고 보고했다. [총파업이 시작된 지] 5주 뒤인 6월

23일에야 노동당 집행위원회는 이 중대한 사건을 점검했다(그것도 마지 못해서 그랬다). 노총의 배신으로 노동조합운동이 만신창이가 됐으니, "불신과 절망을 극복하려는 노력을 노동당이 주도해야 한다"는 요구가 많았다. 집행위원회가 내린 편리한 결론은? "당이 지금까지 해 왔고 지 금도 하고 있는 선전 활동을 알리고, 산업 문제는 노총 담당이라는 사 실을 밝히는 답신을 보낼 것"이었다.

독립노동당의 페이턴은 다음과 같이 증언했다. "전국에 지구당이 있 는 거대한 노동당의 본부가 에클레스턴스퀘어의 노총 중앙집행위원회 사무실 옆에 있었다. [총파업 — 지은이] 첫 날 노총 중앙집행위원회는 노동 당의 유능한 당직자들과 함께 본부 전체를 활용할 수 있었다. 그러나 그 들은 우리뿐 아니라 노동당도 거의 활용하지 않았다."[14]

당의 기층에서도 마찬가지였다. 노동당에서 조직력이 가장 훌륭한 지역 조직은 허버트 모리슨이 이끄는 런던 시당이었다. 런던 시당의 1926년 보고서를 보면, 총파업에 대한 런던 시당의 주된 기여는 "사무직 원 두 명"을 노총 중앙집행위원회에 파견한 것이었다. 그러나 그것이 다 는 아니었다. "[런던시] 합창단, 연극단, 관현악단에 대한 세부 정보들"도 노총에 "제공했다."[15] 또 있었다! 모리슨은 노총의 정보 전달 체계를 개 편하기도 했다. 그러나 "개편된 체계에 따라 처음으로 전달한 공지 사항 은 총파업 종결 소식이었다."[16]

"영국에서 가장 효율적이고 지역 조직도 많은 사회주의 조직"이라던 독립노동당은 어땠는가?[17] 적어도 휘틀리는 관료 집단이 십중팔구 배신 할 것임을 알고 있었다. '붉은 금요일' 뒤에 휘틀리는 다음과 같은 글을 써서 가벼운 물의를 일으킨 적이 있었다. "앞으로 아홉 달 동안 거대한 투쟁을 준비하라. … 쿨리들이 있는 지역에 들어가기를 거부하라. … 한 달에 100만 명씩 노동자들의 방어 군대를 늘릴 수 있다. 1000만 명의 노동자 군대는 산업 평화를 유지할 수 있다. 이제 노동자 군대의 신병들을 모집하자."[18] 인종차별, 계급 전쟁 선동, 산업 평화에 헌신하는 1000만 명의 노동자 군대 등등 정말 놀라운 뒤죽박죽이었다. 휘틀리의 친구들조차 이 중간주의적 소동을 보며 혼란스러워했다. 그러나 이런 일은 되풀이되지 않았다. 독립노동당은 《우리 시대의 사회주의》라는 상아탑으로 후퇴했다.*

광산이 폐쇄된 바로 그날 독립노동당은 다시 각성했다. 독립노동당의 신문은 노동자들에게 노총을 예의 주시하라고 경고했다. 그러나 독립노동당은 노동당 중앙집행위원회의 기권주의를 극복했는가? 전혀 그렇지 않았다. 파업 직전에 나온 〈레이버 리더〉에서 맥스턴은 다음과 같이 썼다. "광원들의 대열 밖에 있는 사람들이 광원들을 대신해 결정하는 것은 올바르지 않다. … 노동당은 광원들이 스스로 결정한 뒤에야 움직일 수 있다."[20] 다시 말해, 맥스턴은 사회주의 정치가 현실의 노동자 투쟁을 지도하는 것과 무관하다고 주장했다. 사회주의 정치의 목표가 사실은 의회 의석을 차지하는 것이기 때문이라는 것이다.

독립노동당의 조직 책임자였던 페이턴은 파업 기간의 사건들에 대해 다음과 같이 말했다.

나는 당장 노총 중앙집행위원회에 편지를 보내 파업 기간에 독립노동당의 인적·물적 자원을 마음껏 활용하라고 말했다. … 나는 사무실로 돌아와

---

* 맥스턴, 스티븐, 커크우드는 '붉은 금요일'과 총파업 사이의 기간에 주로 웨스턴 제도[스코틀랜드 북서부의 여러 섬]를 돌아다녔다. 그곳은 프롤레타리아 군대를 모집하기에 썩 좋은 지역이 아니었다. 그러나 독립노동당이 광원 파업을 지원한 것은 사실이다. 독립노동당은 광원노조의 신문 〈마이너〉 발행을 지원했고, 기금을 모았고, 광원의 자녀들을 독립노동당원 집에서 돌봐 줬다.[19] — 지은이.

명령이 떨어지자마자 바로 수행할 수 있도록 준비 작업에 몰두했다. … 우리는 이 중대한 투쟁에서 우리가 아주 귀중한 기여를 할 것이라고 확신했다. … 우리는 파업 기간에 상황실로 이용될 사무실로 매트리스와 담요를 갖다 놓고 명령이 떨어지기를 기다렸다. 일주일 뒤에도 우리는 여전히 기다리고 있었다.[21]

노동당: 배신을 위한 알리바이

마지못해 파업에 돌입한 노총은 최대한 빨리 파업을 끝내려 했다. 1919년에 그랬듯이, 이번에도 개혁주의 정치가 관료적 배신의 주된 요인이었다. 전쟁에서 늘 그렇듯이, 총파업에서도 적의 요새를 공격하는 것만이 승리의 비결이었다. 그 요새는 바로 국가였다. 그러나 관료들은 국가를 공격하기를 두려워했고, 노동당을 핑계로 삼아 파업에서 정치를 계속 배제했다.

맥도널드의 다음과 같은 말은 결코 과장이 아니었다. "파업을 책임진 사람들은 단 한순간도 정치 쟁점을 이용하거나 정치 쟁점을 갖고 장난치지 않았다. … 노총 위원들 가운데 [파업을] 정치 쟁점으로 만들려는 방침이나 방안을 제기하거나 조언하거나 주장한 사람은 단 한 명도 없었다."[22] [파업 기간에] 노총 중앙집행위원회는 〈브리티시 워커〉를 7호까지 발행했는데, 4호에서는 파업에 대해 다음과 같이 썼다.

파업은 헌법에 도전하지 않는다. 파업의 목적은 헌법에 어긋나는 정부를 건설하는 것이 아니다. 파업으로 우리의 의회 제도를 무너뜨리려는 것도 아니다. 집행위원회의 목표는 광원들의 생활수준 향상뿐이다. 집행위원회는 노동쟁의에 관여하고 있을 뿐이다. 파업은 노사 문제일 뿐 정치적·헌법적 문제가 아니다. 지금은 결코 헌정 위기가 아니다.[23]

그러나 노동당이 조금이라도 '노동계급 정당'다운 조직이었다면, 사무실에 가만히 앉아서 공식 승인이 떨어질 때까지 마냥 기다리지 않고 토론과 논쟁에 끊임없이 개입하고 행동 방침을 제안하고 현장 노동자들을 사회주의적으로 지도하려 애썼을 것이다. **최상의 노동당 활동가들조차 정치적으로 기권했다는 사실이 정말 중요하다.** 노동당의 전국 조직(독립노동당을 포함해서)은 노동계급에게 해 줄 말이 아무것도 없었다. 노동계급의 운명이 걸린 중요한 순간에 최상의 선거 득표 방법이나 날카로운 대정부 질문 따위가 도대체 무슨 쓸모가 있겠는가? 우리가 다른 곳에서도 지적했듯이,

> 노동당은 순전히 선거용 정당이다. 그래서 노동당은 지지자들을 수많은 개인들로 취급하고 그렇게 관계를 맺는다. 반면에, 노조 관료들은 노동자들과 집단적 관계를 맺어야 한다. 정치와 경제의 이런 분리 때문에 노동당 지도부는 항상 산업 투쟁을 구경하기만 한다. 이와 달리, 노조 관료들은 산업 투쟁을 지도하는 임무를 완전히 회피할 수 없다. 심지어 투쟁을 억제하려 할 때조차 그렇다.[24]

선거주의 때문에 최상의 노동당 활동가들조차 [투쟁에서] 독자적 구실을 할 수 없다. 그래서 그들이 현실의 계급투쟁과 무관할 수밖에 없는 것이다.

심지어 최상의 개혁주의자들조차 생산 현장의 투쟁과 국가권력 문제 사이에는 만리장성이 있다고 생각한다. 이런 태도에는 물질적 토대가 있

다. '정상적' 자본주의에서 정치와 경제가 분리된 것처럼 보이는 것은 사실이다. 생산 현장의 투쟁에 국가가 정치적으로 개입해야 할 만큼 투쟁이 일반화하는 경우는 흔치 않다. 반대로, '고상한 정치'는 작업장에서 벌어지는 일상의 사건들과 거의 무관한 것처럼 보인다. 이런 분리는 부르주아 민주주의를 유지하고 보존하는 데 필수적이다. 자본주의의 조건에 철저하게 순응함으로써, 노동당은 심지어 혁명적 기회를 맞이할 때조차 정치와 경제를 끊임없이 분리시키려고 애를 쓴다. 집단행동은 노동조합(더 흔하게는 노조 관료들)에 맡긴다.

그러나 사회주의를 쟁취하기 위해 노동계급은 자신의 경제적 힘을 토대로 정치적 지배력을 구축해서 정치와 경제 사이의 분리를 극복해야 한다. 이것은 공장과 사무실 대표들의 노동자 평의회, 즉 소비에트 형태의 노동자 국가로 발전해야 한다. 노동계급은 이런 도약을 할 수 있다. 노동자들은 자신의 경험을 이해하고 혁명적 결론들을 끌어낼 수 있지만, 이런 일이 일어나려면 노동자 권력을 추구하는 정당이 지도력을 획득해야 한다.

1926년 총파업을 전진시킬 수 있었던 정치조직은 공산당뿐이었다. 그러나 안타깝게도 이미 스탈린주의에 물들어 있었던 공산당은 "모든 권력을 노총 중앙집행위원회로!"라고 외쳤지만, 총파업을 망친 것은 바로 노총 중앙집행위원회였다. 그러나 이런 문제에도 불구하고, 공산당원 6000명은 독립노동당이나 노동당보다 훨씬 더 큰 기여를 했다. 실행위원회, 노동자방위대, 식량 통제 운동 등의 선도적 조처들은 모두 공산당과 그 주변 활동가들이 전에 주장했던 것들이고, 이제 그들이 주도적으로 펼치고 있는 활동들이었다. 다른 지도부였다면 그런 활동들을 토대로 노조 관료들의 배신에 도전할 수 있었을지 모른다. 어쨌거나 공산당은 파업을 지속하고 피케팅을 벌이는 데서 두드러진 구실을 했다. 파업 기간에 구속된 5000명 가운데 1200명이 공산당원이었다. 파업에 참가한 공산당원이 노동당원보다 200배나 더 많이 구속됐다.

당시 노동당은 엄청나게 컸고 공산당은 아주 작았음을 감안하면, 노동당은 어쨌든 노동계급 운동과 관계가 있지만, 혁명가들은 노동계급 운동과 무관하다는 흔한 주장이 터무니없다는 것을 알 수 있다. 계급이 실제로 움직이고 있을 때 노동당은 사보타주밖에 할 수 없다. 노동계급이 비교적 수동적인 시기에만, 의회 사회주의라는 공상의 세계가 노동계급 운동의 구현체처럼 보일 수 있다.

부검

5월 12일 노총은 무조건 항복했다. 적어도 노조 지도자들은 자신들의 수치스러운 행동을 약간 뉘우치는 듯한 태도를 보이거나 파업 결과가 완전한 재앙은 아닌 것처럼 주장했다. 50년이 지난 지금도 우리 귀에는 노동당 지도자들이 파업 패배를 환호하는 소리가 들리는 듯하다.

웨브 부부는 파업을 다음과 같이 생각했다.

끔찍하고 뜬금없는 짓 … 이 온건한 형태의 '프롤레타리아 독재'는 백해무익하다는 점이 모든 사람에게 자명해질 것이다. … 1926년 총파업의 실패는 영국 노동계급 역사에서 가장 중요하고 획기적인 사건 가운데 하나가 될 것이다. [왜냐하면 그것은 — 지은이] '노동자 통제'라는 매우 해로운 신념의 종말이기 때문이다.[25]

특히 가장 좋은 것은 다음과 같은 것이다.

이 재앙에도 불구하고 노동당 의원단만은 더 강력해졌다는 점이다. 이유는 간단하다. 파업이라는 무기가 신뢰를 잃었기 때문이다. 사실, 광원노조의 고통 덕분에 1928년 총선에서 노동당이 집권할 수 있을지도 모른다.[26]

램지 맥도널드는 총파업이 "우리 노동[운동]의 역사에서 군중이 스스로 지도한 가장 유감스런 모험 가운데 하나"[27]였지만, 패배했기 때문에 "영국 노동당의 역사에서 빛나는 순간"이[28] 될 수 있었다고 말했다.

스노든도 이 말에 동의했다. "그 실험은 노동조합운동에 크나큰 교훈을 줬다. … 그런 실험을 했다는 것 자체는 유감스럽지 않다. 노동조합은 그렇게 힘을 시험하는 것이 무익하고 어리석다는 사실을 배울 필요가 있었다."[29]

토머스는 이 궤멸적인 타격을 보며 엄청나게 기뻐했다. 그는 파업 파괴 활동을 하며 즐거워했다.

파업이 시작됐을 때 … 노동계급은 전에 응석받이라고 비웃었던 상층계급을 다시 봐야 했다. … 이 친구들 — 펜대나 굴리던 신사 양반들 — 은 몸을 사리지 않고 닥치는 대로 일을 했다. 기차를 운전하고, 버스를 몰고, 심지어 항구에 정박 중인 배에서 짐을 내렸다. 그렇게 영국은 최초의 총파업을 처리했다.[30]

그 교훈은? "사회의 불의를 치유하는 현실적이고 지속적인 해결책은 오직 투표함뿐이다."[31]

그들이 이렇게 노동운동의 무덤 위에서 즐겁게 춤춘 것은 현실과 무관하지 않았다. 현장 노동자들의 자신감이 땅에 떨어져 있었던 것이다. 1927~1929년에 "파업 건수와 파업으로 인한 노동 손실 일수는 40여 년 전 기록 작성이 시작된 이후 최저 수준이었다."[32]

맥도널드 일당이 기뻐한 이유는 혁명을 피했기 때문만은 아니었다. 노동조합 투쟁이 신뢰를 잃은 것도 그들을 기쁘게 했다. 아래로부터 쟁취한 개혁과 위에서 선사한 개혁은 근본적 차이가 있다. 아래로부터 쟁취한 개혁은 계급 조직을 강화하고, 그리하여 미래의 진전 가능성을 보여 준다. 위에서 선사한 개혁은 수동성을 부추기고, 노동자들을 체제 내로 포섭시키는 경향이 있고, 따라서 사회주의를 위한 투쟁을 억제할 수 있다. 노동당은 위로부터의 변화를 추구하고, 노동운동이 의회의 조처를 참고 기다릴 것을 요구한다. 개혁은 의회에서 나오거나 그렇지 않으면 아예 없어야 한다. 따라서 노총의 굴복(파괴당한 것이 아니라)으로 노동당 지도자들은 큰 힘을 얻었다.

노총은 정말로 굴복했다. 노총은 노사 협력을 위해 몬드-터너 회담을* 추진했고, 집단행동을 선거주의로 대체하려고 노력했다. 본머스에서 열린 [1926년도] 노총 대의원대회에서 위원장 아서 퓨는 혁명이 아니라 개혁주의라는 대안을 제시해 준 노동당에 감사했다. "총파업으로 얻은 최고의 교훈은 노동조합운동이 민주적 방식의 근본적 올바름을 여전히 신뢰하고 있음을 분명히 보여 준 것입니다. … 우리에게는 노동당 정부가 있습니다. 그것은 우리 승리의 상징입니다."[33]

이듬해에 노총 위원장이 된 옛 좌파 조지 힉스의 말도 전과 달라졌다. "지금 우리의 급선무는 다음 총선에서 노동당의 재집권을 위해 우리의 조직력과 시간과 에너지를 총동원하는 것입니다."[34] 노동당과 노총 지도부가 운영하던 〈데일리 헤럴드〉가 그런 주장을 주도했다. 총파업 배신

---

* 몬드-터너 회담 영국의 거대 화학공업 회사인 임피리얼케미컬인더스트리스의 회장 앨프리드 몬드와 1928년도 노총 위원장인 벤 터너의 회담.

2주 뒤에 〈데일리 헤럴드〉는 다음과 같은 사설을 실었다.

> 결코 잊을 수 없는 9일 동안의 성과가 손실보다 훨씬 더 크다고 우리가 말했을 때, 그 성과가 도대체 뭐냐고 우리에게 묻는 기자들이 많았다. 해머스미스[지역에서 있었던 보궐선거의 승리 — 지은이]가 그 하나다. 더 많은 성과들이 있을 것이다. 공산당 기관지들이 부지런히 퍼뜨린 생각, 즉 노동당 기층 당원들이 분열했고, '배신'감이 퍼져 있고, 파업 종결 이후 노동자들이 당황하고 분노하고 있다는 생각은 사라졌다.
>
> 총파업과 광원들의 투쟁 덕분에 … 노동당에 투표한 적이 없는 수많은 사람들이 지금 움직이고 있다.[35]

총파업이 없었다면, 전체 조합원의 4분의 1을 차지하는 광원들의 패배가 노동계급에게 파괴적인 영향을 미쳐서 노동당 자체도 큰 고통을 겪었을 것이다. 그러나 거대한 연대 덕분에 노동운동은 새로운 피를 얻을 수 있었다. 뒤따른 끔찍한 패배 때문에 이 피는 노동당의 자양분이 됐다. 흡혈귀가 산 사람의 피를 빨아먹으면, 이 사람은 그 흡혈귀와 사랑에 빠진다. 노동자들은 독자적으로 투쟁할 수 있을 만큼 자신감이 충만하지는 않았지만, 패배 뒤에 맥도널드가 자신들을 대신해 투쟁하기를 바랄 만큼의 분노는 있었다.

따라서 **총파업의 가장 중요한 효과는 노동자 운동 전반에서 선거주의 전략이 확고하게 뿌리를 내린 것이었다.***

---

* 게다가 노동당은 선거에서 꾸준히 성과를 거뒀다. 11월 3일 〈타임스〉는 지방선거에서 노동당이 약진했다고 보도했다. 의미심장하게도, 그 성과는 배신당한 광원들 덕분이었다. 이제 광원들은 노동당을 가장 열렬히 지지했다. 비어트리스 웨브의 예상은 1년 늦기는 했지만 실현됐다. 광원들의 고통 덕분에 노동당은 1929년에 집권할 수 있었다. — 지은이.

끔찍한 후일담

1926년의 가장 수치스러운 일화는 광원들에 대한 노동당의 태도였다. 노동운동의 여러 부문 가운데 가장 많은 돈과 표를 노동당에 제공한 부문이 광원들이었다. 총파업 기간에 잘못을 저지르기도 했지만, 공산당과 독립노동당은 5월 13일 이후 외롭게 투쟁하는 광원들을 지원하기 위해 최선을 다했다. 그러나 노동당은 공산당과 독립노동당을 방해했다. 석탄 운송을 봉쇄하자는 공산당의 호소를 노동당은 들은 척도 하지 않았다. 심지어 독립노동당조차 석탄 운송에 반대했는데도 그랬다. 그리고 독립노동당이 광원들과 광원 가족을 위한 노동당원들의 모금을 제안했지만, 마게이트에서 열린 1926년 노동당 당대회에서 그 제안은 안건에서 제외됐다. 커크우드는 대의원들에게 다음과 같이 호소했다. "노동당이 전 조직적으로 기금을 모아야 합니다. 그것이 너무 무리한 요구일까요? … 여러분이 정말로 진지했다는 것을 실제로 입증해야 하지 않을까요?"[36]

노동당이 배신행위를 도와 준 데는 그럴 만한 이유가 있었다. '광원들의 고통'은 선거 득표에 도움이 된 반면, 광원들의 승리는 선거에 위협이 된다는 것이었다. 그래서 노동당은 러시아 노동자들이 영국 광원들을 위해 모금해 준 30만 파운드를 노총이 거절했을 때 그 행동을 지지했다. 모리슨은 이것이 "노동조합이 한 일 중에 유일하게 칭찬받을 만한 일"이라고 말했다.[37] 맥도널드는 광원들에 대한 지원을 모조리 거부한 마게이트 당대회를 칭송했다. "적절하고 유익한 결정이 내려졌다. 당대회는 사태를 정치적으로 해결해야 한다고 단호하게 선언했다."[38]

노동당의 뒷북치기 광원 지원은 수치스러웠다. 예컨대 이런 식이었다. 탄광 폐쇄가 시작된 지 4개월이나 지난 9월 28일에야 노동당 의원단은 당이 모금에 나서는 것이 좋겠다고 제안했다. 그리고 10월 13일에야 중앙집행위원회는 모금에 동의했다. 슬프게도, "모금 운동이 지방선거 막바지에 시작되는 바람에" 상황이 꼬였다. 결국은 탄광이 폐쇄된 지 5개월 만에야 몇몇 "특별 집회"에서 "모금 결의안들이 통과될 수 있었다."[39]

마지막 이야기는 웨브 부부에 대한 것이다. 시드니 웨브는 광원들과 광원 가족들의 지지 덕분에 더럼주州의 시엄 지역에서 의원으로 선출될 수 있었다. 그러나 광원들을 위한 모금에 가장 불만이 많은 사람이 시드니 웨브였다! 웨브 부부는 모금으로 10파운드를 내는 것에 대해 얼마나 많이 고민했는지 모른다. 비어트리스는 다음과 같이 썼다.

> 광원 가족들을 위한 기금을 낼 것인가 말 것인가, 다른 사람들에게도 모금을 요청할 것인가 말 것인가? 시드니와 내가 모두 어리석었다면, 우리는 단 한 푼도 내지 않았을 것이다. 나는 순전히 노동자들의 광범한 생각을 따라서 위원회에 내 이름을 알려 주고 10파운드짜리 수표 한 장을 보냈다. 그러나 마음속으로는 그런 생각에 동의하지 않았다.[40]

얼마나 역겨운가!

자본주의 노동자 정당은 두 방향에서 압력을 받는다. 좌파와 우파 사이에 긴장이 있다. 1920년대에는 독립노동당과 노총 좌파를 한편으로 하고, 맥도널드와 노총 우파를 다른 한편으로 하는 좌우 대립이 있었다. 그러나 노동계급과 지도부 사이의 분열도 있다. 총파업은 이 후자의 대립이 더 근본적이라는 것을 보여 줬다. 9일 동안 개혁주의 조직들과 노조 관료들을 한편으로 하고, 현장 조합원들을 다른 한편으로 하는 심각한 분열이 일어났다. 혁명적 좌파가 노동운동 관료들에게 도전하지 못했기 때문에 맥도널드가 승리할 수 있었다.

패배의 결과: 공산당 마녀사냥

노동당 내 마녀사냥은 당 초기부터 존재했다. 노동당이 공식 출범한 지 겨우 2년이 지났을 때 하디가 다음과 같이 말하며 그레이슨 지지자들을 공격한 것이 마녀사냥의 시작이었다. "거의 모든 지부에 당을 파괴하는 자들이 있다. 이들과 싸워서 제압하고 몰아내야 한다."[41]

노동당의 일관된 우파 지도부가 반대파들을 영구 추방하는 것을 좋아한다는 점은 분명하다. 그러나 지도부의 조처들은 제한적이다. 공공연한 내분은 선거에서 불리할 수도 있고, 반대파 제거 자체도 쉬운 일이 아니다. 마지막으로, 노동당의 성격 자체가 차이를 부추기는 경향이 있다. 예컨대, 노동당 산하 노동조합들은 공통의 정치사상이 아니라 경제 쟁점 위주로 조합원을 모은다. 더욱이 분명한 정치적 헌신성보다는 표를 더 요구하는 선거주의 때문에 노동당은 득표에 도움만 된다면 인종차별주의자들, 백만장자들, 골수 혁명가들을 모두 가입시킬 것이다. 그래서 노동당이 '광범한 교회'를 자처하는 것이다.

따라서 노동당의 역사 내내 마녀사냥이 지속됐지만, 그것은 일관된 특징이 아니라 특별한 상황에서만 일어난 일이었다. 마녀사냥은 지도부가 좌파에게 통제권을 잃을까 봐 두려워할 때 시작된 것이 아니었다. 계급이 공세적일 때 지도자들은 자신의 지위를 유지하기 위해 스스로 좌파의 외피를 두른다. 골수 우파들인 아서 헨더슨과 시드니 웨브가 당헌 4조를 제안한 것이 그런 사례다. 따라서 당원 제명 사건들은 우파의 약점이나 붕괴를 보여 주는 것이 아니라 우파가 강하다는 증거다. 그런 사건들은 노동자 운동이 수동적이거나 후퇴할 때 일어난다.

그 결과는 다양하다. 첫째, 정치적 분위기가 우경화하면, 선명한 좌파는 선거에서 불리한 요인으로 취급된다. 그와 동시에, 노동자들의 자신감이 떨어지면 노동계급 대중과 선진 노동자들 사이가 크게 벌어진다. 그러면 선진 노동자들은 쉽게 고립되고 공격당한다.

이런 양상을 잘 보여 준 것이 1920년대의 공산당 마녀사냥이었다. 그것은 노동당의 가장 중요하고 악랄하고 철저한 마녀사냥이었다. 물론 노동당 지도부는 1917년 10월 혁명 직후에도 혁명의 영향력을 차단하려 애를 썼다. 그러나 '직접행동'의 시기에는 지도자들이 마녀사냥을 하기가 매우 힘들었다.

첫 단계

1921년 4월 15일의 '암담한 금요일' 이후에 사정이 달라졌다. 1922년 에든버러 당대회에서 "노동당이 승인하지 않은 후보들을 지지하는 사람은 대의원 자격이 없다"고 규정한 결의안이 2 대 1의 비율로 통과됐다.[42] 이 결의안은 공산당원들을 겨냥한 것이었다. 혁명가인 공산당원들은 독자 출마하거나, 필요하다면 개혁주의자들에 반대할 권리가 있었기 때문이다.

그러나 이 결의안은 실행될 수 없음이 드러났다. 공산당원들은 대의원으로 복귀했을 뿐 아니라 지역의 총선 후보로도 선출됐다. 그들은 자신의 원칙이나 공산당 소속임을 숨기지 않고도 그럴 수 있었다. 예컨대, 1922년에 노동당의 지원을 받아 총선에 출마한 공산당원 월턴 뉴볼드는 노동당 지구당에 보낸 편지에서 다음과 같이 요구했다.

나는 노동당원들에게 사태를 분명히 직시하기 바란다고 말했다. 그리고 나는 볼셰비키답게 투쟁할 테니 볼셰비키를 원하지 않는다면 나 말고 다른

사람을 찾아보라고 말했다. … 그들은 내가 누군지 잘 알면서도 나를 선택했다.[43]

그 결의안이 통과된 지 1년 뒤에 헨더슨은 "새 규칙을 적용하기가 어렵다"는 것을 인정하고 그것을 철회했다.[44]

첫 번째 공격이 실패한 이유는 두 가지였다. 하나는 정치적인 것이었고 다른 하나는 기술적인 것이었다. 1919년에 영국을 혁명 직전까지 몰고 간 정신이 여전히 살아 있었다. 그 정신은 1921년에 기가 꺾였지만, 활동가들은 공산당원들과 공산당원들이 대변하는 전투적 정책들을 희생시켜 우파를 기쁘게 하고 싶은 생각이 아직 없었다.

둘째 문제는 노동당의 독특한 구조 자체에서 비롯했다. 중앙에서는 의원단의 영향력이 엄청났다. 의회를 통해 사회 변화를 실현하는 개혁주의 사상 때문이었다. 당대회에서 노조 관료들은 블록투표를 통해 결정적 영향력을 행사했다. 노동당 지도자들과 노조 상근 간부들이 합의한 사항은 무엇이든 관철될 수 있었다.

그러나 중앙에서는 이렇게 우파가 득세했지만 기층에서는 사정이 달랐다. 사실, 기층의 구조는 반대 방향으로 작동했다. 노동조합 현장 조합원들과 지역의 평당원들은 중앙당이나 당대회와 독자적으로 지역 대의원들을 선출했다. 그래서 좌파들이 지역 기반을 확보하고 이것을 토대로 중앙당에 저항할 수 있었다. 그들은 중앙 기구들의 명령을 무시할 수 있었다.

이런 상황을 근거로, 노동당 전체를 변화시킬 수 있다는 주장도 있었지만 이것은 순전히 환상이었을 뿐이다. 지역의 자율성을 어느 정도 허용하는 구조 자체가 기층이 지도부를 통제하는 것을 불가능하게 만들었다.

때때로 혁명가들은 충분한 토론의 자유와 규율 있는 행동의 결합을 요구하는 '민주집중제'를 고수한다는 이유로 비판을 받는다. 그러나 노동당 안에서 의견의 자유가 보장되는 듯하지만, 이것이야말로 노동당 중앙이 갖고 있는 무제한의 권력을 은폐하는 가리개일 뿐이다.

노동당 지도부는 1923년 총선과 최초의 집권을 경험하면서 훨씬 더 명망을 추구하게 됐다. 이제 노동당은 정치의 주역이 됐으므로, 권력의 회랑으로 진입하기 위해 애쓰던 시절에는 참을 수 있었던 것을 이제는 용납할 수 없었다.

노동당의 후원을 받은 공산당원 후보가 1000표 차이로 낙선한 1924년 5월 켈빈그로브 지역의 보궐선거 이후 마녀사냥을 재개하려는 압력이 거세졌다. 노동당 집행위원회는 맥도널드가 총선 공약을 어기고 군대를 투입해 파업을 분쇄하겠다고 위협하는 것은 참을 수 있었지만, 의석을 잃는 것은 용서할 수 없었다.[45] 공산주의 활동을 조사하는 기구가 설립됐다. 그 기구는 공산당원들의 영향력을 분쇄하는 것이 힘든 주된 이유가 노동조합에서 공산당원들의 힘이 강력하기 때문이라고 보고했다.

공산당은 의회가 아니라 노동계급의 자주적 행동으로 사회주의를 실현해야 한다고 봤다. 그래서 산업 현장에서 집중적으로 활동하며 전투 조직으로서 신뢰를 쌓았다. 공산주의 활동을 조사한 기구는 "노동조합들이 공산당원의 노동당 대의원 자격 금지 규칙을 지킬 생각이 있는지 의심스럽다"고 불평했다.[46]

1924년에 노동당 정부가 무너지자 우파는 속죄양을 원했다. 공산당원만큼 좋은 속죄양도 없었다. 게다가 노동당이 체제 전복을 반대하는 것을 입증하려고 공산당 기관지를 처벌하려다가 실패하는 바람에 정부가 붕괴하고 조기 총선을 실시할 수밖에 없게 된 것 아니었던가? '지노비예프 편지'도 좋은 핑곗거리였다.[47]

선거 직전에 열린 1924년 당대회는 노동당이 공산주의를 얼마나 증오하는지를 유권자들에게 알리는 데 열을 올렸다. 맥도널드가 다음과 같이 주장하며 분위기를 잡았다. "우리가 달나라 사람과 아무 관계가 없듯이 볼셰비키와도 아무 관계가 없습니다. 우리가 볼셰비키를 적으로 여기는 것만 빼고 말입니다. … 우리는 볼셰비키의 관점에 털끝만큼도 동의하지 않습니다."[48] 모리슨은 공산당과 "무솔리니의 파시스트 군대 사이에 근본적 차이가 있는지 정말 궁금합니다" 하고 말했다.[49] 당대회의 결론은 분명했다. [공산당의 노동당] 가입 지지율은 사상 최저 수준이었고, 공산당원들은 지방선거나 총선거에 [노동당] 후보로 출마할 수 없다고 규정한 결의안이 통과됐다. 심지어 개별 가입조차 금지됐다.

선거에서 패배하자 당 지도부는 더 많은 피를 원했다. 클라인스는 "노동당이 공산당의 목표와 정책을 수용한다는 잘못된 인상이 대중의 뇌리에서 사라지기 전에는" 노동당이 집권하지 못할 것이라고 확신했다. 그러나 공산당원들을 쫓아내면, "유권자 1600만 명 가운데 우리에게 투표한 3분의 1을 더욱 늘려서 3분의 2 이상으로 만들 수 있을 것이다."[50] 맥도널드는 "노동당이 공산당의 제안을 거절하는 태도를 취하면 … 수십만 표를 더 얻을 수 있다고 확신한다"고 말했다.[51]

노동당의 내부 상황은 마녀사냥을 시작해도 좋을 만큼 무르익었다. 그러나 당 밖 운동의 분위기는 그렇지 않았다.

당대회에서 다수가 마녀사냥에 찬성한 지 겨우 두 달 만에 노동당 중앙집행위원회 산하 '공산주의 활동 조사위원회'는 실패를 인정해야 했다. 조사위원회는 어떤 조처도 취할 수 없었다. 실패의 이유는 오래전부터 이미 드러나 있었다. 한 집행위원은 다음과 같이 말했다.

노동조합의 추천을 받은 노동조합원이 소속 단체의 규칙에 따라 정치 활동의 비용을 부담하는 한은 그의 자격을 금지할 수 없을 것 같다. 그가 조합비를 납부하는 대가로 권리를 누리듯이, 노동당에 돈을 내는 데 동의한 사실만으로도 [자신의 권리를 행사할] 자격은 충분하다. 그가 공산당원인지 아니면 심령술사인지는 중요하지 않다.[52]

1925년 리버풀 당대회에서는 새로운 방침이 나왔다. 노동조합들에게는 '일관된' 태도를 취할 것을 요청하고 지구당에는 공산당원 대의원 선출을 '자제'하도록 '호소'하는 방침이었다.[53] 이 방침도 블록투표의 위력 덕분에 287만 표 대 32만 1000표로 통과됐다. 그러나 지역에서는 저항이 여전했다. 지구당들이 이 방침을 따르지 않는다는 보고가 빈번하게 집행위원회에 올라왔다. 유일한 대안은 제명 처분이었지만, 1926년 5월까지 제명당한 지구당은 겨우 세 곳뿐이었다.

마지막 전투가 시작되다

우파의 노력은 4년 동안 계속 좌절됐다. 그러나 총파업 덕분에 마침내 길이 열렸다. 파업 직후 집행위원회는 스프링번 지역의 지구당을 제명하는 결정을 내렸고, 그 뒤 5개 지구당을 더 제명했다.[54] 1926년 말까지 해체된 지구당이 13개, 그 뒤로도 14개 지구당이 더 해체됐다. 집행위원회의 이중 잣대는 노팅엄셔 출신 노동당 의원이자 광원 파업 파괴에 앞장선 G A 스펜서에 대한 태도에서 잘 드러났다. 스펜서를 처벌하라는 요구가 많았지만, 집행위원회는 "그것은 일차적으로 광원노조의 문제"라며 거부했다.[55] 공산당원들에 대해서는 그렇게 세심한 외교적 태도를 취하지 않았다.

그 무렵 공산당은 '좌파운동'을 촉진하기로 결정했다. 앞서 살펴봤듯이, 좌파운동은 오류였다. 그렇지만 좌파운동은 노동당을 떠나지 않기 위해 기회주의 태도를 취하지는 않았다. 왜냐하면 노동당이나 노동조합 내의 좌파들과 달리 좌파운동은 노동자들의 집단적 조직에 뿌리내린 독자적 정치조직을 바탕으로 하고 있었기 때문이다. 마녀사냥에 대한 좌파운동의 즉각적인 반응은 "마녀사냥에 맞서 가차 없이 투쟁하겠다"는 것이었다.[56]

좌파운동 의장인 J J 본은 좌파운동의 주요 과제에 대해 다음과 같이 말했다.

> 우리는 전국 수준에서 끊임없이 투쟁하는 좌파운동을 그만두고 노동당 안에서 사상을 선전하는 게 낫지 않느냐는 질문을 많이 받는다. … [그러나] 좌파운동이 독자적 관점으로 투쟁하고 조직하지 않았다면, 좌파운동은 쉽게 분쇄됐을 것이고 그와 함께 노동운동 안에서 노동계급 사상을 확산시키는 것도 끝났을 것이다.[57]

전투가 처음 벌어진 곳은 맨체스터였다. 맨체스터의 버러 지구당은 공산당원의 노동당 대의원 자격을 박탈하겠다고 선언했다. 그러자 맨체스터 지역노조연합체는 이에 항의하는 뜻으로 공산당원 두 명을 대의원으로 선출했다. 철도노조 조합원들은 공산당원인 대의원에게 "동요하지 말고 회의에 참석하라"고 전했다. 금속 노동자들은 공산당원이 아닌 대의원들을 철수시키고 공산당원을 대의원으로 파견했다.[58]

비슷한 일들이 영국 전역에서 벌어졌다. 쫓겨난 공산당원들이 다시 주요 직책에 선출됐고, 공개적으로 저항한 지구당 수십 개가 해체됐다. 공식 기록상으로 해체된 지구당은 모두 27개이지만,[59] 이것은 중앙당이 직접 처리한 지구당만 기록한 것이다. 수많은 개인과 지구당, 관련 단체들이 마녀사냥 반대 투쟁에 참여했다.

1926년 10월 마게이트에서 당대회가 열렸다. 당혹스러운 결의안을 제출한 지구당들은 쫓겨났고 논쟁은 봉합됐다. 참석이 금지되거나 참석했다가 '적발'되거나 쫓겨난 공산당원이 11명이었다. 이 '숙청'에서 살아남은 공산당원은 노동조합 부문 대의원 2명뿐이었다.[60] 1927년에는 투쟁이 더 격렬해졌다.

해체당한 지구당들은 '노동당 공식 후보'에 맞서 출마하면서까지 최후의 투쟁을 벌였다. 1928년 지방선거 때 베스널그린 지역에서 출마한 후보는 노동당 공식 후보보다 세 배나 많은 표를 얻었고, 런던 전역에서 그들이 얻은 표는 노동당의 3분의 1에 육박했다.[61]

그러나 실제로는 전쟁이 거의 끝나가고 있었다. 노동당은 1928년 당대회에서 마지막 저항 세력들을 분쇄했다. 이 당대회는 유별난 대회였다. 지구당들이 제출한 결의안과 수정안은 모두 무시됐다. 집행위원회만이 안건을 제출할 수 있었고, 심지어 긴급 동의안을 제출할 수 있는 것도 집행위원회뿐이었다. 공산당과의 제휴를 금지하는 '충성 조항'이 채택됐다. 이제 노동당원은 공산당원과 함께 집회에 참석하거나 같은 연단에 설 수도 없었다. 그해 말까지 제명당한 지구당이 모두 24개였다. 제3차 좌파[운동]협의회에서 의장은 "전체 운동의 10~15퍼센트가 … 희생됐다"고 말했다.[62]

좌파운동은 1929년 3월에 막을 내렸다. 공산당이 노동당을 공산주의로 전향시킬 수 있는 절호의 기회를 날려 버렸다는 주장도 있지만, 이 주장은 틀렸다. 물론 좌파운동의 사상은 노동당이 '사회파시스트'라는 새 노선과 일치하지 않았다. 그러나 '사회파시즘' 노선이 채택될 즈음에는 좌파운동이 이미 파탄 난 상태였다. 좌파운동은 아주 강경하게 투쟁했지만, 1926년 이후의 상황에서 좌파운동이 마녀사냥을 막을 수는 없었다.

합법주의 좌파

마녀사냥에 대한 노동당 좌파의 태도는 독특했다. 그들은 공산당원을 축출하는 데 반대했지만, 좌파운동과 달리 공산당원 축출에 반대하는 투쟁도 거부했다. 클라이드사이드의 투사 출신 의원들은 맥도널드의 점진주의와 '재앙적인' 공산당의 혁명 노선에 양비론 태도를 취한 것 외에는 거의 아무 말도 하지 않았다. 맥스턴은 "좌파와 우파를 모두 인정하고 받아들여야 한다"고 주장했지만, "자신이 축출당할 빌미가 될 만한" 일은 하지 않겠다고 덧붙였다.[63] 〈포워드〉의 머리기사는 "공산당은 자본가들의 가장 큰 자산"이었다.[64]

이 문제에 대해 나름대로 상세한 입장을 밝힌 저명인사는 랜스버리였다. 랜스버리는 마녀사냥이 시작되자 용감하게 그것을 비판했다. 그러나 마녀사냥 분위기가 고조되자 두 마리 토끼를 다 잡을 수 없음을 깨달았다. 당을 지지하든지 아니면 사회주의 원칙을 지지해야 했다. 그의 선택은 재빨랐다. 1925년 12월에 랜스버리는 다음과 같이 썼다.

노동당 지구당 한두 군데가 [공산당원 축출 — 지은이] 결의안을 거부했고 그 대가를 치렀다. 중앙당은 공식 방침을 이행하는 의무를 다했다. 그 결과로 반대파들의 지구당은 해체됐고 그들은 쫓겨났다. … 반대파들은 자신들이 계속 투쟁하면 당이 분열할 것임을 알고 있다. 그들과 그들을 부추기는 자들은 운동을 파괴하고 있다. 이것은 쓰라린 진실이다.[65]

공산당의 자기 방어는 그 얼마나 용감한 행동인가!

랜스버리는 잠시 머리를 숙였다가 나중에 다시 싸우려 했는지도 모른다. 그러나 그것은 최악의 선택이었을 것이다. 공산당원 축출은 다른 모든 사람의 입에 재갈을 물리는 것과 마찬가지였기 때문이다.

공산당과 합법주의 좌파의 차이는 컸다. 노동계급의 패배가 우경화로 이어지고 노동당도 우경화할 때는, 선거보다 사회주의를 중시하고 노동당 지도부로부터 독립적으로 기반을 구축하는 조직만이 그런 압력에 저항할 수 있다.

8장

개혁주의자들과 경기 불황

제2차 노동당 정부

1926년 총파업이 노동조합 관료들에게 지울 수 없는 악몽이라면, 1929~1931년의 노동당 정부는 당 지도부에게 공포의 대상이다. 처음으로 개혁주의 정부가 자본주의의 총체적 위기에 대처해야 했는데, 그 결과는 재앙이었다. 시드니 웨브는 "전 세계 어느 나라의 의회 역사에서도 이에 비할 만한 것을 찾아볼 수 없다"고 말했다.[1] 클레멘트 애틀리는 "영국 정치 역사상 최대의 정치적 배신"이라고 말했다.[2]

사태의 전말을 요약하자면 다음과 같다. 월가街가 붕괴한 해에 선출된 노동당 정부는 오락가락하다 1931년 여름에 (당시 총리 맥도널드가 "경제적 폭풍"이라고 부른) 결정타를 맞았다. 8월에 맥도널드는 실업급여 10퍼센트 삭감을 제안했다. 내각의 다수가 그 제안에 동의했지만, 맥도널드와 스노든과 토머스는 어떻게든 보수당·자유당과 손잡고 거국내각을 구성하기 위해 노동당과 결별했다. 그 뒤 실시된 1931년 총선에서 노동당 의석은 288석에서 52석으로 급감했다. 여전히 노동당을 고수한 장관들은 랜스버리만 빼고 모두 의원직을 상실했다.

1931년으로 가는 길

총파업 뒤 노동당 우파의 공세는 공산당원 마녀사냥에 그치지 않았다. 1927년에 노동당은 1918년에 채택한 《노동당과 새로운 사회질서》를 폐기하고 《노동당과 국가》를 새 정책 강령으로 채택했다. 이 명칭 변화는 의미심장했다. 물론 《노동당과 새로운 사회질서》도 결코 혁명적이지는 않았지만, 《노동당과 국가》는 너무 모호해서 맥스턴조차 "차기 노동당 정부는 무슨 정책이든 마음대로 추진할 수 있게 됐다"고 말할 정도였다.[3] 분명히 맥도널드는 다음과 같은 휘틀리의 비판을 오히려 좋게 해석했을 것이다. "전에 다른 사람들이 자본주의를 운영하는 데 실패한 곳에서 우리가 자본주의를 성공적으로 운영하겠다는 약속 이상을 할 것이라고 생각하는 사람은 아무도 없습니다."[4]*

1929년 5월 선거에서 노동당이 승리했을 때 맥도널드는 "이 정부는 당연히 [완전]고용 정부로 역사에 기록될 것"이라고 예언했다(!)[6] 노동당은 하원에서 288석을 확보한 원내 제1당이 됐지만 여전히 절대 다수당은 아니었다. 보수당이 260석, 자유당이 58석이었다.

노동당 정부는 "노동당 의원단을 오싹하게 만든" 국왕 연설을** 통해 자신의 의도를 분명히 드러냈다.[7] 눈치 빠른 보수당 의원은 다음과 같이 말했다.

이른바 사회주의 정부라는 현 정부가 대영제국을 자본가들의 안식처로 만드는 것을 주요 과제로 삼고 있는 점은 운명의 아이러니 가운데 하나다.[8]

핵심적인 실업 문제를 살펴보기 전에, 다른 정책들을 잠시 훑어보자.

---

* 1929년 선거 연설에서 노동당이 사회주의를 언급한 경우는 6퍼센트에 불과한 반면, 보수당은 연설의 43퍼센트에서 사회주의를 언급했다(물론 비판적으로)는 사실은 노동당의 태도를 상징적으로 보여 준다.[5] — 지은이.

** 국왕 연설 새 의회가 열릴 때 총리의 시정 방침을 국왕이 낭독하는 것.

노동당은 집권하자마자 레온 트로츠키의 정치적 망명 신청을 거부했다. 트로츠키가 "온갖 음모와 이간질의 대상이 될 것"이라는 것이 그 이유였다.[9] 정치 난민을 수용하는 영국의 전통을 높이 평가하는 일부 자유당원들과 보수당원들조차 지나친 처사로 여길 정도였다.

1927년에 총리 볼드윈은 총파업에 대한 보복으로 노동쟁의법을 통과시켜 특정 파업들을 불법화하고 노동조합의 정치자금 조성을 어렵게 만들었다. 《노동당과 국가》는 "보수당이 노동조합의 힘을 약화시키려고 만든 법률들을 폐기하는 것이 노동당의 가장 중요한 과제 중 하나일 것"이라고 선언했다.[10]* 그러나 노동당 정부가 들어서고 여러 달이 지나도록 아무런 움직임이 없자 어니스트 베빈[당시 운수일반노조 사무총장]은 정부가 약속을 지키지 않으려고 밀실에서 책략을 부리고 있다고 비난했다.[12] 마지못해 1931년에 불충분한 법률이 제정됐다. 그러나 모왓에 따르면, 노동당 내각은 그 법률을 수정해서 무용지물로 만들어 버리기로 자유당과 몰래 합의했다.[13]

1926년 광원 파업을 지원하느라 빚을 지게 된 노동당 지방정부가 많았다. 당연히 그들은 노동당 중앙정부가 빚을 탕감해 주기를 기대했다. 그러나 중앙정부는 오히려 빚을 갚지 않는 지방정부에 대해서 추징금을 징수하겠다고 위협했다. 광원들의 사정도 전혀 나아지지 않았다. 노동시간을 하루 7시간으로 되돌려 놓겠다던 노동당의 선거공약은 잊혀졌다.

노동당 당대회는 "인도의 동의를 얻어 최대한 빨리 전면적 자치와 자결권"을 보장하기로 결의했다.[14] 안타깝게도, 많은 인도인들이 노동당의 말을 곧이곧대로 믿었다. 그래서 9개월 동안 5만 4000명의 인도 사람들

---

* 1926년에 보수당이 노동당 법률 고문인 헨리 슬레서의 책에서 노동쟁의법의 핵심 근거를 찾은 것은 아이러니다.[11] — 지은이.

이 시민 불복종 혐의로 투옥됐다. 한 노동당 의원은 "인도 반란* 이후 가장 가혹하고 무자비한 탄압의 책임"이 노동당 정부에 있다고 말했다.[15]

그러나 노동당 정부가 결코 잊을 수 없는 것이 한 가지 있었다. 시간이 흐를수록 실업자가 늘면서 자본주의 경제 위기의 음울한 본색이 드러났다. 노동당 집권 당시 실업자는 전체 노동자의 10퍼센트에 해당하는 130만 명이었다. 1년 뒤 실업자는 200만 명으로 늘었다. 노동당 정부 말기의 실업자는 270만 명, 전체 노동자의 22퍼센트에 이르렀다.[16]

물론 노동당은 실업을 경제체제 탓으로 돌릴 수 있었다. 1930년 노동당 당대회 의장은 "국가정책만으로 이런 폐해들을 근절하는 것은 어느 한 나라의 능력 밖의 일"이라고 말했다.[17] 그러나 "한 나라" 안에서 의회를 이용해 "국가정책만으로" 자본주의의 폐해들을 제거할 수 있다는 것이 노동당의 핵심 주장이었다.

지미 토머스가 실업 대책을 관장하는 부서의 책임자로 발탁된 이유는 특별한 자격, 즉 주요 은행가들이나 기업인들을 잘 안다는 것 때문이었다! 그러나 토머스는 실패할 수밖에 없었다. 사적 자본주의 경제에서는 정부가 아무리 대규모 고용 창출 계획을 추진하더라도 그것만으로는 실업 증가 추세를 역전시킬 수 없었다. 토머스의 계획은 한계가 있을 수밖에 없었다. 왜냐하면 내각이 다음과 같이 결정했기 때문이다.

공적 자금을 … 실업 구제에만 … 퍼부어서는 안 된다. … 정치적·재정적 이유 때문에, 우리는 현재의 재정 전망에 대한 불안감을 해소할 수 있는 일이라면 무엇이든 다 해야 한다. 따라서 재정에 무거운 부담을 주는 계획

---

* 인도 반란 1857~1858년 영국 동인도회사에 고용된 인도 병사들이 영국의 지배에 저항해 일으킨 반란.

이나 거액의 국채 발행은 모두 피해야 한다.[18]

1929년 말쯤 정부는 "일할 수 있는 사람이 모두 생산에 참여할 수밖에 없는 조건에 전 국민이 동의해서 … 빈둥거리는 사람이 사라질 때까지"[높은] 실업률이 "유지돼야 한다"고 주장했다.[19] 정말 대단한 정부다! 그러나 일부 사람들은 정부가 너무 나아간다고 생각했다. 죽음을 앞두고 있던 휘틀리는 개혁주의 정치 인생을 회고하며 이렇게 결론지었다.

> 선거 때마다 [노동자들은 — 지은이] 파업이나 노동쟁의, 혁명적 방법을 사용해서는 안 되고, 사회 혼란을 조성하는 선동가들에게 휘둘려서도 안 되고, 오직 의회 기구를 통해 합리적이고 합법적으로 문제를 풀어야 한다는 말을 들었다. … 이제 그들은 자신의 순진함에 대한 대가를 치르고 있다.[20]

노동당은 자본주의를 치료하는 일에 몰두했고, 이것을 위해서는 실업자들의 희생이 필요하다고 생각했다. 실업 대책을 맡고 있던 토머스는 다음과 같이 말했다. "나는 산업 합리화의 바탕 위에서 신중하게 전진해야 하고 계속 그럴 것이다. 따라서 앞으로 몇 주 동안 실업이 증가할 것이다. 국익을 위해서 나는 그렇게 해야 한다."[21] 그러나 자본주의를 치료하는 일은 쉽지 않았다. 자본주의를 치료하는 최상의 방법에 대한 논쟁이 노동당 정부 임기 내내 치열하게 벌어졌다.

경제에 대한 대안들

노동당 정부는 많은 정책들을 검토했지만 사회주의적 대안은 철저하게 배제했다. 애틀리는 그 이유를 다음과 같이 설명했다. "우리는 자본주의 체제를 신뢰하지 않는다. 우리는 자본주의가 약속을 지키지 못했다고 생각하고, 자본주의의 종말을 보고 싶다. 그러나 영국 국민들은 아직 우리에게 자본주의를 끝장내라고 말하지 않았다. 우리는 그런 위임을 받지 못했다."[22]

보수당은 수입품에 관세를 부과해 [국내] 산업을 '보호해야' 한다고 주장했다. 자유당과 노동당은 모두 그런 주장에 단순 명쾌하게 반박했다. 원료를 수입해 완제품을 수출하는 경제에서 그런 정책은 자살이나 마찬가지고, 물가 인상은 둘째 치고 다른 나라의 무역 보복 때문에 국제무역 자체가 붕괴할 것이라고 주장했다. 1930년대에 바로 그런 일이 일어났다.

존 메이너드 케인스와 자유주의자들은 1928년에 펴낸 《옐로 북》에서* 정부 차입으로 재원을 조달해 대규모 공공사업을 벌여야 한다고 주장했다. 1929년 선거운동 기간에 노동당은 이들의 아이디어를 차용했다(물론 그것을 아주 모호하게 가공해서 분명한 의미가 드러나지 않게 했지만 말이다). 그러나 노동당은 집권하자마자 태도를 싹 바꿨다. 이제 보수당과 노동당이 모두 그런 주장에 단순 명쾌하게 반박했다. 정부 차입은 은행을 공포에 빠뜨릴 것이고 이미 낮은 투자 수준을 더 떨어뜨릴 것이다.

제1차 노동당 정부는 노동당 지도부가 관리들의 압력을 받으면 계급과 국가 사이에서 줄타기를 포기한다는 사실을 보여 줬다. 노동당은 여느 자본주의 정부와 똑같이 행동했다. 스노든은 글래드스턴의 원칙들 — 균형 예산, 파운드화의 가치 유지, 자유무역 — 을 고수하는 데 집착했다. 윈스턴 처칠은 스노든이 재무부 장관에 임명된 것을 다음과 같이 묘사했다.

---

* 《옐로 북》 자유당의 산업 조사 보고서로, 공식 제목은 "영국 산업의 미래"였다.

재무부 관리들이 스노든을 얼마나 반갑게 맞이했을지 상상해 보자. … 스노든은 마치 지성소에* 들어가는 대제사장 같았을 것이다. 재무부 관리들과 스노든은 오랫동안 떨어져 있던 도마뱀 두 마리가 재회의 기쁨을 나누는 것처럼 … 서로 마음이 통했을 것이다.[23]

결국 경제에 대한 가장 중요한 대안을 내놓은 것은 케인스와 홉스의 아이디어를 대충 살펴본 노총 지도자들이었다. 그러나 그들의 대안은 온갖 미사여구에도 불구하고 또 다른 지배계급 이론이었을 뿐이다. 노총은 문제의 근원이 자본주의적 축적의 필연적 결과가 아니라 은행과 금융의 파괴적 영향력이라고 주장했다. 몬드-터너 협상의 연장선에서 노총은 노사 협력으로 산업을 현대화하고 체제를 구할 수 있다고 생각했다.

다른 정책들도 논의됐다. 오즈월드 모즐리 경은 대대적인 수술을 제안했다. 보수당 하원 의원 출신인 모즐리는 1929~1931년의 노동당 정부에서 랭커스터 공작령公爵領 장관이었고** 맥도널드를 계승할 것으로 예상됐다. 모즐리는 제국의 이점을 이용하면 값싼 원료를 얻고 영국 경제를 적대적인 세계에서 보호할 수 있다고 믿었다. 모즐리는 정부가 국내에서 합리화와 공공사업이라는 원대한 프로그램에 착수해야 한다고 생각했다. 나중에 그는 이 정도의 국가 계획을 위해서는 대규모 강제 조처들이 필요하다는 것을 깨닫고 파시즘으로 전향했다. 그러나 1930년까지만 해도 모즐리는 노동당이 이런 프로그램을 실행할 것이라고 기대하고 있었다. 내각에서 거의 지지를 얻지 못한 모즐리는 1930년 노동당 당대

---

* 지성소 구약 시대에 성전 안의 가장 거룩한 곳. 성소 안쪽에 있어 대제사장만이 해마다 한 번 들어갈 수 있다.

** 랭커스터 공작령 장관 총리실 업무를 관장하는 내각 담당 장관.

회에서 독자적으로 자신의 계획을 제출했으나 104만 6000표 대 125만 1000표의 근소한 차이로 패배했다. 모즐리를 지지한 존 스트레이치나 어나이린 베번 같은 노동당 좌파들이 모즐리의 계획 개념과 사회주의가 모종의 연관이 있다고 생각한 것은 시사적이다.

독립노동당은 《우리 시대의 사회주의》를 바탕으로 한 '대안 경제 전략'과 최저임금을 제안했다. 이것은 이미 살펴봤다. 그것은 경제 불황이라는 조건에서는 실현될 수 없었다. 임금 삭감이 궁극적으로 위기를 해결할 수 없듯이 임금 인상도 그럴 수 없다. 임금이 인상되면 자본가들의 이윤율 ─ 자본주의의 동력 ─ 이 하락하기 때문이다. 위기를 해결할 사회주의적 대안은 자본축적을 바탕으로 하는 체제를 분쇄하는 것뿐이다. 독립노동당은 결코 그런 생각을 해 본 적이 없었다. 페너 브로크웨이가 보여 줬듯이, 그들의 좌파 개혁주의는 자본주의를 구하는 또 다른 방법이었을 뿐이다.

> 대중의 구매력이 증대하면 재화와 … 노동력에 대한 수요도 증대할 것이다. 그리고 산업의 회복을 조금이라도 기대할 수 있는 방법은 오직 그것뿐이다.[24]

그러나 가장 좌파적인 계획에도 해결책은 없었다. 국민적 틀 내의 개혁이라는 관점을 벗어나지 못했기 때문이다. (비록 일시적이나마) 체제의 실업 문제가 해결된 것은 1930년대 말 주요 자본주의 국가들이 모두 전쟁을 준비하며 재무장에 돌입했을 때였다.

우유부단함과 불황 때문에 마비된 이 소수파 정부가 1931년까지 쫓겨나지 않고 버틴 것 자체가 놀라워 보인다. 1930년 6월 자유당이 정부 불신임안을 제출하겠다고 위협했을 때 상황이 어찌나 절박했던지 맥도널드는 각료 회의에서 다음과 같이 말했다. "자비로운 신 앞에 무릎을 꿇고 이런 일이 일어나지 않게 해 달라고 기도하는 수밖에 없는 것 같습니다."[25]

야당들은 경제 위기의 대가를 노동자들에게 떠넘기는 데 노동당이 앞장서기를 바랐고, 바로 이런 이유로 노동당 정부는 쫓겨나지 않고 버틸 수 있었다. 자유당 지도자인 허버트 새뮤얼은 "꼭 필요한 감축들이 대부분 노동계급에게 불리한 것들임을 감안하면, 그런 감축을 노동당 정부가 강요하는 것이 우리에게 유리하다"고 썼다.[26]

실업자들에 대한 노동당의 태도는 키어 하디 시절 이후 바뀌지 않았다. '일자리 아니면 생계비 지원'이 원칙이었다. 일자리를 제공하든지 아니면 실업자들에게 일정한 생계비를 지원하라는 것이었다. 1929년에 실시된 몇몇 개혁 조처들은 노동당의 선거공약에 훨씬 못 미치는 것들이었고, 1930년 여름쯤 노동부 장관인 마거릿 본드필드가 제안한 실업급여 제도를 검토한 내각은 그것을 "도저히 받아들일 수 없다"고 생각했다. "그래서 총리는 그 제안서를 공개해서는 안 되고 모두 회수해서 파기해야 한다고 주장했다."[27] 그러나 최초의 여성 장관이었던 본드필드는 악명 높은 '예외법안'을 제정해서 기혼 여성의 실업급여 수급 자격을 박탈했다. 그래서 정부는 500만 파운드를 '절약'했다.

1931년 2월 11일 스노든은 위협을 넘어서 행동에 나서기로 결심했다. 스노든은 의회에서 다음과 같이 말했다.

국가가 아주 위험한 상황에 처해 있기 때문에, 내키지는 않지만 과감한 조처들을 취할 수밖에 없습니다. … 호황 때는 쉽게 허용할 수 있는 지출도 심각한 불황기에는 용납할 수 없습니다.[28]

스노든은 상공부 장관 월리 그레이엄의 전폭적인 지지를 받았는데, 그레이엄은 스노든이 감축 정책을 제안했다는 이유로 훗날 이 옛 동맹자를 비난한다. 이튿날 아침 〈데일리 헤럴드〉의 머리기사는 다음과 같았다. "위기에 직면한 영국 … 희생이 필요하다! 그러나 기업에 대한 증세는 최후 수단이어야 한다." 부르주아 신문들은 정부가 이제 실업급여와 임금을 삭감하려 한다고 보도했다. 며칠 뒤 〈데일리 헤럴드〉는 총리가 노동조합과 사용자들을 만나서 공무원 임금과 복지 삭감 문제뿐 아니라 사용자들이 요구한 실업급여 3분의 1 삭감 문제도 논의할 것이라고 보도했다.[29]

그러나 스노든의 행동은 성급했다. 노동당 지도자들은 노동당 의원단과 노동운동을 굴복시키기 위해 더 커다란 충격이 필요했다. 다행스럽게도, 자유당이 정부 재정을 조사하자며 노동당 지도자들을 도와줬다. 정부 재정을 '공정하게' 조사할 위원들로 선출된 사람들은 프루덴셜보험회사의 조지 메이 경(위원장), 노동당 의원 두 명, 기업인 네 명(허드슨베이사社와 큐나드스팀십사社의 대표들과 플렌더 경이 포함돼 있다)이었다.[30]

스노든은 메이위원회 보고서가 나올 때까지 기다렸다가 이것을 이용해서 노동자들에게 무리한 요구를 강요해야 했다. 그래서 4월 예산에는 중요한 변화가 전혀 없었는데도 스노든은 "올해 재정 집행에 차질이 빚어지면 지출 삭감으로 메워야 한다"고 경고했다.[31] 의회에서 벌어진 논쟁에서는 월리 그레이엄이 상관의 말을 앵무새처럼 되풀이했다.[32]

노동당 정부 몰락의 진상을 둘러싸고 논쟁이 끊이지 않았기 때문에 그 과정을 좀 더 자세히 살펴볼 필요가 있다. 7월 31일 메이위원회는 정부 재정이 파산 직전이라고 보고했다. 1억 2000만 파운드의 적자를 메우기 위해 특히 실업급여를 20퍼센트 삭감해야 했다. 8월 12일 맥도널드는 내각에 비상경제위원회를 설치했다. 비상경제위원들은 헨더슨, 그레이엄, 맥도널드, 스노든, 토머스였다. 앞의 두 사람은 나중에 노동당의 영웅이 되고, 뒤의 세 사람은 원흉이 됐다. 비상경제위원회가 내린 첫 결정은 보수당과 자유당의 자문을 구하는 것이었다.

이어서 몇 가지 방안이 내각에 제출됐다. 8월 19일 내각은 교사의 급여 등을 삭감하는 데 동의했다. 실업급여도 2200만 파운드 삭감하기로 했다. 따라서 노동당 정부가 실업자들을 공격하는 데 반대했다는 주장은 신화일 뿐이다. 자산 조사(실업급여 신청자들의 자산을 조사해 생계수단이 전혀 없음이 입증될 때까지 실업급여 지급을 보류하는 조처) 실시와 국민보험의* 노동자 보험료 인상 등이 재정지출 감축 방안으로 제시됐다. 그러나 아직 실업급여율 자체를 낮추지는 않았다.

여기까지는 견해 차이가 크지 않았다. 머지않아 맥도널드에 맞선 반란의 지도자가 되는 아서 헨더슨조차 비상경제위원이었으니까 말이다. 생키 경도 "헨더슨과 나는 고통 분담과 실업급여 삭감에 동의했다"고 말했다.[33]

노총만이 삭감 정책에 완전히 투항하지 않고 있었다. 이에 대해 시드니 웨브는 다음과 같이 우아한 반응을 보여 노동당의 일급 지식인임을 과시했다. "노총 중앙집행위원들은 돼지들이다. … 그들은 실업급여나 봉급이나 임금을 '삭감'하는 데 전혀 동의하지 않으려 한다."[34] 노총 중앙집행위원회는 8월 20일 노동당 집행위원회와 정부 대표단의 공동 회의에 참가하면서 무대에 등장했다.

노동당 집행위원회가 만장일치로 정부에 보낸 메시지는 〈데일리 헤럴드〉의 다음과 같은 머리기사에 요약돼 있다. "노동당 지도자들, 모든 것

---

* 국민보험 노령과 질병 등으로 일할 수 없는 사람들에게 정부가 돈을 지급하는 사회보장 제도.

을 정부에 맡기다."[35]* 그러나 노총은 정부의 압력에 저항했다. 노동자들의 집단적 조직과 연계돼 있고, 다른 방법으로도 자본주의를 치료할 수 있다고 생각했기 때문이다.

그 시기 내내 지구당, 중앙집행위원회, 의원단은 무기력한 방관자였고 정부 관직을 얻기 위한 통로 구실만 했다. 각자 독자적 기반이 있었던 노총과 내각만 주인공이 될 수 있었다.

당에 대한 충성도 시험에서 노총이 최강자임이 입증됐다. 노총의 영향력은 부분적으로 당에 대한 재정 기여(1930년에 노동당 재정의 4분의 3을 노총이 부담했다)와 의원들에 대한 후원에서 비롯했다. 여기에다 맥도널드의 탈당까지 겹치자, 당 중앙집행위원회와 의원단은 노총 중앙집행위원회의 노선을 거의 만장일치로 받아들였다.

8월 21일 금요일에 노총은 '고통 분담'을 바탕으로 한 지출 삭감을 제안했다.

1. 이윤, 소득, 수익에 대한 누진과세로 실업보험 기금을 확충한다.

2. 유가증권을 비롯한 불로소득에 과세한다.

3. 감채기금으로** 국가채무를 상환하는 것을 중단한다.

내각의 대답은 "제대로 된 정부는 외부 기구의 명령에 결코 굴복하지 않는다"는 것이었다.[36] 내각은 파운드화 투매는 금융계의 명령으로 여기

---

* 그 뒤 [실업이나 삭감 정책 등을 논의할] 노동당 집행위원회 회의는 국민정부[거국내각] 출범 뒤인 8월 26일까지 열리지 않았다. 임박한 위기에 대처할 방안을 논의할 회의도 열리지 않았다. 따라서 [8월 20일] 전에 실업 증대 등의 문제들을 논의한 집행위원회 회의는 1930년 11월 25일 회의뿐이었다. 이 회의에서 집행위원회는 실업 때문에 노동당의 표가 떨어지고 있다고 공개 발언한 국회의원 W J 브라운에게 징계 조처를 내렸다. 1926년에도 그랬듯이, 노동당 의원단과 달리 당 중앙집행위원회는 중대한 사건들이 한창 진행 중일 때 죽은 듯이 조용했다. — 지은이.

** 감채기금(減債基金) 미래의 부채 상환을 위해 적립하는 기금.

지 않았다. 반면, 수많은 노동당 지지자들을 방어하려는 노총의 노력은 외부의 명령으로 여겼다. 감채기금으로 연간 5000만 파운드씩 대부업자들에게 상환하는 것을 중단하는 셋째 사항만이 정부가 의도한 실업급여 삭감의 대안으로 검토해 볼 만했다.

이때, 부르주아 민주주의에서 진정한 권력이 어디에 있는지 보여 주는 일들이 벌어졌다. 내각은 먼저 대자본의 의회 대표들 — 보수당과 자유당 — 을 찾아가서 실업급여 10퍼센트 삭감에 만족하시느냐고 공손하게 물었다. 대답은 은행가들에게 가서 물어보라는 것이었다. 그래서 노동당은 영국은행에 문의했다. 내각의 의사록에 따르면,

실업보험을 상당히 많이 삭감해야 한다는 것이 [영국은행] 부총재와 특히 외국 금융업자들의 견해였다. … 부총재는 예산의 균형이 절실하다는 매우 우호적인 외국 금융업자[! — 지은이]의 말도 소개했다.[37]

그러나 영국은행 부총재는 최종 결정을 내리지 않았다. 미국 연방준비은행 [총재] 해리슨과 상의해야 했기 때문이다. 이 회전목마가 해리슨 앞에서 멈췄을 때, 그는 뉴욕의 금융업자들과 상의해야 한다고 말했다. 회전목마는 그렇게 돌고 돌았다.

한 장관은 당시 상황을 다음과 같이 묘사했다.

이 나라의 정부를 대표하는 신사 20명과 숙녀 1명이 어느 컴컴한 일요일 밤에 다우닝가의 정원에서, 파운드화 구제와 실업급여 10퍼센트 삭감 여부를 좌우할 뉴욕발[發] 전보를 기다리면서 서성이는 장면을 나는 결코 잊을 수 없다.[38]

마침내 대답이 왔다. 세계 자본주의의 다양한 대변자들은 대자본은 마음대로 정부를 세우거나 무너뜨릴 힘이 있으므로 선거, 정책 공약, 실업자 따위를 신경 쓰지 않는다고 말했다. 대자본은 사회에서 가장 가난한 사람들을 즉시 공격해서 부자들에게 호의를 보이라고 요구했다. 노동당이 이 일을 고분고분 해내면 만사가 순조롭겠지만, 혹시라도 반발하며 대중 저항을 부추기려는 기미라도 보인다면, 강경파 정치인들이 나서서 설칠 테니 알아서 처신하라는 것이었다.

일요일 밤 비어트리스 웨브는 일기장에 다음과 같이 썼다. "따라서 영국과 미국의 금융업자들이 영국 정부의 인사와 정책을 쥐락펴락한다. 시드니는 그들이 노동당 내각을 붕괴시킬 결정을 내리기를 바란다. … 정말 강력한 자본가 독재다!"[39]

실제 결과는 뜻밖이었다. 그날 밤 내각은 11~12표 대 8~9표로(정확한 표결 결과는 여전히 논란거리다) 실업급여 10퍼센트 삭감에 찬성하기로 결정했다. 맥도널드가 "이 제안은 그동안 노동당이 해 온 주장을 모두 부정하는 것"이라고 분명히 말했는데도 그런 결정이 내려졌다.[40] 그러나 근소한 차이가 나는 다수로는 충분하지 않았다. 정부 전체가 동참하거나, 아니면 "이 문제로 정부 요인들이 사임해야 한다면 정부 전체가 사퇴해야 한다"던 맥도널드의 경고가 실현돼야 한다는 것을 은행가들은 분명히 했다. 만장일치로 지지를 받지 못한 맥도널드는 즉시 노동당 정부를 해산시켰다.

여파

당시 노동당이 실업급여 삭감에 맞서 싸웠다는 신화가 1931년 이후 꾸준히 유포됐다. 노동당이 실업급여를 삭감하느니 차라리 정부를 포기했다는 것이다. 진실은 노동당이 맥도널드를 축출한 것이 아니라, 내각의 다수가 실업급여 삭감을 받아들였는데도 맥도널드가 내각에서 노동당 인사들을 축출한 것이었다. 이 사실을 입증하는 두 가지 증거가 있다. 첫째, 내각 사퇴를 결정한 사람이 바로 맥도널드였다. 국왕의 비서는 다음과 같이 기록했다.

> 총리는 … 은행가들의 요구를 수용하는 데 찬성한 장관이 11명, 반대한 장관이 8명이었고, 그래서 모든 것이 끝났다고 국왕께 말씀드렸다. … 이런 상황에서 총리는 내각 해산 외에 달리 대안이 없었다.[41]

둘째, 많은 사람들은 맥도널드가 하려고만 했다면 노동당을 이끌고 실업급여를 삭감할 수 있었을 것이라는 커크우드의 평가에 동의한다.

> 그러나 내가 한 가지는 확신한다. 만약 램지 맥도널드가 당원들을 만나 자신의 견해를 밝히고 국민정부 구성에 동참하자고 설득했다면, 그들은 대부분 동의했을 것이다.[42]

오히려, 노동당을 배신한 장관 네 명 가운데 가장 비중이 낮은 생키만이 노동당 의원단 회의에 참석해서 궁색한 변명을 했다.

실업급여 삭감에 대한 노동당의 태도를 규명하는 방법이 하나 더 있다. 삭감 정책이 시행됐을 때 노동당이 얼마나 저항했는지 살펴보는 것이다. 의회 밖에서 실업급여 삭감에 항의하는 대중행동이 정당했다는 것은 명백하다. 밀리밴드는 다음과 같이 썼다.

1931년에 영국은 세계에서 가장 부유한 나라 가운데 하나였고 영국 지배계급은 세계에서 가장 부유한 지배계급 가운데 하나였다는 사실을 감안하면, 교양 있고 합리적인 신사들이 실업자들과 그 가족들이 받는 쥐꼬리만 한 돈에서 몇 백만 파운드를 절약하는 것이 영국의 지급 능력을 결정적으로 좌우한다고 주장하는 것은 정말 놀라운 일이다.[43]

그러나 노동당은 적극적으로 반격에 나서지 않았다. 실업자들은 결코 수동적이지 않았는데도 말이다. 10월 7일 글래스고에서 5만 명이, 이튿날 맨체스터에서 3만 명이, 그다음 날 글래스고에서 다시 6만 명이 소요를 일으켰다.[44] 〈데일리 헤럴드〉는 보기 딱할 정도였다. 1930년에 〈데일리 헤럴드〉는 공산당원이 실업자 운동을 조직하는 것을 비난했다.

오직 무모하고 무정한 자들만이 누더기 옷을 걸치고 제대로 먹지도 못한 사람들을 이끌고 거리를 휩쓸 것이다. 그런 군중은 대부분 시위행진에 전혀 어울리지 않는 사람들이다. … 그런 시위는 이렇다 할 목적을 이룰 수 없기 때문에 특히 반대할 만하다.[45]

1931년에 온갖 사건들이 벌어졌지만, 〈데일리 헤럴드〉의 논조는 바뀌지 않았다. "해결의 열쇠는 [실업자들이 — 지은이] 쥐고 있다. 소요나 무모한 시위, 경찰과의 무의미한 충돌이 아니라(경찰들도 피해자다) 노동당의 선거 승리를 위해 열심히 노력하는 것이 해결책이다."[46] 〈데일리 헤럴드〉는 아주 온건한 행동조차 비난했다. 15퍼센트 임금 삭감에 저항한 교사들은 "방과 후 아이들의 놀이에 대한 감독"을 거부했다는 비난을 받았다. 〈데일리 헤럴드〉는 교사들에게 "[투쟁] 결의안을 철회하고 … 투표를 통해 … 정의를 확립하라"고 촉구했다.[47]

다행히도, 차기 노동당 정부가 들어설 때까지 14년을 기다리는 것보다 더 나은 방법들이 있었다. 지배계급에게 반격을 가할 최상의 기회는 1931년 9월 15일 인버고든에서 벌어진 항쟁과 함께 찾아 왔다. 임금이 25퍼센트나 깎일 위험에 처한 선원들을 포함해 1만 2000명의 선원이 항명 투쟁을 시작했다. 인버고든 항쟁이 의회에서 쟁점으로 떠오르자 노동당 대변인은 항쟁이 "지극히 유감스런 일이며 위험한 선례가 됐다"고 말했다.[48] 그런데도 인버고든 항쟁은 일시적으로 성공을 거뒀다. 뒤따른 금융 공황 때문에 며칠 만에 금본위제가 폐지됐다(금본위제 때문에 디플레이션[통화량 감소와 경제활동 위축]이 일어났고, 1926년에는 금본위제를 고수하기 위해 광원들이 희생되기도 했다). 그리고 9월 21일 국민정부는 '정당한' 불만들에 응답해야 한다는 것을 '깨달았다.' 교사, 경찰, 군인의 임금 삭감 폭이 대폭 줄어들었다.[49]

1900~1931년의 역대 선거에서 노동당이 득표한 수

연도	득표수
1900년	60,000
1906년	300,000
1910년	450,000(두 차례 선거의 평균)
1918년	2,200,000
1922년	4,200,000
1923년	4,300,000
1924년	5,500,000
1929년	8,400,000
1931년	6,600,000*

재무부 장관 스노든은 노동당이 임금 삭감에 반대하는 것을 비꼬았다. 그는 "[국민정부의 — 지은이] 삭감 정책은 대부분 … 전에 노동당 정부가 채택하고 승인한 것들"이라고 주장했는데 옳은 말이었다.[50] 10월 선거 결과는 더 굴욕적이었다.

득표수가 거의 4분의 1이나 감소한 것보다, 의석수가 52석으로 급감한 것과 1세대 지도자들의 수치스러운 말로가 더 심각한 문제처럼 느껴졌다. 우경화하고 변절한 자들뿐 아니라 헨더슨, 클라인스, 웨브 같은 지도자들도 정치 생명이 끝났다. 제2차 노동당 정부는 30년 동안 지속된 개혁주의 추세와 꾸준한 성장 패턴을 파괴했다. "점진주의의 필연성"이라는 시드니 웨브의 말이 갑자기 공허하게 들렸다.

노동당은 헨더슨과 그레이엄 등 여러 장관들이 실업급여 삭감에 동조한 것을 숨기려고 무진 애를 썼다. 1931년 10월 당대회에서 의장은 모든 참석자들에게 "상호 비난을 자제해 줄 것"을 요청했다.[51] 집행위원회는 당대회에 제출한 보고서에서 정부 붕괴 건에 대해 딱 반 쪽만 할애했다. 일부 대의원들이 이 가장 중대한 사건에 대한 적절한 해명을 요구했지만 소용없었다. 해명 요구를 지지하는 대의원들이 너무 적어서 카드투표까지 갈 필요도 없었다.

이 놀라운 사건[노동당 정부의 붕괴]에 대한 설명은 다양하다. 노동당의 공식 설명은 이 모든 것이 램지 맥도널드가 오래전부터 꾸민 음모였다는

---

* 중요한 점은 득표수가 이렇게 급감한 이유가 단지 1931년 8월 위기의 결과나 스노든의 비방 전술 때문만은 아니었다는 것이다(스노든은 자신을 유명인사로 만들어 준 노동당을 악랄하게 비난했다). 이미 3~6월 재보선에서 노동당 득표수가 이전 선거에 비해 재앙적이라고 할 만큼 감소했다. 예컨대, 5월 세인트롤록스(글래스고)에서 노동당의 득표는 8000표에서 1382표로, 러더글렌에서는 5000표에서 683표로, 게이츠헤드에서는 1만 6000표에서 1392표로 각각 급감했다! — 지은이

것이다. 시드니 웨브는 "극의 전개가 미리 예견된 … 1명의 정치인이 작가 겸 제작자 겸 주인공인 1인극"이었다고 설명했다.[52]

국민정부에 참여한 맥도널드 일당이 30년 동안의 의회 활동 때문에 배신자가 된 것은 사실이다. 위기가 최고조에 달했을 때 맥도널드는 딸에게 "노동자들에 대한 이 감상적 태도는 모두 쓰레기 같은 생각이야. 실업자들도 희생을 감수해야지"[53] 하고 말했고, "내일 런던의 공작부인들이 모두 나에게 입을 맞추려 할 것이다!"[54] 하고 자랑했다. 아마 스노든은 "왕실 사람들과 아주 친해서 다른 친구가 필요 없다고 말한" 부인의 영향을 받았을지도 모른다.[55] 그러나 이런 설명은 위기에 대한 적절한 분석이 아닐뿐더러, 그런 인물들이 어떻게 오랫동안 당을 지도할 수 있었는지 설명하지도 못한다.

사실, 노동당 정부의 붕괴는 자본주의의 압력과 개혁주의의 실패 때문이었다. 노동당은 항상 유권자들에게 자본주의의 틀 안에서 노동자들의 권익이 증진될 수 있다고 말했다. 경제 위기가 심각해질수록 그 틀을 유지해야 한다는 목소리도 커졌다. 물 밑에서 충돌하던 자본의 요구와 노동자들의 요구가 1931년에 물 위에서 정면으로 충돌했다.

제2차 노동당 정부의 붕괴는 자본주의가 위기에 빠지면 개혁주의가 파탄난다는 것을 분명히 입증했다. 어떤 자본주의 국가도 자본주의의 압력을 오랫동안 거스를 수 없다. 그렇게 하려는 개혁주의 정부는 모두 상황의 모순 때문에 붕괴할 수밖에 없다. 개혁주의가 표방하는 계급과 국가의 조화는 내적 긴장 때문에 깨질 수밖에 없다.

스노든은 1931년의 상황을 초래할 수밖에 없었던 정치적 신념을 1년 전에 다음과 같이 표현했다.

사회주의자를 자처하며 자본주의 체제 전복을 운운하는 사람들이 있다.

터무니없는 헛소리다! 우리의 과제는 자본주의 체제 전복이 아니라 체제를 변화시키는 것이다.[56]

개혁주의의 **출발점**은 건강한 자본주의 체제였다. 1931년에 일어난 사건의 의미를 온전히 파악한 노동당 의원이 한 명 있었다. 노동당이 아직 집권당일 때, W J 브라운은 다음과 같이 경고했다. 당 지도부의 정책은,

> 헌법적이고 평화적인 진보를 추구하는 철학을 뿌리째 흔들어 놨다. ⋯ 노동당의 핵심 사상은 우리가 의회 권력을 충분히 장악하면 ⋯ 지금의 국가를 점차 새로운 국가로 바꿀 수 있다는 생각이다. ⋯ 오늘 재무부 장관의 연설은 그런 목표를 완전히 파괴하는 것이었다.[57]

마르크스는 노동자 운동이 "자본주의의 무덤을 파는" 것이라고 생각했다. 그러나 노동당은 자본주의를 치료하는 의사를 자임했다.

제2차 노동당 정부를 파탄 낸 개혁주의의 모순은 자본주의의 모순과 연결돼 있다. 개혁주의는 계급 전쟁의 상대적 휴전이 가능할 만큼 노동자 계급과 자본가들의 힘이 균형을 이룬 특별한 상황에서 성장했다. 이런 상황에서 휴전의 정치적·경제적 조건을 협상하는 노동운동 관료들이 나타났다. 1931년에 그들의 줄타기가 막을 내렸다. 그렇다고 해서 개혁주의 의식도 사라진 것은 아니었다.

관료주의든 개혁주의 사상이든 위기 때 저절로 사라지지 않았다. 노동자들이 자신감이 없는 한, 둘 다 끈질기게 살아남았다. 노동당은 여전히 노동계급의 강력한 지지를 받았다. 심지어 노동당이 개혁을 제공할 수 없을 때조차 그랬다.

그렇지만 위기의 효과는 매우 컸다. 개혁주의가 노골적인 자본주의 옹

호론에 대항할 수 없었기 때문에 노동당 주변의 지지자들은 개혁주의에 매력을 느끼지 않았다. 노동당의 핵심 지지층 밖에서는 노동당 득표수가 줄어들었다.

1931년에 노동당 앞에는 세 갈래 길이 있었다. 하나는 맥도널드 일당이 국민정부를 구성한 것처럼 개혁주의를 포기하고 우경화하는 길이었다. 다른 길은 개혁주의를 포기하고 좌경화해서 혁명적 관점을 택하는 것이었다. 이 방향으로 자동으로 나아가지 못한 이유는 노동계급의 일반적 정서가 방어적이었고 공산당이 초좌파주의에서 헤어나지 못했기 때문이다. 셋째 길은 개혁주의가 비록 쇠퇴하고 불안정했지만 그래도 개혁주의를 계속 고수하는 것이었다. 노동계급의 다수는 이 길을 선택했다. 그들은 이제 자신들의 문제를 해결할 수 있는 대안이 노동당이라고 보고 노동당에 필사적으로 매달렸다.

9장

사회주의 독재에서 국민 통합으로

1930년대의 노동당

노동당이 심각한 선거 패배 뒤 좌경화했다가 다음 선거 때 다시 '정신을 차리고' 전통적 견해로 복귀하는 것은 노동당 역사에서 흔한 일이다. 그래서 1951년 선거 패배 뒤 노동당 안에서 베번 좌파 운동이 득세했고, 1970년과 1979년 보수당의 승리에 자극받아 벤 좌파 운동이 떠올랐다.* 그러나 베번 노선이든 벤 노선이든 1930년대 [노동당] 좌파의 급진적 이미지에 비하면 새 발의 피다.

당시 상황이 그런 급진적 분위기에 큰 영향을 미쳤다. 제2차 노동당 정부가 국제 금융계의 음모로 붕괴하고 노동당이 선거에서 참패하자, 사회주의로 평화적이고 합법적으로 이행하는 것이 가능한가 하는 의문이 제기됐다. 나치가 독일의 부르주아 민주주의를 파괴하고 대공황이 닥치자 그런 의문은 더욱 커졌다. 노동당 좌파의 지도자였던 프랭크 와이즈는 1933년 당대회에서 "우리는 사회주의로 나아갈 것이냐, 아니면 파시즘을 묵종할 것이냐 하는 갈림길에 서 있습니다" 하고 말했다.[1]

그 전의 급진적 태도와 달리, 1930년대의 좌파 노선은 외부의 대중적 압력을 봉쇄하려고 채택된 것이 아니었다. 오랫동안 맥도널드를 지지한 우파조차 오랜 신념이 갑자기 무너졌다고 느껴 새로운 사상을 모색할 정도였다. 비록 노동당 주류가 보기에 정치적 발작은 금세 끝났지만, 그런 정치적 경련 때문에 전례 없이 강력한 표현들이 등장했다.

---

* 각각 이 책의 12장과 16장에서 자세히 설명한다.

그래서 애틀리는 자본주의에 치명타를 가하겠다고 약속했다.

집권의 순간이 공격의 순간이다. 즉, 정부가 새로 선출되고 국민의 지지를 확인하자마자 공격을 감행해야 한다. 공격은 치명적이어야 한다. 어설픈 공격으로 적에게 상처만 입히거나 굼뜬 훼방꾼을 날쌘 강적으로 만들어서는 안 된다.[2]

애틀리는 심지어 혁명정당 개념까지 나아갔다. "지금 모든 사회주의자의 가장 긴급한 과제는 … 혁명의 전위 부대를 창설하는 것이다. 그것도 지금 당장 창설하는 것이다. 왜냐하면 혁명이 일어났을 때는 너무 늦기 때문이다."[3] 애틀리는 "혁명이 일어났을 때 육군과 해군을 지휘할 사람들을 훈련시켜야 한다"고 제안했다.[4]

제2차 노동당 정부가 붕괴했을 때 새 정부에서 한 자리 얻으려고 기웃거린 노동당 우파 허버트 모리슨조차 급격하게 좌경화했다.[5] 1931년 선거 결과에 대한 모리슨의 첫 반응은 다음과 같았다.

노동당은 진정한 의미의 좌파, 진정한 사회주의 좌파가 돼야 한다. 공적 자금 분배가 자본주의 체제에서 부를 재분배하는 것인 양 생색내는 가짜 좌파 정책은 안 된다. 그것은 개혁주의의 환상이다. … 정신노동자들과 육체노동자들은 … 부자들의 식탁에서 떨어지는 빵 부스러기를 얻기 위해서가 아니라 영연방의 공공서비스를 위해 조직돼야 한다.[6]

독실한 기독교 신자인 R H 토니도 이제 자본주의를 점진적으로 철폐할 수 없다고 주장했다. "양파는 한 꺼풀씩 벗겨서 먹을 수 있지만, 살아 있는 호랑이의 발톱을 하나씩 뽑을 수는 없다. 그랬다가는 호랑이에게 먼저 잡아먹히고 말 것이다."[7]

미사여구에 도취한 휴 게이츠컬은

상층계급의 경제 권력을 분쇄하기를 원했다. 그는 노동당이 집권하면 근본적으로 혁명적인 조처들을 실행할 수 있을 것이라고 믿었다.[8]

독립노동당의 탈당

제2차 노동당 정부의 붕괴로 노동당 좌파 진영이 재편됐다. 독립노동당이 노동당에서 떨어져 나가자 새로운 세력들이 기회를 얻었다.

1929~1931년에 독립노동당 소속 노동당 의원은 142명이었고, 그중 37명이 독립노동당의 재정 후원을 받았다. 그들에게는 "독립노동당 정기 당대회에서 결정된 정책들"을 이행하라는 요구가 제시됐다.[9] 누가 봐도 이것은 온당하고 합리적인 요구였다. 그러나 이에 동의한 의원은 독립노동당의 재정 후원을 받는 11명과 또 다른 7명뿐이었다! 1931년에 노동당 정부가 붕괴하자 독립노동당은 분열했다. 독립노동당 당대회는 절망적인 분위기에서 노동당을 떠나기로 결정했지만, 의원의 다수는 노동당에 남았다.

이때부터 독립노동당은 심각하게 쇠퇴했다. 독립노동당이 노동당을 뛰쳐나온 것은 독자적인 정치를 바탕으로 새로운 운동을 건설하기 위해서가 아니라, 독립노동당 소속 좌파 개혁주의 의원들의 독립성을 보호하기 위해서였다. 독립노동당은 노동계급 속에 내린 뿌리가 얕았기 때문에, 과거에 축적한 자본을 까먹으면서 살아야 했고 그 자본은 금세 바닥나고 말았다. 당원 수도 1931년 1만 6773명에서 1932년 1만 1092명, 1935년 4392명으로 급감했다.[10]

크립스: 기층의 자코뱅?

1929~1931년의 노동당 정부 붕괴는 스태퍼드 크립스에게 가장 강력한 영향을 미쳤다. 크립스는 조지 랜스버리 다음으로 유명한 노동당 의원단 지도자가 됐다. 원래 크립스는 1929년 5월에야 노동당에 가입한 신참이었다. 그러나 금세 의원이 됐고, 이모 부부인 웨브 부부와 모리슨의 도움을 많이 받았다. 크립스는 맥도널드가 국민정부에서 함께 일하자고 제안했을 때 한참을 고민하다가 거절했을 만큼 맥도널드를 존경했다.[11]

그러나 1931년 선거 뒤에 완전히 딴 사람이 된 크립스는 "지금 문제는 점진주의의 필연성이 아니다. 이제 점진주의는 필연적이지 않다"고 말하면서 페이비언주의자들의 유명한 선언을 뒤집어 버렸다.[12] 개혁주의자들은 "자본주의 체제 내의 변화를 자본가들이 허용할 것"이라는 오랜 신념이 완전히 틀렸음을 깨닫지 못했다는 것이 크립스의 주장이었다. "유럽 사회민주주의 운동의 역사 전체는 그런 생각이 틀렸음을 입증한다."[13]

크립스는 국제 자본가들의 반발뿐 아니라 '버킹엄 궁전'[영국 왕실]과 군대의 반발도 물리쳐야 한다고 예견했다! 우선 국제 자본가들의 반발 문제와 관련해서 크립스는 다음과 같이 말했다. "나는 최악의 금융 위기 없이 노동당이 집권할 수 있으리라고 생각하지 않는다. 그래서 우리가 전면적인 비상대권을 요구하는 것이다."[14] 둘째 문제와 관련해서는 다음과 같이 말했다. "노동당이 집권하면 우리는 버킹엄 궁전뿐 아니라 다른 데서 불거질 반발도 극복해야 할 것이다."[15] 크립스는 다음과 같은 말로 마무리했다. "우리는 군대 문제도 처리해야 할 것이다. 노동당은 얼스터 [아일랜드 북부 지방] 반란 때보다 더 강력한 조처들을 취할 태세가 돼 있어야 한다."[16]

크립스의 주장은 《합헌적 수단으로 사회주의를 실현할 수 있을까?》라는 글에 요약돼 있다. 이 글에서 그는 미래의 노동당 정부는 적들을 쳐부수기 위해 가혹한 조처들에 의존해야 할 것이라고 주장했다.

정부의 첫 조처는 최대한 빨리 의회를 소집해서 비상대권 법안을 제출하고 당일로 모든 절차를 다 거쳐서 그 법안을 통과시키는 것이다. 그 법안의 조항들은 충분히 포괄적이어야 한다. 그래야 내각의 명령을 즉시 집행하는 데 차질이 없을 것이다. 의회 외에는 누구도, 심지어 법원도 내각의 명령에 도전할 수 없다. … 사회주의 정부는 다음 선거에서 여론의 심판을 받을 때까지 일시적으로 독재 정권이 될 것이다.[17]

노동당 지도자들의 말 가운데 이보다 더 도전적인 말은 없었다. 그러나 진정한 의지와 웅변은 구분해야 한다. 이것을 구분하는 간단한 방법이 있다. 정치인이 말을 하는 데서 그치는 것이 아니라 약속을 실현할 수단을 의욕적으로 추구하는지를 살펴보는 것이다. 크립스는 의회주의를 뛰어넘을 생각이 전혀 없었다. 그래서 그의 말은 늘 대담한 웅변에 불과했다.

그래서 국민정부, 노동당 지도부, 언론이 크립스가 왕정을 비방했다고 공격하자 그는 "결코 왕권을 말한 것이 아니었다"고 둘러댔다. "국왕 주위의 관리나 측근, 왕실을 가리킬 때 쓰는 흔한 표현"으로 버킹엄 궁전이라는 말을 사용했을 뿐이라는 것이었다. 어쨌든, 크립스는 왕정이 유지되기를 원했다![18]

그리고 크립스가 폭력 혁명을 옹호한다고 법무부 장관이 비난한 적이 있었다. 부당한 비난이라고 생각한 크립스는 다음과 같이 대꾸했다. "나는 항상 혁명적 수단과 그 수단에 의존하는 공산주의 운동을 비난해 왔다. 나는 의회 민주주의 방식으로 현 체제의 급진적 변화를 이룰 수 있다는 신념을 피력해 왔다."[19]

당시 크립스의 말과 글에는 정치적 목적을 위해 노동자들의 경제적 힘을 동원해야 한다는 암시조차 없었다. 차기 노동당 정부가 비상대권을 도입해야 한다는 크립스의 급진적 제안은 노동당의 의회 전통을 결코 벗어나지 못했다.

사회주의자동맹의 부침

1932년 10월 창립한 사회주의자동맹은 크립스가 주창한 것과 같은 급진적 정책들을 실현하기 위한 단체였다. 사회주의자동맹은 그 절정기였던 1934년 3월에도 지부가 74개, 회원이 3000명인 소규모 조직이었다.* 사회주의자동맹에는 프랭크 와이즈, 어나이린 베번, 조지 스트라우스, 클레멘트 애틀리, 찰스 트리벨리언 경, 윌리엄 멜러, 엘런 윌킨슨, D N 프릿, 해럴드 라스키, H N 브레일스퍼드 같은 좌파 의원들과 지식인들이 많았다. 사회주의자동맹의 의장은 크립스, 사무총장은 1931년에 공산당을 탈당한 J T 머피였다. 머피는 사회주의자동맹이 "노동당을 혁명적 사회주의로 견인할 목적으로 노동당 안에서 활동하는 혁명적 사회주의자들의 조직"이라고 봤다.[21]

노동당 지도부가 '맥도널드의 배신'에 경악해 있는 동안에는 사회주의자동맹이 그런 대로 혁신파 구실을 했다. 1932년부터 1933년까지 2년

---

* 중요했던 1937년 사회주의자동맹 협의회[이 협의회에서 사회주의자동맹이 해산된다]에서는 12개 결의안과 19개의 수정안이 제출됐는데, 런던 이외의 지부가 발의한 안건은 딱 하나였다. 사회주의자동맹의 역사를 연구한 패트릭 세이드는 다음과 같은 결론을 내렸다. "비록 전국적 구조를 갖추고 있었지만, 사회주의자동맹은 대다수 노동당 좌파들과 마찬가지로 조직력이 런던에 집중돼 있었다."[20] — 지은이.

동안 사회주의자동맹은 자유롭게 활동하며 실제 규모 이상의 영향력을 행사했다.

1932년 노동당 당대회에서 프랭크 와이즈는 진정한 사회주의 계획에는 은행 통제가 필수적이라는 근거로 영국은행뿐 아니라 다른 은행들의 국유화도 요구하는 결의안을 제출해, 지도부의 반대에도 불구하고 통과시켰다.[22] 사회주의자동맹이 통과시킨 또 다른 결의안에는 이런 내용도 있었다. "차기 노동당 정부와 의원단의 지도자들은 당대회에서 결정된 방침을 따라 … 집권하자마자 즉시 분명한 사회주의 입법을 발표해야 한다. … 우리는 말뿐 아니라 행동으로도 사회주의를 실현해야 한다."[23]

헨더슨은 당대회 결정으로 의원단의 손이 묶여서는 안 된다고 경고했다. 그러나 애틀리는 결의안을 지지하며 다음과 같이 주장했다.

우리는 우리를 지지하는 사람들에게 아주 분명하게 이야기할 의무가 있습니다. 눈물 없이는 사회주의를 성취할 수 없을 것이라고, 우리가 뭔가를 하려고 할 때마다 금융·정치·사회 기득권층이 강력하게 반발할 것이라고 분명히 말해야 합니다. 우리는 명심해야 합니다. 우리가 [의회] 다수파가 되더라도 끊임없이 투쟁해야 한다는 사실을 말입니다.[24]

대의원들이 결의안을 지지하는 분위기가 너무 뚜렷했기 때문에 그 결의안은 카드투표도 거치지 않고 통과됐다.*

---

*   1932년 당대회에서 결정된 정책들은 좌파에 유리했다. 그래서 이런 흐름이 중앙집행위원회 선거에도 반영될 것이라고 다들 생각했다. 그러나 돌턴과 모리슨 같은 우파들은 지구당 부문에서 표를 얻어 쉽게 재선출된 반면, 프랭크 와이즈나 클레멘트 애틀리의 득표는 훨씬 적었다(1937년까지는 노동조합 부문 대의원을 포함한 당대회 대의원 전체가 지구당 부문 집행위원들을 선출했다). ─ 지은이.

1933년 당대회에서 좌파는 공세를 재개했다. 크립스는 차기 노동당 정부가 집권하면 상원을 즉시 폐지하고 비상대권법을 통과시켜 "금융기관을 인수하거나 통제하고, 산업을 즉시 통제하거나 사회화하고, 식량 등 필수품 공급을 원활하게 하는 데 필요한 조처들을 실시한다"는 것을 확실히 못박아두려 했다.[25]

그러나 이 중요한 결의안은 표결에 부쳐지지 않았다. 언사는 급진적이었지만, 좌파에게는 아킬레스건이 있었다. 크립스는 결의안에서 제기한 문제들을 검토할 1년의 시간을 집행위원회에게 주겠다고 밝혔다. 그렇게 해서 표결과 정면 대결을 피한 것이다.

1932년과 1933년 당대회에서 좌파가 거둔 승리는 서류상의 승리였을 뿐이다. 당대회에서 사회주의자동맹이 얻은 수백만 표가 노동계급 의식의 진정한 변화를 반영하는 것인지 아닌지는 두고 봐야 했다.

1931년에 찾아온 공황은 1930년대 중반쯤 회복되기 시작했다. 제국의 이점 덕분에 영국 자본주의는 최악의 불황을 피할 수 있었다. 영국은 실업률이 33퍼센트까지 치솟은 미국이나 실업자가 600만 명까지 늘어난 히틀러 집권 직전의 독일과 달랐다. 부르주아 민주주의는 살아남았고, 노동당 지도부는 개혁주의가 지속될 수 있음을 깨달았다. 따라서 사회주의자동맹이 설쳐대는 것을 더는 용납할 수 없었다.

노동당 우파는 1934년 당대회에서 주도권을 되찾았다. 사회주의자동맹의 정치적 전망이나 발언의 영향력은 여전했지만, 지도부가 공식 기구를 이용해 막강한 힘을 사용하기 시작하자 제아무리 탁월한 청중석의 주장으로도 그것을 저지할 수 없었다. 사회주의자동맹은 무기력해졌다.

논쟁은 주로 《사회주의와 평화를 위해》라는 정책 자료집을 둘러싸고 벌어졌다. 당 집행위원회는 "노동당의 행동 강령"이라는 부제가 붙은 그 자료집을 "포괄적이고 간결한 정책 해설"이라고 설명했다. 《사회주의와 평화를 위해》는《노동당과 국가》(1928년)보다 훨씬 더 예리하고 분명했다. 그러나 국유화의 시기는 여전히 모호했고, "[국민적] 동의 절차를 거쳐 변화를 실현한다"는 것을 강조했다. 노동당은 "세계 최초로 의회 기구를 통해 정치적·종교적 자유를 획득한 사람들이 똑같은 방법으로 경제적 해방을 성취하지 못할 이유가 없다고 생각한다."[26]

《사회주의와 평화를 위해》는 자본가들의 방해를 극복할 비상대권이 필요하다는 생각에도 도전했다. 사회주의자동맹은 이 도전에 대항하기 위해 초안을 22군데나 수정하려고 시도했지만 모조리 패배하고 말았다.

공산당이 노동당 좌파에 영향을 미치다

1934년 당대회에서 겪은 심각한 패배로 사회주의자동맹의 취약한 기반이 극명하게 드러났다. 그래서 사회주의자동맹은 공산당과 손잡고 새롭게 영향력을 확대하려 했다. 공산당과 사회주의자동맹은 공통점이 있었지만, 둘의 차이를 비교해 보는 것도 유익할 것이다.

노동당 좌파의 근본 약점은 노동계급과 실질적 연계가 없다는 것이었다. 노동당 좌파는 당대회에서 지구당의 지지는 끌어낼 수 있었지만 노동조합의 블록투표에 부딪히면 공산당이라는 매개체를 통해 간접적으로 영향을 미칠 수밖에 없었다. 크립스, 베번, 프릿의 정치적 영향력은 노동자들의 집단적 투쟁을 대변한 데서 비롯한 것이 아니라 의회 정치 활동에서 나왔고, 투쟁을 지도하는 능력이 아니라 탁월한 연설 실력에서 나왔다. 그들은 의회 활동 덕분에 명성을 얻었지만, 영향력은 그보다 훨씬 약했다. 그들은 노동당 지도부와 다툴 태세는 돼 있었지만, 노동당 정치와 단호하게 결별할 생각은 없었다. 그랬다가는 자신들에게 명성을 안겨 준 조건 자체가 사라졌을 것이기 때문이다.

노동당 좌파는 매우 이질적이었다. 당 지도부에 대한 좌파의 비판은 아주 다양한 동기에서 나올 수 있었기 때문이다. 그래서 골수 스탈린주의자인 프릿뿐 아니라 자유당 출신으로 국제연맹의 열렬한 지지자인 찰스 트리벨리언 경도 사회주의자동맹의 전국위원회에 포함돼 있었다.

공산당은 사뭇 달랐다. 공산당은 탄탄한 조직이기는 했지만, 안타깝게도 레닌의 지원을 받아 창설된 혁명정당이 더는 아니었다. 1926년 이후 공산당은 코민테른의 좌충우돌을 고스란히 따라했다. 코민테른 자체가 소련 신흥 관료 집단의 도구였다. 그러나 공산당은 사회주의자동맹보다 나은 점도 있었다. 공산당이 비록 궁극적으로는 스탈린의 지령에 굴종했지만, 여전히 노동당의 의회주의 크레틴병病을* 거부했고 노동자들의 집단적 조직을 강조했다. 공산당은 노동계급에 직접 뿌리를 내리고 있었다. 이 점은 1926년 이후 사실상 휴지기에 들어간 노동운동이 다시 깨어났을 때 분명히 드러났다.

1929~1933년의 불황으로 노동조합 조직과 노동자들의 자신감과 투쟁력이 또 한 번 타격을 입었을 때 노동운동은 최악의 상태였다. 1934년 이후 사정은 바뀌기 시작했다. 1933년 439만 2000명이었던 노동조합원 수가 1939년 629만 8000명으로 늘었다. 파업 건수도 1933년 359건에서 1937년 1129건으로 늘어, 제2차세계대전 전의 최고 수준을 기록했다.[27]

노동당 전체는 말할 것도 없고 노동당 좌파가 여기에 기여한 바는 전혀 없었다. 노동당은 왜곡된 형태로 운동을 반영할 수 있지만, 결코 운동을 주도하지는 않는다.

---

* 크레틴병 지능 저하나 성장 장애를 일으키는 선천성 갑상선 기능 저하증. 노동당의 의회주의를 비꼬는 말이다.

리처드 크라우처의 책 《전시의 금속 노동자들》은 노동운동이 부활한 이유를 다음과 같이 설명한다.

대략 1934년 초부터 금속 산업에서 노사 관계의 분위기가 바뀌기 시작했다. … 비록 한두 명이라도 옛 동료들이 일터로 다시 돌아오는 것을 목격한 노동자들은 복귀한 노동자 수보다 훨씬 큰 자신감을 얻었다.[28]

항공 산업에서 그런 흐름이 두드러졌다. 항공 산업의 노동자 수는 1930년 1만 7600명에서 1939년 봄 14만 명으로 껑충 뛰었다.[29] 항공 산업에서는 공산당이 주도하는 현장위원 운동 — '항공 산업 현장위원 전국평의회'와 그 기관지 〈프로펠러〉 — 이 전투적인 파업들을 주도했다.

1937년에는 금속 산업에서 수습 노동자 파업이 두 건 일어나 런던 북부와 동부로 확산됐다.[30] 크라우처는 운동의 "열기와 조직화는 그해 프랑스나 미국의 폭발적인 산업 투쟁과 견줄 만했다"고 썼다.[31] 청년공산주의자동맹 회원이 중앙 파업위원회 위원장을 맡는 등 또다시 공산당이 운동을 주도했다.

광산업에서도 똑같은 양상이 벌어졌다. 기층 광원들은 [1926년에] 조지 스펜서가 광원 파업을 파괴하기 위해 만든 노동조합에도 반대하고 '비정치적인' 노동조합주의의 압력에도 반대하면서, 새로운 무기인 갱내 농성 파업을 발전시켰다. 대규모 전투는 1937년에 벌어졌다. 하워스 지역의 광원들이 압도적인 찬성으로 광원노조 가입을 결정했지만, 회사 측은 스펜서의 노동조합에 가입하라고 계속 압박했다. 광원 여섯 명이 1927년 제정된 노동쟁의법의 피케팅 조항 위반 혐의로 중노동형을 선고받았고, 파업 노동자들은 사택에서 쫓겨날 처지에 놓였다. 광원노조가 하워스 지역의 광원들을 지지하는 파업을 전국에서 벌이기로 결정하자 사측은 물러섰다. 스펜서의 노동조합과 그 간부들은 광원노조로 흡수됐고, 광원노조는 이제 산별 교섭단체가 됐다. 여기서도 공산당원들이 투쟁의 선두에 있었다.[32] 정말이지 이 기간에 벌어진 모든 중요한 투쟁에서 공산당원들은 두드러진 구실을 했다.

공산당은 자체 산업 조직이 있었는데도 몇몇 보조적인 조직들에 의존했다. 첫째, 상당한 지지를 받은 전국실업노동자운동이 있었다. 이와 대조적으로 노동당은 1930년대 내내 실업 문제와 관련해서 한 일이 아무 것도 없었다. 다시 집권하기 전까지 자신들이 할 수 있는 일은 거의 없다고 믿은 노동당은 의회 활동에 집중했다.

실업에 맞서 싸우기 위해 "노총이 1933년 2월 딱 한 번 시위를 주최했을 때 노동당은 공공질서 유지를 핑계로 시위에 반대했다."[33] 경찰이 노총의 시위에 철저하게 협조했는데도 그랬다. 노동당의 이런 수동적 태도는 의미심장했다. 노동당은 실업자들을 사회의 자선이 필요한 무기력한 피해자로만 여겼다. 실업 문제의 해결책은 자본주의를 폐지하는 것뿐이다. 따라서 실업에 진지하게 반대하는 운동이라면 법과 질서에 도전할 수밖에 없었다. 그래서 공산당이 지지한 대규모 행진들을 경찰이 야만적으로 진압했던 것이다.

능동적인 실업자 운동에 대한 노동당의 태도는 다음과 같은 존 새빌의 말에 잘 요약돼 있다.

노동당 밖에서 실업자들을 선동하는 노동당 지도자들의 목소리에는 힘이 없었다. 실업 반대 운동에서 가장 중요한 단체는 전국실업노동자운동이었다. 이 단체는 1930년, 1932년, 1934년, 1936년 네 차례나 전국 각지에서 런던까지 기아飢餓 행진을 조직했다. 이 행진들 가운데 공식적으로 지지를 받은 것은 하나도 없었다. 특히 처음 두 차례 행진 때 노동당과 노동조합 지도부는 산하 지역 본부들에 행진을 지원하지 말라는 지침을 내려 보냈다. 전국실업노동자운동을 공산당이 주도하고 있었기 때문이다. 노동당과 노조 지도부의 지침을 무시하는 분위기는 1934년부터 조금씩 나타나기 시작해 1936년에 전국으로 확산됐다. 1936년 하이드파크에서 열린 기아 행진단 환영식 때는 많은 노동당 주요 인사들과 함께 애틀리도 연설했다.[34]

새빌은 노동당의 "어리석고, 반동적이고, 정치적 자살이나 다름없는" 태도를 보여 주는 최고의 사례로 [1936년 10월의] 재로 지역에서 있었던 행진을 꼽는다.[35] 1930년대의 기아 행진 가운데 규모가 가장 작았던 그 행진이 전설이 된 것은 법을 잘 지키고 당국에 도전하지 않았기 때문이다. 이 '비정치적' 행진에서 유명한 공산당원들은 배제됐다. 그리고 재로의 모든 교회에서 행진을 위한 기도가 끝나고 교구 주교가 행진 대열을 축복한 뒤에야 행진은 시작됐다.[36] 그리고 행진 대열을 선도한 사람들은 재로 지역의 보수당과 노동당 간부들이었다.

보통의 실업자 행진과 달리, 런던에서 그들을 환영한 것은 경찰의 곤봉이 아니었다. 의회는 그들에게 차를 대접했고, 그들은 버킹엄 궁전 앞 대로에서 국왕을 "열렬하게 환영"할 수 있는 기회도 얻었다.[37]

재로 출신 의원 엘런 윌킨슨은 1936년 노동당 당대회의 분위기는 냉랭했다고 말한다.

거리에서는 따듯한 동지애를 느꼈지만 당대회장에서는 불만을 느낄 수 있었다. 노총은 행진을 지지하지 않았고, 노동당 집행위원회도 마찬가지였다. … 노동당은 발을 뺐고, 노총은 노동조합 지역 지부들에 행진을 지원하지 말라는 공문을 내려 보냈다. 그래서 노동조합 지역 지부가 그 지침을 충실히 따른 체스터필드 같은 곳에서는 오히려 보수당이 행진 참가자들에게 따뜻한 식사를 대접하고 숙소를 마련해 줬다. 물론 대다수 지역 지부들은 동지애를 발휘해 노총의 지침을 무시했다.[38]

당대회 연단에서 연사들은 윌킨슨이 "전국의 굶주리고 헐벗은 사람들을 런던으로 행진하게 만들었다"고 비난했다. 윌킨슨은 다음과 같이 대꾸했다.

이 궁핍한 지역의 주민들을 런던으로 오게 하는 일이 쉽지 않다고 해서 그들이 계속 그렇게 굶주리며 지내기를 바랄 수는 없습니다. 전국위원회는* 무엇을 했습니까? 행진을 지지하지 않았습니다. 지역 조직들에 내려 보낸 공문에는 아주 정중한 말투로 "행진을 지원하지 마시오" 하고 적혀 있었습니다. … 왜 그랬습니까? 행진 참가자들 중에 공산당원들이 있을지 모르기 때문입니다. 월터 시트린 경[노총 사무총장]은 성聖 바울이 천국에는 공산당원이 한 명도 없다고 장담해야 천국에 들어가실 겁니까?

윌킨슨은 당 집행위원회가 "행진 참가자들을 위한 모금조차 허용하지 않으려 했습니다" 하고 말했다.[39]

1930년대에 공산당과 노동당의 차이를 잘 보여 준 또 다른 주요 쟁점으로는 모즐리가 이끄는 파시스트들에 대한 태도를 들 수 있다. 노동당 지도자들이 파시즘과 파시스트들의 행동을 정말로 혐오했을 수 있다. 그도 그럴 것이, 파시즘은 개혁주의자들의 기반인 노동자 조직을 모조리 파괴하려 하기 때문이다. 그러나 적을 미워하는 것과 적에 맞서 싸우는 법을 아는 것은 전혀 다른 문제다. 파시스트들은 의회 게임의 법칙

---

* 전국위원회 노동당 중앙집행위원회, 노동당 의원단, 노총의 공동 협의 기구.

을 받아들이지 않고 투표가 아니라 거리에서 테러와 위협을 일삼기 때문에, 노동당이 파시즘에 맞서 제대로 저항하기는 힘들다.

그래서 1930년대에 노동당은 파시스트들의 행진을 저지하려 하지도 않았고 파시즘에 반대하는 소극적 항의를 하는 데 그치는 등, 투쟁에서 적극적이지도 않고 효과적이지도 않은 태도를 보였다.

공산당과 독립노동당이 1934년 9월 9일 모즐리 지지자들의 하이드파크 집회에 반대하는 시위를 벌이자고 호소했을 때, 노동당 집행위원회는 반대 시위가 "난장판이 될 것이 뻔하기 때문에" 노동당 지지자들은 "그런 제안에 부화뇌동해서는 안 된다"고 선언했다.[40]

노동당 지도자들의 냉소적인 태도는 1936년 10월 4일 '케이블스트리트 전투'에서 절정에 달했다. 모즐리의 '검은 셔츠단'은* 당시 런던의 유대인 밀집 거주지인 스테프니 지역을 가로질러 행진하기로 결정했다. 공산당과 독립노동당은 파시스트들을 저지하기 위한 대중 시위를 호소했고, 노동조합 지부들과 노동당에 시위 지원을 요청했다. 파시스트 3만 명을 저지하기 위해 10만~15만 명이 거리로 쏟아져 나왔다. 경찰 병력 6000명과 런던 기마경찰 전체가 보호했는데도, 파시스트들은 케이블스트리트를 지나갈 수 없었다.

노동당 지도부는 어떤 반응을 보였는가? 내무부 장관에게 행진 경로를 변경시키라고 요청했다가 거절당한 조지 랜스버리는 성명을 발표해 사람들에게 시위에 참가하지 말라고 촉구했다. 10월 1일 자 〈데일리 헤럴드〉와 〈뉴스 크로니클〉은 독자들에게 랜스버리의 권고를 따르라고 호

소했다. 〈뉴스 크로니클〉은 "파시스트가 공산당의 시위를 방해할 권리가 없듯이 공산당도 파시스트의 집회를 방해할 권리가 없다"고 주장했다.[41]

케이블스트리트 전투 다음 날 모리슨은 노동당 당대회에서 다음과 같이 선언했다. "저는 이쪽 편이든 저쪽 편이든 혼란을 부추기려는 자들을 지지하지 않습니다." 모리슨이 한 일이라고는 정치적 [상징이 강한] 제복 착용을 금지하는 집행위원회 결의안을 제출한 것뿐이었다. 이 결의안은 만장일치로 통과됐다.[42]

존 새빌은 노동당의 구실을 다음과 같이 요약했다.

1930년대의 중요한 정치적 발의와 운동은 모두 노동당 지도부의 명시적 기대를 거스르거나 지도부의 승인을 받지 않은 것들이었다.[43]

노동당은 철저하게 수동적인 반면 공산당은 활력이 넘쳤음을 감안하면, 크립스 일파가 점차 공산당에 의존하게 된 것은 당연했다. 공산당이 여전히 소규모 조직이었는데도 그랬다. 공산당은 당원 수가 1935년 6500명에서 1937년 1만 2250명으로 증가했지만 여전히 노동당과는 비교도 할 수 없을 만큼 적었다.

정치적 종속

1930년대의 노동당 좌파는 의회 밖 활동과 사상을 모두 공산당에 의존했다.

키어 하디의 독립노동당에는 윤리적 주장들과 자유주의, 그리고 무엇보다 페이비언주의가 뒤죽박죽 섞여 있었다. 이 셋은 모두 지배계급의 사상에서 유래했다. 맥스턴의 독립노동당은 옛 자유당원 J A 홉슨의 사상에 많이 의존했고, 머지않아 케인스와 베버리지 같은 자유당원들[의 사상]이 득세하게 된다. 사회주의자동맹은 예외인 듯했다. 크립스가 "점진주의의 필연성"을 거부한 데서 상징적으로 드러나듯이 사회주의자동맹은 이 세 경향을 모두 거부했다. 공산당과 제휴한 뒤에는 마르크스주의를 얘기하기도 했다.

그러나 공산당은 이제 철저한 스탈린주의 조직이 돼 있었다. 스탈린주의의 계급 기반이 페이비언주의나 자유주의와 달랐는가?[*] 비록 스탈린주의의 기원 — 1917년의 정신을 교살하고, 볼셰비키를 물리적으로 제거하고, 노동자와 농민을 착취해 급속하게 자본을 축적한 것 — 은 완전히 달랐지만, 스탈린주의 역시 국가 자본가 관료 집단이라는 또 다른 지배계급의 이론이었다. 스탈린주의가 여전히 마르크스주의의 미사여구를 사용했지만, 그것은 속내를 감추기 위한 외피였을 뿐이다. 그래서 '프롤레타리아 독재'는 관료 집단의 독재로 변했고, 사회주의 계획경제는 새로운 자본주의 국가의 강제 공업화 5개년 계획으로 바뀌었다.

물론 크립스와 사회주의자동맹이 노동당 정부의 독재와 중앙집권적 경제계획이 일정 기간 필요하다고 말한 것은 서유럽에 임박한 파시즘과 혼란을 극복할 사회주의적 대안이 소련 모델이라고 봤기 때문이다. 그리고 이것은 사회주의자동맹만의 생각도 아니었다. 경제계획을 비롯한 스탈린주의 정책들 자체가 바로 사회주의라는 생각에 진지하게 도전한 사람들은 오직 극소수의 트로츠키주의자들뿐이었다. 그렇지만 의식적이었든 아니었든 간에 사회주의자동맹은 개혁주의 극좌파들의 낯익은 함정

---

[*] 웨브 부부 자신들이 1931년 위기 이후 "점진주의의 필연성"을 부인하고 스탈린과 스탈린의 저작들을 열렬하게 지지했음을 기억해야 한다. — 지은이.

에 빠졌고, 지배계급 이론에 의존함으로써 정치적 대가를 치러야 했다.

[공산당과 사회주의자동맹의] '결혼'이 지속되는 동안 주도권은 공산당이 쥐고 있었다. 이 점은 〈레프트 뉴스〉, 그리고 특히 크립스가 1937년 1월 1일부터 발행하기 시작한 〈트리뷴〉을 보면 분명히 알 수 있다. 많은 사회주의자동맹 회원들은 스탈린주의의 대변자가 됐다. 예컨대 해럴드 라스키는 트로츠키 지지자들이 "군비 증강을 추구하는 나치 독일의 강력한 동맹"이라고 비난하며 트로츠키에 대한 비열한 중상모략을 늘어놨다.[44] 존 스트레이치는 '모스크바 재판'이* 전적으로 공정했다고 확신했다.

[피고인들의] 고백이 진심이라고 굳게 믿는다. 나는 우리 시대의 가장 탁월한 이 역사적 기록을 연구하는 것보다 더 좋은 정치 교육은 없다고 단언할 수 있다.[45]

투하쳅스키 원수를 비롯한 소련군 고위 장교들이 처형당한 뒤에야 '모스크바 재판'에 대한 확고한 신뢰가 무너지기 시작했다. 노동운동에서 항의의 목소리가 어찌나 컸던지 〈트리뷴〉도 흔들릴 수밖에 없었다. 1936년에 사회주의자동맹과 공산당의 동맹을 지지했던 금속노조와 광원노조 등 많은 노동조합이 이제는 태도를 바꿨다.

그때까지 〈트리뷴〉은 거의 매호마다 소련 어린이들의 웃는 얼굴 사진을 실었다. 그리고 나중에 바버라 캐슬로 더 유명해진 바버라 베츠가 쓴 "소련의 여성들"이라는 한 면짜리 기사를 일곱 호에 걸쳐 연재했다. 스탈린이 날조한 《소련 공산당(볼셰비키)사》를 "이 시대 최고의 책"으로 치켜세운 글을 싣는 데 한 면 전체를 할애하기도 했다.[46]

---

* 모스크바 재판 1930년대 후반 스탈린 시절에 벌어진 숙청 재판들.

1939년 여름 히틀러와 스탈린이 조약을 체결하고 소련의 외교정책이 돌변하자 공산당과 사회주의자동맹의 결혼은 위기에 빠졌다. 그때조차 〈트리뷴〉의 초기 반응은 소련을 두둔하는 것이었다.

> 독일과 소련의 불가침조약은 동유럽의 평화 증진에 크게 기여할 것이다. 그 조약으로 독일이 폴란드 등을 마음대로 공격할 수 있게 됐다는 것은 거짓말이다.[47]

심지어 9월 17일 소련이 폴란드를 침략한 뒤에도 〈트리뷴〉은 소련의 외교정책을 정당화했다. 이런 태도는 11월에 소련이 핀란드를 침략한 뒤에야 바뀌었다. 이제 소련의 지령을 노예처럼 따른 것은 공산당뿐이었고, 노동당 좌파는 영국 방어 정책을 채택했다.

외교정책

이제 1930년대의 주요 쟁점이었던 외교정책과 전쟁 문제를 살펴보자. 노동당 주류는 노동당의 전통적 견해를 채택했다. 자본주의 국가의 기존 정책들을 지지하고, 그런 정책들에 개혁주의 색채를 덧씌운 것이다. 노동당 주류의 구호는 "국제연맹 하의 집단적 안전 보장"으로 요약할 수 있었다. 그러나 이와 다른 견해를 가진 랜스버리 같은 사람들도 있었다. 랜스버리는 맥도널드가 탈당하고 새로 당 대표가 된 아서 헨더슨이 1931년 선거에서 낙선하자 노동당 지도자가 됐다.

외교정책 문제가 부각된 것은 무솔리니가 아비시니아[지금의 에티오피아]를 침공했을 때 열린 1935년 노동당 당대회에서였다. 집행위원회가 당대회에 제출한 결의안은 "국제연맹의 원칙과 규약에 따른 조처를 확실하게 지지해서, 이탈리아 정부를 제지하고 국제연맹의 권위로 평화를 실현한다"는 내용이었다.[48]

기독교 평화주의자인 랜스버리는 한 쪽 뺨을 맞으면 다른 쪽 뺨을 대는 태도로 파시즘에 반대했다. 그는 아비시니아가 이탈리아에 저항하는 것은 잘못이라고 주장했다. "당대회에서 이렇게 주장하는 사람이 저 혼자뿐이라 해도 제 소신껏 말씀드리겠습니다. 저는 우리가 서로 평화롭고 평온하게 사는 것이 신의 뜻이라고 생각합니다. 우리의 그런 삶을 방해하는 사람들이 있다면 저는 초기 기독교인들처럼 다음과 같이 말할 것입니다. '이것이 우리의 운명이고, 여기가 바로 우리가 있을 곳이며, 필요하다면 우리는 여기서 죽을 것입니다.'"[49]

그러자 어니스트 베빈이 랜스버리를 강력하게 비판했다. 베빈은 랜스버리가 "양심에 따라 당연히 해야 할 일을 뻔히 알면서도 이 사람 저 사람에게 물어보면서 자신의 양심을 속이고 있다"고 비난했다. 결의안은 216만 8000표 대 10만 2000표라는 압도적인 차이로 통과됐다.[50] 자본주의 국가를 지지하는 기존 정책에 반대하는 대안이 기껏해야 랜스버리의 비현실적 평화주의였기 때문에 진정한 의견 충돌은 아니었다. 랜스버리는 지도부에서 사퇴했고 애틀리가 그를 대신했다.

랜스버리의 기독교 평화주의는 노동당 지도자들의 정신적 보수주의를 보여 주는 것이므로 더 자세히 설명할 가치가 있다. 임박한 전쟁에 대한 랜스버리의 해결책은 다음과 같았다.

각국 수뇌들의 국제 회의를 열어서 … 낙후한 지역에 투자 기금을 제공하고, 환율을 안정시키고, 관세를 낮추고, 그래서 전 세계의 산업이 다시 활기를 띠게 만들어야 한다. 이렇게 하면 희생은 거의 없고 경제적 번영이 뒤

따를 것이므로, 어느 나라 국민도 절망적인 심정에서 전쟁 따위를 벌이려 하지 않을 것이다.

랜스버리는 이런 제안을 실천에 옮겼다. 그는 기성 정치인들과 그렇지 않은 정치인들을 모두 만났고, 심지어 히틀러도 만났다. 히틀러와의 면담을 '성공'으로 평가한 랜스버리는 공개적으로는 히틀러를 "우리 시대의 가장 위대한 인물 가운데 한 사람"이라고 치켜세우며 "남들이 떠밀지만 않는다면 히틀러는 전쟁을 하지 않을 것"이라고 공언했다. 사적으로는 히틀러를 고독하고 번뇌하는 인간으로 묘사했다. 랜스버리는 만약 자신이 독일어를 할 줄 알고 베르히테스가덴에 있는 히틀러의 별장에서 잠시 함께 지낼 수 있었다면, 히틀러를 진정시키고 그를 "가장 순수한 기독교도"로 개종시킬 수 있었을 것이라고 정말로 믿었다. 그 뒤 랜스버리가 무솔리니의 따뜻한 환대를 받은 것도 놀라운 일은 아니다.

랜스버리가 나중에 만난 사람들 중에는 오스트리아의 독재자 슈슈니크, 루마니아의 국왕 카롤과 그의 "아버지 같은 총리" 미론 크리스테아, 헝가리의 도살자 호르티 제독도 포함돼 있었다. 이 독재자들은 모두 기독교식 평화를 열렬히 지지했다. 네빌 체임벌린[당시 영국 총리]이 히틀러와 뮌헨 협정을 체결하고 돌아와 협정문을 흔들며 "우리 시대의 평화"가 실현됐다고 선언했을 때 랜스버리는 체임벌린을 열렬하게 지지했다.[51]

랜스버리처럼 멍청하고 반동적인 사상을 가진 지도자를 배출할 수 있는 노동계급 정당이 세상에 또 있을까?

노동당 지도자들은 아비시니아 문제에 이어서 외교 문제에서 또 다른 난제에 직면했다. 그것은 바로 스페인 내전이었다. 1936년 6월 프랑코[파시스트 군대를 이끈 장군이자 독재자]는 다섯 달 전에 선출된 민중전선 정부를 전복하기 위해 내전을 도발했다. 스페인 내전은 금세 노동계급 운동의 핵심 문제로 떠올랐다.

영국 정부는 다른 주요 열강들과 함께 '불개입' 원칙을 천명했다. 이것은 교전 세력 어느 쪽에도 무기를 제공하지 않겠다는 합의인 듯했다. 그러나 독일과 이탈리아는 프랑코에게 비행기와 보급품을 지원했다. 나중에 이탈리아는 스페인으로 군대를 파병하기도 했다.

1936년 노동당 당대회에서 '불개입' 원칙을 지지한 사람들의 주된 논거는 프랑스의 민중전선 정부도 불개입을 고수하고 있다는 것이었다. 영국 정부가 프랑스 정부를 압박해 불개입을 강요한 사실에 대해서는 일언반구도 없었고, 프랑스의 사회당 소속 총리 레옹 블룸이 영국의 압력에 철저히 순응하는 것을 비판하는 말도 전혀 없었다.

당대회에서 어나이린 베번은 '불개입'이 속임수라고 주장했다.

스페인의 반란군에게 무기가 계속 공급된다면 스페인의 우리 동지 수십만 명이 학살당할 것이라는 사실은 누가 봐도 뻔하지 않습니까? 스페인에 파시스트 정부가 들어서면 블룸 정부의 운명이 어찌될지 베빈 씨와 전국위원회는 생각해 봤습니까? 독일의 파시즘, 이탈리아의 파시즘, 스페인의 파시즘, 포르투갈의 파시즘에 맞서 프랑스의 민주주의가 얼마나 오래 버틸 수 있겠습니까?[52]

불개입을 지지하는 결의안은 183만 6000표 대 51만 9000표로 통과됐다.

이 불개입 정책이 현명한 것인지 의심하는 국민이 늘고 있었지만, 노동당은 소극적으로 항의하는 것 이상은 하지 않았다. 이듬해 노동당 당대회는 불개입 반대를 만장일치로 결정했지만,[53] 의회에서 몇 차례 연설하는 데 그쳤을 뿐 거리·공장·광산에서 대중운동을 조직하지는 않았다.

노동당 지도부는 죄책감을 덜기 위해 스페인의 공화주의 세력들을 위한 구호 활동과 적십자사 활동을 조직했다. 그러나 이것조차도 그 규모는 보잘것없었다. 1937년 노동당 당대회 보고를 보면, 1936년 8월 1일부터 1937년 7월 중순까지 국제연대기금으로 12만 6000파운드가 모였다. 그중에 3만 7000파운드는 노동조합들이 기부한 것이었다.[54] 2년 뒤인 1939년 당대회에서 중앙집행위원회는 "전국위원회가 연대기금으로 모금한 금액이 약 5만 3000파운드"라고 보고했다.[55]

좌파의 대안

노동당 지도부의 외교정책을 압축적으로 보여 준 사례가 스페인의 공화주의 세력을 방치한 일이라면, 노동당 좌파는 적어도 처음에는 꽤나 급진적인 정책을 추진했다. 그래서 크립스가 쓴 책 《합헌적 수단으로 사회주의를 실현할 수 있을까?》에 실린 한 장의 제목은 "자본주의에서 영원한 평화는 불가능하다"는 것이었다. 1933년에 사회주의자동맹은 "전쟁이 터지거나 전쟁 위협이 있을 때 조직 노동계급 운동의 반대를 조직하기 위해 취해야 할 (총파업을 포함한) 조처들"을 당 집행위원회가 승인하게 만들었다.[56]

그러나 사회주의자동맹에 불리한 흐름이 형성되자 이 결정은 무의미해졌고, 1년이 채 안 돼 노동당은 총파업과 전쟁에 대한 결의안을 완전히 폐기했다.

국제연맹을 둘러싼 논쟁도 벌어졌다. 1934년 노동당의 성명서 "전쟁과 평화"는 국제연맹을 강력하게 지지하고, 국제연맹의 규약을 실천하기 위한 '평화조약' 체결을 제안했다. "전쟁과 평화"는 "각국이 다른 나라에 맞서 자국을 방어하기 위해 유지하는 군대를 모두 폐지하고" 이것을 "국제연맹이 관할하는 국제 경찰"로 대체하자고 주장했다.

1934년 당대회에서 사회주의자동맹은 국제연맹과 베르사유 조약(제1차세계대전의 전후 처리를 규정한 협약)을 따로 떼어놓고 볼 수 없고, 따라서 국제연맹은 현상 유지 기구일 뿐이라고 비난했다. "국제연맹은 자본주의 체제의 경제적 충돌을 반영할 수밖에 없고, 따라서 전쟁을 끝장낼 수 없다." 오히려 노동당 정부는 "소련이나 사회주의 정부가 통치하는 나라들과 가장 긴밀한 정치적·경제적 관계를 맺으려고 노력"해야 한다. 1933년이라면 이런 결의안이 통과됐을지 모르지만, 1934년에는 그럴 가능성이 없었다. 그래서 우파가 195만 3000표를 얻은 반면, 좌파는 26만 9000표를 얻는 데 그쳤다.[57]

또 다른 쟁점은 반파시즘 공동전선이었다. 1933년 1월 히틀러가 집권했다. 1934년 2월 제2인터내셔널(사회주의 인터내셔널)의 집행위원회는 노동계급이 파시즘에 맞서 단결해야 한다며, 자신들은 코민테른과 공동 행동을 할 태세가 돼 있다고 선언했다. 이에 코민테른은 각국 공산당에게 공동전선을 건설하기 위한 회의를 소집하라고 지시했다. 그래서 영국공산당은 노동당, 노총, 협동조합당과* 만나기 시작했다. 독립노동당도 공동전선을 호소하는 성명을 발표했고 3월에는 공산당과 공동전선 건설에 대체로 합의했다.

노동당 지도자들의 반응은 어땠는가? 노동당의 전국공동위원회는 공산당과 독립노동당의 제안을 거절하고 "민주주의 대 독재"라는 선언문을 발표했다. 이 선언문은 독일의 나치 독재와 소련의 공산주의 독재를 싸잡아 비판하며, '좌파' 독재라는 '반동'에 대한 반동이 나치즘이라고

---

* 협동조합당 1917년에 창립한 소규모 사회주의 정당.

주장했다. 그것은 나치즘과 공산주의가 사실상 똑같다는 말이었고, 따라서 공동전선 개념을 철저히 거부한다는 뜻이었다.

노동당 집행위원회는 공산당의 공동전선 호소에 우호적인 단체들에 대항하는 강력한 조처들을 취하는 한편, 산하 조직들에 그런 단체들과 관계를 맺지 말라고 촉구하는 지침을 내려 보냈다. 그리고 공산당이 전선체들을 통해 활동하는 전술을 폭로하기 위해 《공산주의의 태양계》라는 소책자도 발행했다.

1934년 노동당 당대회에서 어니스트 베빈은 공산당의 활동 때문에 파시즘의 위협이 대두했다고 주장했다. "공산주의자들을 억제하지 않으면 파시스트들도 억제할 수 없습니다."[58] 노동당 좌파는 크게 패배했다. 공동전선에 대한 찬반 표결에서 찬성이 8만 9000표, 반대가 182만 표였다.[59]

아무것도 하지 않는 노동당 지도부의 태도보다는 공동전선이 훨씬 나았지만, 공동전선에도 어려움은 많았다. 노동당 좌파가 공동전선을 추구한 것은 공산당과 노동자들의 연계를 자신들에게 유리하게 이용하기 위해서였다. 반면, 공산당은 그 나름의 목적을 위해 노동당 좌파 지도부를 원했다. 한동안 둘의 정략결혼은 지속됐다. 두 당이 공동전선을 대체로 의회 수준에서 바라보는 관점을 공유하고 있었다는 사실도 정략결혼의 지속에 한몫했다. 이것은 레닌과 트로츠키가 주장한 공동전선 개념과 사뭇 달랐다. 트로츠키가 말한 공동전선은 그들에게 '일곱 인으로 봉한 책'과* 마찬가지였다. 트로츠키는 다음과 같이 썼다. "공동전선은 수많은 가능성을 제기하지만 그 이상은 아니다. 공동전선 자체는 아무것도 결정

---

* 일곱 인으로 봉한 책 요한의 묵시록에 나오는 비밀의 책으로 하나님의 손에 들려 있었다고 한다.

하지 않는다. 오직 대중투쟁만이 결정한다."[60]

1936년 노동당 당대회에서 공동전선 제안은 찬성 43만 5000표, 반대 180만 5000표로 부결됐다.[61] 몇 달 뒤인 1937년 1월 공산당·독립노동당·사회주의자동맹은 "파시즘, 반동과 전쟁, 국민정부에 반대하는 투쟁 … 직접적인 요구들을 위한 투쟁, 노동계급 권력을 향해 나아가는 징검다리로서 노동당의 재집권을 요구하는 투쟁에서 단결"할 것을 호소하는 '단결 선언'에 서명했다. 노동당 집행위원회는 즉시 "당 중심성"이라는 성명서를 발표해서, 공산당과 공동 행동을 하는 것은 "노동당 당원 자격과 양립할 수 없다"고 규정한 당대회 결정 사항을 다시 확인했다.

집행위원회는 사회주의자동맹도 해산시켰다. 해산 결정을 지연시키려는 전술은 집행위원회 표결에서 14 대 9로 패배했다. 사회주의자동맹을 못마땅하게 여겼던 어니스트 베빈은 "나는 모즐리가 노동당에 들어오는 것도 봤고, 모즐리와 크립스의 전술이 다르지 않다는 것도 알고 있다"고 말했다.[62] 사회주의자동맹과 노동당의 이중 멤버십은 금지됐다.[63]

사회주의자동맹은 심각한 난관에 봉착했다. 첫째, 사회주의자동맹 회원들이 모두 확고하게 '단결 선언'을 지지한 것이 아니었다. 특별 협의회에서 '단결 선언'에 찬성한 대의원이 56명, 반대가 38명, 기권이 23명이었다.[64] 둘째, 사회주의자동맹은 그 무엇보다 노동당의 일부라는 것이 이 동맹의 존재 이유였다. 따라서 사회주의자동맹 회원은 노동당 당원이어야 했다. 사회주의자동맹의 규약 제1조는 "모든 회원은 노동당 지구당에 가입해야 한다"는 것이었다.

따라서 사회주의자동맹은 해체하는 것 말고 다른 대안이 거의 없었다. 1937년 오순절에 열린 사회주의자동맹 협의회에서는 다음과 같이 결정했다.

노동당과 결별하거나 분열하는 것을 막기 위해 최선을 다하기로 결정한 이 협의회는 … 사회주의자동맹의 존속이 기층 노동자들 사이의 불화를 부추기는 핑계가 되지 않도록 자신을 희생할 각오가 돼 있다.[65]

한편, 단결운동위원회는 영국 전역에서 집회를 개최하는 등 적극적인 선전 활동을 지속했다. 처음에는 공산당·독립노동당·사회주의자동맹이 이 단체를 후원했지만, 나중에는 공산당과 독립노동당만 후원하고 옛 사회주의자동맹 회원들은 몇몇이 개인적으로 참가했다. 옛 사회주의자동맹 회원들은 '단결에 공감하는 당원 위원회'를 결성해 독자적인 운동을 펼치기도 했다. 마이클 풋은 그 집회들이 "몇 년 만에 최대 규모였다"고 기억한다.[66]

당연히 노동당 집행위원회는 '단결에 공감하는 당원 위원회'를 금지했을 뿐 아니라 공산당이나 독립노동당과 단결하는 것을 지지하는 활동도 일절 금지했다. 당대회에서 공동전선과 사회주의자동맹을 지지하는 결의안들이 많이 제출됐지만, 집행위원회는 이것들을 모두 기각했다.

이런 상황을 극복할 수 있는 유일한 방법은 집행위원회가 제출한 안건을 반려하는 것뿐이었다. 안건 반려를 제안한 크립스는 당 지도부가 공산당이나 독립노동당과 협력하는 것은 금지하면서 "자본가 정당들과 협력하는 당원들은 가만 놔둔다"고 지적했다. 해럴드 라스키도 크립스의 주장을 지지하며, 만약 자신이 연단에서 윈스턴 처칠이나 해리 폴릿[공산당 사무총장] 중 누구 옆에 설 것인지를 선택해야 한다면 결코 주저하지 않고 폴릿 옆에 설 것이라고 말했다. 논쟁에서 허버트 모리슨은 공산당, 독립노동당, 노동당 좌파 사이의 차이를 아주 교묘하게 이용했다.

스태퍼드 경[크립스]은 우리가 결코 부자들이나 제3의 정당 사람과 함께 연단에 서서는 안 된다고, 오직 노동계급의 대표들 곁에만 서야 한다고 말씀하신 것 같습니다. … [그러나] 폴릿 씨가 사회주의자이자 노동계급 대표인 트로츠키와 함께 연단에 설까요? 그러지 않을 것입니다. 만약 스페인에서 마르크스주의통일노동자당POUM[반反스탈린주의적 공산주의 정당]과 노동계급 정당의 일부 지도자들이 런던에 오고, 독립노동당이 그들이나 폴릿 씨와 공동전선을 건설하기를 원한다 해도 폴릿 씨는 그들과 함께 연단에 서지 않을 것입니다. 그러나 폴릿 씨는 애설 공작부인[우파 정치인]과는 함께할 것입니다.[67]

투표가 두 차례 진행됐다. 각각 사회주의자동맹 금지 문제와 집행위원회의 공동전선 대응 방침에 대한 투표였다. 두 가지 투표에서 모두 안건 반려 안이 큰 차이로 졌다.[68] 심지어 지구당 부문에서도 공동전선에 찬성하는 대의원은 3분의 1도 안 됐다.[69] 그러나 좌파가 완전히 패배한 것은 아니었다. 집행위원 선거에서 프릿·라스키·크립스가 지구당 부문 집행위원 7명 가운데 3명으로 선출됐고, 엘런 윌킨슨도 여성 부문 집행위원으로 선출됐다.

민중전선을 향해

비록 문제가 있기는 했지만, '반파시즘 공동전선' 요구는 적어도 노동계급의 단결을 호소했다. '반파시즘 공동전선' 운동이 의회를 강조하기는 했지만 그 계급적 성격은 여전히 남아 있었다. 그러나 이제 노동당 좌파는 이런 견해마저 포기했다. 외무부 장관 앤서니 이든이 사태를 더욱 악화시켰다. 히틀러가 오스트리아를 합병하자 이든은 영국 정부의 대對

독일 유화정책에 항의하며 외무부 장관직을 사임했다.

1938년 3월 오스트리아가 점령당한 바로 그때 공산당 신문 〈데일리 워커〉는 윈스턴 처칠을 우두머리로 하는 '평화 블록' 구성을 호소했다. 소련의 지령에 굴종한 것이다.

그동안 부르주아 인사들과 협력하는 것을 반대했던 크립스의 태도도 돌변했다. 3주도 안 돼 크립스는 민중전선을 선전하고 다니며 "상황 변화에 맞게 견해와 결정을 재고해야 한다"고 말했다.[70] "견해를 재고"한 크립스는 애설 공작부인, 보수당 의원, 공산당의 해리 폴릿, D N 프릿 등을 연사로 내세운 스페인 [공화파] 지지 집회를 주도했다.

새 노선은 민중전선 건설을 호소했다. 민중전선은 노동자들이 노골적인 자본주의 세력들과 손잡고 최대한 광범한 반정부 연합을 건설하는 것이었다. 그 목표는 총리 체임벌린을 몰아내고, 유화정책을 폐기하고, 히틀러와 무솔리니의 팽창 정책을 저지하는 것이었다.

반파시즘 투쟁의 제휴 대상으로 거론된 '반정부' 인사 중에는, 1926년 총파업을 탄압한 반동 세력의 핵심이었고 무솔리니의 이탈리아를 칭송한 윈스턴 처칠 같은 자도 포함돼 있었다. 민중전선 지지자들은 처칠이나 이든 같은 정치인들이 약소국의 권리나 노동자들의 단결권을 옹호해서 유화정책을 반대한 것이 아니라는 사실을 무시했다. 처칠과 이든은 오로지 영국 제국주의를 군사적으로 방어하는 데만 관심이 있었을 뿐이다.

새 정책의 영향은 재앙적이었다. 파시즘은 수동적인 협정문 따위를 존중하지 않았다. 노동계급이 파시즘을 꺾으려면 자신의 경제적·정치적·물리적 힘을 동원해야 했다. 그러나 민중전선은 그렇게 하기 힘들게 만들었다. '민주적 부르주아지'와의 동맹 때문에 노동계급의 독자적 투쟁을 전개할 수 없었다. 민중전선 지지자들이 반파시즘 투쟁에 앞장서 주기를 기대한 정치인들은 그동안 프랑코가 스페인 노동자들을 분쇄하는 것을 팔짱끼고 지켜보기만 한 바로 그 정치인들이었다.

공동전선에서 민중전선으로 전환하는 과정은 급속했지만 늘 매끄러운 것은 아니었다. 독립노동당은 민중전선으로 전환하기를 거부하고 공산당이나 노동당 좌파와 결별했다. 그러나 독립노동당은 규모로 보나 정치 지향으로 보나 있으나마나한 세력이었다. 독립노동당은 1932년에 노동당에서 떨어져 나왔지만 그래도 여전히 좌파 개혁주의 조직으로 유지되기를 원했다. 그러나 이런 희망은 당시 상황과 전혀 맞지 않았다. 독립노동당은 노동당을 대체할 수 있는 진지한 대안도 아니었고, 그렇다고 공산당처럼 러시아 [혁명]의 권위를 가진 것도 아니었다. 파시즘의 위기 앞에서 독립노동당은 노동당과 공산당이라는 양대 기둥에 눌려 찌그러졌다.

〈트리뷴〉 편집자 윌리엄 멜러는 크립스와 노동당 좌파 동료들이 내부 토론도 거의 하지 않고 공동전선에서 민중전선으로 전환한 사실과, 평화의 전제 조건으로 자본주의 전복을 주장하던 태도에서 갑자기 반파시즘 계급 협력 노선으로 전환한 사실에 충격을 받았다. 새 노선을 받아들이기를 거부한 멜러는 공식 절차도 거치지 않고 편집자 자리에서 쫓겨났다. 〈트리뷴〉은 한마디 해명도 없었다. 공동전선에서 민중전선으로 전환하는 문제는 막후에서 해결됐다. 갑자기 〈트리뷴〉은 다음과 같이 선언했다. "현 정부는 국가 [방어를 포기한] 투항 정부다. 이 정부를 국가 재건 정부로 바꿔야 한다."[71]

노동당에서는 공동전선이라는 좌파 정책과 마찬가지로 민중전선이라는 우파 정책도 성공하지 못했다. 노동운동의 관료들은 자신들에 대항하는 기층의 활동을 고무하고 싶지 않았듯이, 자본가계급과 동맹하기 위해 자신들의 독자성을 희생시키는 것도 원하지 않았다. 계급과 국가가 아직 충돌하지 않았던 것이다. 전쟁이 터진 다음에야 노동운동 관료들은 과거의 위기 대처 방법으로 돌아가 자본주의의 현재 상태를 유지하는 데 앞장섰다.

1939년 1월 크립스는 반정부 세력을 모두 포괄하는 민중전선 건설 제안서를 노동당 사무국에 제출했다. 집행위원회에서 크립스의 제안은 17 대 3으로 부결됐다(크립스의 제안을 지지한 사람은 크립스, 윌킨슨, 프 릿이었다).[72]

애틀리는 계급 정치를 버리고 계급 동맹을 추구하는 크립스를 비웃었다. 애틀리는 "노동계급의 단결을 엄격하게 고수하던 태도가 자본가들과의 동맹을 요구하는 태도로 돌변하고, 정부가 사회주의 정책을 실행해야한다고 끈질기게 주장하다가 갑자기 국제적인 위기의 시기에는 사회주의를 냉장고에 넣어두자고 호소하는"것을 보니 어안이 벙벙하다고 비꼬았다. 애틀리는 크립스를 조롱하는 풍자시도 지었다.

> 인민의 기는 연분홍기
> 붉은 피가 아니라 연분홍 잉크
> 지금의 기수旗手는 더글러스 콜
> 콜의 임무는 해마다 바뀌네
> 영국 왕실의 깃발을 높이 올려라
> 자줏빛 흔적은 말끔히 지워라
> 자유당원도 받아들이고 보수당원도 받아들이자
> 온갖 색조의 사회주의자도 모두 받아들이자[73]

집행위원회에서 제안이 부결되자 크립스는 임시 전국청원위원회의 후원을 받아 민중전선 제안서를 널리 유포했다. 집행위원회는 크립스에게 강력히 항의하며 제안서를 철회하라고 요구했다. 크립스가 거절하자 집행위원회는 13 대 11로 그를 노동당에서 축출했다.[74]

기층 당원들이 항의했지만, 1939년 5월 열린 노동당 당대회는 210만 표 대 40만 2000표로[75] 크립스 축출을 승인했고, 236만 표 대 24만 8000표로 민중전선을 거부했다.[76] 크립스는 심지어 지구당 부문 대의원들의 지지표도 다 얻지 못했다. 지구당 대의원의 5분의 3 이상이 크립스 축출에 찬성했고, 민중전선을 지지한 지구당 대의원은 6분의 1도 안 됐다.[77]*

크립스는 노동당에서 축출됐지만 활동을 중단하지 않았다. 3월 말 집행위원회는 베번, 스트라우스, 트리벨리언 등 크립스의 활동을 계속 지지한 사람들을 대거 축출했다.[79] 광원노조는 베번에게 집행위원회가 제시한 조건을 받아들이고 재입당을 신청하라고 압력을 가했다. 1939년 12월 베번은 그렇게 했고 당은 그를 받아들였다.

노동당 좌파가 기묘하게 일그러지는 것을 보면 그들의 사상이 얼마나 혼란스럽고 모호했는지 알 수 있다. 이론적 기초, 혁명적 전통, 명확한 강령이 없었기 때문에 노동당 좌파는 전쟁 위협의 고조 속에서 붕괴하고 말았다.

그러나 1939년 말 영국이 전쟁에 뛰어들었을 때 노동당 좌파는 또 한 번 놀라운 묘기를 부렸다. 그해 8월 체결된 히틀러-스탈린 협약을 계기

---

* 노동당 밖에서 크립스는 일반적 정치 활동에 몰두했다. 그는 보수당 지도자들을 개별적으로 설득해서 체임벌린 반대 진영으로 규합하고 모든 정당이 참여하는 정부를 수립하려고 애를 썼다. 크립스는 1939년 6월 28일 일기에 다음과 같이 썼다. "올리버 스탠리[보수당 하원 의원 — 지은이]와 한 시간 동안 만나, 모든 정당이 참여하는 정부 수립이 절실하다는 것을 완전히 확신시켰다. 내가 이미 누구를 만났는지 설명하고, 그에게도 활동을 시작해 달라고 요청했다."[78] 크립스는 처칠과 볼드윈, 당시 체임벌린 정부의 외무부 장관이었던 핼리팩스도 만났다. — 지은이.

로 노동당 좌파의 태도는 또다시 돌변했다. 그 전까지 반대했던 전쟁을 지지하고 나선 것이다. 또다시 〈트리뷴〉의 편집자가 희생양이 됐다. 공산당 노선을 충실히 따랐고, 그 덕분에 1938년에 〈트리뷴〉 편집자가 된 H J 하츠혼이 정식 절차도 거치지 않고 쫓겨났다. 이번에도 〈트리뷴〉은 아무 설명이 없었다. 11월에 소련이 핀란드를 공격하자 〈트리뷴〉은 갑자기 소련과 공산당에 반대하는 목소리를 높이며, 사설에서 다음과 같이 말했다. "소련의 이 행동이 전 세계 사회주의자들에게 심각한 충격을 줬다는 사실을 우리 자신에게 숨기는 것은 부질없는 짓이다. 소련이 침략을 준비하면서 취한 외교정책들을 보면 《공산당 선언》이 아니라 《나의 투쟁》이 생각난다."[80]

민족주의로 질주하는 과정에서 과거의 원칙들은 완전히 짓밟혔다. 1933년에 사회주의자동맹은 다음과 같이 결의한 바 있다.

국가들 사이의 전쟁은 자본주의와 제국주의의 필요에서 비롯한다. [우리는 — 지은이] 그런 전쟁에 참가하거나 전쟁을 적극적으로 지원하지 않을 것이고, 전 세계 노동자들의 이익보다 국익을 앞세우는 정책을 지지하지도 않을 것이다.[81]

사회주의자동맹은 1935년 협의회에서도 "운동은 자본주의 질서 속에서 벌어지는 전쟁을 절대 지원하지 않을 것이라고 선언해야 한다"고 강조했다.[82]

그러나 노동당 좌파에게 1935~1939년의 4년은 "정치적으로 매우 긴 시간"이었다. 트로츠키는 혁명정당이 계급의 기억이라고 말했다. 그러나 기억상실증에 걸린 크립스와 동료들은 이제 여느 사람들과 마찬가지로 전쟁을 열렬히 지지했다.

청년들 징계하기

노동당 지도부는 노동당의 다양한 청년 운동과 거듭거듭 충돌했다. 노동당 청년 운동은 무력한 행동주의의 고전적 사례다. 당 지도부는 청년들의 활력이 선거운동 때는 유용하지만, 청년들은 투표권이 없고 '극단주의'로 치우치는 경향이 있으므로 "그들의 말을 듣기보다는 그들의 행동을 [대중에게] 보여 줘야 한다"고 생각한다.

1930년대의 노동당 청년동맹에 대한 공식 설명은 다음과 같다.

> 노동당에 꼭 필요한 조직이다. [그러나 — 지은이] 이 조직은 당의 정책들을 다루지는 않는다. 당의 정책은 정기 당대회에서만 다룰 수 있다. 청년동맹의 활동은 주로 오락과 교육 활동이다.[83]

청년동맹은 회원이 1만 5000명이 넘는 대단한 조직이었다. 청년동맹은 당의 정책들을 논의할 수 있는 권리를 거듭거듭 요구했다. 1936년에 열린 청년동맹의 협의회는

> 《더 뉴 네이션》[청년동맹의 월간지 — 지은이]을 이용해 당의 정책을 비판할 수 있는 권리 등 완전한 자유를 요구했다. 그리고 당의 정책에 대한 방침을 결정할 수 있는 권리와 이렇게 결정한 방침을 당대회 결정 사항과 상관없이 발표할 수 있는 권리도 요구했다. 그리고 [청년동맹의] 자문위원회에 집행권을 부여하고 면책특권도 보장해 달라고 요구했다. 그리고 모든 노동계급 청년 조직들의 '공동전선'을 지지한다는 결의안을 통과시켰다.[84]

청년동맹 협의회에 참가한 대의원들 중에서 중앙당 지도부의 의견을

지지한 대의원은 한 명뿐이었다.[85]

당 지도부의 대응은 신속했고 가혹했다.

중앙집행위원회는 다음과 같이 결정한다.
1) 청년동맹의 전국자문위원회를 해산한다.
2) 다음 부활절에 청년동맹의 연례 협의회를 소집하지 않는다.
3) 《더 뉴 네이션》 발행을 중단한다.[86]

그러나 저항은 계속됐다. 그러자 1937년 당대회는 아예 청년 대표를 집행위원회에서 배제하기로 결정했다.[87]

1939년에 문제가 다시 불거지기 시작했다. 집행위원회는 청년동맹의 전국자문위원회가 또다시 월권행위를 했다고 주장했다. 청년동맹 사무총장 테드 윌리스가 "중앙집행위원회를 비난하고 스태퍼드 크립스 경의 민중전선 운동을 지지하는" 흉악한 범죄를 저질렀다는 것이다.[88]

청년들이 독자적 발언권만을 요구했는데도 노동당 지도부는 청년동맹 자체를 없애기로 작정했다. 3월에 당 집행위원회는 청년동맹의 전국자문위원회와 지역 위원회들을 해산했고, 협의회를 취소했으며, 〈어드밴스〉로 이름을 바꾼 청년동맹 신문의 발행 부수가 9000부에서 1만 5000부로 늘어났는데도 — 또는 아마 그 때문에 — 신문을 폐간했다.[89] 이런 가혹한 결정을 내린 집행위원회 회의가 크립스를 축출한 바로 그 회의라는 사실은 우연의 일치가 아니다.

노동당 우파는 청년들을 쫓아낸다. 노동당의 보수적 관료들은 항상 청년들의 희망, 염원, 열망을 반영하는 청년 운동의 숨통을 틀어막으려 한다. 1930년대와 마찬가지로 1980년대에도 그들은 당내 좌파를 분쇄하면서 청년 조직들도 파괴했다.

결론

1931년 정부 붕괴 이후 노동당의 변화와 노동당 좌파의 급진화는 실제로는 결의안과 연설에 국한됐다. 국회의사당과 당대회장 안에서는 훌륭한 웅변이 있었지만 밖에서는 이렇다 할 행동이 전혀 없었다. 좌파 지도자들은 탁월한 대중 연설가들이었지만 노동자 투쟁의 조직가로서는 별 볼일 없었다. 그들은 결코 우파 지도자들과 결별할 수 없었다. 그것은 자신들에게 명성을 안겨 준 조건 자체를 거부하는 셈이었기 때문이다. 그래서 좌파 지도자들은 의회 우파들 — 노조 관료들과 한통속이 돼 노동당을 통제하는 — 을 못마땅하게 여기고 심지어 분개하면서도 그들의 포로 신세에서 벗어나지 못했다.

언뜻 보면 노동당은 운신의 폭이 대단히 큰 것처럼 보인다. 노동당은 서로 양립할 수 없는 두 요소, 즉 계급과 국가의 조화를 바탕으로 하고 있으므로 어느 한쪽을 강조하다가 갑자기 다른 쪽으로 이동할 수 있다. 여기서 중요한 요인은 노동당의 집권 여부다. 1929~1931년에 집권당이었던 노동당은 자본주의의 충실한 관리자 구실을 했다. 그러다가 야당으로 내몰리자 몇 년 동안 혁명적 미사여구에 도취해 있었다. 그러나 이런 외관상의 불안정은 결코 변하지 않는 확고하고 일관된 경향을 은폐한다. 노동당은 노동운동 관료라는 특정 사회집단의 이해관계에서 벗어날 수 없다. 맥도널드와 베번 사이에, 그리고 1932년의 크립스와 1945년 노동당 정부의 '긴축 재무부 장관' 크립스 사이에는 공통점이 전혀 없는 것처럼 보일 수 있다. 그러나 이런 겉모습에 속아서는 안 된다.

10장

제2차세계대전 동안의 노동당

제2차세계대전은 계급의 이해관계를 떠나 파시즘에 맞선 '민중의 전쟁'이었다는 신화가 널리 퍼져 있다. 그러나 제1차세계대전과 마찬가지로 제2차세계대전도 제국주의 전쟁이었다. 파시즘이 자본주의의 특정 형태에 불과하다는 것은 사실이다. 그렇다고 해서 사회주의자들이 부르주아 민주주의를 위협하는 파시즘에 무관심해도 좋다는 말은 아니다. 그것은 아주 위험한 초좌파주의 태도일 것이다.[*] 부르주아 민주주의가 허용하는 많은 자유는 노동자 투쟁의 성과다. 노동조합을 조직할 권리, 시위·언론·출판의 자유 등은 노동계급의 경제적 노예 상태에 비하면 별로 중요하지 않은 것들이다. 그러나 그런 권리와 자유는 강력한 대중운동을 건설해 자본주의를 전복하는 데서 아주 중요한 무기가 될 수 있다.

그러나 제2차세계대전은 부르주아 민주주의 대 파시즘의 투쟁이 아니었다. 프랑스와 영국의 지배자들이 식민지 해방운동을 무자비하게 탄압하고, '불개입' 정책을 고수해서 파시스트들이 스페인의 프랑코를 거리낌 없이 지원할 수 있게 해 주고, 전쟁이 끝난 뒤 냉혹한 계산에 따라 유럽을 분할한 것 등은 모두 같은 방향을 가리키고 있었다.

제2차세계대전은 정말로 제국주의 전쟁이었다. 연합국이 승리한다고 해서, 노동자 운동과 인류에 대한 현대 자본주의의 군사적 위협 — 그런

---

[*] 스탈린은 이런 범죄적 정책을 독일 공산당에 강요했다. 그래서 1933년에 히틀러가 집권할 수 있었다. — 지은이.

위협 가운데 하나가 파시즘이었다 — 이 사라지지는 않았을 것이다. 따라서 지금과 마찬가지로 당시에도 진정한 해결책은 노동자 혁명의 성공뿐이었다. 노동자 혁명을 추구하며 자본가 지배자들에 대항하는 운동을 건설하는 것이 당시 사회주의자들의 과제였다.

물론 노동운동의 관료들은 이렇게 생각하지 않았다. 1940년 5월 노동당은 윈스턴 처칠이 이끄는 연립정부에 참여했다. 당 집행위원회 회의에서 연립정부 참여에 반대한 사람은 한 명뿐이었다. 노동당 당대회는 241만 3000표 대 17만 표로 연립정부 참여를 승인했다. 반대한 사람들은 평화주의자들, 소수의 트로츠키주의자들, 일부 공산당 동조자들뿐이었다(당시 공산당은 제2차세계대전을 제국주의 전쟁으로 규정하고 있었다). 하원의 새 정부 신임 투표에서 반대표를 던진 의원은 독립노동당의 지미 맥스턴과 캠벨 스티븐 두 명뿐이었다.

연립정부에는 분명한 역할 분담이 있었다. 해외에서 [영국] 자본주의의 이익을 지키기 위한 투쟁은 보수당 지도자인 처칠이 맡았고, 국내의 계급투쟁을 억누르는 문제는 노동당이 맡았다. 그래서 어니스트 베빈이 노동부 장관, 허버트 모리슨이 내무부 장관이 됐다(물론 재정을 노동당에 맡길 수는 없었기 때문에 보수당의 킹슬리 우드가 재무부 장관이 됐다).

이런 역할 분담의 효과는 머지않아 분명해졌다. 장관으로 취임한 후 베빈이 처음으로 취한 조처는 비상대권법을 통과시킨 것이었다. 그래서 노동부는 노동을 징발할 수 있는 거의 독재적인 권한을 갖게 됐다. 애틀리는 다음과 같이 설명했다.

노동부 장관은 누구에게나 일을 시킬 권한이 있다. … 노동부 장관은 급여 조건, 노동시간, 근무 조건을 결정할 수 있다.[1]

보수당 혼자서 이 법안을 추진했다면 광범한 반발에 부딪혔을 것이다. 반발 대신, 극소수의 노동당 의원들만 질의에 나섰다. 데이비드 커크우드는 "노동을 징발하면 재산도 징발할 것이라고 제가 사람들에게 말해도 됩니까?" 하고 질의하면서, 십중팔구 "모든 전쟁을 끝내기 위한 전쟁"이라던 1914~1918년의 제1차세계대전 때 자신이 투옥됐던 경험을 떠올렸을 것이다. 법안은 수정 없이 만장일치로 통과됐다.

1940년 6월 4일 사용자 대표와 노총 대표가 동등하게 참여한 공동 자문위원회는 전쟁 기간에 파업과 직장 폐쇄를 금지하고 중재재판의 구속력을 인정하기로 합의했다. 이 합의를 반영한 노동부 장관의 명령 1305호가 전쟁이 끝날 때까지 노사 관계를 규율했다.

명령 1305호의 목적은 반항적인 노동자들을 체포하는 것이 아니었다. 그런 대규모 체포는 불가능했다. 파업을 불법화한 것은 주로 현장 조합원들에 대한 상근 간부들의 통제력을 강화하려는 조처였다. 그러나 전쟁 기간에 명령 1305호 위반 사건이 2200건, 이 건으로 기소된 사람이 6281명, 그중에 유죄 판결을 받은 사람이 5100명이었다(노동자들을 기소한 경우가 109건인 반면, 사용자들을 기소한 경우는 겨우 2건뿐이었다).[2]

1943년 말과 1944년 초에 파업 물결이 고조되자 베빈은 명령 1305호보다 훨씬 더 가혹한 조처가 필요했다. 1944년 4월 4일 연설에서 베빈은 광원 파업 때문에 조정 기구 전체가 파탄 날 위험에 처했다고 말해 청중들을 놀라게 했다.

이번 주에 요크셔에서 일어난 일은 히틀러가 셰필드를 폭격하고 우리 통신 시설을 파괴한 것보다 더 나빴다. 영국에서 최악의 비극은 무모한 행동과 규율 부족에 따른 피해가 적에 의한 피해보다 더 클 수 있다는 것이다.[3]

베빈이 광원들의 작업 복귀를 촉구하자 노총 중앙집행위원회는 이를 전폭 지지했다. 이런 위기의 결과로 등장한 것이 '규칙1AA'였다. 규칙1AA는 "필수 유지 업무 부문에서 파업을 선동하거나 조장하는 사람"에 대한 처벌을 강화해 "파업 선동죄 형량을 5년 이하 징역이나 500파운드 이하 벌금 또는 둘 다로 높였다."[4]

노총 중앙집행위원회가 규칙1AA를 지지했는데도 노총 대의원대회에서 반발이 있었다. 중앙집행위원회 성명서를 폐기하라는 안이 368만 6000표 대 280만 2000표로 아슬아슬하게 부결됐다.[5] 법률은 단결한 노동자들 앞에서는 사실상 무기력하다. 규칙1AA는 주로 심리적 위협 수단으로 이용됐을 뿐 실제로는 적용되지 않다가 1945년 5월 폐기됐다.

정부가 본색을 드러내다

정부의 진정한 성격이 드러난 또 다른 영역은 악명 높은 노동쟁의법 — 1926년 총파업에 대한 보복 — 의 폐지나 개정 문제였다. 1940년 초부터 노총은 노동쟁의법 폐지를 주장했지만 아무 소용이 없었다. 마침내 처칠은 전쟁 기간에는 노동쟁의법을 폐지할 수 없다고 밝혔다.

노동쟁의법의 폐지나 개정을 의회에 제안하면 논쟁이 벌어질 것이고, 그렇게 되면 전쟁을 위한 우리의 노력을 방해하는 어려운 문제들이 발생할 것이라고 확신한다.[6]

노총 대표단은 "그 결정이 내각 전체의 결정이었다"는 사실을 알고 "상당히 놀랐다."[7] 1943년 노동당 당대회는 노동쟁의법 폐지 방침을 재확인했다. 그러나 애틀리, 베빈, 모리슨이 노동쟁의법의 처벌 조항을 공무원들에게 적용하려 한다는 것이 분명해지자 노동쟁의법 폐지 운동은 중단됐다. 사람들이 싫어한 자산 조사나 쥐꼬리만 한 연금 등도 대중의 분노를 불러일으켰다.*

정부의 반동적 성격은 국내 정책뿐 아니라 외교정책에서도 드러났다.

영국의 인도 정책부터 살펴보자. 1941년 12월 7일 일본이 전쟁에 뛰어들자, 인도의 정당들을 설득해 영국을 지지하게 만드는 문제가 매우 중요해졌다. 처칠은 오래전부터 인도의 독립에 반대했다. 1941년에 처칠은 민족자결권을 약속한 '대서양 헌장'이 주로 유럽에 적용된다고 선언했다.[9] 1942년 3월 22일 인도의 국민회의당 지도자들을 달래기 위해 크립스가 파견됐다. 그들은 인도의 독립을 허용하지 않으면 영국을 지지하지 않겠다며 버티고 있었다.

그것은 순전히 책략이었다. 일본의 전쟁 참가로 인도가 위험해지자 그런 책략을 부린 것이다. 크립스는 전쟁이 끝나면 인도를 독립시켜 주겠다는 영국 정부의 약속을 전했다. 마하트마 간디는 당연히 영국의 약속이 '앞수표'나** 다름없다며 거부했다.[10]

1942년 8월 인도 국민회의당은 영국군을 인도에서 몰아내기 위해 시민 불복종 운동을 시작했다. 간디와 네루 등 국민회의당 지도자들은 체

---

* 베빈은 1942년의 형편없는 연금액 인상안(주당 2실링 6펜스, 즉 현재 환율로는 12.5펜스)을 옹호한 반면, 의원 63명이 정부안에 반대표를 던졌다. 이것은 처칠의 총리 취임 이후 가장 많은 반대표였다.[8] — 지은이.

** 앞수표 발행 당시 은행에 예금이 없어서 실제 발행일보다 뒤의 날짜를 발행일로 기입한 수표.

포됐고, 크립스는 이를 승인했다. 애틀리는 인도 지도자들의 감금을 승인한 각료 회의를 주재했다. 이 사실이 의회에 알려지자 어나이린 베번은 다음과 같이 소리쳤다. "노동당 각료들은 부끄러운 줄 알아야 한다. 그들은 우리의 대표가 아니다."[11] 1942년 11월까지 영국의 탄압으로 살해당한 인도인이 1000명에 이르렀다. 뒤이은 벵골 기근 사태로 150만 명이 목숨을 잃었다. 11월 20일 처칠은 "대영제국의 해체를 주관하기 위해 총리가 된 것이 아니"라며 제국 수호 의지를 다시 천명했다.[12]

반동적 외교정책의 또 다른 사례는 다를랑 제독 사건이었다. 다를랑은 독일에게 점령당한 프랑스의 비시 정부에서 페탱과 라발 다음으로 악명 높은 나치 협력자였다. 1942년 11월 8일 미국과 영국 군대가 모로코와 알제리에 상륙해서 튀니지로 진격할 준비를 했다. 프랑스의 비시 정부는 이에 대항했다. 그러나 북아프리카를 방문 중이던 다를랑은 연합국의 승리가 분명해지자 갑자기 태도를 바꿔 연합군에 가담했다. 그는 용서받아야 할 일이 전혀 없다는 듯이 열렬한 환영을 받았다.

연합군이 승리를 향해 나아가고 있을 때 그런 일은 비일비재했다. 그래서 사람들은 처칠이 레지스탕스 운동을 바탕으로 한 유럽의 새 질서를 원하는지에 대해 다시 의심하기 시작했다. 국왕, 기업인들, 군인들이 [나치에] 협력했든 안 했든 그들이 주도하는 구질서가 복귀되는 것이 처칠이 원하는 것이 아니냐는 것이었다. 페탱이나 라발과 가까웠던 자가 환대받는 것을 보며 심지어 많은 우익들조차 역겨워할 정도였다.[13]

나이 베번은* 항의를 주도하며 다음과 같이 썼다.

---

* 나이 베번 어나이린 베번의 애칭.

우리가 원하는 유럽은 어떤 유럽인가? 배신자들을 위한 배신자들의 유럽인가? 적들의 끄나풀 노릇을 한 덕분에 우리를 해칠 권한을 갖게 된 이 자들을 회유하는 것이 교묘한 책략이라고 생각하는 사람들도 있는 것 같다. 그러나 우리가 독일을 공격할 때 우리를 지원해 줄 수 있는 유럽의 수많은 피억압자들은 그렇게 생각하지 않을 것이다. 고문, 투옥, 죽음을 무릅쓰고 싸웠던 그들이 자신들에게 고통을 가한 장본인들을 우리가 환영하고 칭찬하기를 바랄까?[14]

미국과 영국 군대가 이탈리아에 진입하자 수치스러운 일이 또 일어났다. 1943년 7월 25일 이탈리아에서 쿠데타가 일어나 파시스트 독재자 무솔리니를 타도했다. 무솔리니를 대신한 사람은 에티오피아 주둔 이탈리아군 최고사령관을 지낸 바돌리오 원수였다. 그는 곧 연합군 편으로 돌아섰다. 무솔리니를 타도한 쿠데타가 일어났을 때 이탈리아에는 대규모 파업 물결이 일고 있었다. 밀라노와 토리노 등 이탈리아 북부 지방이 파업 물결에 휩쓸렸다.

베번은 의회 논쟁에서 전쟁의 제국주의 성격을 폭로하고 정부의 약점을 건드렸다. 집어치우라는 고함과 야유를 들으면서도 베번은 1927년 처칠이 로마를 방문했을 때 연설한 내용을 인용했다.

다른 많은 사람들과 마찬가지로 저[처칠]도 무솔리니 각하의 친절하고 순수한 행동과 침착하고 공평한 태도에 매혹될 수밖에 없었습니다. … 무솔리니 각하는 오직 이탈리아 국민의 영원한 행복만 생각한다는 것, 하찮은 이익 따위는 각하에게 전혀 중요하지 않다는 것을 누구나 알 수 있습니다. 제가 만약 이탈리아인이라면, 레닌주의의 야욕과 집념에 맞서 싸워 승리한 여러분의 투쟁을 충심으로 지지했을 것입니다.

베번은 연설을 계속했다.

여기서 분명히 알아 둘 것이 있습니다. … 많은 의원들은 파시즘의 위협이 자신에게 직접 해가 될 만큼 강력하지 않으면 파시즘을 반대하지 않았습니다. … 그들은 이탈리아에 반대하지도 않았고 이탈리아의 온갖 죄악과 악행에도 반대하지 않았습니다. 모든 형태의 파시즘이 의원 다수의 지지를 받았습니다.[15]

영국 외교정책의 역겨운 사례 또 하나는 1944년 10월 독일군이 그리스에서 철수했을 때 일어났다. 처칠은 그리스의 권력 공백을 메우고 공산당이 주도한 민족해방전선의 집권을 막기 위해 영국군을 파병했다. 그리스 문제를 해결하기 위해 처칠은 모스크바로 가서 스탈린을 만났다. 둘은 연합국 간의 세력권 분할 문제를 논의했다. 처칠은 작은 종이쪽지에 자신의 생각을 적어서 스탈린에게 보여 줬다. 그것은 열강의 발칸반도 분할 비율을 나타낸 것이었다.

루마니아: 러시아 90퍼센트, 기타 10퍼센트.
그리스: 영국(과 미국) 90퍼센트, 러시아 10퍼센트.
유고슬라비아: 50 대 50.
헝가리: 50 대 50.
불가리아: 러시아 75퍼센트, 기타 25퍼센트.

스탈린은 푸른색 색연필을 집어 들더니 커다랗게 체크 표시(✔)를 하며 동의했다.[16] 처칠은 "아테네를 점령지로 취급하라"고 영국군에 명령했다. 결국 한 달이 채 안 돼 민족해방전선과 영국군 사이에 전투가 벌어졌다. 그리스에서 나치에 반대하는 투쟁을 주도했던 민족해방전선을 상대로 전쟁이 시작된 것이다. 스탈린은 영국군 6만 명이 공산당원들을 공격하는 것을 수수방관하며 처칠과 한 약속을 지켰다. 영국 의회에서는 〈트리뷴〉 그룹의 시모어 콕스가 불신임 동의안을 제출했지만 279표 대 30표로 부결됐다. 노동당 의원단의 공식 입장은 기권이었다.[17]

그다음 주 열린 노동당 당대회에서는 많은 사람이 그리스 사태에 대한 좌파의 분노에 공감했다. 그러나 지도부에게는 정치 노선보다 자신의 위신이 더 중요했다. 집행위원회는 "소신보다 충성심에 따라 좌우되는" 노조의 블록투표를 이용해 245만 5000표 대 13만 7000표로 승리했다.[18]

지구당 부문 집행위원 선출 결과는 당시 지구당 대의원들의 정서를 보여 준다. 1위는 국회의원은 아니었지만 당 지도부를 강력하게 비판한 해럴드 라스키, 2위는 의회에서 당 지도부를 강력하게 비판한 이매뉴얼 신웰이었다. 가장 의미심장한 것은 집행위원 선거에 처음 출마한 나이 베번이 7명 중 5위로 당선된 것이었다.

연립정부에 대한 노동당 좌파의 환상

연립정부가 구성됐을 때 내각의 요직은 의회 다수당인 보수당이 차지했다. 그런 상황에서 노동당 좌파들이 정부가 진보적 조처들을 많이 실행하리라고 기대한 것은 놀라운 일이다. 30년 동안 지배계급의 경찰견 노릇을 해 온 총리 윈스턴 처칠이 현대의 구세주라고 어느 누가 믿을 수 있었을까? 처칠은 제1차세계대전 전에 토니팬디 지역의 광원들을 탄압하고, 러시아의 볼셰비키 정권을 전복하기 위해 개입하고, 1926년 총파업을 악랄하게 탄압한 장본인이었다.

처칠 정부가 사회주의 조처들을 시행할 것이라는 환상을 가진 보수당 정치인은 아무도 없었다. 그러나 베번, 라스키 등은 전쟁의 논리와 승리의 필요성 때문에 처칠이 정신을 차리게 될 것이라고 굳게 믿었다. 계급적 이해관계나 동기에 대한 합리적 설명은 사라지고 비합리적 몽상이 득세했다. 조지 오웰은 1940년 6월 20일 일기에서 다음과 같이 썼다.

나는 [처칠이 — 지은이] 전쟁에서 이기기 위해 필요한 조처들(예컨대 소득 평준화, 인도 독립 허용 등)을 머뭇거리지 않고 시행할 것이라고 생각한다. 몇 달만 더 지나면 올해 안에 우리는 붉은 민병대가 리츠 호텔에 투숙하는 것을 보게 될 것이다. 그리고 처칠이나 로이드조지가 그들의 선두에 서게 되더라도 나는 별로 놀라지 않을 것이다.[19]

1940년 6월 1일 라스키는 민주주의 혁명이 시작됐다고 선언했다. "우리가 전시에 사회주의를 이룰 수는 없겠지만 각종 정부 통제 조처들은 도입할 수 있을 것이다. 그리고 전쟁이 끝나면 사회주의적 목표를 위해 그런 조처들을 이용할 수 있을 것이다."[20]

존 스트레이치의 전기 작가에 따르면, 스트레이치는 처칠에 대한 비판을 "거의 터무니없는" 것으로 여겼다.[21] 그리고 베번은 "나만큼 총리의 자질을 칭송하는 사람도 없다"고 말했다.[22]

가장 극단적인 숭배 사례는 1940년에 프랭크 오언[자유당 출신 언론인]과 마이클 풋 등이 '카토'라는 필명으로 발행한 책 《죄인들》이다.* 이 책은

---

* 덧붙여 말하자면, 어나이린 베번뿐 아니라 마이클 풋도 1930년대에 비버브룩[영국 재벌·정치인·작가] 사단의 핵심이었다. 풋은 심지어 비버브룩이 발행하는 〈이브닝 스탠더드〉의 편집자를 지내기도 했다. — 지은이.

처칠의 장점을 부각하려고 램지 맥도널드의 평화주의를 깎아내렸다. 맥도널드가 군대의 장비를 무시했다는 것이다. "맥도널드는 1914~1919년에 평화주의자였다. 그래서 공군력 증강을 전혀 신경 쓰지 않았다."[23]

제1차세계대전이 끝났을 때 영국은 부상당하고 지친 상태였지만 어쨌든 전쟁에서 승리했고 산적한 현안들을 해결할 자신감과 능력이 있었다. 맥도널드와 볼드윈은 첨단 무기로 무장하고 자유가 확고하게 보장되는 대제국을 물려받았지만, 그 제국을 파멸 직전까지 몰고 갔다.[24]

그러나 이제 구원이 멀지 않았다.

처칠이 총리를 맡고 어니스트 베빈, 허버트 모리슨, 비버브룩 경이(네 사람만 거명하자면) 서비스 공급을 책임지고 있으니 이제 영국을 '요새'로 만들기 위해 할 수 있는 일은 모두 추진될 것이다.[25]

민중전선의 폐해

전쟁 기간에 노동당 지도부가 사회주의적 애국주의의 철저한 포로였다면, 노동당 좌파는 민중전선 정치의 포로였다. 노동당 좌파는 항상 국익의 관점에서 개혁과 사회 변화를 주장했다. 예컨대 나이 베번은 〈트리뷴〉에 기고한 글에서 "정부의 보수당원들이 사유재산권을 옹호하느라 [토지, 광산, 철도의 ─ 지은이] 공공 소유조차 거부한다면 우리는 전쟁에서 패배할 것이다" 하고 주장했다.[26] 개혁주의의 본질인 계급과 국가의 조화는 노동당 우파뿐 아니라 좌파도 지지했다.

1941년 이후 〈트리뷴〉의 핵심 주장은 이윤 체제가 전쟁을 위한 노력을 방해한다는 것, 따라서 자본의 힘을 규제하는 것이 국익에 부합한다는 것이었다. 광산이나 철도 국유화 요구는 노동계급의 이익이 아니라 국익의 이름으로 제기됐다. 그래서 베번은 노령연금 인상을 요구하며 다음과 같이 주장했다.

지금은 국민의 단결과 사기를 유지하는 것이 가장 중요하다.
우리는 겉모양만이라도 국민이 단결한 모습이 1년 넘게 유지되기를 간절히 바란다. 앞으로도 여전히 대규모 군사 작전들을 전개해야 하기 때문이다. 의원들은 국민의 단결이 유지되도록 도와줘야 하지 않겠는가?[27]

연립정부를 가장 강력하게 비판할 때조차 베번은 정부 정책이 정부를 지배하는 계급의 필연적 결과라고 보지 않았다. 예컨대 그는 다음과 같이 썼다.

노동당은 경제 전선에서 중요한 변화를 추구하지 않았다. … 왜 그런가? 그래야 할 이유가 전혀 없기 때문이다. … 노동당이 전쟁 승리를 위해 꼭 필요하다며 철도 국유화를 요구하고 주장하더라도 감히 이의를 제기할 기득권층은 없을 것이다.[28]

베번이 보기에, 지배계급의 주된 범죄는 착취가 아니라 무능력이었다. 베번이 처칠을 비판한 이유는 처칠이 지배계급 권력의 수호자이기 때문이 아니라 다음과 같은 점에 동의하지 않았기 때문이다. "가장 유력한 고려 사항이 하나 있는데, 그것은 전쟁에서 승리하는 것이다. 국가는 사람뿐 아니라 재산도 징발해야 한다."[29]

〈트리뷴〉 그룹은 전쟁 전에 채택한 민중전선 정책을 여전히 추구하고 있었지만, 몇 가지 중요한 차이가 있었다.

1930년대에 사회주의자동맹과 〈트리뷴〉 그룹은 공산당을 추종했다. 이제 그런 연계는 사라졌다. 여전히 라스키는 소련이 "사회주의 공화국"이라고 말했고, G D H 콜은 "독일에게 최상의 해결책은 소련의 확장에 협력하는 것"이라고[30] 주장했지만, 소련을 강력하게 비판하는 주장들도 나왔다. 그래서 나치가 소련을 침공하기 몇 달 전에 〈트리뷴〉 편집자인 레이먼드 포스트게이트는 다음과 같이 썼다.

내가 히믈러[나치 권력 서열 2인자]나 다하우 지역에 있는 강제수용소 소장인 레이와 아무 관련도 없고 그들의 말도 전혀 믿지 않듯이, 나는 공산당의 우두머리들과도 개인적·정치적으로 아무 관계도 맺지 않을 것이고 [공산당이 만든] 위원회에 참가하지도 않을 것이다. 그리고 그들을 만날 수 있는 집회에 참석하지도 않을 것이고 그들이 시작한 선전에도 전혀 신경을 쓰지 않을 것이다.[31]

전쟁이 끝나기 몇 달 전에 〈트리뷴〉의 사설은 다음과 같이 주장했다. "소련이 원하는 것은 폴란드판 퀴슬링* 정부를 수립하기 위해 독일의 동부 지역을 점령하는 것이다. 물론 그것은 노골적인 힘의 정치다."[32]

〈트리뷴〉은 공산당이 독일에 반대하면서 보였던 극단적인 쇼비니즘에 반대하기는 했다. 그러나 〈트리뷴〉은 "미국과 소련을 모두 반대하는" 정책이 아니라 "미국과 소련을 모두 지지하는" 정책을 추구했다. 약소국들과 유엔이 두 열강의 유대를 강화할 수 있다는 것이었다.

---

* 퀴슬링 노르웨이군 장교로, 독일군이 노르웨이를 점령할 때 협력했다.

그래서 〈트리뷴〉의 사설은 "영국·소련·미국의 얄타회담"을 환영했다. 1945년 2월 11일에 열린 얄타회담은 연합국들이 서로 협력한 마지막 불꽃이었다. 그것은 또 1919년 베르사유 회의 이후 가장 냉혹한 계산에 따라 열린 제국주의 회담 가운데 하나였다.[33]

그러나 노동당 좌파가 이런 환상들을 가지고 있었지만, 그들은 주류와는 달랐다. 민중전선의 이상과 현실이 맞지 않는다는 것이 분명해지자 의문이 제기됐다. 1942년 군사 전선에서 실패가 잇따르자 〈트리뷴〉은 "전쟁부: 패배의 설계자"라는 머리기사를 내걸었다.[34] 영국군 3만 3000명이 롬멜[독일 육군 원수]에게 포로로 사로잡힌 토브루크[리비아 북동부의 항구] 전투 패배의 충격이 너무 커서 보수당의 아성인 몰덴 지역의 보궐선거에서 무소속으로 출마한 좌파 사회주의자 톰 드리버그가 당선될 정도였다.

심지어 비버브룩 경 같은 골수 우파들조차 처칠 제거 음모를 꾸미기 시작했다.[35] 7월에 보수당의 유력 의원이자 세출위원회 위원장인 존 워드로 밀른 경이 "정부의 전쟁 지도력을 신뢰할 수 없다"며 정부 불신임안을 제출했다. 보수당원인 해군 원수도 불신임안에 찬성했다.

다음 날 아침 논쟁을 시작한 것은 베번이었다. 베번은 전쟁의 주된 전략이 잘못됐다며 정부, 전쟁부, 군 장성들을 강력하게 비판했다. 잘못된 무기들을 생산했고, 무기 사용법도 제대로 교육받지 못한 병사들이 무기를 다루고 있다는 것이었다.[36] 그러나 모든 당에서 제기한 불신임에 찬성한 의원은 겨우 25명뿐이었고 475명이 정부를 지지했다.

몇 주 뒤에 베번은 처칠을 훨씬 더 격렬하게 비판하기 시작했다. "총리가 물러나지 않는 것은 국가의 재앙이다. 총리는 국민들이 심각하게 불신하는 정책들을 추진하고 있다. 그래서 국민들의 마음을 하나로 모을 수 없다."[37]

베번과 〈트리뷴〉 그룹은 노동당의 의회 전략에 의문을 제기했지만, 의회정치의 중요성이나 국민의 단결과 국방의 필요성은 공유하고 있었다. 1930년대의 민중전선 정책은 노동당 좌파의 개혁주의를 강화했다. 노동당 좌파가 공산당의 영향력에서 벗어난 뒤에도 스탈린주의 정치와 조야한 '마르크스주의'는 계속 남아서 그들의 사고방식을 좌우했다. 이런 사정은 형태를 달리하며 1950년대 내내 그리고 그 뒤에도 지속됐다.

노동당 좌파는 일관될 수 없었다. 그들은 '민주주의를 위한 전쟁'을 지지한다고 주장했지만, 반쯤 파시스트적이거나 아예 반동적인 정권과도 동맹한 영국의 정책은 그들의 주장과 맞지 않았다. 노동당은 국내외에서 가장 반동적인 정책을 추진한 연립정부의 일원이었다. 그래서 인도 민중에 대한 야만적인 탄압, 다를랑 제독이나 바돌리오 원수 같은 자들과의 협력에서 노동당은 자유로울 수 없었다. 그런 정책은 진보적 목표들을 웃음거리로 만들었다. 노동당 좌파는 집권당 내부에서 활동하는 것과 원칙을 고수하는 것 사이의 모순을 결코 해결할 수 없었다.

전쟁 기간에 노동당 좌파가 보여 준 놀라운 변화와 변신은 파시즘을 물리치려는 의욕에서 비롯했다. 그들이 때때로 혁명적 노동자 정부만이 실행할 수 있을 전쟁 수행 방식들을 제안한 것은 그런 의욕 때문이었다. 그러나 노동자들의 요구를 자본주의 국민국가의 틀에 맞추려고 애쓰다 보니 끊임없이 계급 동맹 논의에 의존하게 됐고, 따라서 노동자들을 영국 제국주의의 필요에 종속시키게 됐다.

개혁주의의 절정을 향해

자본주의의 위기는 다양한 형태를 취할 수 있다. 1930년대의 공황이 그런 위기의 한 형태였고, 제2차세계대전은 또 다른 형태였다. 자본주의의 위기 때, 즉 '정상적인' 사회가 혼란에 빠지고 계급들이 자신의 처지를 다시 생각해야만 할 때 근본적 변화가 일어날 수 있다. 그 결과는 결코 자동적이지 않다. 파시즘으로 후퇴할 수도 있지만, 다른 변화가 일어날 수도 있다.

제1차세계대전과 마찬가지로 제2차세계대전 때도 완전고용이 실현됐다. 그리고 제2차세계대전은 기생적인 자본가들과 달리 노동계급이 진정으로 생산적인 사회 세력임을 보여 줬다. 1930년대 말에 노동자들은 이미 오랜 잠에서 깨어나 집단적 힘을 사용하기 시작했다. 이제 노동자들은 전쟁이 가져다준 일상생활의 크고 작은 변화들을 통해 새로운 자신감과 전투성을 획득했다.

노동자들이 특히 분노한 일이 하나 있었다. 노동당은 정부에 참여하면서 모든 계급이 전쟁에 들어가는 노력들을 공평하게 부담할 것이라고 주장했다. 그러나 노동자들은 "죽은 자들의 들판에서 이윤이 잡초처럼 솟아나고 있다"는 로자 룩셈부르크의 지적이 옳았음을 깨달았다.[38] 부당 이득과 폭리, 암시장이 만연했고 전쟁 졸부들이 생겨났다. 어떤 작가는 다음과 같이 이야기했다.

한 회계사에 따르면, 전쟁 전에는 1년에 1000파운드씩 벌던 건축업자가 지난해에는 이사 급여로 1만 5000파운드를 챙겼다. 그것도 종업원이 겨우 6명뿐인 소규모 기업에서 말이다. 그 회계사는 두 군수 공장 이야기도 들려줬다. 그 공장의 회계감사들은 실제 근무하지 않는 노동자들 임금으로 수백 파운드씩 지급되는 사실을 발견하고 자신들에게도 임금을 지급하라고 계속 요구했다.

이런 이야기들은 빨갱이 혁명가가 입맛에 맞게 골라 뽑은 예외 사례가 아니었다. 버스에서든 신문에서든 그런 이야기들로 시끄러웠다.[39]

부당이득과 폭리는 물론 징후였다. 전시의 정부 정책들은 노동자 착취율을 증가시키는 것들이었다. 노동자들의 '지도자들'은 그런 현실을 애써 외면하지만 노동자들은 그럴 수 없었다. 노동자들은 조직을 강화하는 것으로 대응했다. 전쟁 전에 약 450만 명이던 노동조합원이 전쟁 말기에는 700만 명으로 늘었다. 훨씬 더 의미심장한 것은 파업 동향이었는데, 여기에는 노조 관료들로부터 독립적인 현장 조합원의 비공인 파업 등도 모두 포함된다.

1938~1945년 노동쟁의 건수

연도	전체 노동쟁의[40]	광산업의 노동쟁의	금속 산업의 노동쟁의
1938년	875	374	138
1939년	940	417	181
1940년	922	386	229
1941년	1,251	482	472
1942년	1,303	555	476
1943년	1,785	862	612
1944년	2,194	1,275	610
1945년	2,293	1,319	591

1944년의 파업 일수는 371만 4000일로 전쟁 전 10년 동안의 파업 일수보다 더 많았을 뿐 아니라 그 뒤 1955년까지 최고 기록이었다. 1944년 파업 일수의 3분의 2는 석탄 산업에서 기록된 것으로 1932년 이후 최고 수준이었고, 연간 파업 건수 2194건은 기록이 시작된 이래 최고였다.

당시를 연구한 한 역사가는 제2차세계대전 때의 파업 수준을 제1차세계대전 때와 비교했다.

1939~1945년의 연평균 작업 중단 건수가 1527건인 반면, 1914~1918년은 814건이었다. 두 전쟁 모두 전쟁 마지막 해에 작업 중단 건수가 가장 많았다. 반면에, 직간접으로 작업 중단에 참여한 노동자는 제1차세계대전 때 63만 2000명, 제2차세계대전 때 48만 명으로 제2차세계대전 때가 더 적었다. 둘째, 제2차세계대전 때 파업으로 말미암은 총 노동 손실 일수도 겨우 190만 일에 불과한 반면, 1914~1918년에는 536만 일이었다. 왜냐하면 제2차세계대전 때는 대부분의 작업 중단이 상대적으로 짧았기 때문이다.[41]

제1차세계대전과 달리 제2차세계대전은 강력한 계급투쟁 와중에 벌어지지도 않았고, 볼셰비즘의 영향을 받지도 않았다. 제2차세계대전은 노동계급의 수동성이 지속되는 상황에서 일어났다. 또 파시즘이라는 악마와 싸우는 전쟁이라고 선전됐다. 그리고 영향력이 절정에 달한 공산당이 1941년 이후 파업을 막으려고 애쓰고 있었다. 결정적으로, 제2차세계대전 때는 제1차세계대전 때와 달리 노동계급의 생활수준이 많이 떨어지지 않았다.

그렇지만 금속 산업 수습 노동자, 조선소 노동자를 비롯한 많은 노동자의 중요한 노동쟁의들이 있었다. 한 가지 중요한 투쟁은 청년들의 광산 징집에 반대하는 투쟁이었다(당시 광산으로 징집된 청년들을 '베빈 세대'라고 불렀다).* 벨파스트 노동자 3만 명도 동료 현장위원 다섯 명의 투옥에 항의해 파업을 벌였다.

그러나 파업이 가장 빈번한 산업은 물론 광산업이었다. 그중에서 가

---

* 청년들을 광산으로 징집한 것은 전시의 정부 정책에서 가장 인기 없는 조처 가운데 하나였다. 1944년 10월까지 징집된 1만 6000명 가운데 500명이 징병관의 명령을 거부하거나 근무지를 이탈했다는 이유로 기소됐고, 그중에 143명이 징역형을 선고받았다.[42] — 지은이.

장 인상적인 것은 켄트주州의 베테스행어 탄갱에서 일어난 파업이었다. 1942년 1월에 광원 1620명이 임금 인상을 요구하며 파업에 돌입했다. 지역 지부 간부 세 명이 파업 때문에 징역형을 선고받았고, 다른 사람들은 벌금형을 선고받았지만 벌금 납부를 거부했다. 광원 1000여 명을 모두 투옥할 수는 없다는 것이 머지않아 분명해졌다. 내무부 장관은 간부 세 명의 특별사면을 권고하기로 결정했고, 그래서 세 명은 풀려났다. 1942년 5월까지 벌금을 납부한 광원은 겨우 9명뿐이었다. 광원들은 임금 인상을 쟁취했다. 베테스행어 광원 파업이 비록 인상적이기는 하지만, 그것은 수많은 광원 파업 가운데 하나였을 뿐이고 그보다 훨씬 더 규모가 큰 파업들도 많았다.

1944년을 통틀어 광산업에서 노동쟁의에 참여한 노동자는 56만 8000명이었다. 그해의 노동 손실 일수는 248만 일로, 그 전 17년 동안 이 기록을 뛰어넘은 경우는 딱 한 번뿐이었다. 그러나 훨씬 더 의미심장한 수치는 노동쟁의 건수였다. 1944년의 노동쟁의는 1253건이었고, 이것은 20세기가 시작된 이래 노동쟁의가 가장 많았던 그 전해(1943년)보다 50퍼센트 증가한 수치였다.[43]

계급투쟁이 노동당 좌파에 미친 영향

그즈음 당 지도부와 심각하게 충돌하기 시작한 노동당 좌파의 구실은 흥미롭다. 1944년에 나이 베번은 사우스웨일스의 광원 파업 현장을 방문했다.

베번은 처음에는 광원들에게 양보안을 받아들이라고 촉구하더니 나중에는 비공인 파업을 철회하라고 촉구했다. 베번은 어니스트 베빈한테 개인적으로 압력을 받아 그다음 집회 현장을 방문했다. 광산 지역 출신 다른 의원들도 똑같은 구실을 했다.[44]

비록 노동당 좌파가 노동계급의 자주적 행동을 고무하지 않은 것은 사실이지만, 노동계급의 행동을 억압하려는 정부 개입을 막으려고 애쓴 것 역시 사실이다. 그래서 노동당의 평의원들은* '규칙1AA'에 격렬하게 반대했다. 저항을 주도한 베번은 베빈이 언론을 이용해 광원들을 비방하고 선동가들을 마녀사냥해서 정부의 노사 정책 실패, 특히 광산업에서 저지른 실패를 은폐하려 한다고 비판했다.

재벌 신문에서 거액의 보수를 받는 글쟁이들이 써대는 기사나 언론의 만평 때문에, 우리는 광원들의 집회에서 거의 연설을 할 수가 없었다.

베번은 광원들이 파업에 나선 것은 현실적 불만 때문이라고 말했다.

우리를 지지하는 의원들은 [어니스트 베빈이 — 지은이] 노조를 옹호하고 있다고 생각해서는 결코 안 된다. 베빈은 동맥경화증에 시달리는 노조 간부들을 옹호하고 있을 뿐이다. 그들은 조합원들의 뜻을 따르지 않는다. 그들은 조합원들 사이에서 너무 인기가 없다. 그래서 그들이 조합원들을 통솔할 수 있는 유일한 방법은 5년 징역형으로 위협하는 것뿐이다.[45]

---

* 평의원 정부에서 장관직을 맡지 않고, 자신이 속한 정당의 지도부 직책을 맡지 않은 국회의원.

노동당 평의원들의 강력한 반감은 규칙1AA에 대한 표결에서 잘 드러 났다. 찬성 314표, 반대 23표, 기권 70표로 정부안이 다수의 지지를 받 은 것은 당연했다. 그러나 노동당 의원 165명 중 겨우 56명만 베번의 정 부안에 찬성표를 던졌고, 그것도 당 지도부가 철저하게 표 단속을 했는 데도 그랬다.[46]

베번의 행동에 당 지도부는 격노했고, 아서 그린우드[부대표]는 베번을 당에서 축출해야 한다고 주장했다. 그린우드는 베번의 연설을 "반反노동 조합 발언"으로 규정하며, "나는 골수 보수당원조차 의회 안이나 밖에 서 그런 발언을 한 것을 본 적이 없다"고 비난했다.[47] 그러나 노동당 의원 단의 첫 모임에서는 아무 결정도 내려지지 않았다. 두 번째 모임에는 몇 년 만에 가장 많은 의원들이 모였다. 애틀리는 베번을 축출해야 한다고 주장했지만, 지도부는 자신들의 주장을 관철시킬 수 없었다. 신웰이 제 안한 수정안이 71 대 60으로 통과됐다. 그것은 "12개월 안에 총선이 실 시될 가능성이 크기 때문에" 당장 어떤 조처를 취하지는 않는다는 안이 었다.[48]

그러나 베번은 당에서 쫓겨나지 않으려면 충성 서약을 하라는 최후 통첩을 받았다. 이튿날 베번은 굴복했다.[49] 그러나 노동당 우파와 노총은 그 정도 타협에 만족하려 하지 않았다. 베번 사건은 광원노조에 보고됐 다. 베번이 광원노조의 후원을 받는 의원이었기 때문이다. 광원노조 집 행부는 노총 중앙집행위원회에서 이미 통과된 결의안에 자신들의 비난 을 추가하고, 규칙1AA에 대한 노총과 노동당의 견해를 지지하는 결의안 을 채택했다.[50]

그러나 베번은 개별 노동조합들에서는 상당한 지지를 받았다. 광원노 조의 사우스웨일스·스코틀랜드·컴벌랜드 지부, 금속노조, 철도기관사노 조, 상점점원노조, 화학노조, 공무원노조, 담배노조 등은 규칙1AA를 강

력하게 반대했다.[51]

사실, 노동당 좌파는 1930년대와 마찬가지로 노동자 투쟁과 거의 연계가 없었다. 〈트리뷴〉에서는 광원 파업을 제외하면(베번은 광원노조의 후원을 받는 의원이었다), 한창 진행 중인 파업 관련 기사를 거의 찾아볼 수 없었다. 그런 기사를 실을 때조차 파업을 **선동**한 것이 아니라 파업을 그저 서글픈 삶의 현실로 보도하는 데 그쳤다. 〈트리뷴〉은 규칙1AA에 반대했지만, 정부가 이런 조처를 취하도록 만든 노동자들의 요구를 선동하지는 않았다. 〈트리뷴〉은 공동생산위원회와 노동자들의 생산성 강화를 주장하고, 노동자들이 파업을 무기로 사용하는 것에 반대했다. 임금 인상을 위한 파업 투쟁도 선동하지 않았다.

제1차세계대전 때와 마찬가지로 새로운 개혁의 물꼬를 튼 것은 노동계급 자신의 추진력이었다. 1943년 여름 베빈이 규칙1AA를 도입하지 않으면 안 되겠다고 느낄 만큼 투쟁이 전진하던 바로 그때 나이 베번은 새로운 정치적 재결집, 즉 좌파 연합을 호소했다. 그래서 6월 18일 베번은 공산당, 코먼웰스(전쟁 기간에 결성된 좌파 정당), 독립노동당, 자유당 좌파인 급진자유당의 노동당 가입을 호소했다.[52] 몇 달 뒤 〈트리뷴〉은 자유당, 노동당, 코먼웰스, 독립노동당, 공산당에게 '좌파 동맹'을 건설하라고 요구했고[53] 이 요구는 이런저런 쟁점들을 둘러싸고 거듭 제기됐다.

세계적 사건들에 영향을 받고 노동계급이 가하는 압력이 커지면서 낡은 정치가 무너지고 새로운 흐름이 조성되고 있는 조짐들이 나타났다. 그중 하나가 의회 내의 긴장 고조였다.

1939년에 노동당은 재보선 휴전을 받아들였다. 이 휴전 협정은 특정 지역의 국회의원이 의석을 잃으면 그 의원의 소속 정당이 새 후보를 지명할 권리를 갖고 다른 두 정당은 그 후보를 승인하는 내용이었다. 그 휴전은 1941년 가을까지 지속됐다. 그즈음에는 노동당이나 자유당 후보가 출마하지 않은 곳에서는 상당수의 유권자들이 보수당 후보에 반대해 독립노동당 후보를 지지한다는 것이 분명해졌다.

1941년 재보선에서 독립노동당 후보들은 20~30퍼센트를 득표했다. [재보선 휴전에 대한] 노동당 지지자들의 항의가 그런 식으로 표출된 듯하다. 1942년 재보선에서 당선된 독립노동당 후보 네 명은 모두 보수당 후보를 꺾고 승리한 경우였다. 그해 7월 코먼웰스 당이 창립했는데, 이것 역시 선거 휴전에 대한 항의 표시였다. 코먼웰스는 한창 때 당원이 1만 5000명이나 됐는데, 주로 전문직에 종사하는 자유주의자들이었다.

1941년 봄부터 1942년 말까지 노동당 의석 19개가 공석이 됐고, 그 가운데 두 곳이 경합 지역이었다. 보수당 의석은 28개가 공석이 됐고, 경합 지역 아홉 곳에서 세 석을 잃었다. 다시 말해, 재보선에 출마한 독립노동당 후보들은 승리의 비결 — 보수당을 비난하라 — 을 알고 있었고, 유권자들은 이에 호응했다.[54]

1943년 4월 코먼웰스는 체셔주州의 농촌 지역에서 처음으로 의석을 얻었다. 그 뒤 스킵튼과 웨스트더비셔 지역에서도 잇따라 의석을 얻었다. 보수당의 아성 가운데 하나였던 브라이튼 지역에서 전에 4만 표를 얻었던 보수당이 이제는 독립노동당 후보에 밀려 2000표도 못 얻었다. 2주 뒤 웨스트더비셔에서는 전에 5500표를 얻어 다수당이 된 보수당이 이제 4500표를 얻은 무소속의 사회주의자 후보에게 의석을 내줬다. 1945년 4월에는 그때까지 보수당의 아성이던 첼름스퍼드에서 코먼웰스 후보가 기록적인 2만 3000표를 얻어 보수당에 참패를 안겼다.

이런 일련의 패배는 처칠, 애틀리, 어니스트 브라운(국민자유당), 싱클레어(자유당)가 다음과 같은 공동 서한을 모든 유권자들에게 보낸 것을 무색하게 만들었다.

단 한 군데 선거구의 결과조차 마치 영국 국민 전체의 목소리인 양 전 세
계로 순식간에 알려질 것입니다. … 지금 우리는 승리를 위해 총력 동원하
려는 단호한 결의로 굳게 뭉쳐 있음을 유엔과 중립국들에 알려 줄 책임이
있습니다.[55]

노동당 지구당들은 보수당의 재선을 위해 협력하라는, 적어도 보수당
에 반대하지는 말라는 명령을 받았다. 기층 당원들은 이 명령에 분노했
다. 그런데도 노동당 지도자 어느 누구도, 심지어 나이 베번조차 노동당
이 정부에서 철수해야 한다고 주장하지 않았다. 그러나 베번은 노동당
이 전후 첫 선거에서 보수당과 무관하게 독자적으로 싸우겠다고 분명하
게 선언할 것을 촉구했다. 더욱이, 1942년 이후 그는 전쟁 초기에 맺은
재보선 휴전 협정을 파기해야 한다고 주장했다.

그해 노동당 집행위원회는 당이 재보선에서 후보를 내지 않고 소속
정당을 떠나 연립정부 후보를 적극 지지해야 한다는 내용의 결의안을
당대회에 제출했다. 그러나 강력한 반발이 있었다. 결국 그 결의안은 찬
성 127만 5000표, 반대 120만 9000표로 가까스로 통과됐다. 광원노조,
금속노조, 철도노조가 모두 결의안에 반대했다.

차기 당대회에서 애틀리는 선거 휴전 협정을 파기하면 연립정부가 무
너질 것이고 그렇게 되면 노동당이 전후 계획에 영향을 미칠 수 있는
기회도 사라진다고 주장해서 선거 휴전 연장에 대한 동의를 얻어냈다.
224만 3000표 대 37만 4000표로 대의원의 다수는 애틀리의 주장을 지
지했다.

노동당 좌파의 약점 하나는 정부에 대한 모호한 태도에서 비롯했다.

그들은 연립정부를 지지하다가도 연립정부의 종식을 바라는 태도로 돌변했다. 이것을 잘 보여 주는 몇 가지 사례가 있다. 1942년 12월 11일 베번은 〈트리뷴〉에 쓴 기사에서 다음과 같이 주장했다. 노동당 각료들은

> 정부가 가장 반동적인 보수당 정책들을 채택하는 것을 막지 못한다. 이제는 보수당 각료가 못하는 일을 노동당 각료들이 하고 있다고 말할 수도 없다. … 노동당은 다시 자유를 얻어 영국인들을 이끌고 새 세계를 향해 행진할 때가 되지 않았는가?[56]

1944년 10월에는 정반대 주장을 했다. "지금 국민정부를 무너뜨리는 것은 어리석은 짓이다. 우리 대표들은 자신들이 지금까지 먼 길을 왔으므로 여행을 끝마쳐야 한다고, 독일이 패배할 때까지 정부에 남아 있어야 한다고 말할 자격이 있다."[57] 그 뒤 두 달 만에 이 주장은 다시 뒤집혔고, 베번은 연립정부 해산을 요구했다.[58]

〈트리뷴〉도 오락가락하기는 마찬가지였다. 1943년 3월 〈트리뷴〉은 연립정부 유지를 지지했다. "노동당은 진퇴양난에 빠져 있다. 국민정부에서 나와야 하는가 하는 문제 때문이다. 국민정부 해산은 … 어리석은 일이다. … 대영제국과 미국의 군대를 전투에 투입하려면 후방의 국민들이 최대한 단결해서 그들을 지원해야 한다."[59] 몇 달 뒤 〈트리뷴〉은 정반대 주장을 했다. "연립정부는 죽었다. 빨리 묻어 버리자."[60] 1년이 채 안 돼 〈트리뷴〉은 다시 원래 태도로 되돌아갔다. "연립정부가 지금까지 존속했기 때문에, 연립정부에 참여하고 있는 정당들은 연립정부 수립 목적을 달성할 때까지, 즉 나치 독일이 패배할 때까지 단결을 유지하는 것이 바람직하다."[61]

노동당 좌파는 갈피를 잡을 수 없었다. 왜냐하면 계급 협력 정책을 추

진하는 애틀리 일당에게 충성해야 하는지 아니면 노동자들에게 충성해야 하는지 결정할 수 없었기 때문이다. 그래서 항상 두 마리 토끼를 쫓다가 둘 다 놓쳤다. 노동당 좌파는 선거 휴전에는 반대했지만 연립정부에는 찬성했다. 그들은 선거 휴전 협정을 파기하라고 요구했지만, 노동당이 휴전을 파기하도록 강제하는 활동에는 참여하지 않았다.

노동자 운동의 성장과 그것이 노동당 내에 불러일으킨 불만의 잔물결은 당시 진행되고 있던 심대한 변화의 일부였을 뿐이다. 지배계급도 자신들의 사상을 가다듬고 있었다. 이런 상황은 자본주의 사회의 양대 세력 사이에서 둘을 중재하려는 정당에 큰 영향을 미쳤다.

"이제 우리는 모두 케인스주의자들이다"

제2차세계대전이 시작되자 1920년부터 거의 꾸준히 지속됐던 경기후퇴가 끝났다. 글래드스턴 시절 이후 거의 변하지 않았던 경제 통념을 깨뜨린 문제들이 전시 조처들 덕분에 해결된 듯했다.

가장 분명한 차이점은 경제 전반을 관리하는 국가 개입 수준이었다. 전쟁은 국가 개입을 엄청나게 촉진했다. 1941년쯤에는 총 고용 인구의 약 49퍼센트가 이런저런 정부 기구에 고용돼 있었다.[62] 20년 만에 처음으로 완전고용이 실현되자, 국가가 수요를 관리하면 완전고용을 계속 유지할 수 있다는 생각이 널리 퍼졌다. 모든 정당의 주요 정치인들은 J M 케인스가 제시한 경제학설이 완전히 옳다고 봤다. 케인스에 따르면, 정부의 주된 책임은 수요 인플레이션을 유발하지 않을 만큼 유효수요를 충분히 확보해서 완전고용이 유지되도록 재정·통화 정책을 집행하는 것이었다.

전쟁 전에도 이미 케인스의 학설을 받아들인 정치인들이 많았다. 일찍이 케인스주의자가 된 가장 저명한 노동당 인사는 어니스트 베빈이었다. 1930년대 중반부터 더글러스 제이, 에번 더빈, 앤서니 크로스랜드, 휴 게이츠컬 등 많은 노동당 지식인들이 케인스주의로 전향했다. 이들은 당내 우파였다. 그러나 일부 좌파들도 케인스주의자가 됐는데, 그중에서 가장 유명한 사람은 스트레이치였다.

스트레이치는 1932~1935년에 쓴 《임박한 권력 투쟁》, 《파시즘의 위협》, 《자본주의 위기의 본질》에서 정설 마르크스주의자를 자처했다(사실은 스탈린주의의 영향을 많이 받았다). 그러나 1938년에 스트레이치는 변호사이자 골수 스탈린주의자인 팜 덧에게 다음과 같이 썼다. "좋든 싫든 우리가 민중전선 정치를 채택했다면 우리는 민중전선 경제도 채택해야 합니다."[63] 전쟁 직전에 계급 협력의 필요성이 제기되자 스트레이치는 자본주의를 전복하지 않고 자본주의의 위기를 극복하는 방향으로 더욱 나아갔다. 그는 1938년 10월 2일 다음과 같이 썼다.

영국 국민들에게 조국을 위해 싸우다가 죽을 것을 요구하는 사람들은 자신들이 조국을 지키고 조국을 살 만한 곳, 즉 민주주의 — 가장 넓은 의미의 민주주의 — 를 위해 죽을 만한 가치가 있는 곳으로 만들고자 굳게 결의했다는 것을 국민들에게 보여 줘야 한다. … [그리고 — 지은이] 파시스트들만큼이나 단호하게, 분명한 케인스주의 노선을 바탕으로 실업에 대처할 것임도 보여 줘야 한다. 국민들이 '진보적 애국심'이라는 두 단어에서 긍정적 여운을 느낄 수 있도록 말이다.[64]

1940년에 스트레이치는 새 책 《진보를 위한 정책 강령》을 출판했다. 이 책에서 그는 장기적으로 자본주의 붕괴의 해결책은 사회주의뿐이지만 단기적으로는 자본주의를 개혁할 임시 정강 — 루스벨트의 뉴딜과 비슷한 — 이 필요하다고 주장했다. 스트레이치가 제시한 핵심 정강은 공기업 확대, 차입 자본에 대한 금리 인하, 사회 서비스 증대, 세제 개혁을 통한 소득 재분배 등 여섯 가지였다. 그리고 국가의 은행 통제나 엄격한 무역 규제 등도 필요하다고 주장했다.[65]

이런 정강은 최소한의 요구였으므로 크로스랜드는 다음과 같이 말할 수 있었다. "이것은 노동당이 1937년에 채택한 정강과 비교할 수 없을 정도로 온건하다."[66]

보수당에도 케인스주의로 전향한 사람들이 많았다. 보수당 의원 해럴드 맥밀런은 1938년에 《재건: 국가정책을 위한 호소》와 《중도》를 출판했다. 1943년 보수당 의원 36명이 결성한 '보수당 개혁위원회'의 위원장인 힌칭브룩 경은 다음과 같이 썼다.

지난 전쟁 이후 '개인주의적인' 기업인·금융업자·투기꾼이 이 나라에 끔찍한 피해를 입혔다는 것이 진정한 보수당 여론이다. 이들은 자유방임 경제 안에서 마음껏 활개 치고 보수 진영 안으로 몰래 침투해 보수당의 표를 갉아먹고 있다. … 나는 이 사람들이 자신의 짐을 챙겨 떠나기를 간절히 바란다.[67]

보수당 개혁위원회 위원인 퀸틴 호그는 의회에서 다음과 같이 말했다. "만약 여러분이 국민들에게 사회 개혁을 선사하지 않으면 그들이 여러분에게 사회혁명을 선사할 것입니다." 해럴드 맥밀런, R A 버틀러, 앤서니 이든은 정부에 몸담고 있었으므로 보수당 개혁위원회에 들어갈 수 없었지만 그들의 주장에 공감하고 있었다.

보수당 개혁위원회는 자본주의를 지켜야 하지만 국가가 자본주의의 효율성을 높이는 데 긍정적 구실을 할 수 있다고 주장했다. 그리고 이를 위해 국유화가 필요할 수도 있다고 인정했다. 그래서 보수당 개혁위원회는 전력·가스·수도의 국유화를 주장했다(석탄 산업 국유화는 배제했다). 그들과 배경이 전혀 다른 모리슨이나 크립스 같은 노동당 정치인들도 이와 비슷한 혼합경제 사상을 제시했다.

노동당은 말로나마 자본주의를 반대하던 태도에서 자본주의를 관리하려고 의식적으로 노력하는 태도로 전환하면서 자신의 과거와 극적으로 결별했다. 1937년에도 애틀리는 저서 《노동당 바로 보기》에서 사회주의는 국유화와 동일한 것이고 국유화를 통해 계급 폐지로 나아갈 수 있다고 주장했다. 이런 생각은 그 책 곳곳에서 찾아 볼 수 있다.

> 자본주의의 해악은 나라마다 그 정도가 다르다. 그러나 문제의 근원을 파헤쳐 보면 그 해결책은 모두 똑같다는 것이 현명한 사람들의 생각이다. 문제의 원인은 생활 수단의 사적 소유다. 따라서 해결책은 공적 소유다.[68]
>
> 사회주의의 목표는 모든 산업의 국유화다. 모든 기간산업은 공동체가 소유하고 통제할 것이다.[69]
>
> 계급 폐지는 사회주의의 근본 개념이다.[70]

이런 주장을 실행할 수 있는 노동당의 능력에 대해 어떤 유보 조건을 달았든 간에 이런 주장들은 오래된 신념을 요약하고 있었다. 그런 신념은 처음에 독립노동당의 사회주의자들을 고무했고, 당헌 4조로 구현된 뒤에는 노동당 전체의 자산으로 간직되고 있었다.

그런데 전쟁 기간에 노동당 지도자들은 정치 사전을 다시 쓰기 시작했다. 노동당의 목표는 '혼합경제'로 바뀌었다. 허버트 모리슨의 말을 빌리면,

진정한 사회주의와 진정한 자유기업의 실질적 결합, 이것은 사회복지와 산업 번영이라는 국가정책에 달려 있을 뿐 아니라 그 정책을 지탱하기도 한다. … 공적 소유가 적절한 곳에서는 공적 소유를 실시하고, 그렇지 않은 곳에서는 공적 통제를 장려해야 한다.[71]

국유화는 한때 사회주의 사회의 초석이자 노동당의 대표적인 반자본주의 정책으로 여겨졌다. 그런데 이제 크립스는 산업을 통제하기 위해 국유화가 반드시 필요한 것은 아니라고 주장했다. 1944년 10월 12일 크립스는 리처드 애클랜드에게* 다음과 같이 썼다. "친애하는 리처드, 그렇지 않습니다. 전쟁에서 우리가 배운 교훈은 [국유화를 하지 않고도] 우리가 산업을 통제할 수 있다는 것입니다."[72] 애틀리는 국가의 경제 개입에 동의하는 노동당과 보수당 지도자들이 늘고 있다고 지적했다. "그런 합의가 국내 경제정책에 대한 우리의 모든 논의에 영향을 미치고 있다."[73]

케인스주의 사상이 정치권에서 득세한 것을 보여 주는 한 가지 사례는 1944년 5월 정부가 발표한 '고용정책 백서'다. 이것은 재무부가 주기적 실업을 피하기 위해 재정 정책을 사용하기 시작했다는 신호였다. 베빈은 백서를 의회에 제출하면서, 디플레이션과 실업을 소극적으로 수용하던 정책을 바꿔서 경제를 적극적이고 의식적으로 지도하겠다고 밝혔다. 정부는 "경기후퇴의 초기에 자본 지출을 오히려 늘리고 소비지출도 확대해서" 경기후퇴를 저지하겠다는 것이었다.[74]

케인스는 국가 개입이 안정화 구실을 하게 된다면 자본주의는 번영할 것이라고 주장했다. 이것은 국유화와 아무 관계가 없다. 케인스는 다음과 같이 썼다.

---

* 리처드 애클랜드 자유당 의원과 노동당 의원을 거쳐 코먼웰스 당을 창립한 정치인.

생산수단의 국유화는 국가의 주요 과제가 아니다. 국가가 생산수단을 증대하고 생산수단 소유자들에 대한 보상을 늘리기 위해 자원의 총량을 결정할 수 있다면, 국가는 할 일을 다 한 셈이다.[75]

따라서 케인스의 사상은 점진주의를 선호하는, 그래서 혼합경제를 선호하는 노동당 우파 지도자들에게 매력적이었다.

물론 노동당 지도자들이 모두 케인스의 만병통치약을 받아들인 것은 아니었다. 베번은 하원에서 케인스의 사상이 사회주의와 양립할 수 없다고 주장했다. 베번은 노동당이 백서를 승인해야 한다고 생각하지 않았다. 만약 노동당이 백서를 승인한다면,

사회주의를 주장할 필요도 없을 것이고, 사회주의를 추구해야 할 이유도 없을 것입니다. … 백서의 주제들은 모두 의회를 둘로 분열시키는 문제들입니다. 사회의 노동을 어떻게 조직해야 하는지, 사회의 소득을 어떻게 분배해야 하는지, 국가가 어느 정도까지 경제에 개입해야 하는지의 문제는 모두 노동당의 존재 이유를 보여 주는 문제들입니다. … 사실, 백서의 주장이 옳다면 노동당이 존재할 이유가 없다고까지 말할 수 있습니다.[76]

자본주의 경제를 관리하려는 온건파 지도자들의 정책과 이에 대한 베번의 비판을 둘러싼 논쟁이 앞으로 한 세대 동안 노동당의 사고를 지배하게 된다.

보수당의 중도파 지도자들과 노동당 지도자들이 모두 케인스주의를 받아들였기 때문에 이들의 합의가 두 진영의 **동일성**을 보여 준다고 생각해서는 안 된다. 둘 다 완전고용, 적정 성장률, 물가 안정, 국제수지 흑자 등의 목표를 받아들였다. 그러나 보수당 지도자들은 다양한 목표에 대

한 강조점이 달랐다. 케인스주의자들은 실업과 물가 오름세 사이에 균형이 존재한다고 생각했다. 즉, 실업률이 낮을수록 노동 수요의 압력도 커지고 물가 오름세도 빨라질 것이다. 보수당은 어느 정도 모아 둔 돈이 있는 중간계급 유권자들에게 많이 의존하는 노골적인 자본가 정당이므로 물가 오름세 차단을 강조했다. 노동당은 실업에 대비할 금융 수단이 전혀 없는 노동자들의 지지에 압도적으로 의존하므로 일자리를 훨씬 더 강조했다.

그리고 노동당의 케인스주의자들은 경제적 평등을 강조했다. 그들은 임금 인상과 복지 증진 자체가 수요를 증대시키는 경향이 있고, 따라서 생산을 자극하고 실업을 줄인다고 생각했다.

케인스주의는 가장 중요한 경제 정설이 됐다. 그러나 노사 관계와 사회 개혁 부문에서는 다른 새로운 흐름들도 나타나고 있었다.

제2차세계대전 동안의 중요한 변화 가운데 하나는 정부와 노동조합의 긴밀한 협력이었다. 이것은 1920년대 말 '몬드 체제'의 연장선에 있었다. 1928년의 몬드-터너 협상은 실패했다. 1929년의 불황 때문에 경영진이 노조 지도자들과 밀실 협상을 할 필요가 없어졌기 때문이다. 그러나 1932년 이후 부분적 회복기에 그런 협상은 어느 정도 성과를 냈다. 노동조합, 특히 일반노동조합인 운수일반노조와 지방자치단체일반노조는 주요 사용자들과 긴밀한 관계를 구축했고 점차 늘어나는 국가기구들에 관여하기 시작했다. 이런 협력은 1935년 [조지 5세 즉위] 25주년 기념 서훈자 명단에서 [노동계의] 저명인사 세 명, 즉 노총 사무총장 월터 시트린, 철강노조의 아서 퓨, 노동당 원내 대표 찰스 에드워즈에게 기사 작위를 수여한 데서 상징적으로 드러난다.

노조 지도자들은 운수일반노조 사무총장 출신으로 노동부 장관이 된 어니스트 베빈과, 결정적 시기에 산업 평화를 위해 노동조합의 협조가 절실했던 정부와 협력하면서 전쟁 기간에 국가기구에 흡수됐다. "노조 지도자들은 전시에 설립된 많은 위원회에 들어갔다. 이 위원회들은 전에 사기업이 담당했던 기능들이나 전쟁의 필요에서 비롯한 새로운 기능들을 떠맡았다."[77] 노총 사무총장인 월터 시트린 경은 약 30개의 공공 기관 또는 준準공공 기관에 관여하고 있었다.[78] 전쟁 말기에 그는 의회에서 다음과 같이 말할 수 있었다. "우리는 선전하던 시대에서 책임지는 시대로 전진했습니다."[79]

베버리지 보고서

1942년 12월 베버리지 보고서가 발행됐다. 이 보고서는 질병·빈곤·실업 퇴치, 국민 의료 서비스, 가족수당, 완전고용 유지에 대한 포괄적 계획을 담고 있었다.

베버리지 보고서의 사회 개혁 요구들은 케인스주의 경제학에 딱 맞았다. 베버리지는 전후에 정부가 높은 고용 수준을 유지하고, 가족수당을 도입하고, 전 국민에게 포괄적 의료 서비스를 제공하는 것을 당연하게 여겼다. 베버리지 보고서의 뼈대인 '사회보장 계획'은 임금 소득자와 자영업자, 그들의 가족이 매주 1회 보험료를 납부하면 노령연금과 질병 수당을 받을 수 있도록 재정 제도를 정비하는 것이었다. 그리고 임금 소득자가 일자리를 잃으면 실업급여를 지급하는 내용이었다.

그러나 이 계획은 베버리지가 주장한 것만큼 급진적이지는 않았다.*

---

* 베버리지는 진정한 자유주의자였다. 토니[기독교 사회주의를 주창한 경제학자이자 역사가]에게 보낸 편지에서 다음과 같이 쓴 것을 보면 베버리지가 노동계급을 어떻게 생

예컨대, 베버리지 보고서는 국가가 최저 노령연금을 보장하는 것은 비용이 너무 많이 들기 때문에 20년 동안 유보해야 한다고 봤다. 그렇지만 베버리지 보고서만큼 대중이 큰 관심과 열렬한 반응을 보인 공식 보고서는 아직까지 없었다.

거의 모든 사람들이 그 보고서를 환영했다. 〈데일리 텔레그래프〉를 제외한 중앙 일간지들은 모두 보고서대로 실현되면 마치 천년왕국이 도래할 것처럼 보도했다. 보고서는 총 63만 5000부가 판매됐다. 여론조사 결과를 보면 … 보고서가 채택돼야 한다고 생각하는 사람이 86퍼센트였다. 기각돼야 한다는 사람은 6퍼센트뿐이었다.[81]

그렇다고 해서 보고서가 전혀 비판받지 않았다는 말은 아니다.

거의 다섯 명 중에 세 명은 연금이 너무 적다고 생각했다. 그러나 보고서가 대체로 인기가 많았던 사실은 의심의 여지가 없다. 그리고 전 국민 무상 의료 구상은 부자들의 81퍼센트를 포함해 국민 88퍼센트의 지지를 받았다.[82]

그러나 베버리지는 보수당을 화나게 만들었다. "처칠은 보고서를 보고 엄청 화를 내더니 보고서 저자와의 면담을 거부하고 보고서 저자의 정부 부처 출입을 금지하라고 지시했다."[83] 정부는 보고서가 공표되는 것

각했는지 알 수 있다. "부자들은 대체로 인격이나 능력이 노동계급보다 뛰어납니다. 좋은 가문 출신은 시간이 흐르면 상류층이 되기 때문입니다. 그들은 언제까지나 밑바닥에 머무르지 않습니다. 세대가 바뀌고 사회가 변하면 그들은 [상류층으로] 올라갈 수밖에 없습니다. 따라서 상층계급이 대체로 더 나은 계급입니다."[80] — 지은이.

을 막기 위해 온 힘을 다했고, 보고서를 승인하지 않겠다고 분명하게 밝혔다.[84]

노동당과 노총 대표들이 모두 참여하는 전국위원회는 베버리지 보고서를 승인했고, 자유당도 그랬다(베버리지 자신이 자유당원이었다). 머지않아 영국교회협의회도 뒤를 따랐다. 많은 보수당원들도 베버리지 보고서를 열렬히 환영했다.

1943년 2월 16일부터 18일까지 사흘 동안 의회에서는 베버리지 보고서를 둘러싼 논쟁이 벌어졌다. 보수당 강경파는 세계 멸망의 날에야 베버리지 보고서의 계획이 실현될 수 있을 것이라고 버텼다. 연립정부에 발이 묶인 노동당의 공식 입장은 뜨뜻미지근한 승인과 매우 점진적인 실행이었다.

그러나 노동당 의원 제임스 그리피스는 신속한 입법을 요구하며 다음과 같이 수정안을 제출했다. 의회는 "윌리엄 베버리지 경의 보고서 '사회보험과 관련 사업'에 대한 정부의 정책에 유감을 표하고, 보고서에서 제시한 계획을 조속히 실행하기 위해 정부 정책을 재고할 것을 촉구한다." 애틀리, 모리슨, 베빈은 노동당 의원을 개인적으로 만나 반란을 진압하려고 했다. 보수당과 노동당 지도부는 서둘러 긴급 동원 명령을 내리고 표 단속에 들어갔다.

그러나 노동당 평의원들이 반란을 일으켰다. 모리슨이 연립정부의 존속을 위해 매우 타협적이고 교묘한 연설을 했지만, 노동당 의원들은 모두 정부를 비판했다. 2월 18일 표결에서 121명의 의원이 정부안에 반대표를 던졌다. 그중 97명이 노동당, 3명이 독립노동당, 1명이 공산당, 11명이 무소속, 9명이 자유당이었다. 노동당 의원 약 30명은 기권했다. 정부안에 찬성표를 던진 노동당 의원 23명 중 22명이 정부 각료였다.

최초의 다수파 노동당 정부를 향해

제2차세계대전이 끝났을 때의 상황은 제1차세계대전이 끝났을 때와 달랐다. 무엇보다 1945년에 세계는 자본주의 역사상 최장기간의 호황에 들어갔다. 당연히 그 혜택이 모든 사람에게 골고루 돌아가지는 않았지만, 전쟁 기간에 무거운 부담과 큰 희생을 치른 노동자들이 전후에 필연적으로 제기할 요구들을 누그러뜨리는 데는 호황이 도움이 됐다.

제1차세계대전이 끝났을 때는 경제 전선에서 '규제의 소멸'이 시작됐다. 기업주들이 빅토리아 여왕 시대 같은 자유방임 시절로 돌아가려 했기 때문이다. 그러나 그들의 노력은 경기 불황으로 귀결됐다. 1945년에는 자본가들이 1930년대로 돌아갈 수 없음을 깨달았다.

1945년 7월 총선에서 애틀리의 당은 1200만 표를 얻었다(전보다 3분의 1이 증가한 수치였다). 393석을 얻은 노동당은 210석의 보수당과 12석의 자유당을 압도하는 의회 다수파였다. 선거 결과는 전쟁을 겪으며 노동자들의 태도가 많이 달라졌음을 보여 준 하나의 징후였을 뿐이다. 이제 나이 베번 같은 사람들의 생각이 수많은 사람들의 정서에 부합했다. 그들은 전시에 완전고용을 경험했고, 평화 시기에는 완전고용으로 가난과 불행과 차별을 없앨 수 있다고 생각했다. 여전히 대규모 병력이 유지되고 있던 군대조차 이집트, 인도, 말레이시아에서 군인들이 제대를 요구하며 반란을 일으키기 시작했다. 이제 사병들을 투입해 중대한 사회 변화를 저지하는 것은 불가능해졌다.

이런 상황에서 "집권은 했지만 권력은 없다"는 맥도널드의 오래된 변명은 전혀 쓸모가 없었고, 노동당은 그토록 열렬하게 주창해 온 사회주의로의 합법적 이행을 달성할 수 있는 엄청난 기회를 맞이했다. 그러나 전쟁 기간에 노동당도 변했다. 계급과 국가의 조화를 추구하는 것은 여전했지만 새로운 변화가 있었다. "공정한 임금, 더 좋은 주택, 더 많은 연금 등 노동자들에게 좋은 것이 국민들에게도 좋은 것이다." 자본주의 비판과 자본주의 옹호가 새로운 형태로 결합된 것이다.

11장

애틀리 정부

개혁주의의 절정

절정

1945년의 애틀리 정부는 노동당 최초의 다수파 정부였을 뿐 아니라 노동당 역사의 정점이기도 했다. 1951년 이후 노동당은 내리막길을 걷게 된다.

노동당 좌파든 우파든 애틀리 정부에 대한 기억을 신성불가침한 것으로 여긴다. 그래서 1952년에 출판된 베번의 정치적 유언《두려움을 대신해》에서 베번은 자신이 거의 6년 동안 몸담은 정부를 전혀 비판하지 않았다. 1951년 4월 23일 베번은 다음과 같이 선언했다.

1945년 이후 이 나라에서 우리는 세계 역사상 가장 놀라운 사회 재건의 위업에 참여했다. 1950년 말까지 우리는 … 세계의 도덕적 지도력을 떠맡았다. … 인류에게는 단 하나의 희망만이 남아 있다. 그 희망은 이 작은 섬에 있다.[1]

마찬가지로 토니 벤도 저서《사회주의를 옹호하며》에서 애틀리 정부의 유산을 칭송하는 말을 수도 없이 늘어놨다. 모리슨, 크로스랜드, 돌턴, 해터슬리 등 노동당 우파 지도자들도 똑같이 말했다.

1945~1951년 노동당 정부의 신화가 무엇이든 간에 역대 노동당 정부

가운데 가장 효과적인 개혁주의 정부였다는 것은 분명하다. 그러나 정치적 분석의 과제는 단순히 현상을 묘사하는 것이 아니라 더 근본적인 문제들을 제기하는 것이다. 자본주의의 관리자 노릇을 한 과거의 노동당 정부들과 애틀리 정부 사이에는 얼마나 많은 연속성이 있는가? 노동당의 정책들이 새로운 방향으로 발전했다면, 이런 정책들은 점진주의와 개혁주의가 "사회주의로 가는 실천적 방안"이라는 증거인가?

국유화

1945~1951년의 정부를 되돌아볼 때 생각나는 긍정적 정책이 두 가지 있다. 국유화와 복지국가가 그것이다.

1919년에 광원들의 국유화 요구는 영국을 20세기 최고의 혁명적 상황으로 몰아갔다. 1947년에도 똑같은 요구가 있었지만 결과는 사뭇 달랐다. 왜 그랬는가? 두 가지 변화가 자본주의적 노동자 정당인 노동당에 심각한 영향을 미쳤다. 첫째는 지배계급의 태도였고, 둘째는 개혁주의 논리의 발전이었다.

마르크스는 자본주의의 목표를 다음과 같이 요약했다. "축적하라, 축적하라. 이것이 모세와 예언자들의 말씀이시다." 따라서 자본주의는 단지 '법률 관계'가 아니다. 자본주의의 토대는 법률적 소유 개념이 아니다. 역사적으로 소유의 형태는 아주 다양했다. 소규모 개인기업부터 주식회사를 거쳐 거대 다국적기업까지, 미국의 거의 100퍼센트 사적 소유부터 스탈린주의 체제의 100퍼센트 국가 소유까지 매우 다양했다.

따라서 국가 소유는 결코 사회주의를 뜻하지 않는다. 사회주의는 노동계급의 경제적·사회적 해방을 뜻한다. 그래서 부의 창출을 인간의 필요 충족에 종속시키는 것이다. 이것은 노동자들이 소비에트, 즉 노동자 평의회 같은 기구들을 통해 스스로 정치권력을 장악할 때만 실현될 수 있다.

국유화에 대한 노동당의 태도는 1945년 선거 정책·공약 자료집 《미래를 직시합시다》를 보면 알 수 있다. 이 자료집은 국가가 영국은행, 탄광, 전력과 가스, 철도, 철강 등 특정 산업들을 인수해야 한다고 주장했다. 국유화가 노동과 자본의 세력균형을 바꾸는 수단이기 때문이 아니라 경제적 효율성 때문에 옳다는 것이었다. 각각의 경우에 국유화 주장은 경험적 근거를 통해 정당화됐다. 예컨대, "가스와 전력 산업의 공공 소유가 실현되면 요금이 인하되고, 경쟁이 심한 중복·과잉 투자를 방지할 수 있고, 연구와 개발을 조정할 가능성도 더 커질 것"이라는 식이었다. 노동당은 점진적 국유화를 주장하면서 혼합경제를 받아들였다. 그것은 결코 사회주의가 아니라 전시에 대충 합의된 사항들의 변형이었을 뿐이다.

따라서 선거 결과가 발표되고 나서 사용자들이 노동당의 혼합경제 강령을 기꺼이 받아들인 것은 당연했다.

당시 영국 자본가들이 1919년과 마찬가지로 자유방임 자본주의를 원했다고 생각할 수 있다. 그러나 제2차세계대전이 끝난 뒤 자유방임 자본주의를 선택하는 데는 중대한 문제가 있었다. 1945년에는 앞으로 불황이 아니라 장기 호황이 도래할 것이라고 예측할 수 있는 사람이 아무도 없었다.

둘째, 현대 자본주의가 효율적으로 작동하려면 교통과 전력 등 잘 발달된 사회 기반 시설이 필요했다. 그런데 이 '사회간접자본'에는 장기간의 투자가 필요했기 때문에 비용이 많이 들었고, 그 혜택은 개별 기업보다는 산업 전체에 돌아갔다. 그래서 대다수 나라에서 사회 기반 시설은 정부가 개발하고 통제했다. 1945년에 영국 자본가들은 과거의 전통을 버릴 태세가 돼 있었다. 전쟁의 폐허 속에서 꼭 필요하지만 수익성은 별로 없는 산업들을 재건하는 데 막대한 자금이 묶이는 것은 내키지 않는 일이었다. 그래서 자본가들은 애틀리 정부의 국유화 강령을 우려하지 않았다.

석탄 산업이 대표적이었다. 석탄 산업은 노후해서 손을 쓰지 않으면 경제 전체의 걸림돌이 될 상황이었다.

광업협회는 "총선 결과 때문에" 탄광 국유화 반대를 기꺼이 철회하겠다고 선언했다. 전에는 사자처럼 "완강한 개인주의"를 고수하던 자들이 이렇게 순한 양처럼 태도가 바뀐 데는 다음과 같은 계산이 있었다. 노후한 산업 설비가 전시에 한계에 이르러 이제 과감한 혁신이 필요하고, 머지않아 인력도 부족해지면 노동자들에게 양보를 해야 할 것이고, 석유 때문에 석탄의 독점가격이 무너질 가능성이 커졌다. 따라서 지금은 광산을 매각하기에 나쁜 시기가 아니다.[2]

그래서 보수당의 주요 인사들도 광산 국유화에 반대하지 않았다. 심지어 지배계급의 비타협적 전사戰士였던 처칠조차 반발하지 않았다. 처칠은 영국은행 국유화에도 반대하지 않았다. 그것이 이 케인스주의 계획경제 시대에 필연적인 조처였기 때문이다. 의회에서 처칠은 영국은행 국유화가 "원칙적으로 아무 문제도 없다고 생각합니다" 하고 말했다.[3] 퇴임하는 영국은행 총재 토머스 카토 경과 부총재 캐머런 코볼드는 모두 재임명됐다.

실제 인수 과정은 순조로웠다. 영국은행이나 석탄·가스·전력·교통 산업은 1945년에 이미 정부와 긴밀한 관계를 맺고 있었다. 1945년 10월부터 1948년 1월까지 정부는 이 산업들을 모두 국유화하는 법령을 제정했다. 국유화에 반대하는 의원들은 거의 없었다.

요컨대, 이 산업들의 국유화는 민간 부문의 고수익 산업들을 확장하는 데 꼭 필요한 조처였다. 국유화는 민간 부문의 부담, 즉 거액의 투자가 필요하고 모든 산업의 가동에 필수적인 기반 시설들을 건설해야 하는 부담을 덜어 줘 민간 부문을 강화했다.

그래서 사용자들은 협력했다. 사용자들은 전시에 주로 민간 부문 대표들이 운영하고 정부가 확대시킨 통제 기구들에 선뜻 참여했다.[4] 랠프 밀리밴드의 말을 빌리면, 정부는 "민간 부문과 협력해서 이득을 봤다. 더 정확히 말하면, 민간 부문이 정부와 협력해서 이득을 봤다."[5]

정부는 국유화한 산업의 경영 구조가 자본주의의 일반적 필요에만 도움이 되고 노동자 통제의 요소는 전혀 반영하지 못하도록 만들었다. 국유화가 확정된 날, 즉 국가가 석탄 광산들을 인수하고 석탄공사 깃발이 민간 기업들의 깃발을 대체한 1947년 1월 1일 대중은 기뻐하며 시위를 벌였다. 그러나 기쁨은 오래가지 않았다. 국유화된 다른 산업들과 마찬가지로 석탄공사도 사기업의 위계적인 노사 관계를 그대로 모방한 공기업 형태를 취했기 때문이다. 새 경영진은 옛 경영진에서 충원됐다. 그래서 최대 석탄 기업의 경영자 출신이 석탄공사 사장이 됐다. 당연히 광산에서 비공인 파업들이 대거 벌어졌다.

애틀리 정부를 평가하며 한 역사가는 이렇게 기록했다.

노동당 정책 강령의 어떤 측면을 보든 간에 우리는 항상 똑같은 주제로 돌아가게 된다. 즉, 사회주의자가 아닌 사람들도 노동당과 비슷한 정책들을 주장한 것이다. 어쩌면 노동당이 주창하기 전부터 그랬을지도 모른다. 전후 노동당 정부의 중앙집권적 경제계획은 … 케인스주의의 돌팔이 처방을 적용한 것에 불과했다. … 노동당의 국유화에서 가장 놀라운 것 중 하나는 국유화 조처들이 대부분 보수당이 주도한 조사위원회의 보고서들에 대응한 결과였다는 것이다. 영국은행 국유화 조처는 맥밀란 보고서의 결과였고, 석탄 산업 국유화는 리드 보고서 때문이었고, 가스 산업 국유화는 헤이워스 보고서 때문이었고, 전력 산업 국유화는 맥고언의 보고서 때문이었다. 더욱이 노동당이 실행한 국유화는 이미 자유당과 보수당 정부 시절에 마련된 행정 수단, 즉 '공기업'을 이용한 것이었다.[6]

국유화는 200만~300만 명의 노동자에게 직접 영향을 미쳤고, 이것은 전체 경제활동인구의 약 5분의 1에 해당했다.[7] 그러나 거기서 끝났다.

이 사실은 아주 중요했다. 노동당 지도자들은 모두 혼합경제 사상을 받아들였다. 심지어 노동당 집행위원회 산하 민간산업소위원회 위원장이었던 나이 베번도 마찬가지였다. 베번은 민간 자본가들에게 그들의 이익이 보호받고 있음을 확신시키려고 애썼다. 그렇게 해서 경제 전체를 위해 재정을 안정시키려 했다. 베번은 혼합경제를 원칙의 문제로 만들었다. 전면적 국유화로 나아가는 과도기가 아니라 혼합경제 자체를 목표로 삼은 것이다. 베번의 아내인 제니 리의 말을 인용하면,

"경제의 관제고지管制高地"라는 나이 베번의 말이 인구에 회자되고 있다. 국가가 석탄, 철강, 교통 등 계획경제에 필수적인 산업들을 인수해서 무질서한 민간 기업계의 질서를 바로잡아야 한다. 그러나 민간 자본가들과 단체들이 기여할 수 있는 여지를 충분히 남겨 둬야 한다. 전면 국유화는 민주적이고 합법적인 의회 제도와 양립할 수 없다.[8]

이런 태도는 노동당의 역사에서 중대한 변화였다. 사실 정부의 국유화 계획은 과거의 모든 조처들을 뛰어넘는 것이었지만, 자발적으로 혼합

경제를 수용하는 것은 과거의 신념을 버린다는 뜻이었다. 지배계급의 사상을 반영한 페이비언주의자들의 '국가사회주의'조차 경제의 80퍼센트를 민간 자본가들의 손에 맡기자고 하지 않았다. 사람들은 노동당 당헌 4조의 '사회적 소유'가 최대한 많은 산업에 적용되는 것으로 분명히 이해하고 있었다. 물론 그 전의 두 차례 소수파 노동당 정부는 그렇게 실행하는 것이 거의 불가능하다고 둘러댔고, 이런 변명은 그럴싸하게 들렸다. 1945년에는 그런 변명이 통하지 않았다. 그래서 노동당 지도부는 아예 정치학 교과서를 다시 썼다.

계급과 국가의 조화는 이제 국유 기업과 민간 기업의 혼합을 뜻했다. 자본주의는 전복되지 않겠지만, 혼합경제와 사회보장제도의 토대가 놓이면 더 효율적이고 더 인간적인 자본주의로 바뀔 것이다. 노동당이 자본주의의 관리자 노릇을 할 뿐 아니라 노골적으로 자본주의를 정당화하자, 개혁주의의 논리는 새로운 단계에 도달했다. 노동당은 경제의 20퍼센트를 사는 대가로 자신의 정치적 영혼을 팔아넘겼다.

복지

노동당의 정책들은 주로 지배계급에게 혜택을 주기 위해 고안됐다. 그러나 호황기에는 빵 부스러기가 노동자들에게도 떨어질 수 있었다. 애틀리 정부 시절에 노동자들과 그 가족들은 전쟁 전보다 훨씬 더 나은 생활을 했다.

정부는 사회복지 지출 수준을 높게 유지했다. 1949년 4월 예산에서 식료품 보조금이 4억 6500만 파운드로 확정되기는 했지만, 그것은 여전히 엄청난 금액이었고 노동자들의 생활비를 낮추는 데 크게 기여했다. … 물론 완전고용과 비교적 낮은 물가 오름세도 모든 노동자들에게 큰 혜택이었다. 그래서 어지간한 다른 문제들은 모두 눈감아 줄 수 있었다.[9]

사회보장제도의 핵심은 국가보건서비스NHS였다. 국가보건서비스는 국유 기업뿐 아니라 산업계 전체가 맹목적으로 추구하는 냉혹한 손익계산에 얽매이지 않는 듯했다. 국가보건서비스를 도입한 보건부 장관 나이베번은 "개별적 상업성이 고상한 사회적 가치와 정면으로 충돌하는 영역이 의료 분야"라고 설명했다.[10]

그러나 사회보장제도의 기원은 1893년의 노동자보상법과 1906년에 자유당이 도입한 노령연금, 실업·의료 보험 제도까지 거슬러 올라간다. 물론 이런 조처들이 사회주의적 동기에서 실행된 것은 아니었다. 단명한 보수당 과도정부가 1945년에 지급하기 시작한 가족수당도 사회주의적 조처라고 할 수 없다.

마르크스와 엥겔스가 보여 줬듯이, 자본주의에는 근본 모순이 있다. "부르주아계급이 생존하고 지배하기 위한 필수 조건은 자본의 형성과 증대다. 그러나 자본의 전제 조건은 임금노동이다."[11] 노동력은 자본주의에서 가장 중요한 생산력이다.

지배계급은 노동자들을 인간으로 여기지 않고 생산의 한 요소인 노동력을 공급하는 원천으로만 여긴다. 효율적인 교통과 에너지 공급이 필수적인 것과 꼭 마찬가지로, 생산적이고 건강하고 교육받은 노동자들도 필수적이다. 특히, 경기 확장 시기에는 더욱 그렇다. 이때 새로운 기술이 필요한 기업주들이 '최고의' 노동자를 실업자들 중에서 골라 쓸 수는 없는 법이다. 그래서 복지 입법은 케인스주의 계획경제에 딱 맞았다. 국가가 물질적·인간적 사회 기반 시설을 지원해야 한다는 것이다. 그래서 거대 섬유 기업 코톨즈의 사장은 베버리지의 계획이 "영국 역사상 가장 탁월한 고수익 장기 투자"라고 예견했다.[12]

사회보장제도는 1946년의 세 가지 법(국가보건서비스법과 두 개의 국민보험법)과 1948년의 국민부조법을 바탕으로 더욱 확대됐다. 그런 법령들은 효과가 있었다. 국가보건서비스를 살펴보자. 국가보건서비스는 끔찍한 상황에서 등장했다. 제1차세계대전 당시 250만 명을 조사한 결과, 매우 '건강한' 사람은 아홉 명 가운데 겨우 세 명꼴이었고, "적당히 건강한" 사람이 세 명, "매우 가벼운 정도 이상의 신체 활동을 할 수 있는" 사람이 두 명, "생명에 지장이 있는 만성질환을 앓고 있는" 사람이 한 명이었다. 1930년대에 더럼 지방 아이들의 83퍼센트가 구루병을 앓고 있는 것으로 파악됐다.[13] 오늘날 결핵이나 구루병처럼 전에 흔했던 질병들이 드물어지고 전반적으로 건강이 많이 개선된 것은 부분적으로 국가보건서비스 덕분이다.

국가보건서비스를 도입할 때 베번은 전문의들의 압력단체인 영국의사협회의 격렬한 반발에 부딪혔다. 그들의 반발은 보수당과 보수 언론의 지지를 받았다. 베번은 그들에게 일련의 양보를 했는데, 이로써 장차 국가보건서비스가 조금씩 허물어질 수 있는 여지를 남겼다. 병원 전문의들은 국책 사업에 협력하는 대가로 보수를 받을 뿐 아니라 사설 병상도 보유할 수 있게 됐다. 베번의 전기 작가인 존 캠벨이 다음과 같이 말한 것은 옳다.

분명히 베번은 병원 전문의들의 지지를 받기 위해 너무 많은 대가를 치렀다. … 그들은 전에 (비영리 민간 병원에서) 무보수로 하던 일을 똑같이 하면서 이제는 급여를 받았다. 일거양득이었다. 지방정부 산하의 비영리 기관인 일급 병원의 정규 급여뿐 아니라 개인적으로 환자들한테서 수수료도 따로 받았다. 베번이 "내가 그들의 입에 황금을 듬뿍 넣어 줬다"고 말한 것도 결코 놀라운 일이 아니다. 베번은 전문의들에게 황금뿐 아니라 권력, 즉 새로운 서비스[국가보건서비스]를 쥐고 흔들 수 있는 강력한 힘도 줬다.[14]

의학 저널 《랜싯》은 1946년 11월에 국가보건서비스가 "1년 전의 예상과 달리 결코 사회주의적이지 않다"고 말했다.[15]

사회주의자의사협회와 노동당 평의원들은 영국의사협회에 양보하느라 1945년 선거공약 — 국가가 전일제 유급 의사들의 의료 서비스를 보장하겠다던 공약 — 이 어긋나는 것을 보면서 실망했다. 베번은 자신이 얼마나 많이 양보했는지 알고 있었다. 1948년에 의원들 앞에서 베번은 개인 부담 환자, 사설 병상, 개인 수수료 때문에 무상 의료 서비스의 이상이 "매우 심각하게 위험해졌고, 그것은 존경하는 의원 여러분에게 반감이 있는 … 의료 전문가들에게 많이 양보한 결과"라고 말했다.[16]

캠벨의 말을 빌리면, 그 양보의 최종 결과는 이랬다.

베번이 의료에 관심 있는 당원들의 묘안을 거의 실행하지 않으면서도 노동당이 정치적으로 승리한 모양새를 만들어 낸 것이었다. 베번을 비판한 어떤 사람은 다음과 같이 꼬집었다. "베번의 성공이 놀라운 것은 그가 지지자들을 마취시켜서 그들이 거의 평생토록 반대해 온 것들을 받아들이게 만들었다는 것이다."[17]

국유화와 마찬가지로, 사용자들과 노동계급은 서로 다른 이유에서 사회보장제도를 환영했다. 노동자들의 관점에서 보면, 노동자와 그 가족은 단지 노동력을 재생산하고 판매하는 존재가 아니다. 건강, 괜찮은 교육과 주택은 사용자들의 은행 잔고가 아니라 삶의 질을 개선하는 데 중요한 것이다.

자본주의적 노동자 정당은 두 진영을 최대한 조화시키려 애쓰지만, 충돌이 일어나면 어느 한쪽을 선택해야 한다. 국유화의 의미는 도로 운송이나 철강 같은 고수익 산업을 둘러싼 투쟁에서 분명히 드러났다. 복지는 영국의 산업을 더 생산적인 것으로 만들기 위한 것이었는가, 아니면 사회적 지출(주로 소득에 직접세를 부과해 재원을 마련한 것)을 시작으로 마침내 부의 재분배를 이루기 위한 것이었는가?

이 문제는 노동당 정권 말기에 중요하게 부각됐다. 국제수지 악화, 무거운 세금, 그렇지 않아도 부족한 식량 배급량의 감축을 보며 이미 많은 사회주의자들은 환멸을 느꼈다. 그래서 다음과 같은 문제가 제기됐다. 국가보건서비스를 보존하는 것이 더 중요한가, 아니면 1950년 한국전쟁에서 미국 제국주의를 지원하는 것이 더 중요한가? 한국전쟁으로 국방 예산이 많이 늘어나자, 이것을 둘러싼 갈등 끝에 결국 1951년 4월 베번이 사임했다. 크립스가 중병으로 쓰러진 뒤 재무부 장관이 된 게이츠컬이 처방전, 틀니, 안경에 요금을 부과하자 베번이 마침내 사임을 결심한 것이다.

국가보건서비스는 상처를 입었지만 살아남았다. 국가보건서비스는 얼마나 예외적인 것이었는가? 영국에서 현대적인 의료 서비스는 개혁주의 정부가 도입했다. 그러나 사회민주주의 정부가 들어서지 않은 나라들에서 의료에 들어간 사회적 생산의 비율이 흔히 훨씬 더 높았다. 1969년까지 국가보건서비스의 지출은 영국 GNP의 4.5퍼센트를 넘지 않은 반면, 그해 네덜란드의 GNP 대비 의료비는 5.9퍼센트, 미국은 6.8퍼센트, 캐나다가 7.3퍼센트였다.[18] 그러나 영국의 의료비 비율이 낮았다고 해서 국가보건서비스가 다른 나라의 의료 서비스보다 못하다는 생각은 잘못일 것이다. 국가보건서비스가 전 국민 무상 의료 서비스였다는 것은 저소득층이 큰 혜택을 입었다는 뜻이다. 또 미국 같은 곳에서는 의료비에서 의사들이 가져가는 몫이 영국보다 훨씬 더 많았다.

그렇지만 사회적 지출은 노동당만의 독특한 정책이 아니다. 1945년부터 보수당 총리 마거릿 대처가 집권한 1979년까지 약 절반의 기간을 노동당이 집권했다. 그러나 사회민주주의 정당이 집권하지 못한 유럽 각국과 비교했을 때 영국의 복지 지출이 그렇게 많은 것도 아니었다. 서독과 프랑스, 심지어 스페인조차 많은 분야에서 영국보다 더 많은 복지 혜택을 제공했다. "경제협력개발기구OECD에 가입한 민주주의 선진 공업국 18개국 중에서 영국은 GDP의 12.6퍼센트를 [복지에 ― 지은이] 투입한다. 그러나 영국보다 더 많이 투입하는 나라가 10개국이고, 영국의 수치는 18개국 평균(13.25퍼센트)보다도 낮다."[19]

흔히 노동당 지지자들은 주요 개혁들이 노동당 덕분이라고 생각한다. 이것은 너무 단순한 생각이다. 역사적으로 개혁 입법은 두 종류가 있었다. 하나는 아래에서 노력해서 간신히 얻어 낸 것이고, 다른 하나는 위에서 하사한 것이다.

레닌은 차르 치하 러시아에서 개혁은 "순전히 혁명적 계급투쟁의 부산물"이었고 "개혁주의의 온갖 협소함에 전혀 물들지 않은 운동의 부산물로서만 가능했다"고 말했다.[20] 노동당이 그런 혁명적 방법으로 개혁을 위해 투쟁했다고 비난받는 일은 결코 없을 것이다.

애틀리의 개혁에 대한 질문은 노동당이 집권했기 때문에 그런 개혁들이 성취됐는가, 아니면 어떤 정당이 집권했든 간에 자본가계급이 개혁을 양보했을까 하는 것이다. 사회보장제도의 사례를 보자.

노동당 정부는 국가를 "지배계급의 집행위원회"에서 계급을 뛰어넘는 모종의 자선가로 변모시키지 못했다. 노동당 정부는 사용자 계급이 "고수익 장기 투자"로 사용하고자 한 일련의 변화를 추진했다. 그런 변화들은 체제 자체의 권력을 심각하게 침식하지도 않았고 결코 그럴 수도 없었다. 노동당은 위로부터의 개혁에 의존하고 아래로부터의 운동을 방해한다. 그래서 현실의 사건들을 좌우할 수 있는 일을 거의 하지 못한다. 노동당은 사회주의 변혁을 이룰 수 있는 진정한 세력인 노동계급의 발을 붙잡고 늘어진다. 따라서 노동계급 지지자들의 삶을 개선하려면 거의 전적으로 국민적 자본주의의 활력에 의존할 수밖에 없다.

보수당은 굳이 노동당처럼 행동하지 않을 것이다. 집권한 개혁주의 정당이 성취한 변화는 반동적 정당이 성취한 변화와 형태가 다를 수 있지만, 오직 체제가 정해 놓은 엄격한 한계 안에서만 그럴 수 있다. 국가보건서비스는 그런 한계를 뛰어넘을 수 없었다. 자본주의의 관점에서 보면, 국가보건서비스는 최저 비용으로 노동자들의 건강과 능력을 유지하는 효과적 방법이었다. 그래서 국가보건서비스의 주요 원칙들은 1980년대까지 심각하게 공격당하지 않았다. 심지어 보수당도 국가보건서비스의 근본 원칙을 심각하게 공격하지 않았다. 그런데도, 심지어 1980년대 전에도 노동자들의 건강은 자본주의의 건강에 종속됐다. 경제 상황이 나빠질 때마다 국가보건서비스는 조금씩 공격당했다. 그리고 최초의 공격은 애틀리의 노동당 정부가 한 것이었다. 영국 자본주의의 병이 악화할수록 노동당 정부든 보수당 정부든 가차 없이 국가보건서비스를 공격했다.

전환점: "끔찍한 해" 1947년

1947년 초까지 노동당 정부의 개혁 프로그램은 거침없이 전진하는 듯했다. 정부의 입법 기록은 인상적이었다. 광범한 공공 소유 제도를 도입하고, 국가보건서비스법과 국민보험법을 제정하고, 노동조합 관련 법률을 개정하는 등 1945~1946년 의회 회기에서 70개의 법률을 통과시켰다. 노동당 안에도 엄청난 열정이 있었고, 당 밖의 대중도 정부를 굳건하게 지지했다.

대중의 지지를 확보한 요인 하나는 완전고용이었다. (1947년 겨울 연료 위기로 실업률이 3퍼센트까지 상승한 것을 제외하면) 노동당 집권 내내 실업률은 아주 낮았다. 1951년 6월의 취업 노동자는 6년 전보다 350만 명이나 더 많았다. 노동당의 신화에서 이것은 전적으로 정부 정책 덕분이다. 그러나 애틀리 정부의 경제 고문이었던 알렉 케언크로스 경은 다음과 같이 털어났다.

높은 취업률이 정부 덕분이라고 말하기는 힘들다. 취업률이 계속 높았던 이유는 세계시장이 호황이었기 때문이다. … 노동당 정부가 내세울 만한 것은 국제수지를 효과적으로 관리한 것뿐이다.[21]

초기 노동당 정부의 정책을 주도한 인사는 재무부 장관 휴 돌턴이었다. 돌턴의 '저금리' 정책은 새 시대의 상징이었고, 이것은 1918년 이후 재무부가 고수해 온 디플레이션·긴축 정책과 정반대였다. 돌턴의 금융정책은 노동당 집권 후 첫 2년 동안의 사회 개혁, 산업 재건, 공공투자 프로젝트의 토대였다.

그러나 경기 확장 정책으로 자금을 조달한 사회 개혁 조처들은 정부의 여러 목표 가운데 일부였을 뿐이다. 그것도 더 작은 일부였다. 노동당 정부는 영국 자본주의의 관리자로서 국내뿐 아니라 해외에서도 영국의 제국주의 정책을 옹호했다. 1947년까지 개혁과 자본주의의 필요는 서로 충돌하지 않았다. 그러나 개혁의 성패를 좌우할 영국 자본주의의 토대가 흔들리고 있었다.

전시에 영국 지배계급은 막대한 해외 자산을 잃었다. 이제 해외 자산에서 얻는 소득으로 식량과 원료를 수입할 수 없게 됐다. 게다가 전쟁 자체로 생긴 영국의 누적 부채가 전 세계에 2723만 파운드나 있었다. 1945년에 전쟁 전과 같은 규모의 수입 자금을 조달하기 위해서만 수출이 50~70퍼센트 증가해야 하는 것으로 추산됐다.[22] 더욱이, 제국주의적 사업들이 영국 경제의 부담을 가중시켰다. 1948년 3월에도 영국군은 여전히 93만 7000명의 대규모 병력을 유지하고 있었다.

이런 잠재된 약점이 1947년에 갑자기 현실로 나타났다. 그 전해는 노동당 정부에게 매우 성공적인 해였다. 〈뉴스 크로니클〉의 기사에 따르면,

1946년은 산업이 꾸준히 성장한 해였다. (스코틀랜드와 웨일스의 일부 지역을 빼면) 실업은 거의 무시할 만했다. 그리고 전 세계 민주주의 국가 중에 1946년에 중대한 노사 분쟁을 겪지 않은 나라는 사실상 영국뿐이었다.[23]

이와 정반대로, 1947년은 거의 완전히 재앙의 해였다. 재앙의 시작은 끔찍한 날씨였다. 《연감》의 기록을 보면, 1947년 초 겨울은 "1880~1881년 이후 가장 혹심했다."

그 결과는 비참했다. 이미 줄어들고 있던 석탄 재고는 전 국민의 생존에 필요한 최저치인 400만 톤 미만으로 급감했다. 철도나 도로 교통으로 석탄을 운송할 수도 없었다. 뉴캐슬에서 런던과 남동부 지역의 발전소로 석탄을 실어 나르는 석탄 운반선도 바다에 띄울 수 없었다. 2월 7일 신웰[국방부 장관]은 충격에 빠진 의원들에게 많은 발전소의 석탄이 바닥나서 많은 공장의 가동이 중단되고 많은 가정에 전기가 공급되지 않을 것이라고 말했다.

… 공장이 문을 닫았다. 마을이 연락이 끊겼다. 가축이 수천 마리씩 떼죽음을 당했다. 사람들은 집안에서 추위에 떨어야 했다. 전력난 때문에 라디오방송을 들으며 위안을 삼을 수도 없었다. 2월 초에 실업자가 200만 명을 넘어섰다. 3월이 될 때까지 연료 공급은 개선될 기미가 보이지 않았다. 3월 말에 날씨가 풀린 뒤에야 정부는 안도의 한숨을 내쉬었다.[24]

돌턴은 1947년을 "끔찍한 해"라고 말했다.[25] 노동자가 200만 명 넘게 해고당했지만, 뒤따른 금융 위기를 해소하는 데는 전혀 도움이 되지 않았다. 1947년 1사분기에 영국의 달러 보유고가 급감했다. 전 세계에서 식량과 원료가 부족했기 때문이었다. 미국은 거의 유일한 식량·원료 공급국이 됐다. '달러 고갈'은 영국의 무역수지 적자와 깊은 관계가 있었다. 1947년 1~2월의 영국 연료 위기는 사태를 훨씬 더 악화시켰다.

1947년 상반기에 약 1890만 달러가 날아갔다. 이 돈은 미국에서 빌린 돈 3750만 달러의 절반 이상이었다. 그런 상황이 지속됐다면, 영국이 1951년까지 사용하도록 계획된 대출금이 1948년이나 그보다 훨씬 전에 바닥났을 것이다.[26]

1946년 7월 미국의 대출을 받는 조건으로 1년 동안 외환시장에서 파운드와 달러가 자유롭게 교환되도록 허용한 결과, 영국은 금융 재앙에 직면하게 됐다.

날씨는 정부 책임이 아니었다. 그러나 이 자연현상은 전후 영국 경제의 고질적 문제, 즉 국내 수요 증대가 국내 생산뿐 아니라 해외 수입도 부추기는 경향을 분명히 보여 줬다. 더욱이 이 문제는 시간이 흐를수록 점차 악화했다. 1947년, 1949년, 1951년, 1955년, 1957년, 1961년,

1963~1967년에 파운드화 위기가 있었다. 그래서 '가다-서다'가* 반복됐다. 재무부 장관이 수요를 자극해서 수입이 늘고 국제수지 적자가 나면, 투기꾼들이 파운드화를 공격했다. 그러면 수요 수준을 낮추기 위해 금리를 인상하고, 지출을 삭감하고, 세금을 늘려서 시장의 신뢰를 회복했다. 이 디플레이션 정책은 단기적으로는 효과가 있었다. 그러나 장기적으로는 투자를 지연시키고, 기술 변화의 속도를 늦추고, 생산성을 저하시키고, 영국의 국제 경쟁력을 약화시켰다. '가는' 기간은 점차 짧아진 반면, '서는' 기간은 갈수록 길어졌다.

최초의 금융 위기인 1947년 8월의 위기는 전쟁 후 영국이 겪은 가장 심각한 위기였다. 애틀리 정부는 공포에 질렸다. 노동당의 개혁 전략 전체에 중대한 영향을 미칠 금융정책이 새로 나왔다. 돌턴이 제출한 1947년 11월 예산안의 핵심은 디플레이션과 육류·식용유·설탕 등 기본 식료품의 배급량 감축이었다. 11월 13일 돌턴은 재무부 장관직을 사임했다(자신의 예산안 내용 일부를 경솔하게 신문기자에게 누설했기 때문이다). 크립스가 재무부 장관직을 물려받아 긴축정책을 강력하게 추진했다.

정부가 나아가는 방향 자체가 극적으로 바뀌었고, 개혁주의의 한계가 선명하게 드러났다. 사회주의자들은 노동당이 위기의 부담을 감당할 수 있는 자들에게 부담을 지우기를 바랐지만, 현실은 정반대였다. 1947년 8월부터 1950년까지 정부의 경제정책을 책임진 사람은 1930년대의 '악동' 스태퍼드 크립스였다. 크립스의 첫 조처는 기업인과 금융업자를 안심시키는 것이었다.

가혹한 조처들을 선호한 크립스는 새로운 표적을 발견했다. 그는 소비

---

* 가다-서다(Stop-go) 긴축과 확대를 번갈아 실시하는 경제정책.

자 구매력을 급격하게 감소시키고, 간접세인 취득세를 신설하고, 달러로 결제해야 할 수입품을 대폭 감축하는 등 일련의 긴축정책을 시행했다. 내각이 식료품 수입을 6600만 파운드 감축하고 기본 배급량도 줄이기로 결정하자 소비자들은 생활수준 저하에 직면했다. 그래서 전쟁 마지막 해에 3000칼로리였던 1인당 하루 평균 열량 섭취량이 1948년 상반기에 2650~2725칼로리로 줄었다.[27] 크립스가 이런 정책들을 의회에서 발표하자 〈타임스〉는 그를 매우 칭찬했다. "스태퍼드 크립스 경이 1시간 40분의 연설을 끝마치기도 전에 의회는 흥분의 도가니로 변했다."[28]

수출을 촉진하고, 소비지출을 억제하고, 공공투자(특히, 주택 건축)를 감축하는 계획들이 수립됐다. 자본가들은 재무부가 제공하는 금융 혜택을 받았다. 그러나 직접세보다 간접세 비중이 늘어나 노동자들은 세금을 더 많이 내야 했다.

크립스의 핵심 정책 하나는 수출을 장려하기 위해 전례 없이 많은 인력을 수출업으로 전환시킨 것이다. 1948년 여름 이후 미국의 전후 서유럽 원조 프로그램인 마셜플랜을 통해 달러가 들어온 것도 도움이 됐다.

이렇게 수출에 집중하는 반면, 국내 소비용 자원은 가차 없이 삭감했다. 식품, 의류, 석유 등의 배급제는 전쟁이 끝난 뒤에도 지속됐다. 크립스가 재무부 장관으로 재직한 시기에 배급제는 다시 극단으로 치달았다. 1948년까지 일반 시민들은 매주 370그램의 고기, 42.5그램의 치즈, 170그램의 버터와 마가린, 28그램의 식용유, 226그램의 설탕, 1리터의 우유, 달걀 하나로 살아야 했다.[29]

이런 배급제와 함께 '암시장'도 있었다. 암시장에서는 필요한 사치품을 모두 구할 수 있었다. 물론 돈을 낼 수 있었다면 말이다.

임금 억제

배급제와 긴축정책을 통한 소비 통제는 당연히 임금통제로 이어졌다. 완전고용으로 노동계급의 자신감이 높았기 때문에, 임금을 제대로 통제하려면 정치적 책략 이상이 필요했다. 무엇보다, 노동당이 보유한 비장의 무기, 즉 노동조합의 충성이 결정적 구실을 해야 했다.

1948년 2월 4일 애틀리는 '개인소득·비용·물가에 대한 성명서'라는 이름의 백서를 발표했다. 그 백서에서 애틀리는 예외 상황이 아니라면 임금·봉급·배당금 인상은 안 된다고 주장했다. 노조 지도자들은 다우닝가로 몰려가서 "자유로운 단체교섭에 개입하려는 시도를 용납할 수 없다"며 철회를 요구했다. 그들이 1900년에 노동자대표위원회를 창립한 명시적 이유 가운데 하나가 태프베일 판결 같은 정부 개입에 반대하는 것이었다.

영국 노총 경제위원회는 백서와 특히 크립스가 요구한 임금동결에 우려를 표명했다. 크립스와 노총의 협상은 순조롭지 않았다. 특히, 크립스가 이윤이나 배당금에 대한 과세 강화를 내키지 않아 했기 때문이다. 그러나 너무나 낯익은 주문, 즉 "배를 흔들지 말라"는 주문이 마법처럼 효과를 내기 시작했다. 3월 24일 노조 집행부 대표자 협의회는 한동안 임금을 동결하는 방침을 찬성 542만 1000표 대 반대 203만 2000표로 받아들이기로 결정했다. 반대한 노동조합은 금속노조, 전력노조, 상점점원노조, 그리고 특히 저임금 직종을 대표하는 노동조합들이었다. 그해 말 노총 대의원대회에서도 똑같은 정책이 결정됐다.

노동계급의 희생을 요구하는 호소는 당시 영국 경제의 인상적인 성적에 비춰 보면 공허한 요구였다. 1949년 상반기의 산업 생산은 1938년보다 30퍼센트 증가했다. 수출은 전쟁 전 수준의 50퍼센트 미만에서 거의 55퍼센트 이상으로 증가했다. 수입 비용의 85퍼센트를 수출 소득으로 충당할 수 있었다. 이것은 유럽 최고의 실적이었다. 그러나 금융 압박 때문에 정부는 1949년 9월 파운드화를 평가절하해야 했다. 그래서 수입 물가가 치솟자 생계비도 폭등했다.

그리고 크립스는 약 7억 파운드의 공공 지출 삭감도 요구했다. 외무부 장관 어니스트 베빈과 국방부 장관 앨버트 알렉산더는 국방 예산만 삭감하면 장관직을 사임하겠다고 위협했다. 나이 베번도 사회복지 지출을 지나치게 삭감하면 사임하겠다고 위협했다. 크립스는 내각 전체가 자신의 계획에 동의하지 않으면 사임하겠다고 위협했다.

마침내 1949년 10월 21일 내각은 2억 8000만 파운드 상당의 통화수축 효과가 있는 긴축예산안을 제출했다. 애틀리가 의회에서 이 예산안을 발표할 때 의원들은 쥐 죽은 듯이 조용했고, 발표를 마친 애틀리가 자리에 앉았을 때 노동당 의원들은 완전히 낙담했다.[30]

파운드화가 평가절하된 뒤에는 노조 지도자들이 정부의 임금 억제 정책을 지지하기가 훨씬 더 힘들어졌다. 1950년 1월 노조 집행부 특별 협의회에서는 임금 억제 정책이 찬성 426만 3000표 대 반대 360만 6000표로 가까스로 통과됐다. 한국전쟁으로 물가가 더 치솟자 1950년 노총 대의원대회에서는 임금동결 방안이 찬성 372만 7000표 대 반대 394만 9000표로 부결됐다. 조선·금속 노조 연맹과 철도노조가 취한 임시 조처들은 모두 공식적인 전국적 파업으로 이어질 수 있었다.[31]

그러나 정부의 임금정책은 성공을 거뒀다. 케언크로스는 다음과 같이 설명한다.

백서의 정책으로 임금과 물가가 인상되는 속도가 분명히 늦춰졌다. 1945년 6월부터 1947년 6월까지 전후 첫 2년 동안 시간당 임금은 처음에는 9퍼센트, 나중에는 8.5퍼센트 상승했다. 그 뒤 1948년 3월까지 9개월 동안 계속 상승해, 연간 인상률은 거의 9퍼센트였다. 그때부터 8개월 뒤 평가절하 때까지 연간 성장률은 2.8퍼센트로 하락했다. … [물가 오름세를 감안하면 — 지은이] 실질임금은 정체하거나 하락했다. … 실질임금이 정체하거나 하락하고 실업자가 30만 명까지 줄어든 상황에서 명목임금이 거의 오르지 않은 것은 노조 지도자들의 영향력을 분명히 보여 준다. 1948년 3월 이후 시간당 임금 인상률은 1930년대 중반 실업자가 약 200만 명이던 1934~1938년보다 결코 더 높지 않았다.[32]

노동조합원들의 생활수준을 희생시킨 대가로 노조 간부들은 점차 늘어나는 정부 산하 각종 위원회들에서 환영을 받았다. 1931년에 노동조합 대표가 참가한 정부 위원회는 하나뿐이었다. 1939년에는 12개였고, 1948~1949년에는 60개로 늘었다.[33]

파업을 파괴하는 정부

낮은 산업 투쟁 수준은 노조 관료들이 노동당의 임금 억제 정책을 얼마나 성공적으로 집행했는지를 보여 준다. 당시의 산업 투쟁 수준과 노동당이 야당이던 제1차세계대전 후의 수준을 비교해 보라. 파업으로 인한 노동 손실 일수가 1945~1950년에 1000만 일이 채 안 된 반면(연평균 200만 일 미만), 1918~1923년에는 1억 7000만 일(연평균 3500만 일이상)이었다.

그렇지만 정부는 소수의 파업 노동자들을 부드럽게 다루지 않았다. 파시즘 격퇴를 핑계로 파업을 불법화한 명령 1305호가 여전히 존속했다. 1950년과 1951년에 정부는 명령 1305호를 이용해 가스 노동자 10명과 항만 노동자 7명을 처벌했다. 그러자 노동조합운동 전체가 분노했고, 결국 명령 1305호는 1951년 8월 폐지됐다. 노동부 장관은 걸핏하면 파업을 공산당의 선동 탓으로 돌렸다. 전시에 충성스러운 애국자 대접을 받던 현장위원들이 이제는 '극단주의자들', '체제 전복 세력'이라는 엄청난 비방과 중상에 시달렸다. 노동당의 이런 중상과 비방 덕분에 언론은 거리낌 없이 노동자 투사들에 대한 마녀사냥을 할 수 있었다.

애틀리 정부는 집권 내내 군대를 동원해 파업을 파괴했다. 1950년 7월 5일의 내각 회의록에는 다음과 같은 기록이 있다.

최근의 노동쟁의 목록(병력 투입 사례 포함)[34]
- 1949년 4월 런던 항만 파업: 육해공군 병력 6100명, 차량 1200대 등 군대 동원 준비 완료. 그러나 병력을 실제로 투입하지는 않음.
- 5~6월 애번머스 항만 파업: 거의 3주 동안 육군 800명, 해군 100명, 공군 400명 투입.
- 6월 리버풀 항만 파업: 육군 700명, 해군 120명, 공군 800명 등 군대 동원 준비 완료. 그러나 실제로 투입하지는 않음.
- 6월 뉴포트 항만 파업: 육군 2100명, 공군 1400명과 차량 500대 등 준비 완료. 그러나 실제로 투입하지는 않음.
- 6월 철도 파업 위협: 초기 계획 단계에서 군대 동원 준비하다 중단.
- 7월 런던 전력 파업 위협: 병력 투입을 준비했으나 실제로 투입하지는 않음.
- 7월 런던 항만 파업: 거의 3주 동안 군인들이 항만에서 작업. 총인원 1만 7000명, 차량 1200대.
- 9월 벨파스트 발전 파업: 일주일 동안 군인 약 250명이 발전소 가동.

- 9월 스미스필드 파업: 차량 600대 투입 준비만 함.
- 10월 벨파스트 전력 파업 위협: 군대 동원 준비만 함.
- 12월 런던 발전 파업: 육해공군 420명 투입해 거의 일주일 동안 발전소 4개 가동.
- 1950년 4월 런던 항만 파업: 군인들이 거의 3주 동안 항만에서 작업. 병력 2만 명과 차량 645대 투입.
- 6월 스미스필드 운전사 파업: 육군과 공군 병력 1500명과 차량 660대 투입. 병력 5000명, 차량 1000대까지 추가 투입 예상.

역사가들은 정부가 군대를 동원해 파업을 파괴하면서 "전혀 머뭇거리지 않았고, 각료 회의에서도 반대가 전혀 없었다"고 기록했다.[35] 나이 베번도 군대 투입에 동의했다!

애틀리 정부는 1926년 총파업 이후 처음으로 1920년의 비상대권법을 발동했다. 총파업을 분쇄하는 데 이용된 보급운송기구도 부활시켰다. 나이 베번과 스태퍼드 크립스는 정부의 조처들을 전폭 지지했다. 베번은 1948년 6월 28일 내각의 비상경제위원회에서 "발생 가능한 문제를 모두 처리하려면 폭넓은 권한을 갖고 있어야 할 것"이라고 말했다.[36]

1947년 5월 베번은 "불법 파업을 선동한" 항만 노동자들에게 법적 조처를 취하라고 법무부 장관에게 촉구했다.[37] 잉글랜드 중부와 북부 지방의 버스 운전사들이 파업에 들어가자 베번은 군대 차량으로 광원들을 수송해야 한다고 주장했다. 다름 아닌 광원들을 말이다!

보건부 장관은 석탄 생산을 유지하는 것이 정부의 급선무라고 보고, 군대 차량을 동원해 광원들을 광산까지 수송하기로 결정했음을 공표하는 것이 유리하다고 생각했다.[38]

런던의 발전소 노동자들이 파업에 들어가자, 1950년 1월 4일 "광산업에서 효과적인 [파업] 억제 수단으로 쓰인" 민사소송을 활용하자고 주장한 사람이 바로 노동부 장관 베번이었다.[39] 베번이 노동부 장관으로 재직한 1951년 1월부터 4월까지 런던 항만 노동자 7명이 명령 1305호에 따라 처벌을 받았다. 버몬지에서 베번은 항만 노동자들이 자신에게 야유를 보내자 다음과 같이 대꾸했다. "닥치시오. … 여러분은 정부가 이 문제를 수수방관하기를 바라는 겁니까?" 야유가 더 거세지자 베번은 "이름을 숨기고 몰래 뒤통수나 치는 겁쟁이들!"이라고 비난했다.[40]

사회주의자동맹 출신으로 베번의 오랜 동지였던 크립스는 훨씬 더 유별났다. 런던 항만 노동자 2만 명이 파업에 들어간 1947년 1월 15일에 열린 내각의 비상경제위원회 회의에서 크립스는 영국에 있는 폴란드 예비역 군인들을 대체 인력으로 대거 투입해 필수 유지 업무들을 지속해야 한다고 주장했다.[41]

노동당 당대회에서 채택된 남녀 동일 임금정책을 논의한 1947년의 내각 회의는 가장 역겨운 사례 가운데 하나였다. 이 정책을 실행하지 않기 위한 핑계들이 속출했다. 결국 "내각은 원칙은 인정하되 실행은 하지 않기로 결정했다."[42] 당시 노동부 장관이던 조지 아이작스는 정부 고용 부문에서 동일 임금을 도입해서는 안 된다고 주장했다.[43]

제프 엘런은 노동당 정부의 파업 파괴 행위를 다음과 같이 요약했다.

파업 중인 항만 노동자들, 가스 노동자들, 광원들, 트럭 운전사들은 비난받고 감시당하고 처벌받았다. 그들을 겨냥한 비상사태가 두 차례 선포됐고, 두 차례 더 선포될 뻔했다. 무엇보다, 정부는 이들의 파업을 분쇄하기 위해 대체 인력을 투입했고, 파업 중인 노동자들의 노조 지도자들은 흔히 이런 사태를 묵인했다. 1945~1951년에 정부는 18차례, 한때는 2만 명까지 군대를 투입했다. 군인들은 피케팅 대열을 뚫고 들어가 파업 노동자들의 업무를 대신했다. 1948년쯤에는 "파업 파괴가 내각의 제2의 천성이 되다시피했다."[44]

개혁 열정이 '버츠컬리즘' 합의에 자리를 내주다

1950년대에 〈이코노미스트〉는 버츠컬리즘Butskellism이라는 신조어를 만들어 냈다. 노동당과 보수당의 실천이 점차 비슷해진 것을 가리키는 용어인 버츠컬리즘은 전후 노동당 정부와 그들의 정책이 남긴 유산이었다.

1946년 12월 산업정책위원회가 비공식으로 구성됐다. 다수의 보수당 의원들로 구성된 산업정책위원회의 위원장은 1944년 교육법을 발의한 R A 버틀러였다. 산업정책위원회가 발표한 '산업헌장'은 1947년 10월 보수당 당대회에서 열렬히 환영받았다. 산업헌장은 완전고용을 유지하기 위한 국가 개입을 받아들였다. 국유화는 정부의 원칙이 될 수 없다며 거부했지만, 실제로는 석탄·철도·영국은행 국유화를 받아들였다. 노동당의 복지 입법도 받아들였다. 무엇보다, 버틀러는 "현대의 보수주의는 효율성, 완전고용, 사회보장을 위해 경제활동을 중앙집권적으로 강력하게 지도해야 한다고 확신한다"는 것이 산업헌장의 정신이라고 설명했다.[45]

물론 모든 보수당원들이 산업헌장을 환영한 것은 아니었다. 그래서 월드런 스미서스 경[골수 보수당 의원]은 산업헌장을 "우유에 물을 탄" 사회주의라고 말했다.[46] 반면에, 해럴드 맥밀런은 나중에 산업헌장의 "주제에서 영감을 얻은 보수당이 1951년 마침내 사회주의자들을 무너뜨리고 그 뒤 13년 동안 집권할 수 있었다"고 말했다.[47]

1951년 10월 총선에서 보수당이 승리하자 처칠은 버틀러를 휴 게이츠컬의 후임 재무부 장관으로 임명했다. 둘 사이의 정책 차이는 아주 미미해서 이것을 묘사하기 위해 〈이코노미스트〉는 버츠컬리즘이라는 새로운 단어를 만들어 냈다.[48] 국회의원이자 나이 베번 지지자인 리처드 크로스먼은 새로운 보수당 내각이 "애틀리 내각보다 아주 조금 더 우파적"이라며 다음과 같이 논평했다. "애틀리가 하나의 당에서 사실상 연합 정책을 추진했듯이 처칠도 그렇게 할 것이다."[49]

경제·사회 정책에 대한 합의가 이뤄졌다.

그러나 보수당은 명백히 지배계급에 유리한 정책만 받아들였다. 사회 기반 시설이 노후하고 수익성 없는 부문에서는 국유화를 받아들일 수 있었다. 그러나 여기서도 돈을 벌 수는 있었다. 진정한 저항이 나타난 것은 도로 운송이나 전력 같은 고수익 사업들이 국유화 대상이 됐을 때였다. 그러나 무엇보다 1950~1951년에 철강 산업 국유화를 둘러싸고 저항이 분출했다.

국유화 확대 지지자들에 대한 비난 중 하나는 기존 국유화 산업들의 낮은 수익성을 무시한다는 것이었다(그러나 이 산업들은 수익성이 낮을 수밖에 없었다). 사실 석탄을 구매하는 사기업들은 은밀하게 정부 보조금을 받고 있었고, 그래서 석탄공사의 수익성이 낮아졌다. 그러나 이것은 국유화 반대 선전의 호재로 이용됐다. 1948년 11월의 갤럽 여론조사를 보면, 철강 산업 국유화에 찬성하는 사람은 24퍼센트뿐이고 반대하는 사람이 44퍼센트였다.[50]

1947년 이후 정치적 분위기가 바뀐 상황에서, 이미 자신감이 떨어진 소극적 개혁주의자들은 국유화 반대 선전과 움직임에 영향을 받을 수밖에 없었다. 이것은 노동당에 상반된 효과를 미쳤다. 우파들은 국유화가 사기업의 이윤 획득을 지원하는 과제를 완수한 것에 만족했다. 그래서 우파들은 국유화를 철강 산업으로 확대하는 데 반대했다. 그러나 일부 좌파들은 그동안의 국유화가 사회주의로 가는 첫걸음이었을 뿐이라고 생각했다.

앞으로 오랫동안 지속될 당내 논쟁이 시작되고 있었다. 심지어 전후에 경제가 확장하는 상황에서도 합의와 타협은 서로 다른 방향으로 이끌릴 수밖에 없었다. 혼합경제? 좋다. 그러나 국유 기업과 사기업의 혼합 비율은 정확히 얼마여야 하는가? 복지국가? 복지 혜택을 어느 수준까지 제공해야 하는가? 경제 상황 악화로 복지 삭감이 대세가 됐다면, 어느 부문에서 얼마나 삭감해야 하는가? 외교정책에서는 전후 창설된 나토NATO(북대서양조약기구)가 신성불가침이 됐다. 그러나 영국은 미국을 어느 수준까지 지원해야 하는가?

보수당이 버츠컬리즘으로 기운 것도 논쟁에 영향을 미쳤다. 노동당 우파 지도자들은 온건한 정책으로 중도층 유권자들의 표를 얻어야 선거에서 승리할 수 있다고 주장했다. 좌파는 노동당이 더 분명한 사회주의 정책들을 채택해서 보수당과의 차별성을 강화해야 한다고 주장했다.

1947년의 경제 위기를 배경으로 4월부터 7월까지 내각에서는 철강산업 국유화를 둘러싸고 격렬한 논쟁이 벌어졌다. 처음으로 내각의 견해 차이가 분명하게 드러났다. 한편에서는 허버트 모리슨과 공급부 장관 존 윌멋이 철강 국유화에 반대했다. 다른 한편에는 나이 베번과 휴 돌턴이 있었다. 비록 내각이 1948년에 철강 국유화 법안을 발의하기는 했지만, 이 문제를 둘러싼 갈등은 1949년 말까지 지속됐다.

1947년에 노동당은 공공 부문의 경계를 사실상 확정한 《산업과 사회》라는 문서를 채택했다. 이 문서는 이제는 [개혁의] '굳히기'에 들어가야 할 때라며 사기업들을 칭송했다. "점차 전문 경영진이 이끌게 된 대기업들은 대체로 국가에 잘 봉사하고 있다." 약간의 반발이 있었지만, 노동당 지도자들은 좌파든 우파든 이 문서를 지지했다.

1948년 노동당 당대회에서 모리슨은 다음과 같이 말했다.

공공 소유 확대를 고려할 필요성도 무시해서는 안 되고, 지금까지 사회화된 산업들을 강화하고 발전시키고 효율성을 높일 방안을 모색할 필요성도 무시해서는 안 됩니다. … 우리는 그런 정책[국유화]이 우리 자신뿐 아니라 대중에게도 매력적인 것이 되게 해야 합니다.[51]

모리슨에 이어서 발언한 지역 대의원은 기층 당원들의 불편한 심기를 분명히 드러냈다.

그런 정책이 시시한 맹탕이 아니라 과감하고 도전적인 것이라면 분명히 대중에게 매력을 줄 것입니다. 저는 우리의 선거 강령이 사회주의 신념 선언으로 시작하는 것을 보고 싶습니다. 그것은 국유화에 대한 자유당의 태도와 달라야 합니다. 즉, 두세 개의 정부 위원회가 특별한 경우에 경험적 이유로 특정 산업의 국유화를 결정하기를 기다렸다가 그것을 국유화하는 방식이어서는 안 됩니다. 우리는 경제 전문가들로서, 그리고 사회정의를 근거로, 이 나라의 거대한 생산 자원이 평범한 사람들에게 귀속돼야 한다고 말해야 합니다. … 노동당 정부의 현재 정책이 완수되면, 이 나라 산업과 경제생활의 약 20퍼센트가 공공 소유가 될 것입니다. 이 속도라면 25년이 지난 뒤에야 우리는 사회주의가 우세한 단계에 이를 것입니다. … 우리는 너무 느리게 나아가고 있습니다.

그 대의원은 더 나아가 혼합경제도 거부했다.

저는 사회주의 정부가 상시적으로 민간 기업을 통제하는 것이 가능하다고

생각하지 않습니다. 통제력은 소유권에서 나옵니다. 소유권이 있어야 통제할 수 있습니다.[52]

그 대의원은 실망할 수밖에 없었다. 1949년 4월 노동당 집행위원회는 다음 총선의 선거 강령 초안 《노동당은 영국을 믿습니다》를 펴냈다. 그것은 그해 노동당 당대회에서 채택됐다. 《노동당은 영국을 믿습니다》에서 국유화 대상으로 지목된 산업은 물·시멘트·설탕·고기 도매업, 간이보험이었다.* 간이보험은 나중에 모리슨과 크립스의 압력으로 흐지부지됐다. 1949년 당대회에서 한 대의원은 다음과 같이 옳게 말했다. "《노동당은 영국을 믿습니다》는 마치 '백서'[정부 공식 보고서] 같습니다. … 분명히 '적서赤書'는 아닙니다."[53]

정리 발언에서 베번은 사람들의 의심을 풀기 위해 애를 썼다. 베번은 당의 단결을 위해 "허버트 모리슨의 멋진 개회사"를 열렬히 칭송했다.[54]

베번과 달리 《노동당은 영국을 믿습니다》를 지지하지 않은 좌파도 많았다. 이언 미카도는 《두 번째 5년》이라는 소책자에서 주식회사 형태의 은행들과 간이보험 회사들, 조선·항공기·항공엔진·공작기계 산업, 자동차 부품 조립 업체들의 국유화가 필요하다고 촉구했다. 1950년 1월에는 의원 12명이 《좌파 고수》라는 소책자를 발행해 도로운송·철강·보험·시멘트·설탕·면화 산업의 공공 소유를 주장했다.

노동당은 1950년 총선에서 승리했지만, 간신히 다수당이 됐다. 철강 국유화 공약을 제외하면, 《노동당은 영국을 믿습니다》의 공약들은 하나도 실행되지 않았다. 오히려 공공 소유 정책 자체가 무기한 보류됐다. 1951년 10월 총선을 겨냥한 노동당의 새 공약집 《노동당과 새 사회》는

---

* 간이보험 주로 저소득층을 대상으로 한, 보험금액이 적고 계약 절차가 간편한 보험.

전후 최초로 철강 산업 말고는 국유화 대상을 전혀 거론하지 않았다. 이 것은 모리슨이 원하는 바였다. 그러나 새 공약집은 베번의 희망을 반영해, "국익에 이로울" 경우 공기업을 새로 설립할 수 있다는 모호한 말로 기업체 인수 가능성을 열어 뒀다. 모리슨의 희망대로 국유화 확대를 반대하는 분위기가 대세였다. 1950년 정기 당대회에서 베번이 《노동당과 새 사회》를 지지하는 연설을 했을 때, 좌파는 침묵했다.

국유화가 노동당의 선거 승리에 장애가 될 것이라는 계산이 모리슨에게 강력한 영향을 미쳤다. 1948년 이후, 특히 1950년 총선 뒤에 모리슨은 앞으로 노동당의 선거 승리는 국유화에 반대하는 온건한 유권자들의 표심을 얻는 데 달려 있다고 주장했다. 집권 후 첫 3년 동안 내뱉은 말들 자체가 노동당의 오랜 신념에서 후퇴한 것이었는데, 이제 그것조차도 포기하고 있었다.

반동적인 외교·국방 정책

집권 전에 노동당 지도자들은 보수당과 근본적으로 다른 외교정책을 추진하겠다고 말했다. 1937년에 애틀리는 다음과 같이 썼다. "야당인 노동당과 자본주의 정부 사이에 외교정책에 대한 합의는 존재하지 않는다."[55]

진정한 사회주의 외교정책의 필요성을 분명히 표현한 것은 1945년 5월 노동당 당대회에서 대의원 데니스 힐리가 한 연설이었다. 그는 노동당이 서유럽과 중부 유럽의 사회주의 혁명을 지지해야 한다고 주장했다.

노동당은 독자적이고 분명한 외교정책을 가져야 합니다. 그것은 보수당의 외교정책과 완전히 달라야 합니다.

사회주의 혁명은 이미 유럽에서 시작됐고, 동부와 남부 유럽의 많은 나라에서 이미 확고하게 수립됐습니다. 우리 외교정책의 핵심 원칙은 어디서든 사회주의 혁명이 일어나면 이를 보호하고 지원하고 장려하고 원조하는 것이어야 합니다. … 모든 나라의 상층계급은 이기적이고, 부도덕하고, 타락했고, 퇴폐적입니다. 이 상층계급들은 자신들에 맞서 처음 4년 동안 지하에서 싸워 온 사람들의 정당한 분노로부터 자신들을 보호하기 위해 영국군대와 영국인들에게 의존하고 있습니다. 우리는 그런 일이 일어나지 않게 해야 합니다. 노동당이 혁명을 지지하기를 머뭇거리다가는 어느 날 문득 "제국주의와 반혁명을 추구하는 보수당의 장갑차 정면에서 적기赤旗를 들고 서 있는" 자신을 발견하는 벌을 받게 될 것입니다.[56]

일단 노동당이 집권하자 도취감은 사라졌다. 선거 결과가 나온 날 어니스트 베빈은 "노동당 정부에서도 영국의 외교정책은 전혀 바뀌지 않을 것"이라고 발표했다.[57] 외무부 장관이 되자마자 베빈은 의회에서 다음과 같이 말했다. "우리의 정책 기조는 연립정부가 짜 놓은 틀에서 벗어나지 않을 것입니다. 저는 존경하는 워릭·리밍턴 출신 의원님[앤서니 이든 ─ 지은이]과 연립정부에서 긴밀하게 협력했습니다." 이든[보수당 소속의 전임 외무부 장관]은 다음과 같이 화답했다. "우리의 견해가 달랐던 적은 단 한 번도 없었습니다. 제 … 말 때문에 외무부 장관이 난처해지지 않기를 바랍니다." 베빈은 "그런 일은 결코 없을 것"이라고 말했다."[58]

이든은 회고록에서 다음과 같이 썼다.

나는 [베빈의 ─ 지은이] 외교정책의 목표와 그가 한 일에 대부분 동의했다. 우리는 매우 자주 만났다. 그는 나를 의회의 자기 방으로 초대하곤 했다.

거기서 우리는 외교 현안들을 비공식으로 논의했다. 의회에서 논쟁할 때 나는 대체로 베빈의 말을 따랐고, 그를 난처하게 만들까 봐 우려하지만 않았다면 나는 그에게 더 많이 동의했을 것이다.[59]

미국 국무부 장관 제임스 F 번스는 "영국의 태도는 … 조금도 변하지 않았다"고 썼다.[60]

영국 경제가 어려웠는데도 애틀리 정부는 GNP 대비 국방비 비율을 늘렸는데, 이것은 한국전쟁 전에 비공산권 국가 중 최고 수준이었다.

1947년에 영국의 국방비는 GNP의 9.5퍼센트였고, 미국은 6.5퍼센트였다. 1950년에 영국은 7.7퍼센트, 미국은 5.9퍼센트, 프랑스는 5.0퍼센트였다. 병력 규모도 마찬가지였다. 1948년에 영국의 [인구 대비] 군인 비율은 미국의 두 배였고, 1950년에는 50퍼센트 이상 높았다.[61]

제2차세계대전 동안 영국의 제국주의 열강 지위가 쇠퇴했는데도 애틀리 정부는 점차 쇠퇴하는 세계열강의 지위를 되살리려고 애썼다. 제국주의는 19세기 후반 수십 년과 1930년대에 영국 자본주의를 강화해 줬다. 그러나 역사는 되풀이될 수 없다. 애틀리 정부가 시작하고 1950년대에 보수당 정부가 지속한 대규모 군비 지출은 영국 자본주의의 상대적 쇠퇴를 촉진하기만 했다. 독일의 군비 지출은 아주 낮은 수준이었고, 일본은 오늘날에도 GNP의 약 1퍼센트만을 군비로 지출한다. 이 두 나라가 새로운 공장과 신기술에 대한 생산적 투자를 높게 유지하는 동안, 영국 자본주의는 자원을 낭비하고 있었다.

노동당 외교정책의 핵심은 미국과의 '특별 관계'였다. 이것은 새로운 세계 경제·정치 질서에서 미국의 하위 파트너 지위를 받아들여서 영국의 세계열강 지위를 유지하는 수단이었다. 영국은 세계 경찰의 임무를 미국에 넘겼지만 그리스, 팔레스타인, 중동, 싱가포르, 말레이시아 등 특정 지역에서는 여전히 대규모 군사력을 유지하고 있었다. 베빈이 1949년 4월 창설된 나토에 영국을 가입시킨 덕분에 영국과 미국의 새로운 관계는 더 굳건해졌다.

영국은 세계 금융 분야에서 미국에 종속적인 지위도 받아들였다. 파운드화는 국제통화로 복원됐지만, 달러만큼 강력한 통화는 아니었다.

1946년 3월 애틀리는 병무청을 설립해, 영국 역사상 최초로 평화 시에 징병제를 실시한 총리가 됐다. 징병제 초기에 노동당 의원단이 복무 기간을 18개월에서 12개월로 줄이라는 압력을 가했다. 고위 장교들은 이를 달가워하지 않았다. 당시 참모총장이었던 몽고메리 경은 다음과 같이 회상했다.

1948년 10월 우리는 육군위원회의 군인 위원들을 소집해서 … 정부가 군 복무 기간을 18개월 미만으로 결정하면 나를 따라 한꺼번에 사임할 각오가 돼 있는지 물어봤다. 그들은 모두 동의했다.[62]

정부는 굴복했다. 이것은 쿠럭 폭동과* 마찬가지로 국가기구는 결코 중립적이지 않다는 것을 보여 줬다. 국가기구는 집권당이 마음대로 이용할 수 있는 기구가 아니라 지배계급의 도구였던 것이다.

한국전쟁이 발발하자 복무 기간은 2년으로 늘었다. 한반도는 제2차세계대전 말에 분할됐다. 북한과 남한의 전쟁은 1950년 6월 25일 시작됐

---

* 쿠럭 폭동 1914년 7월 아일랜드의 쿠럭에 주둔하던 영국군 장교들이 아일랜드 자치법 통과에 반발하며 집단 사퇴하겠다고 정부를 위협해 굴복시킨 사건.

다. 이틀 뒤 내각은 미국의 남한 지원과 개입을 [유엔에서] 승인하기로 만장일치로 결정했다.[63] 즉시 영국군이 파병됐다. 7월 5일 의회에서 이 문제가 표결에 부쳐졌을 때, 정부 방침에 반대한 노동당 의원은 겨우 세 명뿐이었다.

노동당 정부는 그리스, 말레이시아, 베트남의 민중 항쟁을 분쇄하는 데도 도움을 줬다.

인도 독립: 빛나는 예외?

인도의 독립을 허용한 것은 애틀리 정부의 우파적 외교정책과 어긋나는 것처럼 보인다. 노동당 지도자들은 그것이 관대한 조처인 양 설명했다. 사실, 인도의 독립을 허용하게 만든 것은 1946년 2월 인도인 해군 병사들의 반란, 공군을 비롯한 군대 내의 운동들, 그리고 223명의 사망으로 이어진 봄베이[지금의 뭄바이]의 대규모 민간 소요 사태 등이었다.[64] 이런 점에 비춰 보면, "관대함의 전설"이라는 어떤 역사가의 말은 터무니없는 소리다.

[1946년 2월 — 지은이] 인도 해군 전체가 5일 동안 마비됐다. … 봄베이와 카라치에서 영국군은 인도 수병들과 실제로 전투를 벌였다. 그런 위기가 인도 독립에 대한 노동당의 태도에 직접적 영향을 미치지 않았다고 생각하기는 힘들다. … 네루의 전기 작가는 … 다음과 같이 지적했다. "봄베이에서 반란이 일어난 지 하루 만에 영국 내각 사절단 파견이 발표된 것은 단순한 우연이 아니다."[65]

영국 정부에게 인도 독립 허용을 강요한 것은 혁명의 위협이었다. 1946년에 인도 입법의회의 유럽의원단 지도자였던 P J 그리피스는 다음과 같이 말했다. "영국 내각 사절단이 도착하기 전에 인도는 혁명 직전의 상황이었다고 많은 사람들은 생각했다. 내각 사절단은 위험을 제거하지 못했을지 몰라도 적어도 늦추기는 했다."[66] 휴식 시간은 짧았다. 권력이양의 책임을 맡은 인도 총독 마운트배튼의 참모장이었던 이스메이 경은 당시 상황을 1년 뒤에 다음과 같이 묘사했다.

1947년 3월의 인도는 짐칸에 탄약을 가득 실은 채 대양 한복판에서 불이 난 배와 같았다. 당시의 문제는 탄약에 불이 붙기 전에 불을 끄는 것이었다. 사실, 인도 독립을 허용하는 것 말고는 우리에게 달리 선택의 여지가 없었다.[67]

심지어 〈데일리 메일〉[나치에 호의적이었던 우파 신문]의 편집자조차 인도를 식민지로 계속 지배하려면 "점령군 50만 명이 필요할 것"이라고 시인했다. 그리고 영국의 다른 과제들을 감안하면, 그런 규모의 군대를 동원할 여유가 없었다.[68]

어쩔 수 없이 인도를 떠나야 했지만, 애틀리는 영국 자본이 지나치게 큰 손실을 입지 않도록 확실히 보호했다. 1947년 마운트배튼 경과 인도 국민회의당·무슬림연맹 지도자들 사이의 협상 타결은 영국의 후퇴인 동시에 영국 제국주의와 인도 자본가·지주 세력의 타협이기도 했다. 그 타협에는 인도를 지극히 인위적인 경계에 따라 인도와 파키스탄 두 국가로 분할하는 방안이 포함돼 있었다. 결국 대규모 인구 이동, 종교 차이에 따른 살육, 대량 난민 사태가 뒤따랐다. 많은 학살 사건들이 있었는데, 특히 펀자브에서 주로 시크교도와 무슬림이 학살당했다. 아마 50만 명

이 목숨을 잃었을 것이다.[69]

엄청난 사람들이 고통을 겪었지만, 영국은 투자에서 단 한 푼도 손해를 보지 않았다. 따라서 인도차이나와 알제리에서 오랫동안 식민지 해방 투쟁에 맞서 싸워야 했던 프랑스, 인도네시아에서 네덜란드, 콩고에서 벨기에, 앙골라와 모잠비크에서 포르투갈이 했던 것보다 훨씬 더 효과적으로 애틀리 정부는 인도에서 영국의 이익을 방어했다.

남아프리카공화국

그때까지 제국주의에 대한 노동당의 태도를 가늠하는 시금석은 인도였다. 그러나 1947년 이후 남아공이 새로운 시금석이 됐다. 애틀리는 노동당 정부의 가장 추악한 외교정책 가운데 하나를 시작했다.

리처드 오벤데일은 1948년 남아프리카국민당의 선거 승리와 아파르트헤이트 체제 수립에 대한 노동당의 반응을 묘사했다. 세계 도처에서 냉전 분위기가 점차 확산되고 있을 때, "공산주의를 두려워하고" "영국의 외교정책 목표에 '완전히 공감하는'" 국민당은 남아공에서 유용한 동맹 세력이 될 수 있었다. 노동당과 국민당은 서로 상대방을 칭찬했다. 1950년 9월의 정부 문서는 "일반적인 전략적·방어적 관점에서" 남아공과 우호적 관계를 맺는 것이 필요하다고 명시했다. 게다가 핵 프로그램을 위한 우라늄, 파운드화 사용 지역을 위한 금, 남아공에 대한 수억 파운드의 투자 가치도 우호 관계 체결의 강력한 동기였다.

1951년에 노동당의 영연방 담당 장관이었던 패트릭 고든 워커는 남아공에 대해 다음과 같이 보고했다.

남아공의 토착민 정책을 싫어하는 우리가 당연히 남아공을 배척해야 하고 남아공과 완전히 관계를 끊어야 한다고 주장하는 사람들은 현실을 제대로 이해하지 못하는 사람들이다. 그런 정책은 국방과 경제 분야에서 우리에게 중대한 해를 끼칠 뿐 아니라, 남아공이 우리와의 관계 단절을 두려워해 무모한 행동을 하지 못하도록 억제할 수 있는 우리의 힘도 약화시킬 것이다.

오벤데일은 다음과 같이 결론을 내렸다.

남아공의 전략적·경제적 중요성과 아파르트헤이트 정책을 개선하기 위해 관계를 지속할 필요성을 감지한 것은 애틀리의 노동당 정부였다. 그들은 영국의 남아공 정책의 기초를 놨고, 그것은 그 뒤 30년 동안 부침이 있었지만 꾸준히 지속됐다.[70]

노동당과 원자폭탄

1945~1951년의 사건들 중 가장 놀라운 것 하나는 원자폭탄 제조였다. 애틀리는 핵무기 프로그램을 도입했을 뿐 아니라 언론, 노동조합, 당 집행위원회, 노동당 의원단, 대다수 각료에게도 이를 숨겼다! 1945년부터 원자력 에너지 관련 문제를 다뤄 온 비밀 기구인 젠75위원회에 포함된 각료들만이 영국에 원자폭탄이 존재한다는 사실을 눈치챈 듯하다.[71]*

---

* 젠75위원회에서 핵심적 구실을 한 사람은 무소속의 보수주의자로 의사당의 야당 간부석에 앉아 있던 존 앤더슨 경이었다. 1947년 1월에 젠75위원회는 젠163위원회로 전환했다. 내각 산하의 이 비밀 위원회에는 애틀리, 베빈, 모리슨, A V 알렉산더(국방부 장관), J 윌멋(나중에 스트라우스로 교체된 공급부 장관), 영연방 자치령 담당 장관인 애

노동당 집권 기간인 1945~1951년 내내 의회에서는 원자력 에너지를 둘러싼 논쟁이 단 한 차례도 없었다. 6년 동안 원자력 에너지 문제가 각료 회의의 안건으로 올라온 것은 열 번이 채 안 됐고, 그중에서 일곱 번은 1945년 11월과 1950년 12월 애틀리가 미국 대통령 해리 트루먼을 두 차례 만난 것과 관련 있었다. 그 밖에도 이런 일이 있었다.

내각이라는 기구 자체는 당시 원자력 정책에 대한 주요 결정 과정에서 철저하게 배제됐다. 내각은 원자력 연구소 설립, 플루토늄 생산을 위한 원자로 건설, 우라늄235를 분리하기 위한 가스 확산 시설 건설 등을 결정할 때 아무런 구실도 하지 못했다. 그리고 원자폭탄을 만들고 실험하기로 결정할 때나 … 영국의 전략에서 원자폭탄이 차지하게 될 위치를 결정할 때도 아무 구실을 하지 못했다.[72]

영국이 호주의 북서쪽 연안에 있는 몬테벨로섬에서 처음으로 공개 핵무기 실험을 한 1952년 10월에야 애틀리 정부의 결정이 널리 알려졌다.

기층의 놀라운 자기만족

대체로 노동당 의원들은 매우 차분했다. 다수의 노동당 의원들이 정부에 반대표를 던지는 경우는 드물었다. 노동당 의원단 안에서 좌파의

디슨 경이 포함돼 있었다. 이 위원회는 설립된 지 한 달 만에 원자폭탄을 만들기로 결정했다. 원자력 연구·개발에 대한 지출은 다른 항목들 속에 숨겨졌다. — 지은이.

반대는 드문드문 있었고 주로 외교·국방 정책에 관한 것들이었다.* 이런 수동성은 의회 밖의 당으로 이어졌다.

애틀리 정부 집권 기간 내내 노동당 집행위원회는 정부에 철저히 순응했다. 밥 매켄지는 다음과 같이 말했다.

> 1945~1950년의 노동당 정부 시절 노동당 중앙집행위원회가 정부의 정책에 약간의 이견이라도 공개적으로 표명한 적은 단 한 번도 없었다. … 1946~1951년에 열린 당대회 때마다 중앙집행위원회는 항상 정부의 감시견 노릇을 했다. 중앙집행위원회는 정부 정책과 다른 제안을 지지하지도 않았고 용인하려 하지도 않았다.

그 이유 하나는 다음과 같은 것이었다.

> 노동당 집권 기간에 당의 집행위원회는 … 무기력했다. 당헌상 각료들은 당의 집행위원이었지만, 그들은 추밀원[국왕의 자문기관] 의원 자격으로 한 일을 부차적 자격[당 집행위원]으로 왈가왈부해서는 안 되기 때문이었다.[73]

---

* 몇 가지 반란 사례는 다음과 같다. 1945년 12월 13일 노동당 의원 23명이 정부가 미국의 대출을 받아들이는 것에 반대표를 던졌다. 1946년 11월 18일 노동당 의원 45명이 평화 시 징병제 도입에 반대표를 던졌다. 1947년 5월 7일 징병법 적용 대상자가 "노동쟁의와 관련해 경찰을 지원할 의무"가 없다고 규정한 징병법 수정안을 노동당 의원 11명이 지지했다. 1949년 3월 12일 노동당 의원 4명이 나토 비준에 반대했다(그리고 약 100명이 기권했다). 1949년 5월 16일 노동당 의원 45명이 아일랜드 법안에 반대했다. 1949년 7월 13일 런던 항만 노동자 파업에 대처하기 위해 비상대권이 발동됐을 때 노동당 의원 4명이 반대했다. 1949년 3월 25일 백인 여성과 결혼했다는 이유로 남아공 정부의 분노를 산 보츠와나 추장 세레체 카마를 영국에서 추방했을 때 노동당 의원 7명이 반대표를 던졌다. 1951년 5월 2일 노동당 의원 5명이 틀니와 안경에 요금을 부과하는 것에 반대표를 던졌다. — 지은이.

당 집행위원회는 무용지물이나 다름없었다. 1930년대에는 집행위원회 회의가 연평균 35회 열린 반면, 1945년 이후에는 1년에 12회도 열리지 않았다.[74] 노동당 지도부가 의원단 지도자들을 통제할 수 있다는 생각은 항상 터무니없는 것이었다. 노동당이 집권한 뒤에는 더욱 그랬다.

집행위원 27명 가운데 정부 정책을 비판한 사람은 아마 네다섯 명을 넘지 않았을 것이다. 집행위원회가 얼마나 유순했던지 해럴드 라스키는 평당원으로서 활동하는 것이 더 효과적이라고 생각해 1948년 집행위원 선거에 출마하지 않았다.[75]

당대회도 집행위원회와 비슷했다. 이언 미카도는 〈트리뷴〉에 쓴 글에서 당대회가 "완전히 죽어 버렸다"고 선언했다.[76] 매켄지는 다음과 같은 증거를 제시한다. "(1946~1951년에 열린) 여섯 차례 당대회에서 중앙집행위원회의 권고가 부결된 경우는 모두 아홉 번뿐이었다.* … 대체로 애틀리 정부는 당대회에서 거의 비난을 받지 않았다. 마치 보수당 정부가 보수당 정기 당대회에서 노골적 비난을 받지 않을 것이라고 기대할 수 있는 것과 마찬가지로 말이다."[78]

긴장과 압력이 마침내 드러난 것은 외교정책과 한국전쟁에 따른 혼란

---

* 매켄지는 다음과 같이 썼다. "1946년 당대회에서 중앙집행위원회가 반대한 결의안이 4건 통과됐다. … 1947년 당대회에서는 보건부 장관이자 중앙집행위원회 위원인 어나이린 베번의 권고를 무시한, 임대 사택(社宅) 폐지를 지지하는 결의안이 통과됐다. 같은 당대회에서 지도부가 부결을 호소했지만, 남녀 동일노동 동일임금을 지지하는 결의안이 압도적 찬성으로 통과됐다. 1948년 당대회에서는 어나이린 베번과 중앙집행위원회의 권고를 또 무시한, 임대 사택 폐지 요구 결의안이 다시 통과됐고, '식량이나 의류 보조금의 삭감이나 철회'에 반대하는 결의안도 통과됐다. 1949~1951년에 세 차례 열린 당대회에서도 집행위원회의 권고가 부결된 것은 딱 한 번 … 식량 배급 문제를 둘러싼 것뿐이었다. … 이것을 … 제외하면, 중앙집행위원회는 노동당 정부를 난처하게 만들 방침이 당대회에서 채택되지 않도록 하는 데서 조금도 어려움을 겪지 않았다."[77] — 지은이.

때문이었다. 그렇지만 1950년 당대회는 영국이 한국전쟁에 개입하는 것을 압도적 찬성으로 승인했다. 그 당대회의 스타는 나이 베번이었다. 그는 당이 정부를 중심으로 단결해야 한다고 열정적으로 호소했다. 베번은 당대회가 "노동당에서 지금껏 보지 못한 강력한 단결"을 보여 줬다고 말했다.[79]

이것은 제1차 맥도널드 정부 시절의 끊임없는 충돌과 제2차 맥도널드 정부 시절의 심각한 분열을 생각하면 놀라운 일이었다. 나중에 해럴드 윌슨 정부는 1964~1970년에 열린 당대회에서 심각한 혼란을 겪게 되고, 1974~1979년의 노동당 정부 시절 좌파와 우파 사이에는 커다란 틈이 벌어졌다.

노동당은 계급과 국가를 조화시키기 때문에, 당원 개인들이 저마다 다른 방식으로 계급과 국가를 조화시키는 것은 불가피하다. 대체로 좌파는 노동자들의 직접적 염원을 강조하는 반면, 우파는 노동자들의 요구를 들어주려면 먼저 건전한 국가 제도가 필요하다고 강조한다. 둘 사이에는 고유한 긴장이 있다. 1945~1951년의 정부는 좌파와 우파의 이 끊임없는 적대감에도 불구하고 그들이 근본적으로 다르지 않다는 것을 보여 줬다. 케인스주의 경제학이 좌파의 요구를 만족시키는 듯했기 때문에, 애틀리와 내각은 매우 우파적인 개혁주의를 거리낌 없이 추구할 수 있었다. 이것은 《좌파 고수》 선언과 〈트리뷴〉의 운명에서 잘 드러났다.

무기력한 반대: 《좌파 고수》

1947년 5월 리처드 크로스먼, 마이클 풋, 이언 미카도가 쓴 《좌파 고수》가 출판됐다. 다른 의원 12명도 이 선언문에 서명했다. 비록 국내 정책을 다루기는 했지만 이 소책자는 외교·국방 정책을 가장 날카롭게 비판하고 있었다. 늘 그렇듯이, 개혁주의자들은 국내와 거리가 먼 문제들에서 훨씬 더 급진적이다. 왜냐하면 그런 문제들은 국내의 실제 계급투쟁과 거리가 멀기 때문이다.

이 소책자의 핵심은 "영국이 미국에 종속되는 위험한 관계로 내몰리고 있다"는 것이었다. 그래서 "미국 달러로 영국 제국을 지탱하고 영국 병사들로 미국의 전투를 수행하는 보수당의 구상"을 폐기하라고 요구했다. 영국은 "독립성을 되찾아야" 한다. 영국 혼자서는 그렇게 할 만큼 강력하지 못하니까 영국과 프랑스를 주축으로 하는 유럽 사회주의 동맹의 형태로 "제3의 세력"을 만들어야 한다. 국내 경제를 지원하고 대미 종속을 피하기 위해 더 많은 사회주의가 필요하다. 그러기 위해서는 더 많은 계획으로 생산비를 절감하고, 그래서 수출을 장려해야 한다. 국익과 사회주의의 조화가《좌파 고수》의 핵심이었다.

1년 남짓 동안《좌파 고수》는 노동당 역사에서 가장 단명한 좌파 반란의 기록을 남겼다. 미국의 마셜 원조가《좌파 고수》를 죽여 버렸다. 전쟁으로 피폐해진 서유럽에 안정된 자본주의를 복원하기 위한 마셜 원조는 꽤나 인기가 많았다. 크립스는 마셜 원조를 일컬어 "엄청나게 관대하고 계몽적인 조처"라고 했다.[80] 그는 나중에 다음과 같이 말했다. "마셜 원조가 없었다면, 150만 명이 원료 부족 때문에 일자리에서 쫓겨났을지 모른다."[81]

개혁주의자들은 개혁의 자금원이 무엇이든 간에 개혁 비용을 지급하는 손을 감히 물어뜯지 못한다. 1946년과 1948년에 미국이 투입한 현금은 사회보장제도의 비용을 지급하는 데 도움이 됐고, 노동당 하의 영국을 미국 제국주의의 목표에 확고하게 붙들어 맸다. 노동당의 개혁주의는 국제 자본주의와의 동맹과 냉전이라는 대가를 치렀다.

《좌파 고수》의 저자 중 한 명인 크로스먼은 마셜플랜이 자신의 구상에 미친 영향을 다음과 같이 설명했다.

솔직히 말하겠다. 미국을 보는 내 관점이 지난 여섯 달 동안 많이 달라졌다. 많은 당원들도 비슷한 경험을 했다. 여섯 달 전에 나는 이런 종류의 계획이 별다른 정치적 조건 없이 제대로 실행될 것이라고 믿을 수 없었다.[82]

그래서 1948년 노동당 당대회에서 마셜플랜에 대한 수정안은 지체 없이 처리됐다.[83]

이제 크로스먼은 《좌파 고수》의 추도사를 썼다. 그는 《좌파 고수》가 사망한 것은 두 요인 때문이라고 말했다. 첫째, 《좌파 고수》도 동의한 크립스의 긴축정책 때문이었다. 둘째, 마셜 원조 때문이었다. "일단 크립스가 경제 전선을 떠맡아 진지한 사회주의 계획을 시작하고, 어니스트 베빈이 서방연합[나토 — 지은이]을 수용하고 이것을 가동하기 시작했을 때, 《좌파 고수》 그룹의 목적은 달성됐다는 것이 내 생각이었다."[84]

정부의 친위대 〈트리뷴〉

수년간 〈트리뷴〉은 노동당 좌파, 더 정확하게는 노동당 의원단 좌파의 대변자였다. 다양한 정부 정책에 대한 〈트리뷴〉의 태도를 살펴보자.

〈트리뷴〉은 스태퍼드 크립스의 긴축정책과 임금동결 방안을 열렬히 지지했다. 오히려 그런 조처들이 충분하지 않다고 생각했다. 〈트리뷴〉은 1948년 예산안에 대한 사설에서 다음과 같이 주장했다. "지금까지 정부와 노총의 임금정책은 충분히 과감하지 못했다. … 스태퍼드 크립스 경은 더 많은 일을 했어야 한다."[85]

1949년 10월 정부가 지출을 대폭 삭감하겠다고 발표했을 때, 〈트리뷴〉은 사설에서 "지출 삭감은 합리적인가?" 하고 물은 뒤 분명히 대답했다. "그렇다." "지출 삭감은 한 가지 직접적인 목표, 단 하나의 목표가 있다. 그것은 영국이 파운드화 평가절하의 주요 이점을 누릴 수 있게 하는 것이다." 그러나 〈트리뷴〉은 정부가 "지출 삭감을 더 설득력 있고 자극적인 방식으로 제시하지 못했다"고 비판했다.[86]

〈트리뷴〉은 파업을 우호적으로 다루지 않았다. 1948년 6월 〈트리뷴〉은 사설에서 다음과 같이 주장했다.

〈트리뷴〉은 항만 노동자 파업이 완전히 재난이라고 믿는다. 우리는 항만 노동자들이 파업을 벌인 것은 잘못이고, 그들이 파업을 지속하는 것은 자기 손해일 뿐이라고 생각한다. 우리 신문이 인쇄에 들어갈 때까지 파업 노동자들이 업무에 복귀하기를 충심으로 바란다.[87]

1949년 7월 전국적인 항만 파업을 분쇄할 목적으로 비상사태가 선포됐을 때, 〈트리뷴〉은 다음과 같이 말했다.

정부는 이제 자신의 권위를 걸고 비상대권을 성사시키려 하고 있다. 우리는 항만 노동자들이 하루빨리 평결을 받아들이고 업무에 복귀하기를 바란다. … 항만 노동자들의 투쟁으로 이득을 얻는 자들은 노동조합의 적인 공산당과 보수당뿐임을 항만 노동자들이 하루빨리 깨닫기를 바란다.[88]

이 밖에 다른 사례들도 많이 인용할 수 있다.

자본주의의 경제계획을 사회주의로 착각하기 시작하면, 그런 혼란은 피할 수 없다. 〈트리뷴〉이 보여 줬듯이, 결국 그런 개혁주의의 환상을 가진 사람들은 그 환상 때문에 노동자들을 배신하게 된다.

〈트리뷴〉은 임금 억제 정책이 너무 느슨하다고 불평하면서 노조 지도자들에게 그 정책을 지지하라고 거듭거듭 권유했다. 법적 구속력이 있는 소득정책이 필요했다. 〈트리뷴〉은 개인소득에 관한 백서에 대해 다음과 같이 말했다. "그 백서는 자유로운 임금 협상과 정부의 임금 규제 사이에 있는 담장 위에 위태롭게 걸터앉아 있다."[89] 정부는 미카도가 말한 "임금의 무계획성"에 개입하고 규제해야 한다.[90] "무계획적인 임금 부문을 그대로 둔 채 계획경제 운운하는 것은 허튼소리다. … 그런 혁명은 완수하기 쉽지 않겠지만, 그런 혁명 없이는 우리 시대에 사회주의를 실현할 수도 없을 것이다."[91]

〈트리뷴〉은 정부 각료들이나 노조 관료들과 손잡고 공산당이 파업을 '선동'한다며 마녀사냥에 골몰했다. 1948년 봄 〈트리뷴〉은 공산당원(과 파시스트)을 특정 공직에서 제거하는 애틀리의 결정을 승인했다.

[공산당원들은 ─ 지은이] 다른 국가에 충성한다. … 그들은 민주주의의 전제 조건들을 인정하지 않는다. … 공산당원들에게 보안 비밀을 믿고 맡길 수 있느냐고 장관들에게 질문하는 것은 어리석은 짓인 것 같다.[92]

비슷한 맥락에서 〈트리뷴〉은 1949년에 공산당원들이 운수일반노조의 간부직을 맡지 못하게 금지한 결정도 지지했다.

〈트리뷴〉은 정부를 옹호하기 위해서라면 진실도 왜곡할 수 있었다. 어니스트 베빈이 외무부 장관 취임 후 첫 연설에서 자신의 정책과 전시 연립정부 정책의 연속성을 강조했을 때, 〈트리뷴〉은 다음과 같이 썼다. "지난주 어니스트 베빈의 의회 연설은 역사의 전환점이었다. 미래의 역사가들은 영국 외교정책의 연속성이 깨진 순간으로 기록할 것이다."[93]

〈트리뷴〉은 사소한 문제들에서만 정부를 비판했다. 나토, 마셜 원조, 병무청 신설, 소련의 베를린 봉쇄 대응 방안, 한국전쟁 같은 주요 쟁점들에서 〈트리뷴〉은 정부에 완전히 동의했다.

예컨대, 나토에 대해 〈트리뷴〉은 다음과 같이 썼다. "나토는 분명히 [평화의 — 지은이] 가능성을 높일 것이다. 왜냐하면 나토 회원국 침략은 더 위험한 모험이 될 것이기 때문이다."[94] 이것이 너무 심한 주장이었다고 생각한 이언 미카도는 〈트리뷴〉 편집부에서 사퇴했다. 그는 1930년대에 소련의 동조자였던 신문이 이제 미국의 그림자로 바뀌는 것을 참을 수 없었다. 이와 대조적으로 나이 베번은 나토를 전폭 지지했다. "나는 서유럽이 어떤 동맹이나 연합이든 구성할 자격이 있고 자체 방어에 필요한 어떤 조처든 취할 자격이 있다는 것을 단 한 번도 의심해 본 적이 없다."[95]

1949년 5월 12일 의회에서 나토 창설에 대한 표결이 진행됐을 때 처칠은 기고만장했다. 〈트리뷴〉 그룹 의원 어느 누구도 반대표를 던지지 않았다. 처칠은 자신이 "철의 장막"이라는 표현을 처음 사용하며 냉전을 예고했던 유명한 연설 직후에 국회의원 105명이 자신에 대한 불신임 결의안을 제출한 사실을 상기시켰다. 그들은 지금 다 어디로 갔는가? "오늘 여기에는 그런 분이 아무도 없습니다. … 제가 보기에는, 우리가 한꺼번에 [개종자 — 지은이] 100명을 얻은 것 같군요."[96]

〈트리뷴〉은 병무청 신설을 지지했을 뿐 아니라 복무 기간을 2년 반까지 선택적으로 연장하는 것도 반대하지 않았다.[97] 베를린 봉쇄가 시작됐을 때, 베번은 서방의 공수작전을 지원하기 위해 독일의 소련군 점령 지역에 탱크를 보내라고 내각에 촉구했다.[98] 히로시마와 나가사키에 원자폭탄 투하를 명령한 해리 트루먼이 1948년 말 미국 대통령으로 재선됐을 때, 〈트리뷴〉은 열렬히 환영했다. "미국 만세! … 우리는 조금도 주저하지 않고, 전 세계 평범한 사람들의 승리인 민주당의 압도적 선거 승리를 환영한다."[99]

한국전쟁이 발발하자 〈트리뷴〉은 확실하게 미국을 편들었다. 미국의 행동은

> 서방의 유화정책 때문에 공산주의의 침략이 성공할 수 있다는 것은 가능성이 없는 얘기임을 입증했다. 서방은 필요하다면 과감하게 싸울 것임을 보여 줬고, 소련은 이 교훈을 명심해야 한다.[100]

전황이 미군에게 유리해지자, 〈트리뷴〉은 미군이 남한과 북한의 경계선인 38선에서 멈추지 말고 계속 진격해서 한반도를 통일시켜야 한다고 주장했다.[101]

그와 동시에 〈트리뷴〉은 영국 제국을 열정적으로 칭송했다.

> 우리는 우리 자신의 목적뿐 아니라 아프리카인들의 이익을 위해서도 아프리카에 머물러야 한다. … 아프리카의 막대한 천연자원은 영국과 전 세계의 이익을 위해 개발될 수 있다. … 우리는 아프리카에서 우리의 임무를 수행하는 것에 대해 사과할 필요가 없다. 우리 선조들이 아프리카에 간 이유가 무엇이었든 간에 우리는 아프리카에 머물러야 한다.[102]

사실, 〈트리뷴〉이 보수당을 비난한 이유 중 한 가지는 보수당이 "제국을 무시했다"는 것이었다.[103] 민족주의는 〈트리뷴〉이 집요하게 추구한 가치였다.

마이클 풋은 베번이 말할 때마다 꼭 위대한 영국Great Britain이라고 강조하는 특징이 있었다고 지적한다. "베번은 항상 '위대한'이라는 수식어를

덧붙였다. 대다수 사람들이 그 수식어를 포기한 뒤에도 그랬다."[104] 예컨 대, 1948년 7월 4일 연설에서 베번은 다음과 같이 말했다.

세계의 눈이 위대한 영국에 쏠리고 있습니다. 이제 우리에게는 전 세계를 이끌 도덕적 지도력이 있습니다. 그리고 머지않아 여기 현대의 메카로 사람들이 몰려와 우리에게 배우게 될 것입니다. 17세기에 세계인들이 우리에게 배웠듯이 20세기에도 그럴 것입니다.[105]

베번은 정부 관직을 사퇴하며 다음과 같이 말했다. "인류에게는 단 하나의 희망이 남아 있다. 그 희망은 이 작은 섬에 있다."[106] 풋은 이 말을 인용한 뒤 다음과 같이 덧붙였다. "베번은 보수당이 애국적 주장을 가로채는 것을 결코 허용하지 않았을 것이다."[107] "노동자들에게는 조국이 없다"는 마르크스의 말은 베번과 풋에게 완전히 수수께끼였을 뿐이다.

결론

역사는 애틀리에게 친절했다. 대량 실업, 민영화, 복지 삭감이 만연하는 오늘날과 비교하면, 애틀리 집권기의 영국은 마치 낙원처럼 보인다.*

그러나 대부분의 노동당 역사에서 그랬듯이 1945~1951년의 진정한

---

* 늘 그렇지는 않았다. [노동당 집권의] 기억이 여전히 생생할 때조차, 좌파와 우파 모두 나름대로 반대할 이유가 있었다. 물론 그렇다고 해서 정부와의 전면전으로 나아가지는 않았지만 말이다. 우파는 정부의 노동계급 이미지, 국유화 같은 진부한 구호에 집착하는 경향을 비난했다. 좌파는 정부가 경제의 관제고지를 장악하지 못했고 대기업과 냉전에 굴복했다고 지적했다. ― 지은이.

유산은 정말로 역설적이다. 영국 자본주의의 약점, 대미 종속성, 제국주의의 무거운 부담 때문에 정부의 공세적 개혁주의는 집권한 지 20개월 만에 끝장났다. 1951년에 노동당 정부가 붕괴한 근본 원인도 똑같았다. 이번에는 한국전쟁의 여파로 더 첨예했을 뿐이다. 외교 문제, 핵 문제, 파업 진압 등의 쟁점에서 노동당의 행동은 다른 자본주의 정당들과 마찬가지였고, 때로는 더 효과적이기까지 했다.

반면에, 노동자들 사이에서 노동당은 여전히 높은 인기를 누리고 있었다. 43차례의 재보선에서 노동당이 잃은 의석은 단 한 석뿐이었다! 더욱이 1951년 10월 총선에서 노동당은 단일 정당으로는 사상 최다 득표를 했다. 1394만 8605표, 득표율은 48.8퍼센트였다. 보수당이 의회 다수당이 된 것은 순전히 변덕스러운 선거제도 때문이었다. 국내에서는 긴축정책과 배급제를 추진하고 해외에서는 이런저런 전쟁들을 벌였지만, 노동당은 여전히 유권자들의 지지를 받았다. 이것을 어떻게 설명할 수 있을까?

첫째, 대중은 경제적 어려움을 정부의 관리 잘못 때문이 아니라 전쟁 때문이라고 봤다. 둘째, 1930년대와 달리 완전고용이 지속되는 것은 정부가 약속을 지키고 있는 증거처럼 보였다. 셋째, 산업 투쟁의 전투성 수준이 제1차세계대전이 끝난 뒤보다 더 낮았기 때문에 노동당 정부는 전쟁에서 평화로 전환하는 데 성공할 수 있었다. 그리고 많은 사람들은 노동자들에게 개혁이 제공됐기 때문에 사회적 평화가 유지될 수 있었다고 생각했다.

당시의 두드러진 특징 또 하나는, 노동당이 집권하면 항상 그랬듯이 당시 애틀리 정부도 자본주의의 관리자 구실을 했지만 오히려 좌파가 이것을 쌍수를 들어 환영한 것이다. 이런 일은 또 어떻게 가능했을까?

맥도널드는 자신이 총리로서 한 행위를 해명할 때 소수파 정부를 핑계 됐다. 애틀리는 그렇게 둘러댈 핑곗거리가 없었다. 오히려 그는 정면 돌파를 시도했고, 그래서 자본주의를 끝장내겠다는 말조차 하지 않았다. 애틀리는 세계경제 호황 덕분에 별 탈 없이 자신의 뜻대로 행동할 수 있었다. 당시는 영국 자본주의가 위기를 겪지 않은, 드문 경우 중하나였다. 그래서 애틀리는 보통 때라면 불가능한 마법을 부릴 수 있었다. 즉, 노동계급 지지자들을 소외시키지 않으면서도 지배계급을 만족시킬 수 있었다. 개혁주의 프로젝트가 제대로 작동한 흔치 않은 경우였다. 경기 확장이 얼마나 대단했던지 기업주들도 자본축적 욕구를 충족시킬 수 있었고 노동자들도 체제의 단맛을 느낄 수 있었다. 그런 상황이 되풀이되는 경우는 흔치 않다. 애틀리 정부는 개혁주의가 거둔 최고의 성과로 남을 가능성이 크다.

그래서 우리는 보수당이 집권했을 때보다 노동당 집권기에 얼마나 많은 개혁을 성취했는가 하는 질문을 하게 된다.

보수당은 철강 산업을 국유화하지 않았을 것이다. 그러나 어쨌든 노동당도 철강 국유화라는 1945년의 공약을 1951년 1월까지 무시했고, 10월 총선에서 보수당이 승리한 뒤 철강 산업은 다시 민영화됐다. 그뿐 아니라 나중의 사태 전개가 보여 주듯이, 보수당은 사회 기반 시설과 생산적이고 잘 교육받은 노동자들을 유지할 필요성을 깨닫고 있었다. 우리가 노동당에 유리한 쪽으로 해석한다면, 노동당의 개혁이 약간 더 멀리 나아갔다고 말할 수 있을 것이다. 그러나 그것이 다다. 개혁주의 정부가 들어서지 않은 나라들과 비교해 보면 알 수 있듯이, 노동당과 보수당의 복지가 많이 다르다고 말할 수는 없다.

사실, 여러 면에서 1945~1951년의 노동당 정부는 가장 제한적인 개혁들 이외의 개혁들은 가로막았다고 말할 수 있다. 애틀리 정부에서 자본가들은 자신들이 필요하다고 느낀 만큼만 양보했다. 자본가들이 노동당이 의회에서 다수당인 사실을 두려워하지 않았음을 우리는 알고 있다. 600명이 의원석에 앉아서 뜨거운 열기를 내뿜지도 않았고, 자본가들은 '여론'을 거슬러서라도 자신들의 이익을 지키기 위해 필사적으로 싸웠다. 그러나 기업주들은 노동계급의 힘은 두려워한다. 1944년쯤 노동자들은 1926년 총파업 이후 볼 수 없었던 투쟁 능력과 자주적 행동을 보여 주고 있었다. 그러나 노동당이 노조 관료들을 통해, 노조 관료들이 실패하면 군대를 투입해 성공적으로 억제한 것이 바로 노동계급의 힘이었다.

애틀리 정부의 정치적 결과는 1951년 이후에도 지속됐다. 노동당 지도부와 지배계급의 유착은 전례 없이 긴밀했다. 더욱이 노동당 지도부는 가장 능동적인 지지자들의 다수가 (점진적 단계를 거쳐서라도) 자본주의를 극복해야 한다는 사상을 어느 정도 포기하도록 만들었다. 그리고 자본주의 체제가 안착했을 뿐 아니라 이 체제를 의식적으로 성장시켜야 한다는 생각을 받아들이도록 만들었다. 자신을 사회주의자라고 생각했던 소수에게 그 결과는 재앙이었다. 노동당 좌파는 가엾은 잔당殘黨으로 전락했고, 혁명적 사회주의 사상을 위한 공간은 최소한으로 줄어들었다. 이렇게 보면, 지배계급이 가장 남는 장사를 한 것처럼 보인다.

그러나 실상은 그렇게 단순하지 않았다.

노동당이 집권했기 때문에 합의는 개혁주의 언어로 표현돼야 했다. 이 점은 장기적으로 중요했다. 1945~1951년의 많은 성과들은 특별히 노동당이 애쓴 결과가 아니었다. 그러나 그 시기는 노동자들이 일할 권리, 좋은 집을 가질 권리, 건강할 권리가 있다는 생각을 노동계급의 머릿속에 심어 놨다. 그런 복지를 제공하는 것은 사회의 의무였다. 1945년 이후 독일이나 미국 같은 나라들도 영국과 비슷한 수준의 개혁을 제공했을지 모르지만, 노동당이 제시한 개혁주의 이데올로기로 치장하지 않았기 때문에 그런 개혁이 사회의 의무로 여겨지지는 않았다. 영국 노동자들은 세계경제 호황으로 이득을 본 부자들이 먹다 남긴 빵 부스러기만을 얻었지만, 노동자들은 그것을 빵 부스러기가 아니라 **자신들의 권리**라고 생각했다. 그리고 그런 빵 부스러기를 도로 거둬 가려 할 때 맞서 저항할 가능성이 생겨났다. 심지어 오늘날에도 의료 서비스 같은 문제를 둘러싸고 그런 저항이 일어날 가능성은 결코 사라지지 않았다.

따라서 1970년대 중반 이후 시작된 전후 합의에 대한 공격 — 처음에 윌슨과 캘러핸이 시작했고, 대처가 더 과격하게 추진했다 — 은 개혁주의 의식에 대한 반동적 공격이다. 개혁주의 의식이 부분적으로는 노동계급의 염원을 표현하는 것이므로 그런 반동적 공격은 격퇴해야 한다.

심지어 애틀리 정부 시절에도 개혁주의적 합의는 불안정한 토대 위에 구축됐음이 드러났다. 1948년쯤에 정부의 개혁 열정은 어느 정도 사그라졌고, 역사의 두더지는* 여전히 땅속을 파고 있었다. 비공인 파업에 대한 탄압 증대, 특히 1949년 파운드화 평가절하 뒤의 물가 인상, 한국전쟁 발발, 복지 삭감은 모두 정치적으로 선진적인 노동자들의 불만을 자아냈고, 이런 불만은 노동당에 반영됐다.

한국전쟁이 훨씬 더 광범한 충돌로 비화할 조짐이 보이고 공산주의자 마녀사냥이 증대하자 이에 충격을 받은 지구당들은 1952년 이후 중앙집행위원회에 맞서 반란을 일으켰고 노동조합의 현장 조합원들 사이에서는 베번을 지지하는 흐름이 강화됐다.

애틀리 정부는 사회주의 사회의 개막을 알리지 않았다. 애틀리 정부의 진정한 성과는 제2차세계대전 직후의 특별한 시기에 영국 자본주의를 운영한 것, 그리고 미국이 세계 자본주의를 안정시키는 데 도움을 준 것이다.

---

* 역사의 두더지 혁명을 은유적으로 표현한 마르크스의 말.

12장

'잃어버린 13년'

1951년 10월 선거가 시작됐을 때, 노동당은 6년 동안의 악전고투 끝에 기진맥진한 상태였지만 미래에 대해서는 낙관하고 있었다. 노동당 지지자들은 다음과 같이 생각했다. 설령 보수당이 선거에서 승리하더라도 오랫동안 집권하지는 못할 것이다. 애틀리 정부가 1930년대보다 나은 성과를 거둘 수 있었던 것은 완전고용과 사회보장제도라는 두 자산 덕분이었는데, 보수당은 이 주요 자산들을 유지할 수 없을 것이다. 따라서 얼마 지나지 않아 노동당이 다시 집권하게 될 것이다. 그래서 노동당의 1951년 선거 구호는 "아빠에게 물어봐!"였다.*

보수당이 승리하더라도 실패할 수밖에 없다는 예견은 많았고 그 형태도 다양했다. 운수일반노조 사무총장 아서 디킨은 1951년 총선 3주 전에 열린 노동당 당대회에서 "보수당이 우리를 굴복시킬 수 있는 조처들을 다시 강요하고 싶어서 안달이 났다는 것을 잘 압니다" 하고 말했다.[1] 노동당 의장 앨리스 베이컨은 노총 대의원대회에 참석해서 다음과 같이 연설했다.

양차 대전 사이에 실업과 빈곤으로 고통을 겪은 영국인들은 모두 우리에게 희망을 걸고 있습니다. 그들은 보수당의 재집권을 두려워합니다. 당연한 일입니다. 국민들은 보수당이 승리하면 반드시 뒤따를 실업, 복지 삭감, 재

---

* 1930년대의 빈곤과 실업을 환기시키기 위한 구호.

양적인 물가 인상을 두려워하고 있습니다.[2]

보수당에 대한 예측들이 많이 틀렸음이 드러났다. 개혁주의자들의 확신과 달리, 완전고용과 사회보장제도는 애틀리 정부만의 성과가 아니라 자본주의 호황의 결과였다. 보수당도 완전고용과 사회보장제도를 기꺼이 받아들였다. 그래서 13년 동안 집권하지 못한 것은 보수당이 아니라 노동당이었다. 1832년 의회 개혁 이후 주류 정당이 그토록 오랫동안 야당이 된 것도 처음이었다.

1960년대까지 지속된 장기 호황은 막대한 군비 지출의 부산물이었다. 냉전의 격화와 핵무기 개발로 군비 지출이 증대했다. 이윤율이 하락하고 호황이 과잉생산과 불황으로 바뀌는 자본주의의 경향을 완화시킨 것은 국가의 막대한 군비 지출, 특히 미국과 영국의 군비 지출이었다. 따라서 당시의 호황은 뾰족한 탄두 위에 구축된 것이었다. 자본주의는 합리적이거나 조화로운 체제가 아니었다. 결코 그렇지 않았다. 그리고 경쟁이라는 절대적 명령에 종속된 체제였고, 이제 그 경쟁은 정말로 치명적인 핵무기 경쟁의 형태를 띠었다. 1951~1964년에 영국의 생산성은 20세기의 그 어느 때보다 더 빠르게 향상됐다. 1964년에 불변가격으로 측정된 총생산은 1951년보다 40퍼센트 더 많았다. 영국 경제는 빅토리아시대의 절정기 이후 그 어느 때보다 빠르게 성장했다. 보수당 집권기 13년 동안 연평균 실업률이 2.5퍼센트를 넘어선 경우는 딱 한 번뿐이었다. 물론 당시는 양차 세계대전 사이의 기간과 근본적으로 달랐다. 1921~1938년에 실업률이 9퍼센트 아래로 내려간 적은 한 번도 없었다. 1931~1932년의 불황기에 실업률은 22퍼센트를 넘었다. 그러나 1930년대 중후반의 상대적 번영기에조차 실업률은 보통 10퍼센트를 훨씬 웃돌았다.

1950년대에는 물가 인상률도 낮았다. 1952~1964년의 연평균 소매 물가 인상률은 약 3.25퍼센트였는데, 이것은 1946~1952년 수준의 절반이 채 안 되는 수치였다(역시 노동당 집권기인 1974~1979년은 말할 것도 없고 1964~1970년보다 훨씬 낮은 수치였다).

보수당 집권 13년 동안 노동자들의 실질임금은 25퍼센트 이상 상승했다. 사회복지는 감축되지 않았다. 예컨대, 보수당 집권 13년 동안 연평균 30만 호 이상의 주택이 건설된 반면, 노동당 정부 말기에는 약 20만 호의 주택이 건설됐다.

정치 평론가 앤드루 갬블은 다음과 같이 썼다.

> 1950년대는 보수당의 황금기였다. … 노동당 집권기의 '긴축'과 보수당 집권기의 '풍요'를 대조해 보면, 보수당이 복지 자본주의 체제를 노동당보다 더 잘 운영할 수 있다는 주장이 명백히 옳은 것 같았다.[3]

보수당은 노동조합을 공격하지 않았다. 오히려 노동조합에 양보했다. 노조 관료들은 노동당이 집권하든 보수당이 집권하든 제 구실을 해야 한다. 그래서 보수당이 다시 집권했을 때 노총 중앙집행위원회는 다음과 같이 발표했다.

> 어떤 정부가 들어서든 정부와 우호적으로 협력하고 사회·경제 문제들의 실질적 해결책을 모색하고자 정부 각료나 사용자 측과 협의하는 것은 우리의 오랜 관행이다.[4]

보수당 정부의 화답은 기대 이상이었다.

실제로 보수당 정부 시절에 노동조합의 견해를 대변하는 사람이 포함되지

않은 정부 산하 위원회는 거의 없을 정도였다.[5]

어떤 점에서는 보수당이 노동당보다 노동조합을 더 잘 대우했다. 누군
가가 썼듯이, 노동당 정부는 파업 대처 방안으로 빈번하게 비상대권을
사용한 반면, 보수당은 "파업 대처에 거의 무관심했다. … 보수당은 비상
대권이나 군대를 동원하는 것을 별로 좋아하지 않았다."[6]

보수당 집권기의 호황으로 노동당은 혼란에 빠졌다. 노동당만 완전고
용과 복지 서비스를 제공할 수 있는 것은 아니라는 점이 점점 더 분명해
졌다.

수정주의자들

경제 호황이 지속되자 수정주의자를 자처하는 노동당 지식인들이 나
타났다. 그들은 독일 사회민주당의 에두아르트 베른슈타인을 모방했다.
베른슈타인은 세기 전환기에 마르크스주의를 수정하려 했다. 그는 노동
자 [정당] 운동의 근본 성격을 사회혁명의 정당이 아니라 "민주적 사회주
의 개혁 정당"으로 수정했다. 베른슈타인은 마르크스에 반대해서 다음
과 같이 주장했다. 자본주의의 모순들이 더 첨예해지기는커녕 오히려 끊
임없이 완화하고 있다. 자본주의는 꾸준히 통제되고 있고, 점점 더 적응
력을 키워 가고 있고, 상시적 번영을 향해 나아가는 경향이 있다. 그리고
중간계급의 성장과 주식 소유를 통한 민주적 자본 분배 덕분에 사회 모
순들은 약화하고 있다. 베른슈타인의 핵심 논거는 자본주의가 1873년
이후 20년 동안 심각한 경제 불황을 겪지 않은 것이었다.

1950년대 영국 수정주의자들의 주장은 50여 년 전 독일 수정주의자

들의 주장과 놀라울 만큼 비슷했다. 마찬가지로 놀라운 것은 그들이 로자 룩셈부르크의 탁월한 주장들(《사회 개혁이냐 혁명이냐》에 나오는 주장들), 제1차세계대전과 그 뒤의 혁명적 위기, 나치 정권의 등장으로 베른슈타인의 주장이 여지없이 논박당한 사실도 무시한 것이었다.

노동당의 새 경향을 대변한 가장 중요한 지식인은 앤서니 크로스랜드였다. 1956년에 출판된 크로스랜드의 책 《사회주의의 미래》는 수정주의자들의 경전이 됐다. 크로스랜드는 다음과 같이 주장했다. 자본주의의 무계획성이 사라지고 있고, 그와 함께 계급 갈등도 사라지고 있다. 자본주의 체제는 점점 더 합리적이고 민주적인 체제로 바뀌고 있다. 국가가 경제에 더 많이 개입하고 사기업의 이윤 추구 경향이 완화되는 데 힘입어 자본주의는 평화적으로 해체될 것이다.

대기업에서 소유와 경영이 점차 분리되고 있으므로 경영자들은 이윤 극대화가 아니라 다른 목표들을 추구할 것이다.

이제 기업의 지도자들은 대체로 이윤이 아니라 봉급을 받는다. 그리고 그들의 권한은 소유권이 아니라 경영 구조에서 차지하는 지위에 따라 결정된다. 한편, 명목상의 소유자들은 전쟁 전에 갖고 있던 통제권의 잔재조차 거의 다 상실했다.

그리고 오늘날 최고 경영진은 기업의 주주들로부터 독립적일 뿐 아니라 금융기관을 포함한 자본가계급이나 자산 소유 계급 전체로부터도 점차 독립하고 있다. … 자본시장과 금융권의 경제적 힘, 따라서 **자본주의 금융의 산업**(엄격한 의미에서) 지배력도 훨씬 더 약해졌다. 이런 변화만을 보더라도 이제 자본가 지배계급 운운하는 것은 터무니없는 소리임을 알 수 있다.

만약 자본축적이 더는 최우선 목표가 아니라면, 과연 무엇이 최우선 목표였는가?

기업의 지도자가 위신을 얻을 수 있는 또 다른 방법은 협력적 파트너십이
나 이윤 분배 계획 등을 도입하는 진보적 사용자로서 명성을 떨치는 것이
다. 아니면, 고위 관직을 겸임하거나 장관의 고문이라거나 정부위원회나 국
가자문위원회의 후보 위원으로 알려지는 것이다. 또는 지방정부의 후원자
나 우호적 협력자, 지방대학 이사회의 임원이라는 명성을 얻는 것이다. 또
는 애국심을 과시하거나 영국생산성협회에 많은 시간을 투여하는 것이다.
아니면, 방송에 출연하거나 은행 잡지들에 기고하거나 영국경영연구소나
옥스퍼드대학교의 너필드* 회의에서 연설하는 지식인이 되는 것이다.[7]

크로스랜드에 따르면, 생산이 인간의 필요 충족이 아니라 이윤 창출
에 매몰돼 있다는 말은 모두 터무니없는 헛소리였다.

노동계급의 구매력이 아주 커졌기 때문에 필요를 위한 생산과 이윤을 위
한 생산은 대체로 일치한다고 볼 수 있다. 고수익 상품이 소비자에게도 유
용한 상품이다. 그리고 기업과 소비자는 대체로 동일하게 자원을 할당할
것을 원한다.[8]

얼마나 이상적인 자본주의의 모습인가! 황금기가 시작됐다.

사기업은 마침내 인간화하고 있다. 그렇다고 해서 이제 모든 기업인들이 마
치 자선가나 사회 개혁가가 됐다는 말은 아니다. … 대다수 기업인들이 그

---

*   너필드(Nuffield) 경제학, 정치학, 사회학 등 사회과학 대학원.

런 사회적 태도나 동기를 조금이나마 갖게 됐다는 것이다.[9]

"평화혁명"이 시작됐으므로 이제 계급투쟁은 과거지사가 됐다. 크로스랜드는 "오늘날 정부와 사용자들이 결탁해서 노동조합을 공격하는 것은 상상할 수도 없는 일"이라고 썼다.[10]

산업의 소유권 문제가 덜 중요해졌듯이 국유화 요구도 덜 중요해졌다.[11]

과거와 달리 이제는 정부가 공공 부문이나 민간 부문에 자신의 의지를 강요하는 데 경제적 어려움이 있다. 사실, 1945년 이후의 경험은 소유권이 경제 권력을 좌우하는 중요한 요인이 아니라는 [주장을 — 지은이] 강력히 뒷받침한다.[12]

이제부터 영국은 "젖과 꿀이 흐르는 땅"이 될 것이다. "영국은 대중적 풍요의 문턱에 서 있다."[13] 케인스주의 덕분에 경제가 끊임없이 성장할 것이므로 국가는 각종 사회 개혁과 사회복지의 재원이 될 막대한 세수 증대를 기대할 수 있을 것이다. 사회주의자들은 경제문제들에서 다른 문제들로 관심을 돌려야 한다. 어떤 문제들로?

우리는 점차 다른 분야들로, 장기적으로 더 중요한 분야들로 우리의 관심을 돌려야 한다. 즉, 개인의 자유와 행복, 문화적 노력, 여유·아름다움·우아함·열정의 계발, … 노천카페 증설, 더 휘황찬란한 거리의 야경, 술집 영업시간 연장, 지방 극장 증설, 호텔·레스토랑 증설과 서비스 개선 … 공공장소에 더 많은 벽화와 그림 도입, 그리고 가구, 도자기, 여성 의류, 신규 주택단지의 동상, 가로등, 공중전화 박스의 디자인 개선, 기타 등등.[14]

크로스랜드는 강아지의 성장 속도를 측정하고 나서 50년 뒤 그 강아지가 코끼리만큼 커질 것이라고 예측한 과학자와 비슷했다. 따라서 '현실주의자' 크로스랜드는 이제 마르크스의 분석이 완전히 쓸모없다고 생각했다. 그 늙은이[마르크스]는 "현대의 사회주의자에게 알려 줄 것이 전혀 없거나 거의 없다." 왜냐하면 "그의 예언들은 거의 예외 없이 틀렸기 때문이다."[15]

크로스랜드의 결론은 영국이 이제 더는 자본주의 사회가 아니라는 것이었다.

진정한 의미의 자본주의는 1830년대부터 1930년대까지 영국의 핵심적인 사회·경제·이데올로기적 특징을 지닌 사회다. 그러나 1956년의 영국은 분명히 그렇지 않다. 따라서 "영국은 여전히 자본주의인가?"라는 질문에 나는 "아니오" 하고 대답하겠다.[16]

수정주의는 페이비언주의와 공통점이 있었다. 페이비언협회 회원들과 마찬가지로 수정주의자들도 국가의 중립성, 점진주의, 합의를 신봉했다. 그러나 선조들과 달리 수정주의자들은 현존하는 경제체제를 긍정적으로 평가하고 사회변혁의 필요성을 거부했다. 그래서 그들은 페이비언 '사회주의'에서 진보적 자유주의 비슷한 견해로 전환했다. 가장 중요한 수정주의자이자 1955~1963년에 노동당 대표였던 휴 게이츠컬은 이런 논리를 받아들였다.

앞에서 우리는 노동당이 기억상실증의 조직적 표현이라고 말했다. 이것의 전형적 사례가 수정주의자들이었다. 크로스랜드는 제2차세계대전이나 파시즘의 공포, 대량 실업을 부를 수 있는 사회가 이제 완전히 사라졌다는 듯이 행동했다. 이렇게 자본주의의 내적 과정을 파악하지 못하고, 자본주의의 과거를 이해하거나 그 미래를 예측하지 못하고, 현재의 사건들을 바탕으로 순전히 인상적인 모습만을 묘사하는 것은 노동당의 고질병이다.

이론을 회피하는 노동당의 태도는 계급적 관점으로 사회를 분석하지 않는 데서 비롯한다. 그 결과는, 크로스랜드의 사례에서 봤듯이 당대의 가장 피상적인 지배계급 사상에 굴복하는 것이다. 기업주는 사람들이 자신을 착취자가 아니라 선량하고 자비로운 동료로 여겨 주기를 바랄 것이다. 크로스랜드는 이것을 뒷받침할 이론을 개발해 기업주들을 도와 준 셈이다.

안타깝게도 이런 천박한 사상은 노동당 우파의 전유물이 아니었다.

베번 좌파 운동

어나이린 베번은 노동당 역사상 가장 좌파적인 반란은 아닐지라도 가장 큰 규모의 반란을 주도했다. 이 반란은 집권 보수당과 수정주의자들 사이의 합의가 점차 확대되는 상황에서 일어났다. 따라서 정치적 충돌은 두 정당 사이에서가 아니라 노동당 내부에서 일어났다. 베번 좌파 운동은 노동당 지도부의 급격한 우경화에 대한 반발이었다.

불행히도 어나이린 베번은 사상의 빈곤으로 고통을 겪었다. 수정주의자들이 탈脫자본주의라는 '이상한 나라'를 헤매고 다닌 반면, 베번파派는 매드해터의* 차茶 파티에 참석한 쥐처럼 꽉 닫힌 문만 쳐다보고 있었다. 그들은 경제 호황을 부인하면서, 머지않아 대량 실업이 닥칠 것이라는

---

* 매드해터 《이상한 나라의 앨리스》에 나오는 인물.

말만 되풀이했다. 그러나 진실을 언제까지나 숨길 수는 없다.

베번과 베번 지지자들은 마르크스주의자들이 아니었다. 그들도 수정주의자들과 마찬가지로 점진주의와 혼합경제를 받아들였다. 비록 그들이 원한 것은 국가 부문의 비중이 더 큰 혼합경제였지만 말이다. 노동당우파든 좌파든 모두 국유화를 사기업을 대체하는 수단이 아니라 보완하는 장치로 여겼다. 혼합경제를 받아들이는 것은 공공 부문이 시장의법칙과 대규모 민간 부문에 종속되는 것에 동의한다는 뜻이었다. 노동당 우파든 좌파든 모두 경제적 효율성을 기준으로 국유화 대상을 결정해야 한다는 데 동의했다. 그들의 이견은 그 기준을 어떻게 적용해야 하는지를 둘러싼 것이었다.

베번의 정치는 '역동적 의회주의'로 요약할 수 있다. 그러나 경제 호황의 조건에서 보수당이 선거에서 승리한 점을 감안하면, 급진적 개혁주의자들의 미래는 어두워 보였다.

역동적 의회주의 추구는 또 다른 결과도 낳았다. 의회에서 성공하기위해 베번파는 노동당 안에 있어야 했다. 노동당을 탈당하면 그들의 선거 전망도 사라졌을 것이다. 전시에 무소속 후보들이 성공한 것은 오래전 과거 얘기일 뿐이었다. 애틀리 정부 시절 노동당에서 축출당한 의원다섯 명이 '무소속 노동자 후보'로 출마했다가 처참하게 패배한 사례는강력한 반면교사였다.*

---

* 1950년 노동당 탈당파의 선거 결과(단위: 퍼센트)[17] — 지은이.

후보 이름	탈당파의 득표율	공식 노동당 후보 득표율
H L 허친슨	2	60
J 플래츠밀스	18	53
D N 프릿	25	40
L J 솔리	10	40
K 질리어커스	1	45

베번 좌파 운동은 보수당과의 합의에 반발해 노동당 내에 형성된 긴장의 징후였다. 베번파는 미래에 대한 대안적 전망을 제시하지 못했다. 오히려 보수당에 맞서 1945~1951년의 개혁을 방어하려 했다. 그러나 그런 노력은 사실상 필요 없었다. 보수당이 애틀리 정부의 성과를 파괴할 생각이 없었기 때문이다.

13년 동안의 보수당 집권기 내내 노동당 좌파는 국내문제들을 사실상 회피한 채 외교정책과 국방 문제에 몰두했다. 이 점은 노동당 의원들이 당의 공식 정책을 거부하며 반대표를 던진 사례들에서 분명히 드러난다.

노동당 의원단의 반대 투표 사례[18]

	1951~1955년	1955~1959년	1959~1964년
국내 정책	1	1	0
외교·국방 정책	14	8	13

베번파 지도자였던 리처드 크로스먼은 1952년 12월 1일 일기에서 다음과 같이 썼다. "순전히 경제적인 문제에서는 좌파와 우파 사이에 사실상 차이가 없다는 것이 명백하다. … 진정한 차이는 경제정책이 아니라 대미 관계와 군사 문제 등에 대한 것이다."[19]

1951~1954년의 주요한 쟁점은 영국의 국방 계획과 독일 재무장 문제였다. 한국전쟁이 발발하고 냉전이 격화하자 미국과 그 동맹국들은 1951년에 서독을 재무장시키기로 결정했다(히틀러의 패배 이후 독일의 무장은 철저하게 금지된 상황이었다). 이 조처는 서방과 동방 사이의 긴장을 심화시킬 수 있었고, 따라서 노동당 좌파는 이에 반대했다. 그리고 베번파는 영국 자체의 막대한 군비 지출에도 반대했다. 두 문제 모두에

서 당 지도부의 방침이 간신히 관철된 것은 기층 당원들의 불만을 잘 보여 준다.[20]

이렇게 이견이 있기는 하지만, 베번파와 당내 우파는 모든 핵심 문제에서 노동당 외교정책의 기본 전제들을 공유하고 있었다. 즉, 나토를 용인했고, 해외에서 영국의 국익을 지키기 위해 영국이 재무장해야 한다고 생각했다. 그래서 1952년 당대회에서 베번은 당 지도부를 격렬하게 비판하면서도 나토를 용인했을 뿐 아니라 "미국과 긴밀하게 협력하는 것이 영국과 영연방 전체에 지극히 중요하다"고 주장한 집행위원회의 성명서 "노동당의 외교정책"도 승인했다.[21] 이것은 베번이 동남아시아조약기구에 반대한 1953년 4월 의회 연설과 모순된다. 동남아시아조약기구를 반대하면서도 그 큰형님 격인 나토를 지지하기는 어려운 일이다.

아무리 모순된 태도처럼 보였을지라도 이것이 바로 베번이 한 일이었다. 베번은 나토를 지지하면서도 동남아시아조약기구에는 반대해 예비내각에서* 사퇴했다. 베번 추종자로서 1953년 예비내각 선거에서 2위로 당선된 해럴드 윌슨은 베번의 항의성 사퇴로 공석이 된 자리를 거절하지 않았다. 이것은 특정 좌파 인사가 요직을 차지하기 위해 다른 좌파 인사의 등에 비수를 꽂은 첫 사례도 아니었고 마지막도 아니었다. 1980년대에 닐 키넉도 토니 벤에게 똑같은 짓을 했다.

베번파는 미국의 정책 자체를 비난한 것이 아니라 노동당 지도부가 미국의 정책을 무비판적으로 수용하는 것을 비판했다. 미국의 특정 정책을 싫어하는 것과 서방의 동맹을 일반적으로 지지하는 것은 얼마든지 양립할 수 있다고 베번파는 주장했다.[22]**

---

* 예비내각 야당이 정권 획득에 대비해서 미리 정해 두는 내각.

** 노동당 우파(그리고 보수당)와 마찬가지로 베번파도 거대 열강들의 정상회담을 열렬히

베번 좌파 운동은 노동당 안에서 강력한 반향을 불러일으켰다. 비록 느슨하고 이질적인 집단이었지만, 베번파는 주로 브레인트러스트Brains Trust라는 순회 강연단을 통해 기층 당원들과 연계를 유지했다. 국회의원들로 구성된 브레인트러스트는 1954년까지 영국 전역에서 150차례 강연을 개최했다. 1949~1955년에 〈트리뷴〉의 영업부장을 지낸 페기 더프는 다음과 같이 회상했다.

브레인트러스트의 50명 남짓 되는 의원들은 의회에서 집단적으로 행동하고 한때나마 주기적으로 모임을 갖고 … 베번파 운동의 최전선, 최상층, 1군 선수 구실을 했다. 그러나 의회 밖에서도 의원 후보나 의원 지망생들이 말하자면 2군 선수 구실을 했다.[24]

그러나 베번파의 영향력은 거기서 그치지 않았다. 그들은 지구당을 장악하고 있었다. 1920년대에 산업 현장에 기반이 있었던 공산당원들을 제외하면, 노동당 안에서 좌파는 항상 지구당에 집중돼 있었다. 지구당은 노동당의 다른 기구나 부문들과 다르다. 의원단은 선거 승리에 철저하게 종속돼 있고, 심지어 야당일 때조차 '수권 능력'을 입증해야 한다는 압력에 시달린다. 의원단은 자본주의 사회의 유력한 사상에 공공연하게 반대하는 경우가 거의 없다. 노조 관료들은 가끔 노동당 지도부에 맞서 저항할 때도 있지만, 그들은 자본과 노동 사이에서 중재하는 구

지지했다. 사실, 정상회담에서 노동당이 이든이나 맥밀런보다 더 나은 성과를 거두기는 힘들다. 그리고 보수당 집권기에 정상회담 분야에서 보수당이 노동당보다 훨씬 더 유리했던 것도 사실이다. 이든은 1955년 선거운동에서 자신이 미국을 설득해 소련과 회담하게 만들었다고 강조했다. 어떤 역사가는 미국이 기꺼이 소련과 협상한 것은 "영국 보수당의 총선 승리 필요성"과 직접 관련이 있었다고 주장했다.[23] — 지은이.

실을 하기 때문에 그들의 저항은 배를 너무 많이 흔들지 않는 수준으로 제한된다. 노동조합이 노동당의 대중적 기반이지만 노동조합과 노동당의 연계는 매우 미약하다. 노동조합은 5년마다 실시되는 선거를 통해 노동당과 연계하거나 노조 관료들을 통해서 간접적으로 연계할 뿐이다.

반면에, 지구당은 선거의 필요에 완전히 종속되지도 않고 노조 관료들처럼 중재자 구실을 하지도 않는다. 지구당은 자발적 집단이다. 그들은 열렬한 개혁주의자들이어서 마냥 수동적이지만은 않다(심지어 아주 능동적일 때도 있다). 그러나 모순적이게도, 지구당은 노동당에서 가장 무기력한 집단이다. 그리고 그것이 결코 우연은 아니다.

어떤 점에서, 베번파의 불행한 운명은 지구당의 무능력을 분명히 보여준다. 어쨌든, 노동당의 지구당 당원 수는 1952년에 가장 많았다.

노동당 당원 수(노동조합 소속 당원은 제외)[25]

연도	당원 수
1901년	13,861(사회주의 단체와 소비자 협동조합* 소속 당원 포함)
1910년	31,377(사회주의 단체와 소비자 협동조합 소속 당원 포함)
1918년	52,720(사회주의 단체와 소비자 협동조합 소속 당원 포함)
1928년	214,970
1938년	428,826
1945년	487,097
1952년	1,014,524
1963년	830,346
1970년	680,656
1974년	691,888
1976년	659,058

---

* 소비자 협동조합 1917년에 사회주의 정당인 협동조합당을 창설한다.

나중의 수치들은 왜곡됐다. 특히, 1963년에 지구당은 당원 수가 적어도 1000명 이상이어야 한다는 규정이 도입된 이후로는 더욱 그렇다. 이 규약은 1979년 당대회에서 폐지됐다. 당시 당원 수는 28만 4000명으로 추산됐다.[26]

1952년 모어캠에서 열린 당대회에서 모리슨, 돌턴, 신웰은 지구당 부문 집행위원 선거에서 패배했다. 그 결과, 지구당 부문 집행위원 일곱 명 중 여섯 명이 베번파였다. 지구당 부문으로 출마한 게이츠컬의 득표수는 7위 당선자의 거의 절반에 불과했다. 〈트리뷴〉은 뛸 듯이 기뻐했다. 〈트리뷴〉 1면의 머리기사 "오! 아름다운 이 아침!"에서 마이클 풋은 이 집행위원 선거 결과가 "1951년 이후 영국 정치의 가장 중요한 변화"일 뿐 아니라 "내 기억으로" 1945년 이후 "가장 행복한 정치적 사건"이라며 축하했다.[27]

30년 뒤의 토니 벤 추종자들과 달리, 베번 지지자들은 우파 지도부에게 그다지 위협적 세력으로 보이지 않았다. 왜냐하면 베번파가 지구당에 기반이 있었지만 노조 상근 간부들의 다수는 베번파를 지지할 필요를 못 느꼈기 때문이다. 그러나 일부 노조 간부들, 예컨대 금속·철도·점원 노조와 일부 소규모 노조의 간부들은 베번을 지지했다.[28]

다른 노동당 지도자들과 마찬가지로 베번도 현장 노동자들의 투쟁과 연계가 없었다. 베번은 그런 투쟁에 거의 관심을 보이지 않았다. 딱 한 번 베번파가 현장 노동자 투쟁에 관여한 사례는 1954년 '청색 노조'로 알려진 전국항만하역노조와 '백색 노조'로 알려진 운수일반노조 사이에 분쟁이 벌어졌을 때였다.* 〈트리뷴〉은 청색 노조와 항만 노동자들의

---

* 운수일반노조(조합원 신분증이 흰색)의 일부 전투적 노동자들이 운수일반노조를 탈퇴해 전국항만하역노조(조합원 신분증이 청색)에 가입하자, 운수일반노조 관료들은 항만

노조 선택권을 지지했다. 이것은 주로 아서 디킨에 대한 베번파의 거부감에서 비롯했다. 베번파는 운수일반노조의 위력을 이용해 노동당 좌파를 찌그러뜨린 디킨을 증오하고 있었다. 항만노조 분쟁의 부수적 결과로 〈트리뷴〉은 잠시나마 다른 노동자들의 투쟁도 신문에 반영하고 1년 남짓 동안 산업 현장의 통신원도 가동했다.

노동계급 속에 깊이 뿌리내리지 않았고 사상도 모호했던 베번파는 매우 느슨한 조직이었다. 사실상 조직이라고 말하기도 힘들었다. 크로스먼은 다음과 같이 썼다.

- 1951년 12월 5일: 다른 노동당원들과 미국은 베번 좌파 운동과 베번파가 매우 중요하고 잘 조직된 음모가 집단이라고 여기는 듯하다. 그러나 베번파에 몸담고 있는 우리는 우리가 조직돼 있지 않다는 것을 알고 있다. … 우리는 응집력 있는 조직 건설 계획조차 마련하지 못했다.
- 1951년 12월 17일: 따라서 나이 베번은 음모가 집단의 위대한 전략가나 조직가가 아니라 개인주의자다. 그리고 그는 특별히 쾌활한 회원일 뿐 결코 그룹을 지도하지 않는다.[29]

제니 리는 다음과 같이 논평했다. "이른바 베번파가 오합지졸에 불과하다는 사실은 누구나 분명히 알 수 있었다. 사실, '당내의 당'을 성공적으로 조직한 것은 우파였다."[30]

노동당 좌파들은 우파만큼 효과적으로 조직하지 못한다. 그들은 노동당 당원이 먼저이고 주요 기구에 압력을 넣는 급진파는 나중이라고 생각

사용자들과 협정을 체결해 운수일반노조 조합원들만 채용되게 만들었고, 이 때문에 운수일반노조와 전국항만하역노조 사이에 분쟁이 벌어졌다.

한다. 노동당 안에서 한동안 자체 조직을 유지할 수 있는 노동당 입당파들과 달리 노동당 좌파들은 '당내 당'이 될 수 없다. 그들은 우파처럼 공세를 취하면 오히려 좌파 마녀사냥만 강화하는 역효과를 낸다며 우파의 방식을 따라하기를 두려워한다. 그러나 우파들은 개인적으로는 맥도널드 같은 저명인사들이 당에서 쫓겨나거나 심각한 반성도 하지만, 우파 전체는 결코 그러지 않는다.

베번 좌파 운동의 와해

운수일반노조 사무총장 아서 디킨, 광원노조 위원장 윌리엄 로더 경, 지방자치단체일반노조 사무총장 톰 윌리엄슨 경 같은 우파 노조 지도자들은 노동당 당대회에서 베번 좌파 운동을 좌절시켰다. 베번파 집행위원 6명은 27명의 집행위원 가운데 소수였고, 의원단에서도 베번파는 4분의 1에 불과했다. 그리고 좌파가 우파에게 꼬투리를 잡히지 않으려고 조심했는데도, 우파는 어렵지 않게 마녀사냥의 핑곗거리를 찾아낼 수 있었다.*

좌파에게 닥친 위험은 1955년 3월 3일 드러났다. 의회에서 베번은 재래식 무기의 공격에 맞서 수소폭탄을 사용하겠다는 보수당 정부의 주장을 노동당 지도부가 지지할 것인지 말 것인지를 둘러싸고 애틀리에게

---

* 그 공격을 주도한 사람이 윌리엄 로더 경이라는 사실은 아이러니였다. 30년 전 기사 작위가 없을 당시 윌 로더는 공산당원들을 방어했기 때문이다. 그런 그가 1953년에는 〈데일리 텔레그래프〉에 다음과 같이 썼다. "베번파의 활동은 지도부를 무너뜨리려는 고의적인 노력이라는 점에서 히틀러나 공산당과 마찬가지라는 것이 노동조합의 견해다. 그들 사이에는 아무 차이가 없다."[31] — 지은이.

도전했다. 베번은 61명의 의원들을 설득해 노동당 수정안에 대한 표결에 기권하도록 만들었다. 이튿날 예비내각은 베번의 원내 대표직을 박탈하라고 의원단에 권고했다. 이 문제가 집행위원회로 넘어오면 베번이 당에서 쫓겨나리라는 것은 불을 보듯 뻔했다.

베번에게는 다행스럽게도, 모든 의원들이 그런 극단적 조처를 지지한 것은 아니었다. 베번의 원내 대표직 박탈은 141 대 112로 통과됐지만, 그 정도의 근소한 승리로는 베번을 확실히 찌그러뜨릴 수 없었다. 그렇지만 경고 자체는 분명했기 때문에, 베번은 그 경고를 심각하게 받아들일 수밖에 없었다.

1955년 12월 게이츠컬이 당 대표직을 계승하자, 베번은 이제 반대파 활동을 중단할 때가 왔다고 생각했다. 그는 효과적으로 활동하려면 당 지도부에 포함돼야 한다고 생각했다. 게이츠컬에게 도전하지 않겠다고 분명히 밝힌 덕분에 베번은 예비내각의 외무부 장관이 될 수 있었다.

1956년의 수에즈 전쟁은 베번이 충성심을 입증할 수 있는 기회였다. 그때까지 수에즈운하는 영국과 프랑스가 공동으로 지배하고 있었다. 그것은 수에즈운하가 인도와 대영제국을 연결하는 결정적 고리였던 시절의 유산이었다. 이집트 대통령 나세르가 수에즈운하를 국유화하자 영국과 프랑스는 이스라엘과 손잡고 군대를 보내 수에즈운하 지역을 점령했다. 뜻밖에도 노동당은 이런 개입에 반대하며 트래펄가광장에서 '전쟁이 아니라 [국제]법으로' [해결하라고 요구하는] 대규모 시위를 조직했다. 그러나 좌파의 약점과 혼란은 금세 드러났다. 게이츠컬이 나세르를 히틀러와 무솔리니에 비유하자, 베번은 수에즈운하 국유화가 강도 행위라는 데 동의하며 다음과 같이 말했다. "한밤중에 경찰과 군대를 보내 남의 재산을 탈취하는 것이 국유화라면, 알리바바도 그따위 거짓말을 늘어놓을 것입니다."[32]

비록 베번은 영국과 프랑스의 이집트 침략이 "나토 해체와 유엔 붕괴"를 부를 잘못된 행위라고 생각했지만, 〈이코노미스트〉는 베번의 트래펄가광장 연설을 극구 칭찬했다. "어나이린 베번 씨 — 이제 온건한 목소리를 내기 위해 열심히 노력하고 있는 새로운 베번 씨 — 는 분위기를 파악하고, 정말로 탁월한 연설을 했다."[33]

1957년 브라이튼 당대회에서 베번은 게이츠컬과 화해했음을 입증할 새로운 기회를 얻었다. 집행위원회가 제출한 새 문서 《산업과 사회》는 철저하게 수정주의에 입각한 문서였다. 철강과 도로운송 산업의 불가피한 국유화를 제외하면, 《산업과 사회》가 국유화를 제안한 산업은 하나도 없었다. 단지 국가가 대기업의 지분을 매입해야 한다는 제안뿐이었다. 많은 노동당원들은 그렇게 해서는 결코 공공 소유를 확대할 수 없고 오히려 "미래의 노동당 정부를 자본주의 체제의 인질로 만들" 뿐이라고 생각했다.[34]

철도노조는 《산업과 사회》에 반대하며 "모든 기간산업과 생산수단의 공공 소유에 대한 신념"을 다시 확인했다.[35] 심지어 모리슨조차 《산업과 사회》가 "국유화에 대해 약간 편견을 갖고 있는 것 같다"고 불평하며, 《산업과 사회》를 부결시키라고 호소했다.[36] 신웰도 "우리가 이 문서를 승인하면 … 〈데일리 헤럴드〉는 더는 노동당의 신문이 아니라 〈파이낸셜 타임스〉가 되고 말 것"이라며 부결을 촉구했다.[37] 베번의 부인인 제니 리도 《산업과 사회》가 "지나치게 분홍색이고, 지나치게 청색이고, 지나치게 황색"이라고 비난했다.[38] 그러나 연단에 앉은 베번은 꿈쩍도 하지 않았다. 《산업과 사회》를 발의한 사람은 베번파인 해럴드 윌슨이었고, 집행위원회를 대신해 문서의 내용을 요약하고 설명한 사람은 휴 게이츠컬이었다. 《산업과 사회》는 압도 다수의 찬성으로 통과됐다.

그러나 베번이 우파를 가장 많이 도와 준 사례는 수소폭탄 논쟁에서였다. 수소폭탄에 대한 결의안은 영국 정부가 다음과 같은 조처들을 취해야 한다고 요구했다.

수소폭탄 실험 종결.
핵무기와 재래식 파괴 수단의 금지, 국제적 통제와 감시.
점진적 무장해제와 유엔의 적절한 감독.[39]

집행위원회를 대표해 베번은 결의안에 반대했다. 베번은 결의안이 통과되면 차기 외무부 장관이 "벌거벗은 채 회의장에 들어가 … 설교를 하는" 것과 마찬가지 상황이 벌어질 것이라고 말했다. "여러분은 그런 것이 정치적 수완이라고 생각하십니까? 제가 보기에 그것은 감정적 발작일 뿐입니다."[40] 베번의 옛 추종자들은 경악했지만 잠시 침묵을 지켰다. 그러나 베번의 발언은 그들이 참을 수 있는 한계를 뛰어넘었다. 이제 그들은 베번을 격렬하게 비난했다. "부끄러운 줄 아시오!", "말도 안 돼!", "집어치워라!" 등의 야유가 터져 나왔다. 한 대의원은 베번을 향해 "당신은 우리를 배신했어!" 하고 외쳤다. 베번은 보란 듯이 게이츠컬의 손을 꼭 잡고 서 있었다. 〈데일리 텔레그래프〉는 기뻐하며 "베번, 베빈이 되다" 하고 보도했다. 〈뉴 스테이츠먼〉은 "베번 좌파 운동의 종말"이라는 기사에서 다음과 같이 썼다.

브라이튼 당대회 이후 사람들은 베번이 자신을 너무 헐값에 팔아넘긴 것 아니냐고 질문한다. [노동당의] 단결은 전적으로 게이츠컬 씨가 원하는 조건에 따라 이뤄졌고, 베번 씨는 무조건 항복했다. … 베번은 전에 자신이 반대했던 사람들의 포로가 돼서 벌거벗은 채로 각료실에 들어가게 됐다.[41]

베번의 행동에 대한 마이클 풋의 설명은 베번과 풋의 정책을 잘 보여 준다. 풋은 "베번은 왜 그렇게 **행동했는가?**" 하고 물은 뒤 다음과 같이 대답한다.

당에 대한 고려가 베번의 행동에 영향을 미친 것은 사실이다. 왜 아니겠는가? … 그는 자신이 연설을 거부하면 분열이 일어날 수 있음을 그 어느 때보다 분명히 알고 있었다. 그는 자신의 발밑에서 틈이 벌어지는 것을 봤고, 시간이 흐르면 과거의 전투들이 되풀이될 것이라고 생각했다. 그렇게 되면 노동당의 재집권 가능성도 사라질 것이다. 베번은 반대파가 — 아마 역사도 — 자신이 그런 파국을 예상하면서도 자신의 양심과 동료들의 심리적 만족을 위해 파국을 선택했다고 비난할 것임을 알았다. 그는 자신과 베번파가 다시 광야로 쫓겨나 언제까지나 그곳에서 지내야 하는 상황을 생각했다. 그는 온갖 비난을 받으면서도 광야에서 메뚜기와 야생 꿀을 먹고살다가 순교자가 되고 싶은 생각은 추호도 없었다. 그의 관심사는 권력을 잡아 위대한 목표를 이루는 것이었다.[42]

1957년 당대회 후 베번의 미국 여행에 대해 제니 리는 다음과 같이 썼다.

베번은 영국뿐 아니라 미국 언론계에도 널리 퍼진 자신의 도깨비 이미지를 불식시킬 수 있었다. 나중에 아들라이 스티븐슨은* 베번에게 다음과 같은 편지를 보냈다. "당신의 미국 방문은 대성공이었습니다. 워싱턴에도 많은 도움이 됐을 것입니다." 베번의 강연회에 참석한 주요 경제 단체들이 베

---

* 아들라이 스티븐슨 1952년과 1956년에 미국 대통령 선거에 출마한 민주당 정치인.

번에게 보낸 감사 편지들은 의례적 인사치레를 넘는 것들이었다.[43]

좌파 지도자 어나이린 베번은 철저하게 몰락했다. 그는 오랜 정치적 여정을 그렇게 마감했다. 베번은 제1차세계대전 전에 《광원들의 다음 과제》를 지지하는 신디컬리스트로 활동을 시작했다. 그러나 베번 자신의 설명에 따르면, 1920년대의 패배를 경험한 뒤 새로운 방향으로 나아갔다.

광원들의 패배는 한 시대의 종말이었다. 그 뒤 시계추는 정치 행동으로 급격하게 이동했다. 우리는 산업 투쟁 현장에서 잃어버린 것을 의회에서 되찾아야 한다고 생각했다.[44]

노동계급이 직접 사회를 변혁할 수 있다는 믿음을 잃어버린 베번은 그 뒤 평생 동안 국가기구를 통한 사회변혁을 추구했다.

나이가 들었을 때 나는 스스로 이렇게 다짐했다. "내가 있어야 할 곳은 의회다. 그곳에 권력이 있기 때문이다." 그래서 나는 매우 열심히 일했고 … 의회에 들어갔다. 그러나 전에 권력이 있는 줄 알고 들어간 그곳에 권력이 없음을 깨달았다. 그래서 나는 사회문제를 공부하는 진지한 학생이 돼 몇 가지를 조사했다. 그리고 권력이 지방의회로 빠져나갔음을 알게 됐다. 이미 권력은 지방의회에 있었던 것이다. 그래서 나는 다시 열심히 일했고 지방의회에 들어갔다. 그러나 권력은 그곳에서도 빠져나가고 없었다.[45]

베번은 내각에도 들어갔지만, 권력이 여전히 다른 곳에 있음을 깨달았다. 권력은 기업의 이사회나 장교들의 클럽에 있었던 것이다. 언젠가 베번은 의회를 "가장 무서운 무기"라고 묘사한 적이 있다. 그 말은 사실임이 드러났다. 슬프게도 여러 세대의 사회주의자들을 분쇄했다는 의미에서 무서운 무기였다.

당헌 4조에 대한 공격

1955년 총선에서 노동당의 득표는 4년 전보다 150만 표 감소한 반면, 보수당은 겨우 40만 표 감소했다. 평화적 시기에 정부가 정상 임기를 마친 뒤 의석수를 늘려 재집권한 것은 90년 만에 처음이었다. 보수당의 의석수는 총선 전의 319석에서 345석으로 늘었다. 반면에 노동당 의석수는 293석에서 277석으로 줄었다.

1959년의 총선 결과는 훨씬 더 나빴다. 노동당은 19만 표가 더 감소한 반면, 보수당은 오히려 44만 8000표가 증가했다. 집권 여당과의 의석수 격차는 훨씬 더 커졌다. 보수당은 366석, 노동당은 258석이었다.

이 치욕스러운 세 차례 연속 패배로 노동당은 충격에 빠졌다. 가장 유명한 수정주의자들 가운데 한 명인 더글러스 제이는 다음과 같이 썼다. "부유한 임금 생활자들과 수많은 봉급쟁이들은 노동당이 이제 다른 계급과 한패가 됐다고 생각한다. … 우리는 이제 더는 존재하지 않는 계급의 꼬리표를 단 채 투쟁할 위험에 처해 있다." 그리고 그는 '국유화'라는 말이 이제 부담이 됐다며, "우리는 이 신화를 과감하게 분쇄해야 한다. 그러지 않으면 선거에서 결코 승리하지 못할 것"이라고 주장했다. 당명도 '노동급진당'이나 '노동개혁당'으로 바꿔야 한다고 주장했다.[46]

당 전체의 사기가 떨어졌다. 당의 쇠퇴는 피할 수 없는 것 같았다. 한 역사가는 다음과 같이 기억한다.

1959~1961년의 분위기를 지금 정확히 가늠하기는 어렵다. 그때는 노동당이 이대로 가다가는 결코 총선에서 승리하지 못할 것이라고 주장하는 정치 평론가들이 너무 많았다. … 매킨토시 교수는 1961년에 쓴 책에서 이렇게 주장했다. "결론은 노동당의 재집권 가능성이 희박하고 한동안 보수당이 계속 집권할 가능성이 농후하다는 것이다."[47]*

1959년 선거 패배 후 게이츠컬은 당의 정책을 과감하게 바꾸기로 결심했다. 블랙풀에서 이틀 동안 열린 선거 평가 회의에서 그는 강경한 수정주의 주장을 내놨다. 게이츠컬은 노동당의 패배를 선거운동 탓으로 돌릴 수는 없다고 주장했다.

이렇게 불리한 흐름의 원인은 무엇입니까? … 첫째, 노동자들의 구성이 변하고 있습니다. 광원들은 줄고 금속 노동자들은 늘고, 농장 노동자들은 줄고 점원들은 늘고, 육체노동자들은 줄고 사무직 노동자들은 늘고, 철도원들은 줄고 연구원들은 늘고 있습니다. …
두 번째 전반적 변화는 심각한 실업이나 실업에 대한 두려움이 존재하지 않는 것입니다.
제가 보기에 자본주의는 눈에 띄게 변했고, 그 변화는 대체로 우리 자신이 노력한 결과입니다.

---

* 똑같은 평론가들이 1966년 선거에서 노동당이 승리하자 노동당은 타고난 '다수당'이며 앞으로 한 세대 동안 계속 집권할 것이라고 주장했다. 그들이 제시한 근거 가운데 가장 재미있는 것은 노동당을 지지한 노동계급의 출생률이 보수당 지지자들의 출생률보다 높은 반면, 사망률은 보수당 지지자들이 노동당 지지자들보다 더 높다는 사실이었다.[48]
  — 지은이.

당은 순수한 계급정당을 고수하는 교조적 태도를 버리고 현대화를 통해 거듭나야 한다는 것이다. "우리의 목표는 우리의 기반을 넓히는 것이어야 합니다. … 우리는 이 시대 사회생활의 주된 흐름과 담을 쌓은 채 소규모의 고립된 교조적 광신도 무리로 전락해서는 안 됩니다."

무엇보다도 당이 표를 잃은 것은 공공 소유에 집착했기 때문이라고 게이츠컬은 주장했다. 게이츠컬은 "생산·분배·교환 수단의 공동소유"를 옹호하는 당헌 4조가 문제의 근원이라고 봤다.

우리의 목표가 100퍼센트 국가 소유는 아니기 [때문에 — 지은이] … 우리는 이런 근본 문제들에 대한 태도를 분명히 해야 하고 오늘날 우리의 요구를 가장 단순하고 이해하기 쉽게 표현해야 합니다. 지금까지 그런 노력을 구체화한 공식 문서는 40여 년 전에 작성된 당헌뿐입니다. 저는 우리가 최근 상황에 맞게 당헌을 고쳐야 한다고 생각합니다.

게이츠컬의 발언이 계속되는 동안 당대회장은 조용했다. 그러나 다음과 같은 말이 끝날 무렵 반대의 목소리가 나오기 시작했다.

[당헌 4조는 — 지은이] 결코 적절한 조항이라고 할 수 없습니다. … 당헌 4조에 따르면 우리의 명확한 목표는 국유화뿐인 듯하지만, 사실 우리에게는 다른 많은 사회주의적 목표들도 있습니다. 당헌 4조에 따르면 우리는 모든 것을 국유화해야 할 것 같지만, 우리가 정말 그래야 합니까? 모든 경공업, 모든 농업, 모든 상점, 모든 술집과 카센터, 이 모든 것을 국유화해야 합니까? 물론 아닙니다. 우리가 잘 알다시피, 이미 오래전에 우리는 적어도 모종의 혼합경제를 받아들였습니다. … 우리가 거짓말을 늘어놓을 것이 아니라 진실을 솔직하게 고백하는 게 낫지 않겠습니까?

당헌 4조를 공격한 게이츠컬에게 분노가 쏟아졌다. 분노를 가라앉히는 일은 베번의 몫이 됐다. 그는 당내의 다양한 경향들을 단결시킬 공식을 만들어 내려 애썼다. 베번은 휴 게이츠컬과 당대회 의장인 바버라 캐슬이 모두 자신이 말한 경제의 관제고지를 인용했다고 지적했다.

유클리드의 기하학이 옳다면, 그들[게이츠컬과 캐슬]은 모두 나와 같고, 따라서 둘도 서로 같습니다. … 저는 바버라의 견해에 동의하고, 휴의 견해에 동의하고, 저 자신의 견해에 동의합니다. … 저는 사회주의자입니다. 공공 소유는 제 신념입니다. 그러나 저는 어제 휴 게이츠컬의 견해에 동의했습니다. … 저는 공공 소유가 모든 경제활동에 예외 없이 적용돼야 한다고 생각하지 않습니다. 그랬다가는 획일적 사회가 되고 말 것이기 때문입니다.[49]

사실, 게이츠컬이 당헌 4조를 공격한 것은 노동당의 계급성을 공격한 것과 마찬가지였다. 1918년에 당헌 4조는 임박한 혁명을 저지하기 위해 등장했다. 1959년에 당헌 4조는 노동당이 최소한의 반자본주의 태도를 고수한다는 상징으로 살아남았다.

게이츠컬의 공격은 그의 당 대표 선출을 지원한 노조 상근 간부들이 보기에도 너무 심한 것이었다. 그들은 지구당의 좌파들이나 상당수의 의원단과 함께 당헌 4조를 옹호했다. 드러커는 그 이유를 다음과 같이 설명한다.

당헌 4조가 유지되는 한, 보수당은 노동당의 성과나 요구를 고스란히 받아들일 수 없을 것이다. 보수당 정부가 국가보건서비스를 받아들일 수는 있다. 그리고 경제 호황기에는 강력한 노동조합도 용인할 수 있을 것이다. 그러나 "생산·분배·교환 수단의 공동소유"를 받아들일 수는 없을 것이다. 따라서 당헌 4조의 존속은 노동당이 자신의 과거와 당의 창립자들이 원했던 바 — 노동 지지, 자본 반대 — 에 충실한다는 뜻이었다.[50]

노동당은 개혁주의 정당이지 반동적 정당이 아니다. 노동당의 좌경화에도 명백한 한계가 있었지만, 논쟁이 보여 주듯이, 우경화에도 한계가 있었다. 그런데 게이츠컬은 너무 멀리 나아갔다.

당헌 4조는 강력한 상징이었다. 거의 모든 노동당원들이 당의 미사여구를 소중하게 생각했다. 노동당의 역사 전체가 급진적 외피를 두른 온건한 정책들의 역사다. 전통주의자들은 게이츠컬이 당헌 4조에 대해 제기한 주장이 그럴 만한 가치가 있는 주장이라고 생각하지 않았다. 그들은 게이츠컬의 문제 제기가 공동소유를 확대하기 원하는지 아닌지에 대한 것이라고 착각했다. 그들은 노동당을 지배하는 모호함을 좋아했다. 에두아르트 아우어가 에두아르트 베른슈타인에게 한 말을 되풀이하자면, "사람들은 이런 것을 굳이 말로 하지 않고 그냥 실천에 옮긴다."

당헌 4조를 둘러싼 투쟁은 허깨비와 벌이는 싸움이었다. 투쟁 결과와 무관하게 노동당은 혼합경제 정책을 계속 추진했을 것이다.

노동당과 핵무기철폐운동: 사회주의로 가는 결정적 길?

핵무기철폐운동CND은 1950년대 거대 열강들의 정상회담 실패에 대한 실망에서 비롯했다. 1956년의 헝가리 민중 항쟁과 수에즈 전쟁은 핵무기철폐운동의 성장을 촉진했다. 정치가 한낱 단조로운 합의에 불과한 것처럼 보이고, 사람들이 "이데올로기의 종언"을 운운하고, 게이츠컬과 우파의 주도로 베번 좌파 운동이 붕괴할 때, 핵무기철폐운동의 성장은 좌파 사이에서 엄청난 반향을 불러일으켰다.

좌파는 핵무기철폐운동이 주최한 1960년 부활절 시위에 10만 명이 참가한 것을 보고 열광했다. 그해 말 스카버러에서 열린 노동당 당대회장 밖에는 큰 기대를 품은 핵무기철폐운동 지지자 1만 명이 모여들었다. 열렬한 핵무기철폐운동 지지자인 프랭크 커즌스가 운수일반노조 사무총장으로 선출된 것도 당대회에 참가한 일방적 핵 폐기 지지자들을 매우 고무했다. 당대회에서는 "영국에서 핵무기 실험·제조·비축·기지의 일방적 폐기"를 요구하는 결의안이 330만 3000표 대 289만 6000표로 통과됐다. 운수일반노조, 금속노조, 철도노조, 상업유통노조, 전력노조가 결의안에 찬성했다. 이것은 제1차 핵무기철폐운동의 절정이었다.

게이츠컬이 "우리 중에 일부는 … 우리가 사랑하는 당을 구하기 위해 싸우고, 싸우고, 또 싸울 것"이라고 도발적 연설을 하며 공격적 반응을 보인 것도 별로 문제가 되지 않는 것 같았다. 카드투표 결과는 무려 300만 명이 핵무기 철폐를 지지한다는 것을 보여 줬다! 그러나 좌파는 또다시 당대회 결정을 정치적 현실로 착각했다. 그들은 기뻐하며 서로 축하했지만 근본적 약점을 놓치고 있었다. 당대회 결정 사항은 노동자들의 일상적인 먹고사는 문제들과 전혀 연결되지 않았다. 《인터내셔널 소셜리즘》 1960~1961년 겨울호 사설은 다음과 같이 지적했다.

우리의 가장 강력한 무기는 방위 문제를 일상생활의 문제들과 연결시키는 것이다. 일상생활의 문제들에서 노동자들은 확고부동한 신념을 영웅적으로 보여 줬다. … 분명한 것은 거액의 핵무기 외교 문제를 소액의 계급투쟁과 연결시켜야 좌파가 전진할 수 있다는 것이다.

여기서 좌파의 가장 큰 약점이 드러날 수 있다. 좌파 지도부의 전력을 감안하면, 그들이 말이 아니라 행동으로 조직하거나 기업주와 핵무기 사이의 연관을 꿰뚫어 볼 것 같지는 않다. 오히려 지금까지도 그들은 게이츠컬 파의 기본 전제, 즉 방위는 계급 문제가 아니라 국민적 문제라는 주장에서 벗어나지 못하고 있다.[51]

노동당 당대회에서 일방적 핵 폐기 결의안이 통과된 것은 아주 좋은 일이었다. 이로써 핵무기철폐운동의 요구를 더 강력하게 제기할 수 있는 기회가 생겼기 때문이다. 그러나 이런 성과를 유지하고 더욱 발전시키기 위해서는 노동당 당대회 표결의 한계를 분명히 이해할 필요가 있었다. 안타깝게도, 노동당 좌파는 블록투표의 산수를 너무 중요하게 여겼다. 블록투표 결과가 마치 현장 노동자 다수의 견해를 반영하거나 다수의 견해인 양 생각했다. 이런 생각은 두 가지 점에서 틀렸다. 여론조사 결과를 보면, 노동조합원의 겨우 16퍼센트만이 일방적 핵 폐기를 지지했고 노동당 지지자들 가운데 일방적 핵 폐기 지지자는 24퍼센트를 넘지 않았다.[52]

그런데도 왜 노조 지도자들은 1960년에 일방적 핵 폐기에 찬성표를 던졌을까? 주된 이유는 게이츠컬이 그들에게 가장 신성한 것, 즉 당헌 4조를 모욕한 것에 항의하기 위해서였다. 이렇게 전혀 다른 문제 때문에 화가 난 노조 관료들이 다른 쟁점에서 노동당 지도부의 발목을 잡는 경우는 왕왕 있는 일이다.

그러나 노조 지도자들은 당 지도부의 계획 전체를 망치고 싶은 생각은 전혀 없었다. 그들은 일방적 핵 폐기의 함의와 좌파의 환호를 보고 경악했다. 당대회 직후 주요 노조 지도자들은 게이츠컬을 중심으로 똘똘 뭉쳤다. 이듬해 노동당 당대회에서 일방적 핵 폐기 결의안은 452만 6000표 대 175만 6000표의 압도적 차이로 부결됐다.

기층 당원들이 대체로 일방적 핵 폐기를 지지하지 않은 사실이 관료들의 태도 변화에 한몫했다. 게다가 좌파 지도자들의 비겁한 행동도 한몫 거들었다. 스카버러 당대회 직후 바버라 캐슬은 "정책 때문이 아니라 표현을 둘러싼 혼란" 때문에 다툼이 벌어진 것이라고 주장했다.[53] 1961년 2월에 〈뉴 스테이츠먼〉은 타협을 주창하고 나섰다.[54] 같은 달에 주요 핵무기철폐운동 지지자들은 문제를 얼버무리고 후퇴를 준비하는 자료들을 대거 배포했다.

핵무기철폐운동 지도자들의 계획은 한 걸음씩 단계적으로 전진하는 것이었다. 먼저 노동당 당대회가 일방적 핵 폐기 방안을 채택해야 한다. 그런 다음 노동당이 총선에서 승리하면 마침내 목적을 달성하게 될 것이다. 1961년 블랙풀 당대회 결과로 핵무기철폐운동은 타격을 입었고, 많은 노동당 의원들은 핵무기를 철폐시키는 운동에서 발을 뺐다. 1963년 8월 〈트리뷴〉은 수소폭탄 반대를 명시한 1면의 구호를 삭제했다.

1960년 명목상의 승리와 재빠른 전세 역전은 혼란을 낳았다. 좌파는 심각한 어려움에 처했다. 크로스먼의 1960년 11월 23일 일기는 당시 상황을 다음과 같이 묘사했다. "우리는 모두 … 뿔뿔이 흩어지고 혼란에 빠져서 일관된 정책도 없이 개인적 동기에 따라 움직였다."[55]

개혁의 무대가 바뀌다

1951~1964년은 노동당 역사에서 불만스럽고 실속 없는 시기였다. 그 이유는 여러 가지다. 노동당은 집권하기 위해 존재한다. 그리고 야당으로 지내는 시기가 길어지면 논쟁과 결정에 비현실적 분위기가 스며든다. 그러나 다른 이유도 있었다. 노동계급의 관심이 대체로 다른 데 쏠려 있었다. 의회 개혁주의자들은 노동계급이 5년에 한 번씩 분발하면 된다고

생각할지 모르지만, 계급투쟁은 날마다 벌어진다. 심지어 경제 호황기에도 새로운 고지를 점령하기 위한 투쟁이나 오래된 참호를 방어하기 위한 투쟁이 공공연하게 또는 은밀하게 계속 벌어졌다.

당시 노동자들의 생활수준 향상을 위한 투쟁은 실질적 성과를 쟁취했다. 그러나 그런 투쟁의 중심은 의회가 아니라 작업장이었다. 로저 콕스는 당시 상황을 다음과 같이 묘사한다.

전후 장기 호황 덕분에 많은 노동자들이 자가용을 몰고 다닐 수 있었다. … 특히 금속 산업의 노동자들이 그랬다. 금속 노동자들은 전후 경제에 꼭 필요한 존재였다. 사용자들은 노동자들이 원하는 것을 거의 모두 들어주려 했고, 노동자들도 그 사실을 알고 있었다.[56]

역대 노동당 정부는 항상 자신들이 자본가계급에게 도전할 만큼 강력하지 못하다고 생각했다. 심지어 노동당이 의회의 압도 다수일 때조차 그랬다. 그러나 노동자들에게는 그럴 수 있는 집단적 힘이 있었고, 1950년대와 1960년대에 노동자들은 공장에서나마 그 힘을 사용했다.

노동자 투사들이 1930년대에 자신들을 모욕하고 무시했던 사용자를 가차 없이 응징한 경우가 수십 건도 넘었다.

노동자들은 누가 과연 현장 주임을 괴롭혀 신경쇠약에 걸리게 만들지, 또는 적어도 공장에서 쫓아낼 수 있을지 서로 내기를 하기도 했다. … 경영진은 정말로 조심해야 했다. 그들은 생산에 차질이 없기만을 바랐다.

현장의 투쟁 덕분에 임금이 오르고 노동조건이 개선됐다. 노동자들이 대리인에게 의존하지 않고 자주적 활동을 통해 얻은 자신감도 높아졌다.

그래서 노조 관료들의 통제력이 매우 약해졌다.

상근 관료들의 구실은 완전히 달랐다. 그들이 전에 실제로 했던 일은 현장 노동자들의 어려움을 덜어 주는 것뿐이었다. 예를 들어 파업을 망친 투사들은 노조 상근 간부들에게 파업을 잘 마무리해 달라고 요청할 것이다. 그러나 상황이 순조로운 동안에는 [노조 상근 간부들이 — 지은이] 아무런 구실도 하지 않을 것이다. 그런 상황에서 그들은 별 의미가 없었다.

집단적 조직과 어느 정도 연계가 있는 노조 관료들이 그 정도였다면, 노동당은 일상적 투쟁에서 얼마나 의미가 없었겠는가!

현장의 이런 전투성은 비록 노동당의 개혁주의와는 사뭇 다른 것이었지만, 1950년대와 1960년대에 나타난 또 다른 종류의 개혁주의였고 '아래로부터' 개혁주의의 변형이었다. 당시 노동자들의 요구는 체제에 도전하지 않고도 수용됐다. 로저 콕스는 다음과 같이 썼다.

강력한 현장 조직을 건설하기는 매우 쉬웠지만 현장에서 사회주의 정치를 주장하는 것은 거의 불가능했다. … 노동자들은 자본주의 체제에서 많은 것을 얻어 내고 있었다. … 부문주의가 엄청나게 강력했다. 노동자들은 세계 다른 지역 사정은 말할 것도 없고 옆 동네, 심지어 옆 공장에서 일어난 일조차 중요하게 여기지 않는 듯했다.

신디컬리스트들처럼 가장 전투적인 아래로부터 개혁주의만으로도 사회주의를 쟁취할 수 있다는 생각은 아주 어리석은 생각일 것이다. 반면에, 그런 아래로부터 개혁주의와 노동당의 개혁주의를 동일시해서도 안 된다. 수세대의 훌륭한 사회주의자들이 노동당을 이용해 노동계급의 상

황을 개선하는 데 몰두해 왔다. 그들은 사막에 물을 뿌리는 것과 다름
없는 일을 해 왔다. 그 과정에서 자라난 것은 환상, 필요하다면 노동계급에
맞서서라도 자본주의를 옹호하는 조직에 대한 환상뿐이었다.

그리고 투쟁적인 노동자들은 노동계급의 집단적 조직, 특히 노동조합
지부나 현장위원 조직 같은 기층 수준에서 조직을 발전시키는 데도 많
은 힘을 쏟았다. 이런 노력은 대부분 개혁주의의 틀 안에 갇혀 버리고
말았다. 그렇지 않다는 주장은 자기기만일 것이다. 그러나 이런 노력들
은 헛되지 않았다. 꾸준한 성과가 있었다.

아래로부터 개혁주의는 세 가지 점에서 노동당의 개혁주의와 다르다.
첫째, 룩셈부르크가 말했듯이,

> [노동조합 투쟁을 통해 — 지은이] 노동자들은 노동시장의 상황에 따라 자신에게
> 적용될 임금의 비율을 유리하게 만들 수 있고, … 자본주의 임금 법칙의
> 적용을 받지만 경제 발전으로 [사회 전체의 부에서 노동자의 상대적 몫이] 감소하
> 는 효과를 마비시키거나 더 정확히 말하면 약화시킨다.[57]

둘째, 노동조합의 일상적 투쟁은 대체로 혁명적 투쟁이 아니지만, 부
분적으로 또는 일정한 시기 동안 자본주의의 유력한 사상에 진짜로 도
전할 수 있다. 반면에, 노동당은 항상 득표를 위해 자본주의의 유력한 사
상을 받아들인다.

마지막으로, 현장의 투쟁은 반드시 집단적 투쟁이고 노동계급의 힘은
현장에 있기 때문에 현장 투쟁은 자본주의에 맞선 노동자들의 조직적
저항력을 유지하고 발전시킨다. 노동당의 선거주의는 그런 기층의 저항
을 멀리한 채 사용자들의 국가를 지향한다.

아래로부터 개혁주의는 사회주의가 아니다. 그러나 노동계급의 집단

적 조직을 유지하는 데 꼭 필요한 과정이다. 룩셈부르크는 아래로부터 개혁주의를 시시포스의 노동에 비유했다. 그리스 신화에서 시시포스는 언덕 꼭대기까지 돌을 밀어 올리고 그 돌이 굴러 떨어지면 다시 그것을 밀어 올리는 일을 영원히 계속하는 벌을 받았다. 그렇지만 이런 아래로부터 개혁주의의 투쟁은 "꼭 필요한 것이다."

바야흐로 노동당의 태도와 현장 투쟁의 격차가 분명히 드러날 때가 왔다. 1964년에 해럴드 윌슨이 세 번째 노동당 정부의 총리가 되자, 노동당의 공세로 현장의 힘이 시험대에 오르게 된 것이다.

13장

1964~1970년의 윌슨 정부

수정주의의 승리: '과학 혁명'

1960년대 초에 영국 자본주의는 성장 속도가 느려지고 '가다-서다'도 잦아졌다. 경제는 악순환의 함정에 빠졌다. 국제수지 위기로 디플레이션이 발생했다. 투자가 삭감되거나 지연됐고, 자원은 사용되지 않거나 남아돌았다. 그래서 경제성장이 둔화하고, 국제수지 위기는 더한층 악화했다. 결국, 영국은 다른 경쟁국들보다 뒤처졌다.

자본가들은 성장도 해야 하지만 자기들끼리 경쟁도 해야 한다. 1951~1962년에 영국의 산업 생산이 40퍼센트 증가한 반면, 서독과 이탈리아는 250퍼센트 성장했고, 일본은 400퍼센트나 성장했다. 수출에서는 영국이 29퍼센트 증가한 반면, 프랑스는 86퍼센트, 독일은 247퍼센트, 이탈리아는 259퍼센트, 일본은 378퍼센트 증가했다. 영국의 국민소득이 처음으로 독일이나 프랑스보다 낮아졌다.

이제 수정주의는 새로운 형태를 띠게 됐다. 산뜻한 카페와 패션과 벽화는 사라졌고, 그와 함께 주요 사회 개혁과 부·소득의 재분배도 사라졌다. 국가가 민간 부문을 장려해 경제성장률을 높여야 한다는 것이 강조됐다. 이를 위해서는 노동당 정부가 나서서 공공 부문과 민간 부문의 협력을 끌어내야 했다.

1961년에 노동당 집행위원회는 《1960년대의 길잡이》라는 문서를 발행했다. 이 문서의 초안을 작성한 소위원회에는 수정주의자 두 명(게이 츠컬과 조지 브라운)과 옛 베번파 두 명(크로스먼과 윌슨)이 포함돼 있었다. 과거와 달리 《1960년대의 길잡이》에서 노동당은 보수당의 사기업 [중시] 철학이나 친기업 태도를 문제 삼거나 비판하지 않았다. 오히려 보수당의 진부함과 무능함, 케케묵은 태도를 비난했다. 《1960년대의 길잡이》가 제시한 노동당의 목표는 철강 재국유화를 제외하면 영국 경제의 역동성을 강화해야 한다는 것뿐이었다. "영국 기업의 이사회에서 쓸모없는 자들을 쫓아내고, 열정적이고 젊은 이사, 생산 기술자, 과학자에게 일을 맡기면" 문제가 다 해결될 것이라는 주장이었다.[1]

1963년 1월 18일 게이츠컬이 갑자기 사망한 뒤 당 대표가 된 윌슨은 노동당이 정치적 논점을 바꿔야 한다고 주장했다. "성장이 더디고 변덕스러운 영국 경제를 착실하게 성장시킬 수 있는 정당이 과연 보수당인가 노동당인가 하는 것으로 논점을 바꿔야 한다."[2]

윌슨은 마치 당헌 4조 논쟁이 없었다는 듯이 행동했다. 윌슨은 철저하게 실용적이었고, 그가 제시한 비전은 사회주의가 아니라 역동적 경영진이 주도하는 현대 자본주의의 활성화였다. 그는 다음 해 총선에서 노동당이 중간계급에게 집중적으로 호소하는 국민정당, 계급을 초월한 정당이 되도록 만들려고 했다.

윌슨의 핵심 주제는 보수당이 과학[을 이용해 경제를 발전시키는 데]에 실패했다는 것이었다. 1963년에 출판된 《노동당과 과학 혁명》에서 윌슨은 "과학자와 기술자를 위한 새로운 고등교육정책, 과학자를 위한 정부 직책 신설, 과학이 산업 발전에 기여하도록 정부가 후원하는 것, 이 세 가지가 경제 회복의 필수 요건"이라고 주장했다.

1963년 노동당 당대회에서 윌슨은 새로운 '혁명'을 강조했다. "우리는 사회주의를 과학에, 과학을 사회주의에 적용해야 합니다." 그러면 "[과학

— 지은이] 혁명의 백열白熱 속에서 새로운 영국이 탄생할 것입니다."[3]

《노동당과 과학 혁명》의 주요 저자들 가운데 한 명인 리처드 크로스먼이 다음과 같이 결론지은 것도 당연했다. "물론 진실은 [윌슨이 — 지은이] 사회주의를 수정하고 이것을 현대에 응용한 것이다. 게이츠컬과 크로스랜드도 그렇게 하려고 노력했다. 그러나 둘은 완전히 실패했고 윌슨은 성공했다."[4]

공상적 계획에서 대규모 디플레이션으로

앞서 말했듯이, 당시 영국의 성장률은 경쟁국들보다 훨씬 낮았다. 영국의 역대 정부는 성장률을 높이려고 거듭거듭 노력했다. 1954년에 재무부 장관 버틀러는 연평균 3.75퍼센트의 GDP 성장률을 장기 목표로 설정했다. 1961년에 또 다른 보수당 재무부 장관 셀윈 로이드는 목표를 4퍼센트로 높여 잡았다. 윌슨은 훨씬 더 급속한 성장을 원했다. 그의 만병통치약은 경제계획이었다. "포괄적인 국가 발전 계획으로 국민적 목표 의식의 역동성을 되살릴 수 있고, 그러면 전 세계에서 영국의 지위를 회복할 수 있을 것이다."[5]

1964년 노동당 선거 강령의 핵심은 13년 동안 형편없는 정책들로 '가다-서다'와 지지부진을 거듭한 "보수당의 실정失政"을 끝장내고 경제를 개혁하겠다는 것이었다. 그래서 총선 승리 직후 경제기획부가 설립됐다. 경제기획부 장관 조지 브라운은 1965년 9월 '국가계획'을 발표하며, 국가계획이 "영국 경제정책의 중대한 진전으로, 재계와 충분한 협의를 거쳐 마련된 것"이라고 주장했다.[6]

경제구조에서 민간 부문이 압도적이었기 때문에, 국가계획은 의무 사항이 아니라 참고 사항일 수밖에 없었다. 국가계획은 총체적 경제 전망에 따라 다양한 경제활동을 조정하려 했다.

국유화가 곧 사회주의는 아니다. 계획이 곧 사회주의인 것도 아니다. 자본주의 체제에서 생산은 필요를 위한 것이 아니라 이윤을 위한 것이다. 격렬한 경쟁은 시장의 무계획성과 주기적인 호황·불황으로 이어진다. 사회주의자들은 당연히 합리적인 생산·교환 계획을 사회주의 사회의 필수 요소로 여긴다. 계획 없는 사회주의는 불가능하다. 그러나 사회주의가 아니어도 계획은 가능하다. 오래전에 엥겔스는 자본주의 사회의 "개별 공장 안에서는 생산이" 합리적으로 "조직"되지만 "사회 전체에서는 생산이 무계획적"이라고 지적했다.[7]

노동당의 계획은 사회주의와 아무 관련이 없었다. 그것은 영국 자본의 경쟁력을 국가가 감독하고 지원하려는 것이었다. 이 전략이 성공할지 안 할지, 정부 기구가 자본주의의 무계획성을 제어할 수 있을지 없을지는 두고 봐야 할 일이었다.

국가계획은 기업체들과 무역 관련 단체들에 대한 설문 조사 결과를 바탕으로 작성됐다. 노동운동에 대해서는 설문 조사 같은 것도 전혀 하지 않았다. 심지어 노동당 의원단과 상의하지도 않았다. 노동당 의원들이 국가계획을 처음 논의한 것은 11월 3일 아침이었다. 그때는 국가계획이 발표된 지 6주가 지나고 의회가 다시 소집되기 직전이었다.

"재계에 문의한 내용은 1964년부터 1970년까지 국민경제를 25퍼센트 성장시키는 방안에 대해 어떻게 생각하느냐는 것이었다."[8] 영국의 생산이 빠르게 성장하지 못할 것이라거나 수출 실적이 시원찮을 것이라고 생각한 사람은 아무도 없었다. 따라서 국가계획에 사용된 기업주들의 계산은 그들이 달성할 것으로 기대한 예측치가 아니라 특정 상황이라면 달성할 수도 있는 가설의 진술이었을 뿐이다.

재계의 동의와 참여를 끌어내기 위해 정부는 채찍이 아니라 당근을 사용해야 했다. 재계를 압박해서는 재계의 동의와 참여를 끌어낼 수 없다는 것이 정부의 생각이었다. 따라서 국가계획은 대기업들의 영업 환경을 개선하고 그들을 설득하는 데 의존했다. 이것이 뜻하는 것은 기업, 특히 대기업에 금융 인센티브를 제공하는 것이었다. 그래서 이윤과 투자가 임금(과 소비)보다 더 빠르게 증대하도록 하겠다는 것이었다.

이런 목표를 분명하게 표현한 말이 "국가계획의 핵심은 투자"라는 것이었다.[9] 제조업 부문의 고정 투자는 1960~1964년에 연평균 2.4퍼센트씩 증가했다. 1961년 보수당 정부의 계획은 제조업 고정 투자를 1961~1966년에 연평균 4퍼센트로 끌어올리는 것이었다. 그러나 조지 브라운의 계획은 그 목표치를 연평균 7퍼센트로 잡고 있었다. 즉, 1964~1970년에 제조업 고정 투자를 38퍼센트나 늘리겠다는 것이었다! 그러자 다른 목표치들도 덩달아 크게 높아졌다. 같은 기간에 국민생산을 25퍼센트 늘리는 것이 국가계획의 목표가 됐다.

비록 영국 자본이 게임을 시작할 준비가 돼 있었다 하더라도 그들은 세계 체제의 작은 일부였을 뿐이다. 국가계획은 국제 자본주의가 국제수지를 통해 미치는 영향을 고려하지 못했을 뿐 아니라, 이윤율 저하가 세계 자본주의 일반과 특히 영국 자본에 영향을 미치는 문제를 해결하지도 못했다.

투자를 늘리려면 당연히 이윤이 늘어야 한다. 사실, 노동당이 노력을 했는데도 이윤율은 1964~1970년에 그 전보다 더 급속하게 하락했다. 1950년대에 연평균 18.8퍼센트였던 세전稅前 이익률은 1966~1968년에 12.3퍼센트로 떨어지더니 1969년에는 10.9퍼센트까지 하락했다.[10] 그 결과는 사기업 부문의 생산적 투자 증가율이 목표치의 절반 수준, 즉 연평균 7퍼센트가 아니라 3.6퍼센트에 그친 것이었다.

그러나 국가계획을 실행하는 데 가장 커다란 장애물은 국제수지 악화였다.

디플레이션과 평가절하

윌슨은 위험을 느끼고 있었다. 1962년 윌슨은 노총 대의원대회 연설에서 "세계의 은행가들한테서 돈을 빌리게 되면 우리의 독립성이 급격히 [사라질 — 지은이] 것"이라고 말했다. 1964년 총선 12일 전에도 윌슨은 비슷한 말을 되풀이했다.

> 지금 [보수당은 — 지은이] 각국 중앙은행에 굽실거리지만, 그렇게 되면 우리가 행동의 자유를 누릴 수 없다. … 그들은 머지않아 영국의 재정 상태 개선을 요구할 것이다. 그리고 그들이 생각하는 이상적인 재정 상태를 위해서는 사회보장제도를 해체하고 일방적으로 임금을 억제하는 것이 필요할 것이다. 따라서 정부는 [복지를] 가혹하게 삭감해야 할 것이다. 그 피해는 임금·봉급 생활자들과 먹고살기 힘든 평범한 가정에 돌아갈 것이다.[11]

윌슨의 말은 완전히 옳았다. 총리 취임 직후 윌슨은 영국은행 총재인 크로머 경과 충돌했다. 크로머 경이 "정부 지출, 특히 사회복지 관련 지출을 당장 삭감할 것"을 요구했기 때문이다.[12]

이 충돌의 배경에는 짐 캘러핸의 1964년 11월 11일 예산안이 있었다. 그 예산안의 주요 특징은 노령연금 등 각종 사회보장 혜택을 이듬해 3월까지 20퍼센트 늘리고 처방전 요금을 폐지하는 것이었다. 이것은 생각보다 급진적이지 않았다. 왜냐하면 복지 혜택보다 국민보험료와 휘발

유세가 더 늘었기 때문이다. "변화의 최종 결과는 1년 동안 세출보다 세입이 1억 파운드 더 늘어난 것이다. 따라서 전체적으로 보면, 그 조처는 약간의 디플레이션 효과를 낸 셈이었다."[13]

보수당과 달리 노동당 정부는 지배계급의 신뢰를 얻어야 한다. 노동당은 13년 동안 야당으로서 미사여구를 늘어놓다가 이제 지배계급의 신뢰를 얻기 위한 구애를 시작하고 있었다. 경제가 이미 취약한 상황에서 캘러핸의 예산안이 발표되자 파운드화 투매 사태가 일어났다.

나중에 정책 실패를 인정하고 사과한 윌슨의 말은 부르주아 정치의 현실에 대해 많은 것을 알려 준다.

내가 다음과 같이 말한 것은 한두 번이 아니었다. 즉, 이제 우리는 국민의 위임을 받아 새로 선출된 정부가 영국은행 총재의 말이 아니라 국제 투기꾼들의 말을 들어야 하는 상황에 이르렀다, 우리는 선거공약으로 제시한 정책들을 실행할 수 없게 됐다, 노동당 정부는 자신이 근본적으로 반대하는 보수당의 정책들을 채택하지 않으면 안 된다. 영국은행 총재는 내 말이 옳다고 인정했다.[14]*

윌슨은 정면 돌파를 시도했다. 그는 변동환율제로 전환하고, 의회를 해산하고, 선거를 '국민 대 은행가'의 구도로 몰고 가겠다고 위협했다. 크

---

* 이런 말을 들으면 램지 맥도널드의 다음과 같은 말이 떠오른다.
"금융업자의 힘은 노동당과 노동당 정부를 파멸시킬 수 있을 만큼 막강하다. … 채권자 계급은 마음에 안 드는 대중운동을 죄다 굴복시킬 수 있다. 왜냐하면 그들은 신용 제공을 중단하고 [정부에 대한] 신뢰를 무너뜨리고 금리를 인상해서 언제든지 공황 상태와 경제 위기를 조장할 수 있고, 그래서 사람들이 오던 길을 되돌아가게 만들 수 있기 때문이다."[15] — 지은이.

로머는 한발 물러섰다. 그는 24시간이 채 안 돼 미국과 유럽경제공동체의 중앙은행들에게 30억 달러의 자금 지원을 받아 냈다.

그런데도 파운드화에 대한 압력은 지속됐다. 1965년 5월 영국 정부는 또다시 14억 달러를 빌렸다. 그 대가로 다양한 공공·민간 투자 계획들이 연기됐다. 그러나 해외 여론은 별로 바뀌지 않았고, 외환시장 상황은 여전히 아주 민감했다. 그래서 영국은행과 런던 금융가는 더 많은 것을 요구했다. 그들은 파운드화를 방어하고 평가절하를 피하려면 노동당 정부가 더 과감한 디플레이션 정책을 써야 한다고 주장했다.

1966년 총선이 끝난 뒤에 윌슨은 경제의 수요를 5억 파운드 낮추는 대책을 발표했다. 모든 간접세가 10퍼센트씩 인상됐다. 할부 구매와 건설에 대한 통제가 강화됐고, 공공 투자가 1억 5000만 파운드 삭감됐고, 민간 부문이든 군사 부문이든 해외 지출도 최소한 1억 파운드 삭감됐다. 무엇보다 가장 인상적이었던 것은 임금·봉급·배당금이 6개월 동안 동결되고, 그 뒤 다시 6개월 동안 "엄격하게 억제"된 것이었다. 윌슨은 "사상 최대의 디플레이션 정책을 도입했다."[16]

이런 조처들은 경제성장과 완전고용을 파괴했다. 실업률이 7월 1.1퍼센트에서 11월 2.3퍼센트로 상승하더니 1967년 2월에는 2.6퍼센트로 절정에 달했다. 한 경제학자가 썼듯이, 국가계획은 "1964년 10월에 구상되고, 1965년 9월에 태어나고, 1966년 7월에 죽었다(아마 살해됐다고 해야 할 것이다)."[17] 실제 연간 경제성장률은 목표치 3.8퍼센트에 미치지 못하고 겨우 2퍼센트에 그쳤다. 이것은 전임 보수당 정부 5년 동안의 성장률보다 낮은 수치였고, 유럽경제공동체의 다른 여섯 나라 성장률보다 훨씬 낮은 수치였다.

이렇게 단기적으로 국제수지를 개선해서 파운드화를 보호하려는 노력들은 실패했다. 1967년 6월에 터진 이스라엘과 이집트의 '6일 전쟁'도 상황 악화에 한몫했다. 이 전쟁으로 수에즈운하가 봉쇄돼 수입 비용이 많이 늘었다. 11월에 정부는 파운드화를 평가절하할 수밖에 없었다. 따라서 경제는 평가절하에 따른 디플레이션을 피할 수 없었다. 노동당 정부는 두 전선에서 모두 패배한 셈이다.

1968년에는 디플레이션이 세 차례 있었다. 1월에는 사회적 지출이 삭감됐다. 1965년 3월 폐지된 처방전 요금이 다시 되살아났고, 게다가 13년 동안의 보수당 정부 시절 요금보다 2실링 6펜스가 더 비쌌다. 3월 예산안의 목표는 향후 1년 반 동안 2퍼센트 상승할 것으로 예상되는 민간 소비를 1퍼센트 하락으로 반전시키는 것이었다. 세금이 인상됐고, 일부 예외는 있었지만 3.5퍼센트의 임금 인상 상한선이 발표됐다. 11월에는 간접세가 인상되고 할부 구매와 은행 대출에 대한 통제가 강화됐다. 드디어 1969년 예산안이 발표됐다. 그 예산안은 전보다 비교적 온건했지만, 그래도 수요를 2억 파운드에서 2억 5000만 파운드 더 삭감하는 것이었다.[18] 유일하게 성공한 윌슨의 경제정책은 수출 증대였다. 1964~1970년에 수출은 36퍼센트 증가가 목표치였으나 실제로는 42퍼센트나 증가했다.

1960년대 후반 이후 (세계 자본주의뿐 아니라) 영국 자본주의도 만성적인 수익성 위기에서 벗어나지 못했다. 수익성은 1972년과 1973년에 매우 낮은 수준으로 떨어졌다가 1970년대 후반에 약간 상승했고, 1980년대 초에 다시 급락했다. 그 뒤 수익성은 다시 회복됐지만, 겨우 1973년 수준 — 첫 번째 세계경제 위기를 촉진한 — 에 그쳤다.

1964~1970년의 윌슨 정부 시절 경제는 '가다-서다'를 되풀이했다. 그러나 '서 있는' 기간은 점점 더 길어진 반면, '가는' 기간은 점점 더 짧아졌다. 경제학자 샘 브리턴이 윌슨을 가리켜 "보수당원이 아닌, 최고의 보수당 총리"라고 지적한 것은 옳았다.[19]

노동당 정부는 세계 은행가들에게 사로잡힌 볼모였다. 은행가들을 안심시키기 위해 노동당 정부는 선거공약을 어겨야 했다. 경쟁적 자본주의의 무계획성과 자본주의 법칙의 폭압성이 경제의 구석구석에 침투해 있었다.[*]

소득정책

온갖 미사여구에도 불구하고 노동당은 체제의 동력이 이윤이라는 것을 알고 있었다. 여전히 자본가들의 불신에 고통을 받던 1964년에 노동당 의원단의 주요 경제 전문가인 해럴드 레버는 기업인들의 신뢰를 얻고자 다음과 같이 호소했다.

당헌 4조가 있든 없든 노동당 지도부는 … 이윤으로 가동되는 엔진이 추가 연료 없이는 더 빨리 작동할 수 없음을 기업인들 못지않게 잘 알고 있다. … [따라서 이윤은 — 지은이] 더 오랫동안 상당히 증가해야 하고 증가할 것이다. … 기업인들은 더 느긋하고 현명해야 한다. 이제 기업인들은 공허한 정치적 구호가 흔히 당의 고집불통들을 달래는 미끼나 수술용 마취제일 뿐이라는 사실을 깨달아야 한다.[21]

---

[*] 노동당 지도자들이 경제정책 파탄을 우려해 지푸라기라도 붙잡는 모습은 우스꽝스럽다. 크로스먼은 1966년 7월 31일에 다음과 같이 썼다. "오늘 점심시간에 내가 앤에게 월드컵이야말로 파운드화를 강화시킬 결정적 기회라고 말했지만 앤은 내 말을 믿지 않았다. 그러나 나는 확신한다. 잉글랜드는 용감하게 싸워 승리했다. 이것은 엄청난 사건이었다. 우리 선수들은 진정한 용기를 보여 줬다. 나는 은행가들이 우리 선수들의 용감한 모습을 보고 감동했을 것이라고 생각한다. 따라서 정부의 입지도 자연히 강화될 것이다."[20] — 지은이.

영국 경제가 반쯤 정체하고 국제 경쟁이 이윤을 압박하는 상황에서, 노동자들의 [강력한] 협상력은 기업주들과 정부에게 점차 골칫거리가 됐다. 노동당의 해결책은 소득정책[임금·가격 통제 정책]이었다.

소득정책은 새로운 것이 아니었다. 해럴드 맥밀런의 보수당 정부도 집권 말에 소득정책 비슷한 것을 추진했다. 1961년에 정부는 공공 부문 임금을 동결하고 민간 부문에도 공공 부문의 선례를 따르라고 요구했다. 1962년에는 임금 인상 상한선을 2~2.5퍼센트로 설정한 임금 '가이딩 라이트'가* 도입됐다. 그해 6월에는 정부 산하 기구로 설립된 국민소득위원회가 임금 인상 요구를 조사했다. 이 기구와 연계된 또 다른 신설 기구인 국가경제발전위원회를 통해 노동조합을 소득정책에 동참시키려는 것이 정부의 구상이었다.

그러나 보수당은 노동조합운동의 심각한 반발에 부딪혔다. 노총은 "소득 증대가 실질 생산량 증대와 병행돼야 한다는 것이 물가 안정의 조건"이라는 원칙을 받아들였다.[22] 그러나 노총은 보수당의 소득정책에는 협조할 생각이 없었다. 따라서 노총이 소득정책에 자발적으로 동참하려면 노동당 정부가 선출될 때까지 기다려야 했다.

노동당이 기업주를 위한 기업주의 시스템을 계획할 수는 없다. 그러나 노동계급과의 연계 때문에 임금을 계획하기에는 더 유리한 처지에 있다. 1963년 노동당 당대회는 "봉급, 임금, 배당금, 이윤(투기 이윤도 포함), 사회보장 혜택들을 포괄하는 소득정책"을 609만 표 대 4만 표의 압도적 차이로 통과시켰다.[23] 강력한 운수일반노조의 지도자인 프랭크 커즌스가 소득정책을 지지하고 있었으니 당연한 일이었다. 사실, 1964년 노동당 선거공약집 《새로운 영국》에 등장하는 구호인 "계획적 소득 증대"를

---

* 가이딩 라이트 소득정책에서 임금 등의 상승률 유도 지표.

발의한 사람도 바로 이 좌파 관료, 즉 커즌스였다.

소득정책이나 소득정책의 변종들은 노동당의 노사 관계 정책에서 하나의 특징이 됐다. 집권한 노동당은 보수당과 마찬가지로 자본주의의 관리자 구실을 한다. 그러나 노동당이 항상 똑같은 방법을 선택하는 것은 아니다. 소득정책은 계급과 국가의 조화를 추구하는 노동당의 신념 — 기존 사회 안에서 공통의 이익을 추구할 수 있다는 신념 — 에 부합했다. 보수당 주간지 〈이코노미스트〉가 1964년 선거에서 "이윤을 의식하고 이윤을 추구하는" 노동당을 지지한 주된 이유도 노동당의 소득정책 때문이었다.[24] 보수당 경제학자 샘 브리턴도 노동당에 투표하라고 권유하며 다음과 같은 이유를 들었다. "역설적이게도, 노동당 정부를 지지하는 가장 강력한 이유 중 하나는 노동조합과 한판 대결을 벌여야 할 때는 부드러운 외피를 두른 노동당이 더 낫기 때문이다."[25]

1964년 12월 정부, 노총, 사용자 단체의 대표들이 "생산성·물가·소득에 대한 공동 결의문"에 서명했고, 보수당 국회의원 출신의 오브리 존스를 위원장으로 하는 물가소득위원회가 설립됐다. 그 뒤 노동당 정부의 소득정책은 여러 단계를 거치며 시행됐다.

1964년 12월부터 1966년 7월까지 지속된 1단계에서는 [임금] 억제가 '자발적'이었다. 당시 정부는 6개월 동안 모든 임금을 동결했다. 그 뒤 6개월 동안에는 일부 예외가 허용됐지만 임금 인상은 여전히 엄격하게 억제됐다. 이것이 2단계였다.

3단계인 1967년 7월부터 1968년 3월까지는 3~3.5퍼센트의 임금 인상률이 '기준'이었고, 정부는 어느 분야든지 임금 인상을 6개월 동안 연기할 수 있었다. 마지막으로 4단계인 1968년 4월부터 1969년 말까지는 정부의 임금 인상 연기 권한이 완화됐지만, 생산성도 향상된 경우를 제외하고는 임금 인상률 상한선이 3.5퍼센트로 제한됐다. 이 수준을 넘어서는 경우에 대해서는 정부가 최대 11개월까지 임금 인상을 연기할 수 있었다.

노동조합에 대한 공격: 《투쟁을 대신해》

소득정책의 실질적 효과를 위해 윌슨은 노동조합의 파업권을 공격해야 했다. 〈이코노미스트〉는 1966년 1월 15일 자 기사에서 "올해 소득정책이 성과를 내려면 몇몇 대규모 임금 투쟁에서 노동조합과 정면 대결을 해야만 한다"고 주장했다.

그 기회는 선원 파업과 함께 찾아왔다. 1966년 5월 16일 파업이 시작되자 노동부 장관 레이 건터는 선주들을 만나 선원들의 요구를 수용하지 말라고 설득했다. 리처드 크로스먼[당시 주택·지방정부부 장관]은 다음과 같이 썼다.

선주들이 돈을 지급할 태세가 돼 있었기 때문에 우리가 마음만 먹으면 언제라도 파업을 끝낼 수 있었다. 그러나 물가와 소득정책 때문에 파업 해결을 가로막은 것은 정부였다. … 바로 얼마 전에 의사, 판사, 고위 공무원에게 엄청나게 양보했던 우리가 지금은 선원 파업을 분쇄하려고 애를 쓰고 있다. 사회주의 소득정책에 대한 모순적 해석이 아닐 수 없다.[26]

윌슨은 파업 개시 당일 밤 TV에 출연해서 "국가와 사회에 반하는 파업"을 비난하며 주요 쟁점은 소득정책의 신뢰성이라고 주장했다.[27] 일주일 뒤 비상사태가 선포됐다. 6월 20일 윌슨은 공산당원들의 선원 파업 침투 현황을 왜곡한 MI5[국내 담당 보안경찰]의 보고서를 의회에서 낭독했다.

월슨은 선원들 사이에 "산업의 안전과 국민의 경제적 복지를 위태롭게 하려는 정치적 동기를 가진 사람들의 탄탄한 조직"이 있다고 주장했다.[28] 선원노조 집행부에 공산당원이 단 한 명도 없다는 사실을 알면서도 그렇게 주장한 것이다!

노동조합원들의 다수는 의사들이 2년 동안 30퍼센트의 임금 인상을 쟁취한 것을 봤기에 윌슨의 말에 흔들리지 않았고 여전히 선원들에 우호적이었다. "갤럽 여론조사 결과를 보면, 노동당 지지자의 50퍼센트와 노동조합원의 51퍼센트가 파업 노동자들을 지지한 반면, 사용자들을 지지한 응답자는 각각 13퍼센트와 17퍼센트에 불과했다."[29]

그러나 노동당 정부에 대한 충성심 때문에 노총 지도부는 선원 파업을 전혀 지원하지 않았다. 운수일반노조 지도부는 항만 노동자들을 동원하기를 거부했다. 그런데도 MI5는 파업 기간에 운수일반노조 사무부총장인 잭 존스를 도청했다(그는 1968년에 운수일반노조 사무총장으로 선출됐다).[30] 6월 29일 선원노조 집행부는 파업을 중단했고 파업은 패배했다.

노조 관료들은 굴복 요구는 쉽사리 받아들이면서도 비공인 파업 — 아래로부터 개혁주의의 근원 — 은 억제했다.

굴복하지 않는 노동자들

비록 족쇄를 차고 있기는 했지만 노동자들은 반격에 나섰다. 노동당의 집권 여부나 소득정책 시행 여부를 떠나, 1960년대 내내 파업 건수는 계속 증가했다.

연도	파업 건수	연도	파업 건수[31]
1957년	640	1964년	1,456
1958년	670	1965년	1,496
1959년	780	1966년	1,937
1960년	1,180	1967년	2,116
1961년	1,220	1968년	2,350
1962년	1,244	1969년	3,116
1963년	1,082	1970년	3,906

자동차 산업의 파업 증가가 특히 두드러졌다.

1969년 말에 분출한 환경미화원, 지방 공무원, 교사, 소방관, 광원, 자동차 노동자, 간호사의 임금 인상 요구와 파업은 1970년대 초 영국의 특징이 된 "임금 인상과 파업 물결"의 전조였다.

(노동당의 미사여구에도 불구하고) 노동계급은 정부에 입각하지도 않았고, 체제의 병폐를 치유하는 일에 매달리지도 않았다. 경제 위기는 전투성을 부추기는 효과를 냈다. 일부 좌파들은 경기순환에 따른 노동계급의 행동을 기계적으로 설명하고 예측한다. 즉, 경제 호황 때는 항상 수동성과 우파 사상이 득세하고, 불황 때는 항상 계급투쟁이 분출하고 좌파가 활기차게 움직인다는 것이다. 그러나 1930년대에 트로츠키가 입증했듯이, 호황과 불황은 사람의 호흡처럼 자본주의의 자연스런 현상인 반면, 노동계급의 반응은 경제 상황만으로 예측할 수 없다. 많은 것이 노동자들의 태도에 달려 있고, 노동자들의 태도는 다양한 요인의 영향을 받는다. 그중 하나가 노동당의 정치다. 물론 그것은 중요하지만 전능한 요인은 아니다. 어쨌든 경제 위기로 노동계급의 전투성이 고양될 수 있지만 그렇지 않을 수도 있다.

정부 각료들은 소득정책이 특히 저임금 노동자들에게 도움이 될 것이라고 말했는데, 왜냐하면 저임금 노동자들은 단체교섭만으로는 임금과 노동조건을 충분히 개선할 수 없었기 때문이다. 그러나 모순적이게도 소득정책으로 가장 큰 타격을 입은 집단은 공공 부문의 저임금 노동자들이었다. 이 노동자들이 대체로 1969년 투쟁의 선두에 섰다. 그리고 남녀 동일 임금 문제도 전면에 부각됐다. 왜냐하면 저임금 직종에 종사하는 노동자들이 대부분 여성이었기 때문이다. 수많은 여성 노동자들이 난생 처음으로 노동조합 활동과 노동쟁의에 참여했다.

앞서 우리는 현장위원들의 아래로부터 개혁주의와 노동당의 '위로부터 개혁주의'를 대조했다. 똑같은 사람이 일반 쟁점에서는 노동당을 지지하면서도 작업장에서는 노동당의 소득정책에 맞서 단호하게 투쟁한다. 이런 일은 흔하다. 의회정치와 산업 투쟁의 분리 전통 때문이다. 노조 관료들의 지원을 받은 노동당 정부가 자본주의의 관리자 구실을 한다고 해서, 노동자들이 자신의 생활수준을 방어하려는 의지를 저절로 포기하는 것은 아니다.

더욱이 당시 상황이 정적靜的이지도 않았다. 기업주들이 양보할 의사와 능력이 별로 없었기 때문에 파업이 성공하려면 더 광범하고 더 단호해야 했다. 아래로부터 개혁주의는 위로부터 개혁주의보다 잠재력이 훨씬 더 크다. 집단적 투쟁은 임금 인상과 노동조건 개선을 요구하는 투쟁으로 시작될 수 있다. 그러나 그것은 "혁명적 노동계급 운동이 부활할 가능성"도 열어 놓는다.

어디서든 노동자들은 스스로 투쟁하고 있다. 임금 인상을 위해 투쟁하고, 자신들이 선출한 현장위원들을 방어하기 위해 투쟁하고, 자신들의 작업 조건을 통제할 권리를 위해 투쟁하고 있다. 어디서든 그들은 지도자들에게 그냥 맡겨 두지 않고 스스로 행동하고 있다. 그래서 자신감도 커지고 자주

적 운영 능력도 강해지고 있다.[32]

가장 선진적인 노동조합원들이 투쟁을 일반화할 필요성을 깨닫게 된 요인 하나는 노동조합 권리에 대한 법률적 공격이었다. 노동당은 1969년에 이런 공격을 시작하려 했다. 노동조합의 현장 투쟁에 대한 법률적 족쇄는 소득정책의 당연한 결과였다.

이미 1963년에 《페이비언주의 소책자》는 다음과 같이 설명했다. "소득정책은 장차 파업권에도 영향을 미칠 것이다. 소득정책이 성과를 내려면 불만이 있는 노동조합의 파업 위협에 굴복해서는 안 된다."[33] 2년 뒤 〈이코노미스트〉도 똑같이 말했다. "영국에서 소득정책을 확실하게 실행하려면 파업에 맞설 굳건한 의지가 필요할 것이다."[34] 그리고 이렇게 덧붙였다. "대체 인력들이 다시 존경받아야 한다."[35]

1969년 1월 17일 당시 고용부 장관 바버라 캐슬은 《투쟁을 대신해》라는 백서를 발행했다. 이 백서는 다음과 같은 제안과 주장을 담고 있었다. 정부는 [파업 전] 28일 동안의 냉각기간이나 파업 찬반 투표를 요구할 수 있고, 노동조합들 사이의 분쟁에 대해 해결책을 강제할 수 있어야한다. 이런 요구나 중재를 받아들이지 않으면 벌금을 부과하거나 구속한다. 그리고 "노동조합과 사용자 단체 명부"를 작성할 텐데, 자체 규약과 명부 기재 사항이 어긋나는 노동조합에도 벌금을 부과해야 한다. 신종 노사관계법원도 설립해야 한다.

1912년에 처음 제안됐고, 평화 시에는 오직 반동적인 정부만이 입법화를 시도할 수 있었던 노동조합 통제 정책을 이제 노동당이 추진하고 있었다. 윌슨은 1969년 11월 길드홀[런던시 청사] 연설에서 노동조합 통제 법안의 필요성을 설명하며 "우리의 골칫거리는 공장 현장의 권력을 주장하는 [세력이 있다는] 것"이라고 말했다.[36]

《투쟁을 대신해》의 위협에도 불구하고 1969년의 파업 일수는 680만 일이었다. 이것은 1968년보다 200만 일 많고, 1967년보다는 400만 일 늘어난 수치였다. 1919년 이후 보기 힘들던 새로운 운동이 성장하고 있었다. 기존의 현장 조직만이 아니라 화이트칼라 노동조합도 점차 증가하는 등 노동조합운동이 크게 확장된 것도 새로운 운동의 밑거름이 됐다.

현장위원들은 "영국 역사상 가장 강력한 사회주의 운동을 건설할 수 있는 잠재력"이 있었다.[37] 이런 평가는 계급투쟁의 역동적 힘을 바탕으로 한 것이었고, 역동적 계급투쟁은 현장위원들을 자극해 개별 작업장의 협소한 수준을 뛰어넘게 만들고 있었다.*

국회의원들과 달리, 현장위원들은 자신을 선출한 사람들과 분리돼 부패에 물들지 않았다. 그들은 자신을 선출한 노동자들과 같은 임금을 받고, 같은 노동조건에서 일하고, 똑같이 착취받았다. 그들은 언제든 현장으로 소환돼 자신의 행동을 해명해야 했다. 가장 중요한 특징은, 상황만 적절하다면 그들이 노동자들의 집단적 힘을 끌어내 진정한 반자본주의 투쟁을 벌일 수 있다는 것이었다.

그러나 이런 잠재력이 실현되려면 그들이 "협소한 경제적·노동조합적 요구들"을[39] 뛰어넘어야 했고, 작업장 조직의 파편화라는 약점도 극복해야 했다. 노동자들이 개별 작업장이나 공장에서 소규모 집단별로 성과를 쟁취한 사실은, 그런 성과들이 계급 전체의 승리로 여겨지지 않았고 서로 다른 부문 노동자들 사이의 연대가 취약했음을 뜻한다. 그래서 노동자들 사이에서 인종차별 사상이 득세할 수 있었다. 그렇지만 사용자들의 공세 때문에 많은 노동자들은 자신들의 투쟁을 일반화하고 서로

---

* 당시는 노동계급 투쟁이 국제적으로 크게 분출하던 시기였다. 1968년 5월 프랑스 총파업과 체코슬로바키아의 '프라하의 봄'은 대표적 사례일 뿐이다.[38] — 지은이.

결합시킬 수밖에 없었다. 1970~1974년의 사건들은 이런 분석을 널리 확인시켜 줬다.

노동당과 노동조합이 윌슨 정부의 정책에 대해 어떤 태도를 취했는지 살펴보기 전에 정부 정책의 다른 측면들을 몇 가지 살펴보자.

이민과 인종

1920년대에 베르트하이머는 다음과 같이 지적했다.

> 노동당은 국민 문화의 전통과 밀접한 관련이 있다. … 노동당을 자본주의의 정신적·심리적 개념들과 분리시키는 계급적 장벽은 전혀 없었고(그래서 배타적인 프롤레타리아 생활방식과 도덕이 발전할 수 없었다), 국민적 종교 전통에 깊이 뿌리박은 노동당은 자본주의 문화와 깨끗하게 결별할 수 없었다.[40]

이 말이 옳다는 것은 인종 문제에서 가장 잘 드러난다. 경제성장으로 노동자들이 더 많이 필요할 때는 이민자들이 환영받았다. 그러나 경기 후퇴 조짐이 처음으로 나타나자 노동당 정부는 수치스럽게도 보수당의 인종차별 공세에 굴복했다.

제2차세계대전 직후 노동당 지도자들은 이민 통제에 분명하게 반대했다. 그래서 노동당의 영연방 문제 담당 대변인인 아서 보텀리는 1958년 의회에서 "우리는 이민 통제를 절대 반대한다는 것을 분명히 밝혀 두는 바입니다" 하고 말했다.[41] 게이츠컬은 이민 통제를 강력하게 반대하는 이유를 다음과 같이 설명했다. "영연방의 모든 시민은 영국 신민으로서 이

나라에 자유롭게 입국할 권리가 있다. 이것은 영국의 신민들이 수백 년 동안 누려 온 권리였고, 노동당은 언제나 그 권리를 무조건 옹호했다."[42]

게이츠켈의 뒤를 이어 당 대표가 된 윌슨은 다른 태도를 취했다. "우리는 영연방 주민들의 영국 이민을 통제해야 한다는 데 이견이 없다."[43] 실제로 윌슨은 보수당의 이민법 조항들을 강화해 '효과적' 검역과 국외 추방을 확대하자는 데 찬성했다.[44] 1964년 노동당 선거공약 자료집은 다음과 같이 주장했다.

노동당은 영국에 들어오는 이민자 수를 제한해야 한다는 것을 인정한다. 이 문제에 대해 영연방과 만족스러운 합의를 이룰 때까지 노동당 정부는 이민 통제를 지속할 것이다.[45]

총선에서 보수당의 골수 인종차별주의자가 스메딕 지역에서 승리하자 민족주의 바람이 불었다. 이에 노동당 지도자들은 충격을 받았다. 윌슨이 비록 스메딕 지역의 보수당 당선자를 "의회의 문둥이"라고 비웃었지만, 윌슨을 포함한 정부 각료들은 인종차별 압력에 굴복했다. 크로스먼의 일기는 그 점을 잘 보여 준다.

이민 문제가 노동당의 최대 감표 요인이 될 수 있다는 것이 스메딕 선거 이후 매우 분명해졌다. 이민자들이 우리나라의 모든 도시로 홍수처럼 밀려와서 도심을 망쳐 놓는 것을 우리가 허용하는 것처럼 비친다면 분명히 그렇게 될 것이다.[46]

그리고 크로스먼은 다른 곳에서 다음과 같이 썼다. "보수당이 할 만한 일을 우리가 해야 한다. 그래서 보수당의 정책을 초당적 정책으로 만들어 버리면 우리가 보수당을 압도할 수 있다."[47]

1965년 8월 5일 노동당은 영연방 출신 이민자들에게 발급하는 노동
허가증의 규모를 20만 8000장에서 8500장으로 줄이는 방안을 제출
했다. 그래서 1963년에 3만 명이었던 노동허가증 소지자가 1970년에는
4000명으로 대폭 줄었다.[48] 노동당에게는 자본주의를 치료해서 다시 건
강하게 만드는 것이 중요했다. 그래서 노동당은 실업이나 주택 문제를 유
발하는 체제나 자신의 정책을 비난하려 하지 않았다. 단지 속죄양이 필
요했던 노동당은 가장 착취받고 억압받는 피해자들에게 비난의 화살을
돌리는 이녁 파월의 주장을 기꺼이 받아들였다.

1968년 2월 9일 보수당의 만찬에서 파월은 영국 여권을 소지한 케냐
출신 아시아인들을 신랄하게 비난했다. 한 달 뒤 노동당 정부는 영국 여
권 소지자라도 영국과 '밀접한 연관'이 없으면 입국을 불허하도록 이민법
을 개정했다. 이제 그런 사람들은 특별 허가증을 발급받아야 했다. 그러
나 노동당 정부는 그 허가증 발급 수량을 대폭 줄였다. 자신들도 보수당
처럼 인종차별 카드를 써먹을 줄 안다는 것을 입증하기 위해 노동당은
조부모가 영국 태생인 사람들 — 거의 모두 백인들 — 은 자유롭게 영
국에 들어올 수 있도록 해 줬다.

1969년에 노동당은 영연방 출신 이민자의 부양가족들이 입국 허가증
을 받아야만 영국에 입국할 수 있도록 만들었다. 이제 이민자들은 가족
을 만나기 위해 길게 줄을 서서 오랫동안 기다리는 불편을 감수해야만
했다.

늘 그렇듯이, 인종차별주의자들에게 양보한다고 해서 그들의 욕심이
줄어드는 것은 아니다. 오히려 그들이 더 기고만장하도록 부추길 뿐이
다. 1968년 4월 20일 이녁 파월은 그 유명한 인종차별 선동 연설을 했
다. "옛날 로마인들에게 그랬듯이, 지금 제 눈에는 엄청난 피로 물든 티

베르 강이 보이는 듯합니다."*

윌슨 정부의 외교정책

윌슨은 미국의 베트남 전쟁을 가장 충실하게 지지했다. 그는 미국의
북베트남 폭격을 서슴없이 지지했고, "공산주의자들의 남베트남 침투
를 저지하려는 미국의 노력을 무조건 지지한다고 분명히 밝혔다."[49] 윌슨
은 미국 대통령 린든 존슨('LBJ')을 매우 존경했고 평화 의지 운운한 존
슨의 거짓말을 곧이곧대로 받아들였다. "나는 이 문제에 대한 미국 대통
령의 진정성을 전적으로 확신한다. 그 어떤 문제보다도 강력하게 확신한
다."[50]

윌슨이 그런 태도를 취한 것은 영국 제국주의와 미국 제국주의의 상
호의존관계, 그리고 미국 대통령 존슨의 선의에 달려 있는 파운드화의
운명 때문이었다. 크로스먼은 1966년 2월의 각료 회의에서 윌슨이 이렇
게 설명했다고 말한다. 미국의 "금융 지원은 우리의 극동 정책과 무관하
지 않습니다. 예컨대, 우리의 [베트남 전쟁] 철수 선언은 저와 LBJ의 개인적
관계, 그리고 미국이 우리를 대하는 태도에 심각한 영향을 미칠 수밖에
없습니다."[51]

윌슨은 로디지아(오늘날의 짐바브웨)의 이언 스미스가 이끄는 인종차
별 정권을 비난하기를 꺼렸고, 별 효과도 없는 경제제재를 가했으며, "우
리의 일가친척"을 상대로 "무력을 사용하는 것"에 분명히 반대했다. 윌슨

---

* 그리스·로마 신화에 따르면, 트로이 전쟁에서 살아남은 아이네아스가 티베르 강가에
  도착해 원주민들을 죽이고 건설한 도시가 로마다.

은 아덴이나* 키프로스에서는** 폭력을 사용할 때 그렇게 주저하지 않았다. 크로스먼은 일기에서 다음과 같이 썼다.

> 영국의 여론은 로디지아에 대한 무력 사용이나 경제제재를 결코 원하지 않는다. … 해럴드 윌슨의 정책은 스미스를 권좌에서 몰아내려는 것이 아니라 보수당의 지지를 얻어 내려는 것이다.[52]

윌슨 정부의 가장 수치스러운 모습 가운데 하나는 남아공에 무기를 공급한 것이다. 노동당 지도자로 선출된 직후 윌슨은 '아파르트헤이트 반대'가 주최한 트래펄가광장 집회에서 다음과 같이 말했다.

> 휴 게이츠컬이 노동당을 이끌 때, 우리는 남아공에 아파르트헤이트가 지속되는 한은 무기를 공급해서는 안 된다고 주장했습니다. 그것이 오늘날 노동당의 정책입니다. 노동당 정부가 들어서더라도 그 정책은 지속될 것입니다.[53]

그러나 집권한 지 얼마 되지 않아 윌슨은 남아공에 대한 무기 금수禁輸가 절대적인 것은 아니라고 선언했다. "기존의 계약들은 존중될 것이다. 예컨대, 남아공 정부가 주문한 저공비행 폭격기 버커니어 16대는 차질 없이 공급될 것이다." 물론 부품도 함께 공급될 것이다. 1965년에 복스홀 모터스[영국 자동차 회사]는 남아공 해군에 장비를 공급해도 좋다는 허가를 받았다. 전에 "영국 장갑차들을 야만적 행위에 사용하는 것을 비난한다"

---

* 아덴 아라비아반도 남안 예멘에 있는 도시. 영국의 식민지였다.

** 키프로스 지중해 동부에 있는 섬나라. 제1차세계대전 때 영국의 식민지가 됐다.

고 말했던 윌슨은 일언반구 해명도 하지 않았다. 더 교활한 다른 책략들도 많았다.[54]

1967년에 각료의 다수는 남아공에 대한 무기 금수 해제에 찬성했다. 크로스먼은 내각의 국방·해외 정책 위원회가 그 문제를 어떻게 다뤘는지를 다음과 같이 설명했다.

조지 브라운의 공세가 시작됐다. 그는 무기 판매 문제에 대해 우리가 결코 비현실적인 태도를 취해서는 안 된다고 주장했다. 그러자 데니스 힐리가 브라운을 지원했다. 힐리는 봉기를 진압하는 데 사용될 수 있는 무기(크루세이더 탱크나 사라센 장갑차 등)와 전략적 무기 — 우리 영연방의 이익을 보호하는 데 필요한 공군과 해군 — 를 분명히 구별해야 한다고 말했다.[55]

그리고 크로스먼은 다음과 같이 덧붙였다.

내가 보기에, 우리는 지금 로디지아와 남아공에서 엄청난 돈을 벌 수 있는 기회를 날리고 있다. 당내 좌파와 해럴드 윌슨의 개인적 집착 때문에 우리는 꼼짝도 못 하고 있는 것이다.[56]

그러나 정부는 무기 금수를 쉽사리 해제할 수 없었다. 1967년 12월 12일 노동당 의원 약 140명이 무기 금수 해제를 보류할 것을 요구하는 동의안에 서명했다.[57]* 윌슨은 물러섰다. 노동당 의원단이 사실상 정부의

---

* 그런데도 남아공에 대한 경제제재 문제에서 윌슨은 한 치도 물러서려 하지 않았고, 그의 주장은 20여 년 뒤 대처의 주장과 거의 똑같았다. 1964년 4월 13일 윌슨은 서유럽 사회주의 지도자들에게 이렇게 말했다. 효과적인 무역 봉쇄는 "우리가 가장 관심을 쏟는 사람들, 즉 아프리카인들이나 품위를 지키기 위해 싸우는 백인들에게 해를 끼칠 것

앞길을 가로막은 것이다. 노동당 좌파는 이런 흔치 않은 기회를 곧잘 이용한다. 마치 도박꾼이 큰돈을 잃을 것을 알면서도 전에 대박을 터뜨린 경험을 잊지 못해 자신에게 불리한 판에서 도박을 계속하는 것처럼 말이다.

해럴드 윌슨은 1953년에 쓴 책 《세계 빈곤과의 전쟁》에서 선진국들이 자국 국민소득의 3퍼센트를 기부해서 가난한 나라들을 원조해야 한다고 주장했다. 그러나 윌슨 정부의 해외 원조 금액은 전임 보수당 정부보다 훨씬 더 적었다. 영국 정부의 해외 원조 금액은 1964년 GDP의 0.53퍼센트에서 1969년 0.39퍼센트, 1970년 0.37퍼센트로 떨어졌다.[59]

노동당이 추구한 계급과 국가의 조화에서 항상 '국가'가 먼저였고 노동계급은 뒷전이었다. 그리고 그것은 영국 국내문제뿐 아니라 해외 정책에서도 마찬가지였다.

노동당 정부와 노동당의 심각한 불화

애틀리 정부 시절 노동당의 당대회·집행위원회·의원단은 거의 일치단결해 정부를 지지했다. 1964~1970년의 윌슨 정부에서는 이런 모습을 찾아보기가 어려웠다.

이다." 아프리카 지도자들이 경제제재를 만장일치로 지지했는데도 이튿날 윌슨은 다음과 같이 선언했다. "경제제재는 쓸데없고 비극적인 조처가 될 것입니다. 남아공 정부에는 아무 영향도 미치지 못하고 남아공 국민들만 타격을 입을 것이기 때문입니다." 노동당 정부 집권 3년 만에 상무부 장관은 "기업인들과 한 만찬에서 남아공과의 무역이 급증했다고 자랑할 수 있었다. 2년 만에 남아공은 영국의 4위 고객에서 2위 고객으로 도약했다."[58] — 지은이.

정부가 의회에서 근소한 다수파인 동안에는 견해 차이가 거의 없었다. 1964년 10월 총선과 1966년 3월 총선 사이에 그랬다. 그러나 1966년 총선 뒤 노동당이 확실한 의회 다수파가 되자 격렬한 충돌이 일어났다. 주로 소득정책과 디플레이션 문제를 둘러싸고 충돌이 일어났다. "1966년부터 1969년까지" 당대회에서는 "'청중석'이 '연단'을 패배시키는 일이 빈번했다. 이것은 노동당 역사상 전례 없는 일이었다. … '연단'의 패배가 더는 드문 일이 아니었다."[60]

1966년부터 1969년까지 열린 당대회에서 중앙집행위원회가, 따라서 정부가 14차례나 패배했다. 루이스 밍킨은 다음과 같이 썼다. "역대 노동당 정부 가운데 당대회에서 그토록 자주 퇴짜를 맞은 정부는 없었다(사실, 역대 영국 정부를 봐도 마찬가지다). 그것은 단순한 패배가 아니었다. 심각한 반목과 대립이었다."[61]

당대회와 집행위원회의 불화는 집행위원회와 정부의 불화에서 재연됐다. 집행위원의 절반이 정부 각료들이었는데도 그랬다.

그 전까지 역대 노동당 정부에서 집행위원회는 정부를 충실히 따랐다. 정부를 비판할 때조차 공개적으로는 침묵하다가 뒤에서 몰래 조용히 비판하는 식이었다. [그러나 — 지은이] 이제 집행위원회는 노동당 역사상 처음으로 노동당 정부의 정책을 공개적으로 비판했다.[62]

노동당 의원단도 정부를 지지하는 데서 일치하지 않았다. 1966년 7월 임금이 동결되고 간접세가 인상되자, 상당수 의원들이 여러 차례 정부에 반대표를 던졌다. 1967년 3월 노동당 의원 60명이 국방비 추가 감축을 거부한 정부에 항의해 표결에서 기권했다. 윌슨은 의원단 모임에서 좌파를 비난하며, "개가 사람을 물어도 한 번은 봐줄 수 있다"고 경고하고 좌파가 계속 굴복하지 않으면 의회를 해산하겠다고 위협했다. 다음 달에 노먼 앳킨슨[노동당 의원]은 "북베트남 폭격 중단"을 요구하는 평의원 동의안을 의회에 제출했다. 노동당 의원 59명과 자유당 의원 3명이 그 동의안을 지지했다.*

그러나 의원단의 한계는 정부 직책을 사임한 좌파가 극소수에 불과한 데서 드러났다. 그리고 실제로 사임한 사람들(프랭크 커즌스 같은 사람들)조차 금세 다른 좌파들(토니 벤과 주디스 하트)로 교체된 사실도 의원단의 한계를 보여 줬다. 그런데도 의원단의 불만은 전례 없이 높았다.

분명한 사실은 정부 백서 《투쟁을 대신해》가 심각한 불화의 원인이었다는 것이다. 1969년 3월 3일 《투쟁을 대신해》의 입법화 문제를 둘러싸고 의회에서 논쟁이 벌어졌을 때, 노동당 의원 55명이 입법화에 반대했고 대략 40명이 기권했다. 3주 뒤 노동당 집행위원회는 "백서의 모든 제안을 입법화하는 데 반대한다"는 결의안을 찬성 16표 대 반대 5표로 채택했다.[63] 다수파 중에는 제임스 캘러핸(내무부 장관 겸 당 재정위원), 제니 리(예술부 장관), 톰 브래들리(재무부 장관 로이 젱킨스의 의회 보좌관)도 포함돼 있었다. 다른 장관 두 명은 기권한 것으로 알려졌다.[64]

반대는 계속 고조됐다. 1969년 5월 7일 노동당 의원단 대표 더글러스 호턴이 《투쟁을 대신해》를 비난했다. "이렇게 말썽 많은 법안은 노사

---

* '영연방 이민 법안' 2차 독회[신중한 법안 처리를 위해 여러 차례 심의하는 것]에서 노동당 의원 35명이 정부에 반대표를 던졌다. 정부의 압력이 있었지만, 3차 독회에서 정부를 지지한 노동당 의원은 109명뿐이었고 16명이 반대표를 던졌으며 200명이 기권했다. 물가소득법안(1968년) 2차 독회에서 노동당 의원 1명이 반대표를 던졌고 34명이 기권했다. 국가보건서비스 처방전 요금 부과 법안에 반대표를 던진 의원이 49명이었다. 1968년 6월 노동당 의원 23명이 물가소득법안에 반대표를 던졌고 20명이 기권했다. 1969년 12월 노동당 의원 49명이 정부의 베트남 정책에 반대하는 운동을 펼쳤다. 6개월 뒤 이 숫자는 61명으로 늘었고, 거의 100명이 기권했다. — 지은이.

관계나 경제에 엄청나게 나쁜 영향을 미칠 것이다. 이에 비하면 노동당의 붕괴나 패배로 우리가 정부에 끼칠 수 있는 폐해는 아주 하찮게 보인다."[65] 6월 17일 각료 회의에서 수석 원내 대표 로버트 멜리시는 처벌 조항이 담긴 법안이 의회에서 통과될 가능성은 전혀 없다고 주장했다. 한 소식통에 따르면, 이 주장이 내각의 분위기를 극적으로 바꿔 놨고 "마침내 윌슨과 캐슬은 사실상 고립됐다."[66]

《투쟁을 대신해》를 둘러싸고 벌어진 투쟁은 교훈적이다. 첫째, 정밀한 지휘 계통이 존재하지 않는 당의 연방적 구조 때문에 노동조합, 지구당, 의원단, 집행위원회 등 노동당의 서로 다른 부문들에서 상호 모순적인 견해와 경향이 나타난다. 《투쟁을 대신해》는 노동조합이라는 노동계급 조직과 노동조합 활동을 영국 국가에 공식적으로 통합시키려 했다. 노동조합은 계급과 국가의 조화를 추구하는 노동당의 정치를 받아들인다. 그래서 노동조합이 노동당에 가입하는 것이다. 그러나 노동조합은 국가에 철저하게 통합되는 것에는 저항한다. 계급보다 국가를 앞세우려는 노동당 정부의 의지가 조직 노동계급 속에 존재하는 노동당의 실제 기반과 충돌했다. 패니치는 다음과 같이 썼다.

> 당과 노동조합의 구조적 연계 덕분에 노동당은 조합주의* 비슷한 국가에 통합된 정당으로서 성공할 수 있었다. 그러나 처벌 조항을 둘러싸고 노동당이 패배한 것을 보면, 당과 노동조합의 연계가 오히려 노동당의 통합자 구실을 제약하는 구조적 요인이 될 수도 있음을 알 수 있다.[67]

---

* 조합주의 노동조합이나 사용자 단체 같은 이익집단들이 노사정위원회 같은 제도를 통해 국가의 일정한 통제를 받아들이는 대신, 국가정책에 자신들의 이익을 반영함으로써 계급 협력을 추구하는 방식.

그러나 노동조합이 《투쟁을 대신해》를 패배시켰다고 말할 때는 주의해야 한다. 《투쟁을 대신해》를 좌절시킨 것은 노동조합 관료들이 아니라 현장 노동자들의 행동이었다. 물론 노조 지도자들은 임금동결부터 노동조합 관련 입법까지 노동당 정부의 정책에 항의했다. 그러나 그들이 한 일은 아무것도 없었다. 1967년 임금동결을 입법화할 당시 노총은 유감을 표명했다. 그러나 임금동결을 수용하는 노동조합도 있는데 그런 노동조합의 이익을 거스른 채 임금동결을 반대할 수는 없다고 생각했다. 프랭크 커즌스는 1967년 운수일반노조 대의원대회에서 자신이 임금동결 반대 파업에 반대하는 이유를 다음과 같이 설명했다. "우리는 정부를 무너뜨리고 싶지 않습니다. 우리는 정부를 설득하고 싶습니다."[68] 1966년 소득정책 입법화에 항의하며 정부 직책을 사임한 사람이 바로 이 사람이다.

1967년 물가소득법안은 노총에서 공식 승인되지 않았다. 현장 노동자들의 분노 때문이었다. 그러나 노총 중앙집행위원회는 임금 인상 자제를 계속 권고했다. … 유일한 공개 시위는 공산당 주도로 새로 조직된 '노동조합 방어를 위한 연락위원회'가 동원한 시위들뿐이었다.[69]

1968년 노총 대의원대회에서는 정부의 임금정책에 반대하는 의견이 7 대 1로 다수였다. 그렇다고 해서 노총 중앙집행위원회가 운동을 건설할 준비가 돼 있었다는 말은 아니다. 오히려 노총 중앙집행위원회는 "법안이 통과된 뒤 정부가 어떻게 권력을 사용하는지 지켜보려 했다."[70] 노조 지도자들의 수동성은 《투쟁을 대신해》에 대해서도 마찬가지였다. 그래서 노총 중앙집행위원회는 《투쟁을 대신해》의 입법화에 반대하는 하루 파업을 거부했다.[71] 공산당과 노동당 좌파 활동가들이 모두 포함된

'범좌파'의 지지를 받아 금속노조 위원장이 된 휴 스캔런 같은 신세대 노조 지도자들이 있었는데도 그랬다. 그런 지도자들의 전투적 미사여구는 노동자들의 전투성이 어느 정도였는지 보여 준다. 그러나 스캔런은 오히려 금속노조를 설득해 《투쟁을 대신해》에 반대하는 메이데이[노동절] 파업을 지지하지 않도록 만들었다.

《투쟁을 대신해》를 효과적으로 좌절시킨 것은 현장 노동자들의 아래로부터 개혁주의가 가한 압력이었다. 이런 압력은 1969년 2~3월의 포드 자동차 파업과 광범한 메이데이 파업으로 이어졌다. 노조 관료들이 이렇다 할 만한 저항을 했다면 그것은 현장 노동자들의 압력 때문이었다.

노동당의 모순적 성격, 즉 노조 관료 집단의 정치적 표현이지만 노조 관료들과는 분명히 구별되는 것은 노동운동과 노동당 정부의 반목에서 분명히 드러났다. 자본주의를 관리하는 데 전념하는 노동당 정부는 당 대회나 집행위원회나 의원단의 요구에 굴복할 생각도 없었고 굴복할 수도 없었다. 윌슨의 표현을 빌리면, 개가 사람을 한 번 물었다고 해서 앞으로도 계속 물 수 있을까?

노동당 역사에서 당대회의 권위는 오르락내리락했다. 1907년에 확립된 규칙에 따라 당대회는 제안권을, 의원단은 결정권을 가졌다. 이 규칙은 저마다 달리 해석할 수 있었다. 1931년 맥도널드의 충격적 배신 뒤에 당대회의 위상이 매우 높아졌다. 이 효과는 애틀리 정부 시절까지 지속됐다. 애틀리가 당대회의 요구를 거스른 적이 몇 번 있었지만, 그래도 반발을 무마하려는 입발림 말만큼은 잊지 않았다. 그러나 윌슨은 당대회를 전혀 신경쓰지 않았다. 1966~1970년 내내 윌슨은 당내 다양한 기구들을 무시한 채 멋대로 행동했다. 그가 당대회의 결정을 공공연하게 무시하는 행태는 전례 없는 것이었다. 밍킨은 다음과 같이 썼다.

1966년 당대회에 대한 해럴드 윌슨의 반응은 애틀리 정부 시절과 완전히 달랐다. "정부가 통치해야 한다"는 발언에서는 과거의 겸손함을 전혀 찾아볼 수 없었다. 과거와 달리 절차상의 허점을 탓하지도 않았다. 이제 문제의 핵심은 노동당 정부의 정책에 대한 당대회의 권위를 거부하는 것임이 분명해졌다. … 정부가 당대회의 결정을 정면으로 거스르는 정책들을 시행함에 따라, 당대회의 권위는 전례 없이 추락했다. 당대회에서 정부 정책이 잇따라 패배했지만, 정부는 전혀 아랑곳하지 않았다.[72]

당대회와 집행위원회에 대한 이런 경멸은 1970년 선거공약집 작성 과정에서 분명하게 드러났다. 윌슨은 피터 쇼와 토니 벤의 도움을 받아 집행위원회 몰래 공약집 초안을 작성하고 그것이 마치 기정사실인 양 발표해 버렸다. 선거운동이 시작되기 전 집행위원회의 마지막 회의에서 더글러스 호턴은 다음과 같이 말했다고 한다. "봤지? 정부가 선거공약을 이행하기 싫어하면 말짱 황이라고."[73] 그 결과는 다음과 같았다.

논쟁적인 정책들은 모두 완화되거나 모호하게 표현되거나 아니면 아예 빠져 버렸다. … 당대회에서 결정된 주요 공약들은 전혀 해롭지 않은 단어들로 희석됐다. 그래서 미국의 베트남 정책과 결별한다는 당대회의 결정은 "순전히 군사적인 해결책"에 반대하고 "제네바협정과 모든 외국군 철수"를 지지하는 정책으로 바뀌었다. 재무부 장관이 줄기차게 반대한 부유세·증여세 공약은 "부자들의 납세에 대한 기여를 확대한다"는 모호한 공약으로 바뀌었다.

따라서 최종 공약집은 상투적이고 자족적인 미사여구 모음집에 불과했다. 선거공약집에 제시된 당의 목표는 "꾸준한 경제성장", "모든 영국 국민을 위한 더 나은 사회: 건강하고 정의롭고 인정 많은 사회" 따위의 거의 모든 사람들이 받아들일 만한 것들이었다. … 따라서 총선 때쯤 노동당 당대회는 돌이킬 수 없이 쇠퇴한 정치제도처럼 보였다. 노동당 정부는 당대회의 권위를 노골적으로 무시했다. 당대회의 결정 사항들은 정부 정책에 최소한의 영향만 미쳤다.[74]

한편으로 정부와 당 집행위원회 사이의 불화, 다른 한편으로 정부와 상당수 의원들 사이의 불화는 노동조합과 정부의 불화를 반영했다. 그리고 이것은 노동자들의 산업 투쟁이 매우 고양되고, 그 투쟁이 정부 정책과 충돌한 것과 밀접한 연관이 있었다.

노동당은 분명히 노동운동의 통제를 받지 않았다. 그랬다면 《투쟁을 대신해》를 결코 발행하지 않았을 것이다. 그러나 노동당은 노동운동으로부터 완전히 독립적이지도 않았다.

윌슨과 노동당 좌파

윌슨이 노동당 지도자로 선출됐을 때, 좌파의 주요 인사들은 윌슨을 매우 칭찬했다. 강경한 사회주의 투사 프랭크 알런은 "해럴드 윌슨은 키어 하디 이후 최고의 노동당 지도자"라고 말하기까지 했다.[75] 《뉴 레프트 리뷰》의 페리 앤더슨은 "윌슨 노선 덕분에 노동당은 유럽 사회민주주의의 역동적 좌파가 됐다"며, 노동당이 "15년 동안의 실패 끝에 드디어 역동적이고 유능한 지도자를 얻었다"고 믿었다.[76]

가장 무비판적인 칭찬은 마이클 풋의 《해럴드 윌슨 평전》에서 찾아볼 수 있다. 풋은 윌슨을 다음과 같이 묘사했다.

윌슨은 정치에, 노동당에, 자기 나름의 사회주의에 헌신적인 사람이다(그는 사회주의가 영국 국민들의 행복에 크게 기여할 수 있다고 믿는다). 여기서 헌신적이라는 말은 경건하게, 엄숙하게, 진지하게 몰두한다, 완전히 열중한다는 뜻이다. 아니, 열정적으로 전념한다가 더 정확한 표현일지도 모르겠다.[77]

다른 곳에서 풋은 윌슨의 "정치적 통찰력, 정치적 수완과 생존 능력 … 사상의 일관성, 교조적이지 않은 태도, 민주주의를 존중하는 자세 … 특히 노동당 운동에 대한 진지하고 뜨거운 애정"을 강조했다.[78]

그러나 한 꺼풀만 벗겨 보면, 사회주의 이념을 지배계급의 요구에 맞추려는 '정치적 실용주의'가 드러난다. 풋은 다음과 같이 썼다.

좋아하든 싫어하든, 우리가 선거를 통해 실현하고자 애쓰는 노동당의 강령은 서방 동맹과 자본주의 서방 세계의 일부인 나라에서 혼합경제를 운영하기 위한 강령이었다. 그런 경제 운영은 무척 어려운 일이지만, 지미 맥스턴이 언젠가 말했듯이, 우리가 두 마리 말을 동시에 탈 수 없다고 생각했다면 살벌한 서커스를 시작하지도 않았을 것이다.[79]

맥스턴의 비유는 서커스에는 맞을지 모른다. 그러나 자본주의와 노동자들이 정반대 방향으로 질주하는 상황에서 두 마리 말을 동시에 타는 것은 점점 더 힘들어졌다!

그래서 〈트리뷴〉은 소득정책 문제에서 갈림길에 직면했다. 처음에 〈트리뷴〉은 소득정책을 지지하는 기사들을 많이 실었다. 마이클 배릿 브라운과 로이든 해리슨은 조지 브라운의 소득정책을 설명하며 마르크스의 말을 빌리기도 했다. "다시 한 번 노동자들의 정치경제학이 결정적으로 승리할 수 있는 무대가 마련됐다."[80] 1965년에 실린 기사는 임금통제를

환영하며, 정부가 "'강제력'의 필요성을 더 일찍 깨달았어야" 했다고 불평하기까지 했다.[81]

그러나 선원 파업에 대한 정부의 태도 때문에 밀월 관계는 갑자기 끝나 버렸다. 당시 〈트리뷴〉의 1면 구호는 "선원들을 지지하라!"였다. 이제 〈트리뷴〉은 정부의 소득정책을 신랄하게 비판했다. 풋은 다음과 같이 썼다. "노동당 운동은 자본주의 경제가 급속히 악화하는 상황에서 임금통제와 불공정한 소득정책을 받아들이라는 요구를 받고 있다."[82] 일주일 뒤에 그는 다음과 같이 썼다. "정부의 희극에 등장하는 최신 기교는 모두 한물간 것들이다. 신데렐라의 못생긴 언니에게 신데렐라 옷을 입힌 꼴이다."[83]

의회에서 임금동결에 대한 표결이 있었을 때 노동당 좌파 의원들은 도덕적 고문에 시달렸다. 이언 미카도는 "우리는 왜 기권했는가"라는 글에서 다음과 같이 말했다. "총리와 경제 부처 장관들이 해결해야 할 주요 현안들이 산적한 마당에, 그들에게 어려운 짐들을 더 지우는 것은 당연히 슬픈 일이었다. 이것은 이유 없는 반항이 아니다. 이보다 더 슬프고 유감스러운 반란은 한 번도 없었다."[84]

적어도 〈트리뷴〉은 공개적으로 비판할 태세는 돼 있었다. 국가보건서비스에 대한 요금이 다시 부과됐을 때 〈트리뷴〉은 "정말 수치스럽다!" 하고 외쳤다. 〈트리뷴〉은 윌슨의 베트남 정책과 《투쟁을 대신해》에 일관되게 반대했지만, 관련 법안에 반대하는 산업 투쟁 문제에서는 눈에 띄게 침묵했다. 페기 더프, 나이젤 해리스 등은 "〈트리뷴〉의 부끄러운 전쟁?"이라는 제목의 편지에서 다음과 같이 불평했다. "지난주에 〈트리뷴〉은 정부의 파업 규제 법안에 반대하는 메이데이 파업을 지지하거나 격려하기는커녕 언급조차 하지 않았다."[85]

노동당 좌파가 노동계급의 요구에 대해 우파보다 더 우호적인 것은 사실이었다. 그러나 실제 투쟁과 거리를 두기는 마찬가지였다. 이 시기에 노동당 좌파의 실천은 보잘것없었다. 노동당 좌파의 어려움을 가중시킨 것은, 그들이 볼테르의 [소설 《캉디드》에 나오는] 팡글로스 박사처럼 노동당이야말로 "더할 나위 없이 훌륭한 최선의 세계"라고 믿고 싶어 한 사실이다. 가혹한 현실에 뺨을 맞은 뒤에야 그들의 생각은 바뀌었다. 그러나 그때조차 노동당과 노동당의 선거 승리에 몰두한 그들은 윌슨의 정책에 맞서 싸우는 운동을 지도할 수 없었다.

노동당에서 소외된 노동자들

1966년 총선에서 노동당이 선거공약을 제대로 실행하려면 의회에서 압도적 다수파가 돼야 한다는 윌슨의 호소가 먹혀든 덕분에 노동당은 1945년 이후 최고의 성과를 거뒀다. 그래서 오히려 그 뒤 선거에서 노동당의 하락세가 더욱 두드러져 보인다. 1966년 선거 이후 노동당의 핵심 정책이 분명해지자 노동당에 환멸을 느끼는 지지자들이 급증했다. 이런 환멸 때문에 노동당은 재보선에서 잇따라 패배했다.

1966년까지 재보선에서 정당의 의석 교체는 예외적이고 드문 일이었다. 1945~1951년의 노동당 정부는 [재보선에서] 겨우 1석만 잃었다. … 보수당이 13년 동안 집권하면서 잃은 의석은 겨우 10석이었다. 8석은 노동당에, 2석은 자유당에 잃었다.

1966년 선거 이후의 재보선에서 놀라운 점은 집권 여당의 의석 상실이 결코 예외가 아니라 거의 불변의 규칙이 된 사실이다. … 1970년 6월 정권을 잃을 때까지 노동당은 겨우 6년 동안 31석 가운데 16석을 잃었다. 그 전까지 노동당이 재보선에서 잃은 의석을 모두 합친 것(1900년부터 1964년까지 모두 15석)보다 더 많았다. 전에는 재앙처럼 보였던 의석 상실조차 이제는 대수롭지 않게 여겨졌다. 30년 동안 어떤 정부도 그와 비슷한 패배를 경험한 적이 없었다.[86]

선거로 자본주의를 통제할 수는 없다. 그러나 약속을 어긴 것에 대한 항의 표시는 할 수 있다. 재보선 결과는 완전고용이나 생활수준 상승에 대한 기대와 이런 기대를 충족시킬 수 없는 정부 사이의 모순을 보여 줬다. 양대 정당의 시소게임 양상은 1966년 이후 10년 넘게 지속됐다.*

노동당의 지방선거 성적이 더 나은 것도 아니었다. 1967년 4월 지방선거에서 보수당이 압승해 33년에 걸친 노동당의 런던 시의회 지배가 끝났다. 노동당은 100석 가운데 겨우 18석만 건졌다. 1968년 5월 지방선거에서 노동당은 919석을 잃었다. 런던에서 노동당은 18개 선거구 가운데 15곳에서 패배했다. 비슷한 재앙은 1969년 지방선거에서도 되풀이됐다. 노동당은 약 917석을 잃었다.

1970년 총선에서 노동당의 득표는 1951년보다 180만 표 줄었다. 선거 연령이 21세에서 18세로 낮아져 유권자가 600만 명이나 늘었는데도 그랬다.

당시는 정치적 냉소주의가 널리 퍼져 있었다. 이 점은 1968년 2월 실시된 전국 여론조사 결과에서 나타났다.[88] 그런 식의 여론조사를 너무 믿지는 말아야겠지만, 눈에 띄는 수치들은 분명히 시사하는 바가 크다.

---

* 집권 여당의 득표율이 20퍼센트 이상 하락한 재보선 비율: 1945~1951년 3퍼센트,
   1951~1955년 2퍼센트, 1955~1959년 10퍼센트, 1959~1964년 18퍼센트, 1964~1966년
   0퍼센트, 1966~1970년 34퍼센트.[87] — 지은이.

설문	동의한 응답자 비율
대다수 정치인들은 표를 위해서 공약(空約)도 서슴지 않는다	78
대다수 정치인들은 국익보다 당리당략을 더 중시한다	66
정치인들은 말은 많지만 하는 일은 없다	59
대다수 정치인들은 대가를 바라고 행동한다	57
일단 의원으로 선출되고 나면 유권자들을 외면한다	55

단위: 퍼센트

정치적 환멸이 널리 퍼진 이유 하나는 많은 유권자들이 정당 간의 진정한 차이, 투표와 일상생활 사이의 연관 등을 알 수 없었기 때문이었다. 어떤 책은 다음과 같이 썼다.

양당 지도자들은 … 중도 성향 유권자들에게 호소했다. 1966~1970년[그리고 1970년 총선 — 지은이] 선거운동에서 진정한 원칙의 충돌은 거의 없었다.[89]

노동당의 1970년 선거 패배를 설명할 때 제시되는 주된 이유 중 하나가 그것이다. [사회학자] 콜린 크라우치는 다음과 같이 썼다.

그저 다른 당의 정책을 채택함으로써 국민적 합의를 추구하는 사회민주주의 정당에는 … 목적이 거의 없다. 그뿐 아니라 국민적 합의도 끌어내지 못할 가능성이 크다. 유권자들은 보수당이 보수적 합의를 주도하는 것이 당연하다고 생각할 것이기 때문이다.[90]

이 점은 1970년 총선 투표율에서도 드러났다. 72퍼센트라는 투표율은 1935년 이후 최저 투표율이었다. 투표율이 이렇게 낮은 이유는 "꽤 많은 유권자들이 별로 내키지는 않지만 그나마 보수당이 두 악당 가운데 약간 더 낫다고 생각했기 때문이다."[91] 보수당의 득표율은 46.4퍼센트, 노동당은 43퍼센트였다.

노동당 활동가들의 사기 저하는 엄청났다. 밍킨에 따르면, "당의 뿌리가 말라붙었다."[92] 그래서 1970년 총선 뒤 열린 당대회에 대의원을 보내지 않은 지구당이 3분의 1이나 됐다.[93]

많은 사람들은 너무 큰 희생을 참기 힘들었다. 그 결과는 텅 빈 위원회실, 탈당 사태, 전에는 지칠 줄 모르는 활동가였던 당원들이 이제는 TV 앞에서 꾸벅꾸벅 조는 모습 등에서 찾아볼 수 있었다.[94]

켄 코츠는 다음과 같이 물었다. "넌더리를 내며 활동을 그만둔 훌륭한 사회주의자들이 얼마나 많았던가? … 너무 명백한 조짐들을 보며 사기가 꺾인 지구당이 얼마나 많았던가? 분명한 것은 손실이 심각했다는 것이다."[95] 암울한 분위기가 당대회장을 압도했다. 한 대의원은 지구당의 상태를 다음과 같이 묘사했다.

당의 사기는 무너졌다. 당원 수가 급감했고, 우리 지구당을 비롯해 일부 지구당은 문을 닫았다. … 그들이 얼마나 고립감을 느꼈는지 … 물어보라. 그리고 그들의 정치적 고독을 들어 보라.[96]

우리는 노동당 개인 당원의 공식 수치가 실제 당원 수보다 많이 부풀려져 있음을 알고 있다(그리고 능동적 당원 수는 훨씬 더 부풀려져 있다). 그러나 노동당 개인 당원 수가 1964년 83만 116명에서 1970년 69만 191명으로 감소한 것은 사실이다. 1964년 윌슨이 집권했을 때, 당원이 2000명 이상인 지구당이 66개였다. 그러나 윌슨이 1970년 총선에서 패배한 뒤 그 수는 22개로 줄었다. 일부 지구당의 쇠퇴는 충격적이다. 예컨대, 브릭스턴 지역의 지구당은 1965년 1212명이었던 당원이 1970년에는 292명으로 급감했다.[97]

개혁주의 시대의 종말

상시 군비 경제는 이윤율 저하 속도를 늦췄지만 이윤율 저하 자체를 막지는 못했다. 더욱이, 군비 지출의 부담이 불균등했기 때문에 영국만의 독특한 문제들이 생겨났다. 이류=流 자본주의 경제가 일류 제국주의 구실을 해야 했던 것이다. 제2차세계대전 이후 한동안 임금과 실업은 분명히 반비례 관계였다. 임금이 높아도 실업률은 낮았다. 그러나 1965년 이후 임금과 실업은 같은 방향으로 움직였다. 미국의 베트남 전쟁 비용으로 촉진된 물가 오름세가 국제 자본주의 전체로 번져 갔다. 그래서 영국의 국제수지 위기가 재발했고, 영국 정부는 우선 과제로 올려놨던 실업 감축을 다시 뒤로 미루고 임금 삭감 공세를 앞당겼다.

계급과 국가의 조화를 추구한 노동당에 케인스주의는 딱 맞았다. 왜냐하면 케인스주의는 노동자들에게 좋은 것이 국가에도 좋은 것이라고 주장했기 때문이다. 그러나 이제 정부는 국제수지 위기와 물가 오름세에 대한 두려움에 사로잡혀 있었다. 노동조합원들, 특히 현장위원 투사들이 경제 위기의 주범으로 비난받았다. 고임금은 국익의 적으로 선포됐다.

노동당의 정치는 딜레마에 직면했다. 점진주의의 토대는 정부가 국가를 통제해서 개혁을 점진적으로 실행할 수 있다는 믿음이다. 그러나 윌슨 정부 시절의 현실은 그런 믿음과 달랐다. 정부는 자본주의 경제의 명령에 순응했다. 애틀리 정부 시절 획득한 개혁들은 미래의 진보를 위한 발판이 아니었다. 그런 개혁은 예외적 상황 덕분에 가능했다. 그리고 이제 그나마도 사라졌다.

예컨대, 국유화를 보라. 사람들은 국유화가 하나하나씩 누적될 것이라고 생각했다. 그러나 수익성 없는 산업을 국유화한 애틀리 정부의 조처는 윌슨 정부가 국유화를 확대하는 데 장애물이 됐다. 그러자 언론은 재빨리 국유화 자체를 불신의 대상으로 만들었고, 국유화된 기업체들은 정부가 다른 기업들을 인수하는 데 필요한 재정적 기여를 할 수 없게 됐다. 1960년대에는 국유화를 확대하기 위해 민간 부문에서 돈을 뽑아내는 것이 경제적으로 불가능하지는 않았을지라도 매우 어려워졌다. 애틀리 정부는 전체 산업의 약 20퍼센트를 국유화했다. 보수당이 민영화했다가 윌슨 정부가 다시 국유화한 철강 산업을 제외하면, 영국 산업의 기본 소유 형태는 1951~1970년에 거의 변하지 않았다.

전후 호황 덕분에 국가정책들은 상대적으로 조화로웠다. 이른바 버츠컬리즘이었다. 경제 위기가 강요한 새로운 정책들도 조화롭기는 마찬가지였다. 즉, 1970년쯤 노동당과 보수당의 강령에는 질적인 차이가 거의 없었다. 보수당 부총재를 지낸 레지널드 모들링은 1967년에 다음과 같이 말했다. 노동당 정부는 "우리의 문제들을 물려받았다. 그들은 우리의 해결책도 많이 물려받은 것 같다."[98]

애틀리 정부가 1951년 총선 패배로 물러났을 때만 해도 노동당 지지자들 사이에는 낙관적 분위기와 자신감이 있었다. 1970년에 노동당이 정권을 잃었을 때 노동당 지지자들은 윌슨 정부를 되돌아보며 씁쓸함과 분노와 환멸만 느꼈다.

14장

히스 정부와 노동당

산업 현장

경제 위기와 윌슨 정부의 실패를 목격한 노동조합의 전투성이 급격히 고조됐다. 에드워드 히스가 이끄는 새 보수당 정부의 정책들도 노동조합의 전투성을 고양시켰다. 정부의 노사 관계 관련 법안과 공공 부문의 임금통제 결정에 반대하는 파업들이 분출했다.

노사관계법안은 1970년 12월에 발의됐다. 이 법안은《투쟁을 대신해》의 내용과 비슷한 점이 많았다. 노동조합은 등록을 해야 했고, 등록하지 않으면 법률에 따른 면책 혜택을 상실했다. 냉각기간(6일)과 비밀투표가 다시 도입됐다. 노사관계법원이 창설됐다. 클로즈드숍은* 금지됐고, 명시적인 반대 표현이 없는 한은 단체협약의 법적 구속력이 인정됐다.**

노조 지도부는《투쟁을 대신해》보다 보수당의 정책에 훨씬 더 예민하게 반응했다. 노총은 중앙과 지방, 지역에서 잇따라 모임을 갖고, 앨버트홀에서 집회를 열고, 1971년 2월 21일 14만 명이 참가한 시위를 비롯해

---

* **클로즈드숍** 모든 피고용인이 반드시 노동조합에 가입해야 하는 작업장.

** 노사 문제에 정부가 개입하는 것을 꺼리는 전통이 강한 영국에서는 단체교섭과 단체협약이 법적 구속력이 없는 신사협정에 불과했고, 단체협약의 조건들은 개별 고용계약에 통합되는 한에서 법적 강제력이 있었다.

많은 거리 시위를 벌였다. 노총은 산하 노동조합에 노사관계법에 따른 등록을 하지 말라고 지시했고, 실제로 어지간한 규모의 노동조합은 모두 노총의 지시를 따랐다. 노동조합들은 모두 단체협약과 관련해 노총이 권고한 다음과 같은 초안 조항을 이용했다. "이것은 법적으로 강제력이 있는 협약이 아니다."

그러나 노동당이 정권을 잃는다고 해서 노조 관료들의 본성이 완전히 바뀌는 것은 아니다. 노총은 여전히 산업 투쟁을 거부했다. 그런데도 현장 조합원들이 조직한 하루 항의 파업들이 벌어졌다. 1970년 12월 8일 파업에는 60만 명이 참가했고, 1971년 1월 12일에는 18만 명이 참가했고, 1971년 3월 1일과 18일에는 모두 약 125만 명이 참가했다.

어퍼클라이드조선회사UCS의 해고에 항의하는 투쟁에서 노동자 투쟁은 절정에 달했다. 1971년 6월 24일 오후 글래스고에서 10만 명 이상의 노동자들이 작업을 중단했다. 그들 중에 절반은 도심을 가로지르며 시위를 벌였다. 이것은 1926년 총파업 이후 클라이드사이드에서 벌어진 최대 규모의 항의 시위였다. 한 달 뒤 통상산업부 장관 존 데이비스가 어퍼클라이드조선회사의 직원을 8500명에서 2500명으로 감축하겠다고 발표했다. 이튿날 어퍼클라이드조선회사의 노동자들은 네 곳의 조선소를 모두 점거했다.

8월 10일 스코틀랜드 전역과 잉글랜드 북부에서 모인 1200여 명의 현장위원들은 워크인* 계획을 만장일치로 승인하고, 어퍼클라이드조선회사 노동자들에 대한 재정 지원을 호소했다. 8월 18일 약 20만 명의 스코틀랜드 노동자들이 작업을 중단했고, 그중에 약 8만 명이 거리 시위에 나섰다. 정부는 엄청난 충격을 받았다. 스트래스클라이드주州의 경찰청

---

* 워크인(Work-in) 공장을 점거한 채 생산을 지속하는 투쟁 방식.

장 데이비드 맥니는 다우닝가에 전화를 걸어 정부가 어퍼클라이드조선 회사를 정상 가동시키지 않으면 자신은 사퇴하겠다고 밝혔다. 히스는 태도를 180도 바꿀 수밖에 없었다.

1972년 7월 런던 항만 노동자 다섯 명이 노사관계법 위반 혐의로 펜턴빌 교도소에 수감됐다. 그러자 4만 4000명의 항만 노동자들이 비공인 파업에 돌입했다. 언론 노동자들이 그 뒤를 따랐고, 많은 금속 노동자들도 파업을 벌였다. 노조 관료들도 뭔가 행동을 하지 않으면 통제력을 상실할 듯한 상황이었다. 7월 26일 노총 중앙집행위원회는 7월 31일 하루 파업을 호소했다. 정부는 겁에 질렸고, 노총 중앙집행위원회가 파업을 호소한 바로 그날 상원은 노사관계법을 극적으로 수정해서 히스를 궁지에서 구해 줬다. 수감된 항만 노동자 다섯 명은 즉시 풀려났고, 노총은 파업 호소를 철회했다.

1972~1974년에 조선소, 공장, 사무실, 작업장을 점거하는 투쟁이 200건 넘게 일어났다. 노동자들은 주요 임금 인상 투쟁들에서도 승리했다. 가장 중요한 것은 1972년과 1974년의 대규모 광원 파업이었다.

첫 번째 광원 파업에서는 현장 조합원들의 능동성과 다른 부문 노동자들의 연대가 두드러졌다. 이런 능동성과 연대는 '솔틀리[버밍엄시의 도심] 게이츠 전투'에서 절정에 달했다. 파업 중인 금속 노동자 약 2만 명의 지원을 받은 광원 수천 명이 전략적으로 중요한 미들랜드 코크스 창고를 폐쇄했다. 이것이 파업 승리에 결정적 구실을 했다. 1973~1974년 겨울에 벌어진 두 번째 광원 파업은 첫 번째 파업보다 더 수동적이었다. 그러나 이 투쟁은 보수당 정부의 몰락을 재촉하고 노동당의 총선 승리와 재집권을 가능하게 했다.

전체 파업 일수는 1970년 1098만 일, 1971년 1355만 1000일로 늘었고, 1972년에는 2390만 9000일까지 치솟았다. 이것은 1920년대 이후 최고 수준이었다. 1945~1954년의 연평균 파업 일수는 207만 3000일, 1955~1964년에는 388만 9000일, 1965~1969년에는 395만 1000일에 불과했다.

50여 년 만에 처음으로 영국에서 정치 파업이 다시 등장했다. 정치 파업은 공식 집계를 하지 않기 때문에 그 규모를 알려면 추산에 의존할 수밖에 없다. 한 추산에 따르면, 1970~1971년 노사관계법에 반대하는 공인·비공인 파업에 참가한 노동자들의 수가 그해 전체 노동쟁의 참가자 수의 두 배나 됐다.[1]

당시는 노동당 정부든 보수당 정부든 지배계급을 대신해서 노동자들을 전면 공격하지 않으면 안 되는 상황이었다. 그러나 소득정책, 노사관계법, 생산성 협정 체결 압력 등 정부가 개입을 했기 때문에 노동자들도 자신들의 투쟁을 일반화해야 했다. 뿌리 깊은 부문주의가 극복되기 시작했다. 콜린 크라우치는 다음과 같이 말했다.

지역의 노동조합 활동을 제도화해서 통제하려는 조처들 — 소득정책, 협상 구조와 임금체계 개혁, 생산성 협상, 노사 관계 개혁 등 — 이 오히려 투쟁의 지역적 고립을 깨뜨리고 경제적·정치적 반향을 더 널리 확산시켰다. 현장의 전투성 고양에 대한 정부의 초기 대응이 오히려 노사 관계를 급격하게 정치화시켰다.[2]

로이든 해리슨이라는 노동운동 역사가는 히스 정부 시절의 파업에 대해 다음과 같이 말했다.

노동조합운동이 오랫동안 정부와 벌여 온 대결에서 거둔 가장 놀라운 승리였다. … 1970~1974년의 노동자 투쟁은 1910~1914년의 노동자 투쟁보다

규모도 훨씬 더 크고 비할 바 없이 성공적이었다. 수많은 노동자들이 투쟁에 참가했다. … 일부는 생산뿐 아니라 분배의 조건에 대해서도 불온한 관심을 보이기 시작했다. … 그러나 1972년 2월과 1974년 2월 두 차례 승리를 통해 당시 노동자 대투쟁의 틀을 잡고 이 투쟁을 완성하고 완결한 것은 석탄 광원들이었다. 이로써 그들은 1912년에 이루지 못한 것을 마침내 해낸 것이다. 1972년 파업으로 광원들은 정부에 타격을 가해 '길을 잃고 헤매게' 만들었다. 그리고 두 번째 파업으로 정부를 파멸시켰다. 첫 번째 파업 당시 광원들은 총리가 다우닝가 10번지에서 자신들을 영접할 수밖에 없도록 만들었다. 광원들을 따로 만나지 않겠다고 버티던 총리를 굴복시킨 것이다. 그리고 광원들은 정부가 지난 24년 동안 양보한 것보다 더 많은 것을 24시간 만에 양보하게 만들었다. 그리고 2년 뒤의 광원 파업은 총리로 하여금 주 3일 근무를 도입하게 만들었다. 이 새로운 제도는 정부에 재앙이었다. 총리는 선거 패배라는 대가를 치러야 했다.
이런 일은 전에는 듣도 보도 못한 일이었다![3]

히스 정부는 자그마치 다섯 번이나 비상사태를 선포해야 했다! 이런 대규모 투쟁에서 노동당은 어떤 긍정적이고 능동적인 구실을 했는가? 그 대답은 1910~1914년의 노동자 투쟁 때와 마찬가지다. 노동당은 아무런 구실도 하지 않았다.

누가 대규모 산업 투쟁을 지도했는가?

트로츠키는 1917년 2월 혁명을 언뜻 보면 전혀 계획되지 않은 혁명처럼 보이지만 사실은 그렇지 않다고 썼다. "[2월 혁명이] 자연 발생적으로 일어났다는 신비주의적 주장은 아무것도 설명하지 못한다."⁴ 이 점은 모든 대중투쟁에도 적용된다. 1970~1974년의 노동자 투쟁 때도 지도부는 있었다. 그러나 그 지도부는 노동당이 아니었다.

산업 현장의 투사들은 전통적으로 공산당에 의존했다. 1966년에 공산당은 '노동조합 방어를 위한 연락위원회'(이하 연락위원회)를 창설했다. 영국 전체의 30만 명 남짓 되는 현장위원들 가운데 공산당에 노골적으로 충성하는 사람들은 소수였다. 그런데도 공산당은 현장위원 운동 전체를 지도할 수 있었다. 반면에 좌파 노동당 현장위원들은 그와 비슷한 조직이 없었다. 그리고 노동당의 정치는 연락위원회 같은 기구를 건설하고 지도하는 것과는 거리가 멀었다. 1969년에 노동당의 《투쟁을 대신해》에 반대하는 50만 명의 하루 파업을 조직하고 노사관계법에 반대하는 대규모 비공인 파업들을 조직한 것은 연락위원회였다. 공산당 투사들은 어퍼클라이드조선회사 투쟁과 그것을 지지하는 연대 행동을 주도했다. 어퍼클라이드조선회사 현장위원들이 채택한 워크인 방식은 영국 전역의 공장점거 투쟁에서 널리 유행했다.

1889년의 신노동조합 운동 지도자들, 신디컬리스트들, 전시의 현장위원들과 마찬가지로 1970년대 현장 조합원 투쟁의 지도부도 의회주의의 제약을 받지 않는 소규모 조직이었다. 사실, 노조 관료나 선거주의에 대한 공산당의 독자성도 정도 차이였을 뿐이지만, 그 정도의 독자성이라도 있었기에 공산당은 자본주의에 맞선 전투적 저항을 이끌 수 있었다.

그러나 공산당원들의 그런 독자성은 이미 당 지도부에 의해 상당히 손상된 상태였다. 공산당 지도부는 오래전에 혁명적 사회주의를 포기하고 "노동당 좌파와 공산당 의원들의 의회 장악"을 통해 영국 사회를 변혁하는 노선을 추구했다. 이런 논리 때문에 공산당원들의 투쟁 능력이 완전히 없어진 것은 아니어도 꾸준히 약해진 것은 사실이다. 그래서 노동당 좌파나 좌파 노조 관료들에 대한 공산당의 비판은 무뎌졌다. 우파에 맞서 이들과 공산당의 관료적 동맹이 강조됐다.

1960년대 이후 공산당이 산업 현장에 개입하는 주된 형태는 '범좌파' 건설, 즉 개별 노동조합에서 노동당 좌파와 동맹을 맺는 것이었다. 범좌파의 주된 과제는 결의안을 조직하고 좌파 간부들을 노동조합 고위직으로 선출하는 것이었다. 똑같은 태도가 개별 노동조합의 틀을 뛰어넘어 노동조합 전체 수준의 범좌파 동맹 — 연락위원회 — 에도 영향을 미쳤다.

현장 조합원들의 전투성과 좌파 노조 간부 양성 사이의 모순 때문에 연락위원회의 영향력이 약해졌다. 위기는 1972년에 찾아왔다. 6월 10일 연락위원회 대의원 1200명이 모여 보수당의 노사관계법에 반대하는 산업 투쟁을 호소했다. 그러나 한 달 뒤 항만 노동자 다섯 명이 펜턴빌 교도소에 수감됐을 때 연락위원회는 아무 행동도 하지 않았다. 공산당이 끌어들이려고 안달하던 운수일반노조 지도자 잭 존스가 산업 투쟁에 반대했기 때문이다. 당시 항만노조의 현장위원 네 명은 〈소셜리스트 워커〉에 다음과 같은 편지를 보냈다. "이 투쟁에 참가한 보통의 항만 노동자에게 연락위원회가 무엇을 했느냐고 물어보면 연락위원회가 뭐냐고 오히려 반문할 것입니다."[5] 그 뒤 연락위원회는 소수가 결의안이나 통과시킬 뿐 실제로 행동은 하지 못하는 기구로 전락하고 말았다.

공산당의 정치 때문에 기층 공산당원 투사들이 제대로 주도력을 발휘하지 못하자 그 정치적 공백을 어느 정도 메울 수 있는 기회가 다른 사람들에게 찾아왔다. 아주 소규모 조직인 '국제사회주의자들IS'(사회주의노동자당의 전신)이 새로운 주도력을 발휘할 수 있었다. 왜냐하면 노동당과 달리, 그리고 점차 공산당과도 달리 국제사회주의자들은 사회주의 정치가 생산 현장과 작업장의 노동자들 사이에서 굳건한 기반을 다져야 한다고 강조했기 때문이다. 알렉스 캘리니코스는 다음과 같이 썼다.

1971~1974년에 국제사회주의자들은 주로 학생들이 많던 조직에서 노동계급이 많은 조직으로 변모했다. 이 과정에서 결정적인 것은 공장 지부를 건설하기로 한 1973년 5월 국제사회주의자들 협의회의 결정이었다. 다음 협의회가 열린 1974년 9월까지 국제사회주의자들은 거의 4000명의 회원과 약 40개의 공장 지부를 거느리게 됐다. 그와 동시에, 다양한 산업 부문과 노동조합에서 국제사회주의자들 회원들은 현장 조합원 신문을 발행하기 시작했다. 그 신문들의 목표는 생각이 완전히 같지는 않지만 임금 인상 같은 구체적 쟁점들을 둘러싸고 함께 싸울 태세가 돼 있는 투사들을 신문 주위로 결집시키는 것이었다. … 1973년쯤 이 신문들은 많지는 않지만 그래도 상당한 부수를 발행하고 있었다.
국제사회주의자들은 연락위원회에 대한 분석과 작업장 기반의 성장 덕분에, 1974년 3월 30일 현장 조합원 운동의 전망을 논의하는 대의원대회를 소집해 전국적인 현장 조합원 운동 건설을 향한 첫걸음을 내딛었다. 270개의 노동조합들을 대표하는 대의원 500명이 참석해서 '전국 현장 조합원 조직위원회'를 건설했다. 같은 해 11월에 열린 제2차 대의원대회 때는 공산당이 마녀사냥에 가까운 방해를 했는데도 49개의 현장위원회를 포함해서 더 많은 단체들을 대표하는 대의원들이 참석했다. 작지만 새로운 운동이 시작된 것처럼 보였다.[6]

노동계급의 행동에 관여하려는 소규모 혁명가 조직의 이런 노력과, 심지어 노동당에서 가장 좌파적인 부류의 행동은 사뭇 대조적이다. 이 점을 이해하려면 1973년 발행된 에릭 헤퍼의 책 《의회의 계급투쟁: 노사관계에 대한 사회주의적 관점》을 보면 된다. 이 책의 주제는 보수당의 노사관계법에 반대하는 투쟁이다. 헤퍼는 노동당 좌파였을 뿐 아니라 의원으로 선출되기 전에는 노동조합 투사이기도 했다. 그러나 339쪽이나되는 그 책에서 어퍼클라이드조선회사 점거 투쟁을 다룬 부분은 겨우여섯 줄뿐이다. 광원 파업은 한 쪽, 펜턴빌 사건과 전국 항만 노동자 파업도 한 쪽밖에 안 된다. 반면에 보수당의 노사관계법안을 비판하는 노동당 우파 의원 브라이언 월든의 "탁월한"[헤퍼의 표현이다 — 지은이] 연설은무려 세 쪽이나 된다! 헤퍼는 자신이 노총의 공식 지도부나 해럴드 윌슨을 적대하지 않으려고 최선을 다했다고 설명한다. 그는 노사관계법안에 반대하는 하루 파업을 지지하면서도 이를 공개적으로 밝히지 않은이유를 다음과 같이 해명한다. "나는 야당 지도부의 책임감에 매여 있었기 때문에"[7] [그리고 — 지은이] "해럴드 윌슨의 말을 어기고 싶지 않았기 때문이다."[8]

그래서 노동당은 대중의 전투성을 발전시키려는 노력을 전혀 하지 않았다. 수많은 노동당 지지자들이 투쟁에 참여하고 있는데도 그랬다. 또다시 그들의 투쟁은 노동당원이라는 사실과 무관하게 진행됐다.

투쟁의 반향: 노동당의 습관적 좌경화

노동당은 노동계급을 적극적으로 지도하지 않는 반면, 특정 상황에서는 계급의 꽁무니를 따라다닌다. 항상 노동당을 좌경화시키는 두 요인, 즉 외부의 압력과 정권 상실이 이제 결합됐다. 당시의 엄청난 산업 투쟁에 자극을 받아서, 그리고 윌슨 정부의 실정과 보수당의 우파 정책에 대한 반작용으로 노동당은 급격히 좌경화했다. 노동당 좌경화의 핵심에는 각각 잭 존스와 휴 스캔런이 이끄는 운수일반노조와 금속노조의 동맹이 있었다. 1973년 당대회에서 힘을 합친 그들은 당대회 총투표 619만 7000표와 노동조합 총투표 544만 9000표 중에서 197만 1000표를 좌우했다. 이 블록투표는 좌경화 압력의 강력한 기반이었다.

이제 노동당 지도부는 급진적 미사여구를 사용했다. 토니 벤은 당내 좌파의 대변자를 자처하며 어퍼클라이드조선회사 점거 투쟁 현장에 나타나 현장위원들에게 말을 걸었다. 그런데 데니스 힐리 같은 전통적 우파조차 정치적 카멜레온이 됐다. 힐리는 1973년 당대회에서 다음과 같이 말했다.

> 우리의 임무는 집권하는 것이고, 우리는 1945년 이후 가장 급진적이고 포괄적인 정책과 강령으로 무장한 채 전투에 뛰어들 것입니다. 우리의 목표는 노동계급과 그 가족들에게 권력과 부를 근본적으로 이전하고 그것을 확고하게 굳히는 것입니다.(박수) … 우리는 부유세를 도입할 것입니다. 우리는 상속세를 물세로* 전환할 것입니다. … 경고하건대, 8만 명의 부자들은 미친 듯이 울부짖으며 반발할 것입니다.[9]

그 뒤 연이은 노동당 당대회에서는 공공 소유 확대를 요구하는 결의안들이 통과됐다. 1971~1973년 노동당 당대회에서 통과된 결의안들은 은행, 보험, 주택조합, 건설업, 금융회사, 운수업, 선박 건조·수리 산업의 국유화를 지지했다. 1972년에 작성된 《노동당의 정책 강령》은 1970년 이후 민영화된 산업들을 무상으로 다시 국유화해야 한다고 주장했다. 그리고 공공 소유를 북해유전, 항만, 제약 회사, 금융기관, 은행, 선박 건

---

* 물세(物稅) 사람에게 부과하는 인세와 달리 특정 물건의 소유와 취득 등에 대해 부과하는 세금.

조·수리 산업, 택지宅地로까지 확대하겠다고 주장했다.

노동당은 일방적 핵무기 철폐 정책도 채택했다. 1973년 노동당 당대회는 다음과 같이 결정했다.

우리는 영국이나 동맹국의 핵무기 사용 또는 핵무기 사용 위협을 바탕으로 한 국방 정책에 반대한다. 그리고 영국의 영토나 영해에 있는 핵무기 기지들을 모두 폐쇄할 것을 요구한다. 이런 주장과 요구를 총선 공약에 포함시킬 것도 요구한다.[10]

심지어 노동당 중앙집행위원회도 좌파의 영향력이 증대하고 의회 지도부로부터 독립성이 강화됐음을 보여 줬다.

당대회 결의안을 무시하던 과거 노동당 정부의 거만한 태도는 사라지고 당내 민주주의와 당대회를 최고로 치켜세우는 경향이 유행했다. 1970년 당대회에서 잭 존스는 과거 노동당 정부의 엘리트주의를 강력하게 비판했다.

지구당을 골칫덩어리로 여기거나 자신에게 유리할 때는 마음대로 써먹을 수 있는 도구쯤으로 생각하는 의원들이 너무 많습니다. … 기층의 영향력은 더욱 강화돼야 합니다.[11]

존스의 연설에 고무된 당대회 대의원들은 집행위원회에 반대하는 다음의 결의안을 308만 5000표 대 280만 1000표로 통과시켰다.

당이 집권했든 안 했든 당 의원단 지도자들은 정기 당대회 결정에 맞게 정책을 수립해서 노동당과 노동조합운동의 관점과 염원을 반영해야 한다. …

의원단이 당대회 결정 사항에 따라 행동하기를 거부한 것을 개탄한다.[12]

1971년에 스캔런은 "당대회의 결정이 노동당 의원을 포함한 모든 당원에게 구속력을 가질 것"을 요구했다.[13] 1973년 당 정책 강령은 다음과 같이 명시했다. "노동당의 정책은 당원들이 만든다. 당의 장기 정책 강령은 정기 당대회에서 결정된다." 이렇게 시작된 당내 투쟁은 1981년 웸블리에서 열린 임시 당대회에서 당헌 수정으로 절정에 달했다.

대안경제전략의 탄생

1973년 노동당 당대회는 이른바 '대안경제전략'을 채택했다. 대안경제전략을 개발하게 된 동기는 윌슨 정부 시절 전통적 케인스주의가 실패한 것이었다. 윌슨은 경제성장을 희생시켜 금융시장의 신뢰를 유지하고 국제수지를 개선하려 했다. 이를 위해 윌슨은 임금을 억제하고 노동자들에 대한 세금을 인상했으나 결국은 《투쟁을 대신해》의 대재앙을 부르고 말았다.

1973년 노동당 정책 강령의 결론은 영국과 세계 자본주의를 묶고 있는 사슬을 깨뜨리고 대규모 국가 재건 사업으로 영국의 산업 강국 지위를 회복해야 한다는 것이었다. 이를 위해 필요한 "핵심 축 세 가지는 … 새로운 공기업 … 계획 협정 시스템 … 새로운 산업법"이었다.

새로운 공기업은 "소수 주요 기업들의 경제적 지배력"을 분쇄하기 위한 것이었다.

미래의 노동당 정부는 소유권을 이용해 주요 성장 산업들, 주되게는 투자

실적의 열쇠를 쥐고 있는 제조업을 직접 통제해야만 핵심 계획 목표를 달성하고 국익을 증진시킬 수 있을 것이다. 공공 부문 확대야말로 계획 과정의 핵심 요소다.

공공 소유를 확대하기 위한 국가기업위원회를 설립해 "제조업 상위 25대 [사 — 지은이]기업들을 추가 인수해야 한다." 이런 사기업 인수는 "국가기업위원회 설립 초기에" 실시해야 한다.[14]

분명 조지 브라운의 국가계획이 실패한 이유는 자본주의를 계획하는 것이 불가능하기 때문이 아니었다. 국가계획은 충분히 야심적이지 않았을 뿐이다. 따라서 정책 강령은 계획 협정 시스템이 "영국의 모든 주요 기업들 … 반드시 제조업 상위 100대 기업들과 모든 주요 공기업들"을 포괄해야 한다고 주장했다.

계획 협정 시스템은 [이 기업들의] 과거 실적과 미래 계획 … 투자, 가격, 제품 개발, 마케팅, 수출입 조건 등에 대한 최신 정보를 입수하는 통로가 될 것이다.

노동당은 이 계획 협정 시스템을 이용해

대기업들의 책임을 강화하고, 비협조적인 기업들도 협력하게 만드는 체계적 기초를 마련해야 한다.

국제 자본이 책임 있게 행동하도록 만들기 위한 특별 조처들도 필요하다.

예컨대, 정부는 외국계 다국적기업들의 영국 자회사와 영국계 다국적기업들에 관선 이사를 파견할 수 있어야 한다. 그리고 국가는, 아마도 국가기업위원회를 통해, 투명한 다국적기업들의 지분을 획득하고 그 기업들에 이사를 파견할 수 있어야 한다.

이것은 의지만 있다면 식은 죽 먹기나 다름없다고 봤다. 1973년 6월 24일 주디스 하트[노동당 정치인]는 국가기업위원회를 이용해 경제구조를 과감하게 바꾸겠다고 말했다.

> 5년 임기가 끝날 때쯤에는 제조업 상위 100대 기업 — 영국의 순 제조업 생산량의 약 절반, 이윤의 3분의 2, 고용의 약 절반을 차지한다 — 의 총매출액 가운데 3분의 1이 이사회 의결을 거쳐 다시 투자될 것이다.[15]

이것을 위해서는 국회의사당에 앉아 있는 600여 명이 새 산업법을 통과시키기만 하면 된다. 그러면 정부는 경제에 개입할 수 있는 실질적 권한을 즉시 확보할 것이다. 이런 조처들이 모두 실행되면 영국 경제의 상대적으로 낮은 투자율이 높아지고, 그래서 영국의 산업 생산 능력이 강화되고 생산성도 세계 수준으로 높아질 것이라고 정책 강령은 주장했다. 그리고 국제 자본주의의 압력을 약화시키려면 영국은 유럽경제공동체를 탈퇴해야 한다. 그래야만 경제 주권을 되찾을 수 있고 영국 국가가 국민경제를 계획할 수 있을 것이다.

대안경제전략이 개발되고 있을 때, 엄격한 자본수출 통제 등의 조처들이 새로 도입됐다. [대안경제전략은 다음과 같이 주장했다.] 이제 파운드화는 국제통화가 아니고 자유롭게 금과 교환될 수 없다. 외환 통제는 파운드화 투매를 방지하기 위한 것만이 아니다. 영국 기업들의 국내 투자 기피와 해외 도피를 막기 위해서도 외환 통제는 필요하다. 영국 경제는 대부분 민간 소유를 유지하겠지만, 국가가 지배적 세력이 될 것이다.

수입 쿼터로 국제수지 위기에서 벗어나면 정부는 완전고용과 경제성장을 최우선 과제로 삼을 것이다. 완전고용과 경제성장은 수요 증대를 통해 달성할 수 있다. 이렇게 해서 케인스주의 정책이 되살아날 것이다. 근본적으로 이런 대안경제전략은 민족주의적 케인스주의의 개정판에 불과했다.

대안경제전략에 대한 대중의 지지를 확보하기 위해 《1973년 노동당 정책 강령》은 몇 가지 당근을 추가했다. 어차피 부도날 수표를 발행할 바에야 천문학적 금액을 써넣는 것이 낫지 않겠는가?

- 경제적 평등:
… 따라서 이제는 부의 세습, 이와 연관된 권력과 특권의 세습, 불로소득을 통한 부의 축적을 근절하려는 노력을 시작해야 한다. …
- 산업민주주의:
… 노동자들을 **직접** 대표할 수 있는 제도가 필요하다. 이 노동자 대표자들은 노동조합에 확고한 기반을 두고, 해당 기업 노동자들에게 직접 책임을 질 것이다. 기업에 대한 감독위원회 제도를 도입하는 문제도 노총과 함께 검토해야 한다. 감독위원회는 기업의 전반적인 정책과 관행을 책임질 것이다. …

대안경제전략은 완전히 비현실적이고 공상적이었다. 경제의 대부분을 여전히 민간 부문이 차지하고 있고 이윤이 경제활동의 주된 동력인 상황에서, 영국 자본의 가장 강력한 부문인 다국적기업들과 은행들이 상위 25대 기업의 국유화, 국가의 명령과 계획 협정 따위를 군소리 없이 받아들일까? 다국적기업들이 국가가 임명한 이사들을 순순히 묵인할까? 민주적 산업 통제를 받아들일까? 대기업들이 저항하면 정부 관리들, 사법부, 경찰, 군대 같은 기존 국가기구가 '자본의 파업'을 분쇄할까?

대안경제전략은 완전고용을 달성한다는 점에서 노동자들에게도 득이 되고, 영국 경제의 국제 경쟁력을 회복한다는 점에서 국가에도 득이 되는 것처럼 보였다. 그것은 노동당의 오래되고 진부한 전략, 즉 계급과 국가의 조화를 추구하는 전략의 변형이었다.

세계가 놀랄 만한 이런 제안들과 비교하면, 미들랜드 코크스 창고를 폐쇄한 솔틀리 게이츠 피케팅은 아주 하찮은 것처럼 보인다. 그러나 솔틀리 게이츠 전투는 한 가지 중요한 장점이 있었다. 그것은 현실의 노동자 운동을 발전시켜 그 자신감과 힘이 50년 만에 최고조에 이르게 만든 것이다. 반면에 대안경제전략은 처음부터 완전히 실패작이었다.

사회협약

《1973년 노동당 정책 강령》의 중요한 일부는 "노동자와 정부의 광범한 사회협약이었다. 해마다 조건과 상황에 맞게 이 협약을 갱신할 수 있었다." 이미 1972년 1월 설립된 노동당 의원단, 당 집행위원회, 노총의 공동 '연락위원회'가 그런 협약의 사전 정지 작업을 한 적이 있었다. 이 공동 연락위원회는 1973년 2월 '경제정책과 생계비'라는 협정을 발표했는데, 이 내용이 1973년 노동당 정책 강령에 대거 반영됐다.

'경제정책과 생계비'는 노사관계법 폐지, 산업민주주의 확대, 정부 산하에 소득 분배 위원회 설치, [노동쟁의] 조정중재청 신설 등의 내용을 담고 있었다. 그리고 새로운 공기업 설립, 민간 대기업의 투자 정책에 대한 감독 강화, 부유세 신설, 부와 소득의 재분배, 물가 — 특히, 식품·주택·임대 가격 — 에 대한 직접적·법률적 통제도 언급했다. 마지막으로 연금·주택·의료비 개선, 유럽경제공동체 탈퇴도 약속했다.

사회협약과 대안경제전략은 존스·스캔런·벤의 영향력과 공산당 지지자들의 네트워크를 통해 상당수 투사들에게 스며들었다.

1974년 총선에서 사회협약은 노동당에게 아주 소중한 정책이었음이 드러났다. 노동당의 선거운동은 투쟁하는 소수를 대변하는 활동이 아니었다. 노동당은 보수당의 히스는 노조를 다룰 수 없지만 자신들은 할 수 있음이 사회협약으로 입증됐다는 것을 강조했다. 그러나 사회협약의 가장 중요한 구실은 나중에 드러났다. 앞으로 보게 되겠지만, 히스 정부 시절 영국을 뒤흔든 현장 조합원들의 전투성을 1974년 이후 질식시킨 것이 바로 사회협약이었다. 그리고 사회협약을 지탱하는 데서 결정적 구실을 한 사람들이 바로 존스와 스캔런 같은 좌파 노조 지도자들이었다.

실패한 기생충

히스 정부 시절 노동당 당대회에서 채택된 급진 정책들을 생각하면, 노동당 좌파의 조직적 취약성은 놀라울 뿐이다. 이렇다 할 세력은 〈트리뷴〉 그룹뿐이었다. 그리고 〈트리뷴〉 그룹의 영향력은 잠시 그들과 보조를 맞춘 대규모 노동조합들에 의존하고 있었다. 〈트리뷴〉이 과거 노동당 정부의 정책들을 시끄럽게 비판한 것은 사실이다. 그러나 〈트리뷴〉의 전 편집자 마이클 풋, 노동당 대표 해럴드 윌슨, 운수일반노조 사무총장 잭 존스 사이에는 긴밀한 연계가 있었다. 이 3인방이 당 집행위원회와 의원단 지도부 사이에서 중재자 노릇을 했다. 이 셋 중에서 누가 으뜸인지는

1974년 윌슨이 다우닝가로 복귀한 뒤에 분명해졌다. 윌슨이 대규모 노동 조합들을 이끌었고, 그 노동조합들이 또 〈트리뷴〉 그룹을 이끌었다.

사실, 강력한 산업 투쟁과 좌파적 미사여구에도 불구하고 노동당의 상황은 신통치 않았다. 개인 당원 수는 줄어들었다. 1970년에 69만 191명이 었던 개인 당원이 1973년에는 66만 5379명으로 줄었다. 앞서 지적했듯 이, 모든 지구당은 당원이 1000명 이상이어야 한다는 규정 때문에 실제 당원 규모는 이 수치와 달랐다. 그렇지만 이 수치는 전반적 흐름을 분명 히 보여 준다.

선거 실적도 좋지 않았다. 1966~1970년의 제2차 윌슨 정부 4년 동 안 노동당은 재보선에서 15석을 잃었고 한 군데에서도 승리하지 못했 다. 1970~1974년의 히스 정부 시절 노동당은 보수당한테서 단 한 석을 빼앗아 왔을 뿐이다. 1973년에는 노동당을 탈당하고 사회민주당으로 간 딕 태번에게 링컨 지역을 빼앗겼고, 로치데일 지역을 자유당에, 고번 지 역을 스코틀랜드국민당에 빼앗겼다. 1966~1970년의 노동당 정부에 대 한 기억이 유권자들에게는 여전히 생생했다. 윌슨 정부의 경험이 노동당 지지율을 장기적으로 낮춰 놓은 것이다.

노동당은 계급투쟁의 급진화에서 득표율 상승의 효과를 얻지 못했다. 이것은 미래의 전망과 관련해 상당히 불길한 조짐이었다. 노동당 출범 이후 계급투쟁과 노동당의 득표 사이에는 연관이 있었다. 물론 그 연관 은 간접적이고 희미했지만 그래도 실질적인 것이었다. 그런데 이제 펜턴 빌과 솔틀리 등 많은 투쟁에서 승리해 기대치가 높아진 노동자들과, 이 렇다 할 개혁을 제공하지도 못한 노동당 사이의 간극이 너무 커진 듯했 다. 그래서 계급투쟁과 노동당의 득표는 무관하다고 생각하는 노동자들 이 늘어났다.

따라서 소수의 노동자들만이 1970년대 초의 대투쟁에서 일반적인 정치적 결론을 끌어냈다. 그 결과, 노동당이 1974년 2월 총선에서 승리했는데도 득표는 오히려 1970년보다 53만 1904표(6퍼센트) 감소했다. 1966년과 비교하면, 141만 8560표(10퍼센트) 감소했다. 1974년 선거는 앞서 말한 양대 정당의 시소 효과를 새롭게 뒤틀었다. 경제 위기 상황에서 노동당과 보수당을 한 번씩 선택해 본 많은 유권자들은 이제 새로운 선거 대안을 모색했다. 그 결과 민족주의 정당들이 성장했다. 그러나 주된 수혜자는 자유당이었다. 1966년 8.5퍼센트였던 자유당 득표율은 이제 19.3퍼센트로 증가했다. 그 덕분에 노동당이 보수당을 이길 수 있었다.[*]

그렇지만 노동당은 노동계급 투쟁의 물결이 50년 만에 최고조에 이르렀을 때 엄청나게 급진적인 좌파적 공약을 내걸고 집권에 성공했다. 이런 상황에서 노동당은 어떻게 대응했는가?

---

[*] 대중이 양대 정당 모두에 환멸을 느끼고 있었음을 보여 주는 또 다른 지표는 보수당과 노동당의 득표율 합산치가 1951년 96.8퍼센트였던 반면, 1974년에는 74.9퍼센트에 불과한 것이었다. — 지은이.

15장

1974~1979년의 노동당 정부

1974년 2월 히스는 절망적인 상황에서 총선을 실시했다. 2년 전 광원 파업 때 패배한 경험이 있는 히스는 이번에는 광원 파업을 분쇄하기 위해 최선을 다했다. 2월 초에 시작된 파업으로 영국 전역에서 정전 사태가 속출했고 주 3일 노동제가 실시됐다. 보수당이 유권자들에게 제기한 질문은 단순했다. "누가 영국을 통치하는가?" 전기 공급이 중단됐을 때 노동계급이 영국을 통치할 수 있음이 분명히 드러났다. 그러나 의회 제도는 그런 가능성을 실현시키는 제도가 아니다. 투표소에서는 노동당 후보나 보수당 후보에게 투표하는 것 말고는 아무것도 할 수 없었다.

보수당의 공세 때문에 노동자들은 정치적 일반화를 하기 시작했다. 노동자들이 무엇에 반대하는지는 분명했다. 노동자들은 소득정책에 반대했고, 노동조합 통제 법률에 반대했고, 보수당에 반대했다. 그러나 많은 노동자들이 지지한 것은 무엇이었는가? 답은 여전히 노동당이었다. 물론 그들이 노동당을 열렬히 지지한 것은 아니었다. 1964~1970년의 노동당 정부를 겪으며 노동당에 대한 환상은 많이 사라졌다. 그러나 대다수 노동자들이 알고 있는 해결책은 다시 한 번 노동당 정부를 선출하는 것뿐이었다. 노동자들은 개혁주의 정치와 결별하지 않은 채 보수당의 공격을 막아내고 물리쳤다.

그 결과, 집권한 노동당 정부는 노동자 투쟁의 고양을 저지하고 마비시켰다.

1968~1974년에는 사용자 측의 정치적 일반화 — 소득정책과 노사관계법 — 와 노동자 측의 경제적 전투성 사이에 불안정한 균형이 있었다. 그런 상황은 오래 지속될 수 없다. 불안정한 균형은 경제적 전투성의 정치적 일반화로 이어지거나 아니면 전투성의 쇠퇴로 귀결될 수밖에 없다.

사실, 그 뒤 몇 년 사이에 불안정한 균형을 무너뜨린 것은 영국 노동계급을 지배하는 정책들, 즉 노동당 정치였다. 노동당 정치의 핵심은 광원노조 켄트 지부 깃발의 그림, 즉 "탄광 입구를 등지고 서서 의회를 바라보는 광원"의 모습이 잘 보여 준다. 이것이 바로 산업 투쟁과 정치의 관계에 대한 노동당 정치의 핵심이다. 경제와 정치 사이의 이런 이분법적 논리 때문에 노동자들은 특정 요구를 내걸고 보수당 정부와 싸울 때 노동당 정부라는 대안에 의존할 수 있다. 그러나 똑같은 요구를 내걸고 노동당 정부와 싸우게 되면 노동자들은 대안이 없으므로 후퇴할 수밖에 없다.[1]

애틀리 정부도 전후에 노동자들의 전투성을 약화시켰지만, 적어도 개혁을 제공하면서 그렇게 했다. 1974~1979년의 노동당 정부는 이렇다 할 개혁을 제공할 수 없었다.

케인스주의의 파산

케인스가 자신의 이론을 정립한 1930년대는 실업률은 높고 물가는 낮은 시대였다. 케인스와 케인스 추종자들은 물가 오름세와 실업률이 반비례한다고 생각했다. 즉, 실업률이 떨어지면 물가 수준이 오르고 실업률이 올라가면 물가가 떨어진다는 것이다. 1939~1969년의 30년 동안 완전고용과 함께 물가가 적정 수준으로 유지되자 케인스주의가 옳았음이 입증되는 듯했다(전후 호황은 대규모 군비 지출 때문이지만, 이 문제를 여기서 논하지는 않겠다).

필립스와 파이시라는 두 명의 교수는 실업률과 물가 오름세 사이의 반비례 관계를 산술 공식으로 나타냈다. 즉, 실업률이 2.5퍼센트라면, 임금은 연평균 생산성 증가율과 같은 비율로 — 약 3퍼센트씩 — 증가하고, 따라서 물가 수준은 안정된다는 것이다. 그러나 1970년대에는 필립스·파이시의 이런 정리가 무너졌다. 1950년대에는 실업률이 대체로 1퍼센트 이하였다. 1960년대 들어 오르기 시작한 실업률은 1960년대 대부분 기간에 2.5퍼센트를 훨씬 웃돌았다(필립스와 파이시 교수는 실업률이 2.5퍼센트를 넘으면 물가 상승 압력이 해소될 것이라고 생각했다). 그러나 물가 오름세는 오히려 가속화했다. 1950년대에 평균 2~3퍼센트에 불과했던 물가 상승률이 1960년대에는 3~4퍼센트로 높아졌고 1970년대에는 연평균 10퍼센트로, 흔히 그것보다 더 높게 치솟았다.

1974년 1월의 물가 수준을 100으로 치면, 1974년의 물가 수준은 117.4를 기록했고, 1975년 12월에는 146.1로 뛰었고, 1976년 12월에는 166.8까지 치솟았다. 1970년대 초 이후 실업률이 약간 떨어지고 물가가 오르는 짧은 호황 뒤에 더 길고 심각한 불황이 찾아와 물가는 아주 조금만 떨어지고 실업률은 치솟는 현상이 나타났다. 이런 현상을 경제학자들은 '스태그플레이션'이라고 불렀다. 경기 부양책이 실업을 줄이기보다는 물가만 올린 것이다.

스태그플레이션은 베트남 전쟁에 대한 대규모 군비 지출, 이윤율 하락을 제품 가격 인상으로 상쇄할 수 있는 다국적기업들의 능력, 대형 은행의 파산에 따른 경제·사회 불안을 우려한 국민국가의 구제금융 제공 때문에 발생했다.

경기후퇴와 물가 인상이 동시에 나타나는 것을 보며 노동당 지도자들은 완전히 넋을 잃었다. 이제 케인스주의는 가고 통화주의의 시대가 왔다. 스튜어트 홀랜드의 말을 빌리면, '하울리즘Howleyism' — 보수당 재무부 장관 제프리 하우와 노동당 재무부 장관 데니스 힐리가 공통으로 추진한 통화주의 정책들 — 이 버츠컬리즘을 대체했다. 대처가 총리로 선출되기 전에 이미 대처의 정책들이 모습을 드러낸 것이다. 그래서 〈파이낸셜 타임스〉의 정치부장 피터 리델은 "만약 마거릿 대처 실험이란 것이 있었다면, 그 실험을 시작한 사람은 데니스 힐리였다" 하고 말했다.[2]

이제 케인스주의는 뒤집어졌다. 즉, 실업을 줄이려면 물가를 낮춰야 했다. 총리 해럴드 윌슨은 1975년 광원노조 대의원대회에서 다음과 같이 말했다.

물가 오름세가 실업을 유발하고 있습니다. … 물가 오름세가 심각할수록 실업자도 늘어납니다. 지난 몇 달 동안 지속된 물가 상승을 그대로 놔둔다면 어떤 산업, 어떤 일자리도 안전하지 못할 것입니다. … 물가 오름세에 대한 전투에서 패배하면, 완전고용을 쟁취하기 위한 전투는 시작도 하기 전에 패배하고 말 것입니다.[3]

경제학의 역사를 다시 써야 했다. 캘러핸은 윌슨한테서 총리직을 물려받은 직후 열린 1976년 노동당 당대회에서 다음과 같이 말했다.

전에 우리는 세금을 삭감하고 정부 지출을 늘리면 고용이 증대되고 경기후퇴에서 빠져나올 수 있다고 생각했습니다. 솔직히 말씀드리면, 이제 더는 그런 방법이 통하지 않습니다. 그리고 옛날에 혹시라도 그런 방법이 통했을지 모르지만, 그때조차도 전후 경제에 물가 인상 부담을 가중시키고 뒤이어 실업률을 상승시켰을 뿐입니다.[4]

운신의 폭이 좁아진 노동당 정부

다국적기업이 비약적으로 발전하고 단추 하나만 누르면 막대한 자본이 이 나라에서 저 나라로 순식간에 옮겨 가는 상황에서는 개혁주의 정부가 세계시장에서 고립된 채 국민국가의 정책들을 추구하는 것이 무의미해졌다. "일국 케인스주의, 즉 일국에서 자본주의를 개혁하는 것"은 일국사회주의와 마찬가지로 비현실적이다.

더욱이, 다른 나라 자본주의와 비교할 때 영국 자본주의는 20세기 내내 꾸준히 쇠퇴했다. 역대 영국 정부의 노력에도 불구하고, 세계 무역에서 영국이 차지하는 비중은 1899년 33.2퍼센트에서 1929년 22.9퍼센트, 1937년 21.3퍼센트, 1950년 25.5퍼센트, 1960년 16.5퍼센트, 1970년 10.8퍼센트, 1979년 9.7퍼센트로 계속 낮아졌다.

이 수치에서 드러나듯이, 쇠퇴의 속도는 1945년 이후 30년 동안 더 빨라졌다. 세계 자본주의가 가장 오랫동안 가장 급속하게 성장한 그 시기에 말이다. 당시 "절대적 기준으로는 영국 경제가 그 어느 때보다 더 호황이었고 빠르게 성장한"[5] 것이 사실이지만, 다른 주요 자본주의 나라들의 성장률과 비교하면 영국의 성장률은 상당히 낮은 수준이었다.

1인당 GDP를 기준으로 보면, 영국은 1961년 세계 9위에서 1966년 13위, 1971년 15위로 떨어졌다. 1976년에 영국은 세계 18위로, 미국·캐나다·스웨덴뿐 아니라 아이슬란드·프랑스·핀란드·오스트리아·일본에도 뒤졌다.[6]

그런 쇠퇴의 근저에는 "끊임없이 낮은 투자 수준"이 있었는데, 영국의 투자 수준은 경쟁국들의 절반에 불과했다. 예컨대, 1978년도의 수치는 다음과 같았다.

제조업 노동자 1인당 고정자산이 영국은 7500파운드에 불과한 반면, 서독은 2만 3000파운드, 일본은 3만 파운드였다. 1870년에 영국의 생산성은 주요 자본주의 경제들 가운데 최고 수준이었지만, 1970년에 영국은 생산성이 가장 낮은 나라들 가운데 하나였다.[7]

노동당은 실업과 고물가가 동시에 나타나는 세계경제 위기 상황에서 집권했다. 영국의 물가 상승률은 1973년 10.2퍼센트에서 1975년 24.6퍼센트로 상승했다. 국제수지는 1973년 9억 2300만 파운드 적자에서 1974년 35억 6500만 파운드 적자로 나빠졌다. 1974년 50만 명이었던 실업자는 1975년 중반에 100만 명이 됐고 1년 뒤에는 160만 명으로 늘었다. 내부적으로 영국 자본주의는 취약했다. 외부적으로 영국 자본주의는 국제 신용을 통제하는 자들 — 오일 달러가 넘쳐 나는 아랍 각국의 정부들, 각국 중앙은행들, 국제통화기금IMF — 의 제약을 받았다.

영국의 경쟁력을 높이기 위해 정부는 노동자 착취를 강화했다. 힐리는 1974년 영국전경련의 연례 만찬장에서 "정부는 민간 부문을 파괴하거나 약화시킬 생각이 전혀 없다는 것을 분명히 말씀드립니다" 하고 말했다. 곧잘 인용되는 힐리 자신의 표현을 빌리자면, "곡소리가 날 때까지" 쥐어짜야 할 대상은 어쨌든 부자가 아니었다. 정부는 "활력 있고, 기민하고, 창조적이고, 수익성 높은 민간 부문"을 원했다.[8]

배반당한 급진 공약들

이런 상황에서는, 정부를 통제하는 우파들이 대안경제전략의 과감한 정책들을 열렬히 지지했더라도, 국제 자본주의의 거대한 압력 때문에 그런 정책들을 실행하기가 힘들었을 것이다. 대기업들과 금융계는 경기 위축을 강력하게 요구했다. 재무부는 IMF와 협력해서, 민주적으로 선출됐지만 "방만한 노동당 정부"의 정책들을 변경시켰다. 재무부 차관 조엘 바넷은 다음과 같이 말했다.

재무부의 일부 고위 관리들은 이 방만한 노동당 정부를 계속 견제하려면 IMF가 필요하다는 것을 다른 사람들보다 더 절실하게 깨닫고 있었다. … 노동당 정부의 정책을 의도적으로 방해하고 있다는 의심을 받은 고위 관리가 한둘이 아니었다는 말도 있다.

미국 재무부 장관 윌리엄 사이먼은 [노동당 정부를] "강경하게 대하라"는 메시지를 전달받았다.

영국은행 사람들과 영국 재무부 관리들은 무엇을 해야 하는지 알고 있었다. 그들은 충성심이 대단한 사람들이므로 결코 시인하지 않겠지만, 내 생각에 그들은 우리가 입장을 고수하도록 몰래 우리를 지원하고 있었다.[9]

그토록 충성심이 대단한 공무원들은 진정한 주인, 즉 자본의 이익을 위해 열심히 일하고 있었다.

영국전경련은 대기업들을 대표해 정부 업무에 직접 관여했다. 영국전경련 회장 캠벨 애덤슨은 다음과 같이 말했다.

토니 벤[당시 산업부 장관]이 백서대로* 실행할 경우 우리가 취할 만한 온갖 대

---

* 민간 제조업체들에 대한 국가 개입을 대폭 확대하는 내용의 산업부 백서.

응 방안들을 논의한 운영위원회 회의가 생각난다. … 그 회의에서 우리는 투자 파업 … 즉, 재계가 투자를 보류할 가능성에 대해 논의했다. 또 각종 세금을 납부하지 않을 경우의 다양한 문제들도 논의했다. 그리고 구체적 내용은 잘 기억나지 않지만, 아마 합법적이지 않은 방안들도 논의했던 것 같다.[10]

영국전경련은 그런 위협을 실행에 옮길 필요가 없었다. 노동당 정부가 실제로 감행한 국유화는 거의 없었고, 그나마 전반적인 국유화 전략에 따른 것도 아니었다. 국가기업위원회가 브리티시레일랜드[자동차 회사]를 인수한 것은 그 회사가 파산 위기에 몰렸기 때문이다. 페런티[전기 회사], 공작기계 회사인 앨프리드허버트, 컴퓨터 회사인 ICL도 마찬가지였다. 그 뒤 수익성이 회복되자 1978년에 페런티는 다시 사기업에 넘어갔다. 버나드 도너휴의 말을 빌리면, "정부가 구제하려는 기업들에게 국가기업위원회는 편리한 응급실이나 마찬가지였다."[11]

그리고 노동당은 조선소들도 구제했다.

그래서 조선소를 소유한 민간인들은 무척 만족했다. 그들은 여전히 보수당을 강력하게 지지하며 모든 형태의 공공 소유를 비난했지만, 파산 직전의 자기 조선소에 노동당 정부가 돈을 투입하는 것을 기꺼이 받아들였다.[12]

'계획 협정'은 어떻게 됐는가? 엄격한 정부 조처들은 의무 사항이 아니라 자발적 제도로 대체됐다. 사실, '제도'라는 말조차 과장이다. 실제로 계획 협정에 서명한 회사는 크라이슬러뿐이었다. 그러나 크라이슬러가 영국 공장을 폐쇄하겠다고 위협하자 정부는 크라이슬러에 1억 6250만 파운드를 제공해야 했다. 윌슨이 말했듯이, "[크라이슬러가] 노동당 정부의 머리에 총구를 들이댄 것이다."[13] 그렇다고 해서 크라이슬러가 '돈을 먹고 튀는' 전통적인 영업 관행을 포기한 것도 아니었다. 크라이슬러는 노동자 8000명을 해고했고, 마침내 1978년 7월에 크라이슬러 영국 공장을 푸조-시트로엥 자동차 회사에 팔아 버렸다. 매각 협정에 서명할 때까지 영국 정부에 귀띔조차 하지 않았다. 정말 대단한 계획 협정이었다!

이제 희극은 끝나고 비극이 시작됐다. 경기 부양책이 아니라 정부 지출 삭감이 시작된 것이다. 정부 지출은 삭감되고 또 삭감됐다. 1975년 11월 예산안에서 삭감됐고, 1975년 4월과 1976년 2월 예산안에서도 삭감됐다. 가장 가혹한 도끼질은 1976년 7월과 12월에 있었다. 1976~1978년에 정부 지출은 물가 상승률을 반영한 실질 기준으로 자그마치 9.5퍼센트나 삭감됐다.[14] 어떤 복지 영역도 안전하지 않았다. 병원 수십 곳이 문을 닫았고, 수많은 학교·주택·도로가 재정 부족에 시달렸다. 나중에 마거릿 대처가 강행한 복지 삭감조차 1977년에 노동당 정부가 저지른 학살에 비하면 약과였다.

소득정책의 재등장

자본주의의 압력은 노동당 정부의 지출 삭감에 그치지 않았다. 정부의 지출 삭감은 영국이 직면한 경제문제들에 대한 피상적 처방에 그칠 수 있었다. 영국 자본주의의 더 중요한 과제는 임금 삭감이었다. 전후에 임금 삭감은 노동당의 주특기였다. 다음의 그래프에서 드러나듯이, 보수당은 임금 삭감에 서툴렀다.

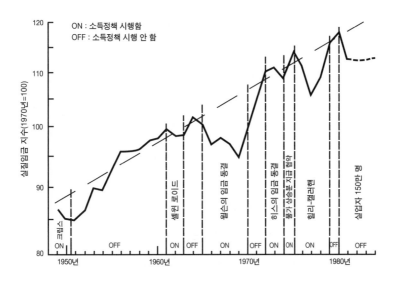

1949~1981년 실질임금 변동 추이와 소득정책들[15*]

ON : 소득정책 시행함
OFF : 소득정책 시행 안 함

실질임금 지수(1970년=100)

120
110
100
90
80

크립스
셀윈 로이드
윌슨의 임금 동결
히스의 임금 동결
물가상승분 지급 협약
힐리-캘러헌
실업자 150만 명

ON | OFF | ON | OFF | ON | OFF | ON | ON | ON | OFF | OFF

1950년 　 1960년 　 1970년 　 1980년

　

이제 사회협약이 주목받기 시작했다. 사회협약은 단지 임금 삭감 수단
만이 아니라 1920년대 이후 최악의 상황에 직면한 영국 자본주의를 안
정시킬 수단으로도 중요했다. 노조 관료들과 정부의 협력은 노동자들을
억제하는 데서 효과적이었다. 노조 지도자들이 '국익'을 이야기할 때는
한 가지 뜻밖에 없었다. 즉, 영국이 국제 경쟁에서 살아남으려면 **노동자
들이 희생하는 수밖에 없다**는 것이었다. 심지어 가장 급진적인 주장들을
담은《1973년 노동당 정책 강령》조차 그런 희생을 용인할 수 있는 여지
를 남겨 뒀다.

노사정 3자가 모두 희생을 감수하면서까지 물가 인상 대응 방안에 합의하

---

* 　1975년에 인플레이션이 매우 심했기 때문에, '물가 상승분 지급 협약'을 체결한 작업장
에서는 일정한 한계 이상으로 물가가 오르면 임금을 더 받을 수 있었다.

는 대타협을 이룰 것인지, 아니면 어느 누구에게도 도움이 되지 않는 물가 오름세를 계속 방치할 것인지 둘 중 하나를 선택해야 한다.

노동당 정부가 계급과 국가를 조화시키는 중립적 기구가 될 수 있다는 주장이 허튼소리일 뿐이라는 사실이 다시 한 번 드러났다. 노동당은 영국전경련과 IMF는 고사하고 재무부 관리들조차 통제할 수 없었지만, '사회협잡'(사회협약을 그렇게들 불렀다) 덕분에 노동자들을 통제할 수는 있었다.

1975년 7월 1일 (소득이 8500파운드 이하인 사람들의) 임금 인상액을 6파운드로 고정시키는 제도가 도입됐다. 한 번 인상된 임금은 12개월 동안 강제로 동결됐다. 6파운드는 당시 평균 임금의 약 10퍼센트에 불과했다. 그러나 물가 상승률은 24.2퍼센트나 됐다. 노총 중앙집행위원회는 이 제도를 군말 없이 받아들였고, 힐리는 이것을 높이 평가했다.

가장 인상적인 것은 중앙집행위원들이 아주 신속하게 임금 억제에 자발적으로 동의한 점이다. … 이제 조합원 전체는 아니더라도 많은 조합원들의 실질임금이 어느 정도 삭감될 것이다.
노동조합이 스스로 이런 정책에, 그것도 아주 세세한 부분까지 동의한 경우는 영국 역사상 전례가 없는 일이고 아마 세계적으로도 전례가 없을 것이다.[16]

이 소득정책에 이의를 제기한 노동조합은 단 하나도 없었다.

1976년 8월 1일 소득정책의 2단계가 시작됐다. 임금이 4.5퍼센트 인상됐지만, 당시 물가 상승률은 16.5퍼센트였다. 또다시 실질임금이 상당히 삭감된 것이다. 그러나 공식으로 이에 항의한 노동조합은 단 한 군데도 없었다.

그러나 기층 노동자들이 참는 데는 한계가 있었다. 소득정책이 3단계에 이르자, 금속노조·운수일반노조·광원노조를 비롯한 주요 노동조합의 대의원대회에서는 이제 임금 억제를 반대하기로 결정했다. 그래서 1977년 여름부터 정부는 3단계 소득정책의 실행을 직접 감독해야 했다. 그러나 노조 지도자들은 여전히 암묵적으로 정부에 협력했다. 파업 투쟁으로 3단계 소득정책에 저항한 노동조합은 단 하나뿐이었다. 소방관노조만이 1977년 11월에 30퍼센트 임금 인상을 요구하며 파업에 돌입해 8주 동안 투쟁을 벌인 것이다. 노동당 정부는 소방관노조의 파업을 분쇄하기 위해 수단과 방법을 가리지 않았다. 심지어 군대도 투입했다. 광범한 대중적 지지를 받았지만 결국 소방관들의 투쟁은 패배했다.

1978년 8월 정부가 임금 인상률을 5퍼센트 이내로 억제하는 4단계 소득정책을 강요하려 하자 마침내 봇물이 터졌다. 그 결과는 '불만의 겨울'이었다. 그런데도 윌슨과 캘러핸은 여전히 기고만장했다. 길고 험난한 시기였던 1975~1978년에 소득정책을 추진하면서 사실상 노동조합의 협력을 얻어 냈기 때문이다.

노동자들의 전투성을 누그러뜨리기

노동당 정부가 정책을 집행하기 위해서는 무엇보다 1968~1974년에 나타난 노동계급의 전투성을 누그러뜨려야 했다. 히스 정부가 노동계급과 벌인 정면 대결에서 패배해 잃어버린 것을 노동당 정부는 노조 관료들을 이용해서 슬그머니 되찾았다.

이미 1964~1970년에 윌슨 정부는 현장위원 조직을 무너뜨리기 위해 많은 조처들을 취했다. 그 최종 성과를 거둔 것은 1974~1979년의 노동당 정부였다.

1964년에 윌슨은 노동조합 관련 문제들을 조사할 도노번위원회를 구성했다. 1968년에 도노번위원회는 보고서를 제출했다. 그 보고서가 겨냥한 주요 표적은 현장 조직이었다. 현장 조직 문제를 처리하기 위해 도노번은 생산성 협정을 제안했다. 이 협정은 개수임금을* 대체하고, 현장위원들이 더는 상여금 인상률 협상에 관여하지 못하게 하고, 더 많은 소집자와 선임 현장위원을** 전임자로 만들어 현장에서 멀어지게 만들고, 공장의 선임 현장위원들과 노조 관료들 사이의 유착을 강화하기 위한 것이었다. 그래서 1980년쯤에는 육체노동자를 1000명 이상 고용한 작업장의 69퍼센트에 전임 소집자가 있었다. 선임 현장위원 전임자가 가장 급속하게 늘어난 시기가 1975~1977년이었다.[17]

노동당과 노조 지도자들이 떠드는 '국익'이라는 미사여구가 얼마나 해악적이었는지 알려면, 히스 정부를 뿌리째 뒤흔든 조직 노동계급의 핵심 부문 세 곳, 즉 클라이드강의 고번, 브리티시레일랜드, 광산을 살펴보면 된다.

보수당의 채찍보다 노동당의 당근이 더 낫다는 것은 도노번이 주장한 '노동자 참여'를 도입한 결과에서 분명히 드러났다. 옛 어퍼클라이드조선회사의 네 조선소 가운데 세 곳의 이름이 바뀐 고번조선회사(나머지 하나는 매러선조선회사로 바뀌었다)는 '노동자 참여'의 선구자였다. 현장위원들은 가혹한 생산성 협정이 잘 이행되도록 감시하는 노사 공동 위원회의 위원들로 참여했다. 그들이 서명한 31개 조항의 합의문에는 파업을

---

* 개수임금 생산 개수에 따라 지급하는 일종의 성과 임금.

** 소집자와 선임 현장위원 둘 다 현장위원회의 의장 구실을 한다.

벌이지 않겠다는 약속뿐 아니라 경영진이 강제 잔업을 시킬 수 있도록 작업 관행을 대폭 양보하는 내용도 들어 있었다.

타인Tyne 지역의 스완헌터 조선소 노동자들이 폴란드의 대형 선박 주문에 따른 고강도 작업 지시를 거부했을 때, 고번 노동자들이 대체 인력으로 투입됐다. 고번의 현장위원회 소집자이자 공산당원인 지미 에얼리는 1971년 어퍼클라이드조선회사 점거 파업을 이끌 당시 "우리가 수주한 물량을 다른 조선소들이 채 간다면, 우리 조합원들은 굶어 죽을 것이다" 하고 외쳤던 사람이다. 그랬던 그가 1978년에는 완전히 다른 말을 했다. "뉴캐슬[스완헌터 조선소 소재지]이 노사분규 때문에 배 여섯 척을 만들지 못한다면 우리가 하겠다. 우리가 하지 않으면, 일본 놈들이 채 갈 것이다."

'노동자 참여'는 자동차 산업에서도 엄청 유행했다. 그래서 브리티시레일랜드의 최대 공장이자 수십 년 동안 자동차 산업에서 가장 전투적인 공장이었던 롱브리지 공장에서 이제는 파업 중에 대체 인력이 근무하는 것이 아주 떳떳한 일이 돼 버렸다.

1975년에 선임 현장위원들이 3각 참여 제도를 받아들인 바로 그때 1만 2000명 감원 계획이 발표됐다. 이제 롱브리지 공장에는 선임 현장위원 전임자가 7명이 아니라 50명도 넘었다. 그들과 현장 조합원들 사이에 틈이 벌어졌다. 〈파이낸셜 타임스〉는 롱브리지 공장의 선임 현장위원들을 입이 아프도록 칭찬했다.[18]

롱브리지 공장 현장위원회 소집자이자 브리티시레일랜드 합동 현장위원회 의장이자 핵심 공산당원인 데릭 로빈슨은 '참여'를 열렬히 지지했다. 그의 말은 점점 더 경영진을 닮아 갔다. "아직 우리는 저들도 우리와 마찬가지로 효율성에 지대한 관심이 있다는 사실을 현장의 광범한 대중에게 각인시키지 못했다. 그것은 우리의 문제다. … 우리가 만약 … 브리티시레일랜드를 성공적인 공공 소유 기업으로 만들 수 있다면, 그것은 분명히 중요한 정치적 승리가 될 것이다."[19]

로빈슨이 이끄는 롱브리지 현장위원회는 노동자들의 요구를 위로 전달하는 구실을 하지 않았다. 오히려 사용자들의 명령을 아래로 전달하며 그들에게 이로운 도구 노릇을 했다.

'참여' 때문에 현장 조직은 약해졌고 부문주의가 널리 퍼졌다. 마침내 파업 중 대체 인력 투입이 공식 전술이 됐다. 1977년 2월 브리티시레일랜드의 정비사 2365명이 별도 교섭권과 특근수당 복원을 요구하며 한 달 동안 파업을 벌였다. 정부가 그들을 해고하겠다고 위협하자 금속노조 위원장 휴 스캔런은 "모든 노동조합이 정부의 결정을 전폭 지지한다"고 선언했다. 로빈슨도 이에 동의하고, 모든 노동자들에게 피케팅하는 정비사들의 대열을 뚫고 지나가라고 촉구했다. 1978년 8월 브리티시레일랜드의 SU 기화기(카뷰레터) 공장 정비사들이 파업에 들어갔다. 또다시 노조 상근 간부들과 합동 현장위원회 지도부는 경영진을 편들었다.*

'노동자 참여'의 해악은 끔찍했다. 정부는 브리티시레일랜드의 새 경영자로 강경파인 마이클 에드워즈를 임명했는데, 그는 1978년 1월 잉여 인력 1만 2500명의 감원을 제안했다. 항의하는 대중 집회들이 열렸지만,

---

* 1974~1979년 노동당 정부 시절 노동조합이 파업 중 대체 인력 투입을 공식 승인한 사례 두 건은 더 살펴볼 만하다. 1977년 3월 포트탤벗에 있는 영국철강공사 공장에서 전기 기사 535명('전기·전자·통신·배관공 노조'의 조합원들)이 임금 인상을 요구하며 파업을 벌였을 때, 그 공장의 다른 노동조합 조합원 6500명(금속노조, 운수일반노조 등의 조합원들)은 자신의 노조 지도부한테서 피케팅 대열을 넘어가라는 지침을 받았다. 이 파업은 두 달 넘게 지속됐다. 둘째 사례는 런던 히스로 공항의 시설 관리 노동자 5000명이 (1977년 4월 1일부터 4월 27일까지) 벌인 파업이다. 당시 다른 노동조합, 특히 운수일반노조·지방자치단체일반노조·'전기·전자·통신·배관공 노조'의 조합원 5만 4000명은 피케팅 대열을 넘어가라는 지침을 받았다. ─ 지은이.

머지않아 선임 현장위원과 노조 상근 간부의 다수는 감원을 받아들이기로 결정했다. 11월에 롱브리지 현장위원회가 임금 인상률을 5퍼센트로 제한하는 정부 지침에 반대하며 벌인 파업이 흐지부지됐을 때도 불만의 목소리는 없었다. 1979년 9월 10일 조선·금속노조총연맹 지도부의 지지를 받은 에드워즈는 현장위원들과 현장 조합원들의 사이가 벌어진 것을 이용해 현장위원들을 무시한 채 투표를 직접 실시했다. 문항도 간단했다. "레일랜드 생존 계획에 찬성하십니까?" 투표 결과는 7 대 1로 '찬성'이 더 많았다.

이제 더는 '노동자 참여'가 필요 없어진 에드워즈는 10월 19일 로빈슨을 해고했다. 앞서 말한 모든 것에도 불구하고 롱브리지 공장은 견고했고 브리티시레일랜드 전체에서 5만 7000명의 노동자가 파업에 돌입했다. 그러나 피케팅 대열은 소규모였고, 파업을 다른 곳으로 확대하려는 노력도 거의 없었다. 10월 27일 금속노조는 파업을 철회했고, 로빈슨 자신도 물러섰으며, 현장 노동자들의 사기는 완전히 땅에 떨어졌다.

요컨대, 1972년 광원 파업을 지원하는 데서 결정적 구실을 했던 롱브리지 공장의 강력한 노동자 조직이 재앙적으로 쇠약해진 것이다.

광원들의 투쟁 능력을 잠식하는 데 사용된 방법은 인센티브 제도였다. 일종의 생산성 협정이었던 인센티브 제도는 탄전炭田별로, 심지어 개별 탄갱 간에도 소득 격차를 크게 하는 제도였다. 1974년 9월 석탄공사와 광원노조 집행부의 대표들은 잠정 합의안을 작성했다. 이 합의안의 승인 여부를 묻는 찬반 투표에서 광원노조 조합원의 61.53퍼센트가 반대표를 던졌다.

그러나 에너지부 장관 토니 벤이 대표하는 정부와 석탄공사의 압력은 계속 커져 갔다. 광원노조 위원장 조 곰리는 정부와 석탄공사의 요구를 들어주기 위해 노동조합 규약을 개정하고 투표를 다시 했다. 그는 이번에는 합의안이 통과되기를 바랐지만, 또다시 조합원의 다수(55.6퍼센트)가 반대했다. 이제 광원노조 집행부는 지역별로 인센티브 협상을 독자적으로 추진하도록 허용했다. 그러자 노팅엄셔주州를 비롯한 몇몇 지역에서 신속하게 협상이 진행됐다. 이렇게 시작된 심각한 분열은 결국 1984~1985년에 엄청난 대가를 치르게 된다. 1984~1985년 광원 파업 당시의 대체 인력 근무는 1977년에 노동당 정부가 뿌린 씨앗에서 자라난 열매인 셈이다.

캘러핸 정부는 파업 중 대체 인력 근무를 부추기는 데 그치지 않았다. 1975년 3월 글래스고의 쓰레기차 운전사들이 파업을 벌이자 정부는 군대를 투입해 파업을 분쇄했다. 군대는 1977~1978년 겨울에도 소방관 파업을 분쇄하기 위해 또다시 투입됐다.

정치적 노동운동 관료들과 노조 관료들의 구실이 서로 다르다는 것은 이런 사건들에서 분명히 드러났다. 1969년에 《투쟁을 대신해》가 제안됐을 때, 노총은 대중의 압력 때문에 노동당을 설득할 수밖에 없었다. 그러나 이제는 노동당이 아래로부터 개혁주의의 아킬레스건 — '국익'에 호소하는 일반적 개혁주의 정치를 수용할 수밖에 없다는 것 — 을 이용했다. 노동당은 이제 노동조합과의 연계 덕분에 노조 관료들을 이용해 노동계급을 단속할 수 있었다. 그것은 히스 정부가 노사관계법원을 비롯한 온갖 국가기구로 노동계급을 단속했던 것보다 훨씬 더 효과적이었다.

공포의 방房: 노동당 정부의 경제 실적

온갖 노력에도 불구하고 1974~1979년의 노동당 정부 5년 동안에 경제성장률은 전후 최저 수준이었다. 자본의 병은 의사가 치료할 수 없을 만큼 깊었다. 1978년에야 영국의 산업 생산량은 가까스로 1973년 수준을 회복했다. 1953~1966년의 연평균 실질 성장률은 2.9퍼센트였다. 1967~1973년에는 3.4퍼센트였고, 1974~1978년에는 고작 0.9퍼센트였다.[20]

1948~1973년에 연평균 2퍼센트씩 올랐던 임금이 노동당 정부 집권기에 연평균 1.6퍼센트씩 하락했다.[21] 심지어 1978년에 소득정책이 폐기된 뒤에도 실질임금은 여전히 1973년 수준보다 낮았다.[22]

1971~1972년의 겨울에 실업자가 전후 최고 수준인 100만여 명에 이르자, 겁에 질린 보수당 정부는 재빨리 경기 부양책을 실시했다. 노동당 정부는 노동조합과 조합원들의 충성심 덕분에 항의를 누그러뜨릴 수 있었다. 1975년 1월 67만 8000명이 실업자였다. 1975년 12월 실업자는 112만 9000명까지 늘었고, 1976년 12월 127만 3000명, 1977년 9월 160만 9000명까지 늘었다. 그 뒤 약간 떨어지기는 했지만 1978년 12월에도 여전히 130만 명이 실업자였다.

1974년 2월 총선에서 노동당은 "최악의 빈곤을 뿌리 뽑겠다"고 약속했다. 그러나 공식 빈곤층의 수는 1974년 141만 명에서 1976년 228만 명으로 증가했다. 빈곤층에게 지급되는 보충급여[일종의 생계 보조 수당]보다 소득이 40퍼센트밖에 많지 않은 사람들이 1974년에 526만 명이었다. 2년 뒤에는 이들이 850만 명으로 늘었다.[23]

한 경제학자는 〈업저버〉에 기고한 글에서 노동당의 임금 억제 정책에 대해 다음과 같이 썼다.

전쟁 때를 포함해서 과거 100년 동안의 그 어느 때보다 지난 12개월 동안 영국 노동자들의 실질 생활수준이 가장 가파르게 하락했다는 것은 거의 분명하다. 사실, 이처럼 급격하게 생활수준이 하락한 경우를 찾으려면 십

중팔구 18세기와 19세기 초로 거슬러 올라가야 할 것이다.[24]

그리고 〈파이낸셜 타임스〉의 한 칼럼니스트는 다음과 같이 논평했다.

난생처음으로 나는 다음 총선에서 보수당에 투표해야 할 이유를 찾지 못
했다. … 이미 더할 나위 없이 훌륭한 보수적 정부가 우리를 위해 일하고
있다. 처음부터 캘러핸 정부는 보수당 정부조차 받아들이지 않을 만큼 높
은 실업률을 감수하고 있다.[25]

개혁주의는 계급투쟁에서 생겨난 좌파 사상이지만 그 계급투쟁을 억
제한다. 노동운동 관료들은 이런 토양 위에서 성장한다. 그러나 위기 때
문에 관료들은 전보다 훨씬 더 멀리 나아갈 수밖에 없었다. 그들은 자신
의 기반인 운동을 억제하는 데서 나아가 이제는 그 운동을 공격했다.

다음 장에서 보게 되겠지만, 다행히도 노동자들의 기본 조직은 에릭
홉스봄 같은 비관주의자들의 생각보다 훨씬 더 빨리 복구될 수 있음이
드러났다. 그렇지만 1974~1979년의 5년 동안 노동당은 노동자 투쟁이
50년 동안 이룬 커다란 성과를 후퇴시켰다. 노동당은 노동계급의 사기를
떨어뜨림으로써 우파의 이데올로기적 승리에 긍정적으로 기여했다.

다음의 사례를 보면 그 점을 알 수 있을 것이다.

국민전선: 노동당 정부 정책의 추악한 결과[26]

1975~1978년에 벌어진 대량 실업, 정부 지출 삭감, 실질임금 감소, 사
회 빈곤의 심화 때문에 네오파시스트인 국민전선이 성장할 수 있는 조

건이 형성됐다. 1976년 봄 말라위에서 불행한 아시아인들이 잇따라 추방당했다.* 이것은 영국 제국주의가 아프리카에 남긴 비극적 유산이었다. 그러나 언론은 미친 듯이 날뛰었다. 〈선〉은 "주급 600파운드 이민자 스캔들"을 떠들어 댔다(그러나 그 돈은 호텔 소유주에게 갈취당했다). 〈데일리 미러〉는 "홍수처럼 영국으로 다시 몰려드는 아시아인들", 〈데일리 텔레그래프〉는 "아시아인들의 침입 때문에 지원을 요청할 수밖에 없는 자치도시들" 운운하며 호들갑을 떨었다.[27]

1976년에 국민전선은 선거에서 상당한 성과를 거뒀다. 블랙번 지방선거에서 국민전선과 국민당NP은 합쳐서 평균 38퍼센트를 득표했다. 레스터에서 국민전선은 18.5퍼센트를 득표했다. 1976년 7월 루이셤구區의 뎃퍼드 지역 보궐선거에서 두 정당은 합계 44퍼센트를 득표했다(아마 백인 표의 절반을 가져갔을 것이다). 43퍼센트를 득표한 노동당보다 더 많은 표를 얻은 것이다.[28]

당시 노동당 지도부는 인종차별에 반대하는 운동을 벌이기는커녕 오히려 인종차별에 영합했다. 1976년 5월 18일 노동당의 수석 원내 대표이자 버몬지 지역 출신 국회의원인 밥 멜리시는 말라위의 아시아인들이 '쇄도'하고 있다고 말했다. "영국은 할 만큼 다 했습니다. 영국은 매우 명예롭고 고결한 전통을 지니고 있지만, 저는 '이제 그만하면 됐다'고 생각합니다." 바로 다음 연사가 이넉 파월이었다는 것은 아주 자연스러웠다 [이 책의 470쪽 참조]. 멜리시의 말을 이어받은 파월은 더 길길이 날뛰었다.

---

* 제2차세계대전 전에 영국은 아프리카 동부의 식민지들을 통치하면서 인도 등지의 아시아인들을 데려다 썼다. 많은 경우 전문직이나 숙련 노동자로 성공한 아시아인들은 전후에도 아프리카에 눌러살았는데, 독립을 쟁취한 아프리카 각국의 지배자들은 정치·경제 위기가 닥치면 이들을 희생양 삼아 위기를 모면하려 했다. 이런 박해를 피해 아시아인들은 1960~1970년대에 영연방의 종주국인 영국으로 많이 이주했다.

"다음과 같은 조처들이 필요합니다. 먼저, 정부는 이민자들의 입국을 막아야 하고, '이제 그만하면 됐다'고 말해야 합니다."[29] 그러자 언론과 인종차별주의자들이 그들의 말을 확대하고 확산시켰다. 노동당이 인종차별 발언을 마구 내뱉은 것은 파시스트라는 바퀴벌레들이 번성할 조건을 만들어 준 것과 마찬가지였다. 이제 바위 밑에서 바퀴벌레들이 기어 나오기 시작했다.

1977년은 노동자들의 생활수준이 매우 나빠진 해였다. 그해 선거에서 국민전선이 훨씬 더 큰 성공을 거둔 것도 당연하다. 5월 런던광역시의회 선거에서 국민전선은 92개 선거구 가운데 85개 선거구에 후보를 출마시켜 11만 9063표(5퍼센트)를 득표하며 33개 선거구에서 자유당을 제3당의 지위에서 밀어냈다. 4년 전에 겨우 0.5퍼센트를 득표했던 국민전선이 엄청나게 성장한 것이다.

근본적으로 의회 게임의 법칙에 얽매이지 않는 파시즘의 위협 앞에서 노동당은 속수무책이었다. 반면에, 사회주의노동자당은 국민전선에 반대하는 시위를 거듭거듭 조직했다. 가장 중요한 시위는 1977년 8월 13일의 루이셤 시위였다. 파시스트 반대 시위대 5000명이 두 번이나 경찰 저지선을 뚫고 국민전선 시위대를 해산시켰다. 경찰이 반파시스트 시위대를 폭력적으로 공격해 몇 시간 동안 전투가 벌어졌다.

그러자 1930년대와 꼭 마찬가지로 노동당과 언론은 파시스트들과 반파시스트들을 똑같이 비난했다.

당시 부총리였던 마이클 풋은 "파시스트들에 맞서 싸우는 방법 가운데 가장 효과적이지 않은 방법은 파시스트들처럼 행동하는 것"이라고 말했다.[30] 노동당 사무총장 론 헤이워드는 "폭력 시위대[사회주의노동자당 당원들을 말한다 — 지은이]와 '국민전선 파시스트들'이 별로 다르지 않다고 생각했다."[31] 노동당 웨스트미들랜드 조직자도 똑같은 맥락에서 사회주의노동자당에 대해 다음과 같이 말했다. "그들은 적색 파시스트일 뿐이다. 그들은 민주적 사회주의의 이름을 더럽히고 있다."[32]

1977년 노동당 당대회에서 국회의원 시드 비드웰은 반파시스트 시위대를 "훌리건들"로 묘사하면서 "그들은 책임감을 갖고 진정한 노동운동에 참가해야 합니다" 하고 말했다.[33] 바로 그 당대회에서 루이셤 동부 지구당 대의원은 다음과 같이 주장했다. "분명히, 국민전선과의 폭력 대결은 해결책이 아닙니다. 8월 13일 루이셤에서 누가 이겼습니까? 국민전선입니다."[34]

진실은 정반대다. 루이셤 전투를 계기로 그해 11월 반나치동맹이 엄청난 대중적 지지를 받으며 출범할 수 있었다. 그 과정에서 사회주의노동자당은 중요한 구실을 했다.

반나치동맹은 국민전선에 반대하는 청년들 — 국민전선을 지지하는 주요 연령층 — 을 결집시키기 위해 1978년 4월 말에 런던에서 제1회 [반나치] 카니발을 조직했다. 이 행사는 모든 사람들의 예상을 뛰어넘는 대성공을 거뒀다. 10만 명이 트래펄가광장에 모여 음악 축제가 열리는 곳까지 약 10킬로미터를 행진했다.

그 뒤 '인종차별에 반대하는 록 음악 축제'가 반나치동맹과 함께 나란히 성장했다. 대규모 카니발이 맨체스터(3만 5000명), 카디프(5000명), 에든버러(8000명), 하리치(2000명), 사우샘프턴(5000명), 브래드퍼드(2000명), 다시 런던(8만 명)에서 열렸다. 그 뒤 몇 주, 몇 달 사이에 영국 전역에서 반나치동맹 가입 단체들이 우후죽순처럼 생겨났다.*

---

* 1978년 4월 22일부터 12월 9일까지 반나치동맹 가입 단체가 생겨난 부문은 다음과 같다. 초등학생들, 중고등학생들, 포드자동차 노동자들, 롱브리지 공장 노동자들, 공무원들, 철도노조(10개 지부), 소방관들, 버스 노동자들, 교사들(1000명이 참가한 집회를 열었다), 광원들(대의원 200명이 참가한 협의회를 열었다), 금속 노동자들, 공공노조, 헬

그 뒤 선거에서 국민전선의 득표율은 폭락했다. 리즈에서 국민전선의 득표율은 54퍼센트 감소했고, 브래드퍼드에서는 77퍼센트, 심지어 국민 전선의 아성이었던 이스트엔드에서도 40퍼센트나 감소했다. 반나치동맹 이 이런 정치적 성과를 거둘 수 있었던 것은 거리뿐 아니라 공장과 주택 단지에서도 적극적으로 운동을 전개했기 때문이다. 그래서 반나치동맹 은 노동당 정부의 정책 때문에 운동이 입게 된 정치적 손실을 어느 정 도 만회할 수 있었다.

"적색 파시스트"라거나 반나치동맹은 노동운동과 무관하다는 온갖 비아냥이 있었지만, 사실 반나치동맹은 노동운동에 깊이 뿌리내리고 있었다. 제1회 카니발이 열리기 전인 1978년 4월 중순에 이미 금속노 조 30개 지부, 노총의 25개 지역 본부, 광원노조 11개 지부, 운수일반노 조·서비스노조·기술행정감독직노조·기자노조·교원노조·공공노조에서 각각 5개 이상의 지부들, 주요 공장의 현장위원회 13개 등이 반나치동맹 을 후원했다.[35]

노동당 지도부는 반나치동맹에서 아무 구실도 하지 않았다. 그러나 반나치동맹은 가능하다면 국회의원의 개인적 지지를 얻어야 한다는 것 을 잊지 않았다. 그래서 닐 키넉, 오드리 와이즈, 마틴 플래너리에게 후 원을 요청해서 받아 냈다. 그들을 따라 노동당 지구당 50군데가 반나치 동맹에 가입했다.

사회주의노동자당은 코민테른의 공동전선 전술을 축소 버전으로 적 용하고 있었던 것이다. 국민전선에 맞서 싸우면서 사회주의노동자당은

리팩스 지역의 나이트클럽 두 군데, 스퍼스나 에버턴 같은 프로 축구팀, 아파트 부녀회, 기독교 신자들, 자전거 동호회, 채식주의자들, 스케이트보드 동호회, 스키 동호회, 장애 인 학생들, 예술인들. — 지은이.

개혁주의 조직들을 배척하는 초좌파주의 함정에 빠지지 않았다. 혁명적 조직으로서 사회주의노동자당의 출발점은 노동당이라는 개혁주의 조직으로부터 정치적·조직적 독립성을 철저하게 유지하는 것이었다. 만일 노동당을 가입시키거나 노동당에 매달렸다면 반나치동맹은 처음부터 선거주의 압력에 질식사하고 말았을 것이다. 그러나 이것만으로는 충분하지 않았다. 트로츠키는 1920년대에 혁명가들의 과제에 대해 다음과 같이 썼다.

> 공산당이 공산주의자인 노동 대중과 공산주의자가 아닌(사회민주주의자를 포함해서) 노동 대중의 공동 행동[에 이르는 — 지은이] 조직적 길을 추구하지 않는다면 … 공산당은 대중행동을 바탕으로 노동계급의 다수를 설득하지 못하는 무능력만을 드러낼 것이다. 그리되면 공산당은 권력 장악을 위한 정당으로 결코 발전하지 못한 채 공산주의 선전 집단으로 전락하고 말 것이다.[36]

분명히 국민전선에 맞선 투쟁은 권력 장악과는 거리가 멀었고, 일부 노동당 의원들에게 저항을 촉구한다고 해서 세상이 바뀌지도 않을 것이었다. 그렇지만 이 투쟁은 트로츠키의 주장이 옳았음을 보여 줬다.

> 개혁주의자들은 대중운동의 혁명적 잠재력을 두려워한다. 그들이 좋아하는 곳은 의회 연단, 노동조합 사무실, 협상 테이블, 정부 부처 밀실이다. [그러나 — 지은이] 우리의 관심사는 개혁주의자들을 그들의 은신처에서 끌어내 투쟁하는 대중이 보는 앞에서 우리 곁에 그들을 앉히는 것이다.[37]

반나치동맹은 우울한 시기에 잠깐 타오른 불꽃이었다. 반나치동맹처럼 소중한 경험이 드물었던 것은 안타까운 일이다.

노동당 정부와 핵무기

노동당 정부는 게이츠컬이 [1960년] 당대회에서 주장한 것과 달리 일방적 핵 폐기에 반대해서 "싸우고, 싸우고, 또 싸우지" 않았다. 그냥 무시해 버렸다.

1972년 노동당 당대회는 "영국에 있는 모든 핵무기 기지의 폐쇄"를 요구하는 일방적 핵 폐기 결의안을 통과시켰다.[38] 당 집행위원회도 이 결의안을 지지했다. 당시 집행위원회 대변인은 우파인 조 곰리였다!

1973년 당대회에서는 더 나아가 일방적 핵 폐기를 "총선 공약에 포함시킬 것"을 요구하는 결의안이 제출됐다. 이번에는 당 집행위원회가 결의안에 반대했다. 아마 총선을 앞두고 있었기 때문일 것이다. 그런데도 카드투표 결과 그 결의안은 316만 6000표 대 246만 2000표로 통과됐다.[39]

그러나 노동당이 집권하자 윌슨과 그의 뒤를 이은 캘러핸은 의회 몰래 폴라리스 핵잠수함 개선 계획 — 암호명 셰발린Chevaline — 에 10억 파운드를 지출했다. 그리고 노동당 정부는 1979년부터 6년 동안 국방비를 실질 금액 기준으로 3퍼센트 증액하는 협약을 나토와 체결했다.

노동당과 북아일랜드

영국의 가장 오래된 식민지인 북아일랜드 문제는 사회주의자들에게 중요한 시금석이었다. 영국 국가에 헌신하는 노동당의 북아일랜드 정책은 애틀리 정부 이래로 다음의 세 가지 원칙을 따랐다. 아일랜드의 분할을 지지한다, 의회에서 초당적으로 협력한다(즉, 노동당이 집권하든 보수당이 집권하든 대방의 북아일랜드 정책을 지지한다), 북아일랜드[의 독립을 허용할 수 있는] 일체의 개헌에 반대하는 연합주의자들의 거부권을 지지한다. 1949년 5월 "북아일랜드 의회의 동의 없이 북아일랜드나 북아일랜드의 일부가 영연방 자치령이나 영국 영토에서 분리되는 일은 결코 없을 것"이라고 규정한 아일랜드법을 제정한 사람이 애틀리였다.[40]

윌슨은 1969년 8월 북아일랜드에 영국군을 파병한 총리였다. 그 영국군은 아직까지도 철수하지 않고 있다. 1971년 8월 스토몬트[벨파스트 동부]의 북아일랜드 의회에서 공화파들을 재판 없이 투옥할 수 있는 법률이 제정되자 영국 의회에서 긴급 토론회가 열렸다. 당시는 보수당 집권기였고 노동당은 공식적으로 기권했지만, 많은 노동당 의원들은 정부에 반대표를 던졌다.

1972년 1월 30일 데리에서 공화파 투옥에 반대하는 시위대에게 영국군이 발포해 13명을 사살하는 '피의 일요일' 사건이 일어났다. 고등법원 판사인 위저리 경이 영국군의 행동을 옹호하는 판결을 내리자 당시 야당이었던 노동당의 짐 캘러핸은 다음과 같이 말했다. "총리는 의회가 단결해서 [고등법원의 판결을] 지지해 줄 것을 요청했고, 그의 요청대로 됐다."[41]

1974년에 테러 용의자를 재판 없이 추방하거나 입국 금지하는 것은 물론 무기한 구속할 수도 있게 허용하는 테러방지법 제정을 강행한 것도 노동당 정부였다.

1976년에 노동당 소속 북아일랜드부 장관인 멀린 리스는 공화파 재소자들을 '특별' 정치수로 대우하는 제도 — 1972년 보수당 정부 시절에 쟁취한 제도 — 를 폐지했다. 이에 항의하는 공화파 재소자들이 롱케시 교도소의 H 사동에서 단식투쟁을 시작했다. 이 투쟁은 1981년 보비 샌즈가 감옥에서 사망하자 절정에 달했다. 샌즈가 죽었다는 소식이 알려졌을 때 의회에서는 다음과 같은 일이 일어났다.

어제 노동당 대표인 마이클 풋은 단식투쟁 중인 아일랜드공화국군IRA 투사들의 요구를 단호하게 거부한 마거릿 대처 여사를 지지한다고 밝혔다. 그러자 의원들이 모두 환호하며 박수갈채를 보냈다.[42]

단식투쟁을 벌이다가 아홉 명이 더 죽었는데도 노동당의 태도는 전혀 바뀌지 않았다.

한편, 노동당 지도부는 1977년 7월 의회에서 북아일랜드 연합주의자들과 동맹을 맺고도 부끄러워하지 않았다. 노동당 의석수가 과반수에 미치지 못하는 상황에서 노동당과 자유당의 협정이 파기됐다. [그래서 노동당은] 북아일랜드 연합주의자들의 표를 얻는 대가로 여섯 석의 의석을 북아일랜드에 추가 배정했다.

정부와 당의 심각한 불화

1966~1970년에 노동당 정부와 노동당 사이에 긴장 관계가 지속됐다. 1974~1979년에는 긴장의 정도가 훨씬 더 심각했다. 1974~1979년의 노동당 당대회에서는 집행위원회의 방침이 23번이나 뒤집혔다.*

---

* 1974년에는 집행위원회가 유럽공동시장 문제를 둘러싸고 한 차례 패배했다. 1975년에는 주택, 뉴타운, 수입 통제, 교육, 국가보건서비스, 연금 등의 문제를 둘러싸고 일곱 번 패배했다. 1976년에도 장애인용 자동차, 주택, 국가보건서비스, 아동 수당, 공공 지출 등의 문제를 둘러싸고 일곱 번 넘게 패배했다. 1977년에는 주택, 짐바브웨, 클레이크로스

집행위원회가 권고한 정책은 흔히 정부를 비판하는 것들이었다. 노동당 연구실장이었던 제프 비시는 노동당 정부와 집행위원회의 관계를 검토하면서 집행위원회가 정부 정책 결정 과정에 쏟아부은 막대한 노력을 다음과 같이 설명했다.

지난 5년 동안 국내정책위원회가 소위원회들과 연구팀들의 네트워크를 통해 활동하면서 발표한 중앙집행위원회의 주요 보고서가 70개나 된다. 그중에는 당대회에 제출한 6만 단어짜리 《1976년 노동당 정책 강령》, 정부 산하 각종 위원회나 정부에 직접 제출한 보고서들도 있다. 연구실 안팎의 전문가들이 준비한 연구 보고서도 2000건이 넘는다.[44]

그 결과는? 아무것도 없었다. 정부는 집행위원회 결정이나 당대회 결의안을 거의 대부분 무시했다. 1975년 4월 열린 노동당 임시 당대회에서 유럽공동시장 탈퇴 찬반 국민투표에서 '탈퇴 찬성' 투표를 해야 한다는 결의안이 2 대 1로 통과됐다. 이 결의안은 전혀 효과가 없었다. 총리 캘러핸은 보수당·자유당과 손잡고 유럽공동시장 지지 운동을 펼쳤다.

1977년 당대회에서는 상원 폐지를 노동당 선거 강령에 포함시키는 결의안이 624만 8000표 대 9만 1000표로 통과됐다. 당헌에 따르면, 당대회에서 3분의 2 이상 찬성으로 통과된 결의안의 내용은 선거 강령에 포함돼야 했다. 그러나 캘러핸은 이것을 무시했다. 상원 폐지는 노동당 선거 강령에 포함되지 않았다.

[잉글랜드 중부의 옛 광산촌] 지방의원들의 자격 박탈 문제를 둘러싸고 세 차례 패배했다. 1978년에는 국가보건서비스, 소득정책, 경제 전략, 교육 등의 문제에서 네 차례 패배했다. 1979년에는 당 대표 선출 문제를 둘러싸고 집행위원회의 방침이 뒤집혔다.[43] ― 지은이.

똑같은 당대회에서 "클레이크로스 지역에서 노동당 지방의원 21명이 계속해서 공직 자격을 박탈당하고 있는 것을 개탄하며, 정부가 즉시 그들의 자격을 회복시키는 법안을 제출할 것을 요구하는" 결의안이 통과됐다.[45] 그러나 이 결의안도 아무 효과가 없었다.

1978년 노동당 당대회에서는 정부의 5퍼센트 임금 인상 가이드라인이 407만 7000표 대 19만 4000표로 거부당했다. 그러나 이 역시 전혀 효과가 없었다. 윌슨의 공보 비서관은 다음과 같이 설명했다. "윌슨이 중앙집행위원회를 다루는 방식은 중앙집행위원회 회의에 참석하지 않는 것, 그리고 자신이 동의하지 않는 결정이 내려지면 그것을 무시하는 것이었다."[46]

노동당 당대회에서 정부 정책이 거부당한 사례는 셀 수 없을 만큼 많다. 그러나 애틀리 정부는 당대회에서 몇 차례, 그것도 주로 사소한 쟁점에서 패배했지만, 1974~1979년의 노동당 정부는 당대회에서 성공한 경우보다 패배한 경우가 더 많았다.

정부에 반항하는 경우가 전례 없이 많아진 것은 의원단도 마찬가지였다. 게다가 당시는 노동당 정부가 의회 과반수 정당이 아니거나 근소한 과반수 정당일 때였다. 의원단의 반항으로 사태 전개의 방향이 바뀌는 경우는 거의 없었다. 그러나 정부의 배신이 얼마나 심했던지 골수 개혁주의자들조차 참기 힘들 지경이 됐다. P 노턴은 "노동당 의원단이 전쟁 후, 아니 의원단의 역사를 통틀어 가장 심각한 분열을 겪었다"고 썼다.

---

* 클레이크로스 지방의원들은 보수당 정부가 제정한 주택금융법(지방정부가 공공 임대주택 임대료를 인상하도록 규정한 것) 시행을 거부하라는 노동당 정책을 그대로 실행했다가 추징금을 부과받고 공직 자격을 박탈당했다. — 지은이.

노동당 의원들의 반항 투표에 따른 당내 분열 사례[47]

연도	분열 건수
1945~1950년	79
1950~1951년	5
1951~1955년	17
1955~1959년	10
1959~1964년	26
1966~1970년	109
1970~1974년	34
1974년	8
1974~1979년	309

애틀리 정부 시절 50명 이상의 노동당 의원들이 정부 정책에 반대한 경우는 단 한 번뿐이었다. 1964~1966년에는 그런 경우가 없었고, 1966~1970년에는 여섯 번 있었다. 그러나 1974~1979년에는 그런 일이 45번이나 있었다.[48] 시간이 흐를수록 상황은 더 나빠졌다. 1974~1975년의 의회 회기 동안 의원단의 반항으로 생긴 내분은 노동당의 전체 내분 사례에서 14.5퍼센트를 차지했다. 이 수치는 꾸준히 증가해 1978년에는 45퍼센트에 달했다.[49] 1974~1979년에 노동당 의원들이 정부 정책에 반대표를 던진 평균 건수는 1964~1970년의 세 배였고, 애틀리 정부 시절의 다섯 배였다.[50] 노턴은 다음과 같이 결론지었다.

노동당 의원들의 반항 투표에 따른 당내 분열 사례는 1945~1970년에 일곱 차례 열린 의회에서보다 1974년 10월 선거로 구성된 한 차례 의회에서 더 많았다.[51]

정부 정책에 반대표를 던진 의원들은 주로 〈트리뷴〉 그룹으로 조직돼 있었다. 그들은 매주 한두 차례 모여 의회 현안을 논의했다. 닐 키녁은 다음과 같이 말했다.

여느 원동력과 마찬가지로 이상理想도 조직돼야 효과를 낼 수 있다. 〈트리뷴〉 그룹의 가장 빈번하고 효과적인 활동은 노동당 의원단의 견해를 조직적으로 주도하는 것이다.[52]

키녁은 1974~1979년 노동당 정부의 우파적 정책들에 84차례나 반대표를 던지며 일관되게 반대했다. 이런 활동이 전혀 효과가 없었다는 것은 모든 영역에서 처참한 정부 실적으로 알 수 있다.

의원단·집행위원회·당대회는 상황을 통제할 수 없었지만, 적어도 내각은 어느 정도 영향을 미쳤을 것이라는 생각이 들 수도 있다. 그러나 이것 역시 사실과 다르다. 노동당 정부에서 장관을 지낸 리처드 크로스먼과 바버라 캐슬의 일기만 봐도, 정부의 최고 요직인 총리와 재무부 장관이 다른 각료들을 거의 신경 쓰지 않은 사실을 알 수 있다.

윌슨의 공보 비서관이었던 조 헤인스는 정부가 실제로 어떻게 돌아가는지 알고 나서 깜짝 놀랐다.

재무부 장관이 예산안을 의회에 제출하기 겨우 28시간 전에 동료 장관들에게 그 내용을 알려 줘도 장관들이 이것을 전혀 문제 삼지 않는 것을 보고 나는 깜짝 놀랐다.[53]

사정이 이렇다 보니 1976년 4월 6일에는 하루 전에 총리로 선출된 캘러핸이 예산안 내용도 모른 채 각료 회의에서 예산안을 논의하는 웃지 못할 일도 일어났다! 훨씬 더 어처구니없는 일화도 있다.

> 7월 22일 목요일에 공공 지출을 추가로 삭감하는 것이 발표됐지만, 내각
> 은 그 전날에야 이 사실을 통보받았다. … 각료 회의 도중에 고용부 장관
> 앨버트 부스는 공공 지출 삭감이 고용 사정에 미칠 영향을 가늠하기 위해
> 봉투 뒷면에다 계산을 하느라 정신이 없었다.[54]

재무부 장관의 자율성은 환상이다. 예산을 비밀로 하는 것은 외부 세
력의 진정한 영향력을 감추기 위한 것이다. 헤인스의 말에 따르면, 예산
을 공개하지 않는 것은

> 터무니없고 비민주적인 조처일 뿐 아니라, 재무부가 선출된 정부를 지배할
> 수 있도록 뒷받침하는 강력한 버팀목이기도 하다.[55]

사실 재무부 자체는 기업과 금융, 산업, 외환, 상품 시장, 경제학자들,
통화주의자들, 주주들, 증권 중개인들, 영국 금융계, 영국은행 총재 등
자본의 힘을 반영한다. 파운드화 위기를 조장해 항상 노동당 정부를 궁
지에 몰아넣은 금융업자들의 투기적 압력은 말할 것도 없다. 정부 안에
서 헤인스가 목격한 것은 고위 공무원들이 자본의 요구에 순응하지 않
는 정부를 방해하거나 마비시키려 한다는, 외부인들의 의심이 사실이었
다는 것이다.

때때로 재무부는 정부를 압박해 너무 가혹하다고 생각되는 정책들도 받아
들이도록 강요한다. 심지어 정부가 재무부의 권고를 거절할 수 없는 상황
을 조성하기도 한다.

1976년 3월 파운드화 환율이 2달러 아래로 떨어졌을 때, 정치인들은 놀라고 당혹스러워했지만 재무부와 영국은행은 환영했다. 그 결과는, 정부 지출을 30억 파운드 삭감하는 것을 결정한 지 겨우 다섯 달 만에 정부 지출을 10억 파운드 이상 추가로 삭감하는 것이었다. … 여기서 분명히 드러나듯이, 사태 전개의 양상은 그 전과 조금도 달라지지 않았다.[56]

현실에서 일어날 수 없는 일을 상상해 보자. 즉, 의원들이 정말로 내각을 통제하고 그 내각이 재무부 장관과 총리를 통제한다고 치자. 그렇다고 해서 의회가 경제와 사회의 실질적 변화를 주도할 수 있는 것은 아니다. 의회보다 훨씬 더 강력한 세력이 정부에 맞설 것이다. 역대 노동당 정부의 운명에서 드러난 사실은 권력자들이 싫어하는 개혁은 모두 고위 공무원들뿐 아니라 비민주적인 상원과 왕실의 반대에도 부딪혔다는 것이다. 이들의 뒤에는 경찰, 군대, 사법부 등 '무장 집단'이 있고, 명목상의 정부를 누가 이끌든지 국가권력을 수호하는 것은 그런 기구들이다.

찌그러지는 토니 벤

윌슨-캘러핸 정부에서 토니 벤의 처지는 곤혹스러웠다. 벤은 집행위원회와 당대회에서 좌파의 스타가 되기를 원하면서도 역대 노동당 정부 사상 가장 우파적인 내각에 남아 있었다. 정치적 줄타기에 탁월한 재능이 있는 그였지만 가끔은 줄에서 떨어지는 것을 피할 수 없었다. 이 사실을 보여 주는 몇몇 사례가 있다.

1974년 10월 30일 당 집행위원회는 영국 해군이 사이먼스타운[남아공 케이프타운 근처 해군기지]에서 남아공 해군과 합동 군사훈련을 했다는 이유로 정부를 비판했다. 그런 훈련은 "당의 정책뿐 아니라 정부 자신의 견해와도 정면으로 배치되는 것"이었다.[57] 벤은 정부 비판에 찬성한 집행위원 세 명 가운데 한 명이었다. 윌슨은 그들이 내각의 집단 책임 제도를 파괴했다며 다시는 그러지 않겠다는 약속을 요구하는 편지를 세 사람에게 따로따로 보냈다. 요구를 받아들이지 않으면 내각을 사퇴하겠다는 뜻으로 이해하겠다는 말도 덧붙였다.[58] 그 뒤의 이야기를 바버라 캐슬은 다음과 같이 전한다.

> 문제의 장관 3명은 모여서 답변서 초안을 작성했다. 그 내용은 윌슨을 만족시키지 못할 만한 것이었다. 그런데 그들이 다시 만나기 전에 웨지 Wedgie[벤 — 지은이]는 윌슨에게 따로 편지를 보내 투항했다. 다른 2명은 궁지에 몰렸다. 조앤 레스터[교육부 장관]는 격분했다. 마이크[마이클 풋 — 지은이]는 특유의 너그러운 말투로 "벤은 정말 이상한 놈이야" 하고 말했다.[59]

윌슨은 기뻐하며 다음과 같이 말했다. "나는 내 요구를 정확히 전달했고, 그들 세 사람은 결국 내 요구를 받아들였다."[60]

벤의 행동은 1976년 정부 지출 삭감 때도 결코 영웅적이지 않았다. 도너휴는 총리의 서재에서 들은 전화 통화 내용을 적어 놨다. 벤은 총리에게 전화를 걸어, 지출 삭감 문제 때문에 자신의 지역구인 브리스틀 활동가들에게 시달리고 있다고 말했다.

총리는 다음과 같이 대답했다.

> "토니, 왜 자네 스스로 결단을 내리지 않나? 자네가 내각의 일원이면서도 내각의 집단적 결정에 계속 반대한다면, 당장 해임할 수밖에 없네." 브리스틀의 소수 엘리트 활동가들이 뭐라고 조언했는지는 모르겠지만, 토니 벤은

비교적 침묵을 지키며 내각에 남아 있었다.[61]

에너지부 장관 시절 벤은 광원들을 지지하는 좌파적 발언을 하면서
도 인센티브 제도를 강행했다. 광원들이 그 제도를 거듭 부결시켰는데도
말이다.

그리고 1976년 10월부터 1977년 3월까지 사상 최대 규모의 탄광 폐
쇄가 진행 중일 때 벤은 발전소 48곳을 전면 또는 부분 폐쇄했는데, 그
중에 39곳이 석탄을 연료로 사용하는 발전소였다. 이와 대조적으로 벤
은 핵 산업을 열렬히 지지했다. 그 전에 기술부 장관 재직 시절 벤은 핵
연료의 처리와 재처리를 장려했고, 나중에는 윈드스케일 핵 재처리 공
장의 경비 병력을 중무장시키도 했다.[62] 벤은 그 공장에서 남아공이 지
배하는 나미비아산産 우라늄을 원료로 사용한 사실도 눈감아 줬다. 노
동당이 남아공과의 무역을 공식적으로 반대하고 있었고, 유엔이 나미비
아산 우라늄 수입을 금지하고 있었는데도 말이다.

1974~1979년 내내 벤은 당 집행위원과 정부 장관 사이에서 갈팡질팡
했지만, 후자의 구실이 더 두드러졌다. 벤은 1964년 이후 역대 노동당 정
부의 반노동계급 정책에도 아랑곳하지 않은 채, 그 정부들에서 계속 장
관을 지냈다.

벤의 모호한 태도는 좌파 집행위원들의 지도자이자 '책임 있는' 장관
이라는 그의 지위에서 비롯한 것만은 아니다. 1950~1960년대에 벤이 취
한 온건한 정치적 견해도 중요한 요인이었다. 히스 정부가 들어선 뒤에야
그는 급격하게 좌경화했다. 그래서 벤은 〈트리뷴〉 그룹이나 《좌파 고수》
그룹이나 '사회주의의 승리 그룹의'* 일원인 적이 없었다. 그는 베번 좌파

---

* 사회주의의 승리 그룹 1950년대 말에 존재했던 노동당 좌파 조직.

도 아니었고 핵무기철폐운동 지지자도 아니었다.

1959년 노동당 당대회에서 벤은 당헌 4조를 공격한 게이츠컬을 지지하며 연단에서 다음과 같이 주장했다. "운동의 다수는 여전히 과거에 너무 집착하는 것 같습니다. 그러나 그렇게 해서는 청년들에게 매력을 주고 그들을 계속 붙들어 둘 수 없습니다."[63]

1966년에 윌슨 내각의 소득정책에 항의하며 기술부 장관직을 사임한 프랭크 커즌스의 후임자가 바로 토니 벤이었다.

대단원

1978~1979년 겨울에 산업 현장의 불만이 폭발하자 캘러핸 정부는 무너졌다. 1978년 9월 노총은 임금 인상률을 5퍼센트 이내로 억제하는 데 반대했다. 10월 노동당 당대회에서도 401만 7000표 대 192만 4000표로 5퍼센트 이내 인상안은 부결됐다. 파업 물결이 포드자동차, 제과점들, 지방 언론사들을 휩쓸었다. 1979년 1월에는 철도 노동자들이 파업을 벌였고, 뒤를 이어 유조차와 화물차 운전사들이 2주 동안 파업을 벌였다. 교통과 공공 부문 노동자들의 대규모 노동쟁의가 벌어졌다.

연대 피케팅이 확산되고, 혹심한 추위 속에 지방정부 공무원들의 파업으로 도로가 꽁꽁 얼어붙자 혼란은 가중됐다. 1월 22일 125만 명의 지방정부 공무원들이 전국에서 하루 파업을 벌였다. 유조차 운전사들은 15퍼센트 임금 인상, 화물차 운전사들은 15~20퍼센트 임금 인상을 쟁취하며 파업을 끝냈다. 지방정부 공무원들은 9퍼센트 임금 인상을 받아들였다.[64]

노동당의 임금정책은 아래로부터의 압력 때문에 다시 한 번 무너졌다. 노동당은 자신을 선출해 준 사람들에게 약속을 지키지 못했다. 그러나 지배계급에게는 큰 성과를 안겨 줬다.

1969년과 달리 1979년 '불만의 겨울'은 투쟁이나 계급의식이 고양되는 과정이 아니라 하강하는 과정이었다. 노동당 정부는 히스 정부 아래서 성장하고 있던 경향을 분쇄했다. 히스 정부 시절 노동자들은 자본주의 체제에 투쟁으로 도전하기 시작했다. 비록 이런 경향이 1974년에 선거 정치의 대안을 제시할 만큼 충분히 발전하지는 못했지만, 그래도 당시는 발전하는 추세였다. 그러나 1979년에는 최고 수준의 파업들도 부문주의와 대체 인력 근무의 악순환에서 벗어나지 못했다(파업 중 대체 인력 근무를 떳떳한 일로 만드는 데 일조한 것이 바로 노동당이었다). 정치적 일반화의 성장 추세는 꺾이고 말았다.

노동당이 노동자 운동을 억제하는 데 성공한 것이야말로 1979년 5월 총선에서 노동당이 참패한 배경이었다.

16장

대처 집권기의 노동당

산업 투쟁의 침체

1974년에 많은 자본가들은 노동당의 선거 승리를 환영했다. 5년 뒤 그들은 노동당의 패배를 반겼다. 노동당 정부는 노동자들의 전투성으로부터 사용자들을 보호하는 데 성공했다. 이제 사용자들은 노동조합에 의존하지 않는 정부를 원했다. 그들은 더는 방패 뒤에 숨을 필요가 없었다. 오히려 노동자들을 향해 휘두를 칼이 필요했다.

윌슨-캘러핸 정부 시절 시작된 산업 투쟁 침체는 더욱 심해졌다. 1970~1974년과 비교하면, 마거릿 대처가 이끄는 새 정부가 취한 노동계급에 적대적인 정책들은 거의 저항을 받지 않았다. 사회협약, 생산성 협정, 노동조합 관료들의 하수인 노릇을 하는 전임 소집자 계층의 형성 때문에 현장 조직이 무너진 것이다. 이런 조직적 위기뿐 아니라 지도력의 위기도 있었다. 경제 위기 탓에 상당한 양보를 쟁취할 여지가 거의 없는 상황에서 대다수 노동조합 투사들의 개혁주의 이데올로기는 아무 쓸모가 없었다.

실업률 상승도 산업 투쟁 침체에 한몫했다. 전반적으로 노동자들이 사용자들에 맞서 싸울 자신감을 잃은 상태였다. 싸우더라도 대부분 수세적이고 파편화된 장기 투쟁이었고, 오히려 사기를 떨어뜨리는 투쟁이었다. 1970년대 초에는 노동자들이 이따금 패배하기는 했지만 그래도 승리의 시기였다. 그러나 10년 뒤에는 부분적이고 일시적인 승리가 몇 번 있었을 뿐 대체로 패배의 시기였다.

그래서 노조 관료들의 현장 지배력이 강해졌다. 노조 지도자들은 대처 집권 이후 줄곧 우경화했다. 그렇지만 사용자들과 정부가 자신들을 진지하게 대하지 않는 듯한 상황에 부딪히면, 가끔 조합원들을 동원해 투쟁에 나서기도 했다. 물론 조합원들을 통제하는 고삐는 결코 늦추지 않았다.

그런 관료적 파업은 1980년에 철강노조가 1926년 이후 처음으로 전국적 파업을 14주 동안 벌였을 때 시작됐다. 슬프게도, 파업에 동참하지 않은 사기업 노동자들이 철강을 계속 생산하고 운수일반노조 소속 트럭 기사들이 이 철강을 운송하면서 결과적으로 철강노조의 파업을 파괴하는 구실을 했다. 부문주의의 한계가 드러난 것이다. 그 뒤 몇 년 사이에 철강 산업에서는 노동자 수가 3분의 2나 감소했다.

1982년 철도기관사노조가 전국에서 파업을 벌였을 때, 철도노조는 파업 파괴 행위를 했고 노총 중앙집행위원회는 만장일치로 파업 중단 명령을 내렸다. 의료 노동자들도 하루 선별 파업을 벌이며 투쟁했지만 결국 패배했다. 그 뒤 병원의 식사나 청소 같은 서비스들이 모두 민영화됐다. 1983년 2월의 전국 상하수도 노동자 파업만 부분적 승리를 거뒀을 뿐이다.

1983년에 노총은 '신新현실주의' 정책을 채택했다. 대처 집권 초기에 보수당 정부의 공세에 대한 노총의 대응은 저항하지는 않더라도 정부에 협조하지도 않는다는 것이었다. 그러나 이제 노총 사무총장 렌 머리는 다음과 같이 말하며 정부에 굴복했다. "우리는 가능하다면 어디서든 조합원들을 대변해야 한다. 다시 말해, 정부와 대화해야 한다는 것이다. … 우리가 노동조합의 의견을 누구와 의논한다고 해서 정부나 특정 정당의 도구나 앞잡이가 되는 것은 아니다."[1]

그러나 머지않아 세 건의 노동쟁의가 일어나자 신현실주의를 추진하는 것은 중단됐다. 1983년 11월 워링턴 지역에서 소규모 인쇄업자가 보수당의 노동조합 통제 법률을 이용해 인쇄공노조를 공격했다. 영국에서 가장 강력한 노동조합 가운데 하나였던 인쇄공노조가 보수당의 법률을 거부하고 경찰과 법원에 강력하게 저항하자 노총 중앙집행위원회는 인쇄공노조에 불리한 결정을 내렸고, 결국 인쇄공노조는 1984년 2월 패배했다.

5주 뒤 정부는 보안경찰인 정부통신본부GCHQ 직원들의 공무원노조 가입을 금지했다. 노총은 하루 전국 파업을 호소했다. 파업 공지 기간도 짧았고 조직 방식도 관료적이었지만 파업은 상당한 지지를 받았다. 그러나 또다시 정부가 승리했다.

정부통신본부 파업 하루 뒤인 3월 1일 석탄공사가 요크셔 지역의 코튼우드 탄광을 5주 뒤 폐쇄하겠다고 발표했다. 항의하는 사람들에게 답변하면서 석탄공사 사장인 이언 맥그리거는 1년 안에 탄광 20군데를 폐쇄하고 광원 2만 명을 해고할 계획이라고 밝혔다. 대처 일당이 일부러 도발 행동을 하고 있음이 분명해졌다.

인쇄공노조, 정부통신본부, 광원들의 투쟁 때문에 신현실주의를 추구하기가 힘들어졌다. 그러나 불행히도 이것은 일시적 중단이었을 뿐이다. 광원들이 패배한 뒤 신현실주의는 훨씬 더 강력하게 추진됐다.

파업의 성격이 수세적이기는 했지만, 광원들이 보수당에 중대한 패배를 안길 뻔한 기회가 몇 차례 있었다. 광원들이 그러지 못한 것은 대체로 노총과 노동당 지도부의 태도 때문이었다. 많은 노동조합원들 사이에는 광원 투쟁을 지지하는 정서가 없지 않았다. 그러나 노총과 노동당 지

도부는 산업 투쟁의 연대 가능성을 일부러 약화시켰다. 피케팅 원정대*
같은 전투적 전술을 정당화하거나 선거주의의 대안을 제공할까 봐 두려
웠던 것이다. 따라서 노동당 지도부가 '폭력적 피케팅'을 경찰의 야만적
전술과 다를 바 없다고 비난한 것은 공정하지 않은 처사였다.

결과적으로, 광원 파업은 투쟁이 침체되는 것을 잠시 막았지만 침체
기 파업의 특징도 고스란히 보여 줬다. 1984년 광원 파업은 유럽에서 벌
어진 최장기 대중 파업이었다. 그러나 12년 전의 광원 파업과 근본적으
로 달랐다. 1984년에는 기층의 활동 수준이 더 낮았다. 결정적으로, 광
원들은 관료들의 통제에서 벗어나 독자적으로 행동하려는 열의가 없
었다. 1977년 노동당 정부의 인센티브 제도가 부추긴 부문주의 때문
에 광원들이 분열했을 뿐 아니라 다른 노동자들 사이에서도 고립됐다.
1984~1985년에는 기껏해야 광원의 10퍼센트만이 적극적으로 피케팅의
의무를 다했고, 1972년과 달리 그들은 다른 광원들의 작업장 밖에서 피
케팅을 하며 대부분의 시간을 보내야 했다.

1984년 광원 파업 때는 다른 노동자들의 연대 투쟁이 거의 없었다.
그 피해는 실질적이었다. 예컨대, 1972년에는 발전 산업 전체에서 현장
노동자들의 투쟁이 조직됐다. 그들은 독자적으로 임금 인상 투쟁을 벌
였고, 그래서 모든 발전 노동자들이 광원들을 강력하게 지원했다. 2주가
채 안 돼 발전소 12곳이 완전히 봉쇄됐고, 산업 노동자 140만 명이 일손
을 놔야 했다. 반면에, 1984~1985년의 상황은 다음과 같았다.

운수일반노조와 '일반·지방정부·보일러공 연합노조'가 발전소 현장위원들

---

* 피케팅 원정대(flying picket) 파업 중인 작업장을 찾아다니며 피케팅 활동을 하는 노동
자들.

과 광원노조 대표들 사이의 면담을 한 번도 주선하지 않았다. 파업이 시작된 지 10개월 반이 지난 1985년 1월 16일에야 아서 스카길[광원노조 위원장]과 발전소 현장위원들이 요크셔에서 처음으로 만났다![2]

그리고 1984년 4월 11일 발전 산업의 노동조합들은 5.2퍼센트 임금 인상에 합의하는 13개월짜리 협정에 서명했다. 광원 파업 12개월 동안 전력 공급 중단으로 일손을 놓은 노동자는 단 한 명도 없었다.

셰필드 근처의 오그리브에 있는 코크스 창고는 1980년대의 솔틀리[이 책의 494쪽 참조]가 돼야 했지만, 1972년의 승리를 오그리브에서 재현하자는 광원노조 지도자 스카길의 호소는 먹혀들지 않았다. 1972년에는 버밍엄의 금속 노동자들이 광원들을 지원했다. 그러나 1984년에 셰필드의 금속 노동자들은 그렇게 하지 않았다(버밍엄보다 셰필드가 탄전에 훨씬 더 가까웠는데도 말이다). 솔틀리에서 금속 노동자들은 닷새째 되는 날 피케팅 대열에 통째로 합류했다. 오그리브에서는 5월 24일 목요일에 약 1000명의 광원이 피케팅을 시작했다. 5월 27일, 5월 29일, 5월 31일, 6월 18일 피케팅하는 광원 수천 명이 두들겨 맞는 장면이 TV로 전국에 방영됐다. 5월 30일 스카길은 체포됐고, 6월 18일 그는 부상당해 병원에 입원해야 했다.[3]

그러나 여전히 셰필드 금속 노동자들은 피케팅에 나설 기미가 없었다. 왜 그랬을까?

이 물음에 답하려면 당시 셰필드 금속 노동자들의 상태를 살펴봐야 한다.

《고용부 관보》를 보면, 1981년에 셰필드에서는 이렇다 할 작업 중단이 한 건도 없었고, 1982년에는 한 건(해고에 반대하는 것), 1983년에도 단 한 건(해고를 둘러싼 것)만 있었다.[4] 자신의 사용자에게 맞설 자신감이 없는 노동자들이 다른 노동자들을 지원하는 일에 나서리라고 기대할 수는 없다. 이것이 오그리브 비극의 근본 원인이다.

광원 파업 패배의 근본 원인을 광산업에서만 찾는 것은 부문주의에 갇힌 협소한 시각일 것이다. 그것은 훨씬 더 큰 그림의 일부였다. 1972년의 산업 투쟁 분출을 설명하려면 제2차세계대전 종전 이후 노동계급의 상황이 어떻게 변했는지를 살펴봐야 한다. 1984~1985년 광원 파업 기간의 노동계급 상태를 설명하려면 노동당이 집권한 1974년 이후의 시기를 살펴봐야 한다.[5]

정치적 고양: 벤 좌파 운동

노동계급 운동의 약화는 노동당에 단기적 영향뿐 아니라 장기적 영향도 미쳤다. 처음에는 산업 투쟁의 침체기와 정치적 고양기가 나란히 진행됐다. 그런 정치적 고양은 새롭고 강력한 노동당 좌파 경향, 즉 벤 좌파 운동의 성장으로 나타났다. 노동자들이 작업장에서 사용자에 맞서 싸울 자신감이 없었기 때문에 많은 활동가들이 작업장 밖에서 정치적 해결책을 찾았다. 노동당이라는 구세주를 찾은 것이다.

1979년 총선 패배 뒤 노동당은 한 세대 만에 가장 급격하게 좌경화했다. 1970~1974년의 당대회들도 상당히 좌경화하기는 했지만, 당시 활동가들은 대체로 산업 투쟁에 집중했다. 이제 그들은 주로 당내 우파에 반대하는 단호한 투쟁에 집중했다.

노동당 좌파는 윌슨-캘러핸 정부의 재집권은 아무 의미가 없다고 확신했다. 1980년 11월 노동당 의원단은 마이클 풋을 노동당 대표로 선출했다. 이것은 결코 당 활동가들의 변화 욕구를 충족시켜 주지 못했다.

그리고 과거에 그랬듯이 당대회에서 좌파적 결의안을 통과시키는 것만으로도 불충분했다. 좌파는 다음과 같이 당헌을 개정해야 한다고 생각했다.

첫째, 현역 의원이라도 총선 전에 지구당의 후보 선출 과정을 반드시 거쳐야 한다. 둘째, 그동안 의원들이 선출한 대표와 부대표를 지구당·노동조합·의원단의 대표들로 이뤄진 선거인단, 다시 말해 당 전체를 대표할 수 있는 사람들이 선출해야 한다. 이런 쟁점들이 1979년과 1980년의 당대회와 1981년 1월 웸블리에서 열린 임시 당대회를 압도했고, 결국 웸블리 임시 당대회에서 좌파가 승리했다.

웸블리에서 승리한 노동당 좌파는 환희로 들끓었다. 노동당 좌파의 신문들에서 몇 구절을 인용해 보자.

- 〈트리뷴〉: 노동당 민주화의 분수령[6]
- 〈밀리턴트〉: 웸블리는 노동당 평당원들의 위대한 승리였다. … 노동당 당대회에서 노동조합 대의원들의 블록투표는 각성한 노동계급의 요구를 전달하는 결정적 수단이다.[7]
- 〈소셜리스트 챌린지〉: 정말 멋진 웸블리 당대회 … 노동운동의 위대한 승리[8]
- 〈모닝 스타〉: 노동당 정부의 재집권을 위해서뿐 아니라 차기 노동당 정부가 노동운동의 정책들을 확실히 이행하도록 강제하기 위해서도 중요한 결정이다.[9]

노동당 좌파의 성공은 지구당 활동가들과 일부 노조 관료들의 동맹 덕분이었다. 많은 노조 지도자들은 캘러핸 정부의 임금 인상률 5퍼센트 이내 억제 방침이 '불만의 겨울' 사태를 촉발했다며 분노를 터뜨렸다.

그런 동맹은 1981년 9월 부대표 선거에서 벤이 힐리와 경합했을 때 절정에 달했다. 벤은 아슬아슬하게 패배했다. 힐리의 득표율이 50.4퍼센트, 벤의 득표율이 49.6퍼센트였다. 벤은 선거인단의 지구당 부문에서 81.1퍼센트, 노동조합 부문에서 37.5퍼센트, 의원단에서 34.1퍼센트를 득표했다. 좌파는 승리한 것이나 다름없다며 흥분했지만, 그것은 일종의 자기기만이었다. 블록투표 제도 덕분에 벤은 실제 지지율보다 훨씬 더 많이 득표했을 뿐이다.

물론 벤이 노동조합 활동가들의 열렬한 지지를 받은 것은 사실이다. 1981년 봄과 여름 내내 벤이 노동조합 대의원대회의 비공식 사전 모임들에서 연설할 때 청중석을 가득 메운 활동가들의 호응은 뜨거웠다. 그러나 그 활동가들의 정서는 수많은 노동조합원들의 정서와 거리가 있었다. 노동조합원들은 사용자들의 공세에 밀려 후퇴하고 있었고, 언론이 새로운 혐오 대상 — 토니 벤 — 을 겨냥해 펼치는 사회주의자 마녀사냥 분위기에 점차 익숙해지고 있었다.

힐리는 공공노조, 보건서비스연맹, 소방관노조, 전국인쇄공협회 등 몇몇 노동조합에서 손쉽게 벤을 물리쳤다. 이런 노동조합들은 노동당 부대표 선출 문제를 대의원대회에 참석한 정치적 활동가들에게 맡겨두지 않고 조합원 전체 투표로 결정했다. 유일한 예외가 광원노조였다. 광원노조는 지부별로 실시된 투표를 거쳐 벤을 지지하기로 결정했다. 벤은 블록투표를 통해 운수일반노조의 표 120만 표를 획득했지만, 운수일반노조 집행부는 현장 조합원들의 의사를 묻지 않았다.

활동가들과 대다수 개인 당원들 사이의 커다란 격차는 1960~1961년에 뉴캐슬언더라임 지역에서 실시된 조사 결과를 봐도 알 수 있다. 당시는 게이츠컬의 당헌 4조 폐기 시도 때문에 격렬한 논쟁이 벌어진 직후였고, 노동당 당원증에 당헌 4조가 분명히 적혀 있는데도 조사 대상 당원의 54퍼센트는 당헌 4조에 대해서 한 번도 들어 본 적이 없다고 대답했다.[10] 1980년대 초의 온갖 흥분에도 불구하고, [개인] 당원 수는 1981년 34만 8156명에서 1982년 27만 3803명으로 감소했다. 벤을 지지하는 현장의 정서는 제한적이었다.

1981년 9월 갤럽은 "데니스 힐리와 토니 벤 중에서 노동당 부대표로 누구를 선택하시겠습니까?" 하고 묻는 여론조사를 실시했다.[11] 그 결과는 다음과 같았다.

	일반 여론	노동당 지지자들
힐리	72	60
벤	20	34

단위: 퍼센트

1979~1981년에 노동당의 당내 투쟁을 주의 깊게 지켜본 사람은 대체로 소수에 불과했다. 투쟁 당사자들은 자신들이 수백만 명을 대변한다고 생각했지만, 그들의 주장에 호응하는 사람은 극소수였다.

노동당 좌파의 성격 자체가 또 다른 제약 요인이었다. 당직을 놓고 좌파 활동가들과 대결한 많은 인사들이 노동계급 출신이었다. 즉, 노동계급 출신 배경을 바탕으로 지방의회에 진출해서 후진적이고 부패한 노동당 우파의 핵심이 된 사람들이었다. 그러나 이 새로운 좌파 활동가들은 거의 대부분 중간계급 68세대 출신이었다. 노동당 사무총장인 래리 휘티는 노동당원의 사회적 구성을 다음과 같이 설명했다.

당원의 60퍼센트가 대학을 졸업했거나 고등교육 이상의 학력을 가진 사람이다. 그러나 일반 국민 중에서 고등교육 이상의 학력을 가진 사람은 11퍼센트에 불과하다. 노동당원이 공공 부문에 취업할 확률은 민간 부문에 취업할 확률의 두 배다. 노동당원의 62퍼센트가 〈가디언〉을 읽는 반면, 〈데일리 미러〉를 읽는 당원은 25퍼센트에 불과하다.[12]

지난 몇 년 동안 좌파의 가장 중요한 근거지는 지방의회였다. 지방의회에서는 전통적으로 노동당의 중간계급 출신 인사들이 언제나 중요한 구실을 했다. 그래서 '지방자치 사회주의'를 주장하던 페이비언협회는 중간계급 출신들을 회원으로 끌어들였다. 1920년대에는 보건소 의사들이 대표적이었고, 그들이 노동당의 복지 정책을 만드는 데서 결정적 구실을 했다.

더 중요한 점은, 지구당 좌파는 투쟁 속에서 노동자들과 실질적 연계를 맺지 않는다는 것이다. 의회 밖 활동에 대한 말은 많았지만 지구당 좌파의 본질, 즉 압도적으로 선거에 매달리는 소수집단이라는 사실은 근본적으로 바뀌지 않았다. '재선출'이나* '선거인단'을 둘러싼 끝없는 논쟁은 수많은 노동자들에게 별 의미가 없었다.

벤 좌파 운동의 지구당 기반은 1950년대 초 베번 좌파의 기반보다 규모가 훨씬 작았다(개인 당원의 수가 약 4분의 1로 감소했기 때문이다). 그러나 그들은 당 기구를 파고드는 데는 꽤나 성공했다. 1950년대에 베번파는 완전고용과 생활수준 상승 덕분에 자신감을 갖고 수정주의 우파에 맞서 논쟁했다. 1980년대에 우파는 거의 50년 만에 닥친 최악의 경제 위기로 노동당 정부가 처절하게 무너지는 것을 목격했다. 그들은 일시적으로 자신감을 상실했다. 많은 노동당 의원들의 탈당과 사회민주당 결성은 우파의 자신감 저하를 보여 준다.

베번파는 주요 노조 관료들의 지지를 받지 못했다. 1979~1981년에 벤

---

* 앞에서 말한, 현역 의원들의 총선 후보 선출 의무화를 말한다.

이 성공한 것은 전적으로 노조 상근 간부들의 호의 덕분이었다. 특히 운수일반노조, 공공노조, 광원노조, 기술행정감독직노조, 소방관노조의 관료들 덕분이었다. 그들의 지지는 오래가지 않았다. 캘러핸의 경제정책에 대한 분노를 표출하기 위해 당내 좌파와 제휴했던 그들은 이제 비판을 할 만큼 했다고 생각했다. 이미 1982년부터 좌파 노조 관료들은 벤과 거리를 두기 시작했다. 그들이 벤에게 '비숍스스토트퍼드의 평화'를* 받아들이라고 촉구한 것에서 드러났듯이 말이다.

지구당 활동가들과 좌파 의원들은 노동조합 블록투표에 철저하게 의존하는 것을 전혀 우려하지 않았다. 그리고 그들은 노조 관료들에게 도전할 꿈도 꾸지 않았다. 그들은 정치 운동과 산업 투쟁의 전통적 분리를 받아들이면서 노동당 모임에서는 '정치' 쟁점들을 토론하고 작업장 투쟁은 노동조합 기구들에 맡겨 뒀다. 그러나 노동자들이 자신감을 얻을 수 있고, 마음을 열고 새로운 사상을 받아들일 수 있는 곳은 작업장이다. 그들이 보수적인 노조 관료들에게 효과적으로 도전할 수 있는 곳도 작업장이다.

벤파派가 당헌을 바꾸는 데는 성공했지만 당내 권력 구조의 기본 틀을 바꾸지는 못했다. 여전히 집행위원 29명 가운데 12명이 노동조합 부문, 5명이 여성 부문이었다. 이들은 모두 당대회에서 선출됐는데, 당대회에서는 노동조합이 약 90퍼센트의 투표권을 갖고 있었다.

집행위원 선거에서 노동조합의 영향력은 '기존 관행'에 따라 달라지는데, 이 관행에서는 "노동조합의 규모와 전통적 지위에 의한 대표성을 주

---

* 비숍스스토트퍼드의 평화 1982년 노조 지도자들과 노동당 지도부가 잉글랜드 남동부의 비숍스스토트퍼드에서 만나 화해한 것. 이들은 당내 좌파가 당을 '분열'시키고 있다고 비난하면서 벤에게 부대표 선거에 출마하지 말라고 요구했다.

로 고려한다." 그래서 정치인이 당 재정위원직을 차지하면 *[노동조합 — 지은이] 부문 집행위원 12명 가운데 8명은 암묵적 양해에 따라 자동으로 할당됐다."[13] 이 '양해'란 무엇인가?

각 노동조합은 자기 나름의 관행에 따라 집행위원 후보를 결정했고, 노동조합운동의 가장 오래된 관행들 가운데 하나인 '고참 순서'로 집행위원직을 승계했다.[14]

정치가 아니라 관료적 조정이 집행위원회 다수의 영향력을 좌우한 것이다.

좌파의 당헌 개정은 이빨 빠진 호랑이나 마찬가지였다. 노조 관료들의 권력을 그대로 뒀기 때문이다. 좌파는 당의 관료적 구조와 실질적 권력관계를 건드리지 않았다.

노동당의 구조를 보면, 당원들이 자기기만에 빠지기 쉽다는 것을 알 수 있다. 지구당에서 소수가 결의안을 제출한다. 지구당 대의원대회는 이 결의안을 채택한다. 그러면 이 결의안은 중앙 당대회에 안건으로 제출된다. 당대회에서는 수십만 명, 심지어 수백만 명이 그 결의안을 둘러싸고 투표한다. 이런 구조를 보면 난쟁이를 거인처럼 보이게 만드는 요술거울이 생각난다. 물론 그런 거울이 난쟁이를 진짜 거인으로 만드는 것은 결코 아니다.

지구당 활동가들은 급진적 견해를 마음껏 표명할 수 있지만, 중요한 결정을 내리는 것은 결국 관료들이다. 리처드 크로스먼은 둘 사이의 관계를 정확히 그리고 노골적으로 묘사했다.

---

* 당대회에서 직접 선출되는 재정위원은 당 대표가 되는 관문이라 할 수 있다.

노동당의 지구당 활동에는 투사들, 정치적으로 의식적인 사회주의자들이 필요했다. 그러나 이런 투사들은 '극단주의자들'이 되기 십상이다. 그래서 겉보기에는 완전한 당내 민주주의가 실현되는 것처럼 만들어 그들의 열정을 보존하면서도, 진정한 권력에서는 그들을 배제하는 당헌이 필요했다. 결국, 원칙에서는 당대회 대의원들이 최고 권력을 갖고 있었지만, 노동조합의 블록투표와 의원단에 대한 철저한 종속 때문에 그런 최고 권력은 대부분 빈껍데기에 지나지 않았다.[15]

노동당 좌파가 1981년 1월 웸블리 임시 당대회 결과를 환영했을 때, 그들은 이런 점들을 전혀 고려하지 않았다. 당대회 이튿날 우파 '4인방'은 사회민주당의 전신인 사회민주주의위원회를 출범시켰다. 그들은 3월에 노동당을 공식 탈당해 사회민주당을 창설했다. 사회민주당은 노동당의 지지표를 잠식했다. 다음과 같은 갤럽 여론조사 결과는 그런 영향을 잘 보여 준다.[16] 이 여론조사의 설문은 "대처가 총리직을 수행하는 것과 풋이 야당 대표직을 수행하는 것에 만족하십니까?"였다.

	대처		풋	
	만족한다	만족하지 않는다	만족한다	만족하지 않는다
1980년	37.40	55.30	35.30	35.50
1981년(상반기)	32.40	61.75	25.05	46.25
1981년(하반기)	28.45	64.30	21.60	55.65

단위: 퍼센트

1980년 12월 갤럽 여론조사에서 노동당 지지율은 47.5퍼센트였다. 노동당의 분열과 사회민주당 출범, 격렬한 내분이 지속된 1년 후에 1981년 12월 노동당 지지율은 23.5퍼센트로 떨어졌다. 제1야당의 지지율로는 전

례 없이 낮은 수준이었다.[17]

사회민주당 창설은 노동당 당내 투쟁에 중대한 영향을 미쳤다. 노동당 좌파는 사회민주당 출범을 기뻐했다. 그들의 자기기만 능력은 끝이 없는 듯했다. 그들은 '4인방'이 떨어져 나가면 세력 저울이 좌파에게 유리해질 것이라고 생각했다. 아주 잠시 그 예상이 맞는 듯했다. 그러나 전반적 추세는 정확히 그 반대라는 것이 금세 분명해졌다. 사회민주당-자유당 연합이 선거에서 성공을 거두자, 노동당 지도자들은 '중간 지대'를 차지하기 위해 우경화해야 한다는 압력을 받았다. 특히 1983년 총선 뒤에 그랬다. 그 선거에서 노동당은 사회민주당-자유당 연합을 제치고 제1야당이 됐지만 둘의 표 차이는 아주 근소했다(노동당 득표율이 27.6퍼센트, 사회민주당-자유당 연합이 25.4퍼센트였다).

벤의 자기기만은 여전히 계속됐다. 그는 총선에서 노동당이 승리했다고 생각했다.

1945년 이후 처음으로 공공연한 사회주의 정책을 내세운 정당이 800만 명 이상의 지지를 받았다. … 사회주의가 다시 한 번 국민적 의제가 됐다. … 1983년 노동당 선거공약은 수많은 유권자들의 지지를 받았고, 이제 민주적 사회주의의 교두보를 확보했으니, 이것을 바탕으로 대중의 이해와 지지를 더욱 확대할 수 있을 것이다.[18]

벤의 말은 심지어 그를 지지하는 사람들에게도 설득력이 없었다. 노동당의 득표수는 1918년 이후 가장 낮았다. 1918년에는 노동당 후보들이 적었기 때문에, 후보당 득표수는 1983년에 사상 최저인 셈이었다. 게다가 이것은 4년 동안 실업자가 대거 늘어나고 복지가 계속 삭감된 뒤에 실시된 선거에서 얻은 결과였다!

벤 좌파에게 진실의 순간이 닥치기까지는 그리 오래 걸리지 않았다. 산업 투쟁의 침체가 정치적 고양을 촉진했지만, 낮은 수준의 계급투쟁은 머지않아 운동의 정치적 수준에도 악영향을 미쳤다. 자신들의 주장에 적극적으로 동의하지도 않는 노동자들을 대변한다고 자처하며 대리주의의 함정에 빠진 벤파는 [당내] 우파와 언론의 강력한 공격에 속수무책이었다. 사실, 우파는 벤파가 결의안과 당헌에 집착하는 것을 교묘하게 이용하고 있었다. 이제 정치적 활동가들은 결의안이 통과되는 모임에 나오지도 않는 노동자 대중과 관계를 맺으려 애쓰는 것은 시간과 노력의 낭비라고 생각하게 됐다.

노동당과 대처리즘 합의

노동계급 운동은 노동당을 좌우하는 유일한 요인이 아니다. 자본주의 노동자 정당을 좌우하는 또 다른 요인은 지배계급이다. 1945년 노동당의 압도적인 선거 승리는 개혁주의 틀 안에서 보수당과 정치적으로 합의하는 것으로 귀결됐다. 애틀리 정부가 추진한 변화들을 보수당이 수용한 결과로 버츠컬리즘이 탄생했다. 버츠컬리즘의 핵심은 완전고용, 혼합경제, 복지 확대였다.

대처 정부에서 이 세 정책이 어떻게 됐는지 살펴보자. 세계 자본주의가 1970년대 이후 오랜 위기에 빠지면서 완전고용은 사라졌다. 대량 실업이 현실이 됐다. 경제 위기 때문에 복지도 삭감됐다. 국민생산이 대체로 정체하자 기업이 복지 확대를 지지할 가능성은 줄었다. 1987년에야 영국의 제조업 생산량은 1979년 수준에 겨우 도달했지만 여전히 1973년 수준보다 4퍼센트 더 낮았다. 특히, 실업급여로 120억 파운드를 지출하는 상황에서는 더욱 그랬다.

합의가 변하는 조짐이 가장 분명히 나타난 분야는 국유화였다. 국유화는 항상 개혁주의 정치의 진전을 가늠하는 민감한 바로미터였다. 국유화는 대체로 세 단계가 있었다. 첫째, 1945년 전에는 서유럽 어디서도 국유화가 실행되지 않았다. [정치학자] 프셰보르스키는 다음과 같이 설명했다.

> 몇몇 나라들에서 정부를 구성하거나 정부에 입각한 사회민주주의자들이 처음으로 사회화를 시도했지만 전혀 성과가 없었다. 양차 세계대전 사이에 … 오스트리아, 벨기에, 덴마크, 핀란드, 프랑스, 독일, 영국, 노르웨이, 스웨덴에서 사회민주주의자들이 집권했지만, 1936년 프랑스 군수산업을 제외하면 당시 서유럽의 사회민주주의 정부가 국유화한 기업은 단 하나도 없었다.[19]

제2차세계대전 후에는 사정이 바뀌었다. 영국·프랑스에서 국유화 물결이 일었고, 이탈리아·스페인·오스트리아에서는 다양한 정부 조처들을 통해 중요한 공공 부문들이 출현했다.

> 특징적인 것은 국영기업이 신용, 석탄, 철강, 에너지 생산·유통, 교통, 통신 분야로 제한된 것이었다. 다른 분야에서는 파산 위험이 있고 따라서 고용을 감소시킬 위험이 있는 기업들만 공공 소유로 전환됐다.[20]

전후의 경제성장 시기에는 완전고용과 복지 기금이 창출됐을 뿐 아니라 민간 자본가들에게 지급할 국유화 비용도 충당할 수 있었다.

그러나 경제 위기가 시작되자, 새롭게 국유화하거나 과거에 민영화된 기업들을 다시 국유화할 기회는 사실상 사라졌다.*

그래서 전 세계의 우파 정부들이 민영화를 추진한 것이다. 프랑스에서는 1988년 초까지 23개 기업이 약 1000억 프랑(100억 파운드)에 매각됐다. 스페인, 이탈리아, 서독, 오스트리아, 호주, 뉴질랜드 등지에서도 민영화가 진행됐다. 영국에서는 "지난 8년 동안, 65만 명을 고용하고 국가경제 부문의 40퍼센트를 차지하는 주요 공기업 16개가 완전 또는 부분 민영화돼 총 175억 파운드를 벌어들였다."[21]

1987년 말에 주식시장이 붕괴하지 않았다면 정부는 국영 석유 회사인 영국석유회사BP 민영화로 약 70억 파운드, 물 산업 민영화로 약 80억 파운드, 전력 산업 민영화로 약 180억 파운드를 벌었을 것이다. 영국철강공사와 랜드로버[자동차 회사], 그리고 잡동사니 기업 몇 개를 더 얹어 줬다면 재무부는 분명히 400억 파운드 이상을 벌었을 것이다.[22] 미래의 어떤 노동당 정부도 민영화된 기업들을 다시 국유화하는 데 이렇게 막대한 돈을 쓸 수 없을 것이다.

《1982년 노동당 정책 강령》은 1983년 노동당 선거 강령의 토대였다. 《1982년 노동당 정책 강령》은 산업의 공공 소유 확대를 주장했다. 이듬해 당대회에서 "압도 다수의 찬성으로 통과된" 결의안은 "당헌 4조가 노동당의 핵심 목표"임을 다시 확인하고 "보수당이 민영화한 공공 부문의 재국유화"를 요구했다.[23]

1985년 말에도 노동당 부대표인 로이 해터슬리는 "사회적 소유와 민주적 계획을 은행·제조업·신기술·서비스 부문의 핵심 기업들로 확대할

---

* 여기에는 몇 가지 예외가 있을 수 있다. 1980년대 초에 프랑스 대통령 프랑수아 미테랑은 대규모 국유화를 추진했지만 금세 후퇴해야 했다. 반면에, 경제 위기 상황에서는 심지어 우파 정부조차 파산하는 기업들을 국유화할 수밖에 없다고 생각할 수 있다. 예컨대, 칠레의 피노체트 정부가 [1982~1983년 경제 위기 때] 그랬다. — 지은이.

필요성"을 주장하는 결의안을 만장일치로 지지해 달라고 요청했고, 그렇게 되리라고 기대했다.[24] 당대회에서 그 결의안은 통과됐다.[25] 그리고 차기 노동당 정부가 "민영화된 서비스를 모두 국영으로 되돌리고, 민영화된 기업도 모두 공공 소유로 되돌리고, 민영화 법률도 모두 폐기할 것"을 요구하는 결의안도 통과됐다.[26]

후퇴가 시작된 것은 1987년 총선을 준비하면서였다. 국유화의 중요성을 낮추고, 사회민주당-자유당이 주장한 종업원 지주제와 [노동당이 주장한] 공공 소유의 차이를 흐리기 위해 '사회적 소유'라는 모호한 개념이 사용됐다. 1987년 총선 당시 노동당은 영국통신과 영국가스만을 '사회적 소유'로 되돌리겠다고 약속했다. 그러나 어느 회사도 국유화하지는 않을 것이라고 밝혔다. 기존 주식 지분을 기관투자가들에게 유리한 고高할인채* 등 다양한 채권으로 전환한다는 것이다. 그렇게 되면 영국통신과 영국가스 주주들의 자산은 늘어날 것이다. 주식이 의결권 없는 채권으로 전환되고 단기적인 투기 방지 장치가 마련되겠지만, 그렇다고 해서 주주들의 자산이 늘어날 것이라는 사실은 바뀌지 않는다.

1987년 당대회에서 광원노조는 보수당이 민영화한 기업들을 모두 다시 국유화하는 결의안을 제출했다. 그러나 이 결의안은 386만 9000표 대 239만 7000표로 부결됐다. 통신노조CWU의 앨런 터핀은 당대회에서 다음과 같이 말했다. "우리가 다시 집권하면 이 기업들을 다시 국유화하는 데 150억 파운드나 되는 거액을 쓰고 싶지 않을 것입니다. 우리는 국가보건서비스나 저임금 같은 더 중요한 문제들을 해결하는 데 돈을 써야 할 것입니다."[27]

노동당이 종업원 지주제 확대를 지지한 것은 공공 소유를 넣은 관에

---

* 고할인채 액면가를 할인해서 발행하고 그 차액으로 이자를 대신하는 채권.

또 한 번 대못을 박은 것과 마찬가지였다. 1987년 총선 당시 노동당 선거 사무장으로서 우경화를 주도한 브라이언 굴드는 채널4 방송에 출연해서 다음과 같이 주장했다. "주식을 소유한다는 것은 매력적 생각이고, 우리 사회주의자들은 소수의 권력을 빼앗아 널리 분산시키는 방안의 일환으로 종업원 지주제를 지지해야 합니다." 굴드는 이기심을 자극하는 말도 서슴지 않았다. "돈 많은 사람들이 주식 매매 차익을 다 가져가는 것을 보고만 있을 겁니까?"[28] (굴드가 놓치고 있는 사실은, 대처의 민영화에서는 주식을 매입한 사람들이 그 주식을 재빨리 팔아 치워 이익을 남길 수 있었기 때문에 인기가 있었다는 것이다. 굴드가 지지한 종업원 지주제는 그렇지 않았고, 따라서 대처의 민영화만큼 인기가 높지 않았다.)

사기업과의 공조

1980년대 중반에 노동당의 정책은 공공 소유에서 국가가 사기업을 장려하는 정책으로 전환됐다. 1983년에 당 대표가 된 닐 키넉은 1986년 〈업저버〉에 기고한 "노동당의 [경제] 회복 계획"이라는 글에서 "[사기업이] 강력한 정부 기구를 이용해 커다란 경제적 성과를 이룩한 프랑스·독일·일본의 성공에서 배우는 것이 중요하다"고 말했다.[29] 키넉의 책《우리의 길을 가기》는 일본의 성과를 열렬히 칭송했다.[30] 키넉은 노동당은 일본을 본떠서 영국산업투자은행을 설립하고 국가투자 기관인 '영국기업'을 신설해 첨단 기술 산업에 투자할 것이라고 밝혔다.

해터슬리[당시 노동당 부대표]는 사기업 자본가들을 안심시키려고, 노동당이 집권하더라도 부자들에게 세금을 많이 매기지 않겠다고 약속했다. 1986년 9월 그는 영국 증권회사인 그린웰몬터규의 주선으로 뉴욕의 기관투자가들 앞에서 연설하며, 차기 노동당 정부가 1979년 전의 "고율의 세금 체계"로 돌아가 최고 부유층에게 거액의 세금을 부과하는 일은 없을 것이라고 약속했다.[31]

해터슬리는 노동당의 신중한 재정 정책도 강조했다. 1986년 7월에 쓴 글에서 그는 역대 노동당 정부의 공공 지출 수준을 비판했다. "우리의 공공 지출 수준은 거의 언제나 유권자들이 신뢰할 수 있고 경제가 합리적으로 감당할 수 있는 수준보다 더 높았다."[32]

민간 산업을 장려하기 위해 노동당은 온건한 환율 통제 공약조차 폐기했다. 1986년 당대회에서 해터슬리는 자본가들이 환율 통제를 우회하는 방법을 찾아낼 것이므로 노동당이 구태여 환율 통제를 제도화하려고 애쓸 필요가 없다고 말했다.

노동당 지도부는 미테랑 증후군을 피하고 싶어 했다. 1981년 프랑스 대통령이 된 미테랑은 대규모 국유화와 사회복지 확대로 경제적 수요를 증대시키려 했다. 그러나 1년이 채 안 돼 이것은 재앙으로 끝났다. 프랑스 자본가들은 정부에 협력하기를 거부하고 자본을 해외로 빼돌렸다. 물가가 오르고 환율이 폭락했다. 국제 은행가들은 정부 재정 개선을 요구했고, 미테랑은 이에 순응했다.

이런 사실을 알고 있는 해터슬리는 1984년 당대회에서 다음과 같이 말했다. "저는 차기 노동당 정부가 출범 후 1~2년 동안 비현실적 정책을 추진하다가 나중에는 디플레이션과 당원들의 절망만 남긴 채 끝나기를 바라지 않습니다."[33] 키넉과 해터슬리는 노동당 정부가 신속한 경제성장을 달성하기를 바라는 지지자들의 기대 수준을 낮추기 위해 최선을 다했다. 그들은 영국의 산업과 은행 시스템이 세계경제 체제의 일부분이기 때문에 환율, 금리, 자본 흐름에 대한 정부의 영향력이 제한적일 수밖에 없다는 사실을 잘 알고 있었다.

이런 제약 요인들을 받아들인 키넉은 "인간의 얼굴을 한 대처리즘"의 전도사가 됐다("인간의 얼굴을 한 대처리즘"은 〈파이낸셜 타임스〉가 데이비드 오언[영국 사회민주당 창립자 중 한 명]을 묘사하기 위해 처음으로 만들어 낸 말이다).

이제 물가 오름세를 억제하는 것이 노동당의 최우선 과제가 됐다. 1986년 1월 30일 런던뷰로스쿨 연설에서 해터슬리는 다음과 같이 말했다. "물가 오름세를 억제해야만 우리는 전진할 것입니다. 만약 최소한의 물가 상승률로 최대한 빠르게 성장할 수 있는 메커니즘을 구축하지 못한다면, 우리는 경기 부양 속도를 늦춰야 할 것입니다."[34]

1987년 3월 노동당이 펴낸《일자리 창출 방안》은 공공 지출 증대보다 민간 자본 투자 유치가 노동당의 우선 과제라는 점을 분명히 했다. 특히, 경제적 성공을 위해서는 "국민적 합의"가 필요하다고 키넉은 주장했다.[35]

우리는 싸워서 이기고 싶어 하는 노동자들도 필요하지만, 다른 노동자들이 일을 하도록 관리할 수 있는 노동자들도 필요하다. … '저들'과 '우리'로 편을 가르던 시대는 이제 끝났다. 우리는 모두 하나다. 그리고 우리가 하나가 돼야만 영국은 성공할 수 있다.[36]

자본주의를 치료하기 위해 노동당은 심지어 보수당이 만든 노동조합 통제 법률조차 수용했다. 1986년 9월 발표된 노동당·노총의 문서《일하는 사람들: 새로운 권리, 새로운 책임》은 보수당이 도입한 파업 찬반 투표와 노동조합 집행부 선거 의무화를 받아들였다. 〈파이낸셜 타임스〉는 노동당이 스스로 자신의 역사와 단절했다고 옳게 지적했다.

노동조합이 만든 노동당이 이토록 강력하게 노동조합 활동을 통제하려 한 적은 한 번도 없었다. 노동당은 그런 통제를 입법화하려 한 적도 없었다. 지금 노동당은 비록 형태가 약간 바뀌기는 했지만 그런 통제를 지지할 뿐 아니라, 노동운동이 전통적으로 적대시해 온 법원의 개입조차 용인하고 있다.[37]

1986년 8월에 예비내각의 고용부 장관이자 '온건' 좌파의 지도자인 존 프레스콧은 "노사 관계에서 법을 배제하는 것은 가능하지도 않고 바람직하지도 않다"고 썼다.[38]

보수당이 파업 찬반 비밀투표를 법률로 강제한 이유는 노동자들의 집회와 토론을 매우 싫어했기 때문이다. 노동자들은 집회를 열고 파업에 대해 토론하면서 투지와 자신감을 얻을 수 있다. 또 동료 노동자들의 힘과 강점도 깨달을 수 있다. 반면에, 비밀투표는 노동자들을 원자화시키고 자본주의 언론의 선전 공세에 휘둘리게 만든다. 그런 비밀투표를 노동당이 받아들이고 있었다.

완전고용은 어떻게 됐는가? 1983년에 노동당 경제 전략의 목표는 "집권 후 5년 안에 실업자를 100만 명 미만으로 줄이는 것"이었다. 1987년 선거공약은 2년 동안 실업자를 100만 명 줄이는 것이었다. 당시 실업자가 약 400만 명이었으니까 실업자를 300만 명으로 줄이는 것이 노동당의 목표였던 것이다!

대처 정부 시절 지속된 [여야] 합의의 기원은 대처가 아니라 짐 캘러핸의 노동당 정부였다. 캘러핸 정부의 통화주의, 대규모 복지 삭감, 병원 폐쇄, 공공 주택 감축이 대처 시절까지 이어진 것이다. 1945년 노동당의 총선 승리 이후 지속된 합의는 이른바 버츠컬리즘이었다. 대처와 키넉의 합의를 끌어낸 것은 무엇일까?

합의는 만장일치를 뜻하지 않는다. 1945~1970년에 개혁주의 합의가 지속되는 동안 보수당과 노동당은 강조점이 달랐다. 노동당은 물가 억제보다 완전고용을 중시했다. 그리고 혼합경제에서 국유화된 부문에 더 우호적이었고 복지를 더 열정적으로 추구했다. 그 기간 내내 양당 사이에서, 그리고 각 당 내에서 차이점들이 나타났다. 마찬가지로 새로운 합의에서도 논쟁의 범위는 대처가 결정했지만, 그런 범위 안에서 이런저런 충돌이 벌어졌다.

1988년, 대처리즘 합의는 버츠컬리즘보다 훨씬 더 불안정했다. 버츠컬리즘의 토대는 자본주의의 확장이었다. 경제와 금융이 지극히 불확실한 상황에서, 대량 실업과 물가 오름세, 경상수지 적자 위험 같은 문제들이 눈앞에 있으니 보수당과 노동당은 지출 삭감 수준, 실질 생활수준에 대한 공격의 규모, 허용할 수 있는 실업 수준 등의 문제를 둘러싸고 격렬한 논쟁을 벌였다.

보수당과 노동당의 충돌 근저에 있는 노동자들과 사용자들의 충돌이 심화했다. 어쩔 수 없이 노동자들은 노동당 지도부의 통제에서 벗어나려 애썼다(노동당 지도부는 늘 노동자들의 충성심을 이용해 노동자들을 억제하려 했다). 그와 동시에 자본가들은 보수당과 미래의 노동당 정부에게 노동자들의 생활수준에 대한 공격을 강화하라고 압력을 가했다. 따라서 보수당 내부에서 충돌이, 그리고 노동당 내부에서는 훨씬 더 많은 충돌이 일어날 수밖에 없었다.

노동당은 항상 계급과 국가의 조화를 추구할 것이다. 그 과정에서 저울은 특히 계급투쟁의 상황에 따라 때때로 어느 한쪽으로 기울어질 것이다. 노동당이 집권당이든 아니든, 자본주의가 호황이고 따라서 더 많은 개혁을 수용할 수 있든 없든 그럴 것이다. 노동당은 지금도 자본주의 노동자 정당이고 앞으로도 항상 그럴 것이다.

벤 좌파의 후퇴와 밀리턴트 마녀사냥

노동운동의 퇴조와 자본주의의 위기가 노동당 내에 반영되는 것은 시간문제였다. 실제로 1981년 당대회에서는 중도 우파가 집행위원회의 다수파로 선출됐다. 10년 동안 좌파가 집행위원회를 통제하던 시대가 끝난 것이다. 몇 주가 채 안 돼 새 집행위원회는 좌파인 피터 태첼이 버몬지 의회 선거의 후보로 출마하는 것을 승인하지 않기로 결정했고, 밀리턴트 — 똑같은 이름의 신문을 발행하던 당내 좌파 조직 — 에 대한 조사를 시작하기로 결정했다. 그 뒤 1982년 1월 비숍스스토트퍼드 회의에서 당과 노조 지도자들의 압력을 받은 벤은 부대표 선거에 재출마하지 않는다는 데 동의했다. 부대표 선거 출마를 포기함으로써 벤은 좌파가 전에 주장했던 핵심 요지, 즉 당 지도부가 당대회 결의안을 집행할 의지가 없다면 당대회에서 좌파적 결의안이 통과되더라도 아무 쓸모가 없[으므로 좌파가 지도부에 선출돼야 한]다는 생각도 포기했다.

1982년에는 1년 전과 달리 노동조합 대의원대회들에서 이렇다 할 캠페인이 벌어지지 않았다. 오히려 노동당 대표인 마이클 풋이 영국 국기를 몸에 두른 채 포클랜드 전쟁을 지지하는 꼴사나운 광경을 연출했다. 1982년 4월 3일 아르헨티나가 대서양 남부의 포클랜드제도를 점령하자 풋은 의회에서 전쟁을 지지하는 연설을 했다. 보수당 의원들은 풋이 "영국을 대변하는" 연설을 했다며 앞다퉈 칭찬했다. 노동당 의원 중에 반대 견해를 밝힌 사람은 당내 우파인 조지 포크스뿐이었다! 4월 14일 풋은 다시 한 번 영국군 특수부대 파병을 지지한다고 선언했다. 노동조합의 후원을 받는 극소수 의원들만 대처의 제국주의 전쟁을 지지하지 않았다.

4월 28일에야 토니 벤은 풋과 약간 거리를 뒀다. 그때조차 벤은 전쟁에 대한 기본 시각은 다르지 않다고 조심스레 강조했다.

[아르헨티나 — 지은이] 군사정권의 침략에 반대하는 문제에 대해 의회의 견해
가 일치해 있는 것이 현실이다. 침략에 맞서 스스로 방어할 권리가 있다는
것도 만장일치다. … 나는 존경하는 에부베일 지역의 의원[마이클 풋을 가리킨
다 — 지은이]을 지지한다.[39]

전쟁 문제를 둘러싸고 의회에서 주요한 토론이 여섯 차례 벌어진 뒤인
5월 20일에 마침내 표결이 실시됐다. 전쟁에 반대한 노동당 의원은 33명
이었다. 1981년 노동당 부대표 선거 때 토니 벤을 지지한 의원 수의 절
반도 되지 않았다. 벤 자신은 1981년 선거 당시 여러 노동조합의 대의원
대회를 순회하며 자신을 부대표로 선출해 달라고 많은 사람들에게 호소
했다. 그러나 포클랜드 전쟁 때는 그런 운동을 전개하지 않았다. 런던 하
이드파크에서 열린 소규모 반전 집회에 나가서 연설한 것을 빼고는 말이
다.[40]

당의 우경화는 계속됐다. 1982년 당대회에서는 당내 [정파] 조직들을
등록하는 문제가 논의됐다. 그 의도는 밀리턴트 그룹에 대한 마녀사냥
을 하려는 것이었다. 처음에는 당대회에서 정파 등록제가 부결될 것이라
고 생각한 사람들이 많았다. 당대회 주간에 발행된 〈밀리턴트〉의 1면 제
목은 "운수일반노조 집행부가 등록제를 거부하다"였다. 그러나 운수일반
노조의 지도자들인 모스 에번스와 앨릭스 킷슨은 운수일반노조 소속
대의원들을 쉽게 설득해 등록제에 찬성하게 만들었고, 결국 등록제는
517만 3000표 대 156만 5000표라는 압도적 차이로 통과됐다.

밀리턴트에 대한 공격은 벤파의 패배로 이어지게 될 트로이의 목마였
다. 1920년대의 독립노동당과 마찬가지로 벤파도 밀리턴트 마녀사냥에

반대할지 말지를 결정할 수 없었고, 그래서 그냥 보고만 있었다. [1981년 부대표 선거에서] 벤을 지지했던 노동당 조정위원회는* 밀리턴트가 종파주의적이라는 이유로 밀리턴트를 방어하지 않았다. 당내의 다른 좌파 그룹들도 똑같은 태도를 취했다.

마녀사냥은 더 광범한 노동계급 운동의 퇴조, 그리고 우파의 권력 강화와 맞물려 있다. 밀리턴트 지도자들의 생각과 달리, 마녀사냥은 우파가 좌파에게 통제권을 빼앗길까 봐 두려워하는 것을 보여 주는 조짐이 아니라 좌파가 취약하다는 것을 보여 준다. 정치적 분위기가 우경화하면, 시끄럽게 떠들어 대는 좌파는 선거에 불리한 걸림돌로 여겨진다. 그것과 동시에 노동자들의 자신감이 떨어져서 대다수 노동자들과 선진 노동자들 사이의 간극이 벌어지고 선진 노동자들이 쉽사리 고립되고 공격당한다.

1980년대의 밀리턴트 마녀사냥은 1920년대 중반의 공산당 마녀사냥과 공통점도 있었지만 차이점도 두드러졌다. 공산당과 좌파운동은 노동당 내에서 영향력이 밀리턴트보다 훨씬 더 컸다. 〈선데이 워커〉는 8만 5000부가 꾸준히 팔렸다.[41] 〈밀리턴트〉는 기껏해야 1만 2000부를 넘은 적이 없었다. 공산당은 노동당의 지구당 수십 개를 통제했다. 밀리턴트는 오직 리버풀 지구당만 통제할 수 있었다.

1920년대에 노동당 지도부는 공산당 지지자들을 쫓아내기 위해 노동당 지구당 27개를 해체해야 했다. 1980년대에는 리버풀 지구당과 브로드그린[리버풀 교외] 지구당만 해체됐고(이 글을 쓰는 지금까지는), 세인트헬렌스·서더크·브래드퍼드노스의 지구당들과 머지사이드 주당州黨의 활동이 중단됐다.

---

* 노동당 조정위원회 노동당 좌파들의 활동을 조정하기 위해 1978년에 설립된 기구.

공산당은 광원노조, 철도노조, 금속노조, '목수·소매점·가구 통합노조', 재단사노조 등 많은 노동조합에 큰 영향을 미쳤다. 밀리턴트는 매우 약한 노동조합인 서비스노조에만 영향력이 있었다.*

좌파운동은 공산당이 관여하고 있었다. 공산당은 노동당 바깥에 독자적으로 존재하는 조직이었고 노동자들의 집단적 조직에 뿌리를 내리고 있었다. 밀리턴트는 노동당 바깥에서 지원해 주는 조직이 없었다. 무엇보다도, 1920년대에 공산당원들과 공산당에 동조한 노동당원들은 중간주의자들이었지만 종파처럼 행동하지는 않았다. 그들은 노동운동의 모든 활동에 관여했다. 밀리턴트는 중간주의 종파였다. 그들은 노동당으로 조직되지 않거나 자신들이 직접 조직하지 않은 운동은 결코 지지하지 않았다.

세 가지 사례가 있다. 〈밀리턴트〉는 1968년 10월 10만 명이 참가한 미국의 베트남 전쟁 반대 시위에 대해 한마디도 하지 않았다. 전국낙태운동도 비슷한 운명을 겪었다. 1975년 내내 〈밀리턴트〉에는 낙태나 낙태운동을 다룬 기사가 하나도 실리지 않았다. 1975년 6월 5만 명이 참가한 시위도 사진이나 기사를 통해 보도하지 않았다. 반나치동맹에 대해서도 마찬가지였다.[43]

밀리턴트의 종파주의는 근거 없는 승리주의와 결합돼 있었다. 〈밀리턴트〉는 노동당이 통제하는 리버풀 시 정부의 공공 임대주택 공급 실적을 거듭거듭 칭찬했다. 진실은 어땠는가?

---

* 서비스노조는 낮은 임금을 받는 공무원들의 노동조합이었고 조합원들은 매우 젊었다. 1986년에 발행된 보고서를 보면, 조합원의 44퍼센트가 26세 이하였다.[42] 이직률은 경영 기밀이라 공표되지 않지만, 서비스노조가 여러 차례 밝힌 바에 따르면 런던 소재 보건사회보장부의 일부 사무실은 이직률이 연평균 100퍼센트를 넘는다. — 지은이.

리버풀의 연평균 공공 임대주택 건축 현황

시 정부 집권당	연도	주택 호수
노동당	1955~1961년	1,650
보수당	1961~1963년	1,594
노동당	1963~1967년	2,993
보수당-자유당	1967~1970년	2,204
보수당	1970~1972년	2,638
노동당	1972~1973년	4,297
자유당	1973~1979년	1,728
노동당(과반 의석 정당 없음)	1979~1983년	127
노동당(밀리턴트가 통제)	1983~1986년	951

이 수치에서 얻을 수 있는 주요 결론은 밀리턴트가 통제한 리버풀 시 정부의 성과가 전임 정부와 비교하면 인상적이기는 하지만 1955년 이후의 기록과 비교하면 아주 보잘것없다는 것이다.

1981년부터 밀리턴트는 계속 마녀사냥을 당했다. 주요 밀리턴트 지지자들을 축출하는 문제를 둘러싸고 역대 당대회에서 실시된 표결 결과는 노동당 좌파의 퇴조를 단적으로 보여 준다. 1983년 당대회에서 〈밀리턴트〉 편집부 다섯 명을 축출하는 결의안이 509만 1000표 대 165만 1000표로 통과됐다. 1986년 당대회에서 데릭 해턴과 토니 멀헌 등 리버풀의 지도적인 밀리턴트 지지자 여덟 명을 축출하는 결의안이 614만 6000표 대 32만 5000표로 통과됐다.

1983년에는 공공노조 같은 대형 노동조합들이 〈밀리턴트〉 편집부를 지지했다. 1986년에는 제과점·가구점 노조 같은 소규모 노동조합만이 밀리턴트 8인 축출에 반대했다. 바로 그 1986년 당대회에서 에릭 헤퍼가 집행위원회에서 밀려났다. 그는 2년 동안 당 의장을 지낸 뒤였는데도 집행위원 선거에서 득표가 반으로 줄었다. 헤퍼는 그 전해에 키넉이 리버풀의 밀리턴트 지지자들을 공격한 것에 공공연히 반대했다가 그 대가를 치른 것이다.*

밀리턴트가 통제한 노동당 청년사회주의자들도 철퇴를 맞았다. 마치 1930년대에 사회주의자동맹이 찌그러진 뒤 노동당 청년동맹이 공격당한 것과 비슷했다. 노동당 청년사회주의자들의 신문 〈소셜리스트 유스〉는 폐간됐고, 청년사회주의자들의 지역 위원회들과 협의회들도 폐쇄됐고, 청년사회주의자들의 전국 협의회는 취소됐다. 청년사회주의자들 가입 연령 상한이 26세에서 23세로 낮춰져 회원이 절반으로 줄었다. 마지막으로, 밀리턴트 지지자인 앤디 베번이 노동당 청년 조직의 핵심 간부직에서 해임됐다.

〈밀리턴트〉의 정치부장이었던 테드 그랜트가 1983년 당대회에서 보여 준 자신감은 완전히 터무니없는 것이었다. 당시 그는 다음과 같이 말했다. "여러분은 결코 우리를 완전히 축출할 수 없을 것입니다. 우리는 다시 돌아올 것입니다. 우리는 1~2년 사이는 아닐지 모르지만 언젠가는 복당될 것입니다. 우리는 다시 돌아올 것입니다."[44]

노동당 좌파는 마녀사냥을 외면한 채 환상에 사로잡혀 있었다. 1985년 당대회 뒤 〈트리뷴〉은 "좌파가 지금보다 더 강력했던 적도 없었고, 급진적인 좌파 노동당 정부의 집권 전망이 지금보다 더 유력했던 적도 없었다"고 선언했다.[45] 〈밀리턴트〉는 "거의 1000만 명의 노동자를 대표하는 대의원들이 참석한 당대회에서 급진적 사회주의 정책들이 여전히 확고한 지지를 받았다"고 썼다.[46]

---

* 집행위원 선거에서 헤퍼의 득표는 1983년 53만 8000표, 1984년 52만 표, 1985년 41만 4000표, 1986년 25만 1000표, 1987년 18만 7000표로 계속 감소했다. — 지은이.

노동당 좌파는 항상 현실을 파악하지 못한다. 그들은 꿈속을 헤매고 다닌다. 그들의 꿈같은 세계에서는 수백만의 블록투표가 당대회장 밖에 있는 피와 살을 가진 수백만 명을 대신하고, 급진적 정책을 담은 결의안이 계급과 계급 간의 실제 투쟁을 대신한다.* 그들은 당헌을 약간 개정하고, 몇몇 결의안을 통과시키고, 올바른 후보들을 선출하기만 하면, 사회주의로 가는 길이 활짝 열릴 것이라고 생각한다.

노동당 좌파는 현실 세계의 투쟁이 자신들의 전진과 무관하다고 여기는 듯했다. 당대회에서 일이 잘 풀린다면, 작업장 조직이 약해지거나 파업이 패배하는 것은 무시할 수 있었다. 마녀사냥과 노동당의 세 번째 총선 패배 뒤인 1988년에 우리는 똑같은 동전의 뒷면을 보게 된다. 죄다 암울해지고 의기소침해진 좌파들은 이번에는 계급 조직의 회복력과 그 가능성을 무시하는 태도를 보였다.

'환상의 선택': 닐 키넉이 당 대표가 되다

노동당이 1983년 총선에서 패배한 뒤 마이클 풋이 불명예 퇴진을 했

---

* 사회주의노동자당은 상황 변화를 인정해서 현실의 계급 세력 저울을 끊임없이 재평가하고 그런 평가에 맞게 활동을 조정하려 해 왔다. 1974년 이후 운동의 침체를 인정하는 과정은 결코 단순하지 않았고, 이를 둘러싼 논쟁은 길고 힘들었다. 재채기가 폐렴의 전조인지 아니면 단지 가벼운 감기 증상인지는 오직 경험을 통해서만 알 수 있다. 이말은 작업장의 사태 전개, 일반적 정치, 노동계급의 의식을 서로 연결시키는 미묘한 과정에 훨씬 더 잘 들어맞는다. 경험으로 분명히 알 수 있는 사실은, 1974년 이후의 상황에 대한 정확한 평가를 바탕으로 사회주의노동자당은 독자적인 혁명적 사회주의 세력으로 존속할 수 있었다는 것이다. 슬프게도 많은 독립적 사회주의 단체들이 당시의 가혹한 현실을 피해 노동당 안으로 도피했다가 결국은 키넉파(派)의 맹공격에 시달려야 했다. — 지은이.

을 때 벤파는 사상 최악의 패배를 경험했다. 닐 키녁이 노동당 대표로 선출된 것이다. 키녁은 1981년 부대표 선거 때 좌파 의원들에게 기권을 종용해서 선거 결과에 결정적 영향을 미쳤다[토니 벤의 낙선]. 그래서 벤파는 키녁을 엄청 미워했다. 그로부터 2년 뒤, 1981년에 벤을 지지했던 지구당들은 대부분 키녁 지지로 조용히 돌아섰다. 노동조합들도 마찬가지였다. 에릭 헤퍼나 마이클 미처 같은 강경 좌파 후보들의 득표는 보잘것없었다. 전체 지구당의 15분의 1도 안 되는 36개 지구당만이 헤퍼를 지지했다.

1983년 노동당 대표 선거 득표율(단위: 퍼센트)

	키녁	해터슬리	헤퍼
지구당	91.5	1.6	6.6
노동조합	72.6	27.2	1.0
의원단	49.3	26.1	17.0
합계	71.3	19.3	6.3

1983년 노동당 부대표 선거 득표율(단위: 퍼센트)

	해터슬리	헤퍼
지구당	51.5	47.8
노동조합	88.1	11.8
의원단	55.7	29.3
합계	67.3	27.9

우체국기사노조, 광원노조, 공공노조처럼 노조 지도부가 부대표로 미처를 지지한다고 선언한 노동조합들에서는 현장 조합원들이 지도부의 방침을 뒤집어 버렸다. 운수일반노조 소속 대의원들은 당대회장에서 지도부의 방침을 어겼다. 노동당 좌파들의 처절한 최후는 비극적이었다.

1983년 총선 패배 2년 뒤 노동당 좌파 운동은 산산이 부서져서 아무것도 남지 않았다. 전에 벤파의 주요 인물이었던 마이클 미처, 데이비드 블렁킷, 톰 소여 같은 사람들은 옛 동지들을 배신하고 키넉 지지자로 돌아서서 우파가 됐다.

1983년 이후 키넉이 노동당을 지배하게 된 것은 과거의 양상과 비슷했다. 사실, [전후] 노동당 대표는 (게이츠컬과 캘러핸 두 사람만 빼고) 모두 좌파 출신이었다. 키넉은 전형적인 노동계급 출신이었다. 키넉의 전기를 쓴 로버트 해리스는 다음과 같이 설명했다. "키넉의 아버지 고든 키넉은 광원이었다. 키넉의 친할아버지와 외할아버지, 친가 쪽 삼촌 세 명과 외가 쪽 삼촌 두 명도 모두 광원이었다."[47]

1972년에 키넉이 의회에서 광원들의 대규모 피케팅과 폭력을 옹호한 것은 당연했다.

존경하는 신사 양반들은 피케팅을 반대하고 개탄하셨습니다. 만약 그분들이 5주 동안 파업을 벌였다면, 만약 그분들 가족의 총소득이 주당 7파운드의 사회보장 급여뿐이었다면, 만약 그분들이 담배 한 대 사 피우는 것도 걱정할 처지였다면, 만약 그분들이 집세 걱정을 해야 하는 처지였다면, 그리고 무면허 운전자가 낡아 빠진 차를 몰고 자신에게 달려드는 것을 봤다면, 그분들은 어떻게 대응했을까요? 여기 계신 강건한 의원이시라면 누군가가 자신의 피케팅 대열을 파괴하면서 자신의 가족을 여러모로 불편하게 만들고 거의 불행하게 만드는 상황에 직면해서, 본능적으로 어떻게 대응하시겠습니까? 저는 제가 어떻게 대응할지 알고 있습니다. 오히려 저는 제가 마땅히 해야 할 일을 하지 않을까 봐 걱정스럽습니다.[48]

이 인용문은 1984~1985년 광원 파업 때 피케팅 대열을 지키려는 광원들의 폭력을 키넉이 비난한 것과 비교하면 특히 더 인상적이다. 1984~1985년에 키넉은 광원들과 경찰들을 싸잡아 비난했다.

1970년 국회의원으로 당선된 키넉은 처음에 반항적 의원으로서 두각을 나타냈다. 로버트 해리스는 다음과 같이 썼다.

오늘날의 닐 키넉을 만든 것 한 가지를 꼽으라면, 초선 의원 시절에 [당 지도부의] 정책들을 거듭거듭 비판하고 이것을 공표한 것이다. 그 덕분에 키넉은 당내에서 인기가 높아졌다. 그런 인기를 바탕으로 그는 당내 권력 기반을 다졌다.[49]

키넉은 특히 윌슨-캘러핸 지도부를 신랄하게 비판했다. 키넉이 지도부에 맞서 자신의 당을 지키는 투쟁에 나선 이유는 "이 중요한 대중운동을 출세주의자 포주들에게 넘겨줄 수 없기" 때문이었다.[50] 1977년 3월 공공 지출을 둘러싼 논쟁에서 키넉은 재무부 장관 힐리와 그가 이끄는 재무부를 다음과 같이 조롱했다.

그들은 영국 금융권을 보수당의 일개 지구당쯤으로 취급하며 얼마든지 이길 수 있는 상대라고 생각합니다. … 전임자들과 마찬가지로 그들도 공공연한 이데올로기적 원수들과 모종의 거래나 양해를 통해 서로 화해할 수 있다고 생각합니다. 존경하는 동료 의원 여러분께서 그 점을 빨리 깨달을수록, 자랑스러운 노동당 정부의 집권에 필요한 정책들이 더 빨리 마련될 것입니다.[51]

윌슨-캘러핸 정부 5년 동안 키넉이 정부 정책에 반대표를 던진 경우가 84번이었다. 그것도 노동당 의석이 과반수가 아닌 상황에서 말이다.

그는 두 번이나 국방 예산에 반대표를 던졌다. 테러방지법에도 반대했고, 여왕에게 지급되는 왕실 비용 증액에 반대했고, 여왕의 재산을 신랄하게 비난하는 연설도 했다.[52] 이런 기록은 벤보다 훨씬 나았다. 벤이 정부 정책에 반대표를 던진 경우는 겨우 두 번, 그것도 유럽공동시장 문제를 둘러싸고 의원들에게 자유 투표가 허용된 경우에 한해서였다. 키넉은 노동당을 우경화시키는 데 딱 알맞은 좌파 출신이었다.

키넉이 노동당을 우경화시키기로 작정했다는 것은 1984~1985년 광원 파업 때 경찰들과 광원들을 싸잡아 비난했을 때 분명해졌다. 그는 1985년 10월 당대회에서 노동운동도 보수당이 만든 법률을 존중해야 한다는 자신의 소신을 강조하면서, 밀리턴트가 통제하는 리버풀 시 정부와 광원노조 지도자 아서 스카길을 모두 비난했다. 그 당대회 뒤 밀리턴트 마녀사냥은 더 심해졌다. 결국, 리버풀 지구당의 활동은 중단됐고 리버풀의 주요 밀리턴트 지지자들은 당에서 쫓겨났다. 키넉 시절의 노동당은 게이츠컬 시절보다 훨씬 더 우경화했다.

'지방자치 사회주의'의 붕괴

노동당이 의회 소수파가 되고 전국 수준에서 우익의 공세가 시작되자 좌파들은 주변으로 밀려나는 듯했다. 이제 권력을 유지하고 대처의 공세와 키넉 지지자들을 피해 숨을 곳은 지방정부뿐인 것 같았다.

1980년대 초에 노동당이 통제하는 시·군·구 지방정부는 150곳이 넘었고, 노동당 지방의원 수는 9000명이 넘었다. 여기에는 런던, 글래스고, 맨체스터, 리버풀, 버밍엄, 셰필드, 뉴캐슬, 리즈, 에든버러, 브래드퍼드 같은 주요 도시들이 거의 모두 포함됐다. 일부 지방정부는 노동당 우파가 통제하고 있었지만 리버풀, 맨체스터, 셰필드, 에든버러 등지에서는 좌파가 득세했다. 그러나 '사회주의 시청'이라는 왕관의 보석은 런던광역시의회였다. 1981년 런던광역시의회 선거에서 노동당이 승리했고, 켄 리빙스턴이 런던 시의회의 노동당 의원단 지도자로 선출됐다.

보수당의 공공 지출 삭감 결정에 따라 중앙정부가 지방정부에 지급하는 교부금, 즉 지방세 지원 교부금이 계속 삭감됐다. 그 뒤 중앙정부는 지방세 상한제를 도입해, 특정 지방정부(대부분 노동당이 장악한 곳)가 지방세를 징수해 재정지출을 확대하지 못하도록 통제하려 했다.

노동당이 주도하는 지방정부들은 '3불不 정책', 즉 복지 삭감 반대, 집세 인상 반대, 지방세 인상 반대를 고수했다. 그러나 중앙정부가 고삐를 죄어 오자 노동당 지방정부들은 급진적 언사와 행동을 일치시킬 수 없었다. 그들의 실천은 지방세를 인상하고, 집세를 인상하고, 복지를 삭감하는 것이었다.

여러 해 동안 노동당 지방정부들은 법을 어기는 한이 있더라도 3불 정책을 지키기 위해 투쟁하겠다고 공언했다. 1983년 당대회는 다음과 같이 결정했다. "노동당이 통제하는 지방정부는 일체의 지출 삭감 시도에 맞서 … 노동운동의 정치적·경제적 힘을 사용해 … 집단적으로 저항해야 한다."[53] 1984년 7월 노동당 지방정부 협의회는 지방세 상한제를 거부하는 결의안을 또다시 채택했다.

그러나 키녁은 이런 결의안에 얽매이고 싶은 생각이 없었다. 그는 노동당 지방정부가 집권을 유지해야 하고, 복지를 수호하려는 투쟁도 법의 테두리를 벗어나서는 안 된다고 주장했다. 키녁은 "망가진 방패라도 있는 것이 방패가 아예 없는 것보다 낫다"고 말했다. 1985년 2월 노동당 지방정부 협의회에서 키녁의 견해를 지지한다고 선언하고 한 달 뒤 보수당의 지방세 상한제 거부라는 런던광역시의회의 정책을 폐기한 사람은 다름 아닌 켄 리빙스턴이었다. 이 와중에 광원 파업이 패배한 것은 결코 우연이 아니었다. 광원들이 일터로 복귀한 바로 그 주에 좌파 지방정부들의 반격도 무너졌다. 런던광역시의회 정부는 투쟁을 포기했다. 머지않아 다른 지방정부들이 뒤따랐고, 램버스 지역과 리버풀만이 외롭게 투쟁했다. 그러나 램버스와 리버풀도 마침내 굴복했다. 지방세 상한제를 거부한다고 공언한 지방정부들이 모두 그랬다. 1920년대의 포플러 운동 같은 투쟁은 일어나지 않았다. 왜 그랬는가?

첫째, 파산과 추징금, 공직 자격 박탈의 위험을 무릅쓸 태세가 돼 있는 지방의원들이 많지 않았다. 포플러 운동 때와 달리 좌파가 당대회 결의안만 신봉하다 보니 지방의원들과 지역의 기층 노동자 운동 — 지방의원들에게 용기를 주고 그들의 배신을 막는 양심 구실을 한다 — 사이의 연계가 거의 사라졌다. 둘째, 보수당의 공세를 물리칠 키넉 정부라는 백마 탄 기사가 선거의 지평선 위에 나타났으므로 지금 당장은 전면적 투쟁이 필요하지 않다는 믿음이 있었다. 마지막으로, 노동자들의 집단적 힘이 지방정부를 뒷받침해 주지 않으면 지방정부는 중앙정부 앞에서 무기력할 수밖에 없다는 인식이 전혀 없었다. 오히려 우경화가 굴복을 정당화해 줬다. 그래서 법을 어겨서는 안 되고 의회에서 법을 개정하려는 노력에 집중해야 한다는 생각을 떨쳐 버리지 못했다.

지방정부들은 보수당의 공세에 맞서 과거의 개혁주의 성과조차 지킬 수 없었다. 그래서 1953년 24만 4916호였던 공공 주택 건축 실적은 1976년 15만 1824호, 1979년 8만 6194호, 1986년 1만 7200호로 계속 줄었다. 그와 동시에 지방정부들은 보수당의 '매입권'법에* 따라 주택

---

* '매입권'법 일정 기간 이상 공공 임대주택에 거주한 세입자에게 주택 매입권을 부여한 법이다.

100만 호를 세입자들에게 매각했다. 그래서 1986년에는 100만 명이 공공 주택 분양을 기다리고 있었고, 또 다른 60만 명은 공공 주택의 소유권 이전을 기다리고 있었다. 1979년 이후 집 없는 가구의 수가 갑절로 늘었다.

공공 지출 삭감에 이어 집세와 지방세가 인상됐다. 1987년 3월 월섬스토 지역에서 지방세가 62퍼센트 인상되자 대규모 시위가 벌어졌고 월섬스토의 노동당 현역 의원이 그해 총선에서 떨어졌다. 일링 지역의 지방세가 65퍼센트 인상된 뒤 일링에서 노동당 득표율이 10퍼센트 감소했다. 공공서비스 민영화, 일자리 삭감, 공공 임대주택 매각에 군소리 없이 협력한 노동당 지방의원들도 있었지만, 이런 문제들을 우회할 방법을 모색한 지방의원들도 있었다. 그들은 법을 어겨야 하는 과제에 정면으로 도전하지 않고 '창조적 회계' — 공공서비스에 필요한 돈을 지금 빌리고 나중에 갚는 것 — 에 의존했다. 예컨대, 리버풀은 1992년까지 갚는 조건으로 스위스와 일본 은행들에서 9200만 파운드를 빌렸다. '창조적 회계'는 지방정부가 실제로 지출한 금액과 중앙정부에 보고한 지출 금액 사이에 엄청난 차이가 생기게 만들었다. 따라서 '창조적 회계' 방식의 문제를 해결하기 위해 약 20억 파운드를 마련하지 못하면 일부 지방정부들은 장차 재정 파탄에 직면할 것이라고 〈가디언〉은 예상했다.[54]

모든 것은 1987년 총선에서 노동당이 승리하는 것에 달려 있었다. 그러나 노동당의 총선 패배로 지방정부는 암담한 상황에 빠졌다. 1987년 9월 회계감사위원회는 앞으로 5년 동안 지방정부 지출이 3분의 1 감소하고 지방정부에 고용된 노동자들이 70만 명 줄어들 것이라고 예상했다.[55] 런던의 여덟 개 구의 재정 적자는 자그마치 3억 파운드나 됐다. 셰필드의 재정 적자가 5000만 파운드였다. 총선 직후 맨체스터는 4000만 파운드, 리버풀은 4500만 파운드의 지출 삭감 정책을 각각 실행했다.

당시 보수당을 저지할 수 있는 세력이 전혀 없는 상황에서 노동당 지방정부가 소심하게 대응한 것은 불가피했다고 말할 수 있을까? 지방정부에 고용된 노동자가 약 200만 명, 영국 전체 노동조합원의 약 20퍼센트였다. 지방정부가 중앙정부에 맞서 싸우려면 그들을 동원하는 것이 결정적이었을 것이다. 코민테른은 지방정부가 중앙정부에 맞서 싸우는 발판이 될 수 있다고 봤다. 그러나 개혁주의자들은 그렇게 생각하지 않는다. 그들은 진보가 노동자들의 행동이 아니라 정부 — 중앙정부와 지방정부 — 의 조처에 달려 있다고 본다. 개혁주의자들은 자신들의 주된 과제가 '여론'의 지지를 받는 것이라고 여긴다. 그래서 1980년대에 그들은 현실의 투쟁을 지도하거나 지방정부 노동자들의 집단적 힘에 의존하지 않고 교묘한 홍보전에 의존했다.

"망가진 방패"는 노동 대중을 보수당의 공세에서 지켜 주기는커녕, 노동 대중의 분노로부터 보수당을 지켜 주는 방패였음이 드러났다. 개혁주의는 자본주의를 개혁하려 하면서도 자본주의의 관리 책임을 떠맡는 자체의 논리 때문에 몰락할 수밖에 없었다. 노동당 지방정부의 경험은 로자 룩셈부르크의 말, 즉 혁명적 사회주의자들은 비타협적 야당이어야 한다는 말이 옳았음을 철저하게, 그러나 부정적으로 확인시켜 줬다. 이와 달리, 개혁주의는 노동계급 운동 안으로 침투한 자본주의의 첩자 구실을 하게 된다.

정부에 도전할 태세가 돼 있지 않고 실질적 개혁을 제공할 수 없었던 좌파 지방의원들은 강연이나 생색내기 활동에 집중했다. 공공 주택, 일자리, 복지가 확대된 것이 아니라 인종차별감시위원회, 경찰감시위원회, 여성위원회 따위의 각종 위원회가 엄청나게 많아졌다. 이런 생색내기용 차별 시정 조처로 수많은 여성이나 흑인의 삶이 나아진 경우는 거의 없었다.

경제정책을 담당한 위원회들이 특히 중요했다. 그중에서 가장 유명한 것은 '런던광역시 기업위원회'였다. 요란한 선전에도 불구하고 기업위원회는 완전한 실패작이었다. 기업위원회의 성과로 신규 기업이 208개 설립되고 새로운 일자리가 4000개 생겼다는 주장은 거짓말이다.

> 런던광역시 기업위원회의 '투자'는 대부분 상업적 압력을 견디지 못한 기업들의 파산을 잠시 유예시켰을 뿐이다. … 많은 경우, 기업위원회의 투자는 악질 사용자들과 재무 건전성이 의심스러운 기업인들을 지원하는 구실을 했다.[56]

런던광역시 기업위원회는 3년여 동안 6000만 파운드를 썼지만 이렇다 할 성과는 거의 없었다. 일자리 4000개를 만들어 냈다고 하지만, 일자리 하나를 만들어 낼 때마다 기업위원회가 1만 5000파운드를 썼는데도 런던의 실업자 40만 명은 거의 줄지 않았다! 처음에 힐러리 웨인라이트[영국의 사회주의자이자 페미니스트]는 기업위원회가 "앞으로 몇 년 동안 런던의 자본을 괴롭힐" 것이라고 주장했다.[57] 농담이었겠지!

누군가가 나에게 몽둥이를 휘두르는데 권총 그림을 들고 대항하는 것은 별로 도움이 안 될 것이다. 시늉이나 생색내기 조처는 사람들을 실망시키고, 시청에 들어앉은 '얼간이 좌파'를 비방하는 소재만 될 뿐이다. 노동당이 보수당에 맞서 제대로 투쟁하지 못하자, 빈민가의 열악한 주택이나 사회복지 후퇴가 노동당 탓이라는 생각이 널리 퍼졌다. 그런 후퇴는 노동당의 적들이 추진한 정책의 결과였는데도 말이다.

노동당 좌파가 주변으로 밀려난 데는 지방자치 사회주의의 붕괴도 한몫했다.

페미니즘: 부러진 갈대

페미니즘도 노동당 좌파에게 영향을 미쳤다. 1968년을 전후로 정치 활동에 입문한 많은 여성들이 1970년대 말과 1980년대 초에 노동당에 들어왔다. 당시는 산업 투쟁이 침체하고 대중운동들이 사그라지는 시기였다. 초기의 여성운동과 나중의 여성운동은 엄청난 정치적 차이가 있었다.

첫 국면에서 여성운동은 노동계급 여성들의 대규모 투쟁과 동시에 일어났다. 예컨대, 남녀 동일 임금을 요구하는 포드자동차 여성 기계공들의 파업, 노동조합 승인을 요구하는 런던 야간 청소부들의 투쟁, 피케팅 원정대를 이용해 파업을 벌인 리즈 의류 노동자들(그중에 85퍼센트가 여성이었다)의 투쟁, 50년 만에 처음으로 파업을 벌인 교사 수만 명의 투쟁 등이 그랬다. 그래서 1968~1978년의 10년 동안 공공노조의 여성 조합원은 세 배 이상 늘었고, 지방정부사무직노조의 여성 조합원은 갑절 이상 늘었고, 보건서비스연맹의 여성 조합원은 네 배로 늘었고, 과학·기술·관리직노조의 여성 조합원은 일곱 배로 늘었다. 여성들은 중요한 개혁들도 쟁취했다. 예컨대, 1967년의 낙태법, 1973년 국가보건서비스를 통한 무료 피임, 1974년 16세 이하 무료 피임 등이 있었다. 1975년, 1977년, 1979년에 있었던 낙태권 공격은 최대 8만 명의 여성과 남성이 참가한 시위들로 좌절됐다. 당시 여성운동의 요구 사항은 동일 임금, 낙태권, 보육 시설 등 집단적인 것이었고 그 요구 대상은 정부와 사용자였다.

나중에 중간계급 페미니스트들이 노동당에 대거 들어왔을 때는 여성운동이 급속히 쇠퇴하고 산업 투쟁 패배로 노동운동이 우경화하는 시기였다. 신현실주의의 일반적 주장이 파업은 이제 쓸모없다는 것이었다면, 페미니스트들의 신현실주의는 형태가 독특했다. 유러코뮤니스트[*] 비어트릭스 캠벨 같은 사람들에게 파업과 피케팅은 '반反여성적'이고 '남성이 지배하는' 노동계급 운동의 전형이었다. 여성운동의 초점은 더는 집단적이지 않았고, 강간을 비롯한 갖가지 여성 폭력 등 남성의 피해자로서 여성 개인의 문제에 맞춰졌다. 여성의 적은 남성이고 남성이 여성 억압의 수혜자라는 가부장제 이론이 득세했다. 이제 여성운동은 개인적 해결책, 대안적 관계나 라이프스타일에 집중했다. 이런 태도는 당연히 중간계급 여성에게 잘 맞았다. 노동계급 여성은 그런 사치를 부릴 만한 여유가 없었다.

개인적 해결책을 추구하는 것은 여성운동의 파편화와 붕괴로 이어졌다. 그리고 몇 안 남은 여성운동가들은 운동의 정치에서 제도 정치, 주로 노동당 정치로 전환했다. 자본주의의 산물인 여성 억압에 항의하지만 자본주의 전체에는 도전하지 않는 그들에게 노동당 정치는 딱 맞는 것이었다. 왜냐하면 노동당 정치는 현재 상태에 대한 노동자들의 반감을 표현하면서도 그런 반감을 무디게 하기 때문이다.

여성운동과 노동당 좌파는 비슷한 점이 있다. 첫째, 사회적 구성의 측면에서 화이트칼라와 전문가로 이뤄져 있다.

둘째, 여성해방운동의 사회주의 활동가들과 노동당 좌파는 사상이 노동자들의 집단적 계급투쟁을 통해 형성된다고 보지 않고 개인들끼리 논쟁한 결과일 뿐이라고 여긴다. 셋째, 여성운동 출신의 활동가에게 여성운동의 분석 방법과 활동 방식을 모두 버리라고 요구하는 혁명적 사회주의 조직과

---

[*]   유러코뮤니즘 1970년대 이후 유럽 공산당들이 소련에 반대해 취한 독자 노선으로, 프롤레타리아 독재 포기, 사회주의로의 평화적 이행 등을 주장했다.

달리, '광범한 교회'를 자처하는 노동당은 그런 요구를 하지 않는다. 넷째, 구조의 측면에서 보더라도, 구조도 없고 느슨한 연방주의가 특징인 여성운동과 관료주의적 늪이 특징인 노동당 정치 사이의 공통점이, 민주적 중앙집중제가 특징인 혁명적 사회주의 정당과 둘 사이의 공통점보다 훨씬 더 많다. 관료적 우파가 당의 규율이 필요하다고 여길 때를 제외하고는 노동당 정치에 당의 규율은 없다.[58]

1980년대 초에 노동당에 가입한 여성들은 당내에 여성들만의 독자적 모임을 건설하는 데 집중했다. 그들 중에 일부는 지방의원이나 지방정부 지도자가 됐다. 예컨대, 이즐링턴 지역의 마거릿 호지, 브렌트 지역의 멀 에이머리, 램버스 지역의 린다 벨로스가 그랬다. 그들은 여성운동에 주로 몰두했지만, 정부의 공세로 여성 노동자들이 특히 피해를 입었기 때문에 노동 대중에 대한 정부의 공세에도 맞서 싸워야 했다. 그러나 그들의 대응은 조직적 반격이 아니라 각종 위원회 건설이었다! 정말 딱한 생색내기였다. 두어 가지 사례를 들어 보자. 1982년에 런던광역시의회 여성위원회 위원장의 연봉이 1만 8000파운드였다. 대단한 성과였다. 같은 직급의 남성과 동일한 수준의 연봉이었으니 말이다. 그러나 슬프게도 많은 여성 노동자들은 그 연봉의 4분의 1이라도 받으면 다행이었다. 1983~1984년에 스털링 구의회 여성위원회의 예산이 1만 6000파운드였는데, 그중에 1만 1000파운드가 여성위원장의 연봉이었다. 나머지 5000파운드로 여성위원회의 모든 사업비를 충당해야 했다.[59]

여성들에게 돌아온 것은 실질적인 복지 서비스가 아니라 '의사 결정 구조에 참여하는 것', 다시 말해 극소수 중간계급 여성들의 사회적 상승 기회였다. 흑인과 동성애자 차별 시정 조처들도 의도는 좋았지만 결과는 보잘것없었다. 그런 조처들은 모두 문제의 사회적 뿌리를 파헤치지도 못했고, 언론과 보수당의 우익 이데올로기 공세에 저항할 수 있는 세력들을 동원하지도 못했다.

신현실주의: 선거 패배를 정치적 기회로 이용하기

1979년·1983년·1987년 선거에서 세 차례 연속 패배한 것은 집권만을 꿈꾸는 정당에게 재앙이었던 듯하다. 노동당 역사에서 이것에 견줄 만한 사건은 1951년·1955년·1959년 선거 패배뿐이지만, 후자가 훨씬 덜 심각했다. 1950년대 선거에서 보수당과 노동당의 득표율 격차는 각각 0.8퍼센트, 3.3퍼센트, 5.6퍼센트였다. 1979년과 1980년대 선거에서는 각각 6.9퍼센트, 14.8퍼센트, 11.8퍼센트였다. 1983년에 보수당은 노동당보다 450만 표를 더 얻었고, 1987년에는 375만 표를 더 얻었다. 1945년 이후 양대 정당의 득표 차이가 그렇게 크게 벌어진 것은 처음이었다.

1959년의 선거 패배 뒤 게이츠컬과 당내 우파는 부유한 노동자들의 표를 잃은 것이 노동당의 패인이라고 주장했다. 그들은 노동계급이 '부르주아화化'해서 중간계급이 되고 있다고 말했다. 유명한 소책자 《노동당은 패배할 것인가?》에 따르면, 노동당의 계급 호소력은 이제 진부해졌다. 새로운 산업들과 완전고용 덕분에 세탁기, TV, 자동차 등 소비 욕구가 노동자들의 태도를 좌우한다는 것이다.

1983년과 1987년의 재앙은 아주 민감한 반응을 불러일으켰다. 게이츠컬의 주장이 기괴한 형태로 새롭게 되살아났다. '풍요 속의 부르주아화'라는 낡은 이론이 이제 '경기후퇴 속의 부르주아화' 이론으로 되살아난 것이다. 이 이론에 따르면, 노동당은 신용카드와 주식을 보유한 사람들 — 1950년대 풍요로운 노동자의 후예들 — 의 표를 얻으려고 노력해야 한다. 이런 재주넘기를 위해서는, 그들이 선호하지 않는 정책을 모두 폐기해야 한다. 그리고 노동당의 신현실주의 예언자로 등장한 사람이 유러코뮤니스트인 에릭 홉스봄이었다.[60]

이런 주장들을 차례로 살펴보자. 신현실주의자들은 전통적 노동계급이 줄어드는 반면, 화이트칼라 중간계급이 많이 늘었다고 주장한다. 그러나 1988년에도 금속이나 도로 교통 같은 '전통적' 핵심 산업의 노동자들이 1926년 총파업 때의 노동자 전체보다 더 많았다. 홉스봄은 화이트칼라 노동자들을 중간계급으로 분류했지만, 화이트칼라 노동자의 약 4분의 3은 전통적 육체노동자들과 급여 수준이 비슷하거나 더 낮았고, 노동규율이나 출신 가정의 배경, 교육 수준, 문화적 소양 등도 비슷한 수준이었다.[61]

노동당 지도부는 사회가 나아가는 방향을 보여 주는 상징적 존재가 '여피'라고* 생각했다. 여기에다 이른바 부유한 노동자들(특히 잉글랜드 남부)까지 덧붙이면, 1987년 당대회의 가장 인상적인 발언, 즉 키넉이 인용한 운수일반노조 지도자 론 토드의 말이 그럴듯하게 들릴 수 있을 것이다.

> 론 토드가 묻더군요. "주당 400파운드를 벌고, 자기 집과 새 차와 전자레인지와 비디오를 갖고 있고, 마르베야[스페인의 유명 휴양지] 근처에 작은 별장도 소유한 항만 노동자에게 '형제여, 내가 그대를 불행에서 구해 주겠네' 하고 말씀하시겠습니까? 그럴 수는 없을 겁니다."[62]

그러나 그런 항만 노동자가 실제로 존재했는가? 틸버리 지역에서 급

---

* 여피 도시에 거주하며 고소득 전문직에 종사하는 젊은이들.

여 수준이 가장 높은 항만 노동자들의 1987년도 기본임금이 181파운드였다.[63]

항만이 아니라 다른 곳의 노동자들은 생활수준이 훨씬 낫지 않았을까? 1985년에 전체 가구 중에서 가장의 소득이 주당 400파운드 이상인 가구는 3.8퍼센트에 불과했다. 남성 육체노동자들의 평균임금은 주당 163.60파운드였다.[64]

보수당은 새로운 '대중 자본주의'가 주식 소유 확대를 통해 대중의 마음을 사로잡았다고 우리가 믿기를 바랐고, 노동당도 그런 주장을 앵무새처럼 따라 했다. 그들은 주식 소유자가 900만 명이나 된다고 떠들어 댔다. 이런 통계는 속임수였다. 예컨대, 한 사람이 영국가스·영국항공우주·영국통신·브리트오일[영국 석유공사의 후신]의 주식을 소유하고 있으면 주주가 네 명이 되는 식이었다. 보수당은 자신들이 추진한 민영화 증자로 주식 소유가 대폭 확대됐다고 주장했지만, 그런 주식의 상당수는 차익 실현을 위해 재빨리 처분됐다. 1987년 8월쯤 영국항공의 주주는 120만 명에서 42만 56명으로 줄었고, 영국통신의 주주는 230만 명에서 141만 7905명으로, 재규어[자동차 회사]의 주주는 12만 5000명에서 3만 5749명으로 줄었다.[65] 1986년에 성인 가운데 주식 소유자는 겨우 13퍼센트뿐이었고, 반숙련·미숙련 노동자 중 주식 소유자는 겨우 4퍼센트뿐이었다.[66] 한 설문 조사 결과를 보면, 이런 주식을 소유했다고 해서 사람들의 생각이 바뀐 경우는 거의 없었고, 그래서 응답자의 약 절반이 자신이 주식을 소유했는지도 잘 모르겠다고 대답했다. 종업원 지주제가 가장 널리 확산된 영국통신의 노동자들이 1987년 초에 격렬한 파업을 벌일 때, 자신의 '투자'에 신경을 쓴 노동자들은 거의 없었다.

대체로, 많은 사람들이 풍요로웠다는 주장은 기분 나쁜 농담이었을 뿐이다. 공식 빈곤층이 1979년 600만 명에서 1983년 880만 명, 1986년

1170만 명으로 늘어났다.[67]

홉스봄은 노동당에 대한 전통적 노동계급의 충성심이 돌이킬 수 없을 만큼 약해졌고, 따라서 사회주의 정치에 대한 대중의 지지도 그만큼 약해졌다고 주장했다. 1983년 총선에 대한 연구 결과는 그런 진단이 전혀 터무니없는 것이었음을 보여 준다.[68] 노동당의 성적이 특히 나빴던 그 총선에서도 숙련 노동자의 51퍼센트, 반숙련·미숙련 노동자의 48퍼센트가 노동당에 투표했다. "노동당은 … 분명히 노동계급 정당이다."[69]

왜 평론가들은 숙련 노동자들이 반숙련·미숙련 노동자들보다 더 보수적이고, 노동당에 등을 돌리고 있다고 생각했을까? 선거학의 분류에 따르면, 육체 자영업자·소小상공인도 '조장·반장, 전문 기술자'와 함께 '숙련 노동자'에 포함되기 때문이다.

소비 패턴의 변화와 주택 소유가 노동자들의 태도에 어느 정도 영향을 미쳤겠지만, 다음과 같은 홉스봄의 생각만큼 심각한 영향은 아니었다. "지난 수십 년 동안 생활수준이 향상되면서 … 전통적인 사회주의 노동자 정당의 핵심인 육체 노동계급이 변모했다. 1930년대에는 고소득 노동자들조차 지금 같은 생활수준을 꿈도 꾸지 못했다."《영국인은 어떻게 투표하는가》라는 책에 나오는 조사 결과를 보면, 공공 주택을 구입한 사람들도 1983년 총선에서 기존의 투표 관행을 바꾸지 않았음을 알 수 있다. 주택을 구입한 사람들이 "보수당 지지로 돌아선 것은 아니다. 그리고 공공 주택 구입자 중의 일부가 노동당을 버리고 [사회민주당-자유당] 동맹을 지지한 것은 사실이지만, 이것은 많은 공공 주택 세입자들도 마찬가지였다."[70]

마찬가지로, 생활수준의 절대적 향상보다는 다른 사회계층과의 상대적 격차가 노동자들의 태도에 더 결정적 영향을 미쳤다.

상대적 격차를 둘러싼 이해관계 충돌이 절대적 격차를 둘러싼 충돌만큼, 아니 그보다 더 많이 일어나고 있다. 파이의 크기가 커졌을지 모르지만 기대 수준도 그만큼 높아졌으므로, 서로 더 많이 차지하려는 투쟁은 결코 끝나지 않을 것이다.

이런 상황에서 중요한 것은 평균 실질소득이 증가했는데도 상대적 소득이 약간 감소했다는 것이다. 마찬가지로, 고등학교와 대학교의 교육 여건이 많이 개선됐지만, 교육 기회의 계급 불평등은 여전히 변하지 않았다. 사회적 상승의 절대적 비율은 증가했지만, 계급 상승의 상대적 기회는 여전히 그대로다.[71]

노동자들의 투표 관행에 영향을 미치는 핵심 요인은 노동자들이 자본주의의 착취에 종속돼 있다는 사실이다.

가치 판단이나 정치적 지지를 좌우하는 더 근본적인 요인은 라이프스타일이 아니라 고용조건이다. … 육체 임금노동자들은 고용 안정성도 상대적으로 낮고 질병 수당이나 연금 같은 복지 혜택도 상대적으로 빈약하다. 그들은 자신의 노동조건에 대한 통제권도 거의 없고, 관리자의 권한에 종속돼 있어서 자신의 작업 과정에서 재량을 발휘할 여지도 거의 없다. 그리고 그들은 (약간의 사회적 이동성이 있기는 하지만) 안정적인 고소득 관리직으로 승진할 기회도 상대적으로 적다. 따라서 육체 임금노동자들은 개인적 행동으로 자신의 운명을 개선할 수 없다. 오히려 그들은 집단적 행동에 의존해야 한다.[72]

역사적으로 보면, 자본축적에 따라 새로운 산업들이 생겨나고 부침을 겪으면서 노동계급도 계속 변했다. 그러나 여전히 노동자들은 착취당하고 있고 인구의 압도 다수를 차지한다. 알렉스 캘리니코스의 계산에 따르면, 피고용인의 75퍼센트 이상이 노동계급이다.[73]

홉스봄은 블루칼라에서 화이트칼라로 직종이 변한 것이 노동당이 사회적 기반을 상실한 원인이라고 봤다. 그러나 화이트칼라 취업자가 많이 늘어난 1960년대에 노동당은 성공을 거둔 반면, 경기 침체로 화이트칼라 증가 추세가 느려진 1970년대에 노동당은 재앙적인 선거 패배를 경험했다.[74]

노동자들의 투표는 현실의 계급투쟁을 반영한다. 비록 간접적으로, 불완전하게 반영하지만 말이다. 크리스 하먼은 최근의 변화를 다음과 같이 분석한다.

노동계급은 1880년대 말과 1890년대, 1910~1926년, 1930년대 말과 제2차 세계대전 시기의 세 차례 산업 투쟁 물결을 경험하며 '집단적' 가치들을 받아들이고 노동당에 투표하게 됐다. 이런 투쟁 경험을 통해 먼저 중공업과 섬유산업의 '구舊' 육체 노동계급이 노동당을 지지했고, 그 뒤 경금속·자동차 산업 등의 신노동계급도 노동당을 지지하게 됐다.

그러나 조직 노동조합운동의 '집단적' 가치들을 최근에 받아들인 화이트칼라 노동자들은 이와 똑같은 과정을 거쳐 노동당을 지지하지 않았다.

새로운 부문의 노동자들이 다른 노동자들의 뒤를 이어 노동당을 지지하게 되는 이 과정은 1950년대와 1960년대에 중단됐다. '평범한' 화이트칼라 취업자가 부쩍 늘어나기 시작한 바로 그때 말이다.

이것은 화이트칼라의 노동조건이 '집단적' 태도를 배제했기 때문이 아니다. … 그러나 이 산업의 '집단성'은 저절로 정치적 집단성으로 전환되지 않았다. … 왜 그랬는가?

이 물음에 답을 하려면 1964년부터 1979년 사이에, 화이트칼라의 산업 전투성이 만개한 바로 그 시절에 11년 동안 노동당이 집권당이었다는 사실을 명심해야 한다. 사실, 화이트칼라의 전투성은 대부분 노동당 정부의 친자본주의 정책들에 반발하며 나타난 것이었다. 따라서 대다수 평범한 화이트칼라 노동자들과 하급 '반¥전문직' 노동자들이 노동당을 정치적으로 지지할 이유를 찾지 못한 것도 당연한 일이다.[75]

노동자 조직들이 유지되다

닐 키넉이나 다른 어떤 구세주가 아무리 미사여구를 늘어놓더라도 영국에서 사회주의의 미래는 그들에게 있지 않다. 사회주의의 미래는 노동계급에게 있다. 위기 상황에서 지배계급이 요구하는 합의를 받아들이기 위해 신현실주의자들은 노동자들을 실상과 다르게 묘사해야 한다. 그래서 그들은 노동계급 자체의 쇠퇴뿐 아니라 노동계급의 조직, 특히 노동조합의 쇠퇴도 강조한다.

그러나 대처 집권기에 노동자 조직의 엄청난 회복력이 드러났다. 실업으로 노동조합원 수가 줄었지만, 과거의 불황기 때보다는 훨씬 덜했다. "1890~1893년에 노동조합원 수는 거의 40퍼센트 감소했고, 1920~1923년에는 35퍼센트 감소했다. 1979~1982년의 3년 동안 노동조합원 수는 14퍼센트 줄어들었다."[76]

1988년에 취업 노동자의 48퍼센트가 노동조합원이었는데, 이것은 투쟁의 절정기였던 1974년의 49퍼센트와 거의 비슷한 수준이었다. 사실, 노동조합이 공인된 작업장 비율은 1980년 66퍼센트에서 1984년 68퍼센트로 대처 정부 시절에 오히려 약간 상승했다.[77] 현장위원들과 사무실·학교 노동자 대표들도 1980년 31만 7000명에서 1984년 33만 5000명으로 늘었다.[78] 어느 평론가는 다음과 같이 썼다. "작업장 수준에서, 특히 노동시장의 주요 부문에서 대처리즘은 흔히 '현상 유지'를 뜻했다. 놀랍게도, 노동조합의 협상력이 눈에 띄게 약해졌다는 증거는 거의 없다."[79]

그래서 평균임금은 감소하지 않았다. 사실, 노동자들의 회복 능력 덕분에 1979~1986년에 정규직 남성 노동자의 평균임금은 13.8퍼센트 인상됐고, 정규직 여성 노동자의 평균임금은 21.1퍼센트 인상됐으며, 시간제 여성 노동자의 평균임금은 8.1퍼센트 인상됐다.[80]

노동자들은 흔히 대처의 소모전으로 타격을 입었지만, 조직은 분쇄되지 않았다. 대처 집권 10년 동안 노동계급의 자신감은 떨어졌고, 이런 자신감 저하는 중대한 패배를 겪을 때마다 더 심해졌다. 패배는 부문주의를 낳고, 부문주의는 패배를 낳는다. 그러나 계급 군대의 자신감이 떨어진 것과 군대가 와해되고 적에게 투항한 것은 전혀 다른 이야기다. 노총과 키녁 등이 곧잘 주장하는 암담한 시나리오는 현실과 맞지 않는다.

대처가 이데올로기 전투에서 승리했는가?

신현실주의자들은 대처의 포퓰리즘 이데올로기가 완전히 성공했다고 주장한다. 그러나 이 주장은 결코 사실이 아니다. 《영국인의 사회적 태도: 1987년 보고서》를 보면, 대처의 신념이 전혀 인기가 없었다는 것을 알 수 있다. 존 커티스는 그 증거를 제시한 뒤 다음과 같이 결론지었다. "대처의 정책 혁명은 지금까지 대중의 혁명적 태도 변화를 불러일으키지 못했다."[81]

계급의 이해관계가 대처의 이데올로기 공세를 파탄 내고 있다. "노동계급의 다수는 급진적이거나 평등주의적인 견해를 갖고 있다." 이 점은 다음의 설문에 동의하는 노동자의 비율을 봐도 알 수 있다.[82]

질문	비율
부의 분배가 불공평하다	76
유전무죄, 무전유죄	71
사용자와 노동자는 적대 관계다	65

단위: 퍼센트

급진적이고 과격한 견해가 압도적이다! 국민 전체의 생각도 다음과 같이 노동자들과 비슷하다.[83]

질문	동의한다	동의하지 않는다	모르겠다
평범한 노동자들은 제 몫을 받지 못한다	65	14	19
유전무죄, 무전유죄	59	22	17
노동자와 사용자는 서로 적대 관계이므로 기업에서 완전한 협력은 불가능하다	57	23	19
대기업 소유주들은 노동자들을 희생시켜 이익을 얻는다	54	19	26
사용자들은 항상 틈만 나면 노동자들을 굴복시키려 한다	52	27	20

단위: 퍼센트

정부가 사회복지를 제공하고 실업을 해결해야 한다는 문제에 대해서도 비슷한 태도를 보였다. 의료와 교육 등 사회복지 지출을 감소시킬 세금 감면을 선호하는 사람들은 거의 없다.

질문	1983년	1984년	1985년	1986년
세금을 감면하고 의료와 교육 등 사회복지 지출을 **줄여야** 한다	9	6	6	5
의료와 교육 등 사회복지 지출과 세금을 지금과 **똑같은 수준으로** 유지해야 한다	54	50	43	44
의료와 교육 등 사회복지 지출과 세금을 지금보다 **더 늘려야** 한다	32	39	45	46

단위: 퍼센트

마거릿 대처는 사회복지 지출과 서비스 삭감 문제에 대한 대중의 정서를 잘못 판단했다.[84]

일반 통념과 달리, 전통적으로 보수당이 주창하는 가치들보다 노동당이 추구하는 가치들을 받아들이는 사람이 더 많다.

물론 위와 같은 증거들이 있기는 하지만, 대다수 사람들은 사회주의자가 아니다. 그들의 모순된 태도는 노동계급에게 유력한 개혁주의 의식의 전형이다. 그래서 그들에게는 대체로 자본주의 체제를 자연스럽고 불가피한 것으로 받아들이는 태도와 착취에 대한 저항이 뒤섞여 있다. 이 점은 이윤에 대한 태도에서도 볼 수 있다. 기업 이윤이 늘면 영국인 전체의 삶이 더 나아질 것이라고 믿는 사람이 57퍼센트인 반면, 지금도 이윤이 충분히 많다고 생각하는 사람은 18퍼센트뿐이다.[85] 그러나 기업주, 주주, 이사, 경영자가 이윤의 혜택을 대부분 차지한다고 생각하는 사람이 91퍼센트인 반면, 국민 전체나 종업원이 이윤의 주된 수혜자라고 생각하는 사람은 각각 5퍼센트와 2퍼센트뿐이었다.[86]

경제적 평등을 지지하는 많은 사람들이 사회주의자들과 얼마나 다른지는 시민적 자유나 법질서에 대한 태도에서 다음과 같이 분명하게 드러난다.

질문	동의한다	동의하지 않는다	모르겠다
학교는 아이들에게 권위에 복종하라고 가르쳐야 한다	83	7	10
법을 어긴 사람들에 대한 처벌을 강화해야 한다	72	7	20
도덕규범을 지키려면 영화와 잡지 검열이 필요하다	66	18	15
요즘 젊은이들은 영국의 전통적 가치들을 충분히 존중하지 않는다	66	13	20
일부 악법이 있더라도 법은 항상 지켜야 한다	45	31	22

단위: 퍼센트

요컨대, 경제적 급진주의와 도덕적 '보수주의'가 **공존**하고 있다.[87]

모순으로 가득 차 있지만, 경제와 사회의 현상 유지를 받아들이면서도 거부하는 이런 태도는 노골적으로 반동적인 대처의 '포퓰리즘'보다 노동당에 훨씬 더 잘 맞는다.

키넉은 달갑지 않겠지만, 노동당은 항상 대다수 노동계급에게 호소했다. 스털링 지역에 사는 어느 노동자의 부인은 노동당을 지지하는 이유를 다음과 같이 설명했는데, 데이비드 버틀러와 도널드 스토크스는 이 말을 자주 인용한다. "저는 항상 노동당에 투표해요. 노동자는 당연히 노동당에 투표해야죠." 버틀러와 스토크스의 연구 결과는 "계급 이익과 계급투쟁이라는 생각이 노동계급에게 얼마나 핵심적인지를 분명히 보여 준다. 노동당을 지지하는 노동자 여덟 가운데 일곱은 정치를 계급적 이해관계의 표현으로 봤고, 거의 절반은 계급 간의 이해관계가 서로 대립한다고 봤다."[88]

키넉은 계급적 이해관계라는 말에 질색한다. 그러나 대처가 추구하는 가치들을 높이 평가하면서 [노동계급의] 반격을 더 어렵게 만들고 있는 사람이 바로 키넉이다.

그런데 왜 대처가 세 차례 총선에서 내리 승리했는가?

많은 사람들이 보수당보다는 노동당에 더 가까운 생각을 갖고 있었는데도 어떻게 보수당이 1979년·1983년·1987년 선거에서 승리할 수 있었을까?

첫째, 대처의 선거 승리를 과장해서는 안 된다. 대처는 노동당이 승리한 1964년 선거에서 보수당이 얻은 것보다 더 적은 득표율로 의회 다수당을 유지하고 있다. 1922년 이후 치러진 열아홉 차례 선거 가운데 보수당 득표율이 1983년과 1987년보다 더 높은 경우가 열 번이다.

따지고 보면, 보수당과 노동당의 선거 결과는 근본적으로 계급투쟁에 달려 있다.

[노동당은 — 지은이] 대중운동의 희생 위에서 한없이 생존할 수 없다. 사회적 명망을 염원하고 체제를 조화롭게 운영하기를 바라는 노동당 지도부는 노동자 투쟁이 부를 정치적 급진화를 혐오하고 두려워하지만, 노동당이 장기적으로 선거에서 지지를 얻을 수 있느냐 없느냐는 궁극적으로 노동자 투쟁과 급진화에 달려 있다.

노동당이 자체 활동으로 노동자 투쟁에 기여하는 바가 없으므로, 노동자 투쟁이 없다면 노동당은 선거에서 일시적 성공만 거둘 수 있다. 장기적으로 노동계급의 심각한 후퇴는 결국 노동당의 득표 기반을 무너뜨린다.

1931년에 이런 일이 일어났고, 오늘날에도 똑같은 일이 일어나고 있는 듯하다. 그때나 지금이나 장기간의 계급 협력이 노조 지도자들의 관행이었다. 그런 상황에서 경제 위기가 닥쳐 대량 실업 사태가 일어나고 현장의 자신감이 떨어졌다.

1931년에 노동조합은 세계적 경제문제들을 감당할 수 없는 듯했다. 그러나 해결책이 없기는 노동당도 마찬가지였고, 많은 최상급 투사들은 믿을 만한 다른 대안이 없어서 노동당에 매달린 반면, 수많은 유권자들은 노동당에서 멀어졌다.[89]

똑같은 상황이 지난 몇 년 동안 되풀이되고 있다.

산업 투쟁의 침체는 1983년과 1987년 선거 참패의 전주곡이었다. 이 점을 입증하는 가장 분명한 증거는 1984~1985년 광원 파업 동안의 정서 변화에서 찾을 수 있다. 파업이 시작되기 한 달 전인 1984년 2월 모리MORI[여론조사 업체]의 여론조사 결과를 보면, 노동당 지지율이 보수당 지지율보다 10퍼센트 더 낮았다(33퍼센트 대 43퍼센트). 8월에 피케팅이 절정에 이르고 노동자들이 보수당 정부에 맞서 싸울 수 있는 자신감을 회복했을 때 노동당 지지율은 39퍼센트로 보수당보다 근소하게(3퍼센트) 높았다. 파업이 패배할 것이라는 점이 분명해졌을 때 두 당의 지지율은 다시 뒤집어졌다. 그래서 10월에 보수당 지지율은 44.5퍼센트까지 치솟은 반면, 노동당은 32퍼센트로 주저앉았다.

1980년대의 선거들은 노동계급 조직이 윌슨-캘러핸 정부의 정책들로 이미 타격을 입은 상황에서 치러졌다. 1964~1979년의 15년 가운데 11년 동안 노동당이 집권당이었다. 그 시절의 경험이 노동당 지지율을 떨어뜨리는 데서 결정적 구실을 했다.

1945~1966년에 노동당의 득표율은 상대적으로 안정적이었다. 그런데

체제를 구하려고 개혁을 후퇴시키는 소득정책, 복지 삭감 등을 강행한 것 때문에 노동당 지지율은 급격히 낮아졌다. 윌슨-캘러핸 정부는 특히 노동조합원들의 노동당 지지율을 떨어뜨리는 파괴적 영향을 미쳤다.

1900~1987년 노동당의 총선 결과

선거 연도	노동당 득표율 (단위: 퍼센트)	노동당 득표수 (단위: 100만 표)	국회의원 수 (단위: 명)
1900년	2	0.06	2
1906년	6	0.3	29
1910년(1월)	8	0.5	40
1910년(12월)	7	0.4	42
1918년	22	2.2	61
1922년	30	4.2	142
1923년	31	4.3	191
1924년	33	5.5	151
1929년	37	8.4	288
1931년	31	6.6	52
1935년	38	8.5	154
1945년	48	12.0	393
1950년	46	13.3	315
1951년	49	13.9	296
1955년	46	12.4	277
1959년	44	12.2	258
1964년	44	12.2	317
1966년	48	13.0	364
1970년	43	12.2	288
1974년(2월)	37	11.6	301
1974년(10월)	39	11.5	319
1979년	37	11.5	268
1983년	28	8.5	209
1987년	31	10.0	227

노동조합원들의 노동당 지지율(모리 여론조사 결과)

연도	지지율
1964년	73
1966년	71
1970년	66
1974년(2월)	55
1974년(10월)	55
1979년	51
1983년	39
1987년	42

단위: 퍼센트

윌슨-캘러핸 정부에 대한 기억 때문에 1987년 선거운동 기간에 노동당 지지자의 30퍼센트는 노동당의 공약을 더는 믿지 않았다는 여론조사 결과도 있다. 경제 위기가 닥치면 모든 정부가 자신을 지지해 준 대다수 유권자들을 배신하기 마련이다. 그래서 지난 20여 년 동안 양대 정당에 대한 환상이 많이 깨졌다. "특정 정당을 지지하는 활동을 한다는 유권자의 비율이 1964년 44퍼센트에서 1980년대 중반 약 20퍼센트로 뚝 떨어졌다."[90] 수많은 사람들이 여전히 투표를 하지만, 확신은 점차 약해지고 있다.

노동당의 선거 패배를 촉진한 또 다른 요인은 승리의 문턱에서 오히려 패배를 자초하는 놀라운 기술이다. 대처는 거듭거듭 궁지에 몰렸지만 그때마다 키넉 덕분에 살아날 수 있었다.

예컨대, 1986년 4월 영국의 미군 기지에서 발진한 폭격기들이 리비아를 공습했다. 열흘쯤 뒤 옛 소련의 체르노빌 핵 발전소에서 폭발이 일어나 방사능 낙진이 영국까지 날아와 떨어졌다. 이 두 사건에 대한 보수당 정부의 대응은 형편없었다. 그래서 대처 지지율이 많이 떨어졌다. 그달 실시된 모리의 여론조사 결과를 보면, 보수당 지지율이 28퍼센트인 반면 노동당 지지율은 38.5퍼센트였다.

키넉은 이런 기회를 어떻게 이용했는가? 미국의 리비아 공습에 대해 키넉은 "카다피가 전 세계에서 테러를 지원하는 악마 같은 존재라는 것은 의심의 여지가 없다"고 주장하며, "리비아에 대한 경제제재를 단행하고, 유럽경제공동체의 차관과 식량 지원을 중단할 것"을 요구했다.[91] 핵산업에 대해 키넉은 "앞으로 영국에 핵 발전소를 건설하는 문제에 대한 결정을 잠시 중단할 것"을 요구했다.[92] 정말 급진적인 요구다!

노동당이 더 급진적인 척하려 하자, 이번에는 과거 노동당 정부의 전력이 걸림돌 노릇을 했다. 1986년 6월 16일 키넉이 남아공에 대해 경제제재를 요구했을 때, 대처는 1978년 노동당 정부 시절 유엔 주재 영국 대사가 유엔의 남아공 경제제재 결의안 채택에 반대하며 발표한 성명서의 구절을 인용했다. "결의안이 요구하는 광범한 경제적 조처가 우리가 원하는 변화를 남아공에 가져다줄 것이라는 데 동의하지 않습니다."[93] 해터슬리가 남아공 경제제재를 거듭 요구했을 때, 대처는 1976년 7월 7일 해터슬리가 외무부 정무장관 시절 발표한 성명서를 인용했다. "저는 일반적인 경제제재 정책이 영국 국민이나 남아공 국민 어느 누구에게도 이롭지 않을 것이라고 생각합니다."[94] 무슨 쟁점이든 간에, 이렇게 부메랑 구실을 할 인용문은 무궁무진했다.

게다가 명망을 추구하는 노동당의 경향 때문에 키넉은 노동당 좌파를 공격할 때는 뛰어난 검투사 같고 대처 앞에서는 온순한 생쥐 같다. 노동당 의원들은 대처의 행동에 대해 이러쿵저러쿵 불만을 터뜨릴지 모르지만, 당 지도부는 비열하게 대처를 방어하고 변호한다.

1987년 선거에서 키넉은 온갖 교묘한 선거 방송과 요란한 홍보를 했는데도, 마이클 풋이 당 대표였을 때보다 겨우 3.2퍼센트 높은 득표율을 기록했을 뿐이다. 그러나 키넉은 선거 패배의 책임 추궁을 당하기는커녕 오히려 주요 수혜자가 됐다.

1987년의 노동당

키넉은 1987년 선거 결과를 이용해 당내 좌파에 대한 우위를 굳히려 했다. 그래서 국회의원 후보 선출 방안으로 '1인 1표제'를 도입했다. 이 제도는 민주주의를 확대하는 방안으로 포장됐지만, 사실은 지구당 좌파 활동가들(요즘은 모욕적 단어가 돼 버렸다)을 약화시키기 위한 것이었다. 당 지도부는 이제 활동가들을 제쳐 놓고 수동적 당원들에게 호소했다. 그래서 사실상 보수적 언론 매체들이 당내 논쟁에 결정적 영향을 미치도록 만들었다.

노동당에서 능동적 당원들과 수동적인 압도 다수 당원들의 차이는 놀라울 정도다. 노동당 개인 당원이 공식적으로 30만 명이지만, 당 기관지 〈레이버 위클리〉의 발행 부수는 1만 7000부에 불과하다. 1987년에는 전체 당원 가운데 8.4퍼센트(런던에서는 5.8퍼센트)만이 공직 선거 후보를 선출하는 최종 회의에 참석했다. "지구당 전체의 거의 3분의 1인 205개 지구당에서 국회의원 후보 선출 회의에 참석한 당원이 30명도 채안 됐다. 11개 지구당은 참석자가 10명도 안 됐다."[95] 이런 상황은 지역 지부나* 지구당의** 대의원대회뿐 아니라 노동조합 지부도 마찬가지다!

1987년 당대회에서 키넉이 제안한 단순 1인 1표 선출 방안은 운수일

---

* 지부 지방의원 선거구별로 편제된 노동당 지역 조직.

** 지구당 국회의원 선거구별로 편제된 노동당 지역 조직.

반노조 사무총장 론 토드를 비롯한 노조 지도자들의 반대에 부딪혔다. 노조 지도자들은 당과 노동조합의 전통적 유대 관계를 약화시키는 것에 대해 경고했다. 그래서 타협이 이뤄졌다. 각 지구당에 선거인단을 구성해서 노동조합의 견해가 지구당 정치에 반영되도록 하는 것이었다.

노동당 좌파의 특성 덕분에 우파는 손쉽게 승리할 수 있었다. 당대회 결의안 통과와 자리다툼에 집중하는 정치 때문에, 좌파는 노동자 투쟁에 관여할 수 없었을 뿐 아니라 심지어 대다수 당원들조차 움직일 수 없었다. 개혁주의 정당은 수동성을 낳고, 수동적 당원들은 당 지도부에게 전혀 문제가 안 된다.

키넉은 1987년 선거 패배의 원인을 당내 강경 좌파와 동성애자들과 흑인들 탓으로 돌렸다. 특히, 흑인들은 독자적으로 당원 모임을 조직해서 당내에 널리 퍼진 편견 — 자본주의 노동자 정당인 노동당에 불가피하게 존재할 수밖에 없는 자본주의 사상 — 에 맞서 싸웠다. 그러나 노동당의 선거 패배를 그런 독자적인 당원 모임 탓으로 돌리는 우파들은 노동당 안에 항상 소수 의견들(비록 성공 가능성은 거의 없지만)이 존재해 왔다는 사실을 잊고 있다. 과거에도 그런 소수 의견들이 있었지만 노동당은 얼마든지 선거에서 승리했다. 노동당이 대중이 원하는 개혁을 실행할 수 있는 한은 말이다.

1987년 선거 뒤에 키넉은 득표 기반을 확대하는 방안의 일환으로 노동당의 정책을 전반적으로 다시 검토하기 시작했다. 〈파이낸셜 타임스〉가 지적했듯이, "제2차세계대전 후 사회주의 색채가 가장 옅은 공약을 내걸고 선거를 치른 당 대표"(!)가 당의 우경화를 주도하고 나선 것이다.[96]

1987년 당대회에서 키넉은 땅에 떨어진 대의원들의 사기를 북돋우려는 노력을 전혀 하지 않았다. 키넉과 그의 오른팔 브라이언 굴드는 보수당을 이길 수 있는 방법은 대처에게 세 번 연속 선거 승리를 안겨 준 정책들을 모방하는 것뿐이라고 주장했다. 증오하는 원수를 모방하는 것만이 살길이라는 말은 별로 재미있는 말이 아니다. 일주일 뒤 보수당 당대회에서 노먼 테빗[당시 보수당 의장]은 노동당이 "우리의 정책을 채택하기로 반쯤 결심했다"고 자랑했다. 〈인디펜던트〉는 보수당 당대회장에서 다음과 같이 보도했다.

집권에 목매다는 노동당의 일부는 지금 자신들이 보수당의 정책들을 받아들였다는 사실과 '대처 퇴임 후'에도 그런 정책들을 기꺼이 유지하겠다는 뜻을 널리 알리고 싶어서 안달이 났다. 이제 공공 주택 매각, 노동조합운동 개혁, 민영화, 종업원 지주제 확대가 모두 노동당의 정책으로 확립됐다는 것이다.

테빗 씨는 닐 키넉을 비웃으며 말하기를, 키넉은 대처 여사가 1983년에 입었던 옷을 입으려 애쓰지만 결국 대처 여사의 옷이 훨씬 더 급진적이고 매력적이라는 사실을 깨닫게 될 것이라고 했다.[97]

굴드는 노동당이 "득표 대상의 이기심에 호소하기" 위해 "전 국민의 주주화"를 선도해서 "대처리즘을 뛰어넘어야" 한다고 주장했다. 키넉은 "유권자들을 계급이나 다른 이익집단의 일원이 아니라 낱낱의 개인으로 다루는 것"이 새 노선이라고 설명했다. 다시 말해, 노동당도 보수당처럼 개인주의 방식으로 노동자들에게 호소해서 표를 모아야 한다는 것이다.

당대회의 외교·국방 정책 관련 논쟁에서 키넉은 미국 대통령 레이건의 평화 실현 노력을 격찬했다.(그래서 큰 박수를 받았다!) 그는 노동당의 가장 신성한 원칙인 일방적 핵 폐기 노선을 철회하겠다는 뜻을 내비쳤다. 앞으로 노동당은 "핵무기에 의존하지 않아도 되도록 노력하는 것"

을 국방 정책의 핵심으로 삼을 것이다.[98] 키넉을 강력하게 거들고 나선 사람은 핵무기철폐운동 의장 출신으로 뎃퍼드 지역에서 새로 국회의원으로 선출된 조앤 러덕이었다.(다른 운동들과 마찬가지로 핵무기철폐운동도 노동당을 편히 누울 수 있는 침대로 여겼다. 그러나 드러눕고 보니 침대가 아니라 관이라는 것을 깨달았다.) 국방 정책 논쟁 중에 러덕은 영국이 트라이던트 핵미사일을 협상 무기 삼아 소련의 핵무기 감축을 설득해야 한다고 주장했다. 이것은 다자간 핵 폐기로 전환하겠다는 뜻이었다.

라디오방송 인터뷰에서 키넉은 자신의 구상을 거듭 밝혔다. 그것이 다자주의 접근법 아니냐는 질문을 받고 키넉은 다음과 같이 대답했다. "저는 누구든지 문구에 집착해서는 안 된다고 생각합니다. 저는 다자간 핵 폐기 진영의 일부가 된 것을 기쁘게 생각합니다."[99] 다자간 핵 폐기 방안이 실패하면 어떻게 할 거냐는 질문에 키넉은 다음과 같이 대답했다. "우리는 나토의 일부여야 합니다. 나토가 핵무기 조약이므로 우리도 당연히 핵무기 조약 체결국의 일부가 될 것입니다."[100]

키넉은 노동당의 우경화를 주도하면서 저항에 부딪힌 적이 거의 없었다. 사실 키넉에게 주된 위협은 당내 우파가 키넉의 선거 논리를 그 자신에게 적용해서, 그를 우파들 내에서 선출된 더 '유능한' 지도자로 갈아치울지 모른다는 것이었다.

노동계급 운동에 만연한 패배의 분위기 때문에 당내에도 "평지풍파 일으키지 말자"는 정서가 널리 퍼져 있었고, 이것을 이용해 키넉은 당내 좌파를 가차 없이 억누를 수 있었다. 광원 파업에서 절정에 달한 노동자 투쟁의 패배는 피할 수 없는 것이 아니었다. 지금 노동계급 운동을 지도하고 있는, 아니 정확히 말하면 오도誤導하고 있는 노조 상근 간부들과 노동당의 비겁함·배신 때문에 노동자 투쟁이 패배한 것이다. 그러나 이런 패배는 좌파의 기반 약화와 사기 저하에 일조했다. 키넉은 노동당이 정치적 무게중심의 우경화를 따라가야 한다고 그럴싸하게 주장할 수 있었다. 새로운 방향을 싫어하는 사람들조차 다음 선거에서 유권자들의 호응을 기대하며 [새로운 방향에 대한] 의심을 묻어 두고 있다.

제자리

노동당은 항상 정치란 선거와 정부 구성의 문제라고 주장했다. 그러나 역사적 경험을 보면, 개혁이 정부의 색깔보다는 경제 상태와 노동계급의 힘에 달려 있었음을 알 수 있다. 1950년대에는 보수당도 사회보장제도를 확대했다. 1970년대에 통화주의를 도입한 것은 노동당 정부였다. 물론 어떤 정부냐에 따라 차이가 있기는 했지만, 그런 차이가 결정적인 것은 아니었다. 1940년대, 1950년대, 1960년대에는 경제 위기의 대안이 분명한 듯했다. 국유화로 뒷받침되고 복지 정책들이 결합된 케인스주의식 수요 관리를 통한 경기 부양이었다. 1970년대와 1980년대의 경제 위기 상황에서 이 모든 것은 변했다. 1980년대에는 개혁의 여지가 없다. 노동당 정부든 보수당 정부든 경제 위기의 대가를 노동자들이 치르게 하려고 애를 쓸 것이다.

여느 사회민주주의 정당과 마찬가지로 노동당도 국제 자본주의의 위기 앞에서 자신에게 분명한 대안이 없음을 깨닫고 있다. 노동당이 집권했더라도 보수당처럼 행동할 수밖에 없었을 것이다. 국유화도, 급진적 재분배 정책도 실행할 수 없었을 것이다. 이윤을 늘리고 투자를 촉진하기 위해 경기 부양책을 사용하는 데도 많은 위험이 따랐을 것이다. 미테랑 증후군이 노동당의 머리 위에서 구름처럼 맴돌고 있다.

노동당은 한 바퀴 돌아 다시 제자리에 섰다. 창설 당시 노동당의 정책이나 이데올로기는 유력한 부르주아 정당인 자유당과 거의 다르지 않았다. 그런데 지금[1988년] 다시 노동당은 유력한 자본주의 정당인 보수당을 모방하고 있다. 램지 맥도널드와 닐 키넉은 장황하고 우둔하고 모호한 점이 기묘하리만큼 닮았다. 그렇다고 해서 노동당이 단순히 과거로 회귀했다는 말은 아니다. 어린이와 노인도 공통점이 많다. 그러나 어린이에게는 미래가 있는 반면, 노인에게 호시절은 과거지사일 뿐이다.

초창기에 약점도 있었지만, 노동당의 탄생 자체는 영국 노동계급이 앞으로 한 걸음 성큼 내딛은 진보였다. 지금 노동당은 영국 노동계급의 발전을 가로막는 장애물일 뿐이다. 과거에 노동당의 독자적인 이데올로기와 정치형태가 없었던 것은 노동자 투쟁의 고양과 부분적 패배에서 비롯한 부산물이었다. 대처 시절 노동당의 보수성은 윌슨과 캘러핸의 노동당 정부 자체가 노동자 투쟁을 패배시킨 부산물이다.

17장

신노동당

1988년에 이 책이 처음 출간됐을 때 사람들은 대체로 '대중 자본주의'가 승리했다고 생각했다. 노동계급은 사라지고 있고 사회주의 정치는 시대에 뒤진 것이 됐다고 생각했다. 또, 많은 사람들은 노동당의 집권 가능성이 거의 없다고 주장했다. 이제는 사라진 영국공산당의 이론지 《마르크시즘 투데이》는 "보수당이 단일한 유력 정당으로 발전했다"고 말했다.[1] 〈뉴 스테이츠먼〉은 이렇게 덧붙였다. "사회주의는 소련 제국과 함께 사멸했고, 노동당은 뇌사 상태에 빠졌다. 이제는 누군가가 생명 유지 장치의 스위치를 꺼야 한다."[2] 그러나 1990년대의 그림은 약간 달랐다.

대처의 몰락과 주민세

마거릿 대처는 1990년에 몰락할 때까지 "오늘날 가장 명민하고 강력한 정치 지도자들 가운데 한 사람"이라는 칭송을 들었다.[3] 5년 뒤에도 블레어는 여전히 대처를 모방하려고 애쓰면서, '신新노동당'을 "레이건 정부와 대처 정부가 추구한 급진적 '반反기성체제' 정신의 진정한 표현"으로 만들겠다고 밝혔다.[4] 노동당은 대처리즘이 득세하도록 내버려 뒀다. 〈업저버〉 편집장 윌 허턴은 다음과 같이 말했다. "세계 각국에도 영국과 마찬가지로 급진적 시장화의 끔찍한 사례가 한두 개씩 있다. 그러나 영국만은 급진적 시장화의 온갖 폐해를 죄다 경험했다고 할 수 있다. …

서방의 선진 공업국 가운데 20세기에 [영국만큼] 신속하고 광범한 시장화를 경험한 나라는 없었다."[5] 이런 시장화는 영국 자본주의의 성장에 얼마나 큰 기여를 했는가?

이 OECD 하위국[영국]의 경제 기적은 현실을 대충 훑어봐도 '거대한 사기극'임을 알 수 있다. … 그들은 제조업 생산성의 놀라운 향상을 엄청 선전했는데, 그런 생산성 향상은 노동조합의 권한을 약화시킨 과감한 입법과 250만 명 감원 덕분이었다. 그러나 이런 생산성 향상으로 노동자들은 3분의 1이 줄었지만 생산량은 똑같았다. … 한편, 영국의 경쟁국들은 생산량을 절반 이상(일본), 3분의 1(미국), 4분의 1(독일) 더 늘렸다. … 1979~1992년에 영국의 연평균 GDP 성장률은 1.75퍼센트에 불과했는데, … 이는 다양한 가능성이 열려 있던 전후 50년 동안 최악의 재앙이었다.[6]

대처와 그 후계자들이 미친 장기적 영향 때문에 1994~1995년에 영국의 '국제 경쟁력' 순위는 48개 나라 가운데 18위였고, 이것은 싱가포르·홍콩·대만보다 낮은 수준이었다. 또 영국의 '국내 경제력' 순위는 21위에 그쳤다.[7]

대처를 끌어내린 것은 영국 자본주의[의 위기]나 노동당이 아니라[8] 주민세 반대 운동이었다. 1100만 명이 법을 어기면서까지 주민세 납부를 거부했고, 트래펄가광장에서 대규모 소요 사태가 일어났다.

주민세는 손쉬운 선거 승리로 오만해진 대처리즘의 상징이었다. 지방세를 주민세로 대체하는 정책은 엄청나게 인기가 없었다. 고관대작과 환경미화원의 세금이 똑같았기 때문이다. 이에 대한 노동당의 반응은 자신의 정책들을 재검토하는 것이었다. 키넉은 그런 정책 재검토가 "대처리즘을 물리치기 위한 전제 조건"이라며 다음과 같이 주장했다. "사회주의자들은 현실을 직시해야 한다. … 대처리즘을 인정하는 것, 대처리즘을 수용하거나 대처리즘과 협력하는 것은 패배주의가 아니다. 결코 그렇지 않다."[9] 그 밖의 것은 모두 저주나 다름없었다. 그래서 키넉은 1988년에 주민세 고지서가 발송되기도 전에 "좌절감이 쓸데없는 불법 행위로 분출해서 보수당의 음모에 말려들어서는 안 된다고 경고했다."[10] 당시 노동당 지방정부 대변인이었던 데이비드 블렁킷은 "주민세를 폐지할 수 있는 방법은 주민세를 도입한 정부를 갈아 치우는 것뿐"이라고 주장했다."[11]

주민세에 반대하는 노동조합들이 급격하게 늘어나자 노동당은 노조 지도자들과 함께 '징세 중단' 운동을 펼쳤다. 이 운동의 주된 목적은 보수당의 법률을 폐기하는 것이 아니라, 납세 거부 움직임을 통제하는 것이었다. 노동당의 태도는 글래스고의 고번에서 치러진 보궐선거에서 시험대에 올랐다. 노동당 후보는 납세 거부를 공약으로 내걸었다가 중앙당의 압력을 받고 허겁지겁 철회했다. 이전 선거에서 4위를 기록했던 스코틀랜드국민당이 주민세 반대 운동을 등에 업고서 전보다 다섯 배나 많은 표를 얻어 당선됐다.[12]

노동당이 내린 결론은 앞으로 후보들은 당의 공식 방침을 더 충실히 따라야 한다는 것이었다. 중앙당에서 지명한 후보들이 지역에서 선출된 후보들을 갈아 치울 수 있도록 당규가 개정됐다.[13] 1990년 초에 노동당은 주민세 납세 거부자들을 기소하지 않은 타워햄리츠 지역의 지방의원들을 징계하겠다고 위협했고, 같은 문제로 리버풀 지방의원 16명을 노동당 의원단에서 축출해 버렸다.[14]

여러 도시의 시청 앞에서 시위가 분출하자, 노동당은 "주민세 반대 운동의 두 번째 … 단계에 돌입했다." 브라이언 굴드는 사람들이 노동당에 가입해서 항의해야 한다고 주장하는 한편, 4월 1일로 예정됐던 전국 시위는 "자금 부족으로 취소"한다고 선언했다.[15] 노동조합의 주민세 반대

투쟁에 동참한 노동당원은 겨우 4퍼센트로 극소수였다.[16]

1990년 3월 31일 주민세에 반대하며 트래펄가광장에 모인 대규모 시위대를 경찰이 공격했다. 시위는 소요 사태로 발전했고 340명이 체포됐다. 내무부 장관은 노동당을 비난했다. 예비내각의 내무부 장관 해터슬리는 격분했다. "노동당은 이번 폭력 사태를 무조건 비난한다. … 그런 행동은 어떤 이유로도 정당화될 수 없다. 말 그대로 도저히 용납할 수 없는 행동이다. 부상당한 경찰관들에게 노동당원들을 대표해 위로를 보내고, 폭력 행위자들에 대한 일벌백계[를 요구한다. ─ 지은이]"[17] 그러나 결과는 "영국 역사상 가장 극적인 정책 폐기"였다.[18]

놀랍게도, 이제 블렁킷은 "우리의 운동과 우리가 내놓은 정책들에 대한 신뢰가 마침내 주민세를 폐지시켰다"고 주장했다.[19] 노동당은 주민세를 실제로 분쇄한 사람들을 공격하며 다음과 같이 주장했다. "지금 노동당의 우위를 위협하는 최대 요인은 우리 대열 안에서 납세 거부를 공공연하게 선동하는 사람들이다. … 납세 거부자들은 재산을 압류해서 경매 처분할 수밖에 없다."[20] 구의원 70명 가운데 58명이 노동당 소속이었던 해크니 지역에서는 주민 4만 명에게 소환장이 발부됐다. 노동당은 심지어 납세 거부자들을 기소하는 법 조항의 미비점을 보완하려는 노력이 '부족'하다고 정부를 비판하기까지 했다.[21] 한편, 미래의 노동당 대표인 토니 블레어의 부인이자 연평균 소득이 20만 파운드나 되는 변호사인 셰리 부스(전에 노동당 후보로 선거에 출마하기도 했다)는 무일푼의 주민세 체납자가 있어야 할 곳은 감옥이라고 주장했다.[22] 주민세 체납으로 구속된 사람의 3분의 2는 노동당 지방정부가 구속시킨 사람들이었다.[23]

그러나 글래스고 고번의 경험은 잉글랜드와 웨일스에서는 되풀이되지 않았다. 잉글랜드와 웨일스에는 노동당을 대신할 선거 대안이 없었기 때문에, 주민세에 항의하는 사람들의 표가 결국은 노동당으로 몰릴 수밖에 없었다. 스태퍼드셔주 중부 지역 보궐선거(1990년 3월)에서 노동당은 1935년 이후 가장 많은 표를 얻었다. 5월에 보수당은 지방선거 사상 최악의 참패를 당했다.[24] 1987년 총선과 1992년 총선 사이에 실시된 여론조사 결과를 보면, 주민세 납세 거부 운동과 항의 시위들이 노동당 지지율을 끌어올리고 보수당 지지율을 떨어뜨렸음을 알 수 있다. 일부 지역에서는 노동당도 보수당처럼 가혹하게 주민세를 징수했는데도 그랬다.

노동당의 걸프전 증후군

1990년 11월 존 메이저가 대처의 뒤를 이어 총리가 됐다. 마이클 헤슬타인의 총리직 승계를 막으려는 절충 끝에 선택된 메이저는 정치적으로 그저 그런 인물이었다. 그는 대중이 증오한 주민세 도입에 깊숙이 관여했고, 대처의 꼭두각시라는 의심을 받았다. 1990년 11월 총리 취임 당시의 메이저 지지율은 키넉 지지율과 엇비슷했다. 그러나 1991년 봄에 메이저 지지율은 키넉보다 거의 두 배나 높았다. 그 이유 중 하나는, 걸프전에서 분명히 드러났듯이, 키넉이 보수당을 흉내 냈기 때문이다.

걸프전은 1990년 8월 이라크의 쿠웨이트 침공으로 시작됐다. 미국은 이것을 이용해 세계 석유 공급에 대한 지배력을 강화하고 세계 초강대국의 위세를 과시하려 했다. 미국 정부는 수천 명의 미군과 유럽 각국 군대를 동원해 쿠웨이트와 이라크를 침략했다. 대략 10만~25만 명의 이라크 군인과 민간인이 사망했고, 쿠웨이트에서 철수하던 이라크 군인들이 바스라 지역으로 가는 도로 위에서 악명 높은 '칠면조 사냥'으로 몰살당하기도 했다. 다국적군의 선동에 속아 넘어간 쿠르드족과 마시 아랍인들[이라크 남부 늪지대 주민들]은 후세인 정권에 대항해 반란을 일으켰지만 다국적군은 그들을 외면했다. 수많은 사람들이 후세인 정권에게 살해당했고, 200만 명의 쿠르드인들은 산악 지대로 도망쳐야 했다.

자유주의자들과 심지어 별로 자유주의적이지 않은 사람들도 미국 대통령 부시 1세가 군사 공격을 급히 서두르는 것에 대해 우려했다. 그러나 노동당 지도부는 보수당 정부의 호전적 주장을 고스란히 받아들였다. 그런데도 초기에는 노동당 평의원의 80퍼센트가 즉각적 군사행동에 반대했고 25퍼센트는 전쟁을 무조건 반대했다.[25] 그러나 당 지도부에 굴종하지 않고 양심을 지킨 의원들은 소수에 불과했다. 노동당은 전쟁을 서두르지 말라고 주장하지 않았다. 심지어 전쟁이 일어날 때까지 노동당은 의회에서 전쟁 문제를 토론하자고 요구하지도 않았다. 영국 역사상 전례가 없는 일이었다.[26]

전쟁이 임박하자 노동당 의원들은 당이 왜 독자적 의견을 내놓지 않느냐고 물었다. 키넉은 다음과 같이 대꾸했다. "저에게 정부와 '거리를 두라'고 말하는 사람들도 있습니다만, 저는 그렇게 하지 않을 것입니다."[27] 전쟁이 시작되자 키넉은 끊임없이 메이저에게 아첨했다.

[당연히 우리는 우리나라 군대를 완전히 지지하고] 저도 총리와 마찬가지로 [걸프에서 위험에 처한 우리 병사들의] 가족에 대해 생각하고 있습니다. … 이번 기회에 총리의 정서에도 공감한다는 점을 밝히고 싶습니다. … 총리는 전에도 옳았고 지금도 옳습니다. … 총리는 공정하게 사담 후세인에게 경고했습니다.[28]

키넉의 태도는 미국 의회의 다수는 물론 에드워드 히스나 심지어 교황보다도 우파적이었다. 노동당 의원단에서 전쟁 문제를 논의했을 때, 휴전에 반대하고 학살을 지속하는 데 찬성하는 의원들이 5 대 1로 많았다.[29] 중앙집행위원회도 똑같은 태도를 취했다. 그러나 "[중앙집행위원회가 —

[지은이] 걸프전 휴전을 거부한 지 열두 시간 만에 부시와 그 동맹들은 휴전을 선언했다."[30]

일부 좌파 의원들의 항의가 터져 나왔고,[31] 다섯 명은 노동당 의원단 지도부에서 사퇴했다. 한 의원은 다음과 같이 말했다. "우리는 엄청나게 실망했다. 끔찍하고 아주 나쁜 선례를 남겼다." 한 평의원은 동료들이 "죄의식과 수치심"을 느끼고 있다고 말했다.[32] 영국에서는 주로 노동당의 태도 때문에 반전운동이 소규모였던 반면, 다른 나라들에서는 대규모 반전시위들이 벌어졌다. 알제리에서 40만 명이, 샌프란시스코에서 10만 명이, 워싱턴에서 30만 명이 시위를 벌였다.[33] 버니 그랜트[노동당 의원]는 영국 반전운동의 이런 약점이 "자신의 정치 경력에 오점을 남길까 봐 정치적 이견을 얼버무린 채 고급 술집을 몰래 들락거리는 노동당 의원들" 탓이라고 비난했다.[34] '고급 술집'은 노동당 좌파 의원들의 집결지다. 〈데일리 메일〉 기자가 이들의 모임을 급습했을 때 "이 용감한 의원들 가운데 적어도 세 명 이상이 신분을 감추기 위해 탁자 밑으로 몸을 숨겼다."[35]

대규모 학살을 외면한 당 지도부의 행동은 선거주의로 정당화됐다. 키넉은 "당을 구하기 위해서는 우리가 평화주의자가 아니라는 것을 분명히 밝혀야 한다"고 말했다.[36] 그러나 전쟁 전에 보수당보다 15퍼센트 높았던 노동당 지지율은 전쟁이 끝난 뒤에는 5퍼센트 더 낮아졌다. 주민세 반대 운동 덕분에 찾아온 호기는 유실됐고, 뒤이은 총선의 승부는 이미 결정된 것이나 다름없었다.

1992년 총선

노동당은 1992년 총선을 위해 당의 정책들을 세밀하게 검토했다. 키넉은 "선거 승리를 위해 그런 희생을 치르려 하지 않는 사람들"을 비웃었다.[37] 당원들의 집권 염원은 대단했다. "새 세대 청년 당원들은 자제력이 훨씬 더 강하고, 기업 친화적이고, 권력에 대한 야망과 집념이 강했다."[38] 노동당 좌파와 우파는 전례 없이 한목소리를 냈다. 리빙스턴은 "[보수당에 — 지은이] 맞서 싸우는 것이 주된 목표라면, 우리는 당 지도부의 정책들을 지지하는 사람들과 무조건 단결해야 한다"고 썼다.[39]

사실, 1992년 총선은 노동당에게 식은 죽 먹기나 다름없어야 했다. 그러나 결과는 달랐다.

놀랍게도 보수당이 승리를 거뒀다. 그토록 큰 차이(7.6퍼센트)로 노동당을 이긴 것은 완전히 예상 밖이었다. 그것은 1930년대 이후 최장기간의 경기 침체 상황에서 거둔 승리였고, 선거운동 기간 내내 온갖 비난과 조롱에 시달린 끝에 거둔 승리였다. 보수당의 승리는 유럽에서 다른 나라 집권당들이 선거에서 패배하던 흐름과도 어긋나는 것이었다. 네 차례 선거에서 잇따라 승리한 보수당은 18년 연속 집권이라는 대기록을 세우게 됐다. 이것은 1832년의 선거법 개정 이후 단일 정당으로는 최장기 집권 기록이었다.[40]

노동당의 1992년 총선 패배로 가는 길을 닦은 것은 피터 맨덜슨과 필립 굴드가 이끄는 예비홍보국이었다. 예비홍보국 선거 전략의 출발점은 예비내각과 중앙집행위원회 회의에 보고된 여론조사 결과였다. "일부 참석자들에게 그 보고는 마치 폭탄 같았다."[41] 그 뒤부터는 여론조사 결과가 마치 점성술사의 예언처럼 떠받들어졌다. 예비홍보국이 만들어 낸 "정치 전략적 관점은 노동당은 물론 영국 정치권 전체에서 전례 없는" 것이었다. "예비홍보국은 정책, 정치, 이미지를 결합시켜 하나의 무기로 만들었다."[42] 이제 "노동당의 가치와 국민들의 가치는 동일하다."[43] 노동당 지지자들은 이미지가 결정적으로 중요하다는 말을 들었고, 1992년 총선에서는 실제로 그랬다.

노동당의 선거운동은 성공적이었다. 1987년 이후 노동당은 좌파적 정책들을 거의 모두 팽개치고 현대적인 선거운동 방식을 전폭 수용했다. 부유층에 대한 세율을 인상하겠다는 공약을 제외하면, 노동당은 1980년대에 대처가 거둔 성과를 대부분 받아들였다.[44]

심지어 총선 뒤에도 "모든 조사 결과를 보면 … 노동당의 선거운동이 보수당보다 훨씬 나았다."[45]

노동당의 전략은 세 가지 이유로 실패했다. 첫째, 휴고 영[〈가디언〉 기자]이 씁쓸하게 인정했듯이, "여론조사는 환상에 의존하고 있었음이 드러났다."[46] 둘째, 여론조사가 정확했다 하더라도 노동당 지도자들은 여론조사 결과를 선택적으로 받아들였다. 3월 24일 노동당 방송 광고는 두 소녀의 실화를 내보냈다. '아교 귀'를* 앓고 있던 한 소녀는 민간 의료보험으로 신속하게 치료를 받은 반면, 다른 소녀는 보수당이 '개혁'한 국가보건서비스에 따라 치료 날짜를 기다리며 고통스러워하고 있다는 내용이었다. "심지어 다른 정당들도 그 광고가 탁월했다고 인정했다. 방영 전에 광고를 검토하던 당원들도 눈물을 흘리며 감동했다고 한다."[47] 방송 광고가 나가기 전에 실시된 여론조사에서는 노동당 지지율이 보수당보다 2.7퍼센트 낮았지만 광고 후에는 8.3퍼센트 더 높았다.[48] 그래서 노동당은 의료 문제를 선거 쟁점에서 배제했다! "노동당 지도자들은 방송 광고의 메시지를 두려워했다. 그들 중 누군가가 '계급 전쟁 선동'이라고 부른

---

* 아교 귀 귓속에 아교처럼 끈적끈적한 물질이 차는 중이염의 일종.

것을 감당할 용기가 없었던 것이다."[49] 놀랍게도 그들은 방침을 바꿔 비례대표제 문제를 부각했다. 그것도 선거운동 마지막 주에 말이다. 여론조사 기관들이 국가보건서비스가 가장 중요한 선거 쟁점이라고 지적하고, 유권자의 93퍼센트가 국가보건서비스의 지출 증대를 지지하는 상황에서[50] 노동당은 별로 효과도 없는 정책들에 집중했다. 여기서 셋째 이유로 넘어간다. 노동당의 정책들을 좌우하는 1차 요인은 대중 여론이 아니다. 자본주의의 명령이 훨씬 더 중요하다.

선거 결과 노동당의 득표율은 전보다 3.5퍼센트 증가했다. 주민세 반대 대투쟁과 경기 침체를 생각하면, 이것은 결코 놀라운 일이 아니다. 노동당은 1150만 표를 득표했지만, 주민세 납세 거부자들에게 발부된 소환장과 영장은 그보다 300만 장이나 더 많았다. 그도 그럴 것이 노동당은 주민세 납세 거부자들을 대상으로 한 득표 활동을 주도면밀하게 회피했다. 노동당을 지지한 유권자들의 사회적 구성도 변했다. 노동당을 지지한 실업자 수는 1987년보다 줄었고, 가장 가난하고 사람 수도 많은 사회집단(D와 E)에서 노동당이 얻은 표수는 전혀 변함이 없었다. 심지어 〈파이낸셜 타임스〉조차 보수당의 패배를 호소했지만, 노동당 지지자가 가장 많이 늘어난 사회집단은 최상층, 즉 사람 수도 가장 적고 가장 부유한 집단(A와 B)이었다.[51]

1974년까지는 노동당 핵심 지지층이 보수당 핵심 지지층보다 언제나 많았다. 윌슨-캘러핸 정부는 노동당 지지층의 결속력을 깨뜨렸고, 키넉은 이를 만회하려는 노력을 하지 않았다.[52] 그러나 노동당 지도부는 선거 패배의 원인을 당의 조세정책 탓으로 돌렸다. 권위 있는 조사 결과는 이것을 "입증할 수 있는 증거가 거의 없음"을 보여 준다. 노동당에 투표하려다가 마음을 바꾼 사람들은 "높은 세금에 특별히 반대하는" 사람들이 아니었다. "오히려 그들은 노동당이 의료와 교육 등의 서비스를 개선할 수 있다고 별로 믿지 않는 듯했다. … 사실, 조세 문제 때문에 보수당은 1987년과 1992년 사이에 어느 정도 표를 잃었을 것이다."[53]

1945년 이후 열네 차례 총선에서 노동당의 성적이 1992년보다 나빴던 때는 1983년과 1987년뿐이었다. 1992년 총선 승리를 위해 노동당은 이런저런 원칙들을 포기하고 걸프전을 찬성하는 등 온갖 짓을 다했다. 그러면서, 노동당의 승리가 자신에게 이로울 것이라고 기대한 수많은 노동자들을 배신하고 있었다. 그러나 노동당 지도부의 결론은 이와 달랐다. 총선 뒤 당 지도부는 갑자기 노동조합을 비난하고 나섰다.

광원들의 비극

총선 패배에 따른 지도부 경선이 실시됐다. 1988년에 바뀐 당규 때문에 1930년대 이후 처음으로 좌파 후보가 아무도 출마하지 못했다.[54] 존 스미스와 브라이언 굴드가 당 대표직을 놓고 경합했다. 〈파이낸셜 타임스〉가 실시한 설문 조사에서 기업인들은 재무부 장관감으로 보수당의 노먼 러몬트보다 스미스를 선호했다. 굴드는 "대처리즘을 뛰어넘어야" 한다는 말로 유명했다.[55] 당 대표 선거에서 스미스가 91퍼센트의 지지를 얻어 승리했다.

노동당의 전략은 계급이 정치적으로 소멸했다는 주장을 바탕으로 하고 있었다. 그런데 1992년 10월에 이 '존재하지 않는' 세력이 갑자기 무대 전면에 다시 나타났고, 그 뒤 여론조사에서 노동당은 우위를 지킬 수 있었다. 탄광 31곳을 폐쇄하려는 마이클 헤슬타인[통상산업부 장관]의 계획이 대규모 저항을 불러일으켰다. 10월 20일과 25일 두 차례 대규모 시위에 거의 25만 명이 참가해서 런던 도심을 가로질러 행진했다. 당시

〈선〉의 1면 제목은 "메이저는 죽었는가?"였다.[56]

노동운동은 1980년대 중반의 패배 이후 자신감 회복이 느렸다. 당시의 패배로 노동운동은 전례 없는 후퇴를 경험했는데, 주민세 반대 운동이 극적으로 대처를 무너뜨리며 보수당의 취약성을 드러내 줬다. 그러나 광원들의 투쟁은 주민세 반대 운동과 달랐다. 노동당은 납세 거부 운동을 궤도에서 이탈시킬 수 없었다. 왜냐하면 그 운동이 대체로 기층에서 지역을 기반으로 조직됐기 때문이다. 그러나 탄광을 지키려면 집단적이고 중앙집중적인 지도부가 필요했다. 시위도 물론 중요했지만, 시위만으로는 부족했다. 대중 파업 투쟁이 필요했다.

보수당 정부가 탄광을 폐쇄하겠다고 위협하기 두 달 전에 노동당의 에너지 정책 담당자는 광원노조에 "패배주의 어조로" 다음과 같이 말했다. "[정부가] 탄광을 폐쇄하려고 공공 부문의 대비책을 몰래 마련해 놨습니다."[57] 그때까지도 노총과 노동당은 정부의 퇴각을 강요할 수 있었다. 보수당과 노동당이 모두 이 사실을 잘 알고 있었다. 보수당 장관 출신의 세실 파킨슨은 TV에 출연해서 "정부가 통제력을 잃은 것 같다"고[58] 인정했고, 노동당의 데이비드 블렁킷도 "나는 총선을 요구할 수도 있었다. 그랬다면 아마 우리가 승리했을 것"이라고[59] 큰소리쳤다.

처음에 노동당은 광원들의 투쟁을 노총의 문제로 취급한 반면, 노총은 노동당 의원단이 일부 보수당 의원들의 지지를 얻어 내면 광원들의 막판 역전승이 가능하다고 주장했다. 항의 시위가 확대되자,

존 스미스는 하이드파크에서 열린 대규모 집회에 참가했다. 그가 참가하지 않았다면 곤란했을 것이다. … 그는 '대중'에게 계속 압력을 가하라고 촉구했다. [그러나] 겨울과 봄 동안 광원들이 공격당할 때 스미스는 침묵했다. 하루 파업을 지지해 달라는 광원노조의 호소도 외면했다. 그러나 영국전경련

총회에는 참석했다. … 청중은 그가 연설하는 동안 아홉 번이나 웃음을 터뜨렸다.[60]

전국적 시위는 더는 용인되지 않았고 광원들의 투쟁은 지역 수준의 사건들로 흐지부지됐다.

노동당은 의회가 진보를 성취하기에 적절한 장소라고 말하지만, 노동당이 의회에서 거둔 성과는 보잘것없었다. 노동당은 헤슬타인의 모호한 약속, 즉 노동당이 통상산업 특별위원회 의장을 맡아서 탄광 조사 보고서를 여야 합의로 작성하면 정부가 그것을 수용하겠다는 약속을 묵묵히 받아들였다. 그런 타협은 "특별위원회 역사상 전례 없는" 일이었다.[61]

1993년 2월 그토록 기다리던 보고서가 제출됐다. 여전히 31곳의 탄광 중 20곳이 폐쇄 대상이었다. 몇 개월 동안 이리저리 발뺌하던 노동당 의원들은 너무 실망했다. 헤슬타인이 특별위원회 조사 결과를 무시하자 노동당 의원들은 그에게 반대표를 던졌다. 1993년 노동당 당대회에 제출된 중앙집행위원회 보고서에서 광원들의 투쟁을 다룬 부분은 겨우 반 쪽에 그친 반면, 당내 좌파 마녀사냥을 다룬 부분은 세 쪽이나 됐다. 〈뉴 스테이츠먼〉은 다음과 같이 결론지었다. "이것은 갑자기 찾아온 기회였다. 야당에게 그런 기회가 찾아온 것은 10년에 한 번 있을까 말까 한 일이었다. 정부의 엄청난 실정 때문에 첼트넘 지역의 시민들이 거리를 행진하고 가톨릭 신부들이 강단에서 저주를 퍼붓는 상황이었다." 그런데도 당이 실패한 것은 "노동당이 타성에 젖어 정신적·정치적 마비 상태에 빠져 있었음"을 보여 준다.[62]

몇 달 동안 철도, 포드자동차, 특히 던디 지역의 타이멕스 공장 노동자들과 소방관들의 투쟁 등 산업 투쟁이 봇물처럼 터져 나왔다. 그 뒤 노동계급 운동은 느리고 불균등하지만 꾸준히 되살아나 1994년 철도 신호 노동자들의 투쟁처럼 눈에 띄는 승리를 거두기도 했다.

그러나 탄광 폐쇄 과정에서 나타난 양상이 거듭거듭 되풀이됐다. 비록 노동당은 노동조합에서 멀어지려 했지만, 노동당과 노조 관료들의 공생 관계는 여전히 지속됐다. 노동당이 계급투쟁 수준에 영향을 미친다는 것은 파업 찬반 투표 500건을 표본 조사한 결과에서도 드러났다. 500건 중 3분의 2가 파업 '찬성'이었지만 실제로 파업에 돌입한 것은 82건뿐이었다. 1995년에는 국가보건서비스에서 파업 찬성이 압도적으로 통과됐지만, 심지어 국립간호대학조차[*] 파업에 찬성했지만, 노동당 정부가 집권하면 보수당 정부 시절의 손실을 만회할 수 있을 것이라는 기대 때문에 결국은 파업을 접고 말았다. 총선이 가까워질수록 노조 관료들은 투쟁에 강력하게 저항했다. 1996년 초에 피케팅 대열을 뚫고 지나가기를 거부한 이유로 해고된 리버풀 항만 노동자들이 파업을 벌였지만, 운수노조는 수치스럽게도 그 중요한 파업을 내팽개쳤다. 블레어는 노동조합에 초연하지만, 노조 지도자들과의 연계를 이용해 불만을 잠재웠다. 이 점은 '예비내각의 선임자들'이 열차 기관사들에게 리틀버러앤드새들워스[맨체스터의 선거구]에서 보궐선거를 하는 날에 파업을 벌이지 말라고 경고한 것에서 단적으로 드러났다.[63]

1당원 1표제: 노동조합과의 연계를 약화시키기

노동조합과 노동당의 연계는 오늘날의 사회주의자들에게도 여전히 중요한 문제다. 노조 관료들과 노동당은 모두 노동계급과 자본가계급의 압

---

* 국립간호대학 명칭과 달리 실제로는 간호사들의 노동조합이다.

력을 받고 이것을 섞어서 개혁주의를 만들어 낸다.

노동조합주의 계급의식은 매우 끈질기다. 자본주의 사상이 가하는 압력에도 불구하고, 일상에서 겪는 착취 경험이나 노동조건과 임금을 둘러싼 상시적 진지전 등의 사회 현실은 지배 이데올로기와 어긋난다. 심지어 많은 사람들이 기업주들과 그들의 사법제도 앞에서 무기력하다고 느꼈던 1980년대 같은 패배의 시기에도, 기업주와 노동자의 계급 차이는 분명했다. 온갖 관료적 장애물들이 이런 계급의식이 표출되는 것을 가로막지만, 이런 의식은 노동당과 노동조합의 연계를 통해 노동당에 영향을 미친다.

노동조합과의 연계가 희박한 노동당 의원단은 노동계급의 영향을 훨씬 덜 받는다. 투표소는 작업장과 무관하고, 의원들은 자본주의 전통에 충실한 의회 안에서 활동한다. 따라서 노동계급과 지배계급의 사상투쟁에서 의원단은 노동조합보다는 자본가들의 압력에 더 많이 휘둘린다.

노동당의 개인 당원들은 노동조합 당원들보다 수도 적고 직접적인 계급 경험도 부족하다. 따라서 정치적 휘발성도 더 크다. 얼마 전까지 개인 당원들은 대체로 노동조합보다 좌파적이었다. 왜냐하면 계급 경험에서 일반적인 정치적 결론을 끌어냈기 때문이다. 그러나 지금의 개인 당원들은 대부분 계급 조직의 핵심 영역에 뿌리내리지 못한 채 선거 패배에서 우파적 결론을 끌어내고 있다. 운동의 침체가 이 과정을 더 촉진하고 있다. 활동가들은 논쟁과 시위, 다양한 운동에 적극 참가하고 관여한다. 그러나 수동적 당원들은 우파 사상에 더 쉽게 휘둘리고, 노동조합에서 멀어지면 그런 우경화는 더욱 심해진다.

노동조합과의 연계를 약화시키는 과정은 1987년 총선 패배 이후 본격적으로 추진됐다. 키넉은 노동당 정부는 "국익의 관점에서 노동조합을 거스를 수 있어야 한다. 그렇다면 당 지도자가 당의 일상 업무에서 그렇게 하지 못할 이유가 어디 있겠는가?" 하고 말하면서 노동조합과의 연계를 약화시키는 전략의 목표를 분명히 밝혔다.[64]

그동안 중앙집행위원회(당대회에서 노동조합의 투표로 선출된 위원들도 포함돼 있다)의 권한이었던 정책 결정권이 1990년대 초에 은근슬쩍 정책검토위원회로 넘어갔고, 나중에는 예비내각으로 넘어갔다. 노동조합은 당 지도부 선거에서 노동조합의 투표 지분을 90퍼센트에서 50퍼센트로 낮추는 것에도 동의했다.

1992년 총선 패배 뒤 노동조합은 복병을 만났다. 공공노조인 NUPE(공공노조 유니슨의 전신)의 톰 소여는 다음과 같이 썼다. "[총선] 직후 노동당과 노동조합의 연계에 대한 내 견해를 밝히라는 요구가 빗발쳤다. 나는 도대체 영문을 알 수가 없었다. 그 문제는 선거 때는 전혀 부각되지 않은 쟁점이었기 때문이다. … 지금은 당내 유력 인사들이 당과 노동조합의 연계를 집중 공격할 준비를 선거 전부터 하고 있었다는 것을 알고 있다."[65]

그 '유력' 인사 중 한 명이 블레어였다. 이미 그는 노동조합과 상의도 하지 않고 클로즈드숍 제도에 대한 노동당의 지지를 철회한 적이 있었다. 유럽사회헌장이* "노동조합에 가입하거나 가입하지 않을" 권리를 보장하고 있다는 이유에서였다.[66] 블레어는 보수당이 클로즈드숍 제도를 폐지하는 것은 용인하면서도, 노동조합 가입을 제약하는 조건들은 폐지시키지 않고 있다. 한 전기 작가가 썼듯이, "블레어의 쿠데타"는 "당이 본능적으로 진부한 형태의 연대에 호소할 수밖에 없는" 구조를 제거하려는 것이었다.[67] 블레어의 이런 행동을 보며 일부 사람들은 그를 미래의

---

* 유럽사회헌장 유럽회의(COE)가 회원국 국민들의 생활수준과 사회복지를 개선하기 위해 1961년 체결한 협정.

당 지도자로 생각하기 시작했다.[68]

총선 뒤 블레어는 "당장 공격을 시작하기로" 결심했다.[69] 그는 "만약 노동당이 다음 총선에서도 패배한다면 그것은 빌 모리스[운수일반노조 사무총장]를 비롯한 노조 지도자들의 "책임"이라고 확신했다.[70] 이런 생각은 완전히 틀렸다. 1992년에 노동조합 때문에 노동당에 투표하지 않은 유권자는 4퍼센트뿐이었다. 반면에 키넉 때문에 노동당을 지지하지 않은 유권자가 20퍼센트였다.[71] 여론조사 결과는 노동조합에 대한 지지가 증가하고 있음을 보여 준다. 노동조합 통제를 강화하는 법률에 반대하는 사람들이 노동당에 투표한 사람들보다 훨씬 많았고, 작업장에서 노동자들의 발언권을 강화하는 데 찬성한 사람들이 1992년에 79퍼센트나 됐다.[72] 대중의 여론은 당과 노동조합의 연계 고리 차단을 지지하지 않았다. 노동당 지도자들이 지배계급에 잘 보이려고 노동조합과의 연계 고리를 차단하려 했을 뿐이다.

당과 노동조합의 연계는 주로 노조 지도자들을 통해 유지됐고, 일부 노조 지도자들은 자신들의 영향력이 줄어드는 데 저항했다. 운수노조의 론 토드는 "말쑥하게 차려입고 무선전화기를 사용하는 노동당의 현대화론자들과 개혁가들"을 비난하면서 다음과 같이 말했다. "[노동당은] 노동계급 조직들이 좌우하는 운동의 일부여야 한다는 생각을 곤혹스러워하는 중간계급 같은 사람들이 있다. 그들은 우리의 돈과 힘이 필요하다고 느끼면서도 우리의 권력은 싫어한다."[73] 토드의 뒤를 이어 운수노조 지도자가 된 모리스는 1992년 총선 뒤에 노동조합에 대한 공세가 강화되자 격분해서 다음과 같이 말했다. "노동당은 자살 충동을 느끼고 있는가? … 노동당의 미래가 걸린 중차대한 문제가 순식간에 노동조합 문제로 축소되고 말았다."[74]

1993년 당대회에서 핵심 사항들이 결정됐다. 당 지도부는 국회의원 후보를 개인 당원 투표만으로, 즉 1당원 1표 방식으로 선출하기를 원했다. 그러면 지역 노동조합들은 40퍼센트의 투표 지분을 잃게 된다. 또당 대표 선거에서 노동조합의 투표 지분도 3분의 1로 줄어든다. 1당원 1표제를 둘러싼 논쟁은 1993년 봄과 여름 내내 지속됐다. 언론들은 노동당이 1당원 1표 방식을 채택하지 않으면 국회의원 당선 가능성이 없다고 경고했고, 1당원 1표제가 도입되면 노동당에 투표할 사람들이 많아질 것임을 보여 주기 위해 여론조사도 실시했다. 〈트리뷴〉이 지적했듯이, "차라리 사람들에게 공짜 아이스크림과 초콜릿을 좋아하느냐고 물어보는 것이 더 나을 것이다."[75] 사실, '1당원 1표'라는 명칭은 잘못된 것이다. 지엠비GMB 노동조합의 존 에드먼즈는 1당원 1표제가 "노동조합 소속 당원들의 발언권을 인정하지 않겠다는 것"이라고 지적했다. "1당원 1표제는 선거권의 제한을 뜻한다. 함께 의논할 사람들도 줄어들 것이고, 투표할 사람들도 줄어들 것이다."[76] 모리스는 새로운 당 대표 선출 방식대로 하면 "의원 1인의 투표권이 지구당 두 개 이상의 투표권과 맞먹게 될 것"이라고 덧붙였다. "300명도 안 되는 노동당 의원들이 개인 당원 20만 명 이상과 맞먹는 표결권을 갖게 될 것이다. … 현대화론자들이 진정으로 원하는 것은 의원 1인이 여러 표를 행사하는 것이다." 의원들의 결정은 노동조합원 400만 명의 결정과 맞먹는 힘을 발휘하게 되는 것이었다.[77]

결국 당대회에서 1당원 1표제는 (노동조합원들의 지구당 가입 비율에 대한 특별 규정과 함께) 가까스로 통과됐다. 이것을 위해 스미스는 "완전고용이라는 목표를 노동당 비전의 핵심에 포함시키겠다"고 태도를 바꿔야 했다.[78] 존 프레스콧은 자신의 좌파 경력을 이용해 "우리를 조금만 더 믿어 달라"고 대의원들에게 호소했다.[79] 그런데도 1당원 1표제를 통과시키기 위해서는 끊임없는 강요와 교활한 책략이 필요했다. 예컨대, 우체국노조 대의원대회에서는 대의원 750명 중 다수가 스미스의 방침에 반대표를 던졌지만, 노동당 당대회에 참석한 우체국노조 소속 대의원 19명은 1당원 1표제에 찬성표를 던졌다. '제조업·과학·금융 노조'는 1당원 1표제에 반대한다고 공언했지만, 좌파 대의원이 참석하지 않은 밀실 회의에서 반대 의견을 철회하기로 결정했다('제조업·과학·금융 노조'의 투표 지분은 4.5퍼센트였다). 결국 1당원 1표제는 3.1퍼센트라는 근소한 표차로 통과됐다.

노조 지도자들은 스미스의 계획을 무산시킬 수도 있었지만, 그들에게는 아킬레스건이 있었다. 노동당이 집권할 경우 노조 지도자들은 당지도부의 호의가 필요했다. 그래서 노조 지도자들의 80퍼센트가 1당원 1표제에 찬성한 것이다.[80]

1당원 1표제는 노동조합과 노동당의 연계 고리에 얼마나 영향을 미쳤는가? 노동조합은 지구당과의 제휴, 개인 당원 가입, 중앙집행위원 선거(노동조합 부문 12명), 당대회 등을 통해 여전히 당과 연계를 유지하고 있다. 당은 재정을 노동조합의 지원에 의존한다(1993년도 노동당 예산 880만 파운드 가운데 470만 파운드를 노동조합이 부담했다). 블레어는 빌 클린턴이 이끄는 미국 민주당을 본뜨고 싶어 하지만, 클린턴은 기업 정치자금을 공화당보다 더 많이 긁어모았다. 온갖 노력을 다했지만, 노동당 지도자들은 주요 대기업들의 후원을 받는 데 실패했다. 한 노조 지도자가 정곡을 찔렀다. "말 안 들으면, 돈 안 낸다."[81]

따라서 1당원 1표제는 노동조합과의 최종 결별이 아니었다. 물론 당과 노동조합의 연계가 약해진 것은 사실이다. 예컨대, 1985년에 노동당은 98개의 직장 분회가 있었다. 오늘날 직장 분회는 거의 다 사라졌다.[82] 노동계급의 영향력 전달 통로가 위축되자 지배계급 사상에 더 쉽게 굴복하고, 그래서 다시 노동계급의 영향력이 약해지는 악순환이 되풀이됐다. 그 결과 대대적 우경화가 더욱 촉진됐다.

신노동당의 새로운 당원들

1당원 1표제로 당원이 줄어드는 문제가 부각됐다. 1992년에 노동당 당원은 26만 1000명으로 자유당보다 겨우 6만 명 더 많았다. 1당원 1표 민주주의라는 허구를 위해서는 지구당 당원들이 필요했다. 그리고 선거 패배 뒤 지역에서 가가호호 방문 활동으로 득표율을 최대 5퍼센트 이상 끌어올렸다는 유력한 학술 증거도 있었다.[83]

문제는, 당 지도자들이 볼 때 정치적 자원 활동가들 — 비용을 청구하거나 임금을 요구하지 않고 활동하는 활동가들 — 이 사실상 사회주의자들이라는 것이었다. 당원들이 늘어나는 것은 좋지만 새로운 당원들은 말 잘 듣고 중립적이어야 했다. 그래서 당내 좌파를 겨냥한 마녀사냥이 강화됐다. 1990년에 리버풀의 밀리턴트 조직에 이어서 〈소셜리스트 오거나이저〉 그룹도 노동당에서 쫓겨났다. 그중에는 현직 지방의원도 29명이나 있었다. 1991년 당대회에서는 당권 정지와 출당 경고를 받은 당원이 200명이 넘었다. 한편, 노동당 청년 조직은 "숙청과 사멸" 과정을 겪고 있었다.[84] 켄 리빙스턴은 지도부의 전술이 "철저한 스탈린주의"라고 말했다.[85]

지구당에서는 활동가들의 토론과 논쟁이 당원 총투표로 대체됐다. 당원의 절반은 회의에 거의 참석하지 않았고 참석자가 3분의 1도 안 되는 경우가 흔했기 때문에, 결국은 풍부한 집단 토론과 논쟁만 사라진 셈이었다.[86]

수동적이고 탈정치화한 개인 당원들은 지부 회의나 논쟁에 참여하거나 A 후보나 B 정책을 지지하는 따위의 성가신 일은 결코 하려 들지 않는다. 오히려 그들은 집에 가만히 앉아서, 이미 총선 후보 선출권을 침해한 중앙집권적 당 지도부의 의지를 우편으로 승인해 주려 한다. 그리고 다른 정치 활동가들조차 그렇게 하도록 만들고 있다. 민주주의를 확장한다는 미명 아래 당 지도부는 오히려 민주주의를 제한하고 있다. … 언뜻 권력의 분산처럼 보이지만, 사실은 통치권의 집중을 은폐하고 있다.[87]

1당원 1표제는 노동당이 지지자들과 더 가까워지도록 만든다는 취지로 도입됐다. 그러나 당원들은 오히려 유권자들과 더 멀어졌다. 세이드와 휘틀리의 조사 결과가 보여 주듯이, 한때는 주로 평범한 노동자들이 당원이었지만 지금은 선의의 전문직 종사자들이 득세하고 있다. 노동당에 투표한 사람들의 57퍼센트가 산업 노동자인 반면, 당원 중에 산업 노동자는 26퍼센트에 불과하다. '전문직 봉급생활자' 중에 노동당 지지자는 14퍼센트뿐이지만, 그들이 노동당 당원의 49퍼센트를 차지한다.[88] 가계소득에 따른 노동당원 분포도 비슷한 양상을 보였다. 1990년에 노동당에 투표한 사람 가운데 연평균 소득이 2만 파운드 이상인 사람은 6퍼센트뿐이었지만, 노동당원 중에 그런 사람은 30퍼센트나 됐다.[89] 흔히 노동당 활동가들은 골수 극좌파인 반면, 일반 당원들은 우파적이라고 생각한다. 사실은, 심지어 '새로운 모델의 정당'에서도 일반 당원들의 견해가 당 지도부보다 좌파적이었다. 일반 당원의 68퍼센트가 일방적 핵 폐기에 찬성했다. 92퍼센트가 사회복지 지출 증대를 위해 세금을 늘려야 한다고 생각했다.[90] 71퍼센트가 국유화 확대에 찬성했다. 당원 자격과 조건에 관한 규정이 바뀌었지만, 좌파 사상이 제거되기는커녕 당원들의 수동성만 심해졌다. 1990년에 실시된 당원 설문 조사에서 지난 5년 동안 자신이 더 능동적으로 바뀌었다고 대답한 당원은 20퍼센트에 불과했고, 43퍼센트의 당원들은 더 수동적으로 변했다고 대답했다.[91]

이런 상황에서는 당 지도부가 안심하고 당원 가입을 확대해서 노동조합의 영향력을 약화시킬 수 있었다. 1994년 4월부터 1년 동안 노동당 당원은 9만 3000명이 증가해 32만 명이 됐다.[92] 비록 신입 당원의 4분의 1이 노동조합원이었지만,[93] 당원 관리 책임자는 그들이 "정치적이지 않다"고 말했다.[94] 한 활동가는 "신입 당원 중에는 사회주의 사상을 아주 싫어하는 사람들도 있다"고 말했다.[95] 〈파이낸셜 타임스〉도 "노동당에 가입한 사람들, 즉 자영업자, 소상공인, 남녀 청년 등은 구舊노동당의 주장에 관심이 없다"고 주장했다.[96] 흥미롭게도, 새로운 당원들 중에 연간 당비 18파운드를 꼬박꼬박 다 내는 사람은 극소수다. 당비를 제대로 내는 당원의 비율은 1993년 48퍼센트에서 1995년 40퍼센트로 떨어졌다. 수동적 당원들이 내는 돈보다 당이 그들을 위해 쓰는 돈이 더 많다는 것은 노동조합이 자신의 영향력 약화를 위해 보조금을 내고 있다는 얘기나 마찬가지다.[97] 그런데도 많은 사람들이 노동당에 가입하는 것은 노동당의 우경화 효과보다 보수당 정부에 대한 증오가 훨씬 크기 때문이라고 할 수 있다.

노동당 좌파의 조울증

당원 구성의 이런 변화는 노동당 좌파에게 영향을 미쳤다. 1981년에 토니 벤은 부대표 선거에서 지구당 투표의 81.1퍼센트를 득표했다. 그러나 1988년에는 겨우 18.8퍼센트만을 득표했다.[98] 1989년에 켄 리빙스턴은 중앙집행위원직을 상실했고, 1993년에 벤은 35년 만에 중앙집행위원회에서 밀려났다. 그때까지 "지구당 부문 중앙집행위원들 — 1937년에 처음으로 지구당 대의원들이 선출했다 — 은 변함없이 그리고 압도적으로 당내 좌파였다."[99] 1990년대에는 좌파가 소수가 됐다. 비록 우파가 좌파를 완전히 쫓아내지는 못했고, 1995년에도 데니스 스키너와 다이앤 애벗[둘 다 좌파]이 중앙집행위원직을 유지한 반면, '현대화론자'인 잭 스트로는 중앙집행위원직을 상실했지만 말이다. 노동당 좌파는 우파 지도부의 권위주의 앞에서 상대적으로 무기력하다는 것이 입증됐다.

개혁주의 좌파의 해체 조짐은 그들의 언론 매체가 대부분 폐간된 것에서도 나타났다. 〈뉴스 온 선데이〉가 1987년 6월에, 《뉴 소셜리스트》와 〈레이버 위클리〉가 1987년 10월에, 《마르크시즘 투데이》가 1991년 12월에, 〈소셜리스트〉가 1992년 6월에, 《스페어 립》이 1993년 2월에 폐간됐다. 그래서 《레드 페퍼》가 새로 출간되고, 〈트리뷴〉도 새롭게 출발했지만 절정기에 4만 부였던 〈트리뷴〉의 발행 부수는 이제 5000부로 줄었다. 〈트리뷴〉 그룹의 운명은 그런 흐름을 잘 보여 준다.

한때 매주 열렸고 참석자도 많았고 열정적이었던 〈트리뷴〉 그룹의 모임은 이제 한 달에 한 번 열리고 때로는 의원 네댓 명만 참석해서 마구 떠드는 시답잖은 모임이 돼 버렸다. … 몇 년 전만 해도 노동당 의원단의 신종 엔진으로 칭송받았던 모임이 이제는 이데올로기나 목표도 없는 무의미한 모임, 지도부에 대한 충성 경쟁만 치열한 공허한 모임이 되고 말았다.[100]

좌파들이 가끔은 상황을 제대로 파악한다. 스키너는 다음과 같이 말했다. "이제 노동당 안에서 대안적 관점은 철저하게 제거됐다. … 당의 상층부에서 우리 같은 좌파는 소수에 불과하다. 당 지도부가 모든 것을 통제하면서 모든 이견을 확실히 틀어막고 있다."[101] 벤은 다음과 같이 생각했다. "사회주의는 분명하게 거부당했다. … 당에 신명을 바쳤던 사람들은 이제 당이 정말로 최후의 사멸을 향해 나아가고 있는 것 아닌가 의심하고 있다."[102]

1992년에 스미스가 당 대표로 선출됐을 때 리빙스턴은 "이제 우파가 철저하게 승리했다. 그들이 당의 권력을 모두 틀어쥐고 있다"고[103] 썼지만, 이조차도 노동당 역사상 "가장 우파적인 지도자"[104] 토니 블레어가 당 대표로 선출된 것에는 미치지 못했다. [피터] 헤인은 당내 권력의 "집중 정도가 전례 없는 수준에 이르렀다"고 말했다.[105] 마침내 1993년에 클레어 쇼트는 다음과 같이 예측했다. "우리는 2년 안에 현대화론자들을 몰아내야 한다. … 우리가 그렇게 하지 못하면, 유권자들은 별로 차이도 없는 신노동당과 자유민주당* 사이에서 선택을 하게 될 것이다. 그러나 시간은 흘러가고 있고, 전망은 그다지 밝지 않다."[106]

그러나 개혁주의에서 벗어날 수 없는 노동당 좌파에게 희망의 샘은 마르는 법이 없다. 리빙스턴은 1994년 당대회를 "지난 몇 년 동안 열린 최고의 당대회"라고[107] 평가했다(그러나 바로 1년 뒤에 당헌 4조가 폐기됐다). 비록 중앙집행위원으로 선출된 좌파는 소수였지만, "좌파 후보들의 득표가 전보다 증가했기 때문이다."[108] 헤인은 당헌 4조를 폐기하려는 시도가 "이데올로기적 파란을 일으킨 것은 분명하지만, 사회주의의 본질을 둘러싼 논쟁에 새로운 활력을 불어넣었으므로 … 환영한다"고 말했다. 그는 좌파가 "블레어와 건설적으로 협력해야" 한다고 주장했다.[109] 헤인이 말한 '협력'의 결과로 책이 한 권 나왔는데, 그 책은 자유지상주의 전통(그 기원이 러시아 아나키스트 크로폿킨을 거쳐 [17세기 영국 혁명 당시의] 디거파와 수평파로 거슬러 올라간다)에서 시작해 "정부는 자본주의

---

*　자유민주당 자유당과 사회민주당이 통합해 1988년에 창립한 당.

자체에서 자본주의를 구출해야 한다"는 말로 끝난다.[110] 따라서 노동당은 "노동조합의 지지가 필요할 것이다. 특히, 경제정책의 무게중심이 소비에서 투자로, 실질임금 인상에서 고용 창출로 전환돼야 할 때는 더욱 그럴 것이다."[111] 쇼트는 현대화론자들을 몰아내야 할 2년의 기한이 다 됐을 때 다음과 같이 썼다. "토니 블레어는 능력이 탁월하다. … 분열을 조장하고 공공연히 분란을 일으키는 사람들은 누구든지 … 결코 용서할 수 없다. … 이제 우리는 모두 떨쳐 일어서야 할 의무가 있다. 블레어는 우리가 없으면 그렇게 할 수 없고, 우리도 블레어가 없으면 그렇게 할 수 없다."[112]

노동당 정책의 변화

앞서 우리는 대처가 1987년까지 이데올로기 논쟁에서 승리하지 못했음을 봤다.[113] 그 뒤 대중의 여론은 노동당 지도부를 따라 우경화하기는커녕 다음의 조사 결과에서 드러나듯이 정반대 방향으로 나아갔다.

1979년 이후 주요 정치 쟁점에 대한 견해들(단위: 퍼센트)[114]

다음 사항에 찬성하십니까?	1979년	1987년	1992년
빈곤 퇴치를 위한 지출 증대	80	86	93
국유화	16	16	24
민영화	38	31	23
노동조합에 대한 법률적 통제 강화	16	33	40
국가보건서비스에 대한 지출 증대	87	90	93

1992년 총선 결과를 분석한 결론은 다음과 같다. "지난 몇 년 동안 많은 유권자들이 대처리즘의 원칙들을 받아들이기는커녕 오히려 좌경화하고 있음을 시사하는 증거들이 상당히 많다." 실업, 핵무기, 민영화 등의 쟁점에서 "두드러지지는 않지만 통계학적으로 중요한 좌경화 흐름이 존재했다."[115]

노동당의 정책은 진정한 개혁주의 원칙들(일방적 핵 폐기, 보편적 복지 등)에서 출발해 키넉의 정책 검토를 거쳐 우익 보수당의 영역을 침범하는 데까지 나아갔다. 아래에서 그런 사례 몇 가지를 살펴보겠다. 우리는 되도록 노동당 자신의 표현을 인용할 것이다.

일방적 핵 폐기

1988년에 우리는 키넉이 "다자간 핵 폐기로 전환"하고 있다고 지적했다.[116] 이제 노동당은 핵 폐기 자체를 포기한 듯하다. 노동당은 사회적 지출을 위해서는 재정을 아껴야 한다고 주장하지만 220억 파운드에 달하는 트라이던트[잠수함 핵미사일] 프로젝트를 문제 삼지는 않는다.

> 우리는 노동당이 영국을 지키기 위해 무슨 일이든 할 것이라는 태도를 굳건히 지켜야 한다. … 나토에서 우리만이 제공할 수 있는 능력을 우리가 포기하는 것은 분명히 온당치 않다. … [트라이던트가 — 지은이] 무슨 구실을 하는지 콕 집어 말하기는 어렵지만 나는 [트라이던트를 — 지은이] 폐기하지 않을 것이다. 트라이던트는 기념비로서 우리에게 꼭 필요하다.[117]

블레어는 보수당이 무기에 돈을 너무 적게 쓴다고 불평한다. "이런 지출 삭감이 영국의 작전 능력을 약화시킬 것이라고 지적하지 않는다면, 노동당의 의무를 포기하는 것과 마찬가지다."[118]

이와 함께 역겨운 민족주의도 나타나고 있다. 스트로는 "영국을 기괴하고 우스꽝스럽게 만든 국민전선"한테서 "국기國旗를 되찾아야 한다"고 주장한다. 어떻게? "영국인들의 애국심은 너무 오랫동안 억눌려 있었다. 우리는 영국인이라는 이유로 사과하는 일을 중단해야 한다. 조국에 대해 자부심을 느낀다고 해서 맹목적 국수주의자가 되는 것은 아니다." 그러나 최초의 강제수용소와 노예선 위에서 나부낀 깃발, 사상 최대의 제국이 폭력으로 정복한 지역들에서 나부낀 깃발이 바로 영국 국기였다.[119]

교육

1991년에 노동당은 보수당의 학생 선발, 입시, 자율학교* 정책은 [교육이 아니라] 사육飼育 정책이라고 비난했다.

민영화되고 분리된 교육제도는 소수에게는 이득이겠지만, 나머지 대다수에게는 차선책일 뿐이다. 보수당이 추진하는 제도는 정의와 공평의 가치들을 너무나 침해하는 것이어서 영국 국교회와 가톨릭교회의 수장들도 보수당의 교육정책을 비난하고 있다.[120]

블레어는 노동당의 이런 견해를 바꾸려고 한다. 교육 문제들에 대한 '구'(1991년)노동당의 태도가 "지난 16년 동안 좌파가 총선에서 승리하지 못하고 계속 패배한 대표적 이유"라고 생각하기 때문이다.[121] 블레어는 지역사회를 무척 중요하게 생각하는 소신에 맞지 않게, 1994년 12월 자신의 아들을 집에서 약 12킬로미터 떨어진 런던 오러토리에 입학시켰

---

* 자율학교 지방정부의 통제와 재정 지원을 받는 보통의 공립학교와 달리, 마거릿 대처의 신자유주의적 중앙정부의 직접 통제와 지원을 받는 학교.

는데, 이 학교는 보수당 교육부 장관의 고문을 지낸 사람이 교장이고 노동조합도 없는 자율 운영 학교였으며, 가톨릭 교육기관조차 런던 오러토리의 지나치게 엄격한 학생 선발 제도를 비난할 정도였다.[122] 블레어는 노동당 사무총장이 자녀들을 집 근처 학교에 보내는 문제에 대해 관대한 생각을 갖고 있는 것을 알고 "깜짝 놀랐다." "블레어 부부는 [그에게 — 지은이] 도심 '종합학교'* 생활에 대해 궁금한 점들을 묻고 있었다. 마치 먼 해외에서 돌아온 19세기 탐험가들을 만나 밀림 속 원주민들에 대한 신기한 이야기를 듣는 것처럼 말이다."[123]

블레어 집안의 행적을 은폐하기 위해 노동당 보고서 "다양성과 수월성"은 "공평한 입학 정책"으로 운영되는 '재단학교'(이름만 바뀐 자율 운영 학교)를 발명해 냈다.[124] 입시 제도에 대해 한 국회의원은 다음과 같이 선언했다. "사회적·경제적 배경에 대해 장황하게 떠드는 것으로는 충분하지 않다. … 결과를 평가함으로써 우리는 어느 학교가 잘하고 있고 어느 학교가 잘못하고 있는지 알 수 있다."[125] 이 점을 염두에 두고 블렁킷은 "노동당이 집권해도 입시 제도를 유지하고 학교별 성적 평가 결과를 계속 공개할 것"이라며 교원노조에게 입시와 학교 순위 공개에 반대하는 방침을 포기하라고 종용했다.[126]

결코 노동당 좌파가 아닌 [전 부대표] 로이 해터슬리조차 다음과 같이 결론지었다.

노동당은 사실상 종합 교육의 원칙을 포기하고 최악의 정책들 가운데 하나를 재활용하려 한다. … 교부금 지원 학교는** 정부의 주요 정책 실패 사

---

* 종합학교 11세 이상의 학생들이 다니는 보통의 공립학교.

** 교부금 지원 학교 지방정부가 아니라 중앙정부의 지원과 통제를 받는 공립학교.

례 가운데 하나다. 막대한 뇌물에도 불구하고 사립학교로 전환하겠다는 교부금 지원 학교는 20곳 가운데 하나도 안 됐다. 그런데도 노동당은 시체를 되살리기로 작정했다.[127]

노동당이 야당인데도 이런 정책 전환은 직접적 영향을 미치고 있다. 1995년에 중고등학교 교장의 거의 절반이 불법 예산을 짤 것인지 말 것인지 고민하고 있을 때* 노동당은 즉시 이에 반대하고 나섰다. 1996년에 보수당이 학교의 학생 선발권을 강화할 계획을 세운 이유는 노동당이 부실 학교 폐쇄 같은 보수당의 교육정책을 너무 많이 베끼는 바람에 [차이가 거의 없어졌기] 때문이다.[128] 2주 뒤에 해리엇 하먼[노동당 정치인]은 자신의 자녀를 영국 최고의 영재학교에** 입학시켰다.

법과 질서

1988년 이후 과거의 수많은 잘못된 판결들이 폭로됐다. 길퍼드의 4인, 매과이어 가족, 버밍엄의 6인, 브로드워터팜의 3인, 지브롤터에서 영국군 특수부대가 아일랜드공화국군 대원들을 처형한 사건, 조이 가드너 살해 사건 등등.*** 1989~1994년에 인종차별 성격의 공격이 갑절로 늘어

---

* 정부가 교육재정을 삭감하는 바람에, 개별 학교에서는 학교 복지 수준을 유지하기 위해서 불법 예산이라도 편성해야 하는 상황이었다.

** 영재학교 입시를 치르는 중고등학교.

*** 길퍼드의 4인은 영화 〈아버지의 이름으로〉의 배경이 된 사건으로, 1974년 아일랜드공화국군의 테러와 관련해 억울한 누명을 쓰고 네 명이 감옥에 간힌 사건을 말한다. 매과이어 가족, 버밍엄의 6인, 브로드워터팜의 3인도 이와 비슷한 사건이다. 조이 가드너는 자메이카에서 온 이주 노동자로, 1993년 런던에서 불법 이민자를 단속하던 경찰에게 살해됐다.

날 때 경찰은 대체로 수수방관했다. 노동당은 마땅히 범죄율 증가 이면의 사회 환경 악화를 지적하며 보수당을 비난해야 했다.

그러나 블레어는 보수당보다 더 우파적인 주장들을 늘어놓으며 유명해졌다. 그는 "보수당이 범죄에 대처하기를 포기했다"고 주장하고, 더 나아가 "오늘날 영국에서 법과 질서를 수호하는 정당은 노동당"이라고 선언했다.[129] 그리고 다음과 같이 덧붙였다. "우리는 범죄에 강경하게 대처해야 하고, 범죄의 원인에 대해서도 강경하게 대처해야 한다."[130] 앞의 말은 분명히 보수당의 의제를 표현한 것이고, 뒤의 말은 실업률 증가가 범죄율 증가로 이어지는 사회 현실을 비판하는 말처럼 들린다.

그러나 블레어의 뜻은 달랐다. 그는 메이저의 '기본으로 돌아가기' 운동을 표절하고 있었다. 블레어가 말한 "범죄의 원인"은 "우리 공동체를 지탱하는 규범과 함께 공동체 자체가 무너지는 것"이었다.[131] 블레어는 그 원인이 대량 실업이나 사회보장제도 해체가 아니라 "책임을 묻지" 못했기 때문이라고 주장했다.[132] 그가 내놓은 "치료법"은 경찰의 검문과 검색을 강화하는 것, 자녀의 무단결석에 대해 부모를 처벌하는 것, 청소년을 금고형에 처하는 것, "아이들은 정상적이고 안정적인 가정에서 양육되는 것이 가장 좋다"는 이유로 한부모들을 비난하는 것 등이었다. 메이저가 "우리는 범죄에 관대해서는 안 됩니다" 하고 말하자 블레어는 경찰에게 "우리는 범죄를 용서하거나 외면하지 않습니다. … 처벌을 강화해야 합니다" 하고 말했다.[133]

보수당은 이것을 어떻게 생각했는가? 보수당 의장을 지낸 크리스 패튼은 "토니 블레어와 같은 생각"이라고 말했다.[134] 노먼 테빗은 "우리는 일각에서 노동당 노선이라고 말하는 것과 거의 똑같은 태도를 취해야 한다"고 덧붙였다.[135]

교육 문제에서 보수당은 노동당의 우파적 정책 덕분에 전보다 훨씬 더 멀리 나아갈 수 있었다. [그러나] 형법 개정안은 "노동당이 받아들이기 힘든 조항들이 너무 많아서, 토니 블레어는 이제 노동당이 보수당보다 더 강경하게 법과 질서를 수호할 것이라고 공언하고 있던 바로 그때 형법 개정안에 반대할 수밖에 없었다."[136] 〈업저버〉는 이 형법 개정안이 시행되면 "잘못된 판결들이 더 많아지고, 무고한 시위 참가자가 구속되고, 긴장이 첨예한 지역에서는 경찰이 점령군 행세를 하게 될 것"이라고 지적했다.[137] 아동구호기금은 어린아이들을 감옥에 가두는 것은 유엔 아동권리협약에 어긋난다고 지적했다. 왕실 고문 변호사인 마이클 맨스필드는 "경찰이 사람들을 두들겨 패서 자백을 훨씬 더 많이 받아 낼 수 있는 또 다른 무기를 얻은 것과 마찬가지"라고 경고했다.[138] 노동당은 개정안의 일부 조항들에 대해 궤변을 늘어놓더니 표결 처리 때는 기권해 버렸다.

노동당의 프랭크 필드는 신분증 도입과 "사기詐欺 단속반을 특수부대처럼 집중 육성할 것"을 요구하기도 했다.[139]

국가보건서비스

1991년에 키넉은 보수당의 의료 정책을 혹독하게 비판했다.

보수당의 자율병원* 정책은 의료 서비스를 돈벌이 수단으로 만들려는 것이다. 보수당이 추진하는 일반의GP** 계약 제도는 의사들이 "환자들을 사고팔며" 가격을 흥정하는 시장을 만들려는 것이다. … 이 과정이 바로 민영화다. 다음 총선에서 영국 국민들은 국가보건서비스를 유지할 것인지 말 것인지를 결정하게 될 것이다. … 국가보건서비스 유지를 원하는 국민들은

---

*   자율병원 지방정부의 재정 지원과 통제를 받지 않는 병원.

**   일반의 국가보건서비스의 1차 진료 서비스를 담당하는 의사.

노동당에 투표할 것이다.[140]

[그러나] 실제로는 그런 선택을 할 필요가 없었다. 1979년 이후 보수당이 전국 병상의 3분의 1과 병원 여덟 곳 가운데 하나를 없앴는데도,[141] 1995년에 블렁킷은 "병상이 너무 많다"고 말했다. '국가보건서비스 개혁'을 시작하면서 블레어는 "우리가 보수당의 개혁을 모두 뒤집지는 않을 것"이라고 덧붙였다. 노동당은 단지 민영 병원과 장기 계약을 "체결하지 말라고 권장"하기만 할 것이다. 시장화의 핵심인 '사고파는' 구매자와 공급자의 분리는 거의 그대로 유지되고, '기금 보유 일반의GP 제도'는 '무조건' 폐지하지 않고 단계적으로 축소할 것이다.[142] 블레어의 참모인 퍼트리샤 휴잇이 위원으로 있는 '헬스케어 2000 위원회'의 보고서는 보편적인 무상 의료 서비스를 폐지하는 데 찬성했다.[143]

빈곤과 사회보장제도

1990년에 대처가 "소득 차이와 무관하게 모든 국민의 생활수준이 상승했다"고 주장하자 마이클 미처는 "그 말을 런던의 무주택자 15만 명과 거지들에게 해 보라"고 비판했다.[144] 그리고 마이클 미처는 "[보수당이 — 지은이] 거지 신화를 이용해, 사람들이 사상 최악의 복지 수준을 깨닫지 못하게 한다"고 말했다.[145] 1979년부터 1992년까지 최상위 부유층 10퍼센트의 실질소득은 62퍼센트 증가한 반면, 최하위 빈곤층은 18퍼센트 하락했다.[146] 1995년도 보고서를 보면, 영국은 선진국들 가운데 뉴질랜드

---

* 기금 보유 일반의 제도 보건 의료 예산을 병원에 직접 배분하지 않고 일반의가 환자를 입원시킬 병원을 선택하게 해, 환자의 진료에 따라 일반의가 병원에 진료비를 지급하는 제도. 병원 의료 부문에 경쟁을 도입한 이 제도 때문에 의료 서비스의 불평등이 심해졌다는 비판이 일었다.

다음으로 부의 불평등이 심한 나라였다.

이에 대한 노동당의 반응은? 노동당의 사회정의위원회 위원장이자 왕실 고문 변호사인 고든 보리 경은 다음과 같이 말했다. "나는 시골과 템플[런던에 있는 영국 법조계의 중심지]에 대형 주택과 임대 아파트를 각각 한 채씩 보유하고 있다. 게다가 가입비가 꽤 비싼 클럽의 회원권을 두어 개 갖고 있고, 급여도 꽤 높은 편이다."[147] 고든 보리 경은 "사회복지를 모든 사람에게 제공할 것인지, 아니면 자산 조사를 통해 선별적으로 제공할 것인지 하는 논쟁에서 어느 한쪽을 편들지 않는 것"이 사회정의위원의 자격 조건이라고 말했다. 다른 위원들 중에는 사회민주당 창립자 두 명과 자유민주당 고문들도 있었다.[148] 사회정의위원회의 성과는 다음과 같이 평가됐다.

보수당 좌파와 '신노동당'의 공통점은 놀라울 정도다. 사회정의위원회는 사람들이 사회복지 급여를 미래의 고용주들을 유인하는 보조금처럼 활용할 수 있어야 한다고 주장한다. 그러나 [보수당] 정부는 이미 그런 시범 사업을 실시하고 있다. 그리고 사회정의위원회는 실업급여, 소득 지원, 가계 대출 제도를 개혁해 시간제 근무를 장려하고 사람들이 복지에 의존하지 않고 일을 하도록 만들어야 한다고 주장한다. 그러나 재무부 장관은 그런 조처들이 다음 달 예산안의 핵심 주제가 될 것이라고 이미 밝혔다. 그리고 사회정의위원회는 기혼 부부 소득공제와 주택자금 차입금 이자 세액공제도 단계적으로 폐지해야 한다고 주장하지만, 이것도 마찬가지로 이미 실행되고 있다.[149]

노동당은 16~17세 연령층에 대한 소득 지원을 부활시키겠다는

1992년 선거공약을 폐기했다. 노동당이 미국식 '근로 연계 복지'** 정책을 채택함에 따라, 이 청년 실업자 25만 명은 이제 일을 해야만 실업급여를 받을 수 있게 됐다.[150] 이들의 처지는 '일하기 싫어하는' 다른 청년들의 실업급여를 40퍼센트 삭감하는 계획 때문에 더욱 열악해질 것이다.[151]

메이저는 거지들을 "거리에서 쓸어버려야 할 꼴불견"이라고 말했다가 사람들의 분노를 샀다.[152] "담벼락에 낙서하고 공격적인 구걸 행위를 하는 사람들"과 일부 도시에서 "신호 대기 중인 자동차 유리를 닦아 주고 돈을 요구하는 사람들 때문에 거리가 위험해지고 있다"고 말한 잭 스트로도 마찬가지였다.[153] 이 때문에 스트로는 1995년 노총 대의원대회에서 '잭부츠** 스트로'라는 별명을 얻었고, 한 소방관노조 대의원은 다음과 같이 주장했다. "저는 스트로가 파시스트라고 말하는 것은 아닙니다. 그러나 스트로는 매우 위험한 작자들과 같은 길을 가고 있습니다."[154]

최저임금

〈파이낸셜 타임스〉는 최저임금이 노동당의 "몇 안 되는 독자적 정책들 가운데 하나"라고 말한다.[155] 1992년 노동당 선거공약은 최저임금으로 남성 평균 소득의 절반(당시 [시간당] 3.4파운드)을 약속했다. 오늘날에는 거의 4.15파운드다. 1995년까지도 블레어는 최저임금을 결정하지 않은 채 "총선 이후"[156] 기업인들도 포함된 위원회가 "사회정의뿐 아니라 경제 상황도 … 고려해서"[157] 최저임금을 산정할 때까지 기다려야 한다고

---

* 근로 연계 복지 일정한 자격만 되면 복지 급여를 받을 수 있던 전통적 복지 제도와 달리, 복지 급여를 받기 위해 의무적으로 공공 근로나 실업자 재활 훈련 등에 참가해야 하는 복지 제도를 말한다.

** 잭부츠 나치가 신었던 긴 장화로, 강압적 행위를 뜻하기도 한다.

주장했다. 운수일반노조의 빌 모리스는 최저임금 결정 과정에 기업인들도 참여시키는 것은 "드라큘라에게 혈액은행을 맡기는 것"과 마찬가지라고 말했다. 그 뒤 해리엇 하먼은 영국전경련에게 18~24세의 최저임금을 더 낮추고 "아주 어린 노동자들"은 최저임금 적용 대상에서 아예 제외하겠다고 약속했다.[158]

완전고용

노동당 정부 시절 완전고용이 파괴됐지만, 분명히 완전고용은 노동당의 정책이었다. 키녁의 정책 검토 글인 "기회의 영국"에서도 완전고용은 노동당의 '목표'였다. 그러나 1993년에 고든 브라운은 다음과 같이 말했다. "기존의 완전고용 개념을 뛰어넘어야 합니다. 새로운 세계에서 우리의 염원은 직업훈련을 통한 완전하고 만족스러운 고용이어야 합니다." 노동당이 염두에 두고 있는 것은 "실업자들에게 직업훈련을 시켜 새로운 일자리를 찾게 하는 것이다."[159] 블레어는 "응집력 있고 통합된 사회라는 더 큰 개념의 완전고용" 운운하며 "창출된 일자리의 질이 중요하다"고 강조한다.[160] 정말 수치스러운 용두사미다.

조세정책

개혁주의는 항상 자본주의의 식탁에서 떨어지는 빵 부스러기를 나눠 먹으려 했다. 1990년에 노동당은 이미 변해 있었지만, 결코 좌파가 아니었던 스미스조차 여전히 당대회에서 다음과 같이 말했다.

우리는 대처에게 막대한 보조금을 받은 소수가 공정한 세금을 내야 마땅하다고 주장합니다.(박수) [그리고 — 지은이] 공공서비스가 아주 중요하므로 우리는 소득세 인하나 … 교육, 훈련, 연구, 의료 서비스에 대한 지출 삭감

을 약속할 수 없습니다.[161]

1993년에 인구의 10퍼센트에 해당하는 최상위 부유층이 소득세의 34퍼센트를 내고 최하위 10퍼센트가 46퍼센트를 냈다.[162] OECD에 따르면, 영국은 GNP에서 세금이 차지하는 비중이 낮아 24개 주요 선진국 가운데 17위에 불과했다.

노동당은 1992년 선거공약으로 최고 세율 59퍼센트를 주장했다. 이듬해 이 공약은 폐기됐다. 브라운은 "노동당은 부富에 반대하지 않으며 부자들에게 불리한 조처도 취하지 않을 것"이라고 밝혔다. 공공 지출 관련 공약은 "아무것도 없다"고 말했다.[163] 블레어는 "최고 세율 납세자들 중에는 이제 최상층 부자로 분류하기 힘든 사람들이 있고, 우리는 이들을 대단히 조심스럽게 대해야 한다"고 말했다.[164] 〈뉴스 오브 더 월드〉[보수 주간지]에 기고한 글에서 블레어는 "부자가 되고자 하는 사람들에게 행운이 있기를 바란다"고 썼다. 더 나아가 그는 "세금 인상의 부담을 실제로 떠맡아 고통을 겪는 중산층"을 동정하기도 했다.[165] 노동당은 소득세 인하 방침이 반영된 1995년 11월 예산안에 대해 보수당보다 한술 더 떴다. 보수당과 달리 노동당의 세금 인하는 "모든 납세자들에게 적용될 것"이라고 밝힌 것이다.[166] 브라운은 "복지 비용을 감축하고, 실업자들을 설득해 저임금 일자리라도 받아들이게 하려는 노력의 일환"으로 소득세 과세표준 인하를 추진했다.[167]

노동당의 경제 전략

1970년대에 데니스 힐리가 케인스주의 정책들을 폐기하고 대처리즘이 등장할 무대를 마련해 준 뒤로 보수당과 노동당의 전략 사이에는 공통점이 아주 많았다.

1992년 총선 직전에 보수당은 공공 부문 적자를 280억 파운드로 예상했다. 우리는 놀라운 우연의 일치지만 우리의 예상치도 정확히 그 수준이라고 말했다.[168] … 그런데 총선 뒤에 보수당은 공공 부문 적자가 예상보다 약간 더 많은 370억 파운드쯤 될 것 같다고 말했다. 우리는 우리가 계산한 결과와 정확히 일치한다고 말했다. … 얼마 뒤에 보수당은 공공 부문 적자 예상치를 500억 파운드쯤으로 올려 잡아야 한다고 말했다. 우리도 그렇게 생각한다고 대답했다.[169]

이것이 정말로 유능한 야당이 할 소리인가?

노동당과 보수당(더 정확히 말하면 보수당의 한 분파)의 차이점은 "노동당이 유럽의 통화 통합, 즉 유럽환율제도ERM와 유럽중앙은행을 전면 수용한다"는 것뿐이었다. 슬프게도 "노동당은 대처리즘 신봉자들보다 더 대처리즘을 신봉하고 있었다." 마치 "너는 모조품이고 내가 진품이야" 하는 태도였다.[170] 그러나 1992년 9월 파운드화 폭락으로 영국이 유럽환율제도에서 탈퇴하는 바람에 노동당은 큰 수모를 겪어야 했다.

그 뒤 노동당의 태도는 신중해져서 보수당 재무부 장관인 켄 클라크는 다음과 같이 회상했다. "나는 업무와 관련해서 예비내각 재무부 장관의 비판을 받지 않은 최초의 재무부 장관일 것이다. 고든 브라운의 문제는 내가 하는 일이 효과가 있었다고 생각한 것이다. 한동안 그는 내가 하는 일을 전혀 반대하지 않았다."[171] 브라운이 도대체 무슨 말을 할 수 있었을까? "보수당이 우리 의제를 받아들인다면, 그것은 정치적 논쟁이 우리가 원하는 방향으로 가고 있다는 증거다." 그렇다면 그 방향은 어느 쪽인가?(독자들은 아래 인용한 브라운의 말에서 '보수당'과 '노동당'을 서로 바꾸고 싶어 할지도 모르겠다. 그러면 지난 90년 동안 보수당 정치인들이 노동당을 비판할 때 써먹었던 대표적 연설문이 될 것이다.)

노동당은 물가 오름세의 원인에 대해 보수당보다 더 강경하게 대처할 것입니다. … 우리는 강경하게 대처해야 합니다. 물가에 대한 전쟁은 노동당의 전쟁입니다. 물가 오름세는 연금과 저축에 악영향을 미치고 투자를 위축시키고 따라서 일자리도 감소시킬 것입니다.[172]

그래서 노동당은 보수당이 만들어 낸 가난, 무주택, 복지 삭감 등의 문제를 부유세나 정부 차입으로 해결하기를 거부한다.

보수당의 노동조합 통제 법률

어떤 작가는 블레어가 높이 평가한 대처의 이데올로기에 대해 다음과 같이 썼다. "어설픈 이론들과 우연히 떠오른 묘안들을 아무렇게나 긁어 모은 이 잡동사니로는 '사회주의를 날려 버릴' 수 없었을 것이다. … 우리는 대처가 노동조합을 공격할 때 사용한 치명적 무기가 무엇이었는지 더 자세히 살펴봐야 할 것이다."[173] 노동조합들은 보수당의 노동조합 통제 법률을 어기는 경우가 많았다. 그러나 그런 법률은 노조 지도자들의 발목을 묶은 족쇄인 동시에 그들의 무능을 정당화해 주는 알리바이이기도 했다. 블레어조차 한때 '2차'(즉, 연대) 행동을 제한하는 것이 "효과적인 산업 투쟁을 제약하는 가혹한 조처"라고 인정했을 정도다.[174] 프레스콧은 1989년에 일반적 견해를 다음과 같이 표현했다. "그것들은 모두 사라져야 한다."[175]

오늘날의 상황은 어떤가? 1995년 노총 대의원대회에서는 "노동조합 통제 법률을 모두" 폐지할 것을 요구하는 결의안이 부결됐다. 블레어는 노총에서 다음과 같이 말했다. "우리는 과거의 전투들을 되풀이하지 않을 것입니다. 분명히 말씀드리지만, 보수당이 제정한 노동조합 관련 법률을 모두 폐지하지는 않을 것입니다. … 파업 찬반 투표는 그대로 유지될 것입니다. 대규모 피케팅이나 피케팅 원정대도 계속 금지될 것입니다. 과거의 악령들은 모두 퇴치할 것입니다."[176] 블레어의 '이해관계자'[이 책의 670~672쪽 참조] 연설 뒤에, 보수당이 그렇다면 노동당은 노동조합의 권한을 강화하겠다는 것이냐고 묻자, 브라운은 즉시 이를 부인했다. 브라운은 노동당이 유럽사회헌장에 규정된 최소한의 수준 이상으로 "노동조합의 권리를 확대"하지는 않을 것이라고 해명했다. 한 평론가는 "노동당이 전경련이 아니라 노동조합을 곤혹스럽게 만들려 한다"고 결론지었다.[177]

인종차별, 이주 노동자, 난민

보수당 정부는 인기가 없다. 그래서 인종차별을 부추겨 표를 얻는 방안을 진지하게 고려할 것이다. 그러나 예비내각의 내무부 장관 잭 스트로는 "이주 노동자 문제에 대해 정부와 노동당 지도부 사이에는 종이 한 장의 차이도 없다"고 단언한다.[178]

노동당 좌파는 인종차별, [이주 노동자] 공격과 살인의 증가에 대응하는 방안으로 인종차별반대동맹ARA이라는 단체를 지지했다. 그러나 인종차별반대동맹이 주로 한 일은 이 동맹보다 훨씬 더 큰 단체인 반나치동맹을 사회주의노동자당의 외피라고 비난하는 것이었다. 1993년 9월 지방선거에서 영국국민당 후보가 타워햄리츠에서 당선되자 도처에서 인종차별과 나치에 대한 경각심이 고조됐다. 나치의 성패를 가름할 전환점은 1993년 10월 16일에 찾아왔다. 시위대 6만 명이 런던 동남부의 웰링에 있는 영국국민당 본부로 행진했다. 그날 인종차별반대동맹은 몇 킬로미터 떨어진 트래펄가광장에서 따로 시위를 벌였다. 그 시위에는 노동당 고위 인사들을 포함해 2000명이 참가했다. 머지않아 인종차별반대동맹은 내부 혼란 끝에 스스로 붕괴했다.

이제 보수당 정부는 난민들을 공격하기 시작했다. 이 글을 쓰는 지금

[1996년], 보수당 정부는 많은 외국인들이 자국의 잔인한 정권을 피해 영국으로 피신하는 것을 가로막는 악법을 제정하려 한다. 이에 대한 노동당의 대안은 이 문제를 조사할 위원회 구성뿐이다. 보수당이 영국에 난민을 신청한 사우디아라비아 민주주의자를 추방하기로 결정했을 때(사우디아라비아에 무기를 판매하기 위해서였다), 잭 스트로는 당신도 똑같은 결정을 내렸겠느냐는 질문을 받고서 "그것은 제가 결정할 문제가 아닙니다" 하고 대답했다. 무기를 팔아먹으려고 난민 신청자를 추방하는 것은 도덕적으로 문제가 있지 않느냐는 질문에는 다음과 같이 대꾸했다. "우리가 사는 세계에서는 분명히 그런 문제를 고려해야 할 것입니다."[179]

토니 블레어와 노동당

우리는 이 책의 맨 앞에서 레닌의 지적을 인용했다. 즉, 노동자들은 노동당을 지지하지만 노동당 "지도자들은 반동적 세력, 그것도 최악의 반동적 세력"이고 "그들은 전적으로 부르주아지의 정신에 따라 행동한다"는 것이다.[180] 블레어는 이런 노동당 지도자의 가장 순수한 표현이다. 블레어의 경력은 역대 노동당 지도자 가운데 단연 으뜸이다. 보수당 지방의원의 아들로 태어나 에든버러 최고의 사립학교와 옥스퍼드대학교를 나왔고, 밀리턴트 마녀사냥에 대한 법률 조언을 하면서 노동당 최고위층과 관계를 트기 시작했고, 클로즈드숍 조항을 폐기한 뒤 '당 대표 후보'로 떠올랐고, 아이들을 감옥에 집어넣어야 한다고 주장해서 대중적으로 유명해졌고, 당 대표가 되자마자 처음으로 한 일이 당헌 4조 폐지였다.

모든 평론가들이 동의하는 것이 하나 있다. 노동자 위주의 운동을 블레어가 이끄는 것은 뭔가 어색하다는 것이다. 존 소펠은 다음과 같이 썼다. "블레어가 노동당과 노동조합의 활동가들 앞에서 연설하는 것을 보면, 연사와 청중이 참 안 어울린다는 생각을 떨칠 수 없다."[181] 로슨[보수당 정치인]은 다음과 같이 말했다. "나는 항상 블레어가 노동당원이라는 사실이 놀라웠다. 블레어가 역대 노동당 지도자 가운데 가장 사회주의자답지 않은 사람이라는 것은 분명하다."[182] 노동당 소속 유럽의회 의원인 켄 코츠가 보기에 블레어는 "자신을 당 대표로 선출한 정당의 사고방식을 이해하지 못한다."[183] 렌툴에 따르면, 블레어가 추구한 노동당 현대화는 "당 밖의 사회운동이나 당내의 노동조합 또는 기층 당원들이 제기한 것이 아니었다. 그것은 의회 지도부가 만들어 낸 흐름이었다."[184] 따라서 블레어는 '자본주의 노동자 정당'에 어울리지 않으면서도 딱 맞는 인물이다.

많은 사람들이 블레어를 높이 평가한다. 대처도 그중 하나다. "블레어는 십중팔구 … 휴 게이츠컬 이후 우리가 상대하기 가장 힘든 노동당 지도자일 것이다. 내가 보기에 … 블레어는 사회주의자가 아니다."[185] 〈데일리 텔레그래프〉 편집장은 블레어가 "보수당 총리로 딱 맞는 인물"이라고 말했다.[186] 장관 출신의 극우파인 앨런 클라크는 "거의 혼자 힘으로 [블레어는 — 지은이] 노동당을 믿음직한 정당으로 변모시켰다"고 말했다.[187] 〈선데이 타임스〉의 마틴 자크는 블레어가 "노동당 정치와 계급 문화를 혐오한다"며 치켜세운다.[188] 〈이코노미스트〉는 "멋진 남편, 아름다운 아내, 착한 아이들, 괜찮은 화면발 등"의 조건을 갖춘 이 "미국 대통령 같은 후보"를 높이 평가했다.[189] 그리고 [블레어에게] "당헌 4조 폐기는 출발일 뿐이다. 그러나 … 아주 멋진 출발"이라고 덧붙였다.[190] 머독조차 블레어 "지지를 생각해 본 적이 있고", 로이 젱킨스[영국 사회민주당 창립자 중 한 명]는 블레어가 "사회민주주의의 최고 유망주"라고 생각한다.[191]

미국에서 골수 우파 뉴트 깅그리치의 공화당이 득세할 수 있었던 것은 클린턴 정부에 대한 환멸 때문이었다. 그런데도 블레어는 클린턴을 열렬히 존경한다. 클린턴은 '신민주당'을 표방했고, 블레어는 '신노동당'을 표방했다. 클린턴은 "열심히 일하고 법을 잘 지키면서도 외면당하는 중산층"에게 호소했다. 블레어도 "열심히 일해서 성공한 영국 중산층"에게 호소한다.[192] 클린턴은 "모든 사람에게 기회도 더 많이 주고 책임도 더 많이 요구하려 했다."[193] 블레어도 "우리는 기회를 주고 책임을 요구한다"고 말했다.[194] 그러나 "옷의 단추를 다 잠근 클린턴"인[195]* 블레어는 이제 미국의 실패에서 교훈을 얻었다. 〈인디펜던트〉는 "토니 블레어의 뉴트 노동당Newt Labour"이라는 사설에서 다음과 같이 결론지었다. "블레어는 최근 뉴트 깅그리치와 미국 공화당의 성공에서 부각된 인기 쟁점들을 많이 예상했고, 이제 그런 쟁점들을 이용하려 한다."[196]

블레어의 또 다른 우상은 마거릿 대처다. 블레어의 '참모총장'이 확인해 준 바에 따르면, 대처는 "블레어의 모델이다. 그리고 대처는 노동당을 변화시킨 것이 자신의 가장 큰 성과라고 말한 적이 있다. 물론 그것은 뒤집어 말하면 토니 블레어의 과업이기도 하다."[197] 블레어는 다음과 같이 말했다. "사람들은 신新우익의 주장에 많이 공감했다. 집단적 권력[노동조합의 영향력 — 지은이]이 너무 강하고 국가 개입과 기득권 집단[또! 노동조합 — 지은이]도 너무 많다는 생각이 널리 퍼져 있었던 것이다."[198] "나는 대처가 기업을 강조한 것이 옳았다고 생각한다. 대처의 과감한 결단력은 정말 존경스럽다."[199] 블레어는 "영국을 어떻게 발전시킬 것인지 잘 알고 있었던 대처 정부"를 그리워하며 "그것이 바로 우리가 공유해야 하는 것"이라고 말했다. 그러나 노동당 좌파와 보수당 우파는 그렇지 않은가? "좌

---

* 빌 클린턴과 백악관 인턴 직원 모니카 르윈스키의 섹스 스캔들을 비꼰 말이다. 즉, 토니 블레어는 이런 섹스 스캔들이 없는 점만 빼고는 클린턴과 정치적으로 똑같다는 것이다.

파와 우파라는 말은 노동당 안에서 여러모로 무의미해졌다."[200] 신노동당은 "좌파와 우파, 진보와 보수의 낡은 경계를 뛰어넘어야 하고 뛰어넘을 것이다."[201]

분명히 블레어의 인기는 우파에 국한되지 않는다. 블레어는 1994년 7월 노동당 대표 선거에서 마거릿 베킷과 존 프레스콧을 물리치고 당 대표로 선출됐다. 그러나 여기서 주의할 점이 있다. 선거운동 기간에 모든 언론이 블레어를 지지했는데도 블레어의 득표율 57퍼센트는 그저 그런 수준이었다. 특히 전임자의 득표율 91퍼센트와 견주면 더욱 그랬다. 블레어의 득표 구성은 주목할 만하다. 국회의원의 61퍼센트, 지구당의 58퍼센트가 블레어를 지지한 반면, 노동조합에서 블레어 지지율은 52퍼센트에 불과했다.[202]

블레어에 대한 불평과 불만도 많았다. 예컨대, 강경 좌파라고 할 수 없는 국회의원 리처드 버든도 노동당이 리틀버러 보궐선거 유인물에서 보인 "아무려면 어때 식의 정치적 부도덕성"을 비난했다. "따라서 선택은 자유당 후보와 그의 마약관(觀)과 큰 폭의 세금 인상이냐, 아니면 … 이곳 페나인산맥에서 성장했고 토니 블레어의 신노동당에 헌신하는 노동당 후보냐 하는 것이다." 버든은 노동당이 "분명한 이데올로기 기반을 가진 급진 정당이 아니라 … 모든 당원들에게 단결을 위해 복종할 것과 선거의 기회를 위태롭게 하지 말라고 강력하게 요구하는 … 효율 만능주의 선거 기구"가 됐다고 개탄했다.[203] 블레어는 최저임금률을 구체적 공약으로 제시하지 않으려고 애를 썼다. 블레어 추종자인 잭 드로미가 운수일반노조 지도부 선거에서 빌 모리스에게 도전했다가 패배하자 블레어는 운수일반노조 대의원대회에서 "노동당이나 노동당의 정책을 방해하거나 그것에 저항하지" 말라고 경고했다. 이에 모리스도 노동조합이 노동당에서 "소수파의 지위"를 받아들이지 않을 것이라고 응수했다.[204]

그렇지만 '블레어 효과'를 과소평가해서는 안 된다. 이 점은 당헌 4조를 둘러싼 논쟁에서 드러났다.

1918년 이전으로 복귀?

비록 혁명을 저지하기 위해 채택된 것이기는 하지만[205] 당헌 4조는 노동당과 자유당의 결별을 나타내는 것이기도 했다. 1995년에 당헌 4조는 노동당에 여전히 남아 있는 사회주의 이상을 상징했다. 물론 당은 대체로 당헌 4조를 무시해 왔고, 1995년에는 민영화된 산업을 다시 국유화하는 공약을 모두 폐기했다. 철도에 대해서는 모호한 태도를 취했고, "계약 기간이 만료되는" 민간 교도소만이 유일한 국유화 대상이었다.[206] 그러나 계약 기간이 최대 25년이었으므로 이조차도 상당한 시간이 걸릴 터였다.

블레어는 신노동당을 "과거 역사에서 해방시키고" 사회주의를 '사회-주의social-ism'로 바꾸기를 원했다. 당헌 4조는 "노동조합을 모태로 탄생하고 주로 일하는 사람들을 대변하는" 정당의 상징이었다. 블레어는 이런 정당은 "너무 협소하다"고 주장했다. "나는 노동당이 자영업자와 실업자, 소상공인과 그들의 고객, 관리자와 노동자의 정당이 되기를 바란다."[207] 블레어는 자신의 대안을 다음과 같이 요약했다. "사회-주의는 … 계급이나 노동조합, 또는 자본주의 대 사회주의, 이런 것을 뜻하지 않는다. 사회-주의는 상호 협력에 대한 신념을 뜻한다."[208] 한 블레어 추종자는 당헌 4조 폐지 주장을 더 노골적으로 표현했다. "[당헌 4조가] 사실상 폐지된 것을 인정하기를 회피하는 무리들이 있다. 그들은 우리가 사회민주주의 정당이라는 사실을 아직 받아들이지 않고 있다."[209]

사실, 신노동당은 아주 오래된, 1918년 이전의 노동당이다. 그러나 당헌 4조 폐지는 노동당이 단지 과거로 회귀한다는 뜻만은 아니다. 1918년 이전의 노동당은 확신에 찬 개혁주의자들이 이끌었다. 그들이 당헌에 사회주의를 포함시키지 않은 이유는 대다수 노동자들이 여전히 자유당 정치를 벗어나지 못하고 있었기 때문이다. 오늘날은 그 반대다. 당 지도부는 개혁주의를 포기했고, 개혁주의에 집착하는 노동계급의 염원을 억누르려 한다. 과거에 노동당이 집권했을 때 지금처럼 우파적 실천을 했다는 것은 사실이다. 그때 노동당은 사실상 지배계급의 포로였다. 그러나 블레어의 노동당은 다르다. 지금 노동당은 야당인데도 급격하게 우경화했다. 더욱이 과거의 노동당 총리들은 특별한 상황을 들먹이며 자신들의 배신을 정당화했다(1931년에는 '은행가들의 위협', 1960년대에는 '취리히의 금융업자들', 1970년대에는 IMF 등). 반면에, 블레어는 노골적인 자본주의 정책들을 추진하면서 즐거워하고 있다.

따라서 당헌 4조 폐지는 당의 이미지를 업그레이드하는 것이 아니라 개혁주의 이데올로기와 결별하려는 노력이었다. 1994년 블레어가 선거운동을 하고 있을 때 대처의 목표가 〈선데이 타임스〉에 폭로됐다. "대처의 궁극적 야심은 사회주의적 노동당을 파괴하고 영국식 민주당으로 교체하는 것이었다. 그러면 영국에는 자본주의의 성공을 위해 헌신하는 정당이 둘이 될 것이다. 하나는 미국 공화당처럼 국가 개입에 반대하는 보수당이고, 다른 하나는 보수당에 반대하고 노동조합의 지지를 받지만 좌파의 교조에서 자유로운 노동당이다."[210] 이데올로기 측면에서 아서 스카길의 지적은 아주 정확했다. "당헌 4조는 노동당과 영국의 다른 주요 정당들을 구분해 주는 지표다. 당헌 4조가 없다면 노동당을 자유민주당이나 보수당과 구별할 수 없을 것이다."[211]

블레어가 신설한 조항은 "시장의 기업 활동과 치열한 경쟁이 제휴·협력의 효과와 맞물려 국부를 창출하는 … 역동적 경제"를 촉진한다는 것이다.[212] 시장의 기업 활동과 치열한 경쟁은 세계 인구의 30퍼센트인 8억 2000만 명(국제노동기구[ILO] 통계)이 실업자가 되고 아이들이 풍요 속에서 굶어 죽는 세계를 뜻한다. 그것은 극소수의 막강한 권력자들이 어마어마한 부를 소유한 반면, 대다수는 그들에게 착취당하고 억압당한다는 것을 뜻한다. 그러나 이 새 조항은 1995년 4월 29일 임시 당대회에서 65퍼센트의 찬성으로 채택됐다.

지구당 당원의 찬성률은 90퍼센트나 됐지만, 노동조합의 찬성률은 54.6퍼센트에 그쳤다. 이런 결과들을 분석해 보면, 우리는 모순을 발견하게 된다. 첫째, 〈트리뷴〉이 지구당원들을 상대로 실시한 여론조사에서는 62명 가운데 60명이 당헌 4조 폐지에 반대했다.[213] 이들은 지구당 활동가들이었다. 〈인디펜던트〉에 실린 주장이 그들의 견해를 단적으로 보여 준다. "우리 당 지도자의 별명인 '토리[보수당의 별칭] 블레어'가 이제 농담으로만 들리지 않는다."[214] 반면에, 우편투표를 실시한 지구당원 500명 가운데 당헌 4조 유지에 찬성한 사람은 단 3명뿐이었다.[215] 각 지구당별 평균 투표자는 200명, 지구당원 전체의 47퍼센트에 불과했다.[216]

당원들의 수동성과 능동성의 차이는 블레어의 지역구인 세지필드에서도 드러났다. 세지필드 지구당의 당원들 중에서 당헌 4조 유지에 찬성표를 던진 당원은 25명뿐이었지만 당헌 4조 유지를 주장한 스카길의 강연회에 참석한 사람은 200여 명이나 됐다. 세이드와 휘틀리는 1990년의 조사 결과와 1992년의 조사 결과를 서로 비교해 봤다. "재화와 서비스의 생산을 자유 시장에 맡기는 것이 가장 좋다"는 생각을 거부하는 사람들의 비율은 증가(60퍼센트에서 63퍼센트로)한 반면, 민영화 확대를 원하는 사람들은 겨우 2퍼센트 수준에서 정체했다.[217] 《레드 페퍼》에 실린 최근 신입 당원 조사 결과를 보면, 다음과 같이 모호한 그림을 볼 수 있다.

질문	예	아니요	모르겠다
노동당은 차기 총선 전에 최저임금률을 결정해야 합니까?	57	40	3
당내 좌파를 긍정적으로 평가하십니까?	34	12	54
노동조합이 당내에서 더 적극적이어야 한다고 생각하십니까?	30	26	44
당헌 4조 개정을 지지했습니까?	67	33	

단위: 퍼센트

노동조합의 상황도 비슷했다. 블레어가 임시 당대회를 열기 전에 상업유통노조를 제외한 노동당 소속 노동조합들의 대의원대회가 열렸다. 통신노조UCW는 당헌 4조 폐지 찬반 투표용지를 노동조합 기관지와 함께 발송하는 방식으로 투표를 실시한 결과 폐지 찬성이 9 대 1로 압도적이었지만, 투표 참가율이 17퍼센트에 불과했다. 임의로 4000명의 표본을 추출해 실시한 금속노조 투표 결과도 11 대 1로 폐지 찬성이었다.[219] 그러나 운수일반노조는 자체적으로 토론회를 진행했고, 그 결과 당대회 사전 회의에서 블레어를 지지한 대의원은 75명 중 7명뿐이었다. 공공노조는 당대회에서 블록투표 지분 11퍼센트를 당헌 4조 유지 찬성에 던졌다.[220] 언론은 우편투표를 이용한 노동조합들과 집회나 회의에서 결정한 노동조합들의 차이를 부각시켰다. 그러나 두 경우의 차이를 좌우한 요인은 무엇이었는가? 전자의 경우, 노동자들은 주로 머독 소유의 언론 등에서 정보나 자료를 얻었다. 반면에, 노동조합 집회나 회의에서는 자세한 정보를 바탕으로 토론과 논쟁이 이뤄졌다.

그렇다면 대중의 여론은 어땠는가? 여기서도 증거는 모순적이다. 여론은 시장과 민영화에 반대하는 방향으로 흐르고 있었다. 연료에 대한 부가세를 갑절로 올리려던 보수당의 계획이 폐기됐을 때(1994년 12월) 노동당 지지율은 보수당보다 32퍼센트 높았다. 당헌 4조를 둘러싼 논쟁이 시작되자 노동당과 보수당의 지지율 격차는 14퍼센트로 좁혀졌다.[221] 블레어의 계획은 감표 요인인 듯했다. 그러나 대다수 사람들은 당헌 4조 폐지 여부와 무관하게 투표할 것이라고 말했다. 비록 응답자의 24퍼센트(그중 4분의 3이 보수당 지지자들이었다)는 당헌 4조가 폐지되면 노동당 선호도가 높아질 것이라고 답하기는 했지만 말이다.[222]

당헌 4조를 폐지하라는 언론의 요구가 빗발치자 블레어의 방침에 대한 지지율이 높아졌다(물론 당헌 4조가 어떤 내용인지 설명을 들은 뒤에는 폐지 찬성률이 낮아졌다). 당이 선거에서 승리하려면 우경화해야 한다는 말이 끝없이 되풀이됐다. 좌파인 다이앤 애벗은 당시 분위기를 다음과 같이 묘사했다. 블레어의 새로운 구상에는 "허튼소리도 많지만 지금은 당 지도부가 양배추의 치유 능력*에 대한 찬반 투표를 실시해도 통과될 것이다."[223]

당헌 4조 논쟁으로 블레어 노선의 모순이 드러났다. 노동당 중앙집행위원회와 예비내각 선거에서 현대화론자들의 성적이 보잘것없었다거나 교육정책을 우롱하는 블레어와 하먼에 대한 환멸이 표출된 사건 등도 마찬가지였다. 블레어 전기 작가 두 명은 모두 똑같은 말로 그런 현상을 지적한다. 렌틀은 다음과 같이 썼다. "많은 노동당원들이 블레어를 지지한 이유는 그가 총선을 승리로 이끌 수 있을 것이라고 생각했기 때문이지 블레어의 노선이 옳다고 믿었기 때문이 아니다."[224] 소펠도 이에 동의했다. "많은 노동당 활동가들은 일종의 조현병에 시달렸다. 그들은 다음 총선에서 노동당을 승리로 이끌 수 있는 최상의 적임자가 블레어라고 생각해서 그를 지지했지만, 사실은 블레어의 정책과 방침을 좋아하

---

* 고대 그리스·로마 사람들은 양배추가 일종의 만병통치약이라고 생각했다.

지 않았다."[225] 심지어 블레어의 측근들조차 신노동당은 "아직 동일한 정치적 이데올로기를 공유하는 응집력 있고 통합된 정당이 아니"라고 인정했다.[226] 1995년 노총 대의원대회에 참석한 지엠비 대의원은 당시 상황을 매우 정확하게 표현했다.

어리석은 말처럼 들리겠지만, 저는 흔히 제 소신과 반대로 투표합니다. 노동당 정부 수립이라는 더 큰 대의를 위해서죠. 저는 블레어를 과감하게 반대해야 할지 잘 모르겠습니다. 여러분은 제가 겁쟁이라고 생각하실지 모르지만, 제가 여러분께 분명히 말씀드릴 수 있는 것은 현 정부가 하는 짓을 보면 분통이 터진다는 것입니다. 저는 투쟁하는 사람은 누구든지 지지할 것입니다. 저는 노동당을 다우닝가로 보내고 싶어 미치겠습니다. 먼저 노동당이 집권해야 우리가 블레어에게 더 많은 변화를 추진하도록 압력을 넣을 수 있을 것입니다.[227]

첫째, 각계각층의 사람들이 보수당의 정책에 넌더리를 냈다. 그래서 노동당은 블레어가 보수당과 똑같은 정책들을 채택했는데도 여론조사에서 꾸준히 보수당을 이길 수 있었다. '신노동당'이 여론조사에서 계속 우위를 지킨다면 블레어 덕분이라고 받아들여질 수 있었다. 그러나 1992년은 경고였다. 보수당에 환멸을 느낀 보수당 지지자들은 블레어를 지지할 수 있었지만 노동당 지지자들은 다른 선거 대안이 없었다. 그러나 이것은 매우 위험한 단기 전략이었다. 보수당이 최악의 문제들을 극복하는 듯한 모습을 보이면, 보수당 지지자들은 정치적 고향으로 우르르 돌아갈 것이었다. 자신의 당을 함부로 다루는 블레어의 태도 때문에 당내 분열이 일어날 수 있었다. 그리고 총선 때까지는 당의 단결이 유지되더라도 그 뒤에 좌절감이 분출할 수 있었다.

여기서 둘째 문제로 이어진다. 우리가 앞서 주장했듯이, 노동당이 지배계급과 노동계급의 상반된 압력을 반영한다면, 그리고 노동계급의 자신감이 천천히 되살아나고 이데올로기의 좌경화가 진행 중이었다면 왜 이것이 노동당에 반영되지 않았는가? 그 이유는 자본주의의 대항력도 강해졌기 때문이다. 대처의 직접적 공세는 주민세 반대 투쟁에 부딪혀 좌절됐지만, 이데올로기 공세는 '공산주의의 몰락'으로 더 힘을 얻었다. 과거에 노동당 지도부는 노동자들의 이익과 체제의 이익 사이에서 줄타기를 하려 했다. 이제는 그렇게 하기가 훨씬 더 어려워진 듯했다. 왜냐하면 (일자리, 괜찮은 급여와 노동조건, 기본적 공공서비스 같은) 단순한 개혁주의적 요구들조차 체제가 수용하기 힘들었고, 체제가 모든 수준에서 착취 강화와 비용 삭감을 강요했기 때문이다.

셋째, 가장 좋았을 때도 동맥경화증에 시달렸던 노동당의 구조는 이제 노동조합과의 연계가 약화되고 당원들의 활동이 마비됐기 때문에 노동계급의 압력에 훨씬 더 둔감했다. 당 지도부와 지지자들 사이의 일상에서 겪는 경험의 격차는 훨씬 더 커졌다. 충분히 대표적인 사례는 아니지만 블레어의 신노동당 구상(노동자들뿐 아니라 소상공인들과 관리자들도 겨냥하는 이른바 '국민 통합 노선')을 1992년 주요 정당의 총선 후보들과 비교해 보라(다음 표 참조).

다른 두 정당과 달리 노동당 후보들 가운데 356명이 노동조합의 후원을 받았다. 바로 그 때문에, '새우 칵테일 공세'와* 1인당 500파운드짜리 식사와 친기업 연설에도 불구하고, 노동당이 여전히 영국 자본주의의 후보 선수에 불과했던 것이다.

---

* 1990년대 초에 노동당이 금융업자들의 후원을 얻으려고 연회를 베풀던 것을 비꼬는 말이다.

직업	보수당	노동당	자유민주당
기업 경영자	148	21	90
법률가	114	37	37
기업 관리자	67	1	20
농부	25	2	8
군인	17	0	2
교사	50	189	162
화이트칼라 노동자	20	100	70
숙련 노동자	4	70	15
광원	1	13	0
반숙련·미숙련 노동자	0	8	1
총계	634	634	632

그래서 1988년 이후 수많은 변화를 겪었지만 노동당은 여전히 노동계급 정당으로 여겨졌다(그 전력에도 불구하고 말이다). 1995년 3월 보수당 지지율은 사상 최악 수준이었다. "노동당이 여러분의 생활수준 개선에 도움이 됩니까?"라는 모리의 설문 조사에 대해 최빈곤층에 해당하는 C2s와 D/E 집단은 그렇다고 대답해 +16점을 기록했다. 반면에, 부유층인 A/B와 C1 집단은 -23점을 기록했다. 노동당이 공약을 지킬 것이라고 생각하는지 묻는 질문에 노동계급 집단은 +10점, 상류층 집단은 -21점의 반응을 나타냈다.[229] 이런 결과들은 노동당의 현실과는 무관하지만 노동당에 대한 인식이 어떤지 보여 준다. 물론 당장은 그런 현실과 인식이 서로 충돌하지 않았다. 그러나 항상 그렇지는 않을 것임을 보여 준 작은 사건이 있었다. 해리엇 하먼이 자신의 자녀를 입시 명문 학교에 보낸 것에 대해 노동당의 다양한 부문이 강력하게 반발한 것이다.

노동당 지지 기반의 사회적 현실과 블레어 사이에는 큰 간극이 있었지만, 상호 의존관계 역시 강력했다. 블레어는 노동자들의 표나 노동조합의 재정 지원이 없으면 살아남을 수 없었다. 반대로 많은 노동당 지지자들은 다음 총선에서 노동당을 승리로 이끌 수 있는 사람은 블레어뿐이라고 확신했다. 그렇게 상호 의존관계가 강력하다 보니 노동당이 아닌 개혁주의적 대안이 들어설 틈이 없는 것이다.

1930년대에 독립노동당, 1990년대에 밀리턴트가 패배한 것도 이와 비슷한 상황에서였다. 밀리턴트의 경우, 레슬리 마무드가 에릭 헤퍼의 오래된 지역구인 월턴 지역에서 출마해 6.5퍼센트를 득표했다. 이것은 노동계급의 일상 투쟁에 혁명적 정치로 개입하기에는 훌륭한 기반이었다. 그러나 의석 획득이 목표인 개혁주의의 관점에서 보면 6.5퍼센트는 노동당 우파 후보의 53퍼센트에 비해 재앙적인 결과였다.

1996년 초에 스카길은 사회주의노동당 창설을 선언하며 노동당 내 다양한 집단들이 블레어를 매우 못마땅하게 여기고 있음을 깨달았다. 그렇다고 해서 영국에 또 다른 개혁주의 정당이 들어설 여지가 많았던 것은 아니다. 사회주의노동당은 헴스워스 지역 보궐선거에서 선거 기탁금을 건질 수 있었지만, 여기서도 단순다수대표제 때문에 개혁주의 좌파가 노동당에 도전하기가 힘들다는 것이 여실히 드러났다. 한편, 현장 조합원이든 노조 관료든 모두 보수당 정권의 교체를 염원했기 때문에, 노동조합이 노동당과 경쟁하는 새로운 정당을 지지할 가능성은 별로 없었다.

많은 노동당 지지자들은 현대화론자들이 당의 정책을 바꾼 것에 매우 분노했다. 그러나 이런 분노가 밖으로 터져 나오려면 대중의 기대가 신노동당의 실체와 정면으로 충돌하는 상황 변화가 필요할 터였다.

그때까지는 노동자들의 요구·염원과 신노동당 사이의 첨예한 갈등이 산업 현장에서 나타날 가능성이 높았다. 혁명적 대안을 받아들이지 않는 노동자들은 선거로 노동당 정부를 수립할 때까지 기다릴 것이었다. 블레어의 교육, 최저임금 정책 등에 대한 분노가 커지고 있었는데도 말이다. 그러나 작업장의 직접적 문제들을 그렇게 오랫동안 무시할 수는 없다. 여기서 전투는 노동당에 평지풍파를 일으키지 않으려고 손을 놓고 있는 노조 관료들과, 일자리와 임금과 노동조건 개선 등 일상생활의 요구를 제기하는 평범한 노동자들 사이에서 벌어졌다. 여기서 신노동당의 효과는 가장 분명하게 드러난다.

블레어 정부의 전망

필요하다면 얼마든지 좌파적 언사를 남발하는 노동당의 능력을 과소평가해서는 안 된다. 그러나 그런 상황에서도 노동당의 지방정부와 중앙정부가 별로 다를 것 같지는 않았다. 호주에서는 노동당이 집권한 12년 동안 실질임금이 30퍼센트 하락했고, 그 나라 역사상 가장 가혹한 노동조합 탄압 법률이 건설 노동자들에게 적용됐다. 스페인에서는 블레어와 비슷한 펠리페 곤살레스가 집권한 뒤 실업률이 20퍼센트까지 치솟아 유럽 최고를 기록했다. 그 실업자들 가운데 국가의 실업급여를 받는 사람은 3분의 1밖에 안 됐다. 뉴질랜드에서는 노동당 정부가 [시장의] '치열한 경쟁'을 수용한 결과로 부의 불평등이 영국보다 더 심각했다.

1997년 선거 전에 영국 노동당은 스스로 폐기했던 정책들을 발표하기만 했다. 블레어는 자신이 "용기 있고, 예의 바르고, 정직하기 때문에 국민들에게 진실을 알릴 것이고 실현할 수 없는 약속들은 하지 않을 것"이라고 말했다.[230] 우리는 '진실'을 알고 있다. 대량 실업, 가난, 복지 서비스 악화가 그것이다. 그러나 블레어의 노동당은 "특정한 정책 처방들에서 해방됐다."²³¹ 그래서 이런 현실에 대한 대처 방안은 내놓지 않았다. 일부 신문들은 나름대로 결론을 끌어냈다. 〈인디펜던트〉는 다음과 같이 논평했다. "따라서 노동당 대표인 블레어는 보수당의 마거릿 대처 후계자가 벗어 던진 급진적 망토를 물려받으려 한다."²³² 〈파이낸셜 타임스〉도 차기 노동당 정부는 "보수당 국민통합파가 거리낌 없이 과감하게 지지할 수 있는 정책들"을 제시하는 "제3의 보수당"이 될 것이라는 데 동의했다.²³³

노동당은 주요 사회집단들과 어떻게 관계를 맺었는가? 블레어는 노총 대의원대회에서 다음과 같이 말했다. "우리가 사용자들의 말을 듣는 것과 마찬가지로, 우리는 남의 말을 들을 의무가 있습니다. 사용자들에게 [노동자들을] 설득할 권리가 있듯이, 여러분에게도 설득할 권리가 있습니다."²³⁴ 블레어는 자신이 추구하는 사회 비전을 언뜻 내비쳤다. 자신의 정부는 "진정한 실력주의 사회"를²³⁵ 장려할 텐데, 왜냐하면 "나라에는 외국에 나가서 엄청나게 많은 돈을 벌어 올 수 있는 기업인 같은 사람들이 필요하기"²³⁶ 때문이었다. 반면에 다른 사람들은 "훨씬 더 치열한 경쟁, 훨씬 더 창조적인 혁신, 훨씬 더 많은 첨단 기술 때문에 고용 불안이 삶의 상시적 특징이 되는" 상황에 직면할 것이었다.²³⁷

블레어의 측근인 피터 맨덜슨의 말에 따르면, 블레어 정부가 추구할 정책에는 다음과 같은 것들도 포함될 터였다.

> 자유민주당과의 연합, … 보편적 아동 수당 폐지, … 실업자와 미혼모에 대한 '근로 연계 복지' 정책, … 공공 부문의 무분규 합의, … 민간 연금 강화, … 모든 학교에 대한 지방정부의 규제 폐지.²³⁸

켄 리빙스턴 같은 노동당 좌파들은 블레어 정부에 대한 급속한 환멸 때문에 1931년이나 1979년처럼 당내 분위기가 분명히 좌경화할 것이라고 생각했다. 그러나 중요한 사실은 그런 좌경화가 일시적이었다는 것이다. 장기적 효과는 오히려 정반대였다. 즉, 환멸 때문에 심각한 우경화가 진행됐고, 무슨 대가를 치르더라도 다시 집권해야 한다는 염원이 더 강해졌다.

이해관계자

1995년 말쯤 노동당과 보수당이 서로 상대방을 흉내 내느라 의회는 멈춰선 듯했다. 〈이코노미스트〉는 "블레어가 보수당의 오래된 에이스인 애국주의 카드까지 훔치는 것"을 보고 놀랐다. "보수당의 유산을 보며 놀란 사람들은 블레어의 동료들만이 아니었다."[239] [노동당] 국회의원 오스틴 미첼은 유권자들이 보수당을 "쌍둥이나 다름없는 노동당"으로 갈아 치웠다는 사실을 깨달으면 격분할 것이라고 경고했다. 그는 다음과 같이 덧붙였다. "장차 우리에게 닥칠 위기에 어떻게 대처할 것인지 미리 생각해 두지 않은 채 집권하는 것은 재앙을 자초하는 것과 마찬가지다."[240]

노동당은 독자적 사상이 필요했고, 그래서 블레어는 1995년 1월 싱가포르에서 표명한 '이해관계자 [자본주의]'라는 사상을 내놨다. '이해관계자' 사상의 출처는 윌 허턴의 책 《우리가 처한 상황》인 것 같은데, 그 책에서 허턴은 노동당과 보수당 사이에 "피의 강물"이 흐른다고 썼다.[241] 그것이 정말 피의 강물인지는 의심스럽다. 허턴은 사회주의의 겉치레를 벗어 던지고 현대화한 케인스주의를 주장했다. "이해관계자 자본주의"라는 제목의 장에서 허턴은 "사유재산의 장점을 보존하면서도 그 작동 방식을 개선하는 것을 목표로 삼아야 한다"고 말했다.[242]

1931년에 케인스주의를 접했을 때와 마찬가지로, 노동당은 이해관계자 이론을 구체적으로 제시하고 지지하라는 압력을 받을 때마다 얼버무리며 회피했다. 영국전경련은 새로운 구호가 노동자들의 권리 강화를 뜻하는 것이 아니라는 점을 확실히 하라고 요구했다. 노동당은 즉시 동의했다. 노동당은 이미 유럽사회헌장(노동조합 승인권 같은 일부 권리들을 포함해)과 최저임금을 도입하겠다고 약속했다. 따라서 이해관계자 정책에 따라 추가된 것은 아무것도 없었다. "모든 역사가 보여 주듯이, 사람들에게 그들의 문화를 바꾸라고 강요하는 법률이 의회에서 통과되더라도 그것은 아무 효과가 없기 때문"이라는 것이었다.[243]

블레어가 싱가포르라는 장소를 선택한 것도 우연이 아니었다. 그는 "개인의 권리가 통제되고, 노동자 단체가 금지되고, 언론 통제가 강력하고, 시민권이 국가 안보에 종속되는" 나라를 연구하기 위해 싱가포르에 갔다.[244] 이른바 '아시아의 호랑이'라는 나라들의 정치체제는 "위장한 파시즘"이라 할 만했다. 예컨대, 구속된 노조 지도자들의 수는 한국이 단연 으뜸이었다. 블레어는 싱가포르 복지 제도의 "뚜렷한 성과"를 높이 평가하며 특별한 관심을 보였다. 〈가디언〉은 "처음에 영국 식민지 지배자들이 창안해 낸 싱가포르의 저축 제도를 다시 연구하는 영국 정치인들의 아이러니"를 지적하며 "[그 제도는 — 지은이] 사회보장 혜택이나 정부 보조 의료 서비스가 전혀 없는 [사회에서 — 지은이] 은퇴한 노동자들의 필요를 충족시키기 위해 만들어진 것"이라고 설명했다.[245] 〈이코노미스트〉는 "그런 제도는 보편적 국가 연금을 폐지하는 것과 마찬가지여서 논란이 많은데, 블레어가 사회적 응집력과 이해관계자 경제가 보편적 급여의 폐지를 뜻한다는 사실을 노동당에 납득시킬 수 있을지" 의심스러워했다.[246]

블레어의 '이해관계자'는 "응집력 있는 사회, 국민 통합"에 대한 신념을 바탕으로 했다.[247] "사람들은 상호 의존적인 존재이므로 자기 자신뿐 아니라 다른 사람들에 대해서도 책임을 져야 한다"는 것이 그의 "도덕"이었고, "개인의 성공은 사회 전체의 성공에 달려 있으므로 사람들은 상호 의존성을 인정해야만 성공할 수 있고, 좋은 사회란 개인의 노력을 지원하는 사회다"라는 것이 그의 "신념"이었다.[248] 이 흥미로운 사상은 1880년에 "동질적 사람들"에 대한 신념을 토로한 솔즈베리 경의 연설과 놀라우리만큼 비슷했다.

> 그들은 대체로 견해가 같은 사람들이다. 그들은 공동체의 주요 문제들에 대해 다른 사람들과 의견을 나누고, 서로 공감하고, 이해관계를 공유한다. … 이렇게 공동 행동을 할 수 있는 조건이 되는 사람들만이 성공과 행복을 누릴 수 있다.[249]

솔즈베리 경은 사회주의자들을 "강도"로 몰아붙이며 "민주주의의 적"을 자처한 빅토리아시대의 보수당 총리였다.[250] 블레어의 신노동당에서는 낡아 빠진 보수당 국민통합파의 냄새가 났다.

이 중에 어떤 것도 블레어가 집권해서 부딪히게 될 근본 모순을 해결하지 못했다. 여러 해 동안 분노를 삼키며 이를 갈았던 수많은 사람들이 블레어가 보수당과 다를 바 없는 정책들을 추진하고 있음을 깨달았을 때 무슨 일이 일어났는가? 시장 때문에 엄청난 빈부 격차가 더 확대됐을 때, 국가보건서비스에서 병상이 없다는 이유로 사람들이 죽어 갔을 때, 학교 지붕에서 비가 계속 샜을 때, 사용자들이 여전히 그들을 경멸했을 때, 그 사람들은 어떤 생각을 하게 됐는가?

18장

신노동당 정부

신노동당은 얼마나 새로웠는가?

1997년부터 2010년까지 집권한 노동당 정부는 노동당 역사에서 주목할 만한 시기다. 1997년 총선에서 노동당은 하원 의원 419명을 당선시키면서, 1935년 이후 가장 큰 압승을 거뒀다. 보수당은 "1832년의 선거법 대개혁 이후 그토록 철저하게 참패한 적은 없었다."[1] 그것은 시작에 불과했다. 노동당이 [2010년에] 마침내 정권을 내줬을 때 블레어는 다음과 같이 주장할 수 있었다. "나는 세 차례 총선에서 승리했다. 그 전까지 노동당은 두 번 연속 선거에서 승리해서 임기를 제대로 채운 적이 없었다. 노동당이 가장 오래 집권한 기간은 6년이었다. 그러나 이번에는 13년 동안 정권을 유지했다."[2]

다르게 보는 관점도 있다. 1980~1984년에 영국은 유럽연합과 OECD 30개국 가운데 사회적 불평등이 가장 낮은 축에 속했다. [그러나] 신노동당 치하에서 영국은 라트비아·리투아니아·포르투갈·루마니아·미국과 함께 사회적 불평등이 가장 심한 나라 축에 끼게 됐다.[3] 영국과 미국은 또, 사회 [계층 간] 이동성 면에서도 최하위권 나라들이었다.[4] 그러므로 "소득 불평등을 어떻게 측정하더라도 노동당 집권 기간에 상황은 약간 더 나빠졌다."[5] 심지어 〈파이낸셜 타임스〉조차 다음과 같이 지적했다. "갑부들은 대다수 영국인들보다 두 배나 빠르게 부유해졌다."[6] 이미 2001년 초에 노동당 중앙집행위원회 내 좌파인 리즈 데이비스는 중앙집행위원을 사퇴하는 이유를 다음과 같이 밝혔다. "전체적으로 볼 때, 노동당이 망명 신청과 시민적 자유를 억압하고, 민영화를 추진하고, 복지를 삭감하고, 빈민을 공격하고, 대기업에 굴복하고, 다른 나라 국민에게 폭탄을 퍼부은 것 때문에 [중앙집행위원직을 유지하는 것이 — 지은이] 불가능해졌다."[7]

[노동당의] 이런 선거 승리(와 배신행위)는 '신노동당'이 스스로 주장했듯이 과거의 전통과 완전히 단절했기 때문이라는 것이 흔한 견해다. 마거릿 대처는 자신의 최대 업적이 무엇이라고 생각하느냐는 질문에 "토니 블레어와 신노동당"이라고 대답했다.[8] [대처와] 정반대 편에서 리즈 데이비스도 [신노동당은] "예전에 노동당을 형성한 광범한 동맹과 질적으로 다른" 어떤 것이라고 생각했다. "예전에 노동운동 안에서 벌어진 논쟁은 노동당 정부가 자본주의의 가장 나쁜 폐단들을 개선하는 조치를 얼마나 효과적으로, 얼마나 빨리 취하는지를 둘러싼 것이었다. 평등과 재분배를 강화하는 쪽으로 나아가야 한다는 것은 당연하게 여겨졌다. 그러나 이제 더는 그렇지 않다."[9]

이와 다른 대안적 견해는 신노동당이 이미 1961년에 나온 랠프 밀리밴드의 다음과 같은 주장을 최종적으로 입증해 줬다고 본다. "사회주의가 목표라고 주장하는 정당들 가운데 노동당은 항상 가장 독단적인 정당이었다. 단, 사회주의에 대해서가 아니라 의회 제도에 대해서 독단적이었다. 다른 모든 것에 대해서는 실증적이고 유연한 태도를 취하는 노동당 지도자들이 항상 의회 제도에 헌신하는 것을 자신의 확고한 판단 기준이자 정치 행위를 결정하는 요인으로 삼았다."[10] 이 견해는 [구노동당과 신노동당 사이의] 연속성을 강조하고, 신노동당이 구노동당의 근본적 관점과 전망에서 나온 것으로 본다.

어떤 견해가 옳은가?

"역대 가장 인기 있는 정부!"[11]

블레어의 공보 비서관이었던 앨러스테어 캠벨이 이렇게 평가한 근거는 〈선〉과 〈텔레그래프〉의 여론조사 결과였다.[12] 의석수만 놓고 보면, 대단한 것처럼 보인다. 그러나 좀 더 자세히 살펴보면 흥미로운 사실이 드러난다.

노동당이 여론조사에서 강세로 돌아선 것(보수당보다 7퍼센트 뒤지던 처지에서 30퍼센트 앞서게 된 것)은 1992년 9월 검은 수요일[16일] 파운드화 가치가 폭락한 뒤였다.[13] 경제적 평판이 땅에 떨어진 보수당은 1994년 6월 유럽의회 선거에서 29퍼센트의 득표율을 기록했다. 이것은 전국 단위 선거에서 보수당의 역대 최저 득표율이었다.[14] 블레어가 노동당 대표가 되기 한 달 전의 상황이 바로 그랬다.

사람들은 신노동당을 열렬히 받아들이지 않았다. 1997년 총선에서 신노동당의 득표율은* "1950년대에 세 차례나 연속 패배한 것을 포함해서 1945년부터 1966년까지 모든 선거에서 노동당이 얻은 것보다 더 낮았다." 왜냐하면 1997년에는 노동당의 핵심 지역들 분위기가 "누가 보기에도 미적지근했기" 때문이다.[15] 투표율 71퍼센트는 제2차세계대전 이후 가장 낮은 것이었고, 보수당의 아성이었던 지역들보다 노동당의 아성이었던 지역에서 투표율이 더 낮았다. 결국 전체 유권자 가운데 블레어[의 신노동당]에게 투표한 사람은 31퍼센트에 불과했다.[16] 블레어의 극적인 승리는 보수당의 자체 붕괴, 전술적 투표 행위, [최다 득표자만 당선하는] 소선거구제의 특성 덕분이었다.[17] 만약 신노동당이 차이를 만들어 냈다면, 그것은 전보다 더 취약해진 지지 기반이었다. 투표율이 가장 많이 떨어진 집단

---

* 43.2퍼센트, 1351만 표.

은 "노동조합원, 공공 임대주택에 거주하는 노동계급 세입자, 실업자 등"
이었고 "1997년에 노동당을 지지한 사람들의 3분의 1은 1992년에는 노
동당에 투표하지 않은 사람들"이었고[18] 그들은 언제든지 쉽게 지지를 철
회할 수 있었다.

2001년 총선에서 노동당의 다수 의석 차이는* 겨우 14석만 감소했을
뿐이다. 그러나 그 근저를 들여다보면 노동당은 300만 표를 잃었다. 이것
은 "1983년부터 1992년까지 총선에서 보수당에 잇따라 패배했을 때 겪
은 득표 손실보다 훨씬 더 큰 것이었다. … 노동당의 득표율 42퍼센트는
1974년에 노동당이 두 차례 정부를 구성했을 때를 제외하면 전후의 역
대 정부가 기록한 득표율 가운데 가장 낮은 수치였다."[19] 마찬가지로 놀
라운 사실은 투표율이 59퍼센트에 불과했다는 것이다. 이것은 (군인 수
백만 명이 해외에 나가 있어서 투표를 할 수 없었던 이른바 '카키 선거'
가 치러진) 1918년 이래로 가장 낮은 투표율이었다.[20] 이번에도 보수당
강세 지역보다는 노동당 강세 지역의 투표율이 더 낮았다.[21] 노동당이 이
길 수 있었던 이유는 또다시 보수당이 지리멸렬했기 때문이다.

2005년 총선 때 투표율이 [61퍼센트로] 약간 올라간 이유는 선거 결과
를 예측하기가 힘든 접전이었고 이라크 전쟁이 초미의 쟁점이었기 때문
이다. 그러나 노동당의 다수 의석 차이는 [2001년의 167석에서] 66석까지 줄
어들었고, 득표율도 [35퍼센트로] 더 감소했다. 블레어가 '선거의 장애물'이
되고 '신뢰를 잃으면서' 전체 유권자 가운데 21.5퍼센트만이 노동당에 투
표했다.[22] 영국의 선거제도가 여전히 노동당의 근본적 약점을 가려 주고
있었던 것이다.

[2007년에] 토니 블레어가 총리직을 사임하자 재무부 장관 고든 브라운

---

* 다수 의석 차이 다른 정당들의 의석수를 모두 합친 것과 노동당이 얻은 의석수의 차이.

이 총리가 됐지만 노동당은 2010년 총선에서 패배했다. 블레어는 노동당이 "신노동당 [노선]을 포기하지 않았다면, 더 오래 집권할 수도 있었을 것"이라고 말했다.[23] 그는 자신이 언제 총리직을 내줄 것인지를 두고 벌어진 악명 높은 갈등 때문인 양 암시했다(앤드루 론슬리는 그 갈등을 재치 있게 'TB-GB의 불화'라고 묘사했다*). 블레어의 2002년 [노동당] 당대회 연설과 브라운의 응수는 그런 갈등을 보여 준 징후였다. 당시 블레어는 좌파적 정책들을 기꺼이 버릴 태세가 돼 있다고 자랑하며 대의원들에게 다음과 같이 말했다. "우리는 가장 대담할 때 가장 좋습니다."[24] 2009년에 브라운은 다음과 같이 핵심을 찌르는 말을 했다. "우리 당은 노동당입니다. 우리는 단결해 있을 때 가장 좋고, 우리가 노동당일 때 가장 좋습니다."[25] 만약 그들이 그 두꺼운 회고록에서[26] 한 말을 그대로 믿어야 한다면, TB는 신노동당을 대표하고 GB는 마음속에 전통적 노동당의 가치들을 간직하고 있었을 것이다.

유감스럽게도 브라운의 총리 재임 기간은 전임자의 특징을 고스란히 띠고 있었다. 브라운도 마거릿 대처를 다우닝가 10번지로 초대했다. 브라운이 꾸린 이른바 "모든 인재가 모인 정부"에는 전 영국전경련 회장과 전 해군 제독도 포함됐다. [브라운 정부에서는] 자유민주당 국회의원들이 사업 기획을 맡았고 보수당 국회의원들이 참모 구실을 했다.[27] "노동당 정치인들은 브라운이 13년 동안 총리가 되겠다고 운동을 전개한 이유가 자신이 집권하면 하고 싶은 일들이 있어서가 아니라 그냥 총리가 되고 싶어서 그런 것 아닌지 의심하기 … 시작했다(블레어 추종자들은 말할 것도 없고 다른 사람들도 그런 의심을 품었다)."[28] 브라운이 총리가 된 후 노동당 당대회에서 한 첫 연설은 그런 의심을 확인시켜 줬다.

---

* TB와 GB는 각각 토니 블레어와 고든 브라운의 영문 머리글자다.

"1990년대에 토니와 저는 여러분에게 새로운 도전에 대응하려면 정책을 바꿔야 한다고 말씀드렸습니다. 우리는 지금도 그렇지만 앞으로도 항상 기업 친화적이고 재계 친화적이고 경쟁 친화적인 정부가 될 것입니다. … 또, 우리는 … 이라크와 아프가니스탄에 있는 … 우리 군대의 영웅적 행위에 특별한 경의를 표합니다."[29]

브라운의 공보 비서관이었다가 추문 끝에 사퇴한 데이미언 맥브라이드는 다음과 같이 설명했다. "그 험악하고 격렬한 TV 연속극 같은 [블레어와 브라운의] 경쟁이 … 계속되는" 동안 "중요한 정치적 이야기는 오직 그것뿐이었다. 보수당은 말할 것도 없고 다른 어느 누구도 끼어들 여지가 전혀 없었다." 그것은 마치 콜라 전쟁과 비슷했다. "유일하게 현실적인 선택은 코카콜라냐 펩시콜라냐 하는 것뿐이다. 그러나 (맛을 구분 못 하는 사람들에게는) 둘 다 근본적으로 똑같은 제품이다."[30] 따라서 브라운은 신노동당의 깃발을 달고 2010년의 패배를 감독했다. 1997년 이후 500만 명의 유권자가 노동당을 포기했다.[31]

널리 퍼져 있는 근거 없는 믿음 하나는 신노동당이 "모든 여론조사에 아주 민감하게 반응하면서, 조금이라도 반감을 살 만한 정책은 기꺼이 버릴 각오가 돼 있었다"는 것이다.[32] 실제로는 신노동당이 (민영화 같은 정책에서 드러나듯이) 대기업과 미국 제국주의에 비굴하게 굴복한 것은 국민 다수의 여론과 정면으로 배치되는 것이었다. 그러므로 신노동당이 아주 성공적인 득표 기구였다는 주장들은 대체로 사기다. 보수당은 이미 그 전부터 곤경에 빠져 있었고, 신노동당의 우파적 정책들은 그 미래를 약화시켰다. 그러나 신노동당 안에서 그런 사기극이 계속 먹힌 이유는 "투표소에서 승리하는 것이 항상 [신노동당의 ─ 지은이] 비장의 무기였고, 모든 비판에 대한 대답"이었기 때문이다.[33]

신노동당과 계급

지금까지 이 책은 노동당이 일단 집권하고 나면 대체로 [자본주의] 체제 운영을 개혁 공약보다 우선시한다는 사실을 보여 줬다. 신노동당은 달랐다. 닐 키넉은 (자신의 '신현실주의'가 노동당을 우경화하게 만들었는데도) 블레어가 "집권도 하기 전에 배신했다"며 격노했다(신노동당이 집권하기 2년 전이었다). "조세, 의료, 교육, 노조, 완전고용, 인종, 이민 [등 모든 분야에서 블레어는 완전히 배신했다.] … 우리가 선거에서 이기는지 지는지는 중요하지 않다. 이미 은행가와 증권중개인이 우리를 꼼짝 못 하게 틀어쥐고 신나게 웃고 있다."[34] 키넉의 비난은 정확했다. 블레어는 회고록에서 다음과 같이 말했다. "대처는 기업과 산업을 자유화하는 측면에서 옳은 일을 했다. … 무엇보다 우리는 [공공서비스를] 지배하고 있는 이익 단체, 노동조합, 각종 협회 등의 힘을 빼앗아야 했다."[35] 이 말의 의미는 조직된 노동계급의 힘을 약화시키고 기업주들의 힘을 강화시켜야 한다는 것이었다. 공공 부문 노조인 유니슨의 지도자를 만난 후 블레어는 사석에서 다음과 같이 말했다. "저 새끼들이 꺼져서 시원하네." 또, 운수노조 간부들은 "멍청하고 사악하다"는 말도 했다.[36]

캠벨이 전해 준 이야기에 따르면, 최저임금 공약과 관련해서 [1998년 초] 블레어는 "저임금위원회가 3.5~3.75파운드의 최저임금을 권고하고 있다는 것을 알고 기겁했다. 그는 버럭 화를 내면서, 그들[저임금위원회]은 모두 생각이 너무 단순해서 더 큰 그림을 이해하지 못한다며 도대체 그들은 경제에 미칠 영향을 생각이나 해 봤느냐고 고함을 질렀다. … 그는 보통 사람의 상상을 뛰어넘을 만큼 정신 나간 몇몇 사람들이 우리나라 노조를 운영하고 있다고 해서 우리가 그들의 미친 짓에 타협해야 하는 것은 아니라고 말했다. [블레어의 참모 한 명이 — 지은이] 나에게 슬며시 메모를 건

넸다. '저 양반[블레어]이 다시 대처를 만나고 왔나?'"³⁷ 노동조합 통제 법률들을 개정하겠다던 공약과 관련해서 블레어는 〈선〉과 인터뷰할 때 다음과 같이 말했다. "우리의 개정안이 통과되면 영국은 서구 세계에서 노동조합을 가장 제한하는 법률을 갖게 될 것입니다." 그래서 〈인디펜던트〉는 다음과 같이 논평했다. "이 역사적 합의는 정말 기이하다. 노동당의 정책 수립 협의회에서 여전히 50퍼센트의 표결권을 갖고 있고, 여전히 수백만 파운드의 돈을 노동당 금고에 쏟아 넣는 노동조합들이 창립한 정당의 지도자 … 경영자들의 경영권에 유리한 쪽으로 절충을 하다니 말이다."³⁸ 신노동당의 보잘것없는 양보는 노동조합을 옥죄는 법률적 제약을 전혀 완화해 주지 못했다. 오히려 2010년까지 노동조합원 수가 50만 명 감소했다. 그런데도 블레어는 노조가 저항한다고 불평했고 기업주들을 모아 놓고 연설할 때 "제 등에는 [노조에게 얻어 맞은] 흉터가 있습니다" 하고 떠들었다.³⁹

[블레어의] 그런 경멸 때문에 노총 사무총장이었던 브렌던 바버는 노동당이 "노동조합을 곁에 두고 싶어 하지 않고, 노동조합과의 연계도 전혀 원하지 않는다"고 결론지었다.⁴⁰ 지엠비의 지도자는 "우리가 대변하는 사람들의 이익을 증진해 줄 [새로운] 정치적 파트너를 찾아봐야" 할 수도 있다고 경고했다.⁴¹ 통신노조CWU의 사무부총장은 다음과 같이 선언했다. "만약 우리 조합원들에게 지금 당장 노동당에 얼마나 많은 돈을 주고 싶은지 물어본다면, 내 생각에 20만 명한테서 5파운드를 얻게 될 것이다. 각자 5파운드씩이 아니라, 모두 합쳐 5파운드다."⁴² 운수일반노조의 [사무총장] 빌 모리스도 다음과 같이 불평했다. "노동당은 노동조합원들을 파괴자나 고루한 집단으로 묘사해서, 노동당의 태생적 지지자들과 당 사이에 위험한 분열을 만들어 내고 있다."⁴³

다수의 노조는 노동당에 내던 기부금을 끊어 버린 반면, TSSA(철도의 화이트칼라 노조)와 통신노조는 노동당을 탈퇴하기로 결정했다(비록 이 표결은 구속력은 없었지만 말이다). 결국 철도해운노조(노동당을 창립한 노조)와 소방관노조(2002년 파업을 [노동당] 정부는 악마처럼 취급하며 패배시켰다)만이 실제로 노동당을 탈퇴했다.[44] 좌파 성향 사무총장이 많이 선출됐는데도(그들을 일컬어 '껄끄러운 무리'라고 했다) [노동당과 노동조합의] 연계는 끊어지지 않았다. 운수일반노조 지도자인 토니 우들리의 태도가 전형적이었는데, 그는 다음과 같이 말했다. "나는 노동당에서 탈퇴하는 것을 지지하지 않는다. 그것은 결코 이치에 맞지 않기 때문이다. 우리에게 필요한 것은 노동조합과 노동당의 근원을 기억하는 지도부로 실질적 교체를 이뤄 내는 것이다. 고든 브라운 같은 사람들도 있지만, 다른 사람들도 있다."[45]

대중적 산업 투쟁을 조직할지 아니면 노동당에 의지할지 선택해야 하는 상황에 직면하면 [노조] 관료의 다수는 항상 후자의 길로 기우는 경향이 있었다. 그들은 다르게 행동하라는 압력을 거의 받지 않았다. 2015년에 한 저술가는 다음과 같이 지적했다. "1991년 이후 매해 파업 건수는 1991년 이전의 어느 해보다 더 낮았다."[46] 그러나 이것이 그 지도자들의 침묵을 정당화해 주지는 않는다. 노동당 중앙집행위원회 내부에서 문제를 살펴본 데이비스는 다음과 같이 썼다. "노동조합 대표들은 회의에 참석한 사람들 가운데 신노동당의 의제에 도전할 수 있는 실질적 가능성이 있는 유일한 사람들이었다. … [그러나 몇몇 사람들을 제외하면 — 지은이] 다른 어떤 노조 대표들도 민영화나 공공 부문 노동자 감축, 낮은 수준의 최저임금, 정부의 연금 정책에 항의하는 발언을 제대로 하지 않았다. 그러나 그들이 대표하는 노조들은 모두 민영화를 반대했고, 물가와 연동된 최저임금을 지지했으며, 연금과 소득의 연계를 복원하고 싶어 했다."[47]

신노동당이 노동조합과 자본가를 대하는 방식은 천양지차였다. 그 차이는 노동당 당대회에서 극명하게 드러났다. 1995년 노동당 당대회에서 노조의 블록투표는 50퍼센트로 삭감됐다. 1998년에는 노조(와 지구당)의 동의안 제출권이 폐지됐다. 한편, 그해 "노동당 당대회 참석자 2만 명 가운데 당이나 노조 대의원은 겨우 1500명뿐이었다. 1만 8500명은 로비스트나 기업 대표, 언론인이었다. 기업 임원이 700파운드[약 100만 원]를 내면 정부 장관들과 아침 식사를 함께하고, 당대회에서 총리가 연설할 때 맨 앞줄에 앉아서 듣고, 밤에는 칵테일 파티에 참석해서 각료들을 만날 수 있었다. 2만 5000파운드[약 3700만 원] 이상을 당에 기부한 사람은 블레어의 연설 전에 각료들과 개인적으로 만나 점심 식사를 하고, 총리의 연설이 끝나면 곧바로 총리와 차를 마실 수 있었다."[48]

이 엄청난 금액들은 당과 노조 사이의 자금줄을 끊으려는 신노동당의 계획이 반영된 것이었다. 처음으로 '고액 기부자들'이 낸 돈이 노동자들의 기부금과 맞먹게 됐다. 오염된 돈과 함께 부정 비리도 따라왔다. 노동당이 메이저 정부를 신랄하게 비난하던 쟁점에 스스로 말려든 것이다. 블레어는 자신을 "매우 고지식한 부류의 남자"로 묘사했지만,[49] 보수당의 거물인 포뮬러 원의 버니 에클스턴이* 노동당에 100만 파운드를 기부하자(《가디언》은 이것을 "정말 놀라운 정치적 유턴"이라고 불렀다)[50] 자동차 경주가 담배 광고 금지에서 면제되는 수상한 일이 일어났다.

나중에 많은 사람들은 정부가 스코틀랜드와 웨일스 [지방정부]에 권력을 이양하고 북아일랜드에서 (무장 충돌은 종식했지만 종파 간 갈등은 그대로 남겨 놓은) 성금요일** 평화협정을 체결하는 등 헌정 구조를 '현대

---

* 버니 에클스턴 국제 자동차 경주 대회인 포뮬러 원 레이스를 운영하는 포뮬러원매니지먼트(FOM)의 회장이었다.

** 성금요일 예수가 십자가에 못 박혀 죽은 일을 기념하는 날로 부활절의 이틀 전날.

화'하면서도, 선출되지 않은 상원을 계속 유지하기로 결정한 것을 보고 놀랐다. 이유가 있었다. 블레어는 역대 어느 총리보다 더 많이 귀족[작위를 받은 상원 의원]을 만들어 냈고,[51] 노동당에 100만 파운드 이상을 기부한 사람들은 (한 명만 빼고) 모두 귀족 작위를 받고 상원 의원이 됐다. 블레어는 과거에 로이드조지가 분열한 자유당 안에서 독자적 자금 기반을 마련하려고 시도한 것을 모방한 셈이었다.[52] '매관매직' 혐의 때문에 블레어는 경찰 조사를 받은 최초의 현직 총리가 됐다.[53]

신노동당은 신문 편집장들에게도 비굴하게 아첨했다. 그들의 정치 성향이 어떤지는 상관없었다. 블레어는 (뉴스인터내셔널의) 루퍼트 머독, 《데일리 메일》의) 폴 데이커에게 "많은 관심을 쏟았고", 〈미러〉의 피어스 모건은 "22번의 점심 식사, 6번의 만찬, 6번의 인터뷰, 또 차와 비스킷을 곁들인 24번의 일대일 대화, 수많은 전화 통화" 같은 환대를 받고 놀랐다.[54]

많은 평론가들은 정부의 태도를 블레어 탓으로 돌린다. 그를 "전형적인 영국 중간계급 보수당원의 생각과 가치를 암묵적으로 받아들이는, 보수당원 아닌 보수당 지지자"라고 묘사하는 것은 옳다.[55] 그러나 신노동당은 블레어보다 오래 살아남았고, 흠잡을 데 없는 노동당 배경을 가진 많은 사람들도 신노동당을 받아들였다. 예컨대, 고용부 장관 앨런 존슨은 그 자신이 통신노조 사무총장 출신인데도 '껄끄러운 무리'에 관해 다음과 같이 말했다. "노총은 조그 행성을* 20년쯤 전에 떠나왔지만, 몇몇 노조 지도자들은 아직도 가끔 소풍 가듯 그곳으로 되돌아간다."[56] [블레어의 측근인] 피터 맨덜슨은 애틀리 정부에서 장관을 지낸 사람[허버트 모리슨]

---

* 조그 행성(Planet Zog) 현실과 동떨어져 있거나 현재 벌어지고 있는 일과 거리가 먼 상황이나 장소를 일컫는 말.

의 [외]손자인데, 미국 기업 임원들에게 신노동당은 "사람들이 더럽게 부유해지는 것에 아주 관대합니다" 하고 말했고, 그 자신은 "블루칼라, 노동계급, 북부 지방 사람들, 막일로 손이 거칠고 딱딱하며 더러운 전신 작업복을 입은 사람들"을 무시했다.[57]

경제정책을 전반적으로 책임진 사람은 재무부 장관 고든 브라운이었다. 그는 선출된 대표들은 자본주의에 간섭할 권리가 없다고 생각했다. 그들의 임무는 단지 자본주의를 위해 안정된 환경을 제공하는 것뿐이라고 브라운은 주장했다. 브라운이 맨 처음 취한 조치들, 즉 법인세를 최저 수준으로 낮추고[58] 영국은행이 독립적으로 금리를 결정할 수 있게 한 것 등이 그 전형적 사례였다. 후자의 정책은 보수당 소속 전임 재무부 장관들도 옹호한 것이었지만, 대처와 메이저는 경제에 영향을 미칠 수 있는 정치인들의 능력을 계속 유지하기를 원했다.[59] 브라운의 조치로 말미암아 주가는 전례 없는 수준으로 급등했다.[60]

그의 견해는 "우리 세대에 처음으로, 영국 경제의 장기적 안정을 위한 건전하고 신뢰할 수 있는 기반이 마련됐다"고 주장한 1999년 강연에서 제시됐다. 노동당은 이미 2년 동안 "눈물이 날 정도로 빡빡한"[61] 보수당의 지출 계획을 열심히 실행하고 있었는데도 브라운은 다음과 같이 약속했다. "우리는 경제가 성장하기 시작하는 순간 재정 규율을 완화하는 과거의 실수를 되풀이하지 않을 것입니다. 엄격한 통제는 계속 유지될 것입니다."[62]

그 강연의 주제는 노동당의 전통적 의제인 완전고용이었다. 그러나 중요한 것은 맥락이다. 완전고용은 사람들이 원하는 일자리를 찾는 것을 의미할 수도 있고, 자본가들이 최대한 많은 사람을 착취하는 것을 의미할 수도 있다. 브라운이 원하는 것은 후자였다는 사실은 그의 "뉴딜이 일할 기회도 제공하지만 일할 의무도 요구한다"는 것에서 드러났다. 실업급여 신청자가 120만 명인데 비어 있는 일자리가 100만 개나 된다고 말하면서, 그는 빈민 대중이 너무 게을러서 일을 하지 않는다는 뜻을 넌지시 내비쳤다. 이미 일을 하고 있는 사람들에게는 "책임 있는 임금이 … 지금 일자리를 얻고 장차 번영을 누리기 위해 기꺼이 치를 만한 대가"라고 말했다. [그러나] 누구의 번영인가? 대처와 메이저 정부 시절 가계의 실질 가처분소득은 연평균 3.1퍼센트씩 증가했다. 신노동당 정부 시절에는, 심지어 2008년 금융시장 붕괴 전에도 가계의 실질 가처분소득 성장률이 연평균 2퍼센트로 떨어졌다.[63] '책임 있는 임금'은 기업주들에게는 적용되지 않았다. "1996년부터 2003년까지 주식시장 상장회사의 최고액 보수를 받는 임원들은 해마다 임금 인상률이 두 자릿수였다. 2001년에 《매니지먼트 투데이》가 보도한 것을 보면, 영국 기업들의 최고경영자 평균 연봉은 50만 9000파운드[약 7억 5500만 원]였다(이것은 1999년보다 3분의 1이나 오른 금액이었다). 그들의 연봉은 유럽에서 가장 높았다. 그들보다 더 많이 버는 최고경영자는 오직 미국 최고경영자들뿐이었다. 영국 최고경영자들의 연봉은 프랑스보다 33퍼센트 더 많았다(영국 다음으로 많이 받는 프랑스 최고경영자들의 평균 연봉은 38만 2128파운드였다). 스웨덴 최고경영자는 31만 1400파운드를 받았고, 유럽에서 바닥을 기는 독일 최고경영자들의 연봉 29만 8223파운드는 [영국과 비교하면] 거의 거지 수준이었다."[64]

고전적 신자유주의 노선을 따라 브라운은 자본주의가 자체 조절 능력이 있어서 가만히 놔두면 가장 잘 돌아간다고 봤다. 그러므로 "자본과 노동, 국가와 시장, 공공 부문과 민간 부분 사이의 무익하고 끝없는 50년간의 분열"을 자신이 끝내겠다고 했다. 여기서 흔히 되풀이된 그의 운명적 주장, 즉 "과거의 호황과 불황으로 되돌아가는 일"은 결코 없을 것이라는 주장이 나왔다.[65] 이 '철의 재무부 장관'의 공개 발언은 블레어가 사석에서 조직노동자들을 비난하며 내뱉은 말보다 더 우아했을지 모르지만, 계급의 측면에서 보면 둘은 정확히 똑같았다.

신노동당은 처음에 운이 좋았다. 착취율 상승, 개인 부채 증대(2005년 까지 민간 가계 부채는 GDP의 102퍼센트가 됐다),[66] 주택 가격 거품, 아시아에서 들어오는 값싼 자금, 인플레이션 없는 경제성장 덕분에 영국의 GDP는 2008년 금융시장 붕괴 전까지 3분의 1이나 증가했다.[67] 이것은 다른 선진 6개국, 즉 독일·미국·프랑스·일본·이탈리아를 앞지르는 수치였고[68] 진정한 개혁주의 강령의 실행을 위한 이상적 조건을 제공했다. 신노동당은 빈부 격차가 확대되지 않도록 감시하고, 소득세를 올리지 않겠다던 공약을 지키고, 일관되게 진보적인 방향으로 돈을 쓸 수도 있었다. 그러나 그런 일은 일어나지 않았다.

공공 지출

처음에 공공 지출 증가는 신중했다(1997년부터 2001년까지 공공 지출은 1.4퍼센트 증가한 반면, 조세 수입은 4퍼센트 증가했다).[69] 나중에 국가보건서비스와 교육의 주요 서비스에 대한 재정 지원은 사실상 갑절 이상으로 증가했고[70] 자녀가 있는 사람들에게 주는 보조금도 절반이나 늘어났다.[71] 유감스럽게도 그런 정책에는 독이 섞여 있었다.

뉴딜은 전형적 사기극이었다. 그것은 민영화한 공익사업체들의 초과 이윤에 세금을 매겨서 걷은 36억 파운드[약 5조 3000억 원]를 투자해서, 실업자들이 일자리를 찾도록 도와주는 정책이라고 대대적으로 홍보됐다 (이른바 "거저 주는 복지에서 생산적 복지로 전환").[72] 그 정책이 적용된 40만 명에게 무슨 직접적 혜택이 있었든 간에 장기적으로 그것은 노동계급을 감시하고 단속하는 쪽으로 복지 제도의 방향을 바꿔 놨다. "뉴딜에는 엄격한 제재가 따를 것"이라고 브라운은 말했다.[73] 일자리를 구하지 않는 한부모에게는 보조금이 삭감됐다. 그 이유를 〈가디언〉은 다음과 같이 설명했다. "블레어호의 돛대 꼭대기에는 '도덕'이라는 단어가 새겨져 있었다. … 블레어가 말하는 도덕은 1880년대에 옥타비아 힐이* 말한 도덕과 같은 것이었다. 즉, 가난한 사람들의 간음은 죄악이라는 것이다."[74]

저소득층 노동자 가구에 지급하는 보조금도 비슷했다. 노동자 가구뿐 아니라, 저임금 [노동자를 고용한] 사용자도 보조금을 받았고, 그 저의는 실업급여나 보조금 신청자들에게 오명을 씌우려는 것이었다("일을 해야 보수를 받는다. 그러니 지금 당장 일하러 가라!").[75] 그것은 사람들에게 저임금 일자리를 강요하기 위한 것이었고, 바로 그것이 브라운의 다음과 같은 말 이면에 있는 진정한 의미였다. "복지를 노동과 연계하는 우리의 개혁 덕분에 더 많은 장기 실업자들이 적극적 노동시장으로 다시 들어올수록, 인플레 압력의 증대 없는 실업률 감소가 가능해질 것이다."[76] (소득에 비해) 실업급여의 가치가 떨어진 데다[77] 최저임금도 낮아서 "1999년부터 2007년까지 적잖은 실업자 가구가 근로 빈곤층으로 바뀌는 전반적 효과가 나타났다."[78]

국가보건서비스 관련 정책도 양날의 칼이었다. 1975~1996년에는 국가보건서비스에 대한 재정 지원이 연평균 3.2퍼센트씩 증가한 반면 1997~2007년에는 5.9퍼센트씩 증가했다.[79] 국가보건서비스에 대한 재정 지원이 국민소득에서 차지하는 몫도 3분의 1 증가해서[80] OECD 평균 수준으로 올라서게 됐다. 환자가 치료를 받으려고 기다리는 시간이 크

---

* 옥타비아 힐 19세기 말 영국 도시 빈민의 복지 증진을 주창한 사회 개혁가.

게 줄었고, 입원 치료나 통원 치료도 3분의 1 증가했으며,[81] 암 사망률이 22퍼센트 감소하는[82] 등의 효과가 있었다. 문제는 따라붙은 조건이었다.

그중 하나가 부분 민영화였다. 2006년부터 2011년까지 국가보건서비스는 지출의 55퍼센트 이상을 비非국가보건서비스 치료에 썼다.[83] 2차 진료에 대한 재정 지원이 76퍼센트나 증가한 이유는 "거의 오로지 독립적부문 의료 공급자들[민간 영리 의료 기관]에 대한 지출" 때문이었다.[84] 또, 블레어는 "[환자들에게] 선택권을 주고, 민간 부분의 참여를 유도해서 … [국가보건서비스의] 견고한 벽에 금이 가게 할 요량으로" 재단 병원을* 도입했다.[85] 블레어와 보건부 장관 앨런 밀번은 모든 병원이 이 길을 따르기를 원했지만, 재무부 장관 고든 브라운이 반발했다.[86] [그러나] 브라운의 반대는 원칙에 입각한 것이 아니었다. 그는 자율 경영을 하는 기관들이 파산했을 때 그 비용을 재무부가 치러야 할까 봐 두려웠던 것이다.[87] 노동당 집권 기간 마지막 6년 동안 의료 영리화 때문에 간호사보다 건강 관리사 숫자가 갑절이나 빠르게 증가했다.[88]

교육도 사정은 비슷했다. 신노동당의 마지막 10년 동안 교육에 대한 지출은 GDP의 4.5퍼센트에서 6.4퍼센트로 증가했고,[89] 학급당 인원수는 감소했다.[90] 그러나 '선택권과 다양성을 늘린다'는 구실로 노동당은 보수당이 도입한 특수학교를 5배로 늘렸다.[91] [가난한] 대학생들에게 주는 생활비 보조금은 폐지됐고 등록금이 도입됐다. 교원 성과급 제도가 도입됐다. 그다음에는 공교육 제도 안에 아카데미가** 들어왔는데, 아카데미 통

---

* **재단 병원** 블레어 정부는 국가보건서비스 병원 중 운영 실적이 좋은 일부 병원에 대해 재정과 경영 측면에서 더 많은 재량권을 부여하고 이 병원들이 민간 자본을 유치해서 독자적으로 병원을 운영하게 했다.

** 아카데미 지방정부와 독립적으로 중앙정부의 자금을 지원받는 사립학교.

제권은 기업과 개별 기업인에게 부여됐다. 노동당은 보수당이 시작한 학교 성취도 평가표를 계속 만들었다. 1997년에는 18개의 [부실] 학교 "명단이 공개돼서, 망신을 당했다." 2008년까지 683개 학교가 성취도가 '개선'되지 않으면 문을 닫을 위기에 직면했다.[92] 2010년쯤 아동 20명당 1명꼴로 사립학교에 다니고 있었다.[93] 어떤 연구 결과는 다음과 같이 지적했다. "교육이 계속해서 경제성장과 국제경쟁력의 종속변수로 여겨지고 공공재가 아니라 사적 재화로 취급됐다는 점에서 [신노동당 정부의 교육정책은] 대처·메이저 정부의 [교육]개혁과 많은 연속성이 있다."[94]

학생 5명 중 1명꼴로 신축 건물이나 개축 건물에서 공부한다는 사실은[95] 노동당 정부 지출의 또 다른 측면을 분명히 보여 주는데, 그것은 바로 보수당이 1992년부터 추진한 정책인 민간투자개발사업PFI이다.[96] PFI는 정부가 학교와 병원, 기타 사회 기반 시설을 구축하는 것이 아니라, 민간 사업자가 그런 시설을 건립하고 정부는 (보통 25~30년 동안) 그 사용료를 지급하는 것이다. 메이저 정부가 체결한 PFI 계약은 21건이었는데, 블레어 정부는 850건을 체결했다.[97] 2007~2008년에만 55억 파운드[약 8조 1500억 원] 상당의 PFI 계약 55건이 체결됐다. 그 미친 짓은 2008년의 금융시장 붕괴와 함께 끝났다. 2016년에 캐머런 정부가 체결한 PFI 계약은 단 1건뿐이었다.[98] 그 이유는 "비용 효과와 투자 효율성에 대한 우려" 때문이었다.[99] PFI에 530억 파운드[약 78조 7000억 원]를 지출했다는 것이 의미하는 바는 국가가 건설 사업을 시행했을 경우보다 250억 파운드[약 37조 1200억 원]가 더 들었고[100] 공공 부문은 2040년대까지 1990억 파운드[약 295조 5000억 원](연평균 77억 파운드[약 11조 4300억 원])의 부채를 떠안게 됐다는 것이다.[101] PFI는 신노동당의 기만적 방식을 보여 주는 전형적 사례다. 즉, 지금은 [정부] 지출이 눈에 확 띄지만, 장기적으로는 민영화로 나아가려는 계획인 것이다.

신노동당의 비전은 다음과 같았다. "우리는 경제 발전과 사회정의를 결합시켰다"(부총리 존 프레스콧).[102] "우리에게는 경제 발전과 사회정의를 통합하는 비전과 가치가 필요하다"(토니 블레어).[103] 블레어파 국회의원 한 명은 "신노동당 프로젝트의 핵심 취지"를 다음과 같이 깔끔하게 설명했다. "실행 가능한 정치·선거 전략 속에서 경제적 효율성과 사회정의를 결합하는 것이 가능하다."[104] 이런 비전이나 설명은 공상이었다. 착취 위에 구축된 체제는 경제적 불의와 사회적 불의를 낳을 수밖에 없었다.

내무부

신노동당이 자본주의를 숭배하는 것을 보면, 빈민을 대하는 그들의 태도도 알 수 있다. 기업주들은 자신이 '부의 창조자'라고 생각하지 빈곤과 사회문제의 원인이라고 생각하지는 않는다. 그렇게 생각한다면 자기 비난을 해야 할 테니 말이다. 따라서 사람들이 가난한 것은 자업자득이라는 게 기업주들의 생각이다. 그들의 핵심적 이론은 1834년의 빈민(구제)법 개혁안으로까지 거슬러 올라가고, [1905년부터] 빈민법의 문제점을 조사한 의회 위원회의 다수파가 1909년에 제출한 보고서의 다음과 같은 말로 간명하게 표현할 수 있다. "사회가 스스로 부양하지 못하는 이유는 시민의 성격에 [게으름이나 무책임 같은] 결함이 있기 때문이다."[105] 그런 생각의 핵심에는 복지 혜택을 '받을 만한' 사람들(어쩔 수 없는 요인들 때문에 도움이 필요한 사람들)과 복지 혜택을 '받을 자격이 없는' 사람들(결함 있는 성격 때문에 강압적 조치가 필요한 사람들)을 구분하는 것에 바탕을 둔 복지 개념이 자리 잡고 있었다. 그래서 캠벨은 "좋은

복지 지출과 나쁜 복지 지출을 나누고, 후자는 해결하고 전자는 확대하라"는 지시를 받았다.[106]

이와 달리, 노동당의 1945년 복지국가는 비어트리스 웨브 같은 사람들의 주장을 받아들여서 보편적 복지를 제공했다. 노동당의 창립자 중 한 명인 웨브는 결코 혁명가가 아니었지만, 그녀가 제출한 1909년의 소수파 보고서는 사회문제의 근원이 개인의 결함에 있지 않고 사회에 있다고 지적했다.[107] 고든 브라운은 그런 주장을 노골적으로 거부했다. "어떤 사람들은 항상 모든 복지가 보편적이어야 한다고 주장하겠지만, 나는 도움이 가장 절실한 사람들에게 더 많은 혜택을 제공하는 더 진보적(!) 정책을 설명하고 대중화하는 것이 [우리의] 진정한 과제라고 확신한다."[108]

이런 가혹한 태도는 한부모와 실업자뿐 아니라 노동계급 전체를 대하는 것으로도 확대됐다. 내무부 장관 데이비드 블렁킷은 다음과 같이 생각했다. "21세기 복지국가에 헌신하는 사람들은 폭력 행위나 시끄럽게 소란을 피우는 행위, 불법적 방해나 반反사회적 행동에 대한 선의의 온정주의적 관용을 그만둬야 한다."[109] 그런 비난은 노인이든 어린이든 가리지 않았다. "[자녀에게] 문제가 있는 집은 부모가 걸핏하면 시간이 없다고 변명하면서 [자녀 교육에] 신경을 쓰지 않기 때문이다. … 그렇게 [자녀에게] 기대가 없다 보니 [갈수록 — 지은이] [자녀의] 약점이 쌓여 가는 것이다. … [교육의 실패에서] 결정적 요인은 기대와 헌신이 부족하거나 없다는 사실이다."[110] 반사회적 행동 금지 명령에 이어서 블레어는 "12살짜리 아이들이 밤에 거리를 돌아다니지 못하게 하는" 방안을 내놨다.[111] 그래서 [16세 이하 아동의 야간] 통행금지령까지 내려졌다.

복지 혜택을 '받을 자격이 없는' 노동계급 사람들을 범죄자 취급하는 정책은, 법질서 확립이라는 쟁점에서 보수당을 능가하려던 블레어의 의도에 딱 들어맞았다. 그는 다음과 같이 말했다. "범죄는 어떤 이유로도 용납되지 않는다. 절대 안 된다."[112] 그래서 1997년부터 2003년까지 정부는 다양한 범죄에 대처하는 법률 661개를 제정했는데, 그중에는 일부 소송사건의 경우 배심재판을 중단하는 것도 있었다.[113] 경찰에 대한 정부 지출이 3분의 1이나 증대했다.[114] 일부 충직한 노동당 국회의원들조차 끔찍하게 여길 정도였다. 예컨대, 해터슬리는 이른바 '블레어 혁명'을 맹비난하면서, 블레어파는 "1834년의 빅토리아시대 인간들처럼 빈민에게 범죄의 책임이 있다고 믿었다. 그러나 빈민은 자활에 실패한 사람들일 뿐이다. 빈곤은 범죄가 아니다" 하고 주장했다.[115]

신노동당의 철학은 인종차별과 이민 문제에도 적용됐다. [영국] 경제에 도움이 되므로 받아들일 만한 이민자가 있는 반면, 노동당이 보수당의 선수를 치는 데 유용하게 써먹을 수 있는 인종차별 카드의 적용 대상인 이민자들이 따로 있다는 것이었다. 2003년에 블렁킷은 합법적 이민 없이는 "경제성장이 정체하고, 경제적 탄력성과 생산성이 감소할 것"이라고 강조했다.[116] 바로 그때 내무부는 "망명 신청자를 줄이기 위한 강경한 '개혁' 조치들"을 도입하고 있었다.[117] 그중에는 '불법 이민자'로 분류된 사람을 영국으로 데려오면 징역 14년 형에 처한다는 것도 있었다. 닉 코언조차* [신노동당 정부의] 위선을 비난했다. 이민자 단속은 [1999년에] 블레어가 처음으로 뛰어든 중요한 전쟁인 코소보 전쟁 이후 시작됐다. 노동당이 제출한 이민·망명 법안의 "암묵적 목표는 난민이 … 합법적으로 영국에 들어오는 것을 불가능하게 만드는 것이었다. 거의 모든 경우에 난민은 범죄 조직에 의존할 수밖에 없으므로 당연히 범죄자나 다를 바 없는 '불법 이민자'가 됐다."[118] 1997~2001년에 내무부 장관을 지낸 잭 스

---

* 닉 코언 오랫동안 토니 블레어의 외교정책을 비판했으나 2001년 이후 견해를 바꿔서 제국주의적 개입 정책과 이라크 전쟁을 옹호한 영국의 언론인이자 정치 평론가.

트로도 난민이 "주로 현금 급여를 신청하려고 영국에 들어온다"고 주장했다.[119] 난민이 일을 하지 못하게 만들고, 인색한 쿠폰 제도로 난민을 지원한 것은 '좋은' 이민자와 '나쁜' 이민자라는 구분을 누구나 분명히 알게 하려는 것이었다. 잭 스트로의 이민법은 '위장 결혼'도 불법화했다.[120]

블레어는 자신이 벌인 전쟁들 때문에 고국을 떠나야 하는 사람이 갈수록 늘어난 데다가 [중동부 유럽의] 나라들이 유럽연합에 새로 가입하자 "보수당이 우리를 누를 만한 좋은 쟁점이 하나 있다. 그것은 바로 이민 문제다" 하고 걱정했다.[121] 인종차별주의자로 악명 높은 보수당 국회의원 이넉 파월을 두고 블레어가 "아주 총명한, 20세기 영국 정치의 위대한 인물"이라고 말한 것도 충분한 이유가 있었다.[122] 그래서 2005년 총선 직전에 블레어는 호주의 [이민] 점수제를 도입해서 이민을 제한하는 방안을 내놨다. 그러나 당시에도 지적됐듯이, "백인과 비백인을 막론하고 영국 노동계급의 핵심을 파괴한 것은 이민이 아니었다. 오히려 모든 산업의 폐쇄, 제조업과 공공 임대주택의 축소, 노동조합에 대한 공격, 부유층으로 막대한 자원의 이전, 노동시장의 규제 완화, 신자유주의 세계화의 가차 없는 충격이 그 원인이었다."[123]

노동당이 인종차별 문제에서 양보할 때마다 우파들만 기세등등해졌다. 억압과 불행을 피해 고향을 떠나온 사람들은 고통을 겪은 반면, 네오나치인 영국국민당은 그 수혜자가 됐다. 그래서 영국국민당 지도자 닉 그리핀은 다음과 같이 말했다. "망명 신청자 문제는 우리에게 아주 유용했다. … 이 문제 덕분에 우리는 정당성을 얻게 됐다."[124] 2001년 총선에서 영국국민당은 4만 5000표를 얻었는데 2005년에는 19만 2000표나 얻었다.[125] [2007년에] 총리가 된 고든 브라운은 한술 더 떠서, "영국의 일자리는 영국 노동자들에게!"라는 영국국민당의 구호를 그대로 따라 하기도 했다.[126] 2009년에는 영국국민당 당원 2명이 유럽의회 의원으로 선출되기에 이르렀다.

그리핀이 말한 정당성은 여론조사 결과를 보면 알 수 있다. 1997년에는 이민 문제가 대중의 관심을 끄는 주요 선거 쟁점 12개에 들어 있지 않았다.[127] 그런데 2001년에는 12개 중 아홉째 쟁점이었다.[128] 2005년에는 노동당이 선거공약집에서 "이민을 제한하는 것은 인종차별이 아니다" 하고 선언하자 여론조사 응답자의 58퍼센트가 [이민을 규제하는] 법률이 훨씬 더 엄격해져야 한다고 생각했고[129] "영국 정치에서 이민 문제의 중요성이 25년 넘게 찾아볼 수 없던 수준으로 높아졌다."[130] 노동당이 정권을 잃은 2010년에는 주요 선거 쟁점 12개에서 둘째가 이민 문제였다.[131] 얄궂게도, 노동당이 인종차별을 비난하기는커녕 오히려 영합했는데도 사람들에게 "노동당이 누구를 가장 도와주려 한다고 생각하십니까?" 하고 물어보면 흔히 "백인이 아닌 사람들과 이민자들"이라고 대답했다.[132]

노동당의 태도가 이렇게 변해 온 것과 밀접하게 연관된 쟁점이 전쟁과 테러리즘이었다.

(국내와 해외에서 벌인) 전쟁

블레어는 자신이 노동당의 최장기 집권 기록을 세운 지도자로 기억되기를 바라지만, 항상 토니 블라이어*라는 욕을 먹을 것이고, 미국 대통령 조지 부시가 밀어붙인 '테러와의 전쟁'의 치어리더였다는 비아냥을 들을 것이다. 대중매체는 영국 정부가 사담 후세인의 존재하지도 않

---

* 블레어와 라이어(거짓말쟁이)를 합친 단어로, 블레어가 이라크 전쟁을 정당화하기 위해 거짓말을 일삼은 것을 비꼬는 말이다.

는 대량 살상 무기 관련 첩보 자료를 조작한 이른바 '의심스러운 문서들'과 국제법 위반에 초점을 맞췄다. 그 여파로 국방부 소속 과학자 한 명이 자살로 추정되는 죽음을 맞았고, 공영방송사 BBC 사장이 사퇴했고, 이라크 전쟁 관련 진상 조사가 세 차례나 진행됐다(존 칠콧이 위원장을 맡은 마지막 이라크조사위원회는 진상 조사 기간만 7년이 걸렸고, 지금까지 작성된 보고서 가운데 가장 방대한 보고서를* 제출했다). 그러나 유감스럽게도, 그런 공식적 서술들은 제국주의라는 핵심 문제를 무시한다. 예컨대, 칠콧은 비록 사담 후세인의 위협이 없었다는 것은 사실이지만 "어느 시점에는 군사작전이 필요했을 수 있다"고 썼다.[133]

그래도 칠콧이 이끈 조사위원회가 [이라크 전쟁의] 재앙의 규모를 요약해 놓은 것은 도움이 된다. 적어도 13만 4000명의 이라크 민간인이 살해당했고([종합 의학 잡지인] 《랜싯》은 60만 명으로 추산한다), 390만 명의 난민이 발생했고(그중 200만 명은 이라크에서 탈출했고 나머지는 국내에서 떠돌고 있다), 이라크를 침략한 연합국의 군인 4806명이 사망했고, 영국은 전쟁 비용으로 96억 파운드[약 14조 2800억 원]를 썼다.[134] 이라크 전쟁의 여파는 계속되고 있다. 2018년 7월에는 이라크에서 항의 시위를 벌이던 사람들이 경찰에게 살해당했다. 시위대 중 한 명은 다음과 같이 말했다. "2003년 사담 후세인이 몰락한 이후 … 우리는 아직도 더러운 물을 마시고 있고, 여름에 에어컨을 켠다는 것이 어떤 것인지도 잊어버렸다."[135]

개인으로서 블레어는 영국의 이라크 전쟁 참전에서 핵심적 구실을 했다. 그에 못지않게 중요한 인물인 고든 브라운은 자신의 회고록 한 장章 제목을 "이라크: 어떻게 우리는 모두 호도됐는가"라고 달았다.[136] 그의 회고록에는 "우리가 나중에 알게 된 사실이지만 … " 따위의 문구가 많이 나온

---

* 12권, 260만 단어 분량이라고 한다.

다.[137] 그는 다음과 같이 썼다. "나는 총리직에서 물러난 뒤까지도 2001년 12월에 블레어가 부시와 전화 통화를 하면서, 미국이 주도하는 이라크 개입을 원칙적으로 지지한다고 밝혔다는 사실을 모르고 있었다."[138] 주목할 만한 사실은 블레어가 자신을 가장 강하게 책망하는 쟁점이 [이라크 전쟁이 아니라] 2001년의 정보자유법이라는 것이다. 그는 정보자유법 제정을 "실수"라고 부르면서 다음과 같이 한탄했다. "나는 정말 바보였다. 나는 순진하고 어리석고 무책임한 멍청이였음이 분명하다."[139]

그러나 블레어의 전쟁광 성향은 결코 비밀이 아니었다. 1999년에는 코소보와 시에라리온 전쟁에 뛰어들고 2001년에는 아프가니스탄 전쟁에 참전한 데 이어 [2003년] 이라크 전쟁에도 앞장선 "블레어는 처칠 이후 영국의 어느 총리보다 더 많은 전쟁터에 영국군을 파병해서 싸우다 죽게 만든 총리였다."[140] 이라크를 침략하기 2년 전에 세르비아의 밀로셰비치를 상대로 싸우는 동안 블레어는 나중에 자신이 따르게 될 정확한 [참전] 계획을 수립했다. 냉전 종식 후의 세계화 시대에(여기서 세계화는 "단지 경제적 현상만이 아니라, 정치적 현상이기도 하고 안보와 관련된 것이기도 하다") 코소보는 "따로 떼어 놓고 볼 수 없다. … 우리는 지금 새로운 세계에서 살고 있다. 우리에게는 새로운 규칙이 필요하다"는 것이었다. 블레어가 볼 때, 공격의 표적은 이미 확인됐다. "우리의 많은 문제는 위험하고 무자비한 두 인간, 즉 사담 후세인과 슬로보단 밀로셰비치 때문이다." 그는 다음과 같이 물었다. "우리는 언제 개입할지, 또 개입할지 말지를 어떻게 결정하는가?" 블레어의 판단 기준은 다음과 같은 것들이었다. "합리적이고 신중하게 수행할 수 있는 군사작전들이 있는가?" 또, "우리의 국익이 걸린 문제인가?" 그는 미국에 관해서는 다음과 같이 말했다. "미국은 세계에서 가장 강력하고 부유한 나라다. 미국은 위대한 국가다. 미국은 전 세계에 나눠 주고 가르쳐 줄 것이 아주 많다." 그러므로 영국을 비롯한 유럽연합 회원국들은 미국과 "더 긴밀하게 협력하는 쪽으로 크게 변해야" 한다는 것이었다.[141]

블레어가 미국과 영국의 '특수한 관계'를 처음 생각해 낸 것은 아니지만, 그는 그것을 열심히 구현했다. 그 점은 블레어가 [2006년 7월 G8 정상회담 장에서] 마이크가 켜져 있는 줄 모르고 부시와 대화할 때 굽실거린 것에서도 드러났다. 당시 부시가 "어이, 블레어. 잘 지내나?" 하고 말문을 열자 영국 총리는 몸을 낮춰 미국의 중동 특사를 자청하고 나섰다.* 미국 대통령은 자신의 국무부 장관이 그 임무를 맡을 것이라고 대답했다. 그러자 블레어는 말을 더듬으며 다음과 같이 덧붙였다. "음, 전 그냥, 그러니까 그녀[콘돌리자 라이스]에게 사전 정지 작업 같은 것이 필요하다면 [제가 가겠다는] 말이죠. 왜냐하면 분명히 그녀가 간다면 반드시 성공해야 하지만, 저는 그저 가서 얘기만 해 볼 수도 있으니까요."[142]

개인적 의도가 무엇이었든 간에 블레어는 자신이 생각하는 영국의 국익을 반영하고 있었다. 소련이 붕괴하자 국가가 경제에 개입해야 한다는 사상(서방의 케인스주의를 포함해서)은 불신을 받게 됐고, 신노동당이 국내외에서 시장의 힘에 비겁하게 굴복하는 태도는 더욱 심해졌다. 국제 관계 수준에서는 두 초강대국이 위성국들을 거느리고 있던 비교적 안정된 체제가 무질서한 단극적 세계 질서로 바뀌면서 미국이 개입할 기회가 늘어났다. 그것은 미국 대통령 빌 클린턴이 추구한 더 교묘한 형태로 나타나기도 했고, 이른바 '신보수주의자들(네오콘)'이 밀어붙인 '새로운 미국의 세기를 위한 프로젝트'나 '모든 영역에서의 압도적 우위'로 나타나기도 했다.[143] 그래서 신노동당 정치인들은 그것을 '세계화'라는 용어로 윤색해서, 마치 날씨처럼 아주 자연스럽고 필연적 현상인 양 떠들어 댔다.

---

* 당시는 이스라엘·레바논 전쟁이 시작된 직후였다.

[두 차례 세계대전을 거치면서] 힘이 빠진 영국 제국주의는 [국제적] 영향력을 행사하려 할 때 미국의 하위 파트너 구실을 할 수밖에 없었다. 그래서 《인터내셔널 소셜리즘》은 다음과 같이 주장했다. "블레어는 1945년 이후 영미 동맹에 헌신해 온 노동당 노선에서 이탈한 것이 아니라 그 절정이었다."[144] 영국의 중동 외교정책을 미국과 연동시킨 것은, 경제정책의 지렛대를 영국은행에 넘겨준 것과 맞먹는 지정학적 현상이었다. 그러므로 블레어가 벌인 전쟁들은 개인적 비굴함을 보여 주는 증거가 아니라 "영국이 유럽과 미국 사이에서 중심축 구실을 하면서 세계 무대에서 영국의 힘과 영향력을 강화하고 과시하는 수단으로 고안된 영미 동맹 전략이 지속되고 있다"는 증거였다.[145]

캠벨의 일기를 보면, 이라크를 상대로 즉시 행동에 나서야 한다고 촉구한 것은 흔히 클린턴이나 부시가 아니라 블레어였다. 1998년 2월에 블레어는 "우리가 군사적 수단보다는 외교적 수단을 너무 많이 사용하고 있다고 걱정했다."[146] 11월에는 "클린턴이 [이라크 폭격을 — 지은이] 24시간 늦추기를 원했다. 나는 즉시 TB[토니 블레어]는 무력 사용을 이미 승인했다고 성명서를 수정했다. … 그러나 미국은 무력 사용 승인을 언급하고 싶어 하지 않았다. … TB는 빌 [클린턴]이 왜 그랬는지 이해한다고 말했지만, 대체로 우리의 견해는 멈추지 말고 즉시 행동을 개시했어야 한다는 것이었다."[147] 당시 블레어가 한발 물러서지 않았다면 개입이 어떻게 진행됐을지는 알 수 없다. 그러나 다음과 같은 블레어의 말을 들어 보면 어느 정도 짐작은 할 수 있을 것이다. "우리더러 왜 무가베를 제거하지 않느냐고, 왜 버마 군사독재 정권 등등을 죄다 제거하지 않느냐고 묻는 사람들이 있다. 맞다, 그들을 모조리 제거하자. 내가 그러지 못한 이유는 그럴 수 없었기 때문이지만, 만약 여러분이 할 수 있다면 그렇게 해야 한다."[148]

마찬가지로 고든 브라운도 제국주의에 헌신하면서 다음과 같이 썼다. "나는 재무부 장관 시절이든 총리 시절이든 정부에 몸담고 있는 내내 토니를 공개적으로 비판하는 일에 결코 관여하지 않았다."[149] 이라크의 바스라에서 영국군이 패배하자 총리로서 브라운은 군대 지휘관들의 조언에 따라 이라크에서 철군했지만,[150] 곧 아프가니스탄에 돈과 추가 병력을 투입했고 "새로운 장비를 보급해 달라는 요구를 모두 들어주기 위해 최선을 다했다."[151] 그의 일반적 견해는 아프리카 방문 당시 다음과 같이 발언한 것에서 드러난다. "영국이 과거의 식민 지배 역사에 대해 사과해야 하는 시대는 이제 끝났습니다. … 우리는 우리의 과거에 대해 사과하기보다는 우리 과거의 많은 부분을 기념해야 합니다."[152]

2001년에 부시는 이라크 침략이 '테러와의 전쟁'의 필수적 일부라고 넌지시 말했는데, 그 근거는 사담 후세인이 9·11 테러 공격에 연루돼 있다는 뻔뻔한 거짓말이었다. 얄궂게도, [미국의 이라크] 개입은 테러를 진압하기 위한 것이라고 했지만 오히려 테러를 자극하고 활성화했을 뿐이다. 켄 리빙스턴은 (런던 시장에 [무소속] 출마했다는 이유로 노동당에서 제명당했는데) 미국 국가정보위원회가 "전에는 이라크에 테러리스트들이 존재하지 않았지만 지금 이라크는 테러리스트의 온상이 돼 버렸다"고 생각한다는 사실을 지적했다.[153] 물론 수치스럽게도 리빙스턴은 노동당에 복당한 뒤에는 그 연관성을 부인했다.[154] 심지어 찰스 거스리 장군처럼 영국의 개입을 열렬히 지지한 사람들조차 "서방이 테러 진압을 위해 고문을 사용하는 것"을 블레어가 용납하는 바람에 "알카에다는 아주 좋은 선전 거리를 얻었고, 세계적 지하드에 참여할 병사를 모집하기가 훨씬 수월해졌다"고 인정했다.[155] 그러나 블레어는 이제 국내에서 신노동당의 권위주의에 어울리게 시민적 자유와 무슬림을 억압하고, 신노동당이 벌인 전쟁을 피해서 고국을 떠나온 사람들을 표적으로 삼고 공격하는 것을 정당화할 수 있게 됐다.

이것의 전형적 사례는 내무부 장관을 지냈고 [영국 북서부의 도시이자] 무슬림 유권자가 많은 블랙번의 국회의원 잭 스트로였다. 그는 [이라크의] 수많은 사람을 살해한 침략에는 아무 문제를 못 느꼈지만 [히잡 같은] 베일을 두른 사람을 만나는 것은 '불편하다'고 느꼈다. "그래서 다음에는 베일을 완전히 두른 채 나를 만나러 오는 여성이 있으면 자리를 피해야겠다고 결심했고, 실제로 그렇게 했다. … 나는 영국이 자유 위에 세워진 나라라고 설명한다. … 나는 이 문제를 제기하는 것에 대해 많이 생각했다. … 그러나 내가 아니면 누가 하겠는가? 내 걱정이 틀렸을 수 있다. 그러나 여기에 문제가 있다고 생각한다."[156] 머지않아 여론조사에서는 영국인들이 "무슬림을 의심하는 경향이 미국인들이나 다른 주요 서유럽 나라 시민들보다 더 심하다"는 결과가 나왔다.[157]

스트로가 이렇게 격분한 것은, 테러 용의자를 무기한 구금하는 조치를 실행하려다가 [반발에 부닥쳐] 실패하고 노동당이 처음으로 국회 표결에서 패배한(테러 용의자를 재판 없이 90일간 구금하는 법안이 부결됐다) 바로 그때였다.[158] 그 뒤 28일로 타협이 이뤄지면서 [표결] 문제는 해결됐다(지만 여전히 서구 세계에서는 최장기간의 불기소 구금이)다.[159] 나중에 브라운은 그 기간을 49일로 연장했다. 물론 전임자 블레어와 마찬가지로 법안 가결을 위해 다른 정당의 국회의원들, 이 경우에는 [북아일랜드의 보수 우파 정당인] 민주연방당DUP 국회의원들에게 의존해야 했다.[160]

신노동당의 분리 정책, 즉 복지 급여 신청자를 '좋은' 신청자와 '나쁜' 신청자로 나누고, 좋은 이민자와 나쁜 이민자를 나누고, 좋은 무슬림과 나쁜 무슬림을 나누는 정책은 늘 실패했다. 한 사람이 입은 상처는 실제로는 모든 사람의 상처였다. 무장 경찰 배치가 대거 늘어난 뒤에 한 브라질 청년이 테러리스트로 오인받아 경찰의 총에 맞아 죽었다. 그러자 블레어는 "[국가 안보를 위해] 선의로 행동하다가 사건에 휘말린 경찰관들이 대단히 안타깝게 느껴졌다"고 썼다.[161] 2006년에는 신분증법이 국회에서 통과됐고, 론슬리가 썼듯이 "영국은 세계 최고의 감시 사회가 됐다. 세계 인구의 100분의 1도 안 되는 나라에 지구 상에 존재하는 폐회로텔레비전CCTV 카메라의 5분의 1이 설치돼 있다. [인권] 침해성 감시 장치를 합법적으로 사용할 수 있도록 허가받은 조직의 수가 2000년에 그 법이* 처음 통과됐을 때는 9개였지만, 2009년에는 거의 800개로 늘어났다. … 한편 정부는 미국보다 훨씬 더 큰 세계 최대 규모의 디엔에이DNA 데이터베이스를 구축했다."[162] 전 MI5 국장은 정부가 국민들로 하여금 "우리는 경찰국가 치하에서 두려움 속에 살고 있다"고 느끼게 만든다고 비난했고,[163] 어떤 역사가는 "1812~1827년에 영국 총리를 지낸 리버풀 경의 통치 이래로 지금처럼 시민적 자유에 대한 공격이 포괄적으로 벌어진 적은 없었다"고 말했다.[164]

대중의 엄청난 반대에도 불구하고(그런 반대는 뒤에서 살펴보겠다) 영국은 이라크를 침략했지만 스스로 주장한 전쟁의 공식적 이유, 즉 대량 살상 무기의 존재가 완전히 틀렸다는 것을 입증했을 뿐이다. 2005년 총선 때 투표율이 약간 오른** 이유는 "정부에 반대해서 투표하기로 결정한 사람들이 대체로 늘어났기" 때문이다.[165] 이라크 전쟁으로 말미암아 노동당의 득표율은 약 3퍼센트 낮아졌지만, 이전 선거에서 승리할 수 있게 해 준 요인들과 공공서비스에 대한 지출 증대 덕분에 노동당은 살아남을 수 있었다.

이후 블레어는 남은 임기를 꽉 채우겠다는 뜻을 넌지시 내비쳐서 브

---

* 여기서 말하는 법률은 2000년에 만들어진 수사권한규제법인 듯하다.

** 2퍼센트 올라서 61퍼센트를 기록했다.

라운을 격분하게 만들었지만, 블레어가 결국 총리를 그만두기로 결정하게 된 것은 이른바 'TB-GB의 불화'와 거의 관련이 없다. 2006년에 이스라엘 국가는 레바논인을 1300명이나 살해했다(반면에 이스라엘인 사망자는 165명이었다). 블레어는 이스라엘 정부를 비난하기를 거부하면서 "[이스라엘이] 팔레스타인 영토를 점령한 것은 관점에 따라서는 부당하게 보일 수도 있겠지만, 그곳은 원래 부당한 일이 많은 지역이다" 하고 강변했다.[166] 신노동당에 충성하는 국회의원들이 보기에도 레바논 [전쟁]은 인내의 한계를 넘어서는 것인지라 그들은 결국 블레어의 총리직 사임을 요구했다. 총리의 측근 한 명은 그들의 불만은 여느 사람들의 불만과는 다르다는 것을 깨닫고 다음과 같이 말했다. "제러미 코빈이 [총리 사임 요구서에] 서명했다면 누가 신경이나 썼겠는가."

2007년에 총리직을 그만둔 뒤에도 토니 블레어는 부자와 권력자에게 구애하는 활동을 계속했다. 전 세계를 돌아다니며 최고액의 보수를 받고 연설하는 강사가 됐고, ('토니 블레어 어소시에이츠' 같은) 다양한 돈벌이 수단을 통해 '조언을 해 준다'는 핑계로 독재 정권들과 유대를 강화했다. 블레어가 물러나고 브라운이 총리가 됐지만, 결코 블레어에게 뒤지지 않은 브라운은 이스라엘 국회 크네셋에서 연설한 최초의 영국 총리가 됐다.[167]

"호황과 불황의 경기순환은 끝났다"고 선언한 총리

총리 취임 전에도 브라운은 이미 상당한 권력을 휘둘렀다. 그는 심지어 자신의 예산안을 발표하기 직전까지도 블레어에게 알리지 않았고,[168] [정부의] 돈줄을 통제하는 재무부 장관으로서 경제정책과 사회복지 지출도 좌우했다. 브라운은 자신의 동료들에게 "시장과 경쟁을 받아들여야 하고 경제성장을 달성하는 데서 민간 부문이 필수적 구실을 한다는 사실을 인정해야 한다는 점을 명확히 했다."[169] 이 말은 단지 미사여구가 아니었다. "나는 실제로 어려운 민영화 사업 몇 건을 진척시켰다. … 그래서 경쟁과 자유화, 민영화나 감세 조치가 공공의 이익에 부합한다고 생각되는 분야에서 그런 과제를 지지하는 데에 그치지 않고 주도하곤 했다."[170] 그는 이것이 "강력한 경제와 공정한 사회를 모두 달성하는" 데 기여했다고 주장했다. "경제 번영과 사회정의는 서로 충돌하지 않는다. 그 둘은 서로 떼려야 뗄 수 없는 관계가 됐다."[171]

2007년 3월 21일 브라운은 재무부 장관으로서 한 마지막 연설에서 "우리는 결코 과거의 호황과 불황으로 돌아가지 않을 것"이라고 약속했다.[172] [그러나] 2007년 9월 14일 [미국 주택 시장 위기의 여파로 파산할 지경에 이른] 노던록은행 밖에서는 예금을 인출하려는 많은 사람이 겁에 질린 채 장사진을 치고 있었다.

그러나 그 전에도 이미 브라운의 생각이 공허하다는 것은 명백했다. 2004년부터 2006년까지 "숙련 육체노동자, 미숙련 노동자, 실업 빈곤층을 포함한 가장 가난한 가구의 소득은 감소했다." 소득 분포 스펙트럼의 중간에 있는 가구들도 소득 증가세가 "2001년 이후 괴로울 만큼 미약했다."(2001년까지는 물가 상승률보다 15퍼센트 더 높았지만 그 뒤 5년 간은 겨우 4퍼센트 더 높았다.)[173] 경제 위기를 체감하기 1년 전에도 가처분소득은 15퍼센트 감소했다.[174] 여기서 브라운의 정책들이 직접적 구실을 했다. 그는 현금을 대거 투입해서 2005년 총선 승리를 일궈 낸 뒤 "공공 지출 증가율을 반으로 줄였고" 공공 부문 노동자들을 감축하기 시작했다.[175] [2007년 3월] 브라운은 재무부 장관 시절 마지막으로 제출한 예산안에서 10퍼센트의 최저 세율 구간을 폐지해서 최저소득 계층

300만 명에게 타격을 입혔다.*

그렇지만 2008년의 금융시장 붕괴는 거대한 변화였다. 브라운은 자신이 무고한 피해자인 양 묘사한다. "우리가 당시 상황에 준비돼 있지 않았다는 것은 사실이다. … 아무도 준비돼 있지 않았다."[176] [그러나] "호황과 불황의 경기순환은 끝났다"는 브라운의 말이 터무니없는 소리라는 것은 굳이 마르크스의 《자본론》을 자세히 읽어 보지 않아도 알 수 있다. 윌허턴 같은 케인스주의 경제학자들은 처음부터 브라운의 그런 견해를 비웃으며 일축했다. "중도 좌파 정치의 근저에 있는 경제학의 요점은 자본주의가 분명히 불안정한 체제이며 불공정하게 작동한다는 것이다. 자본주의에는 선순환과 악순환이 있고, 신용 호황과 불황[의 순환]이 있다."[177]

브라운은 정부 지출을 1950년대 말 이후 가장 낮은 수준까지 떨어뜨리고 "추가 지출 수요를 단단히 억제해서, [재정] 적자를 흑자로 바꿔 놓은 것"을 자랑스러워했다.[178] 그러나 시티가** 세계적 신용과 금융 중심지인데도, 철의 재무부 장관의 '근검절약' 덕분에 영국이 "다른 어떤 주요국보다 부채 비율이 낮은" 나라가 되는 데는 거의 차이가 없었다.[179] 여기서는 카지노 자본주의의 규모가 영국 GDP의 4퍼센트 감소를 가져왔다(유럽연합 평균).[180] 그런데 이것은 일어나서는 안 되는 일이었다. 왜냐하면 "전 세계에서 공급되는 자본이 위험을 분산시키고 … 감소시킨다"

---

* 그 전까지는 과세표준 0~2230파운드에 대해서는 최저 세율 10퍼센트, 2230~3만 4600파운드에 대해서는 기본 세율 22퍼센트, 3만 4600파운드 이상에 대해서는 최고 세율 40퍼센트가 적용됐으나 브라운은 최저 세율 구간을 없애고 0~3만 4600파운드에 대해서는 기본 세율 20퍼센트, 그 이상은 최고 세율 40퍼센트를 적용하는 세제 '개혁'을 단행했다.

** 시티오브런던(City of London, 시티) 런던의 오래된 중심 지구로, 은행과 증권·보험 회사 따위가 집중돼 있는 금융가.

는 것이 '세계화'론자들의 주장이었기 때문이다. 브라운은 "세계에서 가
장 경쟁을 촉진하는 정책"의[181] 옹호자로서, 금융 부문의 혁신적 기법들
을 적극 장려했다. 1998년 [10월 당시 통상산업부 장관이던] 피터 맨덜슨이 말했
듯이, 신노동당은 "진취적이고 위험을 감수하고 실패에 관대한 기업 문
화"를 원했다. 고든 브라운은 재무부 장관 시절 마지막 맨션하우스 연설
에서* "새로운 황금기가 시작됐다"고 선언했다. "가장 현대적인 금융 수단
들[을 사용하는 — 지은이]" 시티 덕분에 영국이 "새로운 세계적 지도자"가 됐
다는 것이었다.[182] [그러나] 브라운은 결국 자신이 사랑하던 안전장치들이
사실은 "재앙을 전염시키는 원동력"이었다는 사실을 인정해야 했다.[183]

　　나중에 그는 금융시장의 실패가 "오랫동안 지속된 탐욕의 나쁜 결과"
였고[184] "다른 사람들의 돈으로 위험한 짓을 한 악당 같은 은행가들은
감옥에 가야 한다"고 썼다.[185] 그러나 2008년에는 근검절약, 반사회적 행
동에 대한 엄격한 제재, "주로 현금을 얻으려고 오는 사람[이민자]들"을 낙
인찍는 조치를 헌신짝처럼 내던져 버렸다. 브라운은 은행 최고경영자들
을 재무부로 초대해서 [긴급 구제금융으로] 500억 파운드를 [지원하겠다고] 제
안했다. "그들은 자금의 규모를 듣고는 경악해서 … 절반으로 깎으려 했
다."[186] 관용의 화신이 된 브라운과 그의 재무부 장관 앨리스터 달링은
500억 파운드의 자본 확충을 추진할 것이고 "그와 함께, 은행의 부채에
대한 2500억 파운드의 신용보증과 2000억 파운드의 추가 유동성 [공급
계획]"을 발표했다.[187] 결국 은행들은 (안정된 후 다시 매각될 때까지) 국
유화됐다. [그러나] 이렇게 정부의 경제 개입 노선으로 180도 전환한 것
은 장기적으로 케인스주의 정책으로 돌아가겠다는 것이 아니었다. 그것

---

*　맨션하우스는 시티의 시장(런던광역시의 시장과는 다르다)이 거주하는 공관으로, 여기
　서 해마다 6월 초에 재무부 장관이 영국 경제의 상태에 관한 연설을 하는 관례가 있다.

은 단지 자본주의의 목숨을 구하기 위한 응급수술이었을 뿐이고, 그 수술을 위해 환자에게 수혈할 피는 평범한 사람들한테서 뽑아낼 것이었다. 브라운은 부자들에게는 5000억 파운드를 제공한 반면, 다른 모든 사람들을 위한 "비용을 삭감하고, 비효율적 요소를 삭감하고, 불필요한 사업 계획을 삭감하고, 우선순위가 낮은 예산을 삭감하겠다"고 약속했다.[188]

그 환자[자본주의]는 천문학적 액수의 구제금융에 대한 감사의 표시로 2010년 총선에서 노동당을 저버렸다. 51개 기업이 보수당에 700만 파운드[약 100억 원]를 기부했다. 노동당은 지난 세 차례 선거에서 그랬듯이 이번에도 노동조합의 기부금에 의존했고, 노동당의 선거 자금 500만 파운드 가운데 66퍼센트가 노동조합의 기부금이었다.[189] 〈선〉의 주도로 유력 언론들도 보수당 지지로 돌아섰다. 브라운은 〈데일리 메일〉의 골수 우파 편집장 폴 데이커와 함께 '영국적인 것'을 찬양하려 했지만, 그 계획도 낭패를 봤다.[190] 2001년에는 전체 판매 부수의 71퍼센트를 차지하는 신문들이 노동당에 투표하는 것을 지지했다. 2010년에는 그 수치가 13퍼센트에 불과했다.[191]

노동당은 경제적 능력 면에서 보수당에 대한 이점을 상실했다. 더욱이, 노동당이 자신을 돌봐 준다고 느낀 여론조사 응답자가 전에는 63퍼센트였는데 이제는 19퍼센트에 불과했고, 사람들은 노동당이 "복지나 축내는 게으름뱅이들과 이민자들"을 더 돌봐 준다고 생각했다.[192] 브라운은 정치적 의제의 우경화를 강행했다가 그 피해자가 됐다. 그는 노동당 대표가 되고 나서 처음으로 당대회에서 연설할 때 이미 그 기초 작업을 실행했다. 그 연설에서 브라운은 '영국', '영국(적)인', '조국'이라는 단어를 112번이나 언급했고, 다음과 같은 말로 발언을 마쳤다. "저는 영국의 가치들을 옹호할 것입니다. 저는 강력한 영국을 옹호할 것입니다. 그리고 항상 여러분을 옹호할 것입니다."[193] 브라운의 선거운동에서 가장 주목할 만한 사건은, 이민 문제에 관해 불평하는 노동당 지지자 여성을 두고 그가 "고집불통"이라고 뒷담화 하는 말이 그대로 방송으로 나가서 사람들이 다 듣게 된 것이었다. 이렇게 노동당 선거운동 본부에 남아 있던 "마지막 한 가닥 희망도 사라져 버렸다"(론슬리의 표현이다)는[194] 사실은 신노동당이 얼마나 대중과 자신에게 사람들의 이동[이민]이 가장 중요한 문제라고 믿게 만들었는지를 잘 보여 준다.

[블레어가 말한] "가장 오래 집권한 노동당 정부"는 2010년 총선에서 노동당의 득표율을 1931년 선거 때와 비슷한 30퍼센트 수준까지 끌어내렸다(그것은 1931년과 2010년 사이에 역대 집권당이 기록한 최악의 득표율 하락이었다*).[195] 그러나 노동당의 참패는 대중이 보수당을 열렬히 지지했기 때문이 아니었다. 노동당과 보수당의 득표를 다 합쳐도 총투표자의 3분의 2에 불과했는데, 이것은 90년간 전례 없는 수치였다.[196] 그 때문에 선거 후 [보수당과 자유민주당의] 연립정부가 들어서게 됐다.

금융시장 붕괴 때 자신의 행동이 "세계를 구했다"고 주장한 브라운은 조롱거리가 됐다. 다른 나라들이 따를 만한 개입주의의 본보기가 돼 세계 자본주의를 구했을지 몰라도[197] 평범한 사람들은 오랫동안 긴축과 삭감, 생활수준의 정체나 하락에 시달려야 했다.

노동당의 안과 밖

정부와 노동당의 관계는 어땠는가? 해터슬리는 신노동당을 "둥지 안

---

* 1931년에 노동당의 득표율은 1929년보다 6.5퍼센트 하락한 30.6퍼센트였고, 2010년 총선에서는 2005년보다 6.2퍼센트 하락한 29퍼센트를 기록했다.

의 뻐꾸기"로* 봤다.[198] 최근에 나온 한 역사서는 "밀뱅크타워에** 안락하게 자리 잡은 지도부의 핵심층은 당내 당을 형성한 채 자율적으로, 또 매우 중앙집권적으로 움직였다"고 말한다.[199] 이 주장은 설득력이 있다.

블레어와 그 동료들이 데려온 특별한 조언자 집단은 전통적 공무원 조직을 불안하게 만들었을 뿐 아니라, 당에서 독립적인 기구를 만들어 이례적 행동의 자유를 누리게 해 줬다. 앨러스테어 캠벨(토니 블레어의 공보 비서관)이나 데이미언 맥브라이드(고든 브라운의 공보 비서관) 같은 사람들이 부르주아 대중매체를 통해 직접 정부를 홍보했다. 루퍼트 머독이나 재계 거물들과 맺은 밀접한 관계도 강력한 영향을 미쳤다. [노동당의 정치 컨설턴트인] 필립 굴드가 이끄는 포커스 그룹은*** 노동당 내부 경로나 활동가들을 건너뛰어서 지도부에 직접 정보를 제공했다.

앞서 봤듯이, 신노동당[을 주도한 세력]은 의도적으로 노동조합과 거리를 뒀다. 그런 태도는 노동당 자체에도 적용됐다. 그 전까지 역대 노동당 정부도 연례 당대회와 중앙집행위원회에서 결정된 사항을 무시하는 경우가 흔했지만, 신노동당 정부는 아예 그런 시늉조차 하지 않았다. 그 대신 전국정책포럼이 만들어졌다.[200] [노동당] 내부 관찰자 리즈 데이비스는 다음과 같이 말했다. "[전국정책포럼은] 비밀리에 만난다. 그 심의 내용은 (연례 당대회와 달리) 대중매체나 당원에게 알려지지 않는다." 지구당은 중앙당에서 결정된 주제들에 관한 포럼을 개최할 수 있었지만 "그런 포럼

---

* 뻐꾸기는 다른 새의 둥지에 알을 낳는데, 그러면 부화한 뻐꾸기 새끼는 다른 알이나 새끼를 둥지 밖으로 밀어낸다. 그래서 "둥지 안의 뻐꾸기"라는 말은 조직 안에서 분란을 일으키는 사람이나 화목한 가정을 파괴하는 침입자라는 의미로 쓰인다.

** 밀뱅크타워 1994~2002년 노동당 중앙당사가 있던 건물.

*** 포커스 그룹 시장조사나 여론조사를 위해 여러 계층을 대표하도록 뽑은 소수의 사람들로 이뤄진 그룹.

에서는 어떤 표결도 이뤄지지 않았다. 또, 어떤 동의안도 검토되지 않았다. … 지구당이나 개인 당원들은 자신의 제안이나 의견이 [중앙당과 정부에 전달된 후] 어떻게 처리됐는지를 추적할 방법이나 절차가 전혀 없었다. … 따라서 당원들의 견해를 반영해서 정부 정책에 영향을 미치기로 돼 있는 바로 그 기구가 무엇보다도 정부 정책을 만들고 시행하는 사람들의 지배를 받고 있었다."[201] 이제 지구당의 국회의원 후보 선출은 중앙당에서 내려보낸 명단 내에서 이뤄졌다.[202]

노동당의 개인 당원 수도 엄청난 타격을 입었다. 1992년 이후 노동당원은 15만 명이 늘어나서 1997년에는 총 40만 명을 웃돌았다.[203] 블레어의 지역구인 세지필드에서는 당원이 5배로 늘어났다.[204] 전체 당원 수가 애틀리 시대의 100만여 명에 미치지는 못했지만, 보수당보다는 더 많았다.[205] 그러나 1997년 이후 당원 수는 계속 줄어들었다. 2003년 말쯤에는 절반으로 줄었고, 브라운 정부의 임기가 끝났을 때는 겨우 16만 명밖에 안 됐다.[206]

남아 있는 당원들의 분위기도 암울했다. 1997년에는 지도부가 자신들을 별로 신경 쓰지 않는다고 생각한 당원이 35퍼센트였는데, 1999년에는 53퍼센트가 그렇게 생각했다.[207] 런던의 한 활동가는 신노동당의 "음모와 술책, 부정직성, 연고주의, 따분한 성명서, 극도로 오만한 태도를 보면 서글픈 분노가 치민다"고 썼다.[208] 블레어는 당원들이 특히 불쾌하게 여긴 인물이었고, 2001년에는 "우리 평생에 총리직을 차지한 정치인 가운데 가장 믿을 수 없고 가장 혐오스럽다고 생각되는 인간"으로 꼽혔다.[209] 그때쯤 "현장에서는 당이 거의 기능을 멈춘 상태였다. 전국의 대부분 지역에서 그랬다. 선거운동은 대부분 유급 당직자, 후보자와 그 가족이 하고 있었다. 중앙당이 개입해서 인기 있는 지방의원이나 당 간부를 [공직 선거] 후보에서 탈락시켰다는 이야기가 무성했다."[210] 2006년에 한 국회의원은 다음과 같이 확신했다. "당이 사라졌다. 지구당 따위는 존재하지 않는다. 선거운동이라고 할 만한 것도 없다. 당 본부에서 하달되는 명령과 지시가 있을 뿐이다."[211] 어떤 연구자는 유럽에서 유권자 대비 당원 수의 비율이 "가장 낮은 나라가 바로 영국"이라고 결론지었다.[212]

당에 달라붙어 있던 사람들은 해방감 비슷한 것을 느꼈다. 2000년 중앙집행위원 선거에 출마한 후보가 당선하는 데 필요한 득표수는 1997년의 절반에 불과했다.[213] 그 영향은 당대회에서 찾아볼 수 있었다. 2001년에는 지구당의 3분의 1[약 200개]이 당대회에 대의원을 보내지 않았다. 왜냐하면 "당대회 행사들이 별로 중요하지 않은 것들이어서, 행사장이 반쯤은 텅 비어 있었고, 심지어 정부 장관들에게 배정된 자리도 비어 있었기 때문이다. [대중매체와 대의원들은 모두 진짜 결정은 다른 곳에서 내려진다는 사실을 알고 있었고, 그에 따라서 행동했다.] 또, 대의원들 자신이 변해 있었다. 멋지게 차려입지 않은 대의원은 보기 드물었고, 꽤나 비싼 옷을 입은 대의원도 흔했다."[214]

앞서 말했듯이, 비슷한 환멸이 노동조합 관료들 사이에서도 커지고 있었다. 정부의 중앙집권적 태도 때문에 지방의원들은 사기가 떨어졌고, 그래서 "1920년대 이래로 지방자치 운동을 지탱해 온 전통은 계속 후퇴했다."[215] 심지어 노동당 의원단조차 소외됐다. 1997년에는 노동당 의원단의 반란이 딱 1건 있었다. 한부모에게 지급되는 보조금을 삭감하는 법안에 47명의 노동당 국회의원이 반대표를 던진 것이다.[216] 2003년까지 의원단은 19차례 반란을 일으켰고, 모두 합쳐 925명의 노동당 국회의원이 반대표를 던졌다.[217] 브라운[과 노동당 의원단]의 밀월 기간은 짧았고, 브라운의 총리 임기 마지막 2년 동안 노동당 국회의원들은 3번 표결에 1번꼴로 반란을 일으켰다.[218] 이것은 전후 영국 의회 역사상 가장 높은 [반란] 비율이었다.[219]

이 모든 것은 ('당내 당' 구실을 하는) 신노동당 정부와 운동 속의 당원들, 노동조합원들, 지방의원들, 일반 국회의원들 사이의 정치적·이데올로기적 균열을 보여 주는 증거인가? 그것은 복잡한 증거다.

개인 당원들의 추세는 중앙집행위원 선거를 살펴보면 알 수 있다. 1994년에 노동당 좌파는 출마 가능한 중앙집행위원 7석[지구당 몫] 가운데 2석을 확보했고 이듬해에는 3석을 차지했다. 1997년 중앙집행위원 선거에서 켄 리빙스턴이 피터 맨덜슨을 물리친 뒤에[220] 규약이 개정돼서 국회의원은 지구당 부문에서 배제됐다. 그래서 지구당 몫의 중앙집행위원은 6석으로 줄어들었다. 그 뒤 [1998년에] 새로 만들어진 당내 좌파 연합체인 기층동맹은 중앙집행위원 선거에 겨우 3000파운드를 쓰고도 4석을 확보했다(반면에 지도부는 수십만 파운드를 썼다).[221] 이것은 인상적인 성과였지만, 그런 전진은 더 지속되지 않았다. 머지않아 기층동맹의 득표율은 47퍼센트에서 40퍼센트로 떨어졌다.[222] 불만을 품고 있던 노동조합 지도자들은 2004년 [노동당과 주요 노동조합들이 체결한] 워릭 합의로 쉽게 매수됐다. 왜냐하면 그 합의에 영국 우정공사[로열메일] 민영화 중단 같은 조항들이 포함됐기 때문이다(비록 2008년에 [기업·혁신·기술부 장관] 피터 맨덜슨이 우정공사 민영화를 다시 추진[했다가 이듬해에 포기]했지만 말이다).

노동당 국회의원들의 수많은 표결 반란에도 불구하고 당내 좌파의 처지는 위태로웠다. 블레어가 사임했을 때가 좋은 사례다. [좌파인] 존 맥도널과 마이클 미처가 모두 브라운에게 도전하는 데 필요한 국회의원 45명의 추천인 서명을 받지 못했다는 사실은 "의회 안에서 노동당 좌파가 얼마나 약해졌는지를 여실히 보여 줬다."[223] 부대표 선거에서는 노동조합의 자금이 (중도 좌파인) 존 크루더스 지지로 모였지만, 그는 [6명 중] 3위를 하는 데 그쳤다. [2004년 7월에 창립한] 당내 좌파 단체인 노동자대표

위원회는 "우리에게 노동자 정당은 없다. 그것을 건설하는 것이 우리의 임무다" 하고 결론지었다.[224]

노동당의 내부 세계와 의회라는 협소한 영역 바깥에서는 그림이 완전히 달랐다. 신노동당에 대한 도전과 항의가 분출해서, 영국에서 좌파 사상이 실제로 강력하다는 것을 보여 줬다. 이 점은 여러 수준에서 드러났다. 노동당 국회의원 데니스 캐너번이 1999년에 처음 실시된 스코틀랜드 의회 선거에 출마했다는 이유로 당에서 제명당했지만, 그는 스코틀랜드 하원 의원 어느 누구보다 더 큰 득표 차로 당선했다.* 바로 그 선거에서 [1989년에] 노동당에서 제명당했던 또 다른 후보인 토미 셰리든도 스코틀랜드사회당 후보로 출마해서 당선했고, 다음번[2003년] 선거에서는 셰리든을 포함해 6명의 스코틀랜드사회당 후보가 당선했다. [2000년] 런던 시장 선거에서 지도부는 켄 리빙스턴이 출마하지 못하게 가로막고 프랭크 돕슨을 노동당 후보로 내세웠다. 당원들은 6 대 4, 노동조합들은 7 대 3으로 돕슨보다 리빙스턴을 선호했지만, 국회의원들의 87퍼센트가 돕슨을 지지한 덕분에** 그가 노동당 후보로 결정됐다.[225] 런던 시장 선거에서 [무소속으로 출마한] 리빙스턴은 3위를 차지한 돕슨보다 20만 표를 더 얻으며 여유 있게 승리했다. 이것을 두고 리즈 데이비스는 ["모든 색조의 당원들이 거의 만장일치로 돕슨을 위해 일하기를 거부한" 것은] "노동당의 보병들이 여태까지 벌인 가장 굳건한 '파업'이었다"고 말했다.[226] 2005년에는 [2003년] 이라크 전쟁을 반대한 것 때문에 노동당에서 제명당한 조지 갤러웨이가 베스널

---

* 그 지역 노동당원의 97퍼센트가 캐너번을 지지했지만, 신노동당 지도부는 그를 당의 공식 후보로 인정하지 않고 제명했으므로 캐너번은 무소속으로 출마해서 당선했다.

** 1인 1표제로 후보를 선출하면 리빙스턴이 유리하다는 것이 분명했기 때문에 블레어와 당 지도부는 투표권의 3분의 1은 일반 당원에게, 3분의 1은 노동조합에, 3분의 1은 국회의원에게 배정하는 방식을 써서 돕슨이 선출되게 만들었다.

그린 선거구에서 리스펙트당 후보로 출마해서 1만 표 차이로 노동당 후보를 누르고 승리했다.

반反세계화 운동은 시애틀(1999년)과 제노바(2001년)의 대규모 시위에서 영감을 얻은 대중의 분노가 표출된 또 다른 통로였지만, 대중의 정서를 가장 분명하게 표현한 것은 무엇보다도 반전운동이었다. 그 자극은 의회 밖에서 나왔다. 물론 그 때문에 "영국의 현대적 정당정치가 시작된 이래로 (노동당·보수당·자유당을 막론하고) 집권당의 국회의원들이 정부 정책을 반대하며 들고일어난" 최대의 반란이 벌어졌다. 2003년 2월 26일 노동당 국회의원 121명이 자신들의 정부에 반대표를 던졌다. 3월 18일에는 139명이 반대표를 던졌다. 이것은 "그 전의 기록을 모두 깨뜨린 것이었다. … 이라크 [전쟁을 둘러싸고 일어난 반란]보다 더 큰 반란을 찾아보려면" 1846년에 "곡물법 폐지를 둘러싸고 로버트 필 경의 국회의원들이 일으킨 반란으로* 거슬러 올라가야 한다."[227] 의미심장하게도 [2003년의] 의회 표결은 2월 15일에 약 200만 명이 전쟁저지연합의 깃발 아래 행진한 영국 역사상 최대 규모의 시위 뒤에 벌어진 일이었다. 그 전의 이라크 문제에 관한 의회 표결 때는(2002년 11월) 겨우 30명 만이 반란을 일으켰다.[228] 당대의 핵심 문제를 둘러싸고 국회의원들의 반란을 이끌어낸 것은 바로 대중이었다.

[2003년 3월] 국회의사당 안에서는 외무부 장관 로빈 쿡이 사임했지만, 블레어는 (국제개발부 장관) 클레어 쇼트가 사임하지 않은 덕분에 기운을 차릴 수 있었다. 다이앤 애벗, 조지 갤러웨이, 존 맥도널 같은 좌파 [국

---

* 당시 보수당 소속 총리였던 로버트 필은 곡물법 폐지 법안을 국회에 상정했는데, 보수당 국회의원 3분의 2가 반대표를 던졌고 나머지는 야당과 합세해 법안을 통과시켰다. 그래서 필은 곧바로 총리직을 사임했다.

회의원]들은 동료 의원들에게 비웃음거리가 됐다. 그러나 국회의사당 밖에
서는 국민 여론의 75퍼센트가 이라크 개입에 반대했고,[229] 이 [좌파] 국회
의원들은 전쟁저지연합에서 결정적 구실을 했으며, 전쟁저지연합의 대열
안에는 수많은 노동당 지지자와 동조자, (옛) 활동가가 함께 있었다. 여
기서 제러미 코빈을 특별히 언급할 만하다. 그는 전쟁저지연합 창립 대
회에 참석했고,[230] 2001년의 첫 시위에서 연설했으며,[231] 이른바 '의심스
러운 문서들'을 폭로하는 데 도움을 줬다.[232] 코빈은 "반전운동 속의 활동
가가 된다는 것과 국회의원이라는 것은 평행 우주에* 사는 것과 비슷하
다"고 생각했다. 3월 18일에 그는 "경찰 저지선을 통과해서 시위대의 따
뜻한 환대를 받는 곳으로 갔다가 다시 [국회의사당 내] 찻집으로 돌아오기
를 몇 차례나 반복했다(두 세계는 약 200미터쯤 떨어져 있었다)."[233] 토
니 벤의 의견도 비슷했다. "나는 완전히 다른 두 세계에 살고 있다."[234]
또, 비록 농담처럼 한 말이지만 "더 많은 시간을 정치에 쏟기 위해" 의회
를 떠나기로 한 그의 결정은[235] 매우 흥미로운 사실을 보여 준다.

당원들이나 노동조합, 국회의원들에 관한 모순된 증거에서 분명히 드
러나는 점은, 노동당 지지자들이 모든 수준에서 개인들에 대한 신노동
당의 부당한 대우와 신노동당 정책들의 실제 결과를 혐오했지만 그렇다
고 해서 "실행 가능한 정치·선거 전략 속에서 경제적 효율성[즉, 자본주의
— 지은이]과 사회정의를 결합하는 것이 가능하다"는 믿음을 대체로 거부
하지도 않았다는 것이다.[236] 이런 정치적 대안이 없는 좌파는 여전히 위
태롭고 허약했다.

---

* **평행 우주** 이른바 평행 우주설에 의한 가상적 우주 모형으로, 동일한 모습을 하고 같은
  시간을 공유하는 수없이 많은 우주를 말한다.

결론

이 18장을 시작하면서 나는 신노동당 정부가 노동당에 강요된 낯선 것인가 아닌가 하는 물음을 던졌다. 개혁주의가 막 시작됐을 때 그것을 분석한 마르크스주의자 로자 룩셈부르크는 1900년에 쓴 저작에서 당시 진행 중인 과정을 다음과 같이 아주 정확히 요약했다. "정치권력 장악과 사회혁명 대신에 그리고 그것과 대비시켜 개혁 입법이라는 방법을 지지한 다고 떠드는 사람은 실제로는 똑같은 목표를 향해 가는 더 평온하고 조용하며 느린 길을 선택한 것이 아니라 아예 전혀 다른 목표를 선택한 것이다."[237] 선거로 집권하기도 전에 이미 진보적 개혁들을 포기하고 1945년 [애틀리 정부]의 유산과 자기 지지자들을 공격하기로 작정하고 "더럽게 부유한" 사람들에게는 "한없이 관대"하기로 결정한 것은 분명히 새로운 현상이었지만, 그것은 또 사회주의와는 "전혀 다른 목표"를 향해 가는 길을 계속 따라간 것이기도 했다. 이것이 뜻하는 바는 블레어·브라운 정부를 괴롭힌 것이 의회에 대한 집착 이상이었다는 것이다. 냉전이 끝나고 신자유주의적 자본주의의 시대가 본격적으로 시작되자 그들은 애틀리 시대를 떠받치던 것 같은 개혁주의 이데올로기를 뿌리째 내팽개쳤다.

따라서 마거릿 대처가 신노동당을 자신의 업적이라고 주장한 것은 틀렸다. 평범한 여성과 남성 대중의 요구를, 그들을 억압하고 착취하는 체제와 조화시키려는 노력은 결국 실패할 수밖에 없다. 물론 어떻게 해서 그렇게 되는지는 상황에 따라 다르다. 노동당 안에서 신노동당 [세력]이 지배력을 행사할 수 있게 된 것은 선거 전선에서 성공했기 때문이라는 것은 사실이지만(비록 그 뿌리가 아무리 얕았더라도 말이다), 그 궤적을 좌우한 것은 자본주의 사회에서 작동하는 개혁주의의 논리였다. 그러나 1997~2010년의 신노동당 집권기는 국회의사당 밖에 존재하는 정치의 평행 우주도 분명히 보여 줬다. 그 세계는 5년에 한 번씩 투표하는 것을 통해서는 결코 끌어낼 수 없는 수많은 사람들의 열정과 행동을 끌어낼 수 있었다.

19장

밀리밴드에서 코빈으로

2010년 총선이 끝난 지 며칠 후에 고든 브라운은 노동당 대표와 영국 총리직을 사임했다. 데이비드 밀리밴드와 에드 밀리밴드 형제(마르크스주의 저술가 랠프 밀리밴드의 두 아들)가 곧 당 대표 후보[5명] 가운데 선두 주자로 떠올랐고, 그중에서도 데이비드가 승리할 가능성이 높아 보였다. '형제간 다툼'이라는 말이 많았지만, 그들이 경쟁한 데는 정치적 이유가 있었다. 데이비드는 블레어파가 선택한 후보였고, 그들은 브라운이 은행가들을 방어하고 제국주의적 모험들을 칭송하는 진정한 대의를 저버렸기 때문에 총선에서 패배했다고 생각했다. 데이비드는 자신이 보수당과 다르다고 말하면서도 재정 적자를 대폭 감축하려는 보수당의 결의에 공감한다고 밝혔다. 그의 주장인즉, "조지 오즈번[보수당 소속 재무부 장관 — 지은이]의 마조히즘도* 받아들이지 않고 경제적 현실도 부정하지 않는 정치경제학을 우리가 독자적으로 이야기해야 한다"는 것이었다.[1]

에드는 신노동당과 결별하고 블레어 노선에 이의를 제기할 태세가 돼 있다고 말하면서 "나는 이 신노동당 향수를 거부한다는 점에서 이번 선거에서 [당의] 현대화[를 상징]하는 후보다" 하고 강조했다.[2] 그러나 "신노동당 모델은 시장을 최소한으로 규제하는 정책과 소득·부의 재분배를 결

---

* 2010년 10월 노동당 국회의원 앨런 존슨이 당시 보수당·자유민주당 연립정부 재무부 장관 조지 오즈번의 재정 적자 감축 계획을 "경제적 마조히즘"이라고 부르며 비판한 데서 유래한 말이다.

합해서 상당한 진보적 성과를 거뒀다"고 덧붙이기도 했고 "정부의 모든 부문에서 지출을 상당히 절감할 필요가 있다"고 주장하기도 했다.[3] 다른 후보들로는 에드 볼스와 앤디 버넘, 그리고 당내 좌파인 다이앤 애벗도 있었다. 그러나 애벗이 투표용지에 이름을 올릴 수 있었던 것은 [당 대표 선거가] '공정한 경쟁'처럼 보이기를 원한 우파 [국회의원들]의 [추천인 서명] 지지 덕분이었다.

신노동당을 부분적으로 멀리한 덕분에 에드 밀리밴드는 가장 큰 3대 노조, 즉 유니슨·유나이트·지엠비의 지지를 확보했는데,* 이것이 선거 결과에 결정적 영향을 미쳤다. 득표율 분포를 보면, 국회의원들과 개인 당원들 사이에서는 데이비드가 근소한 차이로 승리했지만, 에드는 노조 부문에서 60퍼센트 대 40퍼센트로 압도적 우위를 차지했고, 이 덕분에 결국 아슬아슬하게 승리할 수 있었다.[4] 이것은 신노동당이 대기업의 지지를 얻으려고 온갖 구애를 했는데도 매몰차게 거절당한 뒤에 노조 관료들이 노동당의 핵심 실세로 복귀했다는 것을 보여 줬다. 우파 언론과 골수 블레어파는 "빨갱이 에드"가 당 대표로 선출되자 격분했다. 신노동당의 유산을 최대한 안전하게 지킬 수 있는 사람으로 그들이 선정한 후보가 패배했고, 그것도 노동조합원들의 투표로 패배했기 때문이었다. 〈선〉에 실린 만평은 에드 밀리밴드를 외계인으로, 또 그를 둘러싸고 있는 노동조합원들 역시 [전통적으로 노동자가 쓰던] 납작한 모자를 쓴 채 "다 쏴 죽여!" 하고 외치는 외계인들로 묘사했다. 〈데일리 텔레그래프〉는 "신노동당은 죽었다"고 개탄하면서, 에드 밀리밴드의 "교조적 사회주의"를 비난했다. 〈데일리 메일〉도 [에드 밀리밴드의 당 대표 선출이] "신노동당을 위한 병

---

* 유니슨은 조합원이 140만 명인 공공 부문 노조이고, 유나이트는 조합원이 120만 명인 일반노조이며, 지엠비는 조합원이 60만 명인 일반노조다.

자성사"였다는 데 동의했다.*

에드 밀리밴드의 승리는 시장 친화적 정책들이나 금융[시장] 숭배에 대한 환멸이 커진 것을 약하게나마 반영했다(특히, 경제 위기가 심화하고 있었기 때문에 그런 환멸은 더욱 커졌다). 그는 블레어 노선과의 결별을 나타내는 얼굴로서 '받아들여질 만하고 선택될 만한' 후보였다. 많은 노동당 지지자들은 신노동당에서 멀어지기를 원했지만 그렇다고 해서 분명한 사회주의적 대안을 받아들이는 것은 원하지 않았다. 애벗을 지지한 국회의원은 겨우 7명뿐이었다. 그녀는 자기 지역구 당원들 사이에서도 득표율이 3위에 그쳤다.

밀리밴드는 당 대표로 선출된 직후에 열린 노동당 당대회에서 연설할 때 한 가지 중요한 변화를 보여 줬다. 이라크 전쟁을 비난한 것이다. 그는 다음과 같이 말했다. "저는 정말로 우리가 잘못했다고 생각합니다. 영국을 전쟁으로 끌고 간 것은 잘못이었고, 그 점을 우리는 솔직하게 이야기해야 합니다." 청중은 박수를 쳤지만 불안해했다. 그는 말할 수 없는 것을 말하고 있었다. 즉, 블레어와 브라운이 사담 후세인의 이른바 대량살상 무기에 관해 끔찍한 실수를 저질렀다는 사실, 아니 그보다 더 나쁜 것은 이라크 정권에 관한 진실을 알면서도 어쨌든 미국을 지지했다는 사실을 말이다. 그러나 밀리밴드의 연설은 그의 제국주의 비판에 어떤 한계가 있는지도 보여 줬다. 그는 아프가니스탄 점령 지속을 강력히 지지하고 있었다.

당 대표 재임 기간 내내 밀리밴드는 블레어 노선을 끝장내기를 원하는 사람들과 당내 우파 사이에서 둘을 중재하려고 애썼다. 그러나 둘 사이에서 균형을 잡으려는 그런 노력이 실제로 의미하는 바는 시장 친화

---

* 병자성사 가톨릭에서 사고나 중병, 고령으로 죽음에 임박한 신자가 받는 성사.

적인 보수적 세력들이 이데올로기 투쟁에서 승리했다는 것(이고 그가 보수당에 맞서는 진정한 저항을 고무하지 못했다는 것)이다. 이라크 전쟁이 잘못이었다고 말한 바로 그 연설에서 그는 "책임 있는 노동조합운동"을 지지하겠다고 말하고 나서 다음과 같이 덧붙였다. "저는 무책임한 파업 물결에 관한 과장된 미사여구는 받아들이지 않을 것입니다. 대중은 그런 파업을 지지하지 않을 것입니다. 저도 지지하지 않을 것입니다. 그러니 여러분도 지지해서는 안 됩니다." 또, "[복지] 삭감이 있을 것입니다. 우리가 집권했더라도 삭감이 있었을 것입니다. 저는 [보수당과 자유민주당의] 연립정부가 제안하는 삭감을 모두 반대하지는 않을 것입니다" 하고 말했다. 그는 자신에게 "빨갱이 에드"라고 별명을 붙인 사람들에게 "집어치우시오" 하고 말했다. 당대회에서 이렇게 균형을 잡으려 한 그는 곧 현실과 맞닥뜨리게 됐다.

긴축에 대한 저항과 밀리밴드

밀리밴드는 영국에서뿐 아니라 국제적으로도 긴축 반대 투쟁이 고양되고 있던 바로 그때 당 대표로 선출됐다. 가장 중요한 것은 아랍 세계 전역을 휩쓴 혁명 물결이었다. 2010년 말에 튀니지의 독재자 벤 알리가 민중 항쟁으로 제거됐다. [2011년] 1월에는 이집트에서 반란이 일어났고, 3주가 채 안 돼 독재자 호스니 무바라크가 쫓겨났다. 스페인에서는 도심 광장 점거에 초점을 맞춘 긴축 반대 운동이 5월에 시작됐고, 곧 그 운동에 참여한 수많은 사람들은 단지 특정 경제정책에만 반대하는 것이 아니라 기존 정치체제 전체를 의심하고 있었다. 그리스에서는 긴축에 반대하는 항쟁 속에서 파업과 거리 시위, 학생 소요가 고조되고 있었다. 이것은 사회민주주의 정당인 그리스 사회당PASOK이 사실상 소멸하고 [급진] 좌파 정당인 시리자가 떠오르는 길을 닦게 된다.

2011년에는 세계 대부분 지역에서 저항 곡선이 상승 추세였다. 영국에서 데이비드 캐머런이 이끄는 보수당·자유민주당 연립정부는 은행가들에 대한 구제금융의 대가를 노동계급 사람들이 치르게 만들기로 결정했다. 그러나 즉시 반격이 터져 나왔다. 집권 연립정부의 초기 정책 하나는 대학 등록금을 연간 9000파운드[약 1600만 원], 즉 3배로 올리자는 것이었다. 그것은 대학 등록금을 결코 올리지 않겠다던 자유민주당의 선거공약을 완전히 배신한 것이었다.(그래서 나중에 자유민주당 대표 닉 클레그는 사과할 수밖에 없었다. 그러나 등록금 인상에 대해 사과한 것이 아니라 공약을 한 것에 대해 사과했다.)

[2010년] 11월 10일 영국 전역의 대학에서 모인 학생과 노동자 5만여 명이 등록금 인상과 더 광범한 교육 시장화 정책에 반대하며 런던 도심을 행진했다. 그것은 새 정부에 반대해서 벌어진 가장 크고 분노한 시위였다. 시위대는 젊고 자신감이 넘쳤으며 매우 화가 나 있었다. 활동가들은 도로를 봉쇄했고, 재무부에 계란을 던졌으며, 기업·혁신·기술부 밖에서 분노의 항의 시위를 벌였다. 그 뒤 수천 명이 당시 보수당 당사가 입주해 있던 밀뱅크타워(노동당은 비싼 임대료를 감당할 수 없어서 [2002년에] 다른 곳으로 옮긴 뒤였다)를 포위했다. 일부 시위대는 보수당 당사를 점거했고, 약 50명은 건물 꼭대기로 올라갔다(그러자 밑에 있던 시위대 사이에서 귀청이 터질 듯한 환호성이 울렸다). 그날 시위대는 분명한 저항의 메시지를 정부에 보냈다. 즉, 학생들은 정부의 공격을 용납하지 않을 것이고 다른 집단들과 함께 긴축을 분쇄하기 위해 싸울 것이라는 메시지를 말이다. 항의 운동은 더 확산돼서 다수의 중고등학생들도 시위에 나섰다.

밀뱅크타워에서 벌어진 '폭력' 시위는 처음에 대학생들의 조직인 전국 학생회연합NUS과 대학 교직원들의 조직인 대학노조 지도자들의 비난을 받았다. 그러나 밀리밴드는 비난하지 않았다. 노동당 지도자들은 때때로 중대한 운동이 고양되고 있을 때 그것을 아주 잘 알아챈다. 대체로 노동당 지도자들은 대다수 파업과 시위, 특히 폭력적이라고 비난받는 파업과 시위는 확고하게 반대하고 나설 것이다. 1984~1985년의 광원 대파업 때 닐 키넉이 취한 태도나 1990년 주민세 반대 투쟁 때 당시 노동당 부대표 로이 해터슬리가 시위대를 '일벌백계'하라고 요구한 것을 생각해 보라. 그러나 밀리밴드는 비록 학생 반란을 더 확산시키는 일은 고사하고 학생 반란을 건설하는 일도 전혀 하지 않았지만, 자유민주당의 표밭을 대거 잠식할 기회가 찾아왔다는 것쯤은 알고 있었고 그래서 그 기회를 선뜻 붙잡았다. 학생들의 시위가 워낙 인기 있었기 때문에 밀리밴드가 비난하지 않았던 것이다.

그의 본능은 정확했다. 11월 10일 행진 직후에 〈데일리 스타〉에 실린 한 기사는 다음과 같은 말로 시작했다. "데이비드 캐머런은 런던 학생 폭동의 배후에 있는 아나키스트들을 '법의 강력한 힘'으로 반드시 색출해서 기소하겠다고 경고했다." 그러나 맨 밑에는 다음과 같은 문장이 있었다. 지난밤에 〈데일리 스타〉 독자들의 의견은 여전히 갈려 있었다. 학생들이 소요를 일으킨 것이 옳았는가 하는 물음에 54퍼센트는 '그렇다', 46퍼센트는 '아니다'라고 대답했다." 그 신문 독자들의 분명한 다수는 학생 시위대에게 '법의 강력한 힘'을 사용할 것을 요구하기는커녕 학생들이 "소요를 일으킨 것이 옳았다"고 생각했다. 〈선데이 타임스〉는 (학생 시위가 폭력적이지 않았는데도) 민주주의 사회에서 **폭력 시위**를 지지하는지 묻는 여론조사를 실시했다(강조는 〈선데이 타임스〉가 한 것이다). 5명 중 1명이 폭력 시위를 지지한다고 응답했다. 똑같은 여론조사에서는 최상위 부유층과 극빈층 사이의 소득 격차를 줄이기 위해 매우 부유한 사람들에게 세금을 더 많이 물리는 것을 지지한다는 사람이 77퍼센트나 됐다. 11월 24일의 또 다른 시위 뒤에 밀리밴드는 다음과 같이 말했다. "나는 밖으로 나가서 그들[시위대 – 지은이]과 대화하고 싶은 유혹을 강하게 느꼈다. 평화적 시위는 우리 사회의 일부다. 노동당 지도자로서 나는 평화적 시위에 참가한 사람들과 기꺼이 대화하고 싶다."[5] 2011년 8월 영국에서 소요가 잇따라 일어났을 때 그는 약탈자들의 '무책임성'과 '범법 행위'를 비난했다. 그러나 사회가 "지나치게 단순한 해결책을 찾으려 해서는 안 된다"고 주장하기도 했다. 밀리밴드가 말한 무책임성은 단지 소요에 연루된 사람들에게만 적용되지 않았다. "그런 무책임성은 우리 사회 어디서나 찾아볼 수 있다. 우리는 지난 몇 년 동안 … 국회의원들의 지출 사건,* 은행에서 벌어진 일 등을 목격했다." 밀리밴드는 또, 노동당이 13년 집권하는 동안 이른바 "뿌리 깊은 도덕적 문제들"에 세대로 대처하지 않았다는 사실도 인정했다. 그래서 BBC 라디오4의 〈투데이〉 프로그램에 출연해서 "저는 지난 노동당 정부 시절 불평등이 줄어들지 않은 것을 매우 유감스럽게 생각합니다" 하고 말했다.[6]

밀리밴드의 진정한 시험대는 대규모 노동자 시위와 파업이었다. 2011년 3월 26일 영국 역사상 최대 규모의 노동조합 시위가 벌어져 50만 명이 거리로 쏟아져 나왔다. 밀리밴드는 그 시위에서 긴축 반대 정서를 어느 정도 반영하는 연설을 했다. "[공평함은 어디에 있습니까?] 저들[정부]은 우리가 모두 이 문제에서 함께하고 있다고 말합니다. 그러나 아동

---

* 2009년에 그동안 영국 국회의원들이 수당과 지출을 광범하게 남용한 사실이 폭로돼서, 정부 각료 6명이 사임하고 150명 가까운 현역 국회의원들이 총선 불출마를 선언하게 된 사건을 말한다.

센터들은 문을 닫고 있는데 은행가들은 정상 영업을 하고 있다면, 이것이 과연 옳은 일입니까? 다른 모든 사람의 생활비는 치솟고 있는데 정부가 은행의 세금을 감면해 준다면, 이것이 과연 옳은 일입니까?" 그러나 그는 또, 자본가들이 놀라게 하지 않으려고 매우 신중하게 다음과 같이 덧붙이기도 했다. "[우리는] 어려운 선택을 해야 하고 [복지를] 약간 삭감할 필요가 있습니다. … 우리는 정말로 [재정] 적자를 감축해야 합니다."[7]

그 거대한 시위 뒤에 공공 부문 연금을 공격하는 정부에 항의하는 대규모 파업이 6월 30일(75만 명이 참가했다)과 11월 30일(200만 명이 참가했다) 두 차례 벌어졌다. 이 파업들은 노동당이 노동자 투쟁과 일체감을 느낄 수 있는 기회였다. 만약 노동당이 실제로 그랬다면, 그래서 노동조합들이 단결해서 파업을 확대하도록 고무했다면, 저항 수준을 더 끌어올리고 어쩌면 연립정부의 긴축정책이 시작되자마자 끝나 버리게 만들수도 있었을 것이다. 파업 일수의 장기적 감소와 대규모 산업 [투쟁의] 저항 부족은 결코 불가피한 것이 아니었다. 실제로 11월 파업은 1926년 총파업 이후 최대 규모의 하루 조업 중단이었다. 그러나 이런 분출의 운명을 좌우한 것은 단지 아래에서 솟구치는 분노만이 아니었다. 그런 분출을 [일정한 방향으로] 이끌 지도부(정치적 지도부와 노동조합 지도부)도 중요했다.

에드 밀리밴드가 노동당 대표 선거에서 승리할 수 있었던 이유는 자기 형과 달리 신노동당 집권기가 파괴적 영향을 미친 뒤에 이제는 노동당의 개혁주의적 신용을 회복할 필요가 있음을 깨달았기 때문이다. 그러나 노동계급의 염원을 대변하는 것과 자본주의 의회 기구 안에 있는 사람들의 행위 규범을 지키는 것 사이의 선택을 피할 수는 없었다. 유감스럽게도 밀리밴드는 자신이 파업을 지지하는 빨갱이로 보일까 봐 두려워했다(그는 노동조합원들의 표 덕분에 겨우 노동당 대표가 될 수 있었는데도 그랬다).

6월 30일 파업 때 그는 BBC 방송에 출연해서 파업과 거리를 두는 발언을 로봇처럼 되풀이했다. [영국의 정치·문화 잡지인] 〈뉴 스테이츠먼〉은 다음과 같이 보도했다.

인터뷰하는 기자가 무슨 질문을 하든 간에 밀리밴드의 대답은 다음과 같은 말로 시작했다. "이번 파업은 잘못입니다." 그는 자신의 브리핑 내용을 제대로 알고 있는 것처럼 보이지 않았다. 그것을 전부 그대로 암기한 듯했다. 그의 첫 대답은 여섯 살짜리 아이가 학예회에서 하는 말처럼 완전히 기계적이었다. 그에게 좋아하는 색깔이 뭐냐고 물었든 결혼 생활에 만족하느냐고 물었든 그의 대답은 변함없이 다음과 같았을 것이다. "이번 파업은 잘못입니다."[8]

밀리밴드가 파업을 비난하자 노동운동 전체에서 분노가 터져 나왔다. 온건한 교사·강사노조 사무총장 메리 부스티드는 분위기를 다음과 같이 요약했다. "에드 밀리밴드의 대답은 수치스러웠습니다. 그는 부끄러운 줄 알아야 합니다." 그녀는 런던 파업 집회에서 이렇게 말했다. "우리 파업이 잘못이라면, 우리 연금에 대한 이 파괴적 공격에 반대해서 그는 무엇을 했습니까? 만약 그의 반대가 우리 연금을 지키지 못한다면, 우리가 지킬 것입니다." 영국의 인터넷 여론조사 기업 유고브에 따르면, 선거때 노동당에 투표한 사람의 47퍼센트는 밀리밴드가 파업에 잘못 대처하고 있다고 생각한 반면, 24퍼센트만이 잘 대처한다고 생각했다. 또, 노동당에 투표한 사람의 70퍼센트는 파업을 벌인 노조가 '사리에 맞게' 행동했다고 생각했다. 9월에 열린 노총 대의원대회에서도 밀리밴드는 같은 말을 되풀이했다. "저는 파업이 벌어진 것은 잘못이었다고 정말로 생각합니다. 지금도 그렇게 생각합니다." 그러자 청중석에서 "부끄러운 줄 아시오!" 하는 고함 소리와 야유가 터져 나왔다. 대체로 충성스러운 노총 대의원들이 노동당 대표가 연설할 때 그런 반응을 보인 것은 보기 드문 일이었다.[9]

11월 30일 200만 명이 참가한 대중 파업이 벌어졌을 때 밀리밴드는 훨씬 더 많은 압력을 받았다. 파업 당일 그는 "재무부 장관이 해마다 스키 시즌에 휴가 비용으로 쓰는 금액을 주급으로* 받는 학교 급식 조리원이나 청소부, 간호사 같은 사람들을 악마 취급"하지 않겠다고 말했고, 나중에는 "노동당이 이 나라에서 힘들게 일하는 수백만 명의 지지를 받는다는 것이 애슈크로프트 경한테** 수백만 파운드를 받는 것보다 더 자랑스럽다"고 말했다.[10] 그러나 여전히 파업을 지지하지는 않았다. 사실 그는 [국회 노동자들의] 피켓라인을 넘어서 국회로 들어갔다. 그것은 어떻게 노동당이 중요한 투쟁을 계속 회피한 채 핵심적 파업에서 자본가들을 지지하는지를 분명히 보여 줬다. 또, 관련된 노조 지도자 대다수가 (매우 성공적인) 하루 파업이 끝나자마자 투쟁을 끝내기로 합의했다는 사실은 노조 관료들과 노동당 지도부 사의의 연관을 분명히 보여 준다.

노동당은 또, 영국 국가가 위협에 처했을 때 구하러 달려가기도 한다. 2014년 스코틀랜드 독립 국민투표는 영국 자본주의에 치명적 위협은 아니었다. 그러나 긴축정책을 거부하고자 하는 사람들에게 초점을 제공했고 제국주의 국가의 권력에 도전했다. 독립 찬성투표 운동으로 말미암아 작업장과 공공 주택단지에서 활동하는 사람들의 활기찬 사회운동이 생겨났다. 그러나 노동당은 아무 거리낌 없이 기존 국가 편에서 싸웠다.

---

* 〈가디언〉은 밀리밴드가 "연봉"을 잘못 말한 듯하다고 보도했다.

** 마이클 애슈크로프트 보수당 부의장을 지냈고 2017년에 영국의 95번째 부자로 꼽힌 기업인.

여론조사 결과에서 찬반 양론의 격차가 좁혀지자 영국 국가의 지도자들은 공황 상태에 빠졌다. 국민투표 이틀 전에 밀리밴드는 의회의 동료 당 대표들인 캐머런과 클레그 편에 가담해서, 만약 독립 반대표가 더 많이 나오면 스코틀랜드 의회의 "권한을 확대하겠다"고 약속했다. 그러나 영국의 정당 대표들은 [독립 반대 운동에] 별 도움이 안 됐다. 사실 그들이 스코틀랜드에 나타나면 독립 찬성 진영으로 표가 몰릴 것이라는 두려움이 있었다. 그 대신 [스코틀랜드 출신인] 전 총리 고든 브라운이 서둘러 투입돼서, 스코틀랜드가 영국에 남아 있는 것이 이롭다는 연설을 했다. 그는 복지국가와 국가보건서비스에 대해, 또 "동지애와 공동체 의식"이 있는 스코틀랜드에 대해 이야기했고, 그보다는 덜 매력적으로 들린 다음과 같은 말도 했다. "우리는 두 차례 세계대전에서 함께 싸웠습니다. 그리고 유럽에는 스코틀랜드인, 잉글랜드인, 웨일스인, 아일랜드인이 나란히 누워 있지 않은 공동묘지는 없습니다."[11] 보통은 대중매체에서 혹평을 받던 브라운이 이번에는 통합을 주장한 미사여구 덕분에 극찬을 받았다.[12]

만약 노동당이 보수당과 함께 스코틀랜드 독립 반대 운동 진영에 가담하지 않고 독립 찬성 진영을 지지했다면, 지금쯤 스코틀랜드는 독립했을 가능성이 매우 높다. 노동당은 영국 국가를 구했다. 그러나 영국 국기를 들고 흔들면서, 수많은 사람들, 특히 청년들을 소외시켰다. 그들의 다수는 국민투표가 끝난 뒤에 스코틀랜드국민당에 가입했다.[13] 노동당, 즉 선거주의에 사로잡힌 듯한 정당이 노동계급 지지자 다수의 본능을 거슬러서 기존 체제의 편에 섰다가 재앙적 결과를 낳은 것은 이번이 처음이 아니었다. 독립 투표 전에 스코틀랜드에는 노동당 국회의원이 41명 있었다. 그러나 2015년 총선에서 스코틀랜드의 노동당 국회의원은 [보수당과 마찬가지로] 단 1명으로 줄어들었고, 그 피해는 지금도 계속되고 있다.

2017년 총선에서 [스코틀랜드의] 노동당은 보수당보다도 더 적은 의석을 얻으면서 3위로 밀려났는데 스코틀랜드에서 이런 상황은 1955년 이후로 처음이었다.

밀리밴드와 이민 문제

밀리밴드는 노동자들을 단결시키는 반격을 지지하지 않고 오히려 노동자들을 분열시키는 거짓말을 받아들였다. 지배계급이 사람들의 관심을 자신들의 범죄에서 딴 데로 돌리려고 할 때 사용하는 악독한 방법 하나는 노동자들의 적이 사회 꼭대기에 있는 사람들이 아니라 밑바닥에 있는 집단들이라고 설득하는 것이다. 보수당이 이민자들과 보조금 신청자들을 공격할 때 노동당은 수치스럽게도 보수당의 많은 거짓말에 동의해 줬다. 그래서 노동계급을 약화시키고 [극우 포퓰리즘 정당인] 영국독립당이 성장할 수 있도록 길을 닦아 줬다.

2012년 6월 밀리밴드는 신노동당이 집권 기간에 이민 문제를 "잘못 처리했다"고 말했다. 그는 블레어와 브라운이 2004년에 유럽연합의 새 회원국들에서 오는 "이민을 규제하지 않았다"고 비판했다.[14] 밀리밴드는 만약 노동당이 집권하면 사용자들이 외국 태생의 노동자를 4분의 1 이상 고용하고 있는지 아닌지를 신고하도록 강제하겠다는 역겨운 말도 늘어놨다.[15] 그는 이민 때문에 저임금 노동자들의 임금이 낮아진다는 둥 온갖 근거 없는 소리를 앵무새처럼 되풀이했다. 노동당은 평균 소득 이하의 이민자 가족을 해체하거나 강제 추방하자는 보수당의 비인간적 제안에 동의했다. 파시스트인 영국국민당의 우두머리 닉 그리핀은 블레어가 총리로 있을 때 자신이 했던 말을 되풀이하면서, 밀리밴드의 태도는

"우리의 주장이 옳았음을 보여 준다"고 자랑하고 노동당 대표가 "영국국민당의 신입 당원 모집자" 구실을 한다고 비아냥거렸다.

노동당 국회의원 존 맥도널은 대중매체에 출연해서 인종차별에 반대하는 근본 원칙을 굳게 고수하는 발언을 하고, 이민자를 공격하는 시류에 편승하기를 거부한 거의 유일한 유명 인사였다. 그가 밀리밴드는 "비록 미묘한 차이가 있지만 어쨌든 일자리와 주택 위기를 이민자 탓으로 돌리고 있다"고 비판한 것은 옳았다. 나중에 밀리밴드는 〈선〉에 기고한 글에서 미래의 노동당 정부는 외국인들에게 '호구'가 되지 않을 것이라고 선언하고 다음과 같이 썼다. "내가 이끄는 노동당은 국민의 우려에 귀를 기울일 것이고 우리는 이민에 대해 이야기할 것이다. … 우리는 미숙련 이민자가 너무 많으므로 줄여야 한다는 사실을 알고 있다." 2015년 총선 때 노동당은 '이민 통제'를 핵심 공약 중 하나로 내놓고 그 공약이 새겨진 악명 높은 머그잔을 제작했다. 다이앤 애벗은 다음과 같이 말했다. "이 수치스러운 머그잔도 골칫거리지만, 진정한 문제는 이민 통제가 5대 공약 중 하나라는 사실이다."[16] 이민 통제 공약은 또, 이른바 '에드의 돌', 즉 노동당의 정책들을 새겨 넣은 2톤짜리 석회암 돌판[높이 2.6미터]에도 등장했다.

이런 타협과 후퇴 가운데 아무것도 노동당에 도움이 되지 않았다. 여론조사에서 밀리밴드의 지지율이 올라갔을 때는 그가 변화의 희망을 어느 정도 보여 줬을 때였다. 예컨대, 억만장자들이 세금을 회피할 수 있게 해 주는 비非거소지* 지위를 폐지하겠다거나 연간 소득이 15만 파운

---

* 거소지(domicile)는 공식적·법률적 주소를 가리키는 말이고, 거주지(residence)는 실제로 살고 있는 장소를 의미한다. 해외에 거소지를 둔 영국 거주 외국인은 매년 5만 파운드만 내면 해외 소득에 대해 세금을 내지 않는다.

드[약 2억 2000만 원] 이상인 사람들의 세율을 올리겠다거나 고가 주택에 보유세를 부과하겠다고 했을 때 그랬다. 그러나 진보와 계급 정치의 희미한 빛은 금융의 '강철 같은 규율', 즉 차입은 '한 푼도 더 안 되고' '해마다 [재정] 적자를 감축'해야 한다는 돌주먹에 의해 산산조각 나고 말았다. 5년간의 무자비한 긴축, 대중 파업, 소요, 학생 반란에도 불구하고 2015년 총선에서 노동당은 의석수가 26석 감소했고 득표수도 (득표율이 역대급으로 낮았던) 1983년보다 겨우 80만 표 많았으며, 결국 보수당이 예상 밖의 대승을 거뒀다.

그도 그럴 것이, 공공서비스를 더 많이 공격하고 임금을 더 많이 억제하고 일자리를 더 많이 잃게 만들고 의료와 교육 재정을 더 많이 압박하는 선거공약은 사람들에게 영감을 주지 못했다. 어이없게도 노동당 지도자들은 캐머런이 국가보건서비스 지출 증대를 약속하자 "재원 없는 공약"을 내놨다고 비판했다. 노동당과 대조적으로 스코틀랜드국민당은 6석에서 56석으로 성장했다. 완전히 전례 없는 이런 변화가 일어난 이유는 스코틀랜드국민당이 스스로 노동당보다 더 좌파적이라고 주장했기 때문이다. 스코틀랜드국민당 지도자들은 긴축, 트라이던트 핵미사일, 최근의 제국주의 전쟁 등등을 공개적으로 반대했다. 노동당의 예비내각 외무부 장관인 더글러스 알렉산더는 "스코틀랜드는 보수당에 반대해서 표를 던졌지만, 노동당을 보수당의 대안으로 신뢰하지는 않았다"고 인정했다. 그 결과로 수십 년간의 노동당 정치에서 가장 놀라운 상황이 벌어질 수 있는 무대가 마련됐다.

밀리밴드는 모든 나라의 사회민주주의 지도자들을 괴롭힌 난제를 해결하는 데 실패했다. 자본주의가 이윤의 장기적 감소에 시달리면서 노동계급의 더 많은 희생을 요구하는 상황에서 이런 사회민주주의 정당들은 자본주의와 노동계급을 모두 만족시키기가 훨씬 더 어려워졌다는 것을 깨달았다. 그래서 나타난 일반적 경향은 후자[노동계급]의 표를 잃는 한이 있더라도 전자[자본주의]를 지지하는 것이었다. 언론이 떠들어 댄 것보다는 덜 빨갱이인 에드 밀리밴드는 그 때문에 결국 선거에서 종말을 맞이했다.

제러미 코빈과 노동당의 지진

에드 밀리밴드는 선거에서 패배하자 즉시 당 대표에서 물러났다. 모든 평론가가 차기 당 대표는 선거에서 패배한 인물보다 훨씬 더 우파적인 사람이 될 것이라고 예상했다. 〈가디언〉은 이베트 쿠퍼를 지지하고 나섰고, 〈미러〉는 앤디 버넘을 지지하고 나섰다. 코빈이 당 대표 선거에서 승리할 수 있다고 생각한 사람은 코빈 자신을 포함해서 결단코 아무도 없었다.

그러나 그는 노동당 대표 선거에서 압도적으로 승리했다. 2015년 9월 12일 코빈이 당 대표로 발표됐을 때 그는 거의 60퍼센트의 득표율로 승리했다. 이것은 토니 블레어가 1994년에 노동당을 접수했을 때의 득표율[57퍼센트]보다 더 높은 수치였다. 코빈이 얻은 25만 1000표는 보수당 당원 수의 거의 갑절에 해당하는 것이었다. 선거 결과를 자세히 들여다보면, 코빈이 노동당 내에서 폭넓은 호소력이 있었음을 알 수 있다. 그는 진성 당원 표의 절반, 3파운드를 내고 유권자로 등록한 지지자 표의 84퍼센트, 노동조합을 비롯한 가맹 단체 회원 표의 58퍼센트를 얻었다. 2010년 당 대표 선거 때 다이앤 애벗이 개인 당원 부문에서 얻은 표가 9314표에 불과했는데 2015년에 코빈이 얻은 진성 당원 표가 12만 1751표인 것을 보면 얼마나 큰 변화가 일어났는지를 알 수 있다.

코빈의 성공은 세계 정치 상황을 반영하는 것이었고, 긴축에 대항하는 반란과 노동당 대표 선거 방식의 변화(더하기 놀라운 행운)를 바탕으로 하고 있었다. 그의 승리는 더 광범한 현상의 일부로 볼 때만 이해할 수 있다. 코빈은 노동당 내에서 청년들과 옛 당원들(블레어 시대에 소외됐거나 탈당했다가 이제 다시 가입하거나 유권자로 등록한 사람들)이 주도한 정치적 반란의 초점이 됐다.

2007~2008년에 시작된 금융 위기로 말미암아 도처에서 노동계급은 끊임없이 계속되는 공격에 시달렸다. 기업주와 은행가는 구제금융을 받은 반면, 평범한 사람들은 경제 위기의 대가를 치러야 했다. 그래서 끝없는 긴축과, 정치를 지배하는 무책임한 소수 특권층에 대한 격렬한 분노가 일었다. 때로는 우파가 그런 정서를 부분적으로 포착했다(예컨대, 프랑스의 파시스트인 국민전선과 이탈리아의 북부동맹이 그랬다). 그러나 그런 정서는 좌파에게 활기를 불어넣기도 했다(그리스의 시리자, 스페인의 포데모스, 아일랜드의 '이윤보다 사람이 먼저다'가 그런 사례였다). 미국에서 버니 샌더스의 선거운동이 대중적 인기를 끈 것과 민주사회주의당이 성장한 것, 또 남아공에서 경제해방투사당이 떠오른 것도 그와 비슷한 사례였다. 영국에서는 스코틀랜드국민당이 성장하게 된 여러 요인 가운데 하나가 바로 그런 정서였다. 그러더니 코빈의 선거운동에서 그런 정서가 훨씬 더 극적으로 표출된 것이다.

심지어 지배층의 평론가들조차 코빈이 이런 반란 정서의 표현이라는 사실을 인정했다. 〈파이낸셜 타임스〉의 수석 정치 평론가인 필립 스티븐스는 코빈을 비판하는 기사에서 다음과 같이 썼다. "만약 시대가 달랐다면 2008년의 금융시장 붕괴가 혁명을 촉발했을지 모른다. 그러나 코빈 씨와 그의 동조자들이 지금 부글부글 끓고 있는 대중의 분노를 정확히 포착하고 있다." 그러면서 이렇게 덧붙였다. "자유로운 시장과 경제적 통합의 성과를 최상위 1퍼센트에게 모두 넘겨주고 나머지 사람들에게는 긴축과 불안정을 강요하는 고삐 풀린 자본주의 체제는 정치적으로 지속될 수 없다."[17]

[보수 우파 역사학자] 사이먼 샤마도 다음과 같이 말했다. "자유민주주의에 유령이 하나 출몰하고 있다. 그것은 바로 포퓰리즘(민중주의)이라는 유령이다. 그리고 1848년에 카를 마르크스가 저 문장을 썼을 때처럼(물론 마지막 단어는 완전히 달랐다*) 지금 역시 반란의 정서가 느껴지는 정치적 시대다. [미국] 민주당 대선 후보 경선에서 상원 의원 버니 샌더스가 힐러리 클린턴에게 도전장을 던지자 사람들이 아주 신나서 샌더스를 열렬히 환영하고 [영국] 노동당의 죄인들 사이에서 블레어파의 악행을 청산할 사람으로 제러미 코빈이 등장하는 등 정치는 열정적이 됐고 [샌더스나 코빈을] 헌신적으로 지지하는 사람들의 가슴은 불타오르고 눈은 별처럼 반짝인다."[18]

코빈은 그런 추세의 표현일 뿐 아니라, 운동과 투쟁의 표현이기도 했다. 당 대표 선거에서 승리하기 전까지 코빈은 노동당 의원단에서 거의 완전한 아웃사이더였다. 그가 의원단에서 보잘것없는 지위를 그나마 계속 유지할 수 있었던 이유는 단지 선출된 국회의원이었기 때문이다. [그러나] 115년의 노동당 역사에서 가장 좌파적인 인물이 당 대표가 될 수 있었던 것은 바로 이렇게 당 밖에서 맺은 연계 덕분이었다. 그는 의회 밖의 운동들, 예컨대 이라크 전쟁 반대 운동이나 팔레스타인 연대 운동 등에 스스로 깊이 관여하며 자신의 신념을 표현할 길을 찾음으로써 신노동당 시절을 견뎌 내고 살아남았다. 그 덕분에 코빈은 "유럽에서 가장 배타적

---

* 두루 알다시피, 마르크스의 《공산당 선언》은 "유럽에 유령이 하나 출몰하고 있다. 그것은 바로 공산주의라는 유령이다"라는 문장으로 시작한다.

인 클럽"[영국 의회]의 압력에 개인적으로 대항할 수 있는 힘을 얻을 수 있었다. 또, 1997년부터 2010년까지 국회 표결에서 다른 어느 동료 의원보다 더 자주 당의 방침을 어기고 반대표를 던질 수 있었다.

이런 운동과 투쟁이 그를 만들었다. 또, 전쟁·인종차별·긴축에 반대하는 투쟁들이 만들어 낸 분위기와 네트워크가 없었다면 그가 승리하지도 못했을 것이다. 이런 의미에서, 코빈이 노동당 안에서 거둔 승리는 노동당 밖의 활동가들이 다양한 투쟁에 참여하고 때로는 투쟁을 이끌면서 준비하고 확보한 것이었다. 따라서 그의 승리는 좌파 전체의 자산이었다.

그러나 코빈은 승리하기 전에 먼저 당 대표 선거 투표용지에 이름을 올려야 했고, 그러려면 동료 국회의원 35명의 지지가 필요했다. 그가 후보 등록 기간에 동료 의원 35명의 추천을 받는 것은 거의 불가능한 일처럼 보였고, 마감 시한 몇 분 전에야 겨우 목표치를 채울 수 있었다.[19] 그래서 존 맥도널은 코빈의 추천인 서명을 받기 위해 동료 의원들을 찾아다니며 말 그대로 무릎을 꿇고 "민주주의를 위해" 서명해 달라고 빌었다고 한다. 그런 주장들이 프랭크 필드나[20] 마거릿 베킷, 사디크 칸처럼 코빈을 지지할 가능성이 거의 없는 일부 의원들을 설득했다. 베킷은 나중에 언론 인터뷰에서 당시 자신이 "바보 같은 짓을 했다"는 데 동의하면서, [코빈을 추천한] 그 결정은 "십중팔구 내 생애 최대의 정치적 실수 가운데 하나"였다고 말했다.[21]

노동당 우파의 일부는 [코빈의 이름이] 투표용지에 올랐다는 사실만으로도 격분했다. 국회의원 존 맨은 코빈의 입후보는 노동당이 선거에서 다시 이기고 싶은 생각이 없다는 것을 보여 준다고 말했다. [다른 당 대표 후보였던] 리즈 켄들을 지지한 조너선 레이놀즈는 노동당의 진정성 없음을 보여 주는 증거라고 말하고 다음과 같이 덧붙였다. "만약 제러미가 정말로 의회 선거에서 노동당을 승리로 이끌 수 있는 인물이라고 사람들이 생각한다면 그것은 자기기만이고, 누군가는 그 사실을 말해 줘야 합니다. … 만약 제러미가 당 대표가 된다면, 보수당이 적어도 100석, 어쩌면 그보다 더 큰 차이로 다수당이 될 것입니다."[22]

그러나 긴축과 전쟁과 인종차별에 반대하는 코빈의 메시지, 그리고 기성 정치의 고루한 관행과 분명히 거리가 먼 그의 태도와 선거운동은 노동당원들에게 엄청나게 인기가 있음이 입증됐다. 노동당 당규의 장애물을 뚫고 당 대표 선거에 출마하는 데 성공한 코빈은 [다른 후보들인] 쿠퍼와 버넘, 켄들의 매력 없는 3인조를 멀찌감치 따돌렸다. 블레어파인 켄들은 너무 우파적이어서 때때로 보수당 대표 선거에 출마한 사람처럼 보였고, 결국 4.5퍼센트를 득표해서 꼴찌가 됐다.

선거운동 기간에 벌어진 사건 하나가 후보들의 차이를 분명히 보여 줬다. 2015년 7월에 보수당은 '복지 개혁과 노동 법안'의 제2독회를 하원에 발의했다.[*] 영국의 가장 가난한 사람들 일부를 악랄하게 공격하는 그 법안의 내용 중에는 가구에 지급하는 보조금 상한선을 2만 6000파운드에서 2만 3000파운드로 낮추는 것, 법적으로 구속력 있는 아동 빈곤 감소 목표를 폐지하는 것, 자녀 세액공제를 삭감하는 것, 고용 지원 수당과 청년을 위한 주거 보조금을 삭감하는 것 등이 있었다.

노동당 국회의원 180명 이상이 그 법안에 반대하지 않았다. 당 대표 후보 4명 가운데 쿠퍼·버넘·켄들은 모두 기권했고, 코빈은 반대표를 던졌다.

---

[*] 의회에서 법률안을 신중하게 다루기 위해 몇 단계로 나눠서 심의하는 일을 독회라 하는데, 보통 세 단계로 이뤄진다. 제1독회에서는 법안의 취지 설명과 질의 응답을 하고, 제2독회에서는 한 조목씩 차례로 모두 심의하고, 제3독회에서는 법안의 가부를 결정한다.

이중에 어떤 것도 다른 요인이 없었다면 중요하지 않았을 수 있는데, 그 요인은 바로 누구에게 [노동당 지도부 선거의] 투표권을 줄 것인가 하는 문제였다. 2014년에 노동당은 당 대표 선출 방식 변경을 권고하는 콜린스 보고서를 채택했다. 그 목적은 순전히 노동조합의 영향력을 크게 줄이고, 좌파의 도전을 차단하고, 계급 문제를 정치에서 은폐하려는 것이었다. 콜린스 보고서는 "더 간단하고 더 민주적인 선출 과정"을 원한다고 말했지만, 실제로는 노동당을 미국 민주당과 더 비슷하게 만들려는 것이었다.

콜린스 보고서를 작성한 사람들은 노동당의 역사 일부를 망각하고 있었다. 블레어파는 노동당 안에 노동조합의 영향력과 함께 남아 있는 계급적 일체감을 한탄했을지 모르지만, 과거 결정적 순간에 노동조합은 당내 좌파의 도전을 분쇄하는 데 사용됐다. 노동조합과 연결 고리가 약해진 덕분에 노동당 안에서 더 우파적인 세력들이 승리할 수도 있었지만, 좌파 후보들에 대한 지지가 열광적으로 분출할 가능성도 생겨났다.

이런 가능성을 더 강화한 것은, 3파운드[약 4500원]를 내고 노동당 지지자로 등록하면 비당원에게도 지도부 경선의 투표권을 허용한 조치였다. 노동당 관료들은 '평범한 사람들'이 활동가들보다 더 우파적일 것이라고 예상해서, 그들에게 투표권을 허용하면 노동당이 계속 블레어 노선을 유지할 수 있을 것이라고 생각한 것이다. 그 관료들은 자신들이 만들어 내고 널리 선전한 근거 없는 믿음, 즉 거의 모든 사람이 '미들 잉글랜더'라는* 착각에 속아 넘어간 셈이다. 사실 그 조치는 코빈에게 준 선물이었음이 드러났다. 딱히 노동당에 가입하고 싶지는 않았지만 그래도 아

---

* 미들 잉글랜더(Middle Englander) 교외나 시골에 거주하는 중간계급 백인 보수층을 일컫는 말.

무 쓸모 없는 주류 정치의 대안을 갈망하는 욕구를 표현하기 위해 기꺼이 3파운드를 내고자 하는 급진적 사람들에게 매력을 줄 수 있는 후보가 바로 코빈이었던 것이다. 이 '3파운드 당원들'이 코빈에게 8만 8449표를 몰아준 반면, 다른 후보들이 얻은 표는 모두 합쳐도 1만 7149표에 불과했다. 실제로는 매우 보수적인 기성 정당의 지도부 선거에 출마했으면서도 마치 새로운 정당을 건설하고 있는 것처럼 선거운동을 펼친 것이 코빈의 업적이었다. 그가 제시한 변화의 비전은 많은 사람들이 보기에 과거 블레어파의 온갖 허튼소리와 정치적으로 완전히 결별한 것이었을 뿐 아니라 조직적으로도 완전한 결별, 즉 새로운 출발이었다.

이 책의 맥락 속에서 보면, 코빈이 선두를 달리면서 새로운 지지자들을 불러 모을 수 있었던 과정은 노동당 역사의 흐름에서 벗어난 것처럼 보인다. 그러나 러시아 마르크스주의자 게오르기 플레하노프가 설명했듯이 "우연은 상대적인 것이다. 그것은 필연적 과정들이 서로 교차하는 지점에서만 나타난다."[23]

코빈이 당 대표로 선출된 직후에 약 6만 2000명이 노동당에 가입했다. 총선 후 5개월 동안 노동당에 가입한 사람이 보수당원 수보다 더 많았다. 10월 초에 노동당은 5월 5일 이후 입당한 사람이 18만 3658명이라고 밝혔다. 이것이 뜻하는 바는 노동당의 선거 패배 이후 몇 달 동안 당원이 대략 두 배로 늘었다는 것이다. 이듬해 7월에 노동당원은 51만 5000명이었다.

노동당 본부의 직원들은 코빈이 당 대표로 선출된 날 그들이 잃어버린 당을 슬퍼하며 검은 옷을 입었다. 그러나 코빈의 승리는 좌파 전체의 사기를 크게 북돋았다. 노동당의 한계에도 불구하고 그것은 사회주의 사상이 수많은 사람들에게 인기가 있을 수 있다는 것을 보여 줬다. 코빈의 승리 소식이 전해졌을 때 사회주의노동자당은 다음과 같은 내용의 성명을 발표했다. "블레어파는 울고 있고 우리는 환호하고 있다. 사회주의노동자당은 제러미 코빈이 노동당 대표가 된 것을 축하한다. 그의 성공은 긴축과 인종차별, 전쟁에 반대하는 정서를 분명히 보여 주는 증거다. 그의 승리는 토니 블레어 시대의 특징이었던 전쟁광과 대기업 숭배를 철저히 거부하는 것이다."[24]

노동당 좌파 인사들의 시험대는 모두 국제 정책 문제였다. 노동당 역사를 통틀어 많은 평범한 당원들은 평화를 위해 헌신했다. 그러나 결정적 순간마다 당 지도부는 제국주의와 전쟁을 지지했다. 코빈은 이런 암울한 전력에 도전했다. 그는 전쟁, 특히 이라크 전쟁에 반대하는 운동을 용감하고 끈질기게 전개했다. 이것은 노동당 우파에게 핵심 쟁점이었다. 그들은 부자에게 매기는 세금을 약간 늘린다거나 일부 산업체를 어느 정도 점진적으로 재국유화한다거나 하는 것은 그럭저럭 참을 수 있었지만, 영국 국가에 '충성하지 않는 것'은 결코 논쟁의 대상이 될 수 없었다. 2015년 11월 13일 파리에서 벌어진 [동시다발 연쇄 테러] 공격 뒤에 영국군의 시리아 폭격 참가를 지지할지 말지를 두고 노동당의 내분이 격화했다.

코빈은 공습에 반대했다. 노동당 우파는 질겁했고, 코빈의 기반을 무너뜨릴 기회가 빨리 찾아왔다고 생각했다. 이 쟁점에서 그들은 코빈을 테러리즘 동조자로 묘사하며 마구 헐뜯을 대중매체에 의존할 수 있었다. 그런 거짓말은 그 뒤에도 거듭거듭 나타났다. [과거에] 대다수 노동당 지도자들은 그런 상황에서 밀실 합의나 뒷거래를 통해 난국을 타개하려 했다. 그러나 코빈은 불충분하게나마 의회 밖의 압력을 이용해 노동당 국회의원들이 자신과 보조를 맞추게 만들었다. 코빈 지지자 그룹인 모멘텀은 "3만 명 넘는 사람들이 자기 지역 국회의원에게 이메일을 보내 폭격 찬성투표를 하지 말라고 요구했다. 우리가 이런 움직임을 이뤄 냈다는 것이 자랑스럽다"고 말했다. 더 중요하게는 수천 명이 거리 시위에 참가했다. 이런 운동이 여론을 바꿔 놨다. 12월 2일 유고브의 직원 피터 켈너는 여론조사 결과를 보면 "겨우 7일 만에 시리아 공습에 반대하는 사람이 500만 명 늘었다"고 말했다.[25]

그렇다고 해서 노동당 우파의 반대가 멈춘 것은 아니었다. 운동이 거리에 있는 동안은 압력을 행사할 수 있었지만, 그 뒤에는 상시적으로 존재하는 노동당 의원단과 자본의 요구, 국가 구조의 압력이 강력했다. 코빈을 노동당 대표로 만든 세력을 끊임없이 불러내지 않으면, 예비내각의 사퇴 압력에 직면한 코빈이 계속 버티기는 힘들었다. 그는 노동당 국회의원들이 시리아 쟁점에서 자기 소신대로 투표하도록 허용했다. 전쟁과 평화라는 가장 결정적인 쟁점에서 그의 우선순위는 노동당의 단결이었던 것이다. 그리고 그것이 뜻하는 바는 코빈이 우파에게 양보했다는 것이다. 결국 대다수 노동당 국회의원들은 시리아 폭격에 반대표를 던졌다 (때로는 캐머런이 [공습에 이은] 후속 군사작전 계획을 제대로 세우지 않은 것이 문제라는 구실로 반대했지만 말이다). 그러나 예비내각의 외무부 장관인 힐러리 벤이 이끄는 노동당 국회의원 66명은 대놓고 코빈에게 반항하며 폭격에 찬성표를 던졌다. 그랬는데도 벤은 해임되지 않았다. 오히려 그는 예비내각에 계속 남아 있으면서 코빈을 끌어내릴 음모를 꾸미고 행동을 조직할 수 있었다.

유럽연합, 브렉시트, 국제 자본

보수당의 데이비드 캐머런은 2015년 총선에서 뜻밖의 완승을 거두자, 영국이 유럽연합 회원국으로 남아 있을지 말지를 국민투표에 부치겠다고 한 자신의 공약을 이행해야 했다. 그것은 보수당에 재앙이었지만, 노동당에도 문제를 일으켰다. 노동당의 유럽연합 정책은 1980년대에 큰 변화를 겪었다. 1983년 총선 공약집에서는 유럽연합[당시는 유럽공동체] 탈퇴를 요구했다. 1987년 총선 공약집은 그 쟁점에 관해 사실상 아무 말도 하지 않았다. 1989년 유럽의회 선거 때 노동당은 자신들이 보수당보다 더 친유럽적이라고 주장했다. 노동조합에서도 벌어진 일이지만, 잇따른 패배 뒤에 노동당은 유럽연합을 마거릿 대처와 다국적 자본의 끔찍한 공격을 막아 줄 방패 같은 것으로 여기게 됐다. 그러나 코빈은 그런 변화를 지지하지 않았다. 코빈과 맥도널은 모두 국회의원이 된 이후 줄곧 유럽연합에 반대하는 발의를 지지했다. 이 문제에서 그들은 단지 정치적 스승인 토니 벤의 입장을 따랐을 뿐이다.

1993년에 마스트리흐트 조약을 두고 논쟁이 벌어졌을 때 코빈은 다음과 같이 말했다. 그 조약은 "경제정책을 결정할 권한을 각국의 국회에서 빼앗아 선출되지 않은 은행가 집단에게 넘겨준다. 그러면 그들은 유럽공동체 전체에서 '물가 안정', 디플레이션, 높은 실업률 같은 [신자유주의] 경제정책을 강요할 것이다." 코빈은 또, 자신이 1975년에 유럽연합의 전신인 유럽공동시장에* 반대표를 던졌다고 말했다. 그 뒤 노동당 대표로 선출되기 위해 투쟁할 때 코빈은 유럽연합 탈퇴를 지지할 수 있다는 뜻을 넌지시 내비쳤다. 그는 유럽연합 탈퇴 방침에 대해 "마음의 문을 닫지 않았다"고 말했고, 데이비드 캐머런에게 "백지수표"를 주는 것에 반대했다. 한번은 유세 도중에 다음과 같이 말하기도 했다. "제 생각에 우리가 요구해야 하는 것들은 보편적 노동자 권리, 보편적 환경 보호, 법인세 과세에서 바닥을 향한 경주 중단, 임금 보호에서 바닥을 향한 경주 중단 등입니다."

---

* 유럽공동시장 영국에서 유럽경제공동체를 일컫던 말.

코빈이 유럽연합을 지지하게 만드는 방법은 그를 노동당 대표로 선출하는 것이었음이 드러났다. 코빈은 당내 우파 일부의 모호한 지지라도 받기 위해 타협했다. 팻 맥패든이 예비내각의 유럽부 장관으로 다시 임명된 것은* 코빈 지도부 아래에서 노동당 우파가 거둔 최초의 승리로 여겨졌다. 그 뒤 노동당이 유럽연합 잔류 운동을 전개하겠다는 발표가 나왔다.

이 때문에 유럽연합에 반대하는 주장을 반동적 세력이 확실히 지배하게 돼 버렸다. 좌파적 관점에서 유럽연합에 반대하는 주장은 언론에서 아주 미미하게 다뤄졌다. 코빈은 유럽연합이 노골적으로 자본주의를 옹호하는 기구이고, 지난 몇 년 동안은 사회적 보호를 제공하는 시늉조차 하지 않은 채 오히려 유럽 대륙 전역에서 긴축정책을 강요해 왔다고 말할 수도 있었을 것이다. 또, 유럽연합은 [국경을 굳게 봉쇄하는] 이른바 '유럽 요새'를 구축해서, 유럽 외부에서 오는 난민과 이주민을 쫓아 버리는 구실을 한다고 덧붙일 수도 있었을 것이다. 게다가 유럽연합은 나토와 함께 제국주의 세계 질서의 일부로서, 미국을 지지하는 중요한 구실을 하고 미국이 잔혹한 짓을 할 때 믿을 만한 협력자가 된다는 사실 등을 코빈이 지적했다면, 유럽연합 탈퇴 투표의 유산을 보수당 우파와 [영국독립당의] 나이절 패라지에게 넘겨주지 않고 자신이 차지할 수 있었을 것이다.

영국 국민의 52퍼센트가 유럽연합 탈퇴를 지지한 것은 기득권층, 대기업, 국제 금융기관, 부자들과 정치인들에게 커다란 타격이었다. 그들은

---

* 맥패든은 2014년 10월 에드 밀리밴드가 예비내각 유럽부 장관으로 임명했고 코빈이 당 대표가 된 뒤에도 유임됐지만 파리 테러 공격에 대한 코빈의 입장을 공공연히 반대해서 결국 2016년 1월 해임됐다.

극소수를 제외하면, 유럽연합 잔류 투표를 지지하며 단결했다. 보수당 지도부의 대다수, 노동당, 스코틀랜드국민당, 웨일스민족당, 자유민주당, 녹색당, 신페인당, 즉 하원의 97퍼센트를 이루고 있는 정당들이 잔류 투표를 지지했다. 그러나 잔류 진영은 패배했다.

핵심 문제는 그것이 지배층에 대항하는 반란이었다는 것이다. 대체로 망각되고 무시당하거나 경멸당하던 사람들이 사회 꼭대기에 있는 사람들에게 너무나 충격적인 한 방을 먹인 것이다. 그것은 지배계급을 거부한 반란이었다.[26] 그러나 [승리의 상징인] 월계관은 [보수당 우파인] 보리스 존슨이나 마이클 고브 같은 골수 반동 세력에게 도둑맞았다. 왜냐하면 상당수의 탈퇴 투표 이면에 있는 진정한 동기가 노동당 지도부에 의해 분명히 표현되지 못했고, 잔류를 지지한 노동당 국회의원들이 국민투표 결과를 순전히 인종차별적이고 퇴영적인 것으로 깎아내렸기 때문이다. 그 두 요인은 상호 강화하며 시너지 효과를 냈다.

코빈은 자신을 비판하는 사람들을 달래기 위해 잔류를 지지했는데도 오히려 [잔류 지지] 운동에 투신하지 않았다는 이유로 비판받았다(그는 그 운동에 뛰어들기를 강력히 거부했다). 그것은 [코빈에 대한] 단호한 공격의 도화선이 됐다.

'치킨 쿠데타'

브렉시트 국민투표 후 방향을 잃은 보수당은 캐머런이 총리직을 사임하고 가장 유력한 후계자였던 보리스 존슨이 당 대표 선거에 출마하지 않으면서 지도부 선거가 혼란에 빠지고 선거운동도 지리멸렬해지는 등 거듭되는 위기에 시달렸다. 그것은 노동당이 보수당 반대를 더욱 강화해서 그들을 권좌에서 쓸어버릴 수 있는 절호의 기회였다.

그러나 대다수 노동당 국회의원들은 오히려 코빈을 공격했고 모든 에너지를 코빈이 당 대표에서 물러나게 하는 데 쏟았다. 비열한 술수의 일환으로 주도면밀하게 조직된 예비내각 각료 사퇴가 잇따랐다. 그 뒤 노동당 국회의원 172명이 코빈 지도부 불신임 투표에서 찬성표를 던졌다. 왜 노동당 우파는 정치적 자살의 위험을 무릅쓰고, 당을 분열시키고, (혼란에 빠진) 보수당을 도와주는 짓을 했을까? 노동당 국회의원들의 다수는 좌파적 정책 때문에 표를 잃었다고 진짜로 믿은 냉소적 기회주의자들이었거나 아니면 "경제적 효율성과 사회정의를 결합하는 것이 가능하다"고 순수하게 믿었을 수 있다. 그러나 어느 경우든 그들은 자본주의적 노동자 정당의 한쪽 날개를 반영했다. 그들은 자본주의의 '경기 규칙'을 개혁주의적으로 받아들였지만 노동당을 지지하는 대중은 자본주의의 결과를 거부했다. 이 둘이 나란히 공존했다.

상황이 유리할 때는 이런 공존이 조화를 이룰 수 있다. 그래서 애틀리 정부 시절 자본은 국가가 개입해서 사회 기반 시설과 서비스(의료·교육 등)를 재건할 것을 요구했고, 이것은 국유화와 복지를 원하는 대중의 욕구와 일치했다. 그러나 지난 수십 년 동안 그 두 측면 사이의 간극이 점점 커져서, 한동안 신노동당을 향해 갔다가 그 뒤에는 정반대 방향으로 튀어서 코빈이 등장하기에 이르렀다. 이런 공존은 비록 불안정해 보이지만, 여전히 핵심적 특징이다(2015년 이후의 결과가 자멸적 내전이었다고 하더라도 그 점은 사실이다).

코빈은 사퇴 압력을 강하게 받았지만 더 광범한 지지 덕분에 사기를 유지할 수 있었다. 가장 중요한 것은 노동당의 평범한 당원과 지지자의 격려와 후원이 분출했다는 점이다. 그들은 단지 수동적 방관자처럼 가만히 앉아 있지 않고, 열정적인 대규모 거리 집회와 시위에 참가했다.

    집회를 공지한 지 겨우 몇 시간 만에 1만 명이나 되는 사람들이 국회 의사당 밖에 모여서 코빈의 유임을 촉구했다. 뉴캐슬과 맨체스터에서도 비슷한 집회에 수백 명씩 참가했다. 둘째로, 거의 모든 노조 지도자들이 코빈을 지지했다. 코빈의 정적들은 그가 스스로 물러나기를 바랐지만, 코빈 지지자들의 강력한 저항에 직면하자 공식적 당 대표 선거로 코빈에게 도전할 수밖에 없었다. 당내 우파는 일련의 머뭇거림 뒤에(그래서 [비열하고 소심하다는 의미에서] '치킨 쿠데타'라는 별명이 붙었다), 잘 알려져 있지 않은 오언 스미스를 후보로 내세우고 그를 중심으로 단결했다. 스미스는 코빈의 (매우 인기 있는) 경제정책 자체에는 도전하지 않고 그런 정책을 더 구미에 맞게 제시해야 한다고 주장했다. 이것은 코빈의 지지자들을 전혀 동요시키지 못했다(오히려 수만 명이 코빈을 지지하려고 노동당에 가입했다). 스미스의 선거운동 본부는 최근 들어 당비 납부를 중단한 사람들에게 전화를 걸기 시작했다. 그들이 코빈에게 넌더리가 나서 그런다고 지레짐작하고 잘 설득하면 재가입시킬 수 있을 것이라고 봤기 때문이다. 그러나 스미스의 선거운동원들은 흔히 이미 죽은 사람의 친척과 통화하고 있다는 사실을 깨달았을 뿐이다.

    당시 코빈은 영국 전역에서 집회와 모임을 조직했다. 그래서 그의 지지자들은 사기가 올라갔고 우파는 사기가 떨어졌다. [현재 〈가디언〉의 미디어 담당 편집자인] 짐 워터슨은 다음과 같이 썼다. "힐러리 벤이 [예비내각의 외무부 장관을] 사임한 다음 주에 영국 전역의 35곳에서 코빈 지지 집회가 조직됐다. 맨체스터와 리버풀 같은 주요 도시들에서 집회가 열렸다. 그러자 펜잰스·링컨·입스위치 같은 더 작은 도시들에서도 지지 표현이 있었다. 이런 집회들은 모두 그 지역 모멘텀 지부가 즉흥적으로 조직한 것이었고, 이렇다 할 연사도 없었고 제러미 코빈이 참석해서 연설하지도 않았다. 바로 그 첫 주에 코빈을 지지하기 위해 거리로 나온 사람이 2만

5000명 이상이었다고 모멘텀은 주장한다. 그 숫자는 전년도의 당 대표 선거 때 코빈의 모든 행사에 참석한 사람 총수의 절반이었다."[27]

당 대표 선거 결과가 발표됐을 때 코빈은 날아가기는커녕 처음 당 대표로 선출됐을 때보다 훨씬 더 크게 승리했다. 그의 득표율은 62.5퍼센트였고, 따라서 (우파가 철석같이 믿고 있던 것처럼 그가 총선에서 재앙을 가져오지만 않는다면) 이후 당권 도전에 다시 시달리는 일은 없을 터였다.

노동당 안에서 역사적으로 독특한 상황이 만들어졌다. 과거의 일반적 패턴은 평범한 당원들이 노조 지도자들과 국회의원들에 의해 억제되고 훈육되고 당 대표의 지도를 받는 것이었다. 그러나 이번에는 당원들이 대다수 노조 지도자들의 지지를 받았을 뿐 아니라(아무리 일시적이었더라도) 당 대표의 지지도 받았다.

또, 2015년 당 대표 선거에서 코빈이 승리한 후 그의 지지자들이 만든 조직 모멘텀도 크게 성장했다. 지도부 선거 때 모멘텀 회원은 겨우 4000명쯤 됐다. 그러나 우파를 물리치려고 즉시 사람들을 동원하는 데서 중요한 구실을 한 덕분에 모멘텀의 매력이 매우 커졌다. 그해 말쯤 모멘텀은 회원이 2만 명을 넘어섰다. 그러나 이 때문에, 모멘텀이 어떤 구실을 해야 하는지를 두고 논쟁이 벌어졌다. 단지 지도부의 명령을 따르거나 코빈을 지지하기 위해 사람들을 조직하는 일만 해야 하는가 아니면 심지어 노동당 밖에 있는 더 광범한 사람들과도 사상을 토론하고 운동을 전개해야 하는가?

당 대표 선거에서 오언 스미스가 패배한 후 곧바로 모멘텀 지도자 존 랜즈먼은 조직의 새로운 규약을 발표했다. 권한을 상부로 집중하고, 회원 자격을 노동당원으로 제한하고, [다른 좌파 조직원들의 모멘텀] '가입 전술'에 따라 회원이 되고자 하는 것으로 생각되는 사람들은 받아들이지 않겠다는 방침을 분명히 했다. 그것은 모멘텀이 때로는 코빈을 지원하기보다는 약화시키는 구실을 하는 쪽으로 나아가게 되는 과정의 시작이었다.

모멘텀은 의회와 노동당 밖의 운동이나 조직들과 노동당을 연결해 주는 다리 구실을 했다. 그러나 모멘텀도 의회와 노동당을 정권 장악 수단으로 여기는 정치적 개혁주의의 영향에서 자유롭지 않았다.

2017년 총선

코빈이 실제로 선거를 치르게 되면 1983년처럼, 심지어 1931년처럼 노동당의 역사적 패배를 초래할 것이라고 생각한 사람들은 노동당 우파만이 아니었다. 2017년 중반에 보수당 총리 테리사 메이는 이제 브렉시트 협상에서 자신의 영향력을 강화하고, 평의원들이 자신에게 가하는 압력을 누그러뜨리고, [캐머런의 잔여 임기 총리라는 꼬리표를 떼고] 자신의 독자적 총리 임기를 확보하고, 노동당을 물리친 승리자로 역사에 기록될 수 있을 것이라고 확신했다. 그래서 조기 총선을 실시하기로 결정했다. 그러나 예상과 달리 코빈이 완패하기는커녕 보수당의 형편없는 선거운동과 반란에 가까운 노동당의 선거운동으로 말미암아 완전히 뜻밖의 결과가 빚어졌다. 2017년 [6월 8일 실시됨] 총선에서 노동당은 2015년 밀리밴드, 2010년 브라운 지도부 아래서 패배를 겪었을 때보다 더 많은 표를 얻었다. 그것은 토니 블레어의 세 차례 총선 승리 가운데 두 차례(2001년과 2005년)보다 더 많은 득표였다.

그 총선 결과는 메이와 보수당에 엄청난 타격이었다. 그것은 영국이 대체로 우파적인 나라가 아니라는 것과 좌파가 승리할 수 있다는 것을 보여 줬다. 선거 전에는 대중매체의 전문가들과 노동당 우파 국회의원들이 하나같이 코빈 지도부 때문에 [노동당이] 참패할 것이라는 종말론적 경고를 보냈다. 그들은 코빈의 좌파 정치 때문에 노동당이 대다수 노동계급 사람들과 단절되고 있다고 떠들어 댔다. 그들의 주장인즉, 대다수 노동자들은 우파적 정책만을 지지한다는 것이었다. 그러나 [2017년 총선에서] 노동당은 30석이 늘었고 득표율도 10퍼센트포인트 올라서 40퍼센트를 기록했다. 그것은 영국 역사상 선거운동 기간에 대중의 지지가 가장 크게 증가한 사례였다.

코빈이 이끈 노동당의 득표율은 1974년의 두 차례 총선과 1979년, 1983년, 1987년, 1992년, 2001년, 2005년, 2010년, 2015년 총선 때의 득표율보다 더 높았다. 블레어의 첫 총선이었던 1997년을 제외하면, 노동당의 득표수가 2017년 총선 때[약 1288만 표]보다 더 많았던 경우는 해럴드 윌슨의 노동당이 압승을 거둔 1966년[약 1310만 표]까지 거슬러 올라간다. 사실 코빈의 노동당이 얻은 표는 1951년 선거에서 노동당이 패배한 이후 역대 총선에서 2위 정당이 기록한 최고 득표였다. [코빈의] 노동당은 대중매체의 온갖 거짓말과 적대감을 극복했다. 〈선〉은 코빈에게 투표하는 것은 곧 '무제한 이민', '핵[무기] 포기', '노조의 꼭두각시', '극단적 마르크스주의' 따위를 지지하는 것이라고 떠들어 댔다(그러나 〈선〉의 독자 가운데 30퍼센트는 투표소에서 노동당을 선택했다).

자본가들의 잡지인 〈이코노미스트〉는 "만성적 불안정이 영국 정치를 사로잡고 있"으며 그것을 "억제하기는 힘들 것"이라고 한탄했다. 전 세계의 많은 나라를 휩쓴 정치적 격변과 근본적 변화의 가능성이 이제 영국에도 찾아온 것이다. 〈파이낸셜 타임스〉의 스타 칼럼니스트인 저낸 가네시는 총선 다음 날 "가장 안정된 민주주의 나라가 서구 세계의 이번 덩어리가 됐다"고 썼다.[28]

그것은 선거운동 기간에 코빈이 주장한 정책들이, 또 그와 지지자들이 메시지를 전달한 방식이 완전히 옳았음을 보여 줬다. 선거운동을 시작하면서 코빈은 부자들을 공격했다. 그리고 노동당이 "이 부정 비리 체제를 뒤집을 것"이라고 약속했다. 그는 노동당이 발표할 정책들의 목표는 부자 탈세범과 은행가의 부를 빼앗고, 긴축정책과 인종차별적 책임 전가를 끝장내는 것이라고 말했다. 또, "노동당이 온 힘을 다해 도전하고 있는 대상은 바로 보수당이 비호하는 부정 비리 경제"라고 말했다. "만약 제가 서던레일이라면, 또는 제가 만약 필립 그린이라면, 저는 노동당의 집권을 걱정할 것입니다. 만약 제가 마이크 애슐리나 탈세하는 다국적기업의 최고경영자라면, 보수당이 승리하기를 바랄 것입니다.* 정말로 그럴 것입니다. 왜? 이 나라의 모든 국민이 공유해야 할 부를 바로 그 사람들이 독점하고 있기 때문입니다."[29]

노동당의 선거공약 중에는 부자와 기업에 대한 세금을 늘리고 의료와 교육에 대한 지출을 늘리고 대학 등록금을 폐지하고 최근 제정된 노동조합 통제 법률을 폐지하겠다는 것 등이 있었다.

여러 면에서 이것은 특별히 급진적인 정책은 아니었다. 1980년 노동당 당대회에서 결코 혁명가가 아닌 지엠비 노조 지도자 데이비드 배스닛이 제출한 주요 경제 결의안의 요구 사항도 자본도피 규제, "산업 민주주의와 공공 소유 확대", "공공서비스 지출 증대", "군비 지출 대폭 삭감", "부유세", 임금 손실 없는 주 35시간 노동, 그리고 "영국의 사회·경제 문제들은 오직 사회주의적 계획으로만 해결될 수 있다"는 것의 인정 등이었다. 그 결의안은 노동당 지도부도 지지해서 압도적 지지로 통과됐다. 여기에 비하면 코빈의 정책들은 오히려 흐릿해 보일 정도다.

그러나 노동당의 2017년 선거공약은 보수당의 긴축정책과 노동당의

---

* 서던레일은 영국의 철도 회사고, 필립 그린과 마이크 애슐리는 억만장자 기업인들이다.

아류 긴축정책이 오랫동안 지속된 뒤에 나온 것이었다. 그래서 고무적
인 돌파구처럼 느껴졌다. 그러나 아마 더 중요한 것은 노동당의 선거운
동 방식이었을 것이다. 코빈은 어떻게 선거에서 승리할지에 집착하는 케
케묵은 관행에 사로잡히지 않고, 잇따라 집회를 열었다. [사회주의노동자당
의 작업장·노동조합 조직자] 마크 L 토머스는 다음과 같이 썼다. "5월 중순 코
빈이 요크에서 2000명의 군중에게, 요크셔주의 소도시 헵든브리지에서
수백 명에게, 그다음 리즈에서 3000명에게 연설했을 때가 전환점이었다.
며칠 뒤 코빈은 위럴[잉글랜드 북서부에 있는 반도]의 소도시 웨스트커비의 바
닷가에서 수천 명에게 연설했고, 그다음에는 프렌턴파크 [축구] 경기장에
서 열린 [록밴드] 리버틴스 공연 전에 무대에 올라 청년 관중의 열렬한 환
영을 받으며 연설했다(그때 생겨난 "오~, 제러미 코~빈"이라는 구호는 이
후 각종 여름 축제 등에서 계속 외쳐졌다). 이런 동원이 절정에 달한 것
은 선거 사흘 전에 코빈이 게이츠헤드[잉글랜드 북동부의 항구도시]에 1만 명의
군중을 불러 모은 집회였다. … 그런 대규모 집회들은 노동당 지지자들
에게 자신감을 줬고, 코빈과 그의 선거공약이 인기가 있다는 생각을 사
회적으로 고취하는 데 일조했다. 런던정치경제대학교LSE 블로그에 실린
알리아 미들턴[서리대학교 강사]의 연구 결과를 보면, '제러미 코빈이 방문한
선거구에서는 노동당 득표율이 거의 19퍼센트포인트 상승했다.'"[30]

또 다른 결정적 순간은 선거운동 기간[5월 22일]에 맨체스터 콘서트장
[자살 폭탄] 테러 공격으로 22명이 사망한 끔찍한 사건 뒤에 찾아왔다. 코
빈은 강력한 테러 진압을 요구하는 의례적 언행을 하지 않고 왜 그런 일
이 일어났는지를 물었다. [영국의 저술가이자 정치 활동가인] 앨릭스 넌스는 코빈
의 참모 한 명에게 다음과 같은 이야기를 들었다고 전한다. "우리 선거운
동 본부 안에서도 이렇게 말하는 사람들이 있었습니다. '제기랄, 이래도
된다고 확신합니까?' 그러나 그들도 알다시피 우리의 선택은 먼저 치고

나가거나 아니면 반드시 닥칠 맹공격을 수동적으로 기다리거나 둘 중 하나였습니다."[31]

노동당 당 대표 사무실은 [유세장에서] 기꺼이 코빈을 소개하고 발언 기회를 주겠다는 국회의원을 찾을 수 없었다. 그러나 다음과 같은 핵심 주장을 계속 밀고 나갔다. "우리나라 정보·보안 기관의 전문가들을 포함해서 많은 전문가는 우리가 리비아 같은 외국에서 참여하거나 지원하거나 직접 벌인 전쟁들과 여기 국내에서 벌어진 테러 공격 사이에 연관이 있다고 지적합니다." 그러면서 코빈은 테리사 메이가 내무부 장관 시절 긴축정책의 일환으로 경찰관 2만 명을 감축했다고 비판했다.

그러나 영국이 해외에서 벌인 전쟁들과 국내의 폭탄 테러 공격을 연관 짓는 '위험한' 주장이야말로 가장 인기 있는 요소였음이 드러났다. 사건 직후인 5월 26일 실시한 유고브 여론조사에서 응답자의 53퍼센트는 "영국이 [해외에서] 지원하거나 벌인 전쟁들이 적어도 부분적으로는 영국에 대한 테러 공격에 책임이 있다"고 생각한 반면, 그렇지 않다고 생각한 사람은 24퍼센트에 불과했다.

2017년 총선 결과는 코빈이 결코 선거에서 승리할 수 없을 것이라던 블레어파의 핵심 주장을 논파했다. 블레어파에게는 매우 경악스럽게도 총선 결과는 선거에서 표를 얻을 수 있는 방법은 긴축정책을 내다 버리는 것이지 약간 희석된 형태의 긴축정책을 받아들이는 것이 아니라는 사실을 보여 줬다. 심지어 투표가 시작되기도 전에, 과거 토니 블레어의 수석 연설 비서관이었던 필립 콜린스는 [선거 6일 전 언론에 기고한 글에서] 다음과 같이 썼다. "[이번 주는] 몇 년 만에 노동당에 최악의 한 주가 될 수 있을 것이다." 왜? "이번 총선이 시작되기 전에 노동당 국회의원들 사이에는 이번 선거가 당원들에게 정치 현실을 압축적으로 가르쳐 줄 것이라는 무언의 가정이 널리 퍼져 있었기 때문이다. 보수당은 [노동당을] 중상할 것이고 그 오명은 대부분 덕지덕지 달라붙어 있을 것이다. 코빈 씨는 압력에 짓눌려 무너질 것이고, 유권자들은 [노동당에] 유죄 평결을 내릴 것이[라고 그들은 생각했]다. … [그러나] 노동당의 지지율 급등은 모든 것을 바꿔 놨다. 왜냐하면 코빈식 정치는 성공할 수 없다고 주장하기가 이제는 훨씬 더 힘들어졌기 때문이다."

그러나 2017년 총선에서 코빈이 거둔 성공은 위험한 영향도 미쳤다. 이제 대다수 노조 지도자들과 많은 활동가들은 진보를 달성하는 길은 '제러미[가 총리가 되기]를 기다리는 것'이라고 확신하게 됐다. 선거 결과를 이용해서 투쟁의 속도를 높이는 것이 아니라, 오히려 시위는 더 작아지고 파업은 더 뜸해졌다. 코빈은 이제 '차기 총리'답게 시위 현장이나 피켓라인에는 덜 나타나야 한다는 조언을 들었다. 일부 코빈 지지자들이 요구한 '사회운동 행동주의' 사상은 [노동당이] 집권 준비가 돼 있다는 것을 보여 줄 필요성에 확실히 종속됐다. 그런 변화는 지지자들을 떨어져 나가게 만드는 해로운 영향을 미쳤다. 수동성은 사람들이 급진적 대안에 투표하도록 고무하지 못한다. 더 중요한 점은 스스로 조건을 개선하려고 투쟁하는 노동계급을 약화시킨다는 것이다.

타협하기

코빈의 성공을 보며 모든 사회주의자가 기뻐했다. 그가 보수당과 노동당 우파의 공격을 받았을 때는 아낌없는 지지를 받을 만했다. 그의 정책들은 노동당과 비슷한 유럽 각국 정당들이 주문처럼 읊어 댄 따분한 시장 친화적 정책들보다 선거에서 더 매력적이었음이 입증됐다. 프랑스 사회당은 2017년 대통령 선거에서 5위를 하는 데 그쳤고, 결국 빚을 갚기 위해 파리의 뤼드솔페리노 거리에 있던 유서 깊은 중앙당사를 매각해야만 했다. 독일 사회민주당은 2017년 총선에서 역사적 참패를 당했다. 득표율 21퍼센트는 제2차세계대전 후 가장 낮은 수준이었고, 득표수[약 954만 표]는 1989년 이후 절반으로 줄었다. 네덜란드 노동당은 [원내 2위 정당으로서] 연립정부의 하위 파트너였지만 [2017년 총선에서] 7위로 전락했다. 이 정당들은 그동안 긴축정책을 실행했거나 기껏해야 반대 시늉만 했던 대가를 치르고 있다.

그러나 코빈도 후퇴와 양보 압력을 피할 수 없었고, 이것은 수십 년 동안 원칙을 지키며 운동을 이끌고 전개해 온 사람에게는 일종의 비극이었다. 이런 후퇴와 양보 과정은 그가 당 대표로 선출되자마자 시작됐다. 그래서 노동당 우파인 루크 에이크허스트는 다음과 같이 기뻐했다. "이 첫 주 동안 코빈은 노동당 의원단에 여섯 가지 중요한 양보를 했다. 유럽연합 국민투표에서 노동당은 잔류 찬성투표 운동을 전개할 것이라는 점을 분명히 했고, 영국의 나토 탈퇴를 추진하지 않겠다는 것을 분명히 했고, 내년에 트라이던트 [핵미사일·잠수함 체계]를 [폐기하지 않고] 신형으로 교체하는 법안 표결에서 노동당 국회의원들에게 반대표를 강요할 수 없다는 것을 인정했고, [내년 총선 전에] 국회의원 후보 선출을 위해 현역 의원들도 의무적으로 재선출 과정을 거치는 제도를 다시 도입하지 않겠다고 했으며, 예비내각의 핵심 요직인 외무부와 국방부에 모두 온건파를 임명하겠다고 했고, 원내 대표 사무실에 최고의 팀을 재임명하기로 했다."[32]

결정적 역전은 트라이던트 핵미사일을 신형으로 교체하는 문제에서 일어났다. 코빈은 항상 핵무기를 반대했고, 당 대표가 되고 나서도 장차 때가 되면 전 세계를 파멸시킬 수도 있는 핵전쟁 개시 명령을 내리겠다고 말하기를 거부해서 우파를 격분시켰다. 그는 처음 당 대표로 선출된 직후에 이렇게 말했다. "저는 핵무기 사용에 반대합니다. 핵무기를 보유하는 것도 반대합니다. 저는 핵 없는 세상에서 살고 싶습니다. 그것은 가능한 일이라고 생각합니다." 또, 바로 그 인터뷰에서 다음과 같이 덧붙이기도 했다. "저는 우리가 트라이던트를 신형으로 교체하는 데 1000억 파운드[약 149조 원]를 써야 한다고 생각하지 않습니다."[33]

그런 [코빈의] 정책을 용납할 수 없는 것은 보수당과 군대만이 아니었다. 노동당 우파와 노동조합 지도자들도 마찬가지였다. 유나이트 노조 지도자인 렌 매클러스키와 지엠비 노조 지도자인 폴 케니는 노동자들의 일자리를 지키려면 트라이던트를 유지해야 한다는, 순전히 겉으로만 그럴싸한 주장을 이용해 코빈에게 후퇴하라고 함께 압력을 가했다. 2016년 노동당 당대회에서 예비내각 국방부 장관인 클라이브 루이스는 다음과 같이 말했다. "저는 우리 당의 정책이 트라이던트 교체를 지지하는 것임을 분명히 해 둡니다."[34] 그리고 다음과 같은 2017년 총선 공약은 고든 브라운이나 토니 블레어도 완전히 용납할 수 있었을 것이다.

우리는 나토에 헌신할 뿐 아니라, 세계와 지역의 안보를 촉진하고 지원하기 위한 다양한 작전 임무에서 유럽연합과 계속 협력할 것이다. 지난 노동당 정부는 한결같이 나토가 권고한 기준에 따라 GDP의 2퍼센트 이상을 국방비로 지출했다. 보수당의 지출 삭감 때문에 영국의 안보가 위험해졌다. … GDP의 2퍼센트 이상을 국방비로 지출하겠다는 노동당의 약속은 우리 군대가 의무를 다할 수 있는 필수 역량을 갖추도록 보장할 것이다. … 노동당은 트라이던트 핵 억지력을 신형으로 교체하는 것을 지지한다.[35]

이보다 더 전통적이고 친제국주의적인 정책, 급진적 변화와 전혀 어울리지 않는 정책을 상상하기란 거의 불가능하다.

코빈은 또 영국이 유럽연합에서 탈퇴할 수 있는 조건을 두고 논쟁이 벌어졌을 때 이민 문제에서도 후퇴했다. 그는 유럽연합 안에서 노동자들에게 허용되는 (부분적) 이동의 자유를 포기하고 오히려 탈퇴의 결과로 더 가혹한 일련의 이민법 제정이 불가피하다는 것을 받아들였다. 이민자들은 문제가 아니라는 올바른 일반적 이해에서, 이민과 난민을 통제하는 법률의 폐기라는 구체적 정책으로 더 나아가지 않은 것이다.

그런 타협들은 우파의 기를 살려 준다. 양보를 얻어 낸 우파가 더 많은 양보를 요구한다는 사실은, 노동당 안에서 이른바 반유대주의 문제를 둘러싸고 벌어진 투쟁에서 가장 생생하게 드러났다. 코빈의 적들은 그를 지도부에서 제거하는 데 실패하고 2017년 총선에서 노동당의 득표가 늘어난 것을 목격하자 이제 다른 방법에 의지했다. 가장 단호한 공격 하나는 코빈이 반유대주의자라고, 또는 적어도 반유대주의자들의 친구라고, 그래서 노동당 안에 반유대주의자들이 남아 있을 수 있도록 보호해 준다고 말하는 것이었다. 이런 근거 없는 비난이 특히 해로운 이유는 코빈이 평생 인종차별 반대 운동으로 명성을 쌓아 왔기 때문이다.

그러나 그것은 단지 노동당 우파가 코빈을 공격한 것만은 아니었다. 그것은 국제적으로 팔레스타인 연대 운동에 가속도가 붙고 BDS 운동이* 성장하는 것을 뒤집기 위한 협공이기도 했다. 그 공격은 여러 해 동안 계속됐다.

2016년 4월 노동당 국회의원 나즈 샤가 소셜미디어에 올린 이스라엘 관련 글과 그림 때문에 당원 자격정지 처분을 받았다. 그러자 전 런던 시장 켄 리빙스턴이 라디오방송에 출연해서 샤를 옹호하던 끝에 히틀러

---

* BDS 운동 Boycott(불매), Divestment(투자 회수), Sanctions(제재)의 머리글자로, 팔레스타인을 점령하고 있는 이스라엘에 저항하기 위해 이스라엘에서 생산되는 제품을 사지 말고, 이스라엘에 투자하지 말고, 이스라엘에 국제적 제재를 가하자는 운동이다.

가 시온주의를 지지했다는 말을 했다. 리빙스턴의 말은 무분별하고 역사적으로 의심스러운 것이었다. 일부 시온주의자들이 결국 히틀러의 이런 저런 행동을 용인한 적은 있지만, 매우 많은 시온주의자들은 그러지 않았고 오히려 히틀러에 맞서 목숨을 걸고 싸웠기 때문이다. 그러나 리빙스턴은 인종차별에 강력히 반대한 운동 경력이 있었고 결코 반유대주의자가 아니었다. 그런데도 노동당은 그의 당원 자격을 정지했다.

그 사건은 노동당에 반유대주의자들이 우글거린다는 것을 암시하는 데 이용됐다. 그것은 또, 유럽연합 국민투표 후 코빈을 제거하려고 준비하던 우파가 그를 공격하는 데도 쓸모가 있었다.

2016년 10월 하원의 내무위원회는 노동당이 반유대주의에 대처하는 데서 무능하고 "유대인들에 대해 결코 용납할 수 없는 태도"를 지닌 사람들에게 안전한 공간을 만들어 주는 일을 거들고 있다고 비난했다. 처음부터 코빈은 비록 반유대주의는 항상 용납할 수 없는 것이지만 그것은 우파들 사이에서 훨씬 더 흔하고 파시즘의 핵심 주제이며 노동당은 계속해서 팔레스타인인들을 아낌없이 지지할 것이라고 주장하면서 대응했어야 했다.

그러나 오히려 그는 자신을 비판하는 자들에게 양보하면서, 반유대주의적 욕설에 대해 더 강경한 노선을 취할 필요가 있다고 인정했다. 그 뒤 2018년 3월 코빈은 [2012년에] 런던의 이스트엔드에서 반유대주의적 묘사가 있는 것으로 알려진 벽화가 철거된 것과 관련해서 소셜미디어에 그 화가를 지지하는 글을 올린 것은 자신의 잘못이었다고 또 양보해야 했다. 코빈을 공격하는 새로운 방법을 찾기 위해 이렇게 잘 알려져 있지도 않은 소셜미디어의 글을 들춰낸 것이다. 그것은 또 다른 공격의 서막이었다. 일부 유대인 공동체 지도자들은 공개서한을 발표해서, 코빈이 "반유대주의자들을 편들고 있다"고 비난했다. 그들이 국회의사당 앞에서 벌인 항의 시위는 보수당과 노동당 국회의원들의 지지를 받았다. 코빈은 다시 한 번 후퇴했다. 2018년 5월 켄 리빙스턴은 자신의 당원 자격정지 문제가 당내 분열과 혼란의 원인이 되고 있다며 탈당했다. 이것은 코빈과 상의 없이 이뤄진 일이라고 생각할 수 없다. 코빈이 이끄는 지도부가 블레어는 의기양양하게 당원 자격을 유지하는 반면 리빙스턴은 당에서 쫓겨나는 것을 가만히 보고 있을 것이라고 누가 과연 생각했겠는가?

압력이 점점 커지자 2018년 7월 노동당은 [시온주의 단체인] 국제홀로코스트기억동맹IHRA의 반유대주의 정의를 받아들였지만, 중앙집행위원회는 국제홀로코스트기억동맹이 제시하는 11가지 사례를 모두 채택하지는 않기로 결정했다. 그중 하나에 따르면, 이스라엘을 정당하게 비판하는 것도 모두 반유대주의로 규정될 수 있었기 때문이다. 노동당 국회의원 마거릿 호지는 분노해서 코빈을 "빌어먹을 인종차별주의자에다 반유대주의자"라고 부르며 정면으로 충돌했다. [유대인들의 언론인] 〈주이시 크로니클〉, 〈주이시 뉴스〉, 〈주이시 텔레그래프〉는 1면 공동 사설을 통해, 장차 코빈이 이끄는 노동당 정부가 들어서면 영국 유대인들의 삶은 "실존적 위협"을 받게 될 것이라고 주장했다. 그러자 코빈은 이스라엘이 가자지구에서 하는 짓을 나치에 비유한 2010년의 한 행사에 자신이 참가해서 "우려와 분노"를 자아낸 것에 대해 사과했다.

이 낱낱의 사건들은 별로 대수롭지 않은 것처럼 보였다. 그러나 전반적 추세는 명백했다. 즉, 코빈은 자신을 비판하는 자들이 의제를 규정하고 노동당을 팔레스타인 연대에서 멀어지게 몰아가도록 허용했다는 것이다. 그것은 더 많은 공격을 부추기는 결과를 낳았다. 2018년 8월 코빈은 4년 전 튀니지에 있는 팔레스타인해방기구 인사들의 묘지 헌화식에 참석했다는 이유로 맹비난을 받았다. 그 팔레스타인해방기구 인사들은 1972년 뮌헨 올림픽 때 이스라엘 선수단 11명을 살해한 사건에 연루된

자들이라는 것이었다.*

이제 노동당은 완전히 후퇴했다. 여기서 노동조합 지도자들이 결정적 구실을 했다. 그들이 2010년에는 '빨갱이 에드'를 노동당 대표로 지지했고, 2016년에는 '치킨 쿠데타'에 대항해서 코빈을 지지했다는 사실은 앞서 이야기했다. 그러나 2018년에는 달랐다. 보수당, 이스라엘 지지자들, 노동당 우파, 사실상 모든 대중매체, 심지어 이스라엘 지도자 베냐민 네타냐후까지 나서서 코빈을 맹비난하자, 영국에서 가장 큰 일부 노조의 지도자들도 이제 코빈에게 굴복하라고 말하기로 작정했다. 지엠비의 팀 로치, 유니슨의 데이브 프렌티스, [조합원이 43만 명인] 상업유통노조의 패디 릴리스, 유나이트의 렌 매클러스키가 모두 노동당에 국제홀로코스트기억동맹의 반유대주의 정의와 사례를 고스란히 받아들이라고 조언했다. 노동당 안에 독자적 기반을 갖춘, 대체로 독립적 행위자인 노조 관료들은 강력한 영향력을 행사할 수 있지만, 그들 나름의 이유로, 그리고 정치적 관료들과 똑같은 한계를 지닌 채 그렇게 한다. 노동자들과 자본 사이에서 둘을 중재하는 계층인 노조 관료들이 노동당 정부를 원하는 이유는 그들이 의회 밖에서 노동계급의 중대한 전진을 위해 싸울 태세가 돼있지 않기 때문이다. 그러므로 노동당의 정치인 관료들과 마찬가지로 노조 관료들도 선거에 유리하다고 자신들이 생각하는 것에 굴복한다.

[코빈의] 마지막 양보는 2018년 9월에 찾아왔다. 노동당 중앙집행위원회는 이스라엘 국가를 "인종차별적 노력[의 산물]"로 묘사하는 것은 반유대주의임을 인정하는 것을 포함해서 국제홀로코스트기억동맹의 11가지

---

* 실제로는, 코빈이 헌화한 묘지에 묻힌 사람들은 1985년 이스라엘이 튀니지의 팔레스타인해방기구 본부를 공습했을 때 사망한 피해자들이었고, 그 묘지에서 몇 발짝 떨어진 곳에 뮌헨 올림픽 참사에 연루된 것으로 알려진 팔레스타인인들의 무덤이 있었다.

사례를 모두 받아들였다. 코빈이 이것을 약화시키는 성명서를 제출하려 하자 몇몇 노조 부문 중앙집행위원들과 많은 모멘텀 지지자들이 코빈을 지지해 주지 않았다. '코빈을 지지'하는 모멘텀이 '코빈을 반대'하게 된 것이다.

변화를 가로막는 장애물

만약 코빈 정부가 들어선다면 어떤 모습일까? 분명히 블레어 정부와는 매우 다를 것이다. 그러나 코빈 정부는 근본적 변화를 가로막는 엄청난 장애물에 직면할 것이다. 첫째는 정부 자신의 제한된 목표다. 2017년 총선 때 코빈의 노동당이 제시한 경제정책은 자본주의 영국을 치명적으로 위협하는 것들이 아니었다. 둘째, 노동당 우파가 여전히 국회의원들 사이에서 우세하다. 그들이 더 급진적 정책에 서슴없이 반대표를 던질 것이라는 점은 분명하다. 아무리 자기 당이 추진하는 정책이라 해도 그럴 것이다.

그러나 더 심각한 문제들이 있다. 그리스의 경험은 의회 통치의 한계를 보여 준다. 2015년 초에 급진적 정당 시리자가 총선에서 승리했다. 유럽 전역에서 시리자의 승리를 축하했다. [새 총리] 알렉시스 치프라스의 집권 공약은 이른바 트로이카라는 국제 채권자들(유럽연합 집행위원회, IMF, 유럽중앙은행)이 강요한 긴축정책을 되돌려 놓겠다는 것이었다.

이 긴축정책 때문에 수많은 그리스인의 삶이 파탄 났다. 2008년 이후 그리스 경제 [규모]는 4분의 1로 줄어들었다. 사람들의 평균 소득도 3분의 1 이상 감소해서, 많은 사람들의 생활수준이 조부모 시대로 돌아갔다. 인구의 거의 40퍼센트가 공식 빈민층이었고, 4분의 1이 일자리가 없었으며, 청년의 절반이 실업자였다. 수많은 사람들이 이제 더는 의료 서비스를 이용할 수 없게 됐다. 2015년의 선거 결과는 이런 참상과 (총파업, 학생운동, 공공 광장 점거 등) 매우 높은 수준의 저항에서 비롯한 자신감을 반영했다.

그러나 [국제] 은행가들과 유럽연합의 기관들은 [그리스] 유권자들의 견해에 아무 관심도 없었다. 오히려 그들이 시리자를 상대로 준비한 유일한 협상안은 긴축과 삭감 정책을 지속하는 것뿐이었다. 그들은 그리스를 혹독하게 괴롭혀서 굴복시키기 위해, 그리고 [그리스 국민처럼] 긴축정책에 반대표를 던지면 은행가들의 체제에서 벗어날 수 있다는 메시지가 전 세계로 확산되는 것을 막기 위해 금융적 물고문 정책을 시작했다. 여기에 그리스의 특수한 상황 같은 것은 전혀 없었다. 물론 영국과 다른 특징들이 있었다는 것은 확실하다. 예컨대, 상대적으로 작은 경제 규모나 임박한 부채 상환 의무 따위가 그랬다. 그러나 이런 것들은 근본적 문제가 아니었다. 프랑스의 경제 규모는 영국과 거의 똑같고, 부채도 마찬가지다. 그러나 은행가들과 자본가들은 사회당 대통령 프랑수아 올랑드의 매우 온건한 개혁조차 저지한 다음에 그가 긴축정책을 실행하도록 몰아붙일 수 있었다. 이것은 과거 영국 노동당 정부의 경험이기도 했다. 예컨대, 1964년에 비슷한 상황에 맞닥뜨린 해럴드 윌슨은 다음과 같이 말했다. "국제 투기꾼들은 … [노동당 정부 — 지은이] 전에 근본적으로 반대했던 보수당의 정책들을 채택하도록 강요했다."[36]

어떤 점에서는 영국의 중요성 때문에 개혁주의적인 코빈 정부와 대결하는 것이 시리자를 제거하는 것보다 자본가들에게는 훨씬 더 중요할 것이다. 영국에서 긴축정책을 되돌리는 투쟁이 승리한다면 그리스에서 그러는 것보다 훨씬 더 커다란 영감을 사람들에게 줄 것이기 때문이다. 그래서 은행가들은 '주요' 부채로 여겨지는 것을 조작할 수 있다. IMF의

자료를 보면,[37] 미국의 GDP 대비 국가 부채 비율은 세계 최고 수준이다. 그러나 [미국에] 비상조치 계획이나 정부 교체 따위를 요구하는 일은 전혀 없다. 그것은 힘과 정치의 문제다.

당시 그리스 재무부 장관이었던 야니스 바루파키스는 자신의 협상이 어떻게 진행됐는지를 설명한 바 있다. 그는 당시 독일 재무부 장관이자 2010년과 2012년에 그리스가 [트로이카와] 체결한 계약의 설계자인 볼프강 쇼이블레가 "협상 기간 내내 한결같았다"고 말했다. "쇼이블레의 견해는 이런 것이었습니다. '나는 [긴축] 프로그램에 대해서는 [당신과] 논의하지 않겠다. 그것은 전임 [그리스 — 지은이] 정부가 받아들였던 것이고, 우리는 선거 때문에 그것이 조금이라도 변경되는 것을 도저히 용납할 수 없다.' 그래서 당시 저는 '음, 그렇다면 채무국들은 더는 선거를 치를 필요가 없겠군요' 하고 말했는데, 아무런 대답도 없었습니다. [그들의 견해에 대해 — 지은이] 제가 할 수 있는 유일한 해석은 다음과 같은 것이었습니다. '맞다, 그것은 좋은 생각이지만 어려울 것이다. 따라서 당신은 계약서에 서명을 하든지 아니면 [협상장에서] 나가든지 둘 중 하나를 선택하면 된다.'"

바루파키스는 자신이 조심스럽게 역제안을 내놨을 때의 상황을 다음과 같이 설명했다. "경제적 논쟁은 단칼에 거절당했습니다. 단칼에. 제가 정말로 공들여 준비한 주장을 꺼내 놓으면(제 주장은 확실히 논리적 일관성이 있었습니다) 그들은 무표정한 얼굴로 저를 빤히 쳐다봤습니다. 저는 마치 벽에 대고 이야기하는 것 같았습니다. 제가 하는 말과 그들이 하는 말은 완전히 따로 놀았습니다. 차라리 스웨덴 국가를 부르는 것이 나았을 겁니다. 저는 계속 똑같은 답변만 들어야 했습니다."

[트로이카의] 이런 비타협적 태도는 시리자를 엄청난 곤경으로 몰아넣었다. 결국 시리자는 그리스 국민에게 트로이카의 요구를 들이밀었다. 그리고 그리스 국민의 다수는 이 요구에 '오히'(반대)라고 응답했다. 7월 [5일]

실시된 국민투표에서 61퍼센트가 긴축정책을 거부했다. 이것은 1월 총선에서 시리자가 얻은 득표율보다 25퍼센트포인트 더 높은 수치였다. 그러나 시리자는 저항을 지속할 계획이 전혀 없었다. 사실은 이미 굴복한 상태였다.

바루파키스는 다음과 같이 회상한다.

6월 말쯤 제 동료들은 이미 항복하기로 작정했고, 어떤 의미에서 국민투표는 패배하기 위해 실시된 것이었습니다. 국민투표는 일종의 퇴로였던 것입니다. 그들은 그리스 국민이 찬성표를 던지기를 바랐습니다. 그런데 그리스 국민은 반대표를 던졌습니다. 그리스 국민은 굴복하지 않았습니다. 저는 놀랐습니다. 저는 일주일 내내 은행이 문을 닫았기 때문에 그리스 국민이 트로이카의 의지에 굴복할 것이라고 예상했습니다. 그날 밤에 저는 마냥 행복했습니다. 그때는 제 인생에서 가장 행복한 순간 중 하나였습니다. 유감스럽게도 제 편, 즉 그리스 정부는 무너지고 굴복했습니다.[38]

그 대가는 끔찍했다. 어떤 연구 결과를 보면, 2018년 [8월]에 그리스가 유럽연합의 구제금융 체제를 졸업했을 때 그리스 가구의 3분의 1은 1년에 8000파운드[약 1210만 원]도 안 되는 돈으로 살고 있었고, 절반 이상의 가구는 연금 소득에 의존해 살았으며, 실업률은 20퍼센트가 넘었다. 그리스의 상전들[트로이카]은 그리스가 2022년까지 경제 생산량의 3.5퍼센트 이상을, 2060년까지는 2.2퍼센트 이상을 부채 상환에 쓸 것을 요구했다(40년 넘게 긴축정책을 실행하라는 것이다).

[그런 상황에서] 시리자가 전진하려면 더 급진적으로 되고 또 유럽연합과 결별해야 했을 것이다. 그러나 의회에 집착하고 권력자들과의 협상이나 유럽연합 잔류에 골몰하다가 결국 완전히 무너지고 말았다. [국민투표 후]

1주일이 채 안 돼 치프라스는 긴축정책을 실행하겠다고 선언했다. 그것은 전임 보수 정당들이 강요한 것보다 더 나쁜 정책이었다. 좌파적 정책을 내세운 지도자와 정당을 선출하는 것만으로는 자본가들의 협박과 공갈을 저지할 수 없었다.

그럴 수 있는 방법은 시리자가 스스로 대중 동원에 의지하는 것뿐이었다. 시리자는 노동자들이 통제하는 은행 국유화, 독과점 재벌의 재산 몰수, 기업주들의 자본·자산 도피 통제 등등의 조치를 취해야 했을 것이다. 그러려면 사회 기층의 엄청난 운동이, 그리고 작업장과 지역사회의 민주주의 심화가 필요했을 것이다. 다시 말해, 긴축에 반대하는 정책들을 확실히 실행하려면 진정한 사회주의 정책들과 사회주의 운동이 필요했다. 그것은 얼마든지 가능했고, '오히' 국민투표는 그런 가능성을 보여 줬다. 그러나 치프라스는 애써 그 길을 피하려 했다.

2012년 총선 후 시리자가 다음 총선에서 승리할 수 있다는 것이 분명해졌을 때 의회 밖의 투쟁을 고무하는 노력은 중단됐다. 긴축에 반대하고 인종차별에 반대하는 대중 동원을 집권 계획의 중심에 두려는 시도는 전혀 없었다. 그리고 2015년에 시리자가 집권한 뒤에는 아래로부터 저항 가능성이 조금만 보여도 그것은 잘해야 혼란을 조성하는 것이고 최악의 경우에는 충성스럽지 않은 것으로 여겨졌다.

그리스가 최근의 유일한 사례는 아니다. 프랑스에서는 2012년 이후 사회당 대통령 프랑수아 올랑드가 집권 기간 내내 긴축정책과 인종차별적 조치를 실행해서, 파시스트인 국민전선이 성장하고 사회당의 선거 기반이 붕괴하는 길을 닦았다. 심각한 경제 위기의 시대에 긴축정책을 뒤집고 인종차별과 전쟁을 공격하려면 선거에서 승리하는 것보다 훨씬 더 많은 것이 필요하다.

코빈이 더 단호하다면 어떻게 될까? 만약 자본가들의 경제적 '파업'

과 압력이 효과가 없다면, 만약 노동당 우파의 영향력만으로는 부족하다면, 만약 코빈 자신이 뒷걸음질 치지 않는다면, 그렇다면 물리적 탄압이 벌어질 수 있을 것이다. 현역 영국군 고위 장성 한 명은 만약 코빈이 총리가 된다면 다음과 같은 일이 벌어질 것이라고 〈선데이 타임스〉에 말했다. "모든 계급의 장교들이 대거 사임할 것이고, 그러면 사실상의 반란 사태가 매우 실질적인 전망으로 대두할 것입니다. … 트라이던트 [핵무기 폐기]나 나토 탈퇴 같은 극히 중요한 정책 결정과 관련해서, 또 군대를 약화시키거나 군의 규모를 축소하려는 모든 계획에 대해 고위 군 장성들이 관례를 깨고 직접 공개적으로 코빈에게 도전하는 중대한 사태가 벌어질 것입니다."

"군대는 그저 좌시하지만은 않을 것입니다. 참모본부는 총리가 이 나라의 안보를 위태롭게 하는 것을 허용하지 않을 것이고, 제 생각에 국민들은 수단과 방법을 가리지 않고 무슨 수를 써서라도 그런 일을 막으려고 할 것입니다."

〈선데이 타임스〉는 "정보기관의 수뇌들"도 다음과 같이 말했다고 덧붙였다. "정보기관들은 코빈이 일부 테러리스트에 대해 동정적이기 때문에, 현재 진행 중인 작전들에 관한 정보를 그가 보겠다고 해도 거부할 것입니다." 그러고 나서 그 신문은 어떤 정보기관 고위 관리의 다음과 같은 발언을 인용했다. "정보[기관] 공동체 가운데 어느 기관도(그것이 국가 안보 기구가 됐든 대테러 경찰이 됐든) 코빈에게나 그의 각료 어느 누구에게도 자신이 알리고 싶지 않은 정보를 제공하지는 않을 것입니다. 그리고 그들이 제공하기로 결정한 정보는 코빈이 영국의 국가 안보 기구들을 혐오한다는 명백한 사정을 감안해서 제한되고 조정된 일반적 정보들일 것입니다."[39]

군대가 그렇게 행동할 것이라고 선뜻 믿기 힘들 수 있다. 그러나 만약 코빈 정부 아래에서 노동자 투쟁이 크게 고양된다면 군대가 그렇게 행동할 가능성을 결코 배제할 수 없다. 그리고 시리자를 압박했던 것과 비슷한 수많은 금융적 조치들이 취해질 것이라는 점도 확실하다.

진정한 투쟁은 거리와 작업장에서 벌어질 것이다.

20장

결론

이 글을 쓰고 있는 지금[2018년] 리먼브러더스 파산 10주년이 됐지만 불안정은 여전히 지속되고 있다. "호황과 불황의 경기순환은 끝났다"고 선언한 당시 총리 고든 브라운은 이제 새로운 금융시장 붕괴가 곧 닥칠 수 있는데도 "2008년에 경제 위기를 막은 것과 같은 각국 중앙은행과 정부의 국제적 협력이 더는 가능하지 않을 것"이라고 경고하고 있다.[1] 그가 이런 말을 하고 있는 지금도 대다수 사람들의 생활수준은 지난번 경제 위기에서 아직 회복되지 않았다. 그리스가 당한 금융적 물고문은 부자들이 더 부유해지는 동안 어떻게 평범한 사람들이 생활수준 저하와 긴축과 실업을 감내했는지를 보여 주는 한 사례일 뿐이다. 오늘날 빈부 격차는 터무니없는 수준으로까지 커졌다. 2017년 현재 최상위 1퍼센트의 부자들이 전 세계 부의 33퍼센트를 소유하고 있는데, 이것은 1980년의 28퍼센트에서 더 늘어난 것이다.[2]

그런 사실들은 좌파의 주장에 도움이 돼야 하지만, 분명히 일부 사람들은 자신의 불행이 난민과 이민자, 무슬림 탓이라는, 또는 자본가들이 소유한 대중매체가 떠들어 대는 온갖 희생양 탓이라는 거짓말에 속아 넘어갔다. 포퓰리즘적 민족주의, 인종차별주의, 파시즘이 선거 영역에서도, 그리고 폭력배들이 설쳐 대는 거리에서도 광범하게 성장했다. 심지어 스웨덴에서도 간판을 바꿔 단 나치 정당[민주당]이 선거에서 상당한 성과를 거둔 반면, 흔히 사회민주주의 정당의 모델로 여겨졌던 사회민주노동당은 100년 만에 가장 낮은 득표율[28.4퍼센트]을 기록했다.

마지막으로, 우리는 기록상 가장 뜨거운 여름을 겪으면서 지구온난화가 인류의 미래 자체를 예측할 수 없게 만들고 있다는 두려움을 확인하고 있다.

21세기의 사회에 대한 이런 짧막한 묘사는 맹목적이고 가차 없는 이윤 추구 체제를 끝장내고 그것을 집단적·민주적으로 경제를 통제하는 체제로 교체하는 것이 절실히 필요하다는 점을 분명히 보여 준다. 우리는 사회주의냐 야만이냐 하는 선택에 직면해 있지만, 사회주의는 오직 사회의 평범한 대중, 즉 노동계급의 행동을 통해서만 실현될 수 있다. 그런데 영국의 노동계급은 지금 노동당에 투표하는 경향이 있다. 그러나 오늘날 노동당은 과연 어떤 종류의 정당인가?

노동당 창립 후 첫 100년과 대조하면 지난 20년은 매우 특이해 보인다. 1997~2010년의 노동당 정부와 [2015년] 코빈의 당 대표 선출보다 더 큰 차이는 없을 것이다. 그렇지만 심지어 이런 사건들조차 개혁주의 정치의 여러 측면을 반영하고 있다. 그래서 이 책의 1996년판[2008년 한국어판]은 블레어 정부 아래에서 노동당은 "개혁을 제공할 수 없는, 오히려 개혁을 파괴하기만 하는 개혁주의 조직"이 될 것이라고 정확히 예측할 수 있었다. "노동당은 선거주의에 집착한다. 그러나 간부 활동가들을 쫓아내고, 보수당의 영역을 차지해서 표와 당원을 얻으려는 전략을 추구함으로써 전통적 지지 기반을 갉아먹고 있다."

그러나 그 책에서는 더 나아가 "이 말은 노동당의 개혁주의에 미래가 없다는 의미인가?" 하고 묻고 나서 다음과 같이 결론지었다. "결코 그렇지 않다. 착취와 억압의 경험을 통해 왜곡된 지배계급의 사상인 개혁주의 의식은 실제로 개혁을 획득할 가능성이나 실제로 노동당에 투표하거나 노동당원이 될 가능성에 의존하지 않는다. 따라서 개혁주의 신념은 앞으로도 지속될 것이다. 노동당이 노동자들의 개혁 염원을 점차 반영하지 못하지만, 그렇다고 해서 다른 조직들이 쉽사리 노동당을 대체해 개혁주의의 정치적 표현체가 될 수 있는 것도 아니다. 노동당과 노조 관료들의 독특한 관계는 비록 변화를 겪었지만 여전히 지속되고 있고, 이 덕분에 노동당 고유의 안정성이 유지되고 있다. 마찬가지로 [개혁주의 — 지은이] 의식과 노동당 득표 사이의 간접적이지만 실질적인 관계 때문에 노동당의 대중적 영향력이 유지된다. 노동당은 일시적으로 우파의 지지를 받을 수 있지만, 노동당의 핵심 지지 기반은 노동계급이고, 노동계급의 가장 선진 부문은 압도적으로 노동당 정치를 지지한다."

정말로 놀라운 일은 정치적 변동성이 극심한 시대에 어떻게 그토록 많은 가변적 요소들이 (그리스의 시리자나 스페인의 포데모스 같은) 다른 경쟁 정당들을 통해 표현되지 않고 노동당 안에 남아 있을 수 있었는가 하는 점이다. 영국에서 이런 패턴의 유일한 예외는 스코틀랜드뿐인데, 그곳에서는 스코틀랜드국민당이 자신을 개혁주의적 대안으로 내세우는 데 성공해서 노동당을 선거에서 압도했다. 노동당이 '광범한 교회' 구실을 할 수 있다고 해서 오늘날 [노동당 안에서] 격렬한 내전이 벌어지고 있다는 사실을 무시해서는 안 된다. 그 내전은 노동당의 정신 자체가 걸린 싸움이다.

1900년에 노동당이 창립되기 전에는 노동계급의 염원이 의회 영역 안에서 분명히 표현되지 않았다. 대다수 노동하는 남성들(당시에는 오직 남성에게만 투표권이 있었다)은 자본주의를 노골적으로 지지하는 정당인 자유당에 표를 던졌다. 그러므로 당시 노동당으로 전환이 이뤄진 것은 중요한 진보였다. 1860년대에 마르크스는 노동시간 제한 입법을 선동하는 글에서 왜 그런 정치적 행동이 중요한지를 다음과 같이 설명했다.

[노동시간을 법적으로 제한하려는] 이 투쟁은 … 사실 중간계급[자본가계급]의 정치

경제학을 이루는 수요·공급 법칙의 맹목적 지배와 노동계급의 정치경제학을 이루는, 사회적 통찰에 따라 통제되는 사회적 생산 사이의 대판 싸움이었다. 따라서 10시간 [노동]법은 위대한 실천적 성과였을 뿐 아니라 원칙의 승리이기도 했다. 그것은 처음으로 중간계급의 정치경제학이 노동계급의 정치경제학에 공공연히 굴복한 것이었다.[3]

블레어는 노동당 창립의 성과를 뒤집으려 했다. 그러나 중요한 것은 그가 실패했다는 사실이다. 신노동당은 자본주의를 열심히 옹호한 덕분에 선거에서 승리할 수 있었다는, 근거 없는 믿음 위에 건설됐다. 노동당에 투표한 수많은 사람들이 그 믿음에 동의하지 않는다고 하자 노동당은 2010년 총선에서 패배했고 머지않아 코빈이 당 대표가 됐다. 이것은 노동당의 우경화가 그 선거 기반 때문에 한계가 있을 수밖에 없다는 것을 보여 주는 증거다.

코빈[의 당 대표 선출]은 노동당이 자본주의 사회에서 평범한 사람들의 불만을 대변하게 하려는 반가운 시도를 나타내지만, [노동당의] 좌경화에도 한계가 있다는 점이 드러나고 있다. 그런 한계는 단지 신노동당 시절부터 지속된 많은 국회의원들의 특징만은 아니다. 비록 노동당이 노동계급의 관심사를 표현할 수 있고 실제로 그 목적을 달성하려고 생겨났지만(노조 관료들의 중재를 통해서 그렇게 하려 한다), 노동당이 실제로 제공하는 것은 제한적이다. 왜냐하면 자본주의가 정해 놓은 틀을 그대로 받아들이기 때문이다.

이런 틀의 일부는 이데올로기적인 것이다. 노동당은 결코 자신의 독립적 이데올로기를 가져 본 적이 없다. 그런 독립적 이데올로기는 오직 노동계급을 지지하고 자본가계급과 그들의 기구에 반대하는 분명한 태도를 취할 때만 생겨날 수 있기 때문이다. 노동당은 노동계급과 자본가계급 사이에서 양다리를 걸치려고 하기 때문에 자신의 이데올로기를 빌려올 수밖에 없다. 그 이데올로기는 국민과 국익의 언어일 수도 있고 아니면 기껏해야 케인스나 베버리지 같은 자유당 인사들의 경제·사회 이론일 수도 있다.

그런 틀의 또 다른 부분은 정치적인 것이다. 즉, 자본주의 국가와 선거제도다. 그것은 개인들이 원자화한 상태에서 계급 기반에 따라 투표하지 않고 선거구별로 투표하는 정치체제다. 지역 수준에서든 전국 수준에서든 이런 정치체제를 운영하는 것은 급진적 정책[의 실행]을 방해한다. 급진적 정책을 지지하는 사람들의 의도가 아무리 좋더라도 그럴 수밖에 없다.

따라서 노동당은 여전히 '자본주의적 노동자 정당'이고, 그런 정당의 좋은 측면과 나쁜 측면을 모두 간직하고 있다. 좋은 측면은 노동자들이 투표할 수 있는 독자적 정당이 있다는 것이고, 나쁜 측면은 그 정당이 자본주의의 경기 규칙을 받아들여서 자기 지지자들을 실망시킨다는 것이다. 따라서 우리는 어느 날에는 노동당 지방의원들이 강요하는 복지 삭감에 대항하는 운동을 벌이다가도 다음 날에는 바로 그 지방의원들과 단결해서 파시스트들의 도심 행진에 반대하는 운동을 전개할 수 있는 것이다.

따라서 혁명적 사회주의자들은 노동당에서 벌어지는 일들에 무관심할 수 없다(물론 우리의 태도는 상황에 따라 달라진다). 신노동당 시절 사회에서 가장 급진적인 세력들은 거의 완전히 노동당 밖에서 활동했고, 사실상 전쟁저지연합 같은 운동들을 통해 노동당 지도자를 정면으로 반대했다. 오늘날은 노동당 안에서 벌어지는 일들이 매우 중요하다. 우리는 코빈을 비방하고 약화시키려는 노동당 우파와 그들의 수치스러운 노력을 맹비난한다. 코빈은 기회가 주어진다면 수많은 사람들을 고무해서 좌파에게 투표하도록 만들 수 있는 지도자다. 우리는 코빈과 그 지지자들이 노동당을 진보적 방향으로 탈바꿈시키려고 노력하는 것에 박수를 보낸다.

그러나 당내 투쟁의 결과가 분명해질 때 이런 태도는 다시 한 번 바뀌어야 할 수 있다. 그리고 노동당이 진정한 개혁주의에 헌신하게 만드는 것조차 항상 당내 구조와 투표함이라는 협소한 범위 너머를 내다보는 것에 달려 있었다. 당헌 4조가 채택되고 노동당이 진정한 대중정당이 되고 자유당을 능가하는 일 등이 일어난 것은 제1차세계대전과 러시아 혁명의 영향 때문이었다. 애틀리 정부와 복지국가가 가능했던 것도 [1930년대의] 대불황과 제2차세계대전으로 말미암아 대중의 의식이 크게 바뀐 덕분이었다. 코빈이 당 대표로 선출된 데는 그의 의회 밖 활동과 노동당 의원단이나 당원들 이외의 세력들이 보내 준 지지가 도움이 됐다. 그러므로 노동당 안에서 벌어지는 일들을 이해하려면 더 광범한 투쟁의 한 요소로서 그것을 봐야 한다.

또 다른 쟁점도 있다. 심지어 좌파 개혁주의자들조차 이제 더는 자본주의를 완전히 철폐할 의도가 있는 척하지 않는다. 그러므로 사회주의자들은 노동당 우파에 대항하려는 좌파의 노력을 지지해야 하지만, 혁명적 대안도 절대로 필요하다. 그러려면 선거에 초점을 맞추는 개혁주의의 한계를 넘어서 투쟁이 나아가도록 이끌고 노동계급의 집단적 행동 가능성을 강조하는 독립적 마르크스주의 정당이 필요하다.

우리의 차이는 진정한 개혁주의자들과 혁명가들이 서로 아무 관련이 없다는 것을 의미하지 않는다. 우리는 모두 노동계급에 헌신한다는 공통점이 있다. 비록 노동계급의 이익을 확보하는 최선의 방법이 무엇인지에 대해서는 이견이 있지만 말이다. 협력적 관계는 가능할뿐더러, 노동계급의 단결이 필요하다는 것은 인종차별이나 전쟁 위협 같은 특정한 도전에 대처하기 위해 공동전선 전략이 필요하다는 것을 의미한다. 1920년 대에 트로츠키는 이 전략, 즉 노동계급의 이익을 위해 함께 노력하면서 도 최상의 전진 방안이 무엇인지에 대해서는 계속 논쟁을 벌이는 공동 전선 전략을 다음과 같이 설명했다.

> 우리는 노동운동 내부의 배신, 배반, 머뭇거림, 미적지근한 태도를 완전히 자유롭게 비판하기 위해서 개혁주의자들이나 중간주의자들과 갈라섰다. 그러므로 우리가 비판하고 선동할 수 있는 자유를 제한하는 조직적 합의 는 어떤 것이든 절대로 받아들일 수 없다. 우리는 공동전선에 참여하지만, 단 한순간도 공동전선에 용해돼서는 안 된다. … 바로 투쟁 과정에서 광범 한 대중은 틀림없이 우리가 다른 사람들보다 더 잘 싸운다는 것, 우리가 다른 사람들보다 더 분명히 사태를 이해하고 있다는 것, 우리가 더 대담하 고 단호하다는 것을 경험으로 알게 될 것이다.⁴

공동전선이 필요한 것은 정말이지 그런 투쟁 과정을 위해서다. 즉, 인 종차별, 파시즘, 성차별, 제국주의, 착취, 기타 등등에 대항하는 투쟁 말 이다. 이런 투쟁 과정에서 혁명가들은 의회의 개혁 입법과 노동당에 의 지해서 [노동계급의] 조건을 개선하려는 사람들과 함께할 준비가 돼 있다. 우리는 투쟁 경험이 결정적으로 중요하다는 트로츠키의 말에 동의한다. 그리고 노동당의 모든 역사와 오늘날의 국제적 경험을 보면, 혁명적 사 회주의 조직이 필요하다는 주장이 옳다는 것을 더 확신하게 된다.

에필로그: 미래는 노동당 바깥에 있다

이 책의 원서가 출간되고 1년 뒤인 2019년 12월 총선에서 노동당은 보리스 존슨이 이끄는 보수당에 완패했고, 제러미 코빈은 당 대표를 사임해야 했다. 2020년 10월, 새 당 대표 키어 스타머가 당내 좌파를 축출하기 위해 코빈을 반유대주의자로 몰아 당원 자격을 정지시켰다. 2019~2020년에 일어난 일들을 독자들이 이해할 수 있도록 2020년 11월 1일 찰리 킴버가 쓴 "It's time to leave Labour", *Socialist Worker* 2729를 에필로그로 번역해 싣는다.

혁명적 사회주의자들은 제러미 코빈에 대한 공격에 분노한 모든 활동가와 사회주의자와 뜻을 같이한다. 우리는 노동당 대표 키어 스타머의 공격에 맞서 싸우는 사람들을 지지한다.

그렇지만 코빈에 대한 공격은 노동당의 근저에 깔려 있는 문제를 선명하게 드러내 보였다.

스타머가 코빈을 몰아낸 것은 노동당이 기업주들의 체제를 유지할 뿐 아니라 보수당보다 더 효과적으로 운영할 수 있음을 보여 주기 위해서다. 전염병 대유행이 전 세계를 뒤흔들고 있지만 스타머는 친기업적 경제정책과 전혀 단절하지 않을 것이다. 소유 문제를 근본에서 건드리지도 않을 것이다. 자본주의적 이윤 논리의 지배가 아니라 민주적 계획이 필요하다는 것이 분명해지고 있는데도 말이다. 군대와 국가기구를 문제 삼지도 않을 것이다. 오히려 스타머의 핵심 노선은 노동당을 "애국적"이고 군사력을 충실하게 지지하는 세력으로 만드는 것이다.

그래서 스타머는 보리스 존슨 정부와 "국민적 단합"을 추구하느라 몇 달을 보냈다. 재앙적 코로나바이러스 대책으로 수많은 인명을 앗아 가고 있는 바로 그 정부와 말이다. 그래서 스타머는 '흑인 목숨도 소중하다' 운동이 "한때"에 지나지 않을 것이라 말하고, 브리스틀에서 시위대가 노예무역상 동상을 쓰러뜨린 일을 규탄했다.

이것이 노동당 정치의 민낯이다. 선거 공학에만 몰두하고, 의회를 중심으로 돌아가며, 체제 내에서 변화를 추구한다.

[2015년] 코빈을 당 대표로 만들기 위해 노동당으로 몰려든 코빈 지지자들은 이전 노동당 지도자들의 행태에 역겨움을 느낀 사람들이었다. 그들에게 코빈은 희망이자 확연히 다른 앞날을 상징하는 인물이었다. 이후 5년 동안 거의 모든 좌파는 당 대표가 된 코빈이 과거 노동당 정부의 경험을 떨쳐 내고 노동당을 쇄신할 수 있으리라는 믿음에 사로잡혔다.

분명 코빈의 부상은 저항을 바라는 모든 사람의 자신감을 높이고 사회주의에 관해 토론하기 좋은 환경을 조성했다. 그러나 그 효과는 양면적이었다. 많은 활동가들이 노동당의 품속으로 파고들었고 그 바깥에서는 그 어떤 대중 동원도 좀처럼 하려 들지 않았다. 국가보건서비스를 지키거나 긴축에 반대하는 시위의 빈도와 규모가 줄어들었다. 이를 정당화한 것은 코빈이 총리가 될 수도 있다는 희망이었다. 이런 희망은 2019년 총선으로 산산조각 났다. 이제는 코빈이 총리가 될 수 있는지가 아니라 당에 남아 있을 수 있는지가 쟁점이다. 좌파는 실패를 잊어버리는 데에 능하며, 우리는 모두 적극적 저항과 단결된 행동에 신경을 집중하기를 바란다.

그러나 이제 대차대조표를 살펴볼 때가 됐다.

노동당은 진정한 변화와 사회주의를 실현할 수단이 못 된다. 노동당은 국회의원에 의존하고 노동조합 지도자들이 중심적 구실을 하며 선거와 의회를 성스럽게 여긴다. 노동당의 이런 특징은 당의 모든 요소에 영향을 끼친다. 단지 스타머만이 지배계급과 노동당 우파에 기꺼이 양보를 거듭한 것은 아니다. 모든 노동당 대표가 그랬다. 코빈은 [기존의] 트라이던트 핵미사일 폐기 입장에서 물러섰고, [유럽연합 탈퇴 국민투표 결과를 번복시키기 위한] 브렉시트 2차 국민투표 요구를 수용했으며, 스코틀랜드 의회가 [스코틀랜드 독립을 위해] 또 다른 국민투표를 하는 것에 반대했다.

그리고 코빈 지도부 아래에서도 당에서 쫓겨난 사람들이 있었다. 코빈은 노동당 내 반유대주의 "문제가 정치적 이유로 극적으로 과장됐다"고 말했다는 이유에서 당원 자격을 정지당했다고 한다. 이런 문제를 과장한 것은 "당 안팎의 정적들과 다수의 언론들"이었다. 그런데 코빈이 당대표일 때 노동당 의원 크리스 윌리엄슨이 거의 똑같은 이유로 징계를 당했다. 노동당이 반유대주의로 얼룩져 있다는 거짓 비방에 대한 노동당의 대처를 두고 [당시] 윌리엄슨은 이렇게 말했다. "우리는 너무 회피적이었고 지나치게 후퇴했습니다. 지나치게 수세적이었습니다." 이 정도 말도 당에서 쫓겨나기에는 충분했던 것이다. 좌파 인사인 켄 리빙스턴도 코빈 지도부 아래에서 당 밖으로 밀려났다. 그러나 제국주의 전쟁광 토니 블레어는 무사히 남아 있다.

과거에도 노동당은 주요 좌파 인사들을 축출했다. 1930년대에 노동당 총리였던 램지 맥도널드가 노동당을 탈당하고 보수당과 함께 국민정부에 합류했을 때 노동당 의석은 52석으로 쪼그라들었다. 대부분의 노동당 당원들은 맥도널드의 배신에 경악했고 당내에서 좌파가 성장했다. 1932년 당대회는 "노동당의 주 목표는 사회주의 확립"이라는 내용이 담긴 결의안을 통과시켰다. 1934년 노동당 내 좌파 단체인 사회주의자동맹은 실질적 세력이었다. 지도자 스태퍼드 크립스는 노동당에게 내전을 준비하라고 촉구했다. 그러나 그럴듯해 보이던 사회주의자동맹의 영향력은 노동조합 지도자들이 근본적 변화를 추구하는 것에 반대하자 눈 녹듯 사라져 버렸다. 사회주의자동맹 회원들은 당 바깥의 단체들과 함께 활동했었다. 예컨대 공산당원들과 함께 파시즘과 전쟁에 반대하는 공동 활동을 벌였다. 그러나 노동당 지도부는 공산당원과 함께 활동하는 자는 누구든 당장 쫓아내 버리겠다고 했다. 결국 1937년 노동당은 사회주의자동맹의 해산을 결정했다. 사회주의자동맹은 여기에 굴복하고 뿔뿔이 흩어졌다. 그럼에도 크립스와 또 다른 주요 좌파 인사였던 어나이린 베번은 구제받지 못했다. 둘 다 노동당에서 축출됐다. 1939년 당대회에서 크립스의 축출안은 210만 표 대 40만 2000표로 통과됐다. 베번은 재입당이 허용됐지만 "충성 서약"에 동의하고 나서야 그럴 수 있었다. 이후 5년 동안 크립스는 복당할 수 없었다. 복당 후 크립스는 노동당 주류의 입장을 지지했다.

노동당은 체제가 인정하는 방법을 넘어서자는 얘기로 노동당의 메시지를 "더럽히는" 듯한 당원들을 족족 축출해 왔다. 그럴 때마다 좌파는 후퇴하거나 제거당했다. 얼마 전까지만 해도 당 대표였던 코빈이 축출된 것은 분명 특별한 사건이다. 그러나 이런 일은 어느 정도 역사적으로 되풀이된 일이기도 하다. 앞으로 노동당 좌파는 대부분 당에 남아서 코빈을 복권시키는 데에 매진할 것이다.

그러나 노동당과 결별해야 한다는 논의도 있다. 이런 논의는 몇몇 지방의원들과 노동조합 간부들을 기반으로 하는 듯하다. 이런 논의는 현실화돼야 한다. 그러나 겉옷만 갈아입은 "노동당 2.0"을 세우는 것은 대안이 될 수 없다. 새로운 길을 제시한다고 하지만 본질적으로는 의회주의 모델에 머무르는 여러 프로젝트가 최근 몇 년 동안 정치적으로 붕괴했다.

스페인을 보자. 스페인에서는 2008년 경제 위기 이후 긴축에 맞서 고무적 투쟁이 벌어졌다. 대중적 광장 점거와 파업이 벌어지고 주택 퇴거와 빈곤에 맞선 거대한 운동이 일어났다. 이런 운동들을 정치적으로 집중시키기 위해 2014년에 포데모스가 창당됐다. 포데모스는 큰 성공을 거뒀고 곧바로 유럽의회에 진출했다. 2015년 총선에서 포데모스는 21퍼센트를 득표하고 국회에서 69석을 확보했다. 그러나 갈수록 투쟁에는 힘을 덜 쏟고 의석수 세기에 집착했다. 이제 포데모스는 사회민주주의 우파 정당인 사회당PSOE과 연립정부를 운영하고 있다. 그리고 이 정부는 인간보다 이윤을 우선시하는 재앙적 코로나바이러스 대응책을 펴고 있다.

2015년 초 그리스에서는 급진 좌파 정당인 시리자가 선거에서 승리했다. 유럽 전역에서 이를 축하하는 분위기가 가득했다. 그리스판 영국 노동당이라 할 만한 그리스 사회당은 신뢰를 잃었고 시리자가 이를 대체했다. 그러나 시리자는 언사는 강경했을지언정 여전히 체제 내에서 변화를 추구했다. 총리가 된 알렉시스 치프라스는 "트로이카"(유럽연합 집행위원회, IMF, 유럽중앙은행)가 강요한 긴축을 되돌리겠다고 약속했다. 그러나 은행가들과 유럽연합 기구들은 유권자들의 의사에 아무런 관심이 없었다. 이들은 그리스를 괴롭혀 굴복시키려고 [구제금융의 대가로 긴축을 강요하는] "금융적 물고문" 정책을 펴기 시작했다. 결국 시리자는 트로이카의 요구를 국민투표에 부쳤다. 그리스 대중은 61퍼센트가 긴축 거부에 투표했다. 그러나 시리자는 저항을 이어 갈 계획이 없었다. 의회, 권력자들과의 협상, 유럽연합 잔류에 매달리던 시리자는 결국 완전히 굴복했다. 1주일도 안 돼 치프라스는 보수 정당인 전임 신민주당 정권보다 더 가혹한 긴축정책을 펴겠다고 선언했다.

미국에서는 많은 이들이 버니 샌더스에게 기대를 걸었다. 그러나 민주당 내에서 변화를 꾀한 샌더스는 결국 신자유주의 후보인 조 바이든의 간판 구실을 하고 있다.

우리에게 필요한 것은 투쟁을 우선시하고 선거보다 거리와 작업장을 중시하는 정당이다. 노동당 좌파는 의회 밖 투쟁의 필요성을 얘기할 때조차 투쟁을 선거 정치에 종속시킨다. 2020년 한 해 동안 일어난 가장 고무적인 투쟁들은 대부분 의회 영역 바깥에서 벌어졌다. 기후 위기 반란이나 '흑인 목숨도 소중하다' 운동, 대입 성적을 둘러싼 저항,* 국가보건서비스 노동자들의 임금 인상 투쟁 등이 그런 사례다. 이런 저항이 더 많이 벌어져야 한다. 그리고 투쟁과 혁명적 사회주의를 바탕으로 체제 전체를 변화시키기 위한 정치를 건설해야 한다.

미래는 노동당 바깥에 있다.

후주

1장 개혁주의의 탄생

1   J R MacDonald, *The Socialist Movement* (London, no date) p 235.

2   D Thompson, *The Chartists* (Aldershot 1984) p 60.

3   D Thompson, *The Chartists*, p 237에서 인용.

4   M Jenkins, *The General Strike of 1842* (London 1980) p 37에서 인용.

5   Thompson, pp 284~285.

6   J B Jefferys, *The Story of the Engineers* (London 1945) p 33에서 인용.

7   T Rothstein, *From Chartism to Labourism* (London 1983) p 202.

8   *Hansard* [영국 국회 의사록], 상원(上院), 16 July 1867.

9   Marx and Engels, *On Britain* (Moscow 1953) p 509.

10 F Bealey and H Pelling, *Labour and Politics 1900~1906* (London 1958) p 148에서 인용.

11 G M Wilson, *Alexander MacDonald, Leader of the Miners* (Aberdeen 1982) p 175.

12 G D H Cole, *Working Class Politics* (London 1941) p 72.

13 Cole, p 516.

14 J Hinton, *Labour and Socialism* (Brighton 1983) p 25.

15 이 주장을 입증하는 자료는 H A Clegg, A Fox and A F Thompson, *A History of British Trade Unions since 1889* (Oxford 1964) p 89 참조.

16 Marx and Engels, p 520.

17 F Hammill, in *Murray's Magazine*, Vol 8 (1890) p 124.

18 Marx to F Bolte, 23 November 1871, in Marx/Engels/Lenin, *Anarchism and Anarcho-Syndicalism* (USSR 1972) p 57.

19 G Shipton, "Trade Unionism, New and Old", in *Murray's Magazine* (June 1890) p

725.

20 Shipton, in *Murray's Magazine*, p 731.

21 T Mann and B Tillett, *The New Unionism* (London 1890) pp 4~5.

22 *Justice*, 21 September 1889.

23 E and G Radice, *Thorne* (London 1974) p 44. 이 과정에 대한 완전한 설명은 E Hobsbawm, *Labouring Men* (London 1964) pp 179~203 참조.

24 Radices, *Thorne*, p 46에서 인용.

25 *Report from Great Britain and Ireland to the Delegates of the Brussels International Congress, 1891, Presented by the Gas Workers and General Labourers' Union; the Legal Eight Hours and International Labour League; the Bloomsbury Socialist Society; and the Battersea Labour League* (London 1891) p 13.

26 *The Trade Unionist*, 20 June 1891.

27 J Schneer, *Ben Tillett* (Kent 1982) p 62에서 인용.

28 Schneer, *Ben Tillett*, p 62.

29 D Howell, *British Workers and the Independent Labour Party* (Manchester 1983) pp 174, 290.

30 자세한 내용은 *Workman's Times*, 27 February 1891과 14 January 1893 참조.

31 Clegg and others, p 184에서 인용.

32 E P Thompson, "Homage to Tom Maguire", in A Briggs and J Saville (eds) *Essays in Labour History* (London 1960) pp 302~303.

33 *ILP 1893 Conference Report*, p 3.

34 스코틀랜드 국립도서관(National Library of Scotland) Dep 176(2)에 있는 하디 자료 모음(Hardie Collection) 중에서 날짜 미상의 신문 스크랩.

35 *1887 TUC Congress Report*, p 31.

36 S Desmond, *Labour: Giant with Feet of Clay* (London 1921) p 55.

37 Rothstein, p 281에서 인용.

38 P Snowden, *Autobiography*, Vol 1 (London 1934) p 80.

39 K Hardie, *After Twenty Years: All about the ILP* (no place of publication given, 1913) p 6.

40 H M Drucker, *Doctrine and Ethos in the Labour Party* (London 1979) p 24에서 인용.

41 L Trotsky, *Writings on Britain* (London 1974) Vol 1, p 20.

42 P Snowden, "The Christ that is to Be". C Cross, *Philip Snowden* (London 1966) p 36에서 인용.

43 "The Labour Party and the books that helped to make it", in *Review of Reviews*, June 1906.

44   E Hughes (ed), *Keir Hardie's Speeches and Writings* (Glasgow 1927) p 119.

45   J R MacDonald, *Socialism and Society* (London 1905) p 128.

46   P Snowden, *Socialism and Syndicalism* (London, no date) pp 15~16.

47   *Labour Leader*, 26 January 1895.

48   Hardie, *After Twenty Years*, p 6.

49   Hardie, *After Twenty Years*, p 950.

50   L Thompson, *The Enthusiasts* (London 1971) p 132.

51   K Hardie, *My Confession of Faith in the Labour Alliance* (London 1909) p 11.

52   *Forward*, 19 March 1927(강조는 하디의 것)에서 인용.

53   Howell, p 218.

54   Howell, p 164.

55   *Nineteenth Century*, January 1899, p 25.

56   *Nineteenth Century*, p 27.

57   B Webb, *Diaries*, Vol 2 (London 1986) p 66 (entry for 23 January 1895).

58   F Williams, *Fifty Years' March* (London 1950) p 84.

59   A M McBriar, *Fabian Socialism and English Politics* (Cambridge 1962) p 290.

60   B Webb, *Diaries*, Vol 3, p 269.

61   M Cole, *The Story of Fabian Socialism* (London 1961) p 6.

62   B Webb, *Diaries*, Vol 2, p 23.

63   B Webb, *Diaries*, Vol 3, p 146.

64   B Webb, *Our Partnership* (London 1948) pp 83~84.

65   B Webb, *Diaries*, Vol 3, pp 258, 195.

66   B Webb, *Diaries*, pp 151~152.

67   B Webb, *Our Partnership*, p 45.

68   Sidney Ball, "Fabian Tract" No 72, p 5. G Stedman Jones, *Outcast London* (Oxford 1971) p 333에서 인용.

69   B Webb, *Our Partnership*, p 51.

70   G B Shaw (ed), *Fabian Essays* (London 1889) p 50.

71   *Fabian Essays*, p 200.

72   Radices, Thorne, p 295. 이 주장은 웨브의 방대한 저작 *Soviet Communism, A New Civilisation?* (London 1935)에서 찾아볼 수 있다.

73   *Fabian Essays*, p 209.

74   Marx and Engels, *On Reformism* (Moscow 1984) p 320.

75   R Blatchford, *Merrie England* (London 1908) p 128.

76   R Blatchford, *My Eighty Years* (London 1931) p 196.

77   K Hardie, "Socialism". 이 글은 *From Serfdom to Socialism* (no place, no date)에 실려 있다. 본문의 인용문은 *From Serfdom to Socialism*, pp 6~7.

78   J R MacDonald, *Socialism for Business Men*, a speech to Liverpool Rotarians, 1 October 1925 (no date or place) p 5.

79   B Webb, *Our Partnership*, p 117.

80   B Webb, *Our Partnership*, p 72.

81   B Webb, *Our Partnership*, p 132.

2장 '노총이 배출한' 노동당

1   H Pelling, *The Origins of the Labour Party* (London 1965) p 229.

2   *1895 TUC Congress Report*, p 28.

3   Pelling, p 171.

4   *TUC 1889*, p 57과 *TUC 1890*, p 53.

5   *TUC 1893*, p 46.

6   *TUC 1895*, p 34.

7   *Labour Leader*, 27 October 1894.

8   *Labour Leader*, 24 April 1895.

9   *Labour Leader*, 5 February와 14 May 1898.

10   *Labour Party Conference Report 1902*, p 12.

11   J O'Grady, in *TUC 1898*, p 32.

12   S and B Webb, *A History of Trade Unionism* (London 1920) pp 577~578과 Clegg and others, p 478.

13   Cole, *Working Class Politics*, p 141(강조는 우리의 것).

14   *ILP Conference 1896*, p 5.

15   Keir Hardie, in *Labour Leader*, 25 April 1899.

16   *TUC 1899*, p 65.

17   *Labour Party Conference Report 1900*, p 11.

18   *Labour Party Conference Report 1900*, p 12.

19   *Labour Party Conference Report 1900*, p 12.

20   Clegg and others, p 326.

21   *Labour Leader*, 16 September 1899.

22   *The Times*, 1 March 1900. Pelling, p 208에서 인용.

23   Bealey and Pelling, pp 37~38과 Brand, p 13.

24 Bealey, p 43.

25 Cole, *Working Class Politics*, p 164 참조.

26 P Clarke, *Lancashire and the New Liberalism* (Cambridge 1971) p 321.

27 M Petter, "The Progressive Alliance", in *History*, Vol 5, No 192, February 1973, pp 55~56에서 인용.

28 Bealey, p 163.

29 Howell, p 80.

30 Clegg and others, p 375.

31 *Labour Leader*, 23 November 1901.

32 이것은 각각 1910년 1월 총선과 1906년 의회에서 기록된 최고 수준의 수치들이다. 자세한 사항은 W D Muller, *'The Kept Men'?* (Hassocks 1977) p 4 참조.

33 *TUC 1899*, pp 32, 66.

34 J R Clynes, *Memoirs* (London 1937) p 94.

35 영국 정치경제학 도서관(British Library of Political and Economic Science)[런던정치경제대학교(LSE) 도서관의 별칭]에 있는 노동당 초기 문서들.

36 *The Miner*, July 1887.

37 Howell, p 218.

38 Desmond, p 137.

39 Pelling, *Origins*, p 176.

40 R Gregory, *The Miners and British Politics 1906~1914* (Oxford 1968) p 189.

41 Gregory, pp 114, 139.

42 P Snowden, *The Game of Party Politics* (London 1914) p 11.

43 Radices, *Thorne*, p 58.

44 노동당 초기 문서들.

45 Bealey, p 40에서 인용.

46 I McLean, *Keir Hardie* (London 1975) p 88에서 인용.

47 *Labour Leader*, 7 March 1903.

48 Lord Beaverbrook, *Politicians and the War* (London 1960) p 514.

49 T Wilson (ed), *The Political Diaries of C P Scott 1911~1928* (London 1970) p 320 (entry for 16~19 December 1917).

50 *Daily Herald*, 4 June 1926.

51 Bealey, pp 298~299.

52 *Labour Party Conference Report 1903*, p 108.

53 Williams, *Fifty Years March* (London, no date) p 24와 Brand, p 12.

54 P Poirier, *The Advent of the Labour Party* (London 1958) p 145에서 인용.

55 R Moore, *The Emergence of the Labour Party* (Sevenoaks 1978) p 90에 인용된 당시의 평판.

56 Cross, p 75.

57 *Labour Party Conference Report 1929*, p 150.

58 Cole, *Working Class Politics*, p 184.

59 Thompson, *The Enthusiasts*, p 145.

60 J MacMillan, *The Way We Were* (London 1978) pp 122~124에 나오는 인용문과 사건 이야기.

61 Trotsky, *Writings on Britain*, Vol 2, p 15.

62 *Labour Party Conference Report 1902*, p 65.

63 Desmond, p 86.

64 Snowden, *Autobiography*, Vol 1, p 127.

65 J H Thomas, *My Story* (London 1937) p 28.

66 G Blaxland, *J H Thomas: A Life for Unity* (London 1984) p 60에서 인용.

67 D Kirkwood, *My Life of revolt* (London 1935) pp 201~202.

68 Snowden, *Autobiography*, p 133.

69 Thompson, *Enthusiasts*, p 150.

70 R T McKenzie, *British Political Parties* (London 1963) p 12 주석.

71 *Labour Party Conference Report 1907*, p 15.

72 J P Nettl, *Rosa Luxemburg* (Cambridge 1969) p 101에서 인용.

73 Nettl, p 49.

74 Nettl, p 49.

75 Snowden, *Autobiography*, Vol 1, pp 87~88.

76 Barker (ed), *The Political Writings of Ramsay MacDonald* (London 1972) p 225.

77 *Labour Leader*, 8 February 1907.

78 *Labour Leader*, 15 February 1907.

79 *Labour Leader*, 22 May 1908.

80 노동당 초기 문서들 중에서 법안 초안(Draft Bill) 참조.

81 S Beer, *Modern British Politics* (London 1965) p 125.

82 Bealey, p 190.

83 Gregory, p 41 주석에서 인용.

84 Barker, pp 161~162에서 인용.

85 MacDonald, *The Socialist Movement*, p 235.

86 L Hall, J M McLachlan, C T Douthwaite and J H Belcher, *Let Us Reform the Labour Party* (Manchester, no date) p 10.

87 *Weekly Despatch*, 10 March 1912.

88 D Marquand, *Ramsay MacDonald* (London 1977) pp 126, 142.

89 *ILP Conference 1914*, p 85.

90 R Miliband, *Parliamentary Socialism* (London 1972) p 14.

91 자세한 내용은 D Clark, *Labour's Lost Leader: Victor Grayson* (London 1985)과 R Groves, *The Strange Case of Victor Grayson* (London 1975) 참조.

92 V Grayson, *The Appeal for Socialism* (no date or place) p 10.

93 Hall and others, p 1.

94 Hall and others, p 5에서 인용.

95 *ILP conference 1909*, p 47.

96 Cross, p 157.

97 P Thompson, p 156.

98 *Labour Leader*, 23 April 1909.

99 Lenin, *Collected Works* (Moscow) Vol 16, p 32.

100 B Tillett, *Is the Parliamentary Labour Party a failure?* (London, no date) p 7에서 인용.

101 Local press, B Holton, *British Syndicalism 1900~1914* (London 1976) p 100에서 인용.

102 *TUC 1912*, p 274.

103 Holton, pp 116~117에서 인용.

104 *Weekly Despatch*, 10 March 1912.

105 Sidney Buxton. J H Winter, *Socialism and the Challenge of War* (London 1974) p 25에서 인용.

106 *Socialist Review*, May 1912, p 163.

107 *Labour Leader*, 27 July 1912.

108 *Socialist Review*, May 1912, p 164.

109 J B Glasier, *Socialism and Strikes* (reprinted London 1920) pp 7, 12.

110 *Socialist Review*, January 1914, p 4.

111 *Manchester Guardian*, 26 January 1914.

112 A Bullock, *The Life and Times of Ernest Bevin*, Vol 1 (London 1960) p 34.

113 *Socialist Review*, March 1912, pp 97~103.

114 G McAllister, James Maxton, *Portrait of a Rebel* (London 1935) p 163.

115 J R MacDonald, *Syndicalism* (London 1913) pp 6, 55.

116 *Socialist Review*, Vol 9, pp 215~216.

117 *Labour Leader*, 31 May 1912.

118 *Railway Review*, 13 October 1911.

119 *The Times*, 9 September 1911.

120 *TUC 1912*, p 277.

121 *Labour Leader*, 9 July 1914.

122 Holton, p 37에서 인용.

123 자세한 내용은 K D Brown (ed), *The First Labour Party* (Kent 1985) pp 4, 182와 R
I McKibbin, "James Ramsay MacDonald and the Problem of the Independence of
the Labour Party", in *Journal of Modern History*, Vol 42 (1970) p 221 참조.

3장 전쟁과 재건

1   H Tiltman, *James Ramsay MacDonald* (London, no date) p 104에서 인용.

2   Winter, pp 236, 235에서 인용.

3   A Marwick, *The Deluge* (Harmondsworth 1965) p 313.

4   M A Waters (ed), *Rosa Luxemburg Speaks* (New York 1970) pp 261~262.

5   Schneer, p 192에서 인용.

6   D Lloyd George, *War Memoirs* (London 1938) Vol 2, p 1141(강조는 우리의 것).

7   Clynes, p 234에서 인용.

8   Desmond, p 68.

9   Williams, p 217 참조.

10 Lenin, *On Britain*, p 96에서 인용.

11 Winter, p 17 참조.

12 E Hughes (ed), *Keir Hardie: Speeches and Writings* (Glasgow 1927) p 155.

13 J McNair, *James Maxton: the Beloved Rebel* (London 1955) pp 43~44에서 인용.

14 McNair, p 47에서 인용.

15 Drucker, p 18.

16 Drucker, p 14.

17 P Wyncoll, *The Nottingham Labour Movement* (London 1985) p 182에서 인용.

18 Schneer, p 194.

19 Schneer, p 194.

20 *TUC 1916*, p 386.

21 R Dowse, *Left in the Centre* (London 1966) p 30.

22 Dowse, p 64.

23 Marwick, P 86.

24 T Cliff, *Lenin: All power to the soviets* (London 1976) pp 4~5에서 인용[국역: 《레닌 평전 2》, 책갈피, 2009].

25 Marwick, p 227.

26 Marquand, p 175에서 인용.

27 F Brockway, *Inside the Left* (London 1942) p 45에서 인용.

28 *Hansard*, 3 August 1914.

29 Brockway, p 69.

30 *Forward*, 5 February 1916.

31 Beveridge. I McLean, *The Legend of Red Clydeside* (Edinburgh 1983) p 56에서 인용.

32 McNair, p 61에서 인용.

33 R K Middlemas, *The Clydesiders* (London 1965) p 68.

34 Kirkwood, p 82.

35 Kirkwood, pp 116~118.

36 E Shinwell, *Lead with the Left* (London 1981) p 55.

37 Lenin, *On Britain*, pp 282~283.

38 P Stansky (ed), *The Left and War: The British Labour Party and World War I* (New York 1969) pp 162~163에서 인용.

39 Tiltman, p 110에서 인용.

40 *Left and War*, p 164.

41 *TUC 1916*, p 389.

42 Thomas, p 45.

43 Winter, p 210에서 인용.

44 Webbs, *History of Trade Unionism*, pp 637~638.

45 McKibbin, p 105에서 인용.

46 Snowden, *Autobiography*, Vol 1, p 392에서 인용.

47 B Webb, *Diaries*, p 271 (entry for 8 December 1916).

48 뒤의 수치는 1923년도 수치다. 자세한 사항은 C L Mowat, *Britain between the Wars* (London 1968) p 15 참조.

49 R H Tawney, "The Abolition of Economic Controls", in *Economic History Review* (1940) p 273.

50 Marwick, p 167.

51 Hansard, 30 March 1916.

52 *Labour Leader*, 27 May 1915.

53 Winter, p 18.

54 Winter, p 239에서 인용.

55 *British Labour and the Russian Revolution, The Leeds Convention: a report from the Daily Herald* (reprinted Nottingham, no date) p 22.

56 *British Labour and the Russian Revolution*, p 29.

57 K Coates, introduction to *British Labour and the Russian Revolution*, pp 12~13에서 인용.

58 J M Winter, "Arthur Henderson, the Russian Revolution and the Reconstruction of the Labour Party", in *The Historical Journal*, Vol 15, No 4 (1972) p 762에서 인용.

59 *The Historical Journal*, Vol 15, No 4, p 763.

60 Henderson, McKibbin, p 6에서 인용.

61 A Henderson, *The Aims of Labour* (London 1918) p 57.

62 Henderson, p 59.

63 Henderson, pp 61~62(강조는 우리의 것).

64 N Mackenzie (ed), *The Letters of Beatrice and Sidney Webb*, Vol 3 (Cambridge 1978) p 113.

65 예컨대 톰 존스의 1917년 9월 10일 이후의 일기를 보라. T Jones, *Whitehall Diary* (London 1969) p 36.

66 *Labour Party Conference Report 1918*, p 15.

67 Jones, p 45 (entry for 12 January 1918).

68 Scott, p 316 (entry for 11~12 December 1917)에서 인용.

69 *Labour Conference 1918*, p 26.

70 F W S Craig (ed), *British General Election Manifestos 1900~1974* (London 1975) p 41.

71 *Manifestos*, pp 3~4.

72 이런 논쟁의 요약은 McKenzie, pp 465~471에서 찾아볼 수 있다.

73 *Labour Leader*, 25 September 1908.

74 *Labour Conference 1918*, p 44.

75 *Labour Conference 1918*, p 44.

76 *Labour Leader*, 31 January 1918 참조.

77 *Labour Leader*, 4 April 1918.

78 E Wertheimer, *Portrait of the Labour Party* (London 1929) p 14.

79 Hardie, *Speeches and Writings*, p 33.

80 G D H Cole, *A History of the Labour Party since 1914* (London 1948) p 66에서 인용.

81 K Marx, *Early Writings* (Harmondsworth 1974) p 244.

82　Marx, *Early Writings*, p 244.

83　P Snowden, *How to Nationalise the Mines* (Manchester, no date) pp 1, 8.

84　*Labour Conference 1918*, p 43.

85　*Labour Conference 1918*, p 45.

86　*Labour Leader*, 9 October 1919.

87　*Labour Leader*, 27 March 1919.

88　Marx, *Surveys from Exile*, p 176.

4장 전후의 난국을 돌파하기

1　*Rosa Luxemburg Speaks*, p 415.

2　*Theses, Resolutions and Manifestoes of the First Four Congresses of the Third International* (London 1980) p 201(강조는 우리의 것).

3　제1차세계대전 후 영국의 소요에 대한 자세한 설명은 C Rosenberg, *1919: Britain on the Brink of Revolution* (London 1987) 참조.

4　J Hinton, *Labour and Socialism* (Brighton 1983) p 108.

5　*Hansard*, 18 August 1919.

6　*Hansard*, 7 November 1918.

7　Scott, *Diaries*, pp 331~332 (entry for 30 January 1919).

8　Rosenberg, p 83.

9　A Hutt, *The Post-War History of the British Working Class* (Wakefield 1972) p 15.

10　Hutt, p 33에서 인용.

11　*Hansard*, 29 May 1919.

12　Cross, p 173에서 인용.

13　*Hansard*, 29 May 1919.

14　*Hansard*, 29 October 1919.

15　*Railway Review*, 20 June 1919.

16　*TUC 1919*, p 48.

17　Desmond, p 96.

18　구체적 설명은 Tony Cliff and Donny Gluckstein, *Marxism and Trade Union Struggle: The General Strike of 1926* (London 1986) pp 81~92 참조[일부 국역: 《마르크스주의와 노동조합 투쟁》, 책갈피, 2014].

19　*ILP Conference Report 1919*, p 72.

20　Bonar Law and Churchill. Rosenberg, p 68에서 인용.

21　R Smillie, *My Life for Labour* (London 1924) pp 97~98.

22 Clegg and others, p 50.

23 Bevan, *In Place of Fear* (London 1961) pp 20~21에서 인용.

24 Trotsky, *Writings on Britain*, Vol 1, p 33.

25 Webb, *Diaries*, pp 335~336 (entry for 22 February 1919).

26 *Daily Herald*, 11 July 1924.

27 E Barry, *Nationalisation in British Politics* (London 1965) p 206 주석.

28 *Railway Review*, 14 February 1919.

29 Dowse, p 65.

30 Smillie, *TUC 1919*, pp 218~219.

31 *Labour Conference 1919*, p 119.

32 *The Times*, 7 February 1919.

33 *Labour Conference 1919*, p 120.

34 Clynes, in *Daily Herald*, 23 December 1918.

35 Thomas, *TUC 1919*, p 294.

36 Clynes, *Labour Conference 1919*, p 260.

37 Tom Shaw, *TUC 1919*, p 291.

38 McGurk, *Labour Conference 1919*, p 113.

39 *TUC 1920*, p 88.

40 *Labour Conference 1920*, pp 7~8.

41 Trotsky, *Writings on Britain*, Vol 2, p 137.

42 *Forward*, 6 May 1916.

43 *Socialist Review*, summer 1916, p 205.

44 자세한 내용은 J Mahon, *Harry Pollitt* (London 1976) pp 79~82 참조.

45 Beatrice Webb's diary and *New Statesman*. S White, *Britain and the Bolshevik Revolution* (London 1979) pp 49~50에서 인용.

46 Hutt, p 39에서 인용.

47 J R MacDonald, *Parliament and Revolution* (London 1919) p 75.

48 MacDonald, *Socialism and Government* (1909). Bealey, *The Social and Political Thought of the Labour Party* (London 1970) p 69(강조는 우리의 것)에서 인용.

49 *The Communist*, 12 August 1920.

50 White, p 47에서 인용.

51 Lenin, *On Britain*, p 470.

52 *Socialist Review*, July–September 1920, p 206.

53 Glasier in 1913. *Labour Leader*, 7 April 1921에서 인용.

54   Lenin, *Collected Works*, Vol 16, p 32.

55   *Socialist Review*, October-December 1921, p 299.

56   1921년 4월 4일과 5일의 각료 회의 발언. Jones, pp 133~136에 실려 있다.

57   *Socialist Review*, July-September 1921, p 197.

58   *Socialist Review*, January-March 1921, p 13.

59   *Labour Leader*, 7 July 1921.

60   Hinton, p 90.

61   Dowse, pp 74, 76.

62   Williams, p 203(강조는 우리의 것).

63   McKibbin 참조.

64   *Labour Leader*, 6 October 1922.

65   *Labour Leader*, 13 October 1922.

66   Clegg and others, p 356 참조.

67   1919년 베빈이 한 말. A Bullock, *The Life and Times of Ernest Bevin*, Vol 1 (London 1960) p 111에서 인용.

68   Clegg and others, p 379.

5장 '수권 정당'임을 입증하기

1   F Engels, *Anti-Dühring* (Peking 1976) p 26[국역:《반듀링론》, 새길아카데미, 2012].

2   Clynes, p 17.

3   Thomas, p 169.

4   Clynes, Vol 2, p 45.

5   예컨대 1926년 9월에 내각사무처의 1인자, 2인자였던 핸키와 존스가 서로 주고받은 편지들을 보라. Jones, pp 73~75 참조.

6   S W Roskill, *Hankey: Man of Secrets*, Vol 1 (London 1942) p 352.

7   Jones, pp 301, 306 참조.

8   Marquand, p 417에서 인용.

9   *Labour Conference 1925*, p 197.

10   R W Lyman, *The First Labour Government* (London 1957) p 106에서 인용.

11   L MacNeill Weir, *The Tragedy of Ramsay MacDonald* (London 1938) p 46.

12   A Morgan, *J Ramsay MacDonald* (Manchester 1987) p 103.

13   Lyman, p 106에서 인용.

14   B Webb, *Diaries*, Vol 4, p 10 (entry for 28 January 1924).

15   H Nicolson, *George V* (London 1952) p 384.

16 Nicolson, pp 384~386.

17 Thomas, p 152.

18 Wertheimer, p 88.

19 M A Hamilton, *Arthur Henderson* (London 1938) p 242.

20 Clynes, p 142. p 153도 참조.

21 MacNeill Weir, p 146.

22 M Cowling, *The Impact of Labour* (Cambridge 1971) p 369.

23 Workers' *Weekly*, 29 February 1924에서 인용.

24 S Webb, in *Political Quarterly* (1961) p 23.

25 국가기록관(PRO) 문서 Cab 23/47 참조.

26 PRO Cab 15/24 pp 166~167. 그리고 K Jeffery and P Hennessy, *States of Emergency* (London 1983)도 참조.

27 S Webb, in *Political Quarterly* (1961) p 23.

28 PRO Cabinet Paper 211/24.

29 T Shaw, *Can Labour Rule?*, No 3, p 8 (no date or place).

30 *Hansard*, 23 June 1924.

31 *Daily Herald*, 18 February 1924(강조는 우리의 것).

32 R K Middlemas, *Politics in Industrial Society* (London 1979) p 187 참조.

33 PRO Cabinet Paper 204/24.

34 V L Allen, *Trade Unions and the Government* (London 1960) p 231에서 인용.

35 *Workers' Weekly*, 18 January 1924에서 인용.

36 *Forward*, 16 August 1924.

37 *Hansard*, 12 February 1924(강조는 우리의 것).

38 Snowden, *Socialism and Syndicalism*, p 149.

39 Cross, p 207.

40 *Hansard*, 1 May 1924.

41 Mowat, p 176.

42 *Hansard*, 26 March 1924.

43 *Hansard*, 23 June 1924.

44 Clegg and others, p 365.

45 Cowling, p 372에서 인용.

46 Jones, p 275(1924년 4월 9일 일기 내용). 볼드윈이 개인적으로 난처했던 점은 아들 올리버 볼드윈이 노동당 의원이 된 것이었다.

47 *Hansard*, 13 February 1924.

48   *Hansard*, 13 February 1924.

49   *Hansard*, 19 February 1924. 진정한 논쟁은 국방에 관한 것이었다.

50   *Workers' Weekly*, 8 September 1924에서 인용.

51   Lyman, p 235.

52   Nicolson, p 399.

53   Clynes, Vol 1, p 79.

6장 혁명이냐 개혁이냐

1   윌리엄 매클레인의 2차 코민테른 세계 대회 연설, in *The Second Congress of the Communist International*, Vol 2 (London 1977) p 181.

2   *Communist Unity Convention*, London, 31 July 1920, pp 39~40.

3   *The Socialist*, 6 May 1920.

4   Lenin, *On Britain*, pp 462~463.

5   Lenin, *On Britain*, p 461.

6   Lenin, *On Britain*, p 450.

7   Lenin, *On Britain*, p 424.

8   Lenin, *On Britain*, p 399.

9   Lenin, *On Britain*, p 449(강조는 우리의 것).

10   *Labour Party National Executive Committee Minutes*, 30 June 1914.

11   Duncan Hallas, "Revolutionaries and the Labour Party", in *International Socialism* 2: 16 (spring 1982) p 4.

12   *International Socialism* 2: 16에 실린 던컨 핼러스의 논문은 이 문제를 다룬 탁월한 글이다.

13   V I Lenin, *On Britain* (Moscow 1973) p 398.

14   Lenin, p 401.

15   Lenin, p 473.

16   Lenin, p 401.

17   공산당 의장인 아서 맥머너스와 사무총장인 앨버트 잉크핀이 서명해서 1920년 8월 10일 자로 발송한 이 편지는 노동당 중앙집행위원회 의사록에 실려 있다.

18   나중의 세 차례 표결 결과는 각각 308만 6000표 대 26만 1000표, 288만 표 대 36만 6000표, 318만 5000표 대 19만 3000표였다.

19   자세한 내용은 R Stewart, *Breaking the Fetters* (London 1967) pp 115~119와 J Klugmann, *History of the Communist Party of Great Britain*, Vol 1 (London 1968) pp 182~184 참조.

20   *The Communist*, 12 August 1922.

21 자세한 내용은 1923년 12월 21일 맥머너스가 공산당 지방 조직에 보낸 편지 참조. 보안경찰이 가로챈 그 편지는 "Report on Revolutionary Organisations", in Cabinet Papers, Cab 24(165) CP 5(24)에 인용돼 있다.

22 *Workers' Weekly*, 8 February 1924.

23 B Webb, *Diaries*, Vol 3, p 46 (entry for 19 December 1924).

24 1927년 9월 24~25일에 열린 2차 연례 협의회에서 채택된 "좌파운동 강령 전문(前文)". *Towards a Labour Government* (no place or date of publication) p 15에 실려 있다.

25 D Hallas, *The Comintern* (London 1985) p 66[국역: 《우리가 알아야 할 코민테른 역사》, 책갈피, 1994].

26 *Report of the Seventh Congress of the CPGB*, 30 May ~ 1 June 1925 (no place of publication).

27 *The Reds and the Labour Party: Towards a Left Wing Policy* (published by the Communist Party, London, no date) p 19.

28 *The Reds and the Labour Party*, p 23.

29 *Labour Monthly*, Vol 7 (January~December 1925) p 581.

30 *Communist International*, No 9, pp 12~13.

31 여기서 이 문제를 논할 여유가 없는데, T Cliff and D Gluckstein, *Marxism and Trade Union Struggle*, pp 41~56에서 자세히 다루고 있다.

32 Cliff and Gluckstein, p 145.

33 *Communist International*, No 9 (summer 1925) p 16.

34 *Communist International*, No 9, p 13.

35 *Communist International*, No 9, p 12.

36 *Labour Monthly*, Vol 6 (July~December 1924) p 662.

37 *Labour Monthly*, Vol 7 (1925) p 202.

38 *Tenth Communist Party Congress* (London 1929) p 21.

39 *Trotsky's Writings on Britain*, Vol 2 (London 1974) pp 241~242.

40 *Trotsky's Writings on Britain*, Vol 2, pp 57~58.

41 *Trotsky's Writings on Britain*, Vol 2, p 248.

42 *Trotsky's Writings on Britain*, Vol 2, pp 118~119.

43 *Trotsky's Writings on Britain*, Vol 2, p 119.

44 Wertheimer, pp 115~116.

45 Dowse, p 115.

46 McKenzie, p 371에서 인용.

47 1925년 5월 23일 노동당 중앙집행위원회와 독립노동당 중앙집행위원회의 합동 회의. *Labour Party NEC Minutes*에 실려 있다.

48 *Hansard*, 26 June 1924.

49 Kirkwood, pp 191~192.

50 R Skidelsky, *Oswald Mosley* (London 1975) p 169에서 인용.

51 *ILP London Conference*, April 1923, p 143.

52 McAllister, p 114.

53 Middlemas, p 129에서 인용.

54 J A Hobson, "The Ethics of Industrialism", in E Stanton Coit (ed), *Ethical Democracy* (London 1900) p 106.

55 *New Leader*, 1 October 1926에서 인용.

56 *New Leader*, 24 December 1926.

57 *New Leader*, 28 May 1925.

58 *Forward*, 5 September 1925.

59 *Forward*, 13 March 1926에서 인용.

60 *Sunday Worker*, 21 June 1925.

61 Howell, *A Lost Left* (Manchester 1986) p 275에서 인용.

62 Howell, *A Lost Left*, p 256에서 인용.

63 McAllister, pp 191~192에서 인용.

64 Middlemas, p 221에서 인용.

65 J Paton, *Left Turn!* (London 1936) p 303.

66 T Cliff, "The Tragedy of A J Cook", in *International Socialism* 2: 31 (spring 1986) pp 100~101.

67 *Labour Monthly*, Vol 2, January~June 1922, P 388.

68 N Branson, *Poplarism, 1919~1925* (London 1979) p 102.

69 Branson, p 86에서 인용.

70 자세한 내용은 *East End News*, 23 May 1925와 E Lansbury, *Poplarism* (London 1924) p 3 참조.

71 *Theses Resolutions and Manifestos of the First Four Congresses of the Third International* (London 1980) p 101.

72 Cabinet Papers, CP 114(24).

73 Lansbury, p 6.

74 Lansbury, p 8.

75 Branson, p 215에서 인용.

76 *East Landon Advertiser*, 13 June 1925.

77 각료 회의에서 나온 말. Rosenberg, p 31에서 인용.

78   Wertheimer, p 79.

79   I McLean, *The Legend of Red Clydeside* (Edinburgh 1983) p 204.

80   J Scanlon, *The Decline and Fall of the Labour Party* (London 1932) pp 92~93.

81   A Y Badayev, *The Bolsheviks in the Tsarist Duma* (London 1987) p 35[국역: 《볼셰비키는 어떻게 의회를 활용하였는가》, 들녘, 1990].

82   Badayev, p 155에서 인용.

7장 총파업과 그 여파

1   N and J Mackenzie (eds), *The Letters of Sidney and Beatrice Webb*, Vol 3 (Cambridge 1978) p 264.

2   *Clarion*, 13 May 1892에 블래치퍼드가 쓴 사설.

3   1926년 노동당 당대회 의장이었고 이제 확고한 우파가 된 로버트 윌리엄스가 한 말. *Labour Conference 1926*, p 38 참조.

4   Cliff and Gluckstein, p 266에서 인용.

5   *Socialist Review*, May 1926, p 7.

6   Jones, Vol 1, pp 326~328과 *Hansard*, 6 August 1925 참조.

7   맥닐 위어의 표현이다.

8   MacNeill Weir, p 199.

9   예컨대 Cliff and Gluckstein, *Marxism and Trade Union Struggle* 참조.

10   Tiltman, p 203에서 인용.

11   P Renshaw, *The General Strike* (London 1975) p 214에서 인용.

12   Mackenzies (eds), *Letters*, pp 265~266.

13   Mackenzies (eds), *Letters*, p 176.

14   Paton, p 246.

15   *London Labour Party Report*, 1925~1926, p 13.

16   B Donoghue and G Jones, *Herbert Morrison: Portrait of Politician* (London 1973) p 80에서 인용.

17   Dowse, p 128.

18   *Forward*, 15 August 1925.

19   자세한 내용은 Dowse, p 128 참조.

20   *Labour Leader*, 30 April 1926.

21   Paton, pp 245~246.

22   *Daily Herald*, 20 May 1926.

23   Cliff and Gluckstein, p 262에서 인용.

24 Cliff and Gluckstein, p 270.

25 B Webb, *Diaries*, p 77 (entry for 3 May 1926).

26 B Webb, *Diaries*, p 95 (entry for 21 August 1926).

27 R K Middlemas, *Politics in Industrial Society* (London 1979) p 177에서 인용.

28 *Forward*, 22 May 1926.

29 Snowden, *Autobiography*, Vol 2, p 725.

30 Thomas, p 105.

31 Thomas, p 108.

32 Clegg and others, p 427.

33 *TUC Congress 1926*, p 74.

34 Presidential address, *TUC Congress 1927*, p 66.

35 *Daily Herald*, 31 May 1926.

36 *Labour Conference 1926*, p 194.

37 Donoghue and Jones, p 80.

38 *Socialist Review*, November 1926, p 2.

39 1926년 11월 24일 노총 중앙집행위원회와 노동당 중앙집행위원회가 함께 한 회의의 보고서. 노동당 중앙집행위원회 의사록에 실려 있다.

40 B Webb, *Diaries*, Vol 4, p 85 (entry for 12 June 1926).

41 *ILP Conference 1909*, pp 47~48.

42 *Labour Conference 1922*, p 177.

43 *Forward*, 8 January 1921.

44 *Labour Conference 1923*, p 181.

45 켈빈그로브 보궐선거의 자세한 내용은 스코틀랜드 노동당 사무총장인 벤 쇼가 쓴 1924년 5월 11일 자 편지 참조. *NEC Minutes*에 실려 있다.

46 Report of sub-committee in *NEC Minutes*, 27 August 1924.

47 L Chester, S Fay and H Young, *The Zinoviev Letter* (London 1967) p 132 참조.

48 Tiltman, p 133에서 인용.

49 *Labour Conference 1924*, p 130.

50 *Labour Magazine*, December 1924.

51 *Sunday Worker*, 4 October 1925에서 인용.

52 W Lawther. "Report of Deputation Appointed by the National Executive of the Labour Party to enquire into the circumstances of the Kelvingrove by-election", *NEC Minutes*, 21 July 1924에서 인용.

53 *Labour Conference 1925*, p 181.

54　"Organisation Sub-Committee report", *NEC Minutes*, 26 July 1926.

55　맥도널드 출당은 1927년 2월에야 실행됐다. 1927년 2월 8일 자 노동당 중앙집행위원회 의사록 참조.

56　*Sunday Worker*, 22 March 1925.

57　1927년 2차 좌파운동 연례 협의회에서 한 연설.

58　*Sunday Worker*, 27 September 1925.

59　N Branson, *History of the Communist Party of Great Britain, 1927~1941* (London 1985) p 5.

60　*Sunday Worker*, 17 October 1926.

61　*Sunday Worker*, 9 September 1928.

62　Will Crick, in *Sunday Worker*, 23 September 1928.

63　W Knox, *James Maxton* (Manchester 1987) p 76에서 인용.

64　*Forward*, 22 January 1927.

65　*Lansbury's Labour Weekly*, 19 December 1925.

8장 개혁주의자들과 경기 불황

1　S Webb, "What Happened in 1931", in *Political Quarterly* (1932) p 1.

2　R Bassett, *1931: Political Crisis* (London 1986) p 424에서 인용.

3　*Labour Conference 1928*, p 200.

4　Wheatley, 1928년 노동당 당대회 연설, p 212.

5　Knox, p 83.

6　*Daily Herald*, 7 June 1929에서 인용.

7　Hugh Dalton. Hutt, p 196에서 인용.

8　Robert Boothby, in *Hansard*, 4 July 1929.

9　내무부 장관 클라인스의 말. *Hansard*, 24 July 1929.

10　*Labour and the Nation* (London 1928) p 16(강조는 우리의 것).

11　*Labour Conference 1930*, p 173.

12　Mowat, p 365.

13　자세한 내용은 H Slesser, *Judgement Reserved* (London 1941) pp 60, 157 참조.

14　*Labour Conference 1927*, p 255.

15　Fenner Brockway, in *Hansard*, 26 May 1930.

16　R Skidelsky, *Politicians and the Slump* (Harmondsworth 1970) pp 398~399.

17　S Lawrence, in *Labour Conference 1930*, p 153.

18　Cab 26(30), 8 May 1930.

19 J R Clynes. *Daily Herald*, 10 January 1931에서 인용.

20 *Hansard*, 2 December 1929.

21 Speaking at the Oxford Union Society, 5 June 1930. W Hannington, *Unemployed Struggles* (London 1977) p 211에서 인용.

22 Cross, p 244에서 인용.

23 G Foote, *The Labour Party's Political Thought* (London 1986) p 53에서 인용.

24 *Hansard*, 31 March 1931.

25 Jones, Vol 2, p 264 (entry for 4 June 1930)에서 인용.

26 Reported by Nicholson, p 461.

27 Lansbury Papers. Skidelsky, *Politicians and the Slump*, p 268에서 인용.

28 *Hansard*, 11 February 1931.

29 *Daily Herald*, 17 February 1931.

30 Mowat, p 379.

31 *Hansard*, 27 April 1931.

32 *Hansard*, 19 May 1931.

33 R McKibbin, "The Economic Policy of the Second Labour Government", in *Past and Present*, August 1976, p 120에서 인용.

34 B Webb, *Diaries*, Vol 4, p 252.

35 *Daily Herald*, 21 August 1931.

36 Reported by Nicholson, p 459.

37 Cab 43(31), 21 August 1931.

38 Johnston. MacNeill Weir, p 407에서 인용.

39 B Webb, *Diaries*, Vol 4 (entry for 23 August 1931).

40 Cab 46(310), 23 August 1931.

41 Nicolson, p 464에서 인용.

42 Kirkwood, p 248.

43 Miliband, p 185.

44 소름 끼치는 선동 내용은 Hannington, pp 219~230 참조.

45 *Daily Herald*, 21 February 1930.

46 *Daily Herald*, 15 October 1931.

47 *Daily Herald*, 3 October 1931.

48 C G Ammon. *Daily Herald*, 23 September 1931에서 인용.

49 자세한 내용은 Clegg and others, p 519와 A Ereira, *The Invergordon Mutiny* (London 1981) 참조.

50   Bassett, p 224에서 인용.

51   *Labour Conference 1931*, p 155.

52   S Webb, in *Political Quarterly*, p 1.

53   Marquand, pp 630~631에서 인용.

54   Snowden, Vol 2, p 957에서 인용.

55   B Webb, *Diaries*, Vol 4, p 216 (entry for 19 May 1930).

56   *Hansard*, 16 April 1930.

57   *Hansard*, 11 February 1931.

9장 사회주의 독재에서 국민 통합으로

1   *Labour Conference 1933*, p 166.

2   W Golant, "The emergence of C R Attlee as leader of the Parliamentary Labour Party in 1935", in *Historical Journal*, No 13 (1970) p 320에서 인용.

3   *New Clarion*, 17 December 1932. Pimlott, "The Socialist League: Intellectuals and the Labour Left in the 1930s", in *Journal of Contemporary History*, No 3 (1971)에서 인용.

4   *SSIP News*, August 1932. Pimlott, in *Journal of Contemporary History*, No 3에서 인용.

5   Donoghue and Jones, pp 162~168 참조.

6   Donoghue and Jones, pp 182~183.

7   R H Tawney, *The Choice before the Labour Party* (London 1932) p 9.

8   P Williams, *Hugh Gaitskell* (London 1982) p 47.

9   Wheatley, in *Glasgow Evening Times*, 15 May 1930에서 인용.

10   Miliband, p 195.

11   C A Cooke, *The Life of Richard Stafford Cripps* (London 1957) p 127.

12   *Labour Conference 1931*, p 205.

13   *New Nation*, September 1934.

14   *Daily Herald*, 5 November 1934.

15   *Manchester Guardian*, 8 January 1934.

16   *Manchester Guardian*, 28 May 1934.

17   S Cripps, "Can Socialism Come by Constitutional Means?", in C Addison (ed), *Problems of Socialist Government* (London 1933) pp 43, 46, 66.

18   Cooke, pp 159~160.

19   E Estorick, *Sir Stafford Cripps* (London 1949) pp 122~123.

20 P Seyd, "Factionalism Within the Labour Party: The Socialist League 1932~1937", in A Briggs and J Saville (eds), *Essays in Labour History 1918~1939* (London 1977).

21 B Pimlott, *Labour and the Left in the 1930s* (Cambridge 1977) p 52에서 인용.

22 *Labour Conference 1932*, pp 182~194.

23 *Labour Conference 1932*, p 204.

24 *Labour Conference 1932*, p 205.

25 *Labour Conference 1933*, p 159.

26 *For Socialism and Peace* (London 1934) p 12.

27 B R Mitchell and P Deane, *Abstract of British Historical Statistics* (Cambridge 1971) pp 68, 71.

28 R Croucher, *Engineers at War* (London 1982) p 26.

29 Croucher, p 27.

30 Croucher, pp 47~56.

31 Croucher, p 364.

32 N Branson and M Heinemann, *Britain in the Nineteen Thirties* (London 1973) pp 122~125.

33 J Stevenson and C Cook, *The Slump* (London 1977) p 159.

34 J Saville, "May Day 1937", in Briggs and Saville, p 240.

35 Saville, in Briggs and Saville, p 240.

36 자세한 내용은 Stevenson and Cook, pp 185~187 참조.

37 Stevenson and Cook, pp 185~187.

38 Stevenson and Cook, pp 204~206.

39 *Labour Conference 1936*, pp 228, 230.

40 *Labour Conference 1934*, p 18.

41 Branson and Heinemann, p 318.

42 *Labour Conference 1936*, p 164.

43 Saville, in Briggs and Saville, p 241.

44 *Left News*, August 1937.

45 *Left News*, July 1938.

46 *Tribune*, 24 March 1939.

47 *Tribune*, 25 August 1939.

48 *Labour Conference 1935*, p 153.

49 *Labour Conference 1935*, p 177.

50 *Labour Conference 1935*, p 193.

51 R Postgate, *The Life of George Lansbury* (London 1951) pp 309~317.

52 *Labour Conference 1936*, p 177.

53 *Labour Conference 1937*, pp 212~215.

54 *Labour Conference 1937*, p 15.

55 *Labour Conference 1939*, p 6.

56 *Labour Conference 1933*, p 186.

57 *Labour Conference 1934*, p 178.

58 *Labour Conference 1934*, p 140.

59 *Labour Conference 1934*, p 142.

60 L Trotsky, *Whither France?* (New York 1936) p 25.

61 *Labour Conference 1936*, p 257.

62 *Daily Herald*, 15 February 1937.

63 *Labour Conference 1937*, p 27.

64 *Labour Conference 1937*, p 26.

65 *Tribune*, 21 May 1937.

66 Foot, *Bevan*, Vol 1, p 246.

67 *Labour Conference 1937*, p 163.

68 *Labour Conference 1937*, p 164.

69 *Manchester Guardian*, 6 October 1937.

70 *Tribune*, 14 April 1938.

71 *Tribune*, 23 September 1938.

72 *Labour Conference 1939*, p 45.

73 *Daily Herald*, 22 February 1939. K Harris, *Attlee* (London 1984) p 159에서 인용. 더 글러스 콜은 G D H 콜[페이비언협회 회원으로서 경제학자이자 역사가]을 말한다.

74 Foot, *Bevan*, Vol 1, p 291.

75 *Labour Conference 1939*, p 236.

76 *Labour Conference 1939*, p 299.

77 Pimlott, *Labour and the Left in the 1930s*, p 181.

78 Estorick, p 174.

79 Foot, *Bevan*, Vol 1, pp 291~292.

80 *Tribune*, 8 December 1939.

81 *Socialist League Annual Report 1933*.

82 *The Socialist*, September 1935.

83 *League of Youth Monthly Bulletin*, February 1931, in J Jupp, "The Left In Britain 1931~41" (MSc Econ thesis, London 1956) p 214.

84 *Labour Conference 1936*, p 75.

85 *Labour Conference 1939*, p 241.

86 *Labour Conference 1936*, p 75.

87 *Labour Conference 1937*, p 155.

88 *Labour Conference 1939*, p 379.

89 *Labour Conference 1939*, p 323.

10장 제2차세계대전 동안의 노동당

1 *Hansard*, 22 May 1940.

2 "Legal Proceedings against Strikers under Order 1305", LAB 10/998.

3 Bullock, Vol 2, pp 300~301.

4 Bullock, Vol 2, pp 301~302.

5 *TUC 1944*, p 216.

6 *TUC 1941*, p 335.

7 *TUC 1941*, p 336.

8 *Hansard*, 29 July 1942.

9 *Hansard*, 9 September 1941.

10 A Calder, *The People's War* (London 1971) p 336.

11 *Hansard*, 8 October 1942.

12 *The Times*, 21 November 1942.

13 Calder, p 354.

14 Foot, *Bevan*, Vol 1, p 404.

15 *Hansard*, 3 August 1943.

16 W Churchill, *The Second World War*, Vol 6 (London 1954) p 198.

17 *Hansard*, 8 December 1944.

18 Bullock, Vol 2, p 343과 *Labour Conference 1944*, p 150.

19 S Orwell and I Angus (eds), *The Collected Essays, Journalism and Letters of George Orwell*, Vol 2 (London 1968) pp 351~352.

20 *New Statesman*, 1 June 1940.

21 H Thomas, *John Strachey* (London 1973) p 207.

22 *Hansard*, 8 October 1940.

23 Cato, *Guilty Men* (London 1940) p 18.

24 Cato, p 19.

25 Cato, p 124.

26 *Tribune*, 11 October 1940.

27 *Hansard*, 20 May 1943(강조는 우리의 것).

28 *Tribune*, 3 January 1941.

29 *Tribune*, 1 August 1941.

30 G D H Cole, *Europe, Russia and the Future* (London 1941) p 153.

31 *Tribune*, 14 March 1941.

32 *Tribune*, 2 February 1945.

33 *Tribune*, 16 February 1945.

34 *Tribune*, 6 February 1942.

35 Calder, p 345.

36 *Hansard*, 2 July 1942.

37 *Hansard*, 9 September 1942.

38 R Luxemburg, "The Junius Pamphlet", in *Rosa Luxemburg Speaks* (New York 1970) p 262.

39 Calder, p 293.

40 H M D Parker, *Manpower: A Study of Wartime Policy and Administration* (London 1957) p 504.

41 Parker, p 457.

42 Bullock, Vol 2, p 260.

43 R Page Arnot, *The Miners in Crisis and War* (London 1961) p 396.

44 Foot, *Bevan*, Vol 1, pp 446~447.

45 *Hansard*, 28 April 1944.

46 *Hansard*, 28 April 1944.

47 *The Times*, 3 May 1944.

48 Foot, *Bevan*, Vol 1, p 459.

49 *The Times*, 17~18 May 1944.

50 *The Times*, 9 June 1944.

51 *Tribune*, 5 May 1944.

52 *The Times*, 18 June 1943.

53 *Tribune*, 3 March 1944.

54 P Addison, *The Road to 1945* (London 1975) pp 154~155.

55 Addison, p 226.

56 *Tribune*, 11 December 1942.

57 *Hansard*, 6 October 1944.

58 *Hansard*, 20 December 1944.

59 *Tribune*, 5 March 1943.

60 *Tribune*, 22 October 1943.

61 *Tribune*, 22 September 1944.

62 W K Hancock and M M Gowing, *The British War Economy* (London 1949) p 297.

63 H Thomas, *John Strachey*, p 175에서 인용.

64 Thomas, p 178.

65 J Strachey, *A Programme for Progress* (London 1940) pp 151~152.

66 A Crosland, *The Future of Socialism* (London 1956) p 58.

67 Addison, pp 232~233.

68 C R Attlee, *The Labour Party in Perspective* (London 1937) p 15.

69 Attlee, p 153.

70 Attlee, p 145.

71 Calder, p 616.

72 Addison, p 262.

73 K Martin, *Harold Laski* (London 1969) p 152.

74 *Hansard*, 21 June 1944.

75 J M Keynes, *The General Theory of Employment, Interest and Money* (New York 1964) p 378[국역: 《고용, 이자 및 화폐의 일반이론》, 비봉출판사, 2007].

76 *Hansard*, 23 June 1944.

77 V L Allen, *Trade Unions and the Government* (London 1960) p 33.

78 W Citrine, *Two Careers* (London 1967) p 28.

79 *TUC Congress Report 1946*, p 269.

80 Addison, p 212에서 인용.

81 Addison, p 217.

82 Addison, p 218.

83 Bullock, Vol 2, p 226.

84 Calder, p 613 참조.

11장 애틀리 정부

1 *Hansard*, 23 April 1951.

2 E E Barry, *Nationalisation in British Politics* (London 1965) p 375.

3   *Hansard*, 16 August 1945.

4   R Eatwell, *The 1945~51 Labour Governments* (London 1978) p 68 참조.

5   Miliband, p 290.

6   H Eckstein, *The English National Health Service* (Cambridge, Massachusetts 1960) pp ix~x.

7   D N Cheater, *Nationalisation of British Industry 1945~51* (London 1975) p 38부터.

8   J Lee, *My Life with Nye* (London 1980) pp 180~181.

9   K O Morgan, *Labour in Power 1945~51* (London 1984) p 371.

10   Bevan, *In Place of Fear*, p 98.

11   K Marx and F Engels, "The Communist Manifesto", in *The Revolutions of 1848* (Harmondsworth 1973) p 79.

12   *Manchester Guardian*, 19 February 1943. I Birchall, *Bailing out the System* (London 1986) p 51에서 인용[국역: 《서구 사회민주주의의 배신 1945~1985》, 책갈피, 2020].

13   D Widgery, *Health in Danger* (London 1979) p 24에서 인용.

14   J Campbell, *Nye Bevan and the Mirage of British Socialism* (London 1987) p 168.

15   Morgan, p 156에서 인용.

16   *Hansard*, 9 February 1948. Foot, *Bevan*, Vol 2, p 186에서 인용.

17   Campbell, p 178.

18   Widgery, pp 40~41.

19   D E Ashford, *Policy and Politics in Britain* (Oxford 1981) p 200.

20   Lenin, *Collected Works*, Vol 26, p 170과 Vol 19, p 327.

21   A Cairncross, *Years of Recovery: British Economic Policy 1945~51* (London 1985) p 500.

22   R Ovendale (ed), *The Foreign Policy of the British Labour Governments 1945~51* (Leicester 1984) p 3.

23   *News Chronicle*, 31 December 1946. H Pelling, *The Labour Governments 1945~51* (London 1984) p 165에서 인용.

24   Morgan, p 332.

25   H Dalton, *High Tide and After* (London 1962) p 187.

26   Morgan, p 340.

27   Morgan, p 347.

28   *The Times*, 24 October 1947. Pelling, p 184에서 인용.

29   Morgan, p 369.

30   *Hansard*, 24 October 1949.

31   Allen, p 290.

32 Cairncross, pp 405~406.

33 Allen, pp 32~34.

34 PRO Cab 129/41 CP(50) 158, 5 July 1950.

35 Jeffery and Hennessy, p 160.

36 PRO Cab 134/175.

37 PRO Cab 134/175, 1 May 1947.

38 PRO Cab 134/175, 23 June 1947.

39 PRO FREM 8/1290, 24 January 1950.

40 W Brome, *Aneurin Bevan* (London 1953) p 194.

41 PRO FREM 8/673, 15 May 1947.

42 PRO Cab 128/10 CM 51(47), 3 June 1947.

43 PRO Cab CP(50) 117, 26 May 1950.

44 G Ellen, "Labour and strike-breaking 1945~1951", in *International Socialism* 2: 24 (summer 1984) p 45.

45 R A Butler, *The Art of the Possible* (London 1971) p 146.

46 A Gamble, *The Conservative Nation* (London 1974) p 44.

47 H Macmillan, *Tides of Fortune* (London 1969) p 302.

48 *The Economist*, 13 February 1954.

49 J Morgan (ed), *The Backbench Diaries of Richard Crossman* (London 1981) p 30.

50 Eatwell, p 116.

51 *Labour Conference 1948*, p 122.

52 *Labour Conference 1948*, pp 122~123.

53 *Labour Conference 1949*, p 159.

54 *Labour Conference 1949*, p 169.

55 Attlee, pp 226~227.

56 *Labour Conference 1945*, p 114.

57 *Evening News*, 26 July 1945.

58 *Hansard*, 20 August 1945.

59 A Eden, *Memoirs: Full Circle* (London 1960) p 5.

60 J F Byrnes, *Speaking Frankly* (London 1947) p 79.

61 R N Rosencrance, "British Defense Strategy, 1945~1952", in R N Rosencrance (ed), *The Dispersion of Nuclear Weapons* (New York 1964) p 69.

62 Field Marshal Viscount Montgomery of Alamein, *Memoirs* (London 1958) p 479.

63 PRO Cab 128/18, Cabinet conclusions 27 June 1950.

64 Pelling, p 65.

65 I Davies, "The Labour Commonwealth", in *New Left Review*, December 1963.

66 R Palme Dutt, *The Crisis of Britain and the British Empire* (London 1957) p 199.

67 A Campbell-Johnson, *Mission with Mountbatten* (London 1951) p 221에서 인용.

68 Campbell-Johnson, pp 199~200.

69 Morgan, p 226.

70 Ovndale (ed), pp 14~16.

71 M Gowing, *Independence and Deterrence*, Vol 1 (London 1974) p 21.

72 Gowing, pp 19~20.

73 Martin, p 218.

74 McKenzie, p 525.

75 Martin, p 218.

76 *Tribune*, 28 May 1948.

77 McKenzie, p 512.

78 McKenzie, pp 511~512.

79 *Labour Conference 1950*, p 130.

80 *Hansard*, 5 July 1948.

81 *Daily Telegraph*, 15 July 1948. Gordon, p 167에서 인용.

82 *Hansard*, 23 January 1948.

83 *Labour Conference 1948*, p 200.

84 *Tribune*, 26 November 1948.

85 *Tribune*, 9 April 1948.

86 *Tribune*, 28 October 1949.

87 *Tribune*, 25 June 1948.

88 *Tribune*, 15 July 1949.

89 *Tribune*, 13 February 1948.

90 *Tribune*, 1 June 1951.

91 *Tribune*, 6 January 1950.

92 *Tribune*, 19 March 1948.

93 *Tribune*, 30 November 1945.

94 *Tribune*, 18 March 1949.

95 *Hansard*, 14 May 1952.

96 *Hansard*, 12 May 1949.

97 *Tribune*, 28 October 1949.

98   Foot, *Bevan*, Vol 2, pp 227~228.

99   *Tribune*, 5 November 1948.

100   *Tribune*, 30 June 1950.

101   *Tribune*, 6 October 1950.

102   *Tribune*, 20 August 1948.

103   *Tribune*, 1 April 1949.

104   Foot, *Bevan*, Vol 2, p 299.

105   Foot, *Bevan*, Vol 2, p 234.

106   *Hansard*, 23 April 1951.

107   Foot, *Bevan*, Vol 2, p 332.

12장 '잃어버린 13년'

1   *Labour Conference 1951*, p 92.

2   *Labour Conference 1951*, p 75.

3   Gamble, pp 61~62.

4   *TUC Report 1952*, p 300.

5   Allen, p 34.

6   Allen, p 128.

7   Crosland, pp 34~36.

8   Crosland, p 505.

9   Crosland, p 37.

10   Crosland, pp 32~33.

11   Crosland, pp 474~475.

12   Crosland, p 468.

13   Crosland, p 23.

14   Crosland, pp 520~522.

15   Crosland, pp 20~21.

16   Crosland, p 76.

17   R J Jackson, *Rebels and Whips* (London 1968) p 212.

18   Jackson, pp 114, 152, 175.

19   J Morgan (ed), *Crossman* (London 1981) pp 185~186.

20   *Labour Conference 1954*, p 108.

21   *Labour Conference 1952*, p 113.

22   〈트리뷴〉의 소책자 *It Need Not Happen: The Alternative to German Rearmament*

(London 1954) 참조.

23   D F Fleming, *The Cold War and Its Origins*, Vol 2 (London 1981) p 737.

24   P Duff, *Left, Left, Left* (London 1971) p 46.

25   *Labour Conference 1977*, p 80.

26   *Labour Weekly*, 28 September 1979.

27   *Tribune*, 5 October 1956.

28   M Harrison, *Trade Unions and the Labour Party since 1945* (London 1960) pp 212~214.

29   Morgan, *Crossman*, pp 47, 53.

30   Lee, p 217.

31   *Daily Telegraph*, 29 January 1953. M Jenkins, *Bevanism: Labour's High Tide* (Nottingham 1979) p 180에서 인용.

32   *Hansard*, 16 May 1956.

33   *The Economist*, 10 November 1956.

34   Maurice Edelman, *Labour Conference 1957*, p 132.

35   *Labour Conference 1957*, p 131.

36   *Labour Conference 1957*, p 136.

37   *Labour Conference 1957*, p 140.

38   *Tribune*, 23 August 1957.

39   Jackson, p 163.

40   Jackson, pp 181~182.

41   *New Statesman*, 12 October 1957.

42   Foot, *Bevan*, Vol 2, p 580.

43   Lee, p 238.

44   Bevan, *In Place of Fear*, p 46.

45   Foote, p 278에서 인용.

46   *Forward*, 16 October 1959.

47   V Bogdanor, "The Labour Party in Opposition, 1951~1964", in V Bogdanor and R Skidelsky (eds), *The Age of Affluence 1951~1964* (London 1970) p 96.

48   D Butler and D Stokes, *Political Change in Britain* (London 1974) p 350.

49   *Labour Conference 1959*, pp 107~155.

50   Drucker, p 38.

51   *International Socialism* 1: 3, winter 1960~1961.

52   McKenzie, pp 627~628.

53 *New Statesman*, 16 October 1960.

54 *New Statesman*, 10 February 1961.

55 Morgan, *Crossman*, p 901.

56 *Socialist Review*, July 1983.

57 R Luxemburg, "Reform or Revolution"[국역: 《사회 개혁이냐 혁명이냐》, 책세상, 2002], in *Rosa Luxemburg Speaks*, p 71.

13장 1964~1970년의 윌슨 정부

1   *Signposts for the Sixties*, p 16.

2   P Foot, *The Politics of Harold Wilson* (London 1968) p 135.

3   *Labour Conference 1963*, pp 133~140.

4   Morgan, *Crossman*, p 1026.

5   *New Statesman*, 6 March 1961. W Beckerman (ed), *The Labour Government's Economic Record: 1964~1970* (London 1972) p 159에서 인용.

6   G Brown, introduction to *The National Plan*, September 1965, Cmnd 2764.

7   F Engels, *Anti-Dühring* (Peking 1976) p 352.

8   *The National Plan*, p 4.

9   *The National Plan*, p 55.

10 A Glyn and B Sutcliffe, "The Collapse of UK Profits", in *New Left Review*, March/April 1971.

11 P Foot, p 154.

12 H Wilson, *The Labour Government 1964~70* (London 1974) pp 61~62.

13 M Stewart, *Politics and Economic Policy in the UK Since 1964* (London 1978) p 33.

14 Wilson, p 65.

15 Martin, p 80.

16 Stewart, pp 72~73.

17 R Opie, "Economic Planning and Growth", in Beckerman, p 170.

18 Stewart, pp 88~89.

19 S Brittan, *The Steering of the Economy* (London 1971) p 337.

20 *The Crossman Diaries 1964~70*, p 211.

21 *The Observer*, 7 March 1966. K Coates, *The Crisis of British Socialism* (Nottingham 1971) p 111에서 인용.

22 *TUC Report 1962*, p 244.

23 *Labour Conference 1963*, p 189.

24 *The Economist*, 3 October 1964.

25 S Brittan, *The Treasury under the Tories 1951~1964* (Harmondsworhth 1965) p 276.

26 *The Crossman Diaries 1964~70*, pp 187~188 (entries for 26 May 1966 and 14 June 1966).

27 Wilson, p 300.

28 *Hansard*, 20 June 1966.

29 L Panitch, *Social Democracy and Industrial Democracy* (London 1976) pp 109~110.

30 Joe Haines, in *Daily Mirror*, 1 August 1986.

31 *Employment and Productivity Gazette*.

32 T Cliff and C Barker, *Incomes Policy, Legislation and Shop Stewards* (London 1966) p 135.

33 M Stewart and R Winsbury, *An Incomes Policy for Labour*, Fabian Tract 350, October 1963, p 18.

34 *The Economist*, 5 June 1965.

35 *The Economist*, 4 September 1965.

36 *The Times*, 11 November 1969.

37 Cliff and Barker, p 136.

38 자세한 설명은 C Harman, *The Fire Last Time: 1968 and after* (London 1988) 참조 [국역: 《세계를 뒤흔든 1968》, 책갈피, 2004].

39 Cliff and Barker, p 105.

40 Wertheimer, p 91.

41 P Foot, p 251.

42 게이츠컬을 대신해서 노동당 의원단 서기가 보낸 편지. P Foot, p 252에서 인용.

43 *Hansard*, 27 November 1963. P Foot, p 252에서 인용.

44 *Hansard*, 27 November 1963. P Foot, p 253에서 인용.

45 P Foot, p 254.

46 *The Crossman Diaries 1964~70*, pp 67~68 (entry for 5 February 1965).

47 *The Crossman Diaries 1964~70*, p 120 (entry for 2 April 1964).

48 Wilson, p 664.

49 *Hansard*, 1 April 1965.

50 *Hansard*, 8 February 1966.

51 *The Crossman Diaries 1964~70*, p 163.

52 R Crossman, *The Diaries of a Cabinet Minister*, Vol 1 (London 1975) pp 344, 361.

53 P Foot, p 272.

54 P Foot, pp 275~276.

55 *The Crossman Diaries 1964~70*, p 330.

56 *The Crossman Diaries 1964~70*, p 331.

57 Wilson, p 597.

58 P Foot, pp 273~274.

59 D Seers and P Streeten, "Overseas Development Policies", in Beckerman, p 128.

60 L Minkin, *The Labour Party Conference* (Manchester 1978) pp 237, 326.

61 Minkin, p 297.

62 Minkin, pp 298, 300.

63 *Labour Conference 1969*, p 29.

64 P Jenkins, *The Battle of Downing Street* (London 1970) p 79.

65 Jenkins, p 119에서 인용.

66 Jenkins, p 154.

67 Panitch, p 248.

68 *The Guardian*, 12 July 1967. Panitch, p 138에서 인용.

69 Panitch, p 145.

70 *TUC Report 1968*, p 354.

71 *TUC 1969*, p 212.

72 Minkin, pp 294~295, 290.

73 *Sunday Times*, 31 May 1970. Minkin, p 312에서 인용.

74 Minkin, p 314.

75 *Tribune*, 22 February 1963.

76 P Anderson, "Critique of Wilsonism", in *New Left Review*, September–October 1964.

77 M Foot, *Harold Wilson: A Pictorial Biography* (Oxford 1964) p 11.

78 *Tribune*, 22 February 1963.

79 *Tribune*, 4 December 1964.

80 *Tribune*, 8 January 1965.

81 *Tribune*, 10 December 1965.

82 *Tribune*, 16 September 1966.

83 *Tribune*, 23 September 1966.

84 *Tribune*, 28 October 1966.

85 *Tribune*, 2 May 1969.

86 C Cook and J Ramsden, *By-Elections in British Politics* (London 1973) p 223.

87 D Butler and D Stokes, *Political Change in Britain* (London 1974) p 206.

88 T Forrester, *The Labour Party and the Working Class* (London 1976) p 24.

89 D Butler and M Pinto Duschinsky, *The British General Election of 1970* (London 1971) p xiv.

90 C Crouch, *Politics in a Technological Society* (London 1970) p 18.

91 Butler and Pinto Duschinsky, p 346.

92 Minkin, p 290.

93 Tribune, 9 October 1970.

94 D Mckie and C Cook (eds), *The Decade of Disillusion: Politics in the Sixties* (London 1972) p 4.

95 Coates, pp 181~182.

96 *Labour Conference 1970*, p 171.

97 P Seyd and L Minkin, "The Labour Party and its Members", in *New Society*, 20 September 1979.

98 D Butler and D Kavanagh, *The British General Election of 1979* (London 1980) p 2.

14장 히스 정부와 노동당

1 M Silver, "Recent British Strike Trends: A Factual Analysis", in *British Journal of Industrial Relations*, January 1973.

2 C Crouch, "The Intensification of Industrial Conflict in the United Kingdom", in C Crouch and A Pizzorno (eds), *The Resurgence of Class Conflicts in Western Europe Since 1968* (London 1978) p 253.

3 R Harrison, editor's introduction to *The Independent Collier* (Hassocks 1978) p 1.

4 L Trotsky, *History of the Russian Revolution* (London 1977) p 169[국역: 《러시아 혁명사》, 아고라, 2017].

5 *Socialist Worker*, 14 April 1973.

6 A Callinicos, "The Rank and File Movement Today", in *International Socialism* 2: 17, autumn 1982.

7 E Heffer, *The Class Struggle in Parliament: a Socialist View of Industrial Relations* (London 1973) p 232.

8 Heffer, p 242.

9 *Labour Conference 1973*, pp 128~129.

10 *Labour Conference 1973*, p 301.

11   *Labour Conference 1970*, p 176.

12   *Labour Conference 1970*, p 176.

13   *Labour Conference 1971*, p 342.

14   *Labour's Programme 1973*(강조는 우리의 것).

15   M Hatfield, *The House the Left Built* (London 1978) p 210(강조는 우리의 것).

15장 1974~1979년의 노동당 정부

1   T Cliff, "Patterns of Mass Strike", in *International Socialism* 2: 29, summer 1985, p 48.

2   P Riddell, *The Thatcher Government* (London 1983) p 59.

3   H Wilson, *Final Term: The Labour Government 1974~1976* (London 1979) pp 267~268.

4   *Labour Conference 1976*, p 188.

5   A Gamble, *Britain in Decline* (London 1981) p 7.

6   Gamble, *Britain in Decline*, pp 19~20.

7   Gamble, *Britain in Decline*, p 21.

8   *The Times*, 15 May 1974.

9   P Whitehead, *The Writing on the Wall* (London 1985) p 193.

10   Whitehead, p 131에서 인용.

11   B Donoghue, *Prime Minister: The Conduct of Policy under Harold Wilson and James Callaghan* (London 1987) p 149.

12   Donoghue, pp 148~149.

13   *The Times*, 7 November 1975.

14   J Hughes, "Public Expenditure: The Retreat from Keynes", in K Conates (ed) *What went wrong* (Nnttingham 1979) p 105.

15   이 부분은 하니 로젠버그의 글 "Labour and the Fight against Fascism", in *International Socialism* 2: 39 (summer 1988)을 바탕으로 하고 있다.

16   R Eatwell, *Whatever Happened to Britain?* (London 1982) p 119.

17   *The Times*, 12 July 1975.

18   W W Daniel and N Millward, *Workplace Industrial Relations in Britain* (London 1983) p 37.

19   *Financial Times*, 7 May 1975.

20   *Comment*, 5 August 1978.

21   *National Income and Expenditure*, May 1979.

22   D Jackson, H A Turner and F Wilkinson, *Do Trade Unions Cause Inflation?* (second

edition, Cambridge 1975) p 66에 나오는 계산치.

23   L Panitch, *Working Class Politics in Crisis* (London 1986) pp 118~119.

24   F Field, "How the Poor Fared", in Coates (ed), *What Went Wrong*.

25   *The Observer*, 1 May 1977.

26   *Financial Times*, 29 November 1977.

27   *Labour Research*, No 9, 1976.

28   M Walker, *The National Front* (London 1977) p 196.

29   *The Times*, 19 May 1976.

30   *Socialist Worker*, 4 October 1986.

31   *The Times*, 17 August 1977.

32   *Morning Star*, 17 August 1977. *International Socialism* 1: 101, September 1977에서
      인용.

33   *Labour Conference 1977*, p 314.

34   *Labour Conference 1977*, pp 310~311.

35   *Socialist Review*, 2 May 1978.

36   L Trotsky, *The First Five Years of the Communist International*, Vol 2 (London
      1974) p 93.

37   Trotsky, *First Five Years*, pp 94~95.

38   *Labour Conference 1972*, p 221.

39   *Labour Conference 1973*, pp 301, 312.

40   G Bell, *Troublesome Business: The Labour Party and the Irish Question* (London
      1982) p 82.

41   Bell, p 119에서 인용.

42   *The Times*, 6 May 1981. Bell, p 145에서 인용.

43   Minkin, pp 349, 359.

44   G Bish, "Working Relations Between Government and Party", in Coates (ed),
      What went wrong, p 163.

45   *Labour Conference 1977*, p 347.

46   J Haines, *The Politics of Power* (London 1977) p 13.

47   P Norton, *Dissension in the House of Commons* (Oxford 1980) p 428.

48   Norton, pp 438~440.

49   Norton, p 437.

50   Norton, p 431.

51   Norton, p 428.

52   *Tribune*, 29 March 1974.

53   Haines, p 66.

54   Haines, p 28.

55   Haines, p 31.

56   Haines, p 27.

57   B Castle, *The Castle Diaries 1974~76* (London 1980) p 205.

58   Wilson, *Final Term*, pp 60~61.

59   Castle, p 222.

60   Castle, p 61.

61   Donoghue, p 92.

62   R Jenkins, *Tony Benn, A Political Biography* (London 1980) pp 245~246 참조.

63   *Labour Conference 1959*, p 116.

64   A Taylor, *The Trade Unions and the Labour Party* (London 1987) pp 104~105.

16장 대처 집권기의 노동당

1   *TUC 1983*, p 465.

2   A Callinicos and M Simons, *The Great Strike* (London 1985) p 156.

3   Callinicos and Simons, Ch 4.

4   *Department of Employment Gazette*, July 1982, July 1983 and July 1984.

5   T Cliff, "Patterns of Mass Strike", in *International Socialism* 2: 29, pp 48~50 참조.

6   *Tribune*, 30 January 1981.

7   *Militant*, 30 January 1981.

8   *Socialist Challenge*, 29 January 1981.

9   *Morning Star*, 26 January 1981.

10   F Bealey, J Blondell, W P McCann, *Constituency Politics: A Study of Newcastle-under-Lyme* (London 1965) p 283.

11   N Webb and R Wybrow, *The Gallup Poll* (London 1981) p 30.

12   *Tribune*, 18/25 December 1987.

13   Minkin, p 250.

14   Minkin, p 249.

15   R H S Crossman, introduction to W Bagehot, *The English Constitution* (London 1963).

16   A Mitchell, *Four Years in the Death of the Labour Party* (London 1983) p 93을 바탕으로 만든 표.

17   Webb and Wybrow, p 168과 *Gallup Political Index*, No 256, December 1981, p 2.

18   *Guardian*, 23 June 1983.

19   A Przeworski, *Capitalism and Social Democracy* (Cambridge 1985) p 331.

20   Przeworski, pp 38~39.

21   *Financial Times*, 16 September 1987.

22   *Observer*, 21 June 1987.

23   *Labour Conference 1983*, pp 193, 200.

24   *Labour Conference 1985*, p 209.

25   *Labour Conference 1985*, pp 209, 217.

26   *Labour Conference 1985*, p 224.

27   *Guardian*, 1 October 1987.

28   *Guardian*, 26 September 1987.

29   *Observer*, 2 November 1986.

30   N Kinnock, *Making Our Way* (London 1986) pp 26, 86~94 참조.

31   *Financial Times*, 12 September 1986.

32   *Financial Times*, 16 September 1986.

33   *Labour Conference 1984*, p 211.

34   *Tribune*, 14 February 1986.

35   Kinnock, *Making our Way*, p 56.

36   *Daily Mirror*, 19 October 1986.

37   *Financial Times*, 23 July 1986.

38   *New Statesman*, 29 August 1986에서 인용.

39   *Hansard*, 28 April 1982.

40   *Socialist Review*, May-June 1982와 June-July 1982.

41   N Branson, *History of the CPGB 1927~41* (London 1985) p 7.

42   *Membership Survey: Report of a sample survey of CPSA members* (London 1986) p 10.

43   S McGregor, "The History and Politics of Militant", in *International Socialism*, 2: 33, autumn 1986.

44   *Labour Conference 1983*, p 63.

45   *Tribune*, 11 October 1985.

46   *Militant*, 12 October 1985.

47   R Harris, *The Making of Neil Kinnock* (London 1984) p 20.

48   *Hansard*, 14 February 1972.

49 Harris, p 77.

50 *Tribune*, 7 January 1977.

51 *Hansard*, 17 March 1977.

52 노턴의 책에서 취합한 사실들.

53 *Labour Conference 1983*, p 80.

54 *Guardian*, 19 November 1986.

55 *Guardian*, 23 September 1987.

56 런던광역시 기업위원회 의장 토니 밀워드의 보고. *Tribune*, 24 July 1987에 실려 있다.

57 M Broddy, "Local Economics and Employment Strategies", in M Broddy and C Fudge (eds), *Local Socialism* (London 1984) p 185에서 인용.

58 T Cliff, *Class Struggle and Women's Liberation* (London 1984) p 187[국역: 《여성해방과 혁명》, 책갈피, 2008].

59 P Seyd, *The Rise and Fall of the Labour Left* (London 1987) p 151.

60 홉스봄의 주장에 대한 주된 비판은 M Jacques and F Mulhern (eds), *The Forward March of Labour Halted?* (London 1981)와 *Marxism Today*, October 1982 and January 1983에 실린 글들에서 찾아볼 수 있다.

61 이런 분석을 정교하게 다듬은 탁월한 글은 Chris Harman, "The Working Class After the Recession", in A Callinicos and C Harman, *The Changing Working Class* (London 1987) 참조[국역: 《노동자 계급에게 안녕을 말할 때인가》, 책갈피, 2001].

62 *Financial Times*, 2 October 1987.

63 *Socialist Worker*, 10 October 1987.

64 *Social Trends*, No 17 (1987) p 86.

65 *Guardian*, 1 September 1987.

66 *Social Trends*, No 17, pp 99~100.

67 *Financial Times*, 5 November 1986.

68 A Heath, R Jowell and J Curtice, *How Britain Votes* (Oxford 1985) 참조.

69 Heath and others pp 20~22.

70 Heath and others, p 49.

71 Heath and others, p 38.

72 Heath and others, pp 14~15.

73 A Callinios, "The 'New Middle Class'", in Callinicos and Harman, pp 87~88.

74 J Westergaard, "The once and future class", in J Curran (ed), *The Future Of the Left* (London 1984) p 81 참조.

75 C Harman, "How the working class votes", Callinicos and Harman, p 37.

76 J Kelly, *Labour and the Unions* (London 1987) p 11.

77 J MacInnes, *Thatcherism at Work* (Milton Keynes 1987) p 99.

78 MacInnes, p 100.

79 MacInnes, p 136.

80 MacInnes, p 82.

81 J Curtice, "Interim Report: Party Politics", in R Jowell, S Witherspoon and L Brook, *British Social Attitudes: The 1987 Report* (Aldershot 1987) p 174.

82 A Heath and P Topf, "Political Culture", in Jowell and others, p 60.

83 Heath and Topf, in Jowell and others, p 60.

84 P Taylor-Gooby, "Citizenship and Welfare", in Jowell and others pp 2, 3, 16.

85 M Collins, "Business and Industry", in *British Social Attitudes, 1987*, p 84.

86 Collins, *British Social Attitudes, 1987*, p 35~36.

87 Heath and Topf, in Jowell, 1987, p 63.

88 D Butler and D Stokes, *Political Change in Britain: Forces Shaping Electoral Choice* (Harmondsworth 1971) p 121.

89 D Gluckstein, "Class struggle and the Labour vote", *Socialist Worker Review*, June 1987.

90 Heath and Topf, in Jowell, p 51.

91 *Hansard*, 22 April 1986.

92 같은 책, 6 May 1986.

93 같은 책, 19 June 1986.

94 같은 책, 24 June 1986.

95 *The Independent*, 29 September 1987.

96 *Financial Times*, 2 July 1987.

97 *The Independent*, 7 October 1987.

98 같은 신문, 30 September 1987.

99 같은 신문, 3 October 1987.

100 같은 신문, 16 November 1987.

17장 신노동당

1 Tricia Davies and David Green, in *Marxism Today*, February 1989.

2 B Anderson, in *New Statesman and Society*, 3 May 1991.

3 Stuart Hall and Martin Jacques, *Marxism Today*. *Socialist Review*, December 1990 에서 인용.

4 News International Management에서 블레어가 한 연설. *The Independent*, 17 July

1995에서 인용.

5   W Hutton, *The State We're In* (London 1995) p 18.

6   G Elliott, *Labourism and the English Genius, The Strange Death of Labour England?* (London 1993) pp 116, 118.

7   *Guardian*, 6 September 1995.

8   보수당이 유럽 통합 문제를 놓고 무기력하게 분열했고 지금도 그렇다는 것은 사실이다. 그러나 대처는 유럽환율제도 가입을 승인하는 문제나 마스트리흐트 조약에 서명하는 문제 — 둘 다 대처가 아주 싫어하는 종류의 유럽연합을 지향하는 조처들이었다 — 에 매우 유연하게 접근했다. 마찬가지로 대처의 후임자도 유럽 통합 문제를 둘러싼 보수당의 내분을 극복하고 살아남았다.

9   *Tribune*, 17 June 1988.

10   *Tribune*, 5 February 1988.

11   D Blunkett, "Labour's local government spokesperson", in *Tribune*, 7 April 1989.

12   D Butler and D Kavanagh, *The British General Election of 1992* (Basingstoke 1992) p 318.

13   Heffernan and Marqusee, *Defeat from the Jaws of Victory* (London 1992) pp 265~277. 노동당의 기억은 오래간다. 주민세가 폐지된 지 5년이 지났는데도 노동당은 납세 거부 운동에 관여한 리즈 데이비스 같은 사람들이 리즈 북동부에서 후보로 출마하는 것을 여전히 꺼리고 있다. 그러나 리즈 북동부 지역의 한 유권자는 다음과 같이 말했다. "나는 리즈 데이비스가 주민세에 특히 철저하게 반대했다는 사실이 마음에 든다. 데이비스 같은 사람들이 없었다면 우리는 아직도 주민세를 납부하고 있을 것이다." *The Independent*, 17 July 1995.

14   *Tribune*, 23 February 1990.

15   *Tribune*, 9 March 1990.

16   Seyd and Whiteley, p 92 참조. 42퍼센트는 "노동당이 주민세 납부를 거부하는 개인들을 지지해야 한다는 데 동의한 반면, 44퍼센트는 동의하지 않았다." Seyd and Whiteley, p 231.

17   *Hansard*, 2 April 1990.

18   Butler and Kavanagh, p 10.

19   *Report of Ninetieth Labour Party Conference*, 1991, pp 211~213.

20   로디언[스코틀랜드의 지명]의 지방의원 브라이언 웨들이 한 말. *Tribune*, 21 September 1990에 실려 있다.

21   *Guardian*, 5 February 1992.

22   *The Independent on Sunday*, 22 January 1995.

23   Heffernan and Marqusee, p 314.

24   Butler and Kavanagh 1992, p 10.

25 *New Statesman and Society*, 18 January 1991에 실린 기사.

26 1990년 12월부터 전쟁이 끝난 1991년 2월까지 벌어진 유일한 논쟁은 스코틀랜드국민당이 주도한 것이었다. R Heffernan and M Marqusee, p 192.

27 *Hansard*, 15 January 1991.

28 *Hansard*, 17 January 1991과 21 January 1991.

29 *Tribune*, 22 February 1991에 실린 기사.

30 Heffernan and Marqusee, p 201.

31 절차 동의안과 관련해서 정부에 반대표를 던진 의원이 57명이었다. Heffernan and Marqusee, p 193.

32 *New Statesman and Society*, 25 January 1991.

33 *Socialist Review*, February 1991.

34 *Tribune*, 22 February 1991.

35 Heffernan and Marqusee, p 136.

36 Heffernan and Marqusee, p 194.

37 1988년 노동당 당대회에서 한 연설. C Hughes and P Wintour, *Labour Rebuilt The New Model Party* (London 1990)에서 인용.

38 Hughes and Wintour, p 195.

39 *Tribune*, 15 June 1990.

40 Butler and Kavanagh, p 269.

41 Hughes and Wintour, p 54.

42 Hughes and Wintour, p 183.

43 Hughes and Wintour, p 195.

44 Butler and Kavanagh, p 275.

45 Butler and Kavanagh, p 249.

46 *Guardian*, 11 April 1992.

47 Butler and Kavanagh, p 177.

48 자세한 내용은 Butler and Kavanagh, p 136 참조.

49 Heffernan and Marqusee, p 312.

50 A Heath, R Jowell and J Curtice, *Labour's Last Chance? The 1992 Election and Beyond* (Aldershot 1994) p 285, 14.

51 모리의 여론조사 결과. *New Statesman and Society*, 17 April 1992에서 인용.

52 *Labour's Last Chance?*, p 287.

53 *Labour's Last Chance?*, p 292.

54 Heffernan and Marqusee, p 103 참조.

55   같은 책, p 386.

56   *Sun*, 17 October 1995.

57   *New Statesman and Society*, 17 July 1992.

58   *Panorama*, Monday 2 November 1992.

59   *Socialist Worker*, 7 November 1992에서 인용.

60   J Pilger, in *New Statesman and Society*, 17/31 December 1993.

61   *New Statesman and Society*, 11 June 1993.

62   *New Statesman and Society*, 11 June 1993.

63   *The Independent*, 14 July 1995.

64   *Socialist Worker*, 2 October 1993에서 인용.

65   *Fabian Review*, July 1992.

66   J Sopel, *Tony Blair: the moderniser*, London 1995, p 111[국역: 《토니 블레어》, 당대, 1997].

67   J Rentoul, *Tony Blair*, London 1995, pp 206~207.

68   같은 책.

69   Rentoul, p 252.

70   *Socialist Worker*, 13 May 1995에서 인용.

71   *New Statesman and Society*, 4 September 1992.

72   *Labour's Last Chance*, p 285.

73   *Tribune*, 7 October 1988.

74   *New Statesman and Society*, 17 July 1992.

75   *Tribune*, 17 September 1993.

76   *Tribune*, 4 June 1993.

77   *Tribune*, 30 July 1993.

78   Rentoul, p 332에서 인용.

79   Rentoul, p 339.

80   〈뉴 스테이츠먼 앤드 소사이어티〉의 여론조사 참조. S Platt and N Mann, "Chipping away at the block vote", *New Statesman and Society*, 4 September 1992에 실려 있다. 흥미롭게도 1당원 1표제에 가장 강력하게 저항한 노동조합들은 운수일반노조나 지엠비 같은 일부 대형 노조들이었다. 아마 이 노동조합들이 노동당에 의존할 필요가 상대적으로 적었기 때문일 것이다.

81   Tom Sawyer. *The Independent*, 2 June 1992에서 인용.

82   Heffernan and Marqusee, p 155.

83   P Seyd and P Whiteley, *Labour's Grass Roots* (Oxford 1992) p 198.

84   *Tribune*, 6 May 199.

85   *Guardian*, 24 March 1990.

86   Seyd and Whiteley, p 89.

87   Elliott, p 144.

88   Seyd and Whiteley, p 73.

89   Seyd and Whiteley, p 39.

90   Seyd and Whiteley, pp 46~47.

91   Seyd and Whiteley, p 89.

92   *New Statesman and Society*, 28 April 1995.

93   Peter Coleman, "Labour Party Director of Organisation", in *Tribune*, 31 March 1995.

94   *New Statesman and Society*, 28 April 1995.

95   BBC TV, *On the Record*, 18 December 1994.

96   *Financial Times*, 22 May 1995.

97   *New Statesman and Society*, 28 April 1995.

98   Hughes and Wintour, p 92.

99   Seyd and Whiteley, p 24.

100 Heffernan and Marqusee, p 135.

101 *Tribune*, 19 August 1994.

102 *Tribune*, 8 April 1994.

103 *New Statesman and Society*, 31 July 1992.

104 *New Statesman and Society*, 27 May 1994.

105 P Hain, *Ayes to the Left* (London 1995) p 234.

106 *Tribune*, 3 September 1993.

107 *Tribune*, 14 October 1994.

108 *Guardian*, 18 January 1996.

109 *Tribune*, 16 June 1995.

110 헤인은 랠프 밀리밴드를 긍정적으로 인용하고 있다. Hain, p 219.

111 Hain, p 239.

112 *Tribune*, 21 October 1994.

113 이 책의 599~603쪽을 참조.

114 *Labour's Last Chance*, p 285.

115 *Labour's Last Chance*, p 196.

116 이 책의 611쪽을 참조.

117 노동당 국방 담당 대변인인 데이비드 클라크의 말. *New Statesman and Society*, 12

November 1993.

118 *New Statesman and Society*, 29 July 1994.

119 *New Statesman and Society*, 24 February 1995.

120 J Straw, *Ninetieth Labour Conference*, p 58.

121 *Tribune*, 21 October 1994.

122 Rentoul, pp 419~420.

123 Sopel, p 279.

124 Blunkett, *Tribune*, 23 June 1995.

125 Margret Hodge, in *Tribune*, 29 July 1994.

126 *Guardian*, 19 December 1994에 실린 기사.

127 *The Independent*, 22 June 1995. 사립학교 등록금에 부가가치세를 매기자는 온건한 제안이 겪은 운명은 현재의 '정책 입안' 절차를 잘 보여 주는 사례다. 블렁킷이 이 제안에 동의하는 견해를 밝히자, 블레어는 블렁킷이 "정책을 대충대충 만든다"며 "호되게 꾸짖었다"고 한다(*Guardian*, 3 January 1995). 실제로, 예비내각의 재무부 장관인 브라운은 그 방안을 포기했고, 교육 담당 대변인에게 아무 말도 하지 않았다.

128 영국 BBC의 라디오방송 〈채널 4〉의 상황 요약. *5pm News*, 6 January 1996.

129 T Blair, "Why crime is a socialist issue", in *New Statesman and Society*, 29 January 1993.

130 Sopel, p 164.

131 같은 책.

132 같은 책.

133 Sopel, p 158.

134 *Sunday Times Magazine*, 10 April 1994.

135 BBC TV, *Panorama*, 9 May 1994.

136 Sopel, p 166.

137 *Socialist Worker*, 23 April 1994에서 인용.

138 *Guardian*, 23 June 1994.

139 *New Statesman and Society*, 7 July 1995.

140 *Ninetieth Labour Conference, 1991*, p 134.

141 Hain, p 95.

142 *The Independent*, 30 June 1995.

143 *Times*, 19 September 1995.

144 *Eighty-ninth Conference, 1990*, p 64.

145 *New Statesman and Society*, 31 January 1992.

146 Hain, p 83.

147 *New Statesman and Society*, 5 February 1993.

148 *Tribune*, 22 January 1993.

149 *The Independent*, 30 October 1994.

150 *Socialist Worker*, 4 June 1994.

151 *Times*, 24 November 1995.

152 *Socialist Worker*, 4 June 1994.

153 *The Independent*, 7 September 1995.

154 Socialist Worker, 16 September 1995에서 인용.

155 *Financial Times*, 19 July 1995.

156 *Guardian*, 3 March 1995.

157 *Guardian*, 16 July 1995.

158 *Financial Times*, 19 July 1995.

159 G Brown, "Harnessing the Workforce", *New Statesman and Society*, 7 May 1993.

160 *New Statesman and Society*, 15 July 1994.

161 *Eighty-ninth Annual Conference of the Labour Party*, p 29.

162 S Jenkins, *Winners and Losers, A Portrait of in come distribution during the 1980s* (Rowntree Foundation 1995).

163 *New Statesman and Society*, 20 August 1993에서 인용.

164 *New Statesman and Society*, 15 July 1994.

165 *News of the World*, 28 August 1994.

166 *Times*, 20 November 1995.

167 *Times*, 21 November 1995.

168 굴드가 쓴 표현. *Tribune*, 7 May 1993.

169 *Tribune*, 7 May 1993.

170 I Aitken, "Labour's Chance to Score", in *New Statesman and Society*, 17/31 December 1993.

171 *New Statesman and Society*, 9 June 1995에서 인용.

172 P Anderson, "Safety First", in *New Statesman and Society*, 9 June 1995에서 인용.

173 I Aitken, "Killer Insincts", in *New Statesman and Society*, 15 October 1993.

174 J Sopel, p 55에서 인용.

175 *Labour and Trade Union Review*, December 1989. Rentoul p 395에서 인용.

176 *The Independent*, 13 September 1995에서 인용.

177 BBC 1, *Morning News*, 18 January 1996.

178 *Socialist Worker*, 11 March 1995.

179 *Guardian*, 17 January 1996.

180 [개정판 머리말에서는 제외됐다.]

181 Sopel, p 3.

182 Rentoul, p 163에서 인용.

183 *Daily Telegraph*, 13 January 1995.

184 Rentoul, p 231.

185 Sopel, p 239.

186 *Tribune*, 5/12 August 1994에서 인용.

187 *Tribune*, 11/18 August 1994에서 인용.

188 *New Statesman and Society*, 17 June 1994에서 인용.

189 *The Economist*, 21 May 1994.

190 *The Economist*, 29 April 1995.

191 *Tribune*, 5/12 August 1994.

192 Rentoul, p 276.

193 Sopel, p 144에서 인용.

194 *Sun*, 3 March 1993.

195 Sopel, p 143.

196 *The Independent*, 17 July 1995.

197 Rentoul, p 453에서 인용.

198 Sopel, p 208에서 인용.

199 *Sunday Times*, 23 April 1995.

200 *New Statesman and Society*, 15 July 1994에 실린 인터뷰.

201 T Blair, "Let us Face the Future: the 1945 anniversary lecture", in *Fabian Society pamphlet*, No 571 (London 1995) p 14.

202 자세한 내용은 Rentoul, p 404 참조.

203 *New Statesman and Society*, 11 August 1995.

204 *Financial Times*, 11 July 1995.

205 이 책의 136~139쪽을 참조.

206 *Guardian*, 8 March 1995.

207 Blair, *Let us Face the Future*, pp 12~13.

208 Rentoul, p 424.

209 *Socialist Review*, February 1995에서 인용.

210 Hain, p 41에서 인용.

211 *Socialist Worker*, 25 February 1995에서 인용.

212   Rentoul, p 461.

213   *Socialist Review*, February 1995에 실린 기사.

214   *The Independent*, 13 September 1995.

215   Sopel, p 297.

216   *Socialist Worker*, 29 April 1995.

217   *New Statesman and Society*, 9 December 1994.

218   *Red Pepper*, February 1996.

219   *The Economist*, 13 January 1995.

220   *Socialist Worker*, 25 February 1995.

221   *Guardian*, 18 January 1995.

222   *Sunday Times*, 15 January 1995.

223   *Observer*, 30 April 1995.

224   Rentoul, p 402.

225   Sopel, p 271.

226   필립 굴드가 누설한 메모. *Guardian*, 12 September 1995.

227   *Socialist Worker*, 23 September 1995에서 인용.

228   Butler and Kavanagh, p 226에 나오는 수치.

229   *Times*, 23 March 1995.

230   *The Independent*, 13 September 1995.

231   Rentoul, p 400에서 인용.

232   같은 책.

233   *Financial Times*, 27 June 1995.

234   *The Independent*, 13 September 1995.

235   *The Independent*, 17 July 1995.

236   *Times*, 18 September 1995.

237   *The Independent*, 17 July 1995.

238   이것은 맨덜슨이 쓰고 있는 책의 내용을 요약한 것이다. *The Observer*, 24 December 1995에 보도됐다.

239   *The Economist*, 7~13 October 1995.

240   *Guardian*, 29 December 1995.

241   *Guardian*, 17 January 1996.

242   Hutton, p 298.

243   Alistair Darling. *Guardian*, 18 January 1996에서 인용.

244   '남반구 센터'['남반구 초점'의 전신]의 월든 벨로가 한 말. *New Statesman and*

Society, 10 March 1995에 요약돼 있다.

245 *Guardian*, 8 January 1996.

246 *The Economist*, 13 January 1995.

247 블레어가 싱가포르에서 한 연설. *The Economist*, 13 January 1995에서 인용.

248 Blair, *Let us Face the Future*, p 12.

249 M Pearce G Stewart, *British Political History, 1867~1990*, p 90에서 인용.

250 같은 책, p 84.

18장 신노동당 정부

1   A Rawnsley, *Servants of the People* (Penguin, London 2001) p 12.

2   T Blair, *A Journey* (Arrow Books, London 2011) p xlix[국역: 《토니 블레어의 여정》, 알에이치코리아, 2014].

3   I G Toth, *GINI Policy Paper No 3*, September 2013. https://www.researchgate. net/publication/269101804_Income_Distribution_Inequality_Perceptions_and_ Redistributive_Preferences_in_European_Countries, p 13.

4   S Milne, *The Revenge of History* (Verso, London 2013) p 100.

5   http://www.smith-institute.org.uk/wp-content/uploads/2015/10/From-thepoor- law-to-welfare-to-work.pdf, p 66.

6   2008년에 그랬다. http://www.smith-institute.org.uk/wp-content/uploads/2015/10/ From-the-poor-law-towelfare-to-work.pdf, p 67에서 인용.

7   L Davies, *Through the Looking Glass* (Verso, London 2001) p 131.

8   http://conservativehome.blogs.com/centreright/2008/04/making-history.html.

9   Davies, p 186.

10 R Miliband, *Parliamentary Socialism*에 나오는 이 말은 J Saville, "Parliamentary Socialism Revisited", https://socialistregister.com/index.php/srv/article/ download/5659/2557에서 인용한 것이다.

11 A Campbell, *The Alastair Campbell Diaries*, Vol 2 (Arrow Books, London 2011) p 24.

12 Campbell, p 49.

13 D Butler and D Kavanagh, *The British General Election of 1997* (Macmillan, Houndmills 1997) p 12.

14 Butler and Kavanagh (1997) p 13.

15 Butler and Kavanagh (1997) p 299.

16 Butler and Kavanagh (1997) p 295.

17 Butler and Kavanagh (1997) p 251.

18 D Butler and D Kavanagh, *The British General Election of 2001* (Palgrave, Houndmills 2002) pp 23~24.

19 Butler and Kavanagh (2002) p 305.

20 Butler and Kavanagh (2002) p 305.

21 Butler and Kavanagh (2002) p 311.

22 A Geddes and J Tonge (eds), *Britain Decides: The UK General Election 2005* (Palgrave, Macmillan 2005) p 1.

23 T Blair, *A Journey* (Arrow Books, London 2011) p xlix.

24 https://www.theguardian.com/uk/2002/oct/01/labourconference.labour.

25 https://www.theguardian.com/politics/2009/sep/29/gordon-brownlabour-conference-speech-in-full.

26 블레어의 회고록은 718쪽이나 되고 브라운의 회고록도 500쪽에 달한다(그리고 두 책의 숨은 의미는 모두 TB-GB의 불화다).

27 G Brown, *My Life, Our Times* (Bodley Head, London 2017) p 204 참조.

28 D Kavanagh and P Cowley, *The British General Election of 2010* (Palgrave Macmillan, Houndmills 2010) pp 50~51.

29 2007년 노동당 당대회 연설. http://news.bbc.co.uk/2/hi/uk_news/politics/7010664.stm.

30 D McBride, *Power Trip* (Biteback, London 2013) pp 180~181.

31 S Hannah, *A Party with Socialists In It* (Pluto, London 2018) p 212.

32 Milne, p 84.

33 Davies, p 93.

34 M Pugh, *Speak for Britain!* (Vintage, London 2011) p 394에서 인용.

35 Blair, p 288.

36 Pugh, p 393에서 인용.

37 Campbell, pp 281~282.

38 https://www.independent.co.uk/voices/leading-article-a-modest-victory-for-theworkers-1158009.html.

39 Rawnsley (2001) p 298에서 인용.

40 Campbell, p 148.

41 Pugh, p 398에서 인용.

42 M Smith, *The Awkward Squad* (SWP, London 2003) p 5에서 인용.

43 Hannah, p 212.

44 Hannah, p 207.

45 Smith, p 5에서 인용.

46 S Joyce, "Why are there so few strikes?", *International Socialism*, 145, winter 2015, p 120.

47 Davies, pp 174~175.

48 Davies, p 52.

49 https://www.independent.co.uk/news/blair-i-think-im-a-pretty-straight-sort-ofguy-1294593.html.

50 https://www.theguardian.com/politics/2000/sep/20/labour.labour1997to99.

51 Kavanagh and Cowley, p 23.

52 Pugh, p 401.

53 Kavanagh and Cowley, p 25.

54 A Rawnsley, *The End of the Party* (Penguin, London 2010) p 127.

55 Pugh, p 391.

56 Smith, p 2에서 인용.

57 http://www.socialismtoday.org/35/mandelson35.html에서 인용.

58 Brown, p 48.

59 Brown, p 37. A Fisher, *The Failed Experiment* (Radical Read, London 2014) p 60 도 참조.

60 Rawnsley (2001) p 37.

61 Rawnsley (2001) p 38. 이 표현은 원래 전 보수당 재무부 장관 켄 클라크가 자신의 계획을 설명할 때 쓴 것이다.

62 G Brown's 1999 Mais Lecture. http://webarchive.nationalarchives.gov.uk/20100407174407. http://www.hm-treasury.gov.uk/speech_chex_191099.htm.

63 이 수치들은 http://www.telegraph.co.uk/finance/economics/8414447/How-UK-incomes-have-risen-andfallen-since-1948.html에 나오는 것이다.

64 N Cohen, *Pretty Straight Guys* (Faber and Faber, London 2003) p 234.

65 G Brown's 1999 Mais Lecture. http://webarchive.nationalarchives.gov.uk/20100407174407. http://www.hm-treasury.gov.uk/speech_chex_191099.htm. 2006년 예산안 연설도 참조. https://www.theguardian.com/uk/2006/mar/22/budget2006.budget.

66 Geddes and Tonge (eds) p 237.

67 Rawnsley (2010) p 479.

68 http://cep.lse.ac.uk/pubs/download/cp366.pdf.

69 Butler and Kavanagh (2002) p 4. 나중에 공공 지출은 (GDP의 40퍼센트에서 48퍼센트로) 상당히 증가했다. Kavanagh and Cowley, p 34.

70 http://www.smith-institute.org.uk/wp-content/uploads/2015/10/From-thepoor-law-to-welfare-to-work.pdf, p 66.

71 이 수치는 2003년도 것이다. http://www.smith-institute.org.uk/wp-content/uploads/2015/10/From-the-poor-law-towelfare-to-work.pdf, p 63.

72 S Fielding, *The Labour Party, Continuity and Change in the Making of New Labour* (Palgrave Macmillan, Houndmills 2003) p 188에서 인용.

73 Brown, p 128.

74 https://www.theguardian.com/politics/1999/sep/06/labourconference.labour. "Blair Bounces Back", 6 September 1999.

75 M Lavalette and G Mooney, p 39.

76 G Brown's 1999 Mais Lecture. http://webarchive.nationalarchives.gov.uk/20100407174407. http://www.hm-treasury.gov.uk/speech_chex_191099.htm.

77 researchbriefings.files.parliament.uk/documents/⋯/SN06762.pdf, p 7.

78 http://www.smith-institute.org.uk/wp-content/uploads/2015/10/From-thepoor-law-to-welfare-to-work.pdf, p 64.

79 https://www.nuffieldtrust.org.uk/⋯/public-payment-and-private-provisionweb-final. IFS/Nuffield Trust — Public Pay and Private Provision, p 6.

80 https://www.nuffieldtrust.org.uk/⋯/public-payment-and-private-provisionweb-final. IFS/Nuffield Trust — Public Pay and Private Provision, p 4.

81 https://www.nuffieldtrust.org.uk/⋯/public-payment-and-private-provisionweb-final. IFS/Nuffield Trust — Public Pay and Private Provision, p 6.

82 Brown, p 231.

83 이 수치들은 https://www.nuffieldtrust.org.uk/⋯/public-paymentand-private-provision-web-final. IFS/Nuffield Trust — Public Pay and PrivateProvision, p 4에 나오는 것이다.

84 2006/07년부터 2011/12년까지 그렇게 증가했다. https://www.nuffieldtrust.org.uk/⋯/publicpayment-and-private-provision-web-final. IFS/Nuffield Trust — Public Pay and Private Provision, p 14.

85 Blair, p 491.

86 예컨대, Geddes and Tonge (eds), p 31; and Rawnsley (2001) pp 77, 81 참조.

87 Geddes and Tonge (eds) p 31.

88 건강 관리사와 간호사의 증가율은 각각 16퍼센트와 8퍼센트였다. https://www.nuffieldtrust.org.uk/resource/nhs-in-numbers#workforce에 나오는 수치들이다.

89 https://www.ifs.org.uk/bns/bn121.pdf, p 1.

90 교사 1인당 학생 수가 1997년 16.7명에서 2010년 15.7명으로 감소해서 학생의 교사 접촉 기회가 증대했다. https://www.trustforlondon.org.uk/publications/labours-record-education-policyspending-and-outcomes-1997-2010/, p 31.

91 1997년에는 200개였던 특수학교가 2002년에는 1000개로 늘었다. https://www.trustforlondon.org.uk/publications/labours-record-education-policyspending-

and-outcomes-1997-2010/, p 10.

92 https://www.trustforlondon.org.uk/publications/labours-record-education-policyspending-and-outcomes-1997-2010/, p 11.

93 https://www.trustforlondon.org.uk/publications/labours-record-education-policyspending-and-outcomes-1997-2010/, p 31.

94 https://www.trustforlondon.org.uk/publications/labours-record-education-policyspending-and-outcomes-1997-2010/, p 14.

95 https://www.trustforlondon.org.uk/publications/labours-record-education-policyspending-and-outcomes-1997-2010/, p 31.

96 https://www.nao.org.uk/wp-content/uploads/2018/01/PFI-and-PF2.pdf, PFI and PF2. *Report by the Comptroller and Auditor General*, National Audit Office, p 8.

97 Fisher, p 32.

98 https://www.nao.org.uk/wp-content/uploads/2018/01/PFI-and-PF2.pdf, PFI and PF2. *Report by the Comptroller and Auditor General*, National Audit Office, pp 23~24.

99 https://www.nao.org.uk/wp-content/uploads/2018/01/PFI-and-PF2.pdf, PFI and PF2. *Report by the Comptroller and Auditor General*, National Audit Office, p 23.

100 Milne, p xv.

101 https://www.nao.org.uk/wp-content/uploads/2018/01/PFI-and-PF2.pdf, PFI and PF2. *Report by the Comptroller and Auditor General*, National Audit Office, p 23.

102 Davies, p 166에서 인용.

103 Davies, p 166에서 인용.

104 T Wright MP, "The candidate: Tony Wright" in Geddes and Tonge (eds) p 94.

105 Helen Bosanquet of the Charity Organisation Society. https://www.fabians.org.uk/wp-content/uploads/2012/04/FromWorkhousetoWelfare.pdf, p 17에서 인용.

106 Campbell, p 455.

107 T Horton, "A Short Guide to the Minority Report", pp 11~12 in E Wallis (ed), *From the Workhouse to Welfare What Beatrice Webb's 1909 Minority Report Can Teach us Today* 참조. https://www.fabians.org.uk/wp-content/uploads/2012/04/FromWorkhousetoWelfare.pdf, pp 11~12.

108 Brown, p 152.

109 M Lavalette and G Mooney, p 31.

110 M Lavalette and G Mooney, p 33.

111 M Lavalette and G Mooney, p 32.

112 Cohen, p 14에서 인용.

113 Cohen, pp 22, 37.

114 https://www.ifs.org.uk/uploads/publications/bns/BN179.pdf, p 1. 그리고 교도소 재 소자 수는 4만 1000명에서 7만 3000명으로 증가했다. Cohen, p 36.

115 https://www.fabians.org.uk/wp-content/uploads/2012/04/FromWorkhouseto Welfare.pdf, pp 22~23.

116 데이비드 블렁킷의 말은 https://www.theguardian.com/politics/2003/nov/13/ immigrationpolicy.immigration에서 인용한 것이다.

117 Beverley Hughes. Cohen, p 80에서 인용.

118 Cohen, p 67.

119 Jack Straw. Cohen, p 76에서 인용.

120 T Bower, *Broken Vows* (Faber and Faber, London 2016) p 88.

121 Blair, p 523.

122 *The Independent*, 9 February 1998.

123 Milne, p 105.

124 Cohen, p 96에서 인용.

125 A Geddes and J Tonge (eds) p 289.

126 Rawnsley (2010) pp 321, 2007에서 인용. http://news.bbc.co.uk/2/hi/uk_news/ politics/7010664.stm.

127 Butler and Kavanagh (1997) p 220.

128 Butler and Kavanagh (2002) p 237.

129 Geddes and Tonge (eds) p 284.

130 Geddes and Tonge (eds) p 250.

131 Kavanagh and Cowley, p 337.

132 Kavanagh and Cowley, p 342.

133 https://www.independent.co.uk/news/uk/politics/chilcot-report-the-sevenmost-important-lines-from-the-iraq-warinquiry-a7122646.html.

134 https://www.independent.co.uk/news/uk/politics/chilcot-report-the-iraq-war-innumbers-a7119336.html에 나오는 수치들.

135 바스라에서 대학을 졸업한 실업자인 25세의 우사마 압바스가 한 말이다. https:// www.reuters.com/article/us-mideast-crisis-iraq-protests/two-protesters-killed-in-clashes-withiraqi-police-as-unrest-spreads-in-southidUSKBN1K507A에서 인 용.

136 Brown, pp 247~265.

137 Brown, p 254.

138 Brown, p 251.

139 Blair, p 516.

140 Rawnsley (2010) p 173.

141 https://www.globalpolicy.org/component/content/article/154/26026.html.

142 Rawnsley (2001) p 381에서 인용.

143 Milne, p xviii.

144 J Newsinger, "When old Labour went to war", *International Socialism*, spring 2008, p 120.

145 S Kettell, *Dirty Politics: New Labour, British Democracy and the Invasion of Iraq* (Zed Books, London 2006) p 25.

146 Campbell, p 298.

147 Campbell, p 562.

148 S Kettell, p 95에서 인용.

149 Brown, p 260. 론슬리는 다음과 같은 각료 회의 목격담을 들려준다. "그 단계에서 여전히 그것을 저지할 수 있는 사람은 오직 고든 브라운뿐이라는 사실을 누구나 알고 있었다." 결국 브라운은 이라크 문제에 관해서 원칙상의 근본적 이견은 전혀 없었다. 그의 측근 한 명은 다음과 같이 말했다. "그는 자신의 열렬한 범대서양주의에 완전히 좌우됐다. 그의 가장 중요한 입장은 우리가 결코 미국에 반대하는 것으로 보여서는 안 된다는 것이었다." Rawnsley (2010) p 162.

150 Pugh, p 407.

151 Brown, pp 277, 280.

152 http://www.dailymail.co.uk/news/article-334208/Its-time-celebrate-Empire-says-Brown.html. 브라운은 이런 정서를 블레어와 공유했다. 블레어도 홍콩을 중국에 돌려줄 때, "여전히 마음이 쓰렸다. 애석해서 그런 것이 아니라 옛 대영제국에 대한 향수 때문이었다" 하고 말했다. Blair, p 126.

153 A Murray and L German, *Stop the War* (Bookmarks, London 2005) p 253.

154 Milne, p 128.

155 Rawnsley (2010) p 260에서 인용.

156 https://www.theguardian.com/commentisfree/2006/oct/06/politics.uk.

157 Milne, p 132.

158 Blair, p 583.

159 Rawnsley (2010) p 341.

160 Rawnsley (2010) p 548.

161 Blair, p 567.

162 Rawnsley (2010) p 338.

163 https://www.theguardian.com/uk/2009/feb/17/government-exploitingterrorism-fear.

164 Pugh, p 409.

165 Geddes and Tonge (eds) p 12.

166 T Blair, *A Journey* (Arrow Books, London 2011) p 597.

167 Brown, p 243.

168 예컨대, Rawnsley (2010) p 439에 나오는 2007년 예산안 논의 참조.

169 Brown, p 439.

170 Brown, p 440.

171 Brown, p 25.

172 Fisher, p 6에서 인용.

173 IFS reports quoted in *International Socialism* 120, autumn 2008, p 8.

174 *International Socialism*, 120, autumn 2008, p 8.

175 Brown, pp 350, 355.

176 Brown, p 296.

177 A Callinicos, *New Labour or Socialism?* (Bookmarks, London 1996) p 6에서 인용. Milne, p xiv도 참조.

178 Brown, p 132.

179 2007년에 영국의 GDP 대비 부채 비율은 51퍼센트였던 반면 미국은 77퍼센트, 독일은 68퍼센트, 프랑스는 77퍼센트, 이탈리아는 115퍼센트, 일본은 174퍼센트였다. Brown, p 355.

180 https://www.statista.com/statistics/281734/gdp-growth-in-theunited-kingdom-uk/.

181 Fielding, p 160에서 인용.

182 Rawnsley (2010) p 476에서 인용.

183 Brown, p 298.

184 Brown, p 320.

185 https://www.thesun.co.uk/news/4804915/gordon-brown-bankersrbs-fred-goodwin-jail/.

186 Brown, p 315.

187 Brown, p 316.

188 Milne, p 163에서 인용. 2009년 노총 대의원대회에서 브라운이 연설한 내용.

189 Electoral Commission. https://docs.google.com/spreadsheets/d/1ABH72dKr2cXo YGJEyM_V9V7-RiO6xGVjuGIhnS-GDYw/edit#gid=0.

190 McBride, p 209.

191 Kavanagh and Cowley, p 281.

192 Kavanagh and Cowley, p 61.

193 2007년 노동당 당대회에서 한 연설. http://news.bbc.co.uk/2/hi/uk_news/

politics/7010664.stm.

194 Rawnsley (2010) p 733.

195 Kavanagh and Cowley, p 385.

196 Kavanagh and Cowley, p 385.

197 예컨대, 노벨 경제학상 수상자인 폴 크루그먼은 다음과 같이 말했다. "브라운과 앨리스터 달링이 전 세계적 구조 노력의 성격을 결정지은 반면 다른 부유한 나라들은 그들을 따라잡으려고 애썼다." https://www.theguardian.com/commentisfree/2012/feb/06/gordon-brown-save-world-uk.

198 Hannah, p 201.

199 Hannah, p 199.

200 Fielding, p 130 참조.

201 Davies, p 80.

202 Fielding, p 141.

203 Kavanagh and Cowley, p 58, H R Pemberton and M Wickham-Jones, "Labour's lost grassroots: The rise and fall of party membership", *British Politics*, Vol 8, No 2, p 11. https://research-information.bristol.ac.uk/files/8434495/Labour_s_Lost_Grassroots_BP_FINAL.pdf.

204 Pugh, p 397.

205 Kavanagh and Cowley, p 58.

206 Butler and Kavanagh (2002); and Kavanagh and Cowley, p 61.

207 Patrick Seyd and Paul Whiteley in *The Guardian*, 11 October 1999에 나오는 수치들인데, Fielding, p 136에서 인용했다.

208 L German, "How Labour lost its roots" in *International Socialism*, 87, summer 2000, p 4에서 인용.

209 Butler and Kavanagh (2002) p 33에서 인용.

210 Davies, p 69.

211 Hannah, p 212에서 인용.

212 https://research-information.bristol.ac.uk/files/8434495/Labour_s_Lost_Grassroots_BP_FINAL.pdf, p 3.

213 *What Next? Marxist Discussion Journal*, 2000, p 8.

214 Davies, p 179.

215 Pugh, p 404.

216 Rawnsley (2001) pp 112, 114.

217 https://www.parliament.uk/documents/commons/lib/research/briefings/snpc-03038.pdf를 보고 계산한 것이다.

218 https://www.telegraph.co.uk/news/politics/6466127/Gordon-Brown-

suffersbackbench-rebellions-as-he-struggles-tocontrol-party.html. 고든 브라운은 노동당을 통제하려고 분투할 때 평의원들의 반란에 시달렸다.

219 https://www.tandfonline.com/doi/abs/10.1080/13619462.2013.794694. Philip Cowley and Mark Stuart, "In the Brown Stuff?: Labour Backbench Dissent Under Gordon Brown, 2007-10".

220 Davies, pp 9~10.

221 Davies, p 20.

222 *What Next? Marxist Discussion Journal*, 2000, p 8.

223 Pugh, p 411.

224 Hannah, p 216.

225 Davies, p 137.

226 Davies, p 150.

227 P Cowley and M Stuart, *Dissension amongst the Parliamentary Labour Party, 2001-2005*, p 1. http://revolts.co.uk/DissensionamongstthePLP.pdf.

228 https://www.parliament.uk/documents/commons/lib/research/briefings/snpc-03038.pdf.

229 Murray and German, p 94.

230 Murray and German, p 47.

231 Murray and German, p 70.

232 Murray and German, p 79.

233 Murray and German, p 204.

234 T Benn, *Free Radical* (Continuum, London, 2001), p 50.

235 Benn, p 62.

236 Tony Wright, MP in Geddes and Tonge (eds), p 94.

237 R Luxemburg, *Reform or Revolution* in https://www.marxists.org/archive/luxemburg/1900/reform-revolution/ch08.htm.

19장 밀리밴드에서 코빈으로

1 Fabian Society, *The Labour Leadership*, 2010, p 45. https://fabians.org.uk/wp-content/uploads/2010/08/TheLabourLeadership.pdf.

2 같은 책, p 55.

3 같은 책, p 64.

4 모든 수치는 https://en.wikipedia.org/wiki/2010_Labour_Party_leadership_election_(UK) 참조.

5 https://www.theguardian.com/uk/2010/nov/26/student-protests-police-under-

fire.

6   https://www.bbc.co.uk/news/uk-politics-14503023.

7   https://www.newstatesman.com/blogs/the-staggers/2011/03/ed-miliband-hydepark-speech.

8   https://www.newstatesman.com/blogs/thestaggers/2011/06/strikes-miliband-wrong.

9   https://www.bbc.co.uk/news/uk-politics-14890680.

10   https://publications.parliament.uk/pa/cm201011/cmhansrd/cm111130/debtext/111130-0001.htm.

11   https://www.mirror.co.uk/news/uk-news/gordon-brown-scottishreferendum-speech-4276089.

12   브라운은 2018년에도 반유대주의 문제로 코빈의 노동당을 공격해서 다시 한 번 영웅처럼 떠받들어졌다.

13   국민투표 후 2주 만에 스코틀랜드국민당의 당원 수는 세 곱절로 늘었다. https://www.dailyrecord.co.uk/news/politics/snpmembership-trebles-following-no-4359259.

14   https://www.bbc.co.uk/news/uk-politics-18539472.

15   2016년 10월 보수당 내무부 장관 앰버 러드는 기업이 외국인 노동자를 얼마나 많이 고용하고 있는지 공개하도록 강제하는 방안을 내놨다. 그 계획은 거의 모든 사람들에게 조롱거리가 됐지만, 사실은 2012년 노동당 방안과 상당히 비슷했다.

16   https://www.theguardian.com/politics/2015/mar/29/diane-abbott-labour-immigrationcontrols-mugs-shameful.

17   *Financial Times*, 10 September 2015.

18   *Financial Times*, 28 August 2015. 마르크스가 말한 유령은 물론 공산주의였다.

19   결국 코빈은 국회의원 36명의 지지를 받아서 후보로 등록할 수 있었다(코빈 지지자들이 추천인 수를 잘못 계산한 것이다!).

20   필드는 2018년 8월 코빈 지도부에 항의하며 노동당 원내 대표에서 물러났다.

21   https://www.redpepper.org.uk/theseconds-that-changed-labour-history/.

22   https://www.theguardian.com/politics/2015/jun/15/labour-leadershipcontest-jeremy-corbyn.

23   https://www.marxists.org/archive/plekhanov/1898/xx/individual.html.

24   https://socialistworker.co.uk/art/41297/SWP+statement+on+election+of+Jeremy
+Corbyn+as+Labour+Party+leader.

25   https://yougov.co.uk/news/2015/12/02/analysis-sharp-fall-support-airstrikes-syria/.

26   나는 Charlie Kimber, "Why did Britain vote Leave?", *International Socialism*, 152, autumn 2016. http://isj.org.uk/why-did-britainvote-leave/에서 이 문제를 자세히 분

석했다.

27 https://www.buzzfeed.com/jimwaterson/the-corbyn-supremacy.

28 https://www.ft.com/content/cf7321b4-4c61-11e7-919a-1e14ce4af89b.

29 https://labourlist.org/2017/04/corbyn-comes-out-swinging-against-thecity-but-needs-an-urgent-answer-for-tvon-labours-painful-polling/.

30 http://isj.org.uk/after-the-surge-corbynand-the-road-ahead/.

31 https://www.redpepper.org.uk/corbynand-the-manchester-speech/.

32 https://labourlist.org/2015/09/whats-going-to-happen-to-a-corbyn-ledlabour-party/.

33 https://www.theguardian.com/politics/2015/sep/30/corbyn-i-wouldnever-use-nuclear-weapons-if-i-was-pm.

34 https://www.theguardian.com/commentisfree/2016/sep/26/labour-opposing-trident-playing-politicsclive-lewis-theresa-may.

35 https://labour.org.uk/manifesto/aglobal-britain/#third.

36 https://www.marxists.org/archive/cliff/works/1988/labour/13-wilson.html.

37 https://en.wikipedia.org/wiki/List_of_countries_by_public_debt.

38 https://www.theguardian.com/world/2015/oct/24/eu-referendum-yanis-varoufakis-saysbritons-should-vote-to-stay-in-union.

39 https://www.rt.com/uk/316039-britisharmy-coup-corbyn/.

20장 결론

1 https://www.telegraph.co.uk/business/2018/09/13/gordon-brown-saysworld-could-sleepwalking-financial-crisis/.

2 World Inequality Report. https://wir2018.wid.world/part-4.html.

3 https://www.marxists.org/archive/marx/works/1864/10/27.htm.

4 L Trotsky, *The First Five Years of the Communist International*, Vol 2, p 96.

영국 총선 결과

연도	승리 정당	총리
1900년	보수당	솔즈베리 경
1906년	자유당	헨리 캠벨배너먼
1910년 1월	자유당(과반 의석 정당 없음)	H H 애스퀴스
1910년 12월	자유당(과반 의석 정당 없음)	H H 애스퀴스
1918년	자유당·보수당 연립정부	데이비드 로이드조지 (자유당)
1922년	보수당	보너 로
1923년	보수당(258석)이 승리했지만 과반이 안 되자, 자유당(158석)의 동의하에 노동당 (191석)이 내각 구성	램지 맥도널드(노동당)
1924년	보수당	스탠리 볼드윈
1929년	노동당(과반 의석 정당 없음)	램지 맥도널드
1931년	국민정부	램지 맥도널드
1935년	국민정부	스탠리 볼드윈
1945년	노동당	클레멘트 애틀리
1950년	노동당	클레멘트 애틀리
1951년	보수당	윈스턴 처칠
1955년	보수당	앤서니 이든
1959년	보수당	해럴드 맥밀런
1964년	노동당	해럴드 윌슨
1966년	노동당	해럴드 윌슨

1970년	보수당	에드워드 히스
1974년 2월	노동당(과반 의석 정당 없음)	해럴드 윌슨
1974년 10월	노동당	해럴드 윌슨
1979년	보수당	마거릿 대처
1983년	보수당	마거릿 대처
1987년	보수당	마거릿 대처
1992년	보수당	존 메이저
1997년	노동당	토니 블레어
2001년	노동당	토니 블레어
2005년	노동당	토니 블레어
2010년	보수당·자유민주당 연립정부	데이비드 캐머런 (보수당)
2015년	보수당	데이비드 캐머런
2017년	보수당(과반 의석 정당 없음)	테리사 메이
2019년	보수당	보리스 존슨

영국 노동당 역대 당 대표

이름	재임 시기	재임 기간
키어 하디	1906년 2월 ~ 1908년 1월	1년 11개월
아서 헨더슨(1차)	1908년 1월 ~ 1910년 2월	2년 1개월
조지 반스	1910년 2월 ~ 1911년 2월	1년
램지 맥도널드(1차)	1911년 2월 ~ 1914년 8월	3년 6개월
아서 헨더슨(2차)	1914년 8월 ~ 1917년 10월	3년 2개월
윌리엄 애덤슨	1917년 10월 ~ 1921년 2월	3년 4개월
J R 클라인스	1921년 2월 ~ 1922년 11월	1년 9개월
램지 맥도널드(2차)	1922년 11월 ~ 1931년 8월	8년 9개월
아서 헨더슨(3차)	1931년 8월 ~ 1932년 10월	1년 2개월
조지 랜스버리	1932년 10월 ~ 1935년 10월	3년
클레멘트 애틀리	1935년 10월 ~ 1955년 12월	20년 2개월
휴 게이츠컬	1955년 12월 ~ 1963년 1월	7년 1개월
해럴드 윌슨	1963년 2월 ~ 1976년 4월	13년 2개월
제임스 캘러핸	1976년 4월 ~ 1980년 11월	4년 7개월
마이클 풋	1980년 11월 ~ 1983년 10월	2년 11개월
닐 키녁	1983년 10월 ~ 1992년 7월	8년 9개월
존 스미스	1992년 7월 ~ 1994년 5월	1년 10개월
토니 블레어	1994년 7월 ~ 2007년 6월	12년 11개월
고든 브라운	2007년 6월 ~ 2010년 5월	2년 11개월
에드 밀리밴드	2010년 9월 ~ 2015년 5월	4년 8개월
제러미 코빈	2015년 9월 ~ 2020년 4월	4년 7개월
키어 스타머	2020년 4월 ~	

주요 인물과 정당 설명

인물

게이츠컬, 휴(Gaitskell, Hugh) 1955~1963년의 노동당 대표. 애틀리 정부에서 재무부 장관을 지냈다. 1950년대 총선에서 노동당이 잇따라 세 차례나 패배하자 공동소유를 명시한 당헌 4조를 공격해 당을 우경화하려 했지만, 당내 좌파의 반발로 무산됐다.

글래셔, 브루스(Glasier, Bruce) 독립노동당의 '4인방' 중 한 명. 키어 하디에 이어 독립노동당 의장을 맡았다. 〈레이버 리더〉의 편집자이기도 했다.

돌턴, 휴(Dalton, Hugh) 노동당 우파 지도자. 애틀리 정부에서 재무부 장관을 맡아 저금리 정책을 취했고, 1947년 금융 위기 때는 긴축정책을 취하려다 사임했다.

대처, 마거릿(Thatcher, Margaret) '대처리즘'으로 상징되는 보수당 지도자. 1979~1990년 총리를 맡아 복지 삭감, 노동조합 공격, 국가 개입 축소 등의 정책을 폈다.

랜스버리, 조지(Lansbury, George) 노동당 좌파로, 1920년대 포플러 운동을 주도했다. 맥도널드의 변절 이후, 1932~1935년 노동당 대표를 지냈다. 무솔리니의 에티오피아 침공에 관한 당내 의견 대립으로 1935년 당 대표를 사임했다.

로이드조지, 데이비드(Lloyd George, David) 자유당 소속으로 1916~1922년 총리를 지냈다. 1926~1931년에는 자유당 대표를 맡았다.

리빙스턴, 켄(Livingstone, Ken) 노동당 좌파. 1980년대 런던광역시의회에서 노동당 의원단 지도자를 맡았다. 2000~2008년 런던 시장을 지냈다. 2016년 시온주의를 비판하다 반유대주의자로 몰려 당원 자격이 정지됐고, 2018년 5월 탈당했다.

만, 톰(Mann, Tom) 유명한 신디컬리스트 노동운동 지도자. 1889년 항만 파업과 1910~1914년 노동자 대투쟁 때 지도적 구실을 했다. 제1차세계대전을 반대했으며 독립노동당, 사회당을 거쳐 공산당에 합류했다.

맥도널, 존(McDonnell, John) 노동당 좌파 국회의원. 2015년부터 2020년 4월까지 제러미 코빈 예비내각의 재무부 장관을 맡았다. 제러미 코빈과 함께 노동당 좌파의 핵심 인물이고, 토니 벤을 정치적 스승으로 삼고 있다.

맥도널드, 램지(MacDonald, Ramsay) 1924년과 1929~1931년 노동당 정부의 총리를 지낸 노동당 지도자. 1884년 독립노동당에 입당했고, 1900년에 설립된 노동자대표위원회의 사무총장을 맡았다. 실업급여 삭감을 추진하다 노동당과 결별하고, 1931~1935년에 보수당·자유당과 함께 거국내각인 국민정부를 구성한다.

맥밀런, 해럴드(Macmillan, Harold) 1957~1963년 총리를 지낸 보수당 지도자.

맥스턴, 제임스(Maxton, James) 지미 맥스턴으로도 불린 독립노동당 좌파 지도자. 제1차세계대전 당시 전쟁에 반대하다 감옥에 갇히기도 했다. 1926~1931년과 1934~1939년에 독립노동당 의장을 맡았다. 1932년 독립노동당이 노동당을 탈당한 뒤 독립노동당의 상징이나 다름없는 인물이었다.

메이, 테리사(May, Theresa) 2016~2019년 총리를 지낸 보수당 지도자. 2010~2016년 데이비드 캐머런 정부에서 내무부 장관을 맡았다. 2017년 조기 총선에서 승리했지만 과반 의석 실패와 제러미 코빈의 약진으로 큰 타격을 입었다. 브렉시트 합의안이 국회에서 잇따라 부결되자 사퇴했고, 보리스 존슨이 총리직을 이어받았다.

모리슨, 허버트(Morrison, Herbert) 노동당 우파 지도자. 노동당 런던 시당에서 활약했다. 1940년 처칠의 연립정부에서 내무부 장관을 지냈다. 애틀리 정부에서 부총리를 맡았고, 철강 국유화와 국유화 확대에 반대했다.

모즐리, 오즈월드(Mosley, Oswald) 보수당 하원 의원 출신으로, 중간에 노동당으로 전향해 1929~1931년의 노동당 정부에서 장관을 지냈다. 1930년대 초에는 파시스트가 된다.

밀리밴드, 에드(Miliband, Ed) 2010~2015년 노동당 대표. 2007~2010년 고든 브라운 정부에서 각료를 맡았다. 2010년 당 대표 선거에서 신노동당을 부분적으로 멀리한 덕분에 승리했다. 재임 기간 내내 당내 좌파와 우파 사이에서 둘을 중재하려 애썼다. 2015년 총선 때 '이민 통제'를 핵심 공약 중 하나로 내걸었다가 패배하고 당 대표를 사임했다.

베번, 어나이린(Bevan, Aneurin) 광원 출신의 노동당 좌파 지도자. 제2차세계대전 동안 정부의 반동적 외교정책에 맞서 싸웠고, 노동자 공격에 맞서 노동자들을 방어하다 노동당에서 축출당할 뻔하기도 했다. 애틀리 정부 때 보건부 장관으로서 국가보건서비스를 도입했다. 한국전쟁으로 국방 예산이 늘어나고 처방전·틀니·안경에 요금을 부과하자, 이에 반발해 1951년 장관직을 사임했다.

베빈, 어니스트(Bevin, Ernest) 노동운동 출신의 노동당 지도자. 1921년 운수일반노조를 조직했고, 1937년 노총의 위원장이 됐다. 1940~1951년 노동당 국회의원이었고, 1940~1945년 처칠 연립정부에서 노동부 장관을 맡아 파업을 막는 '규칙1AA'를 제정했다. 애틀리 정부에서는 외무부 장관을 지냈다.

벤, 토니(Benn, Tony) 벤 좌파 운동을 이끈 노동당 좌파 지도자. 1970년대와 1980년대에 핵심적 노동당 좌파였다. 1970년대 윌슨-캘러핸 정부에서 산업부 장관과 에너지부 장관을 지냈다.

브라운, 고든(Brown, Gordon) 2007~2010년 총리를 지낸 노동당 지도자. 1997~2007년에 토니 블레어의 신노동당 정부에서 재무부 장관을 맡아 신자유주의와 제국주의에 헌신했다.

블렁킷, 데이비드(Blunkett, David) 원래는 벤 좌파 운동의 주요 인물로 노동당 좌파였으나 우파로 변신한다. 노동당 지방정부 대변인이었다. 토니 블레어의 노동당 정부에서 교육부와 내무부 장관을 지냈다.

블레어, 토니(Blair, Tony) '신노동당'을 주창하면서 당을 우경화한 노동당 우파 지도자. 1979년 대처의 승리를 계기로 노동당에 입당했고, 1994년 최연소로 노동당 대표가 됐다. 당 대표가 된 뒤 국유화 강령을 폐기하는 등 당을 우경화하는 데 앞장섰다. 1997~2007년에 총리를 지냈다.

손, 윌(Thorne, Will) 노동운동 지도자. 1889년 신노동조합 운동의 투사였다. 사회민주연맹 회원이었고, 최초의 노동당 국회의원 중 한 명이었다.

스노든, 필립(Snowden, Philip) 노동당의 뛰어난 선전가이자 경제 전문가. 독립노동당 소속이었다. 1906년 노동당 창립과 함께 국회의원으로 당선했다. 1924년과 1929~1931년 노동당 정부에서 재무부 장관을 지내면서 실업급여 삭감에 앞장섰다.

스캔런, 휴(Scanlon, Hugh) 금속노조 위원장을 지낸 노동운동 지도자. 1937년 공산당에 가입했고, 노동당에 비판적이었다. 공산당과 노동당 좌파 활동가들이 포함된 '범좌파'에서 활동하기도 했다. 그러나 1970년대 사회협약을 지탱하는 데서 핵심 구실을 했다.

스트레이치, 존(Strachey, John) 노동당 정치인. 1923년 노동당에 가입했고, 《소셜리스트 리뷰》와 〈마이너〉의 편집자였다. 1931년 의원직을 상실했고, 그후 공산당 지지자가 된다. 한때는 노동당 좌파였지만 1930년대 말에는 케인스주의와 계급 협력을 지지하는 쪽으로 기울었다.

신웰, 이매뉴얼(Shinwell, Emanuel) 노동운동 지도자이자 노동당 정치인. 독립노동당의 지도자였으며, 1919년 글래스고에서 벌어진 주 40시간 운동을 이끌다가 투옥되기도 했다. 애틀리 정부에서 에너지부 장관을 맡아 광산 국유화를 주도했다.

애벗, 다이앤(Abbott, Diane) 노동당 좌파 국회의원. 영국 최초의 흑인 여성 국회의원으로, 오랫동안 성차별·인종차별에 시달려 왔다. 1990년대 토니 블레어의 우경화 정책에 반대했으며, 2003년 이라크 전쟁 반대 운동에서 중요한 구실을 했다. 2010년 당 대표 선거에서 에드 밀리밴드에게 패했고, 2016년부터 2020년 4월까지 제러미 코빈 예비내각의 내무부 장관을 맡았다.

애틀리, 클레멘트(Attlee, Clement) 1945~1951년에 총리를 지낸 노동당 지도자. 최초의 노동당 단독 내각을 세우고 국유화와 복지 정책을 폈던, 노동당 역사의 정점이라고 할 만한 시기를 이끌었다. 1935~1955년에 노동당 대표를 지냈다. 제2차세계대전 중에는 보수당의 전시 내각에 입각해 1942~1945년 부총리도 지냈다.

웨브 부부(Webb, Beatrice and Sidney) 1880년대 영국에서 점진적 사회주의와 국가 개입을 통한 집산주의를 주창한 사람들. 노동계급을 철저히 경멸하고 볼셰비키 혁명을 반대한 반면, 1930년대 스탈린의 소련을 찬양했다. 사회주의적 강령인 당헌 4조의 초안을 작성했으며, 이들의 사상은 노동당 정치의 원천이 됐다.

윌슨, 해럴드(Wilson, Harold) 1964~1970년과 1974~1976년에 총리를 지낸 노동당 지도자. 경제 위기에 직면해 노동자들을 공격하는 정책을 폈다.

이든, 앤서니(Eden, Anthony) 1955~1957년에 총리를 지낸 보수당 지도자. 1935~1955년에는 외무부 장관을 세 번 지냈다.

처칠, 윈스턴(Churchill, Winston) 1940~1945년과 1951~1955년에 총리를 지낸 보수당 지도자. 아프리카와 인도에서 열성적 제국주의자로 활약했고, 영국 국내에서는 노동자 운동을 강력하게 탄압했다.

캐머런, 데이비드(Cameron, David) 2010~2016년 총리를 지낸 보수당 지도자. 2005~2016년 보수당 대표였다. 2015년 총선에서 뜻밖의 완승을 거두자, 영국이 유럽연합 회원국으로 남아 있을지 말지를 국민투표에 부치겠다고 한 자신의 공약을 이행했다가 패배했다. 보수당은 혼란에 빠졌고 캐머런은 총리직을 사임했다.

캘러핸, 제임스(Callaghan, James) 노동운동 출신의 노동당 정치인. 애틀리 정부에서 철도 국유화를 추진했다. 1976년 윌슨의 뒤를 이어 1979년까지 총리를 지냈다.

커크우드, 데이비드(Kirkwood, David) 클라이드노동자위원회 지도자이자 독립노동당 국회의원.

케인스, 존 메이너드(Keynes, John Maynard) 1930년대에 국가의 경제 개입을 주창한 경제학자. 주류 경제학의 날카로운 비판자였지만 자본주의 체제를 근본에서 바꾸기를 바라지는 않았다. 평생 동안 자유당원이었다.

코빈, 제러미(Corbyn, Jeremy) 노동당 좌파 국회의원. 2011~2015년 전쟁저지연합 의장을 지냈고, 2015년 당 대표 선거에 출마해 예상 밖의 돌풍을 일으키며 당선했다. 평범한 사람들의 불만을 대변하려는 급진적 시도로 많은 청년을 노동당에 새롭게 끌어들였다. 대다수 노동당 국회의원과 당내 우파의 반대에 시달리다 2019년 12월 총선 패배에 책임을 지고 2020년 4월에 사임했다. 이스라엘의 팔레스타인 점령을 비판한다는 이유로 반유대주의자로 몰려 2020년 11월 현재 당원 자격이 정지됐다.

크로스먼, 리처드(Crossman, Richard) 노동당 좌파 정치인. 베번파의 핵심 인물이었다. 〈뉴 스테이츠먼〉의 편집자였다.

크립스, 스태퍼드(Cripps, Stafford) 노동당 좌파 지도자. 1932년에 사회주의자동맹을 창설해 1937년까지 이끌었다. 1930년대에 민중전선을 제안했고, 이 때문에 노동당에서 축출됐다. 제2차세계대전 때는 전쟁을 지지했고, 인도 독립을 위한 시민 불복종 운동 탄압을 승인하기도 했다. 1947~1950년에 재무부 장관으로서 긴축정책을 실시한 것으로 유명하다.

클라인스, J R(Clynes, J R) 유명한 노조 지도자이자 노동당 우파 지도자. 1921~1922년에 노동당 대표를 지냈다. 1929~1931년 맥도널드 정부에서 내무부 장관을 맡았다. 1931년 맥도널드가 거국내각인 국민정부를 구성했을 때 이에 반대했다.

키넉, 닐(Kinnock, Neil) 1983~1992년의 노동당 대표. 1970년 국회의원으로 선출돼 좌파 의원으로서 두각을 나타냈다. 1983년 선거 때 65년 만에 최악의 패배를 겪은 노동당에서, 마이클 풋에 이어 당 대표로 선출됐다.

1984~1985년 광원 파업을 비난했고, 1980년대에 노동당을 우경화하는 데 앞장섰다.

토머스, J H(Thomas, J H) 노동운동 지도자 출신의 노동당 우파 정치인. 철도노조의 우파 관료로, 1921년 '암담한 금요일'의 배신 과정에서 핵심 구실을 했다. 1924년과 1929~1931년 노동당 정부에서 각료를 맡았다. 1931년 맥도널드가 주도한 국민정부에 참여했다가 철도노조와 노동당에서 축출됐다.

틸렛, 벤(Tillett, Ben) 항만 노동자 출신의 노동운동 지도자이자 노동당 정치인. 1889년 신노동조합 운동을 이끌었다. 페이비언협회 회원이자 독립노동당 창당 회원이었다. 사회민주연맹 회원이기도 했다. 1917~1924년과 1929~1931년에 노동당 국회의원을 지냈다.

풋, 마이클(Foot, Michael) 1980~1983년 당 대표를 지낸 노동당 좌파 지도자. 노동당 좌파의 신문인 〈트리뷴〉의 편집자였다. 1983년 총선 패배 뒤 불명예 퇴진을 했다.

하디, 키어(Hardie, Keir) 독립노동당과 노동당의 지도적 인물. 광원노조 출신으로, 1892년 총선에서 노동자로서는 최초로 국회의원에 당선했다. 1893년에 독립노동당을 창당한 뒤 당 대표가 됐고, 1906년에는 노동당 대표로서 창당의 핵심 구실을 했다.

하인드먼, H M(Hyndman, H M) 사회민주연맹과 영국사회당의 창립자. 제1차 세계대전 당시 사회당 내에서 전쟁을 지지하는 세력과 결별하고 국민사회당을 창설했다.

헨더슨, 아서(Henderson, Arthur) 노동당 우파 지도자. 제1차세계대전을 지지했고, 1915년 자유당 애스퀴스의 연립정부에 장관으로 입각해 노동조합을 공격하는 '재무협정'을 체결하는 데 앞장섰다. 1931년 맥도널드가 국민정부를 구성하면서 노동당과 결별하자 노동당 대표를 맡았지만, 선거 낙선으로 이듬해 당 대표에서 물러났다.

휘틀리, 존(Wheatley, John) 독립노동당 소속의 노동당 좌파 지도자. 글래스고에서 1922년 지방의원에 당선했고 집세 투쟁으로 이름을 날렸다. 1924년 맥도널드 정부의 보건부 장관으로서 주택법을 제정해 노동계급에게 주택을 공급했다. 클라이드사이드 투사 출신 의원들의 정신적 지주였다.

힐리, 데니스(Healey, Denis) 노동당 우파 정치인. 1974~1979년 노동당 정부에서 재무부 장관을 지냈다.

정당

독립노동당(Independent Labour Party) 1893년 키어 하디를 중심으로 창립된 좌파 사회민주주의 정당. 노동당 창립에서 중요한 구실을 했고, 노동당 내에서 전쟁에 반대하는 등 좌파 구실을 했다. 1932년 노동당에서 탈당한다. 〈레이버 리더〉, 〈포워드〉, 《소셜리스트 리뷰》가 대표적 기관지였다.

보수당(Conservative Party) 영국의 전통적 보수 정당. 1678년 귀족과 대지주를 기반으로 창립한 토리당의 후신으로 지금과 같은 형태의 정당 체계는 1830년에 확립됐다. 20세기의 3분의 2 가까운 동안 정권을 잡았고, 현재 영국의 양대 정당 중 하나다.

사회민주당(Social Democratic Party) 1981~1988년에 존재한 우파 사회민주주의 정당. 로이 젱킨스, 데이비드 오언 등 노동당 우파가 당에서 나와 만든 정당이었다. 1983~1987년 선거에서는 자유당과 공조했다. 1988년 자유당과 통합해서 자유민주당을 창설했다.

사회민주연맹(Social Democratic Federation) 1881년 H M 하인드먼이 창설한 마르크스주의 정치조직. 윌리엄 모리스, 조지 랜스버리 등이 회원이었다. 종파주의가 강력한 단체였다. 1900년 노동당 전신인 노동자대표위원회에 가입했다가 1901년 탈퇴했다.

사회주의노동당(Socialist Labour Party) 1903년 제임스 코널리 등이 창설한 사회주의 정당. 노동당은 반동적 세력이기 때문에 파괴해야 한다고 주장했고, 개혁주의 세력과 함께하는 것을 거부했다. 신디컬리즘을 받아들였으며, 클라이드노동자위원회에서 중요한 구실을 했다. 1918년 영국사회당과 새로운 당을 건설하는 문제로 협상을 벌였으나, 새로운 당은 노동당에 가입해야 한다는 사회당의 주장에 반대해 결렬됐다. 그러나 일부 당원들이 사회당과 함께 공산당을 건설한다. 1996년 아서 스카길이 만든 정당과는 다른 당이다.

사회주의노동자당(Socialist Workers Party) 1977년 토니 클리프가 창설한 혁명적 사회주의 정당이다. 옛 소련과 동유럽이 사회주의가 아니라 국가자본주의였다고 주장하고, 국제주의를 강조한다. 1950년 창립된 '소셜리스트 리뷰 그룹'과 1962년 창립된 국제사회주의자들(IS)이 그 전신이다. 기관지로는 〈소셜리스트 워커〉, 《소셜리스트 리뷰》, 《인터내셔널 소셜리즘》이 있다.

사회주의자동맹(Socialist League) 1932년 스태퍼드 크립스가 창설한 사회주의 조직. 1932년 독립노동당이 노동당을 탈당하자 이에 반대해 독립노동당에서 분리해 나왔으며, 노동당에 남아 노동당을 통한 변혁을 추구했다. 공산당과 제휴했으며 결국 노동당에 의해 해산된다. 훗날 노동당 좌파의 기관지가 되는 〈트리뷴〉을 창간했다.

스코틀랜드국민당(Scottish National Party) 1934년 설립된 스코틀랜드의 민족주의 정당. 스코틀랜드 독립과 유럽연합 잔류를 지지한다. 영국 정부의 긴축정책에 반대하는 스코틀랜드 노동계급의 정서가 독립 요구와 연결되면서 2015년 총선에서 크게 성장했다.

영국공산당(Communist Party of Great Britain) 1920년 혁명적 사회주의를 표방하며 창설됐으나 스탈린주의로 변질된 정당. 전쟁에 반대했고, 1926년 총파업에서 중요한 구실을 했다. 노동조합과 긴밀한 연관을 맺고 있었으며, 노동당에도 가입해서 활동했다. 〈워커스 위클리〉, 〈데일리 워커〉가 기관지다. 1991년 해산했다.

영국국민당(British National Party) 1982년 설립된 파시스트 정당. 2001년 총선 이후 성장하면서 2009년 당 대표 닉 그리핀이 유럽의회 의원이 되기도 했지만, 반파시즘연합(UAF) 같은 반파시즘 공동전선이 파시스트 선거·거리 조직을 성공적으로 공격해 현재는 세를 많이 잃었다. 영국수호동맹(EDL)이 다른 한쪽 날개로서 거리의 군대 노릇을 했다.

영국사회당(British Socialist Party) 사회민주연맹의 후신으로 1912년에 창설된 사회주의 정당. 하인드먼이 당을 지도했고, 1916년까지 노동당 안에서 활동했다. 스코틀랜드의 영국사회당 지도자인 존 매클린은 클라이드사이드 투쟁에서 핵심 구실을 했고, 전쟁 반대 운동을 벌이기도 했다. 전쟁에 대한 태도 문제로 당이 분열했다. 러시아 혁명에 고무된 사회당은 1920년 당을 해산하고 다른 좌파 조직들과 함께 공산당을 건설한다.

자유당(Liberal Party) 신흥 상공업 계급의 이해를 대표해 19세기에 결성된 자유주의 정당. 20세기 초까지 보수당과 함께 영국의 양대 정당으로서 여러 차례 정부를 운영했다. 그러나 노동당의 성장에 밀려 점차 당세가 약화돼 제3당으로 전락했다. 1988년 사회민주당과 통합해 자유민주당을 창설했다.

자유민주당(Liberal Democrats) 1988년 자유당과 사회민주당이 통합해 만든 정당. 신노동당에 대한 대중의 환멸에서 한동안 반사이익을 누렸으나 2010~2015년 보수당과 연립정부를 운영하면서 지지를 많이 잃었다.

찾아보기

TSSA 681

ㅍ

파시즘 297~300, 303, 307~309, 312, 322, 323, 328, 336, 758, 770, 776 '모즐리, 오즈월드'와 '국민전선'도 참조.

파월, 이넉(Powell, Enoch) 470, 531, 694

〈파이낸셜 타임스〉(Financial Times) 750

패라지, 나이절(Farage, Nigel) 744

퍼셀, 앨프리드(Purcell, Alfred) 235

페미니즘 589, 592

페이비언협회 49~57, 65, 126, 137, 154, 211, 225, 287, 300, 366, 421, 559

페이턴, 존(Paton, John) 165, 239, 240

페탱, 필리프(Pétain, Philippe) 327

평가절하(파운드화) 379, 403, 455~459

평의원들의 반발(노동당) 341, 342, 356, 476, 621

평화주의 76, 113, 115, 116, 119, 121, 135, 139, 150, 160, 161, 183, 303, 323, 332, 622

포데모스 735, 772

포드자동차 479, 533, 547, 589, 628

포클랜드 전쟁 573, 574

포플러 운동 123, 182, 221~228, 585

풋, 마이클(Foot, Michael) 310, 331, 400, 406, 407, 428, 434, 481~483, 508, 532, 538, 545, 555, 562, 573, 574, 579, 607

퓨, 아서(Pugh, Arthur) 246, 353

프랑코, 프란시스코(Franco, Francisco) 304, 305, 313, 322

프레스콧, 존(Prescott, John) 571, 633, 653, 658, 691

프릿, D N(Pritt, D N) 289, 292, 293, 311, 312, 314, 423

플레하노프, 게오르기(Plekhanov, Georgi) 740

ㅎ

하디, 키어(Hardie, Keir) 43, 44, 46, 48~51, 56, 60, 62, 65~67, 70, 73, 76, 77, 79, 81, 87, 88, 92, 93, 100, 101, 109, 111~114, 121, 137, 140, 153, 250, 270, 299, 481

하워스 지역 지지 광원 파업 294

하인드먼, H M(Hyndman, H M) 117, 130

하트, 주디스(Hart, Judith) 476, 505

학생 시위(2011) 723~725

한국전쟁 370, 379, 391, 392, 399, 400, 405, 406, 408, 411, 424

항공 산업 현장위원 전국평의회 294

해외 원조 474

해터슬리, 로이(Hattersley, Roy) 360, 566, 568~570, 580, 607, 619, 643, 693, 708, 725

핵 발전 395~397, 408, 546, 606, 607

핵무기 396, 415, 433, 440~443, 502, 536, 610, 611, 641, 755, 766 '핵무기철폐운동'도 참조.

핵무기철폐운동(CND) 440~443, 547, 611 '핵무기'도 참조.

허턴, 윌(Hutton, Will) 616, 670, 705

헤인스, 조(Haines, Joe) 542, 543

헤일섬 경(Hailsham, Lord) 47

헤퍼, 에릭(Heffer, Eric) 499, 500, 577, 578, 580, 667

헨더슨, 아서(Henderson, Arthur) 67, 68, 86, 87, 111, 113, 115, 122, 124, 126, 127, 132~136, 148~151, 159, 175, 176, 178, 179, 193, 196, 197, 203, 208, 238, 250, 252, 271, 272, 279, 290, 302

혁명정당 138, 190, 193, 198, 208, 285, 293, 316

현장위원 83, 129, 130, 168, 190, 207, 294, 339, 381, 446, 465, 467, 488, 493, 497~499, 523~527, 534, 553, 554, 599

호주 397, 566, 668, 694

호턴, 더글러스(Houghton, Douglas) 476, 480

홉스봄, 에릭(Hobsbawm, Eric) 530, 593, 595, 597

홉슨, J A(Hobson, J A) 217, 218, 300

휘틀리, 존(Wheatley, John) 122, 123, 176, 182, 216, 219~221, 225~227, 229, 239, 240, 263, 266, 636, 661

히스, 에드워드(Heath, Edward) 492, 494~496, 508, 509, 512, 523, 524, 528, 546, 548, 621

히틀러, 아돌프(Hitler, Adolf) 53, 291, 302, 304, 307, 311, 312, 315, 322, 324, 424, 430, 431, 757, 758

힉스, 조지(Hicks, George) 235, 246

힐리, 데니스(Healey, Denis) 389, 473, 501, 515, 517, 522, 557, 558, 582, 651